JN335200

企業再編の理論と実務

—企業再編のすべて—

土岐敦司
辺見紀男　編

商事法務

はしがき

本書は、2001年に別冊商事法務（No.240）として出版された「企業再編のすべて」の全面改訂版である。当時、日本経済はバブル崩壊後の「失われた10年」の脱却に向けた法整備が、遅ればせながら完備しつつある時期であった。すなわち、企業再編のツールとして、持ち株会社の解禁を図る独占禁止法の改正、合併手続の簡易化（1997年）、完全親子会社の創設を容易にする株式交換・株式移転制度の導入（1999年）、会社分割制度の導入（2000年）等のメニューを用意する商法の改正が次々と行われた。それらの諸制度を駆使して、企業再編が行われた時代であった。そのような時代背景のもと前著は企業法務関係者に歓迎され、別冊商事法務の体裁を取りながら単行本として高い評価を得た。

一方、日本経済は、その後、リーマンショック（2008年）、欧州金融危機（2009年）、円高、東日本大震災（2011年）をはさんで、さらに10年余り立て直しのために呻吟することになった。近年、その間の官民の努力により、ようやくその兆しを見せた日本経済の復興を背景に、今日では、法律上用意された諸制度を使った企業再編は成熟期を迎え、さらにグローバルな展開を果たすべくより洗練されたものとなっている。同時に実務の現場では、会社法のほか金融商品取引法、独占禁止法、知的財産法、労務、税務・会計などに至るあらゆる法分野の交錯が生じ、複雑な問題が起きている。そのような中、前著の改定を望む声に後押しされ、本書の企画・出版にこぎつけた次第である。

平成26年６月には会社法の改正法が可決成立した。今回、近時の実務の動向、判例の変遷等を踏まえ、改正法の内容も盛り込み最新の内容とした（法務省令の改正については触れていない）。

本書では、巻頭論文として東京大学大学院法学政治学研究科ビジネスロー・比較法政研究センターの唐津恵一教授に資本の規律におけるM&Aのとらえ方あり方に関し寄稿いただき、第１部活用編の締めには、東京大学社会科学研究所の田中亘准教授に全体を通じて興味ある論点の整理をいただいた。一橋大学大学院法学研究科の山本和彦教授にはご専門の立場から事業再生の観点から企業再編に関する論稿を寄せていただいた。その他本書では各専門分野の新進気鋭の弁護士、経団連事務局が執筆に参加した。いずれも企業再編において直面する理論的、実務的諸問題を的確に分析し対応を論じたものである。

本書が企業再編実務において活用され、円滑な運用に資することができれば編者として望外の幸せである。

最後になるが、執筆をお引き受けいただいた研究者、弁護士、経団連事務局各位と本書の編纂にあたり企画の段階からお世話になった株式会社商事法務書籍出版部の浅沼亨氏、水石曜一郎氏に心から感謝を申し上げたい。

平成26年８月

弁護士　土岐敦司
弁護士　辺見紀男

目 次

第3章 会社分割 ……………………………………………… 578

第4章 株式交換 ……………………………………………… 611

凡　例

1　法令名の略語

委任状勧誘府令	上場株式の議決権の代理行使の勧誘に関する内閣府令
開示府令	企業内容等の開示に関する内閣府令
金商法	金融商品取引法
金商法施行令	金融商品取引法施行令
産活法	産業活力の再生及び産業活動の革新に関する特別措置法
下請法	下請代金支払遅延等防止法
大量保有府令	株券等の大量保有の状況の開示に関する内閣府令
他社株府令	発行者以外の者による株券等の公開買付けの開示に関する内閣府令
定義府令	金融商品取引法第２条に規定する定義に関する内閣府令
独占禁止法	私的独占の禁止及び公正取引の確保に関する法律
取引規制府令	有価証券の取引等の規制に関する内閣府令
振替法	社債、株式等の振替に関する法律
労働契約承継法	会社分割に伴う労働契約の承継等に関する法律

2　判例引用の略語

大　判（決）	大審院判決（決定）
最（大）判（決）	最高裁判所（大法廷）判決（決定）
高　判（決）	高等裁判所判決（決定）
地　判（決）	地方裁判所判決（決定）
支　判（決）	支部判決（決定）
簡　判（決）	簡易裁判所判決（決定）

3　判例集の略語

民　集	大審院民事判例集・最高裁判所民事判例集
刑　集	最高裁判所刑事判例集
高民集	高等裁判所民事判例集
労民集	労働関係民事裁判例集

判　時	判例時報
判　タ	判例タイムズ
金　法	金融法務事情
金　判	金融・商事判例
労　判	労働判例

4　雑誌の略語

ジュリ	ジュリスト
商　事	商事法務
法　協	法学協会雑誌
法　教	法学教室

第 1 部

活用編

巻頭論文　資本の規律の中での M&A

東京大学大学院法学政治学研究科
ビジネスロー・比較法政研究センター教授　唐津恵一

第１　資本の規律

自由主義経済の下では、個々の経済主体（企業・個人）が、自由に創意工夫を凝らして競争し、社会に最高の財やサービスを提供する努力を行い、その結果として競争的な財・サービス市場を通じて、優勝劣敗による淘汰が進み、それがさらに次の最高の財・サービス提供の競争を齎す。このようなサイクルが間断なく続くことにより、消費者や利用者の効用の最大化につながり、ひいては社会全体の富の最大化につながることとなる。この財・サービス市場における競争メカニズムを、資本主義経済社会においては自由な資本市場により、資金供給面から支えている。企業（上場企業）は、新たな財・サービス提供のために研究開発・設備投資・M&A などの投資を行うための資金を資本市場から調達することとなるが、資本市場に資金を提供する投資家は、当該企業の当該投資に伴う期待収益率及びそのリスク（株式の場合）や、返済可能性（負債の場合）を考慮して、資金提供（投資）判断を行うこととなる。当該投資により実現できる収益率が期待収益率（＝資本コスト）を下回ることが見込まれる場合には、当該投資家はその投資から手を引いて、他の有望な投資先に資金を移転させるか、経営者を更迭し期待収益率を達成できる経営者に挿げ替えることを考えるであろう。

このようなメカニズムを上場企業の経営者はどうとらえるべきか。自分の企業が世の中に提供する財・サービスについては、不断の努力を行うことにより、常に最高のものを市場に提供すべく、研究開発・設備投資・M&A を行うとともに、一方、資金調達を意識した経営、すなわち当該投資等により期待収益率（＝資本コスト）を凌駕する収益率を達成することを目標にして経営しなければならない。上場企業の経営者は自分のお金ではなく、投資家から預かったお金を事業で運用し、財・サービス市場で高く評価される財・サービスを常に提供することにより、資本コストを上回る成果を出すことが求められるのである。また、資本コストを上回る成果が出ないことが明らかになった場合には、当該事業からの撤退を考え、資本コストを上回る成果が見込まれる他の事業に投資するか、そのような投資対象がない場合には、投資家に資金を還元すべきこととなる。これが、資本の規律である。

このような資本の規律が厳格に機能することにより、マクロベースで資源の効率的な配分が間断なく行われ、経済成長が持続的に実現していくこととなる。この資本の規律が機能する過程において、事業（資産）の取得や切離し、すなわち資本コストを上回ると思われる事業（資産）への投資や資本コストを下回る事業（資産）の切離しが、不断になされることとなるが、この投資の１つとして M&A があり、また切離しの対象となる事業（資産）は、M&A の対象となることとなる。この投資と切離しが頻繁になされることにより、当該企業が得意とする分野に事業（資産）が集中し、社会全体としての資源の効率的な配分が実現し、社会の富の最大化につながることとなる。M&A が頻繁に行われることは、資本の規律が有効に機能している証左ともいえる。

第２　我が国の実態

図表１は、旧中央三井トラスト・ホールディングスが2010年秋に発行した調査レポート[1)]の中で、引用されたトムソン・ロイター社の M&A データに基づく M&A の市場の分布（被買収者・地域別推移）を地域別にみたものであるが、アジア太平洋地域が急速に広がってきているものの、欧州や米州が太宗を占めており、日本の比率は小さい。**図表２**は、同じ調査レポートにて引用されたトムソン・ロイター社のデータに基づき、クロスボーダー M&A の被買収国・国籍の推移、**図表３**は、買収国・国籍の推移を示しているが、いずれにおいても日本はほとんど存在感がないといえる。（昨年までの円高基調やキャッシュポジションの好転により、図表に表れていない直近のデータでは若干はプレゼンスが高まっているかもしれないが、ア

1）http：//www.smtb.jp/others/report/economy/cmtb/2010.html

ングロサクソンや欧州に比べると目立たない存在である）。

このように我が国におけるM&A市場は経済規模に比して小さいといえよう。なぜか。様々な要因があろうかと思われるが、大きな要因の1つは、我が国においては、資本の規律が有効に機能していないことにあると思われる。資本コストを意識して、事業（資産）の選択、集中及び切離しを不断に行うという、資本主義経済下において企業が当然行うべき判断を、我が国の多くの上場企業では十分にはなされてきていない、という事

＜図表1　被買収・地域別推移（金額ベース）＞

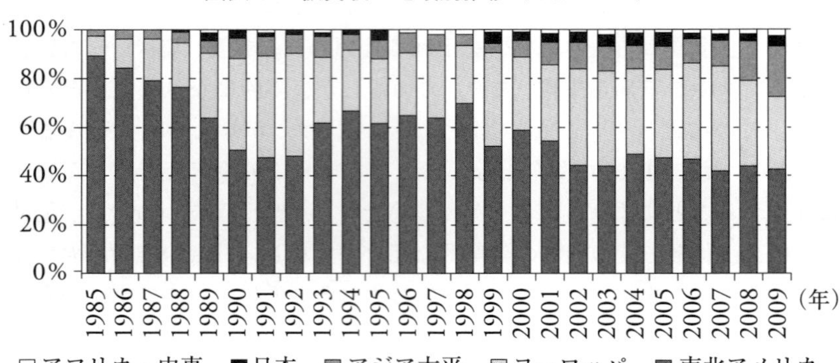

（資料）トムソン・ロイター

＜図表2　クロスボーダー被買収国・国籍の推移＞

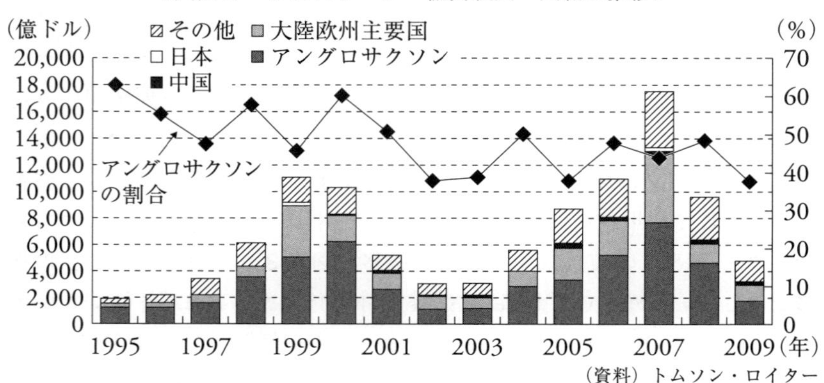

（資料）トムソン・ロイター

※アングロサクソンは、英・米・カナダ・オーストラリア
　大陸欧州主要国は、ドイツ・フランス・イタリア・スペイン・オランダ・スイス・ルクセンブルグ

＜図表３　クロスボーダー買収国・国籍の推移＞

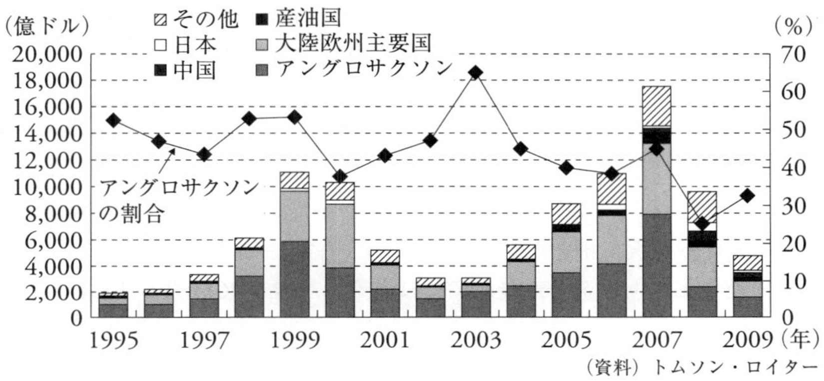

（資料）トムソン・ロイター

実があるのではなかろうか。

次の発言は、東京大学公共政策大学院セミナー[2)]において某大手メーカーのトップが行ったものである。

「企業は誰のため、何のために存在しているのか。経営者なら誰もが自問自答することだと思います。よく言われるのは、株主のためということです。しかし、株主でも例えばデイトレーダーのために企業が存在すると考えるのには違和感があります。私が常に申し上げるのは、従業員が働くことに誇りを持てるような会社にしたいということです。そのためには何が必要でしょうか。報酬はもちろん、仕事を通じて社会貢献を感じられること、何よりも会社が前に向かって成長していると思えることが大事と思います。企業は成長を目指さないといけません。成長なくしては、企業変革もしにくくなります。結果、社員の士気もモラルも低下することになります。」。

何がいいたいのかよくわからないが、どうやらこの経営者は、企業は所与の組織であり、自分はその組織の長で、当該組織を維持・拡大し、社員（社団の構成員という本来の意味ではなく、従業員のことをいっていると思われる）にとってベストなものにしたい、といっているようである。ここには、受託者としての認識は微塵もなく、おそらく資本コストもご存じないので

2）　http：//www.pp.u-tokyo.ac.jp/seminar/2011-11-29/index.htm

はないか、と思われる。上場企業の経営者としては、極めてお粗末であるが、残念ながら我が国の上場企業の多くの経営者、特に従業員出身の経営者、は大同小異だと思われる。すなわち、企業を1つの共同体として認識し、共同体を構成する役職員のために共同体を維持・拡大させることが経営目的であると誤解している経営者が多い。したがって、資本コストを下回る事業（資産）があっても、倒産状態に陥らない限り、切離しや廃止を行うことなく、当該事業（資産）に関わっている役職員等の職場を維持するという選択判断をしがちである。その結果、非効率な事業（資産）を抱えたままの上場企業が我が国には多く、PBR、ROA及びROEという指標でみても、外国企業に比べて、総じて見劣りするものとなっている[3)]。このように、事業（資産）を手放す決断がなかなかできない経営者が多いことが、我が国のM&A市場が不活発である1つの要因ではないか、と思われる。

M&Aは、買収者にとっては、投資判断の一態様であるが、被買収者にとっては、リターンが資本コストを下回ることが見込まれる事業（資産）の出口であり、我が国の上場企業の経営者は、資本の規律に従い、事業の選択と集中を不断に行っていく中で、今後後者の被買収者としてのM&Aを意識した意思決定をもっと行っていくべき、すなわちリターンが資本コストを下回る事業（資産）の売却・切離しの判断を積極的に行っていくべきだと思われる。

我が国企業の中にも、資本効率を意識した経営を行っているところはないわけではない。味の素は、2012年子会社のカルピスをアサヒグループ

3)　2012年8月31日時点でのデータ

	PBR	ROA	ROE
日本（東証一部）	0.91	3.15	4.83
日本（東証二部）	0.64	4.17	3.95
米国	2.69	8.92	29.82
英国	1.66	7.10	23.13
ドイツ	1.34	4.57	13.68
中国	1.53	4.79	15.47
韓国	1.33	6.06	16.78

出所：日本：日経QUICK、海外：Bloomberg。ただし日本のROAは事業利益ベース

ホールディングス社に売却したが、カルピスの2012年３月期のROEは約６％と、国際的には見劣りするものの、我が国の企業としてはそこそこの利益を計上していたが、味の素の経営資源を「調味料・食品」と「先端バイオ・ファイン」関連に集中させるために、中核事業ではなくかつ連結平均ROEを下回るカルピスを売却する判断を行った（味の素の中期経営計画によれば2013年度の目標値としてROE8％を設定するとともに、将来はROE10％を視野に入れるとしている[4)]）。売却によるキャッシュインの1,200億円の使途は、成長のための再投資とすることを表明、余剰資金を自己株取得で株主へ還元することの公表[5)]もあり、カルピスの株式譲渡の公表後、株価は急騰した。

また、東京証券取引所が2012年度から新たに創設した「企業価値向上表彰」[6)]において、優秀賞を受賞したHOYA株式会社の取締役執行役最高財務責任者（当時）である江間賢二氏が、東京証券取引所主催の経営層向けの「企業経営と資本市場――投資者視点を企業経営に活かすために」という研修プログラム[7)]の中での講演でご説明されていたが、事業の撤退基準は加重平均資本コスト率（同社では分母に平均総資産を使っているのでWACAと表している）を下回ることにあるが、現実にWACAを下回ってから撤退したのではキャッシュを生み出さないので、WACAがプラスである内に将来マイナスになると見込まれる事業（資産）の撤退（売却）を判断することとしているとのことである。

このように我が国企業の中には資本の規律を理解した上で、経営目標の設定や経営管理を行い、社会に最高の財・サービスを提供するとともに、

4）　http：//www.ajinomoto.com/jp/ir/about/managementplan.html#mp01

5）　2012年３月期決算社長プレゼンテーション資料参照（http：//www.ajinomoto.com/jp/ir/ir_library/fin_states.html）。

6）　１．目的：東証が市場開設者としての立場から望ましいと考える企業価値の向上を目指した経営の普及・促進を図るため。２．表彰対象：高い企業価値の向上を実現している上場会社のうち、資本コストをはじめ投資者の視点を深く組み込んで企業価値の向上を目指すなど、東証市場の魅力向上に資すると認められる経営を実践している上場会社を表彰対象とする。３．選定対象：全内国上場会社を選定対象とする（以上東京証券取引所ホームページより。http：//www.tse.or.jp/rules/award/kigyoukachi.html）。なお、第１回の表彰会社はHOYA株式会社に加え、株式会社ユナイテッドアローズ（大賞）、エーザイ株式会社、丸紅株式会社及び三菱商事株式会社（以上それぞれ優秀賞）の合計５社が受賞した。

7）　http：//www.tse.or.jp/news/07/121116_e.html

資本コストを上回る企業価値向上を実現しているところもあるが、前述のとおり、まだまだ多くは存在しない。資本の規律に対する経営者自身の啓発を強く促すことが求められるとともに、本書の読者層と思われる企業法務担当者や企業法務に携わる弁護士は、投資や撤退の判断を含めて、資本の規律を念頭に置いた意思決定を行うべく毅然と経営者に提議していくべきであろう。そのためには、株主・投資家との対話に必要な最低限の企業会計や企業金融の知識が必要である。

第3　資本コスト

上場企業の経営者は業績拡大により企業の理論価値の増大を目指すことが本筋である。理論価値は、将来の企業業績やキャッシュフロー予想をもとに、DCF法により、算定することが主流である。理論価値と市場価格とは短期的には必ずしも一致しないが、歴史的にみると中長期的には、市場価格は理論価値に収束するケースが圧倒的である。

DCF法は、将来の「みなし税引き後営業利益」(NOPAT) と純投資額の２つをもとに計算される営業フリーキャッシュフロー (FCF) を割り引いて現在価値を算出する方法である。NOPATは、財務活動を除いた本業からの利益から法人税率分を除いたもので、株主と債権者に帰属する企業が生み出した付加価値 (キャッシュ) を簡便的に計算したものといえる。

FCF
= NOPAT +減価償却費－(新規投資額＋運転資本増加額)
= NOPAT －(広義の) 営業用資産への純投資額

割引率には、加重平均資本コスト (WACC：Weighted-Average Cost of Capital) を使用する。割引率は、投資に対する期待収益率と等価になり、リスクが大きければ期待収益率も高くなる。

WACCは、株主資本コスト (rE) と負債資本コスト (rD) を加重平均して求める。

WACC = ［rE × E ／（D+E)］ + ［rD × （1-T）× D ／（D+E)］
rE ＝株主資本コスト＝株主が期待する利回り
rD ＝負債コスト＝借入金に対する利息（節税効果があるので実効税率（T）分割り引かれる）
D ＝有利子負債の額（時価）
E ＝株主資本の額（時価）
T ＝実効税率

株主は企業に資金を投資することによって、他の投資機会（他の企業の株式や外為など）を奪われる上、元本割れのリスクを背負うことになる。したがって、株主は企業への投資に対してリスクフリーの利回り以上の利回りを求める。逆に株主の期待する利回りを上回ることができなければ、株主は資金を投資してくれない。この株主の期待する利回りが株主資本コストである。

株主資本コストは、CAPM（Capital Asset Pricing Model 資本資産価格モデル）と呼ばれるモデルで、以下のとおり、算出する。

rE
＝リスクフリーレート＋β×リスクプレミアム
＝リスクフリーレート＋β×（市場全体の投資利回り－リスクフリーレート）

リスクフリーレートとは、無リスクで運用できる金融商品の利回りのことで、日本の場合は、限りなく無リスクと考えられる、他の金融商品よりも運用利回りの高い「10年もの国債」の利回り（2014年５月７日現在0.606%）を使うのが一般的である。

リスクプレミアムとは、市場全体の期待収益率を表すもので、通常過去のインデックス（TOPIXなど）の推移から求める。株主は株価の変動というリスクを背負っているので、リスクフリーレートより高い利回りを期待するのは当然で、その期待の上乗せ分がリスクプレミアムになる。

β（ベータ）とは、個別株式がマーケットのリスクにどの程度影響されるかを表す指標である。ベータを求めることで、市場全体の動きに対し、個別株式の動きがどの程度連動しているのかわかる。個別の株式のリスクは適切なポートフォリオを構成することで低減させることができるが、い

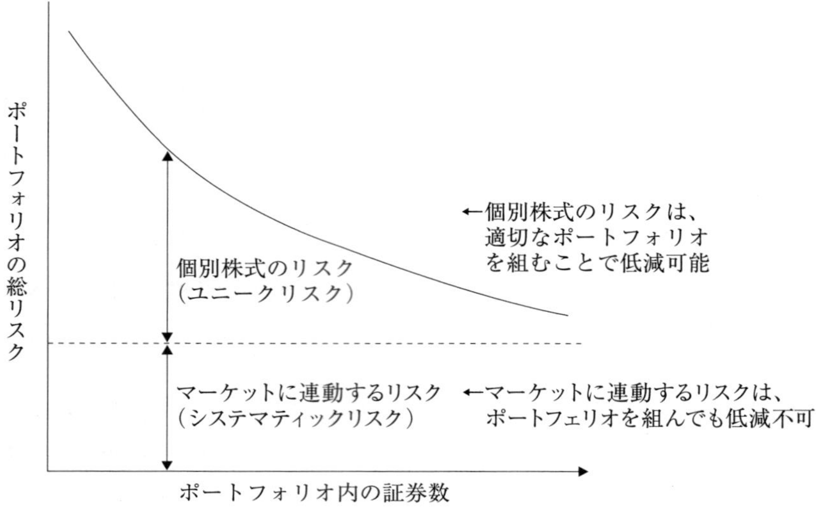

くら適切なポートフォリオを組んでもマーケットのリスクまで低減することはできない。βはそのマーケットリスクが個別株式のリスクにどの程度影響を与えるかを示す指標になる。

個別株式の値動きと株式市場の値動きがほとんど同じになる場合、βは１に近くなる。株式市場より個別株式の振れ幅（リスク）が大きい場合は$\beta>1$となり、逆に個別株式の振れ幅（リスク）が小さい場合は$\beta<1$となる。

β＝市場全体と比べたリターンのバラツキの大きさ×１市場全体と同じ方向に動く程度 ＝（個別株式のリターンの標準偏差／市場全体のリターンの標準偏差）×個別株式のリターンと市場全体のリターンの相関係数 ＝個別株式のリターンと市場全体のリターンの共分散（個別株式の収益率が市場の収益率と一緒に動くか）／市場全体のリターンの分散

分散とは、バラツキを表す指標のことで、大きいほどバラツキが大きくなる。分散の平方根のことを標準偏差という。共分散とは、２つの事象

の相関の傾向を表す指標である。

βが個別株式の変動と株式市場の変動の関係を表したものであることは上述のとおりだが、数式だけではなかなか理解しにくいので、βを視覚的に表現してみる。

下の図は過去2年間のA社とTOPIXの月ごとのリターン（＝当月の終値／前月の終値）の関係を表したもの。

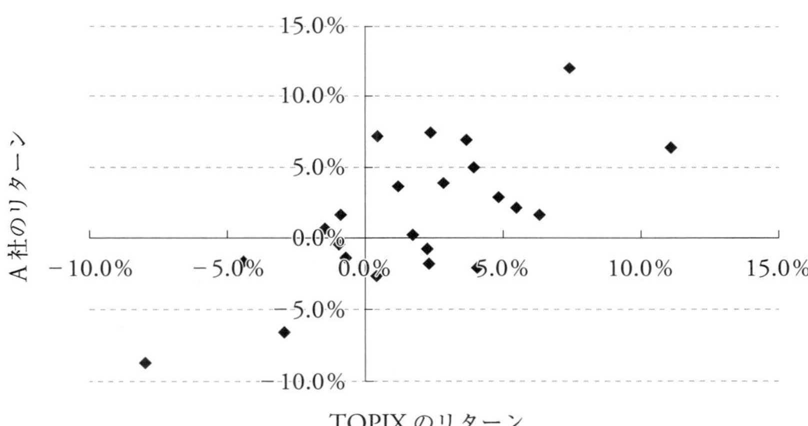

この両者の関係を近似直線で表すと次のようになる。

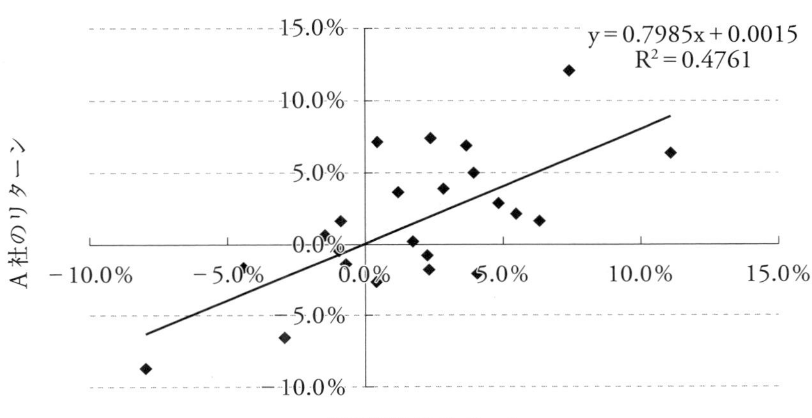

R^2値は、その直線で説明できる割合を示す。この場合５割程度は上の近似式で関係を表せることを意味する。

この直線は、TOPIXが一定のリターンをもたらすとき、A社はその0.8倍くらいのリターンをもたらすという意味になる。つまり、このときの直線の傾き0.7985がβそのものになる。

例として、ある企業のある期間における株価上昇率が５％で市場全体の上昇率が４％だった場合、株主資本コストは次のようになる。

rE＝リスクフリーレート（0.606％）＋（５％／４％）×（４％-0.606％） ＝4.485％

このようにして求められた株主資本コストは、株主の期待収益率であり、期待収益は何によって実現されるかといえば、配当や自己株式取得による還元と株主価値向上によるキャピタルゲインである。

以上により、算出されたWACCが、企業が達成すべき投資利回りの基準となる数値となる。

第４　事業価値と企業価値

事業価値＝FCFをWACCで割り引いた現在価値の総計で、通常は、評価期間（H）内のFCFの割引価値と、最終時点（H）での事業価値の和として計算される。最終時点での事業価値は、継続価値（ターミナルバリュー）と呼び、一般に永久債[8)]の公式を用いて計算される。事業価値の場合には、毎年着実にCFが一定の割合で永久に成長し続ける場合を想定する。

企業価値＝事業価値＋非事業用資産価値

企業価値－有利子負債の時価＝株主資本＝理論上の時価総額

企業の理論価値を増大させるためには、事業価値を増大させなければならず、そのためには、WACCを超える投資利回りを達成しなければならない。

EVA

企業の理論価値の増大を示す指標として、EVA（Economic Value

Added）がある。EVAとは財務会計ベースの利益ではなく、経済的な意味での利益を表す指標で、日本語では経済付加価値という。企業は会計上の利益ではなく、経済的利益であるEVAをプラスにすることで、理論価値の増大を生んでいると判断できる。

EVA ＝ NOPAT －（投下資本× WACC）

企業の投資の意思決定において、EVAがプラスである見込みであるこ

8）永久債とは、過去に英国政府が発行した債券で元本の償還はないものの毎年一定額の利子を払い続けるもの。永久債の現在価値次のようにして求めることができる。毎年のキャッシュフローをC、割引率をｒとすると、毎年永久にCを受け取れる永久債の現在価値PVは、

$$PV = \frac{C}{(1+r)} + \frac{C}{(1+r)^2} + \frac{C}{(1+r)^3} + \frac{C}{(1+r)^4} + \frac{C}{(1+r)^5} + \cdots\cdots$$

と表すことができる。

両辺に$(1+r)$をかけたものから、元の式を引いてみると、

$$(1+r)^{*}PV = C + \frac{C}{(1+r)} + \frac{C}{(1+r)^2} + \frac{C}{(1+r)^3} + \frac{C}{(1+r)^4} + \frac{C}{(1+r)^5} + \cdots\cdots$$

$$-)\ PV = \frac{C}{(1+r)} + \frac{C}{(1+r)^2} + \frac{C}{(1+r)^3} + \frac{C}{(1+r)^4} + \frac{C}{(1+r)^5} + \cdots\cdots$$

$$rPV = C$$

$$\boxed{PV = \frac{C}{r}}$$

となることがわかる。

例えば、毎年100万円を永久に支払い続けるという債券の現在価値を割引率を５％とすれば、

$$PV = \frac{100}{0.05} = 2{,}000\text{万円}$$

と求めることができる。

同様に、毎年着実にキャッシュフローが一定の割合で永久に成長し続ける場合には次のようにして現在価値を求めることとなる。毎年着実にキャッシュフローCが一定の割合gで、永久に成長し続ける場合、割引率をrとすると、この金融商品の現在価値PVは、

$$PV = \frac{C}{(1+r)} + \frac{C(1+g)}{(1+r)^2} + \frac{C(1+g)^2}{(1+r)^3} + \frac{C(1+g)^3}{(1+r)^4} + \frac{C(1+g)^4}{(1+r)^5} + \cdots\cdots$$

両辺に$\frac{1+g}{1+r}$をかけたものから、元の式を引くと、

$$PV = \frac{C}{(1+r)} + \frac{C(1+g)}{(1+r)^2} + \frac{C(1+g)^2}{(1+r)^3} + \frac{C(1+g)^3}{(1+r)^4} + \frac{C(1+g)^4}{(1+r)^5} + \cdots\cdots$$

とがまず大前提となる。EVA がマイナスになるような投資は事業価値の毀損につながるので行うべきではない。また、いったん投資を行ったプロジェクトの場合においても、経年により収益力が弱くなり、EVA がマイナスになるような場合には、撤退の意思決定を行うべきである。

すなわち、

NOPAT　＞　投下資本× WACC

の場合に、投資判断として合理的な意思決定といえる。

この両辺を投下資本で割ると、

NOPAT ／投下資本　＞　WACC

となるが、この左辺を ROIC（Return on Invested Capital）といい、投下資本に対する収益性を測る指標の１つで、これが WACC を上回ることが、投資の意思決定の前提となる。

M&A は、買収者にとっては、１つの投資判断であり、上記の WACC を前提とした合理的な判断であることが、M&A のビジネスプランニングのいの一番に確定すべきことであろう。すなわち、当該 M&A が投資判

$$-)\ \frac{1+g}{1+r}PV = +\frac{C(1+g)}{(1+r)^2}+\frac{C(1+g)^2}{(1+r)^3}+\frac{C(1+g)^3}{(1+r)^4}+\frac{C(1+g)^4}{(1+r)^5}+\cdots\cdots$$

$$\left[1+\frac{1+g}{1+r}\right]PV=\frac{C}{1+r} \rightarrow \frac{r-g}{1+r}PV=\frac{C}{1+r}$$

$$\boxed{PV=\frac{C}{r-g}}$$

と求められる。

例えば、キャッシュフローが毎年３％ずつ成長する債券の現在価値は、割引率を５％、初年度のキャッシュフローを100万円とすれば、

$$PV=\frac{100}{(0.05-0.03)}=5{,}000\text{万円}$$

と求めることができる（板倉雄一郎事務所ウェブサイト上のエッセイ「ファイナンス基礎理論第７回『現在価値とは』」(2007年１月16日)（http：//www.yuichiro-itakura.com/essay/partner_essay/by/by_７.html)）。

断として合理的なものか否かをまず確定すべきである。その際には、同じ経営目的を達成するための他の施策、例えば自らによる設備投資や、他のM&Aの候補などを、比較対照して、最もEVAが高くなる選択肢をとることが必要である。先述のHOYA株式会社におけるポートフォリオマネジメントでの撤退判断基準設定や、三菱重工業株式会社における資本コストを加味した収益性指標であるSAV（Strategic Added Value）により64の事業ユニットの事業ポジション（伸長維持・変革・縮小撤退）を管理する経営手法[9)]など、少しずつではあるが、資本コストを考慮した投資・撤退判断の基準を設ける企業が出てきている。

第5　M&Aという投資判断の合理性

M&Aも買収者にとっては1つの投資であり、投資判断としての合理性を備える必要があることは前述のとおりである。その場合の合理性の判断基準として、EVAがプラスであること、またはROICがWACCを上回ることも前述のとおりである。ここで留意すべきことは、EVAにせよROICにせよ、将来のFCFを推測した上で算出されるということである。FCFの予測は、外部の人間が公表データだけで予測するのは非常に難しいので、デューディリジェンスを通じてできるだけ実態に近い数字を得た上で、さらに自らの調査と予測をうまく織り込み、慎重に評価することが必要である。

ただ、M&Aの場合の特殊性は、対象事業（資産）の価値を売主（当該会社又はその株主）は既に獲得しているため、これを上回る対価（プレミアム）を提示しない限り、対象事業（資産）を取得することができないことである。すなわち、EVAをプラスにする、またはROICがWACCを上回るためには、取得する事業（資産）の既存の価値にさらに価値を付加する要素が必要となるということである。この要素は、「シナジー効果」と「経営改善効果」である。買収者のビジネスプランニングにおいては、この「シナジー効果」と「経営改善効果」を見極めた上で、対価の上限を設

9)　2012年4月27日公表の「2012事業計画（FY2012～2014）」参照（http://www.mhi.co.jp/finance/library/plan/pdf/h24_04keikaku.pdf）。

定し、交渉に入ることが必要である。特に、手法として金融商品取引法上の公開買付による場合には、多数の株主からの買付となるため、買収を成立させるために、プレミアムを高く設定するケースが多い[10)]ので、また、オークション（入札）[11)]による買収の場合には、特に買収者の候補者が多い場合には、落札価格が高額になる場合が多いので、このようなケースでは、より慎重に「シナジー効果」と「経営改善効果」を評価する必要がある。

第6　シナジー効果

シナジー効果とは、買収者と被買収者の事業を統合することにより、その事業価値が単に両社の事業価値の合計ではなく、これを上回る価値を生み出す現象のことをいう。経営資源が集約されたり、別々の事業の組み合わせにより新たな付加価値が生まれることによってシナジー効果が発生する。例えば同業会社とのM&A（水平型M&Aという）では、重複部門のカットや重複投資を減らす効果が期待できる。また製造会社と販売会社とのM&A（垂直型M&Aという）では、川上と川下が1つの企業に収まることにより、相互補完が可能となるといったメリットがある。シナジー効果の中で、最も予測が容易なものは、コスト削減効果である。例えば合併の場合における本社機能などの間接部門は、被合併会社の間接部門がまるまるそのまま必要となるとは考えられず、合併会社の間接部門が吸収できる部分があるので、その分コスト削減効果がある。また、規模の経済効果が働く事業では、規模の拡大による製造コストや購買コストを低減することができる。予測は難しいが、売り上げ増強効果をもたらすシナジーもある。垂直型M&Aにおいては、統合前に両社が行っていた取引のうち、第三者との取引が統合後の自社内取引に代替されることが考えられ、この場合には売り上げ成長が見込まれる。さらに、両社が既保有の知的資産を互い

10）各年の公開買付案件の全プレミアム平均は、2012年43.99%、2011年51.18%、2010年41.69%、2009年55.07%となっている。http：//www.stpedia-ma.com/

11）オークション（入札）とは、会社や事業の売却の意向をある程度公表し、入札により競わせて買収者を決定する仕組みである。オークションをアレンジするのは、通常投資銀行などだが、できる限り高い価格で売却しようとする。

に移転することにより、製造プロセスや販売管理等の効率性向上によるシナジーも見込まれる。いずれにせよ、ビジネスプランニングにおいては、調達、R&D、生産、物流、販売、販促、アフターサービス、管理等、事業活動における各バリューチェーンごとに、具体的なシナジー効果をできるだけ定量的に見込み、合理的な投資判断につなぐことが必要である。また、具体的なシナジーを明確に見極めることにより、クロージング後の統合プランを迅速に実行することが可能となり、統合後の不安定な状態を続けることによる、人心の離反などの負の影響を回避することができる。

第7　マネジメント改善効果

マネジメント改善効果は、買収者が非効率な経営を行っている経営者を指導又は更迭することにより、被買収者の事業価値を向上させることである。前述のとおり、資本の規律に従いM&Aが頻繁に行われることにより、資源の効率的な配分がなされ、社会の富の増大につながることとなるが、この資源の効率的な配分をもたらすものは、１つは積極的に新たな価値を生み出すシナジーであり、もう１つは経営者の不作為により顕在化していない価値を顕在化させるマネジメント改善である。上場企業において、このような経営者の不作為がある場合に、本来有すべき価値を顕在化させる方法としては、(i)経営陣の自省を促すことか、(ii)株主総会において経営陣を更迭するか、であるが、１人の少数株主がこのような動きに出ても、現実にはなかなか実現しない。しかし、M&Aにより、当該会社の支配権を掌握すれば、経営者に対する指導や更迭は可能となり、経営の効率性の向上が実現できる。非効率経営を行っている会社の株主価値は低下し株価も低迷するため、マネジメント改善を実行できる買収者にとってはROICの高い投資対象である。このように、市場メカニズムが機能する中で、企業経営の非効率性を排除する装置としてのM&Aに期待するところは極めて大きい。前述のとおり、多くの我が国上場企業の経営者が資本コストを意識せず、非効率な事業（資産）を抱えている状況においては、M&Aによる非効率経営排除の必要性は大きいものと思われる。マネジメント改善効果のためのM&Aは、被買収者の経営者の経営を否定するところに原点があるため、交渉により友好的なM&Aとはならない、敵対的な

M&Aとなることも相当のケースであり得ると思われる。

第8　交　渉

M&Aにおけるビジネスプランニングにおいては、対価のプレミアムの源泉となり得るシナジー効果とマネジメント改善効果の存在とそのレベルを的確に把握することが必要であるが、当該効果を把握した上で、当該効果による価値向上という利益のうち、M&Aの対価として被買収者（株主）に帰属させる部分を最大いくらにすることが可能か、すなわち対価の上限を設定することが必要となる。このような上限を設定することにより、交渉における譲歩の限界を画することが可能となり、不合理な内容での取引成立という結果を回避することができる。上限価格は、交渉理論によると、交渉が決裂した時の対処案として最も良い案（これを、Best Alternative To a Negotiated Agreementの頭文字をとって「BATNA」という）を追求した場合と同等の利益をもたらす価格（一般にこれを、Reservation Point　略して「RP」という）である。したがって十分な情報を収集することにより、同様の価値向上をもたらすような他に選択できる投資（M&Aを含む）対象の有無及び有の場合において見込まれる投下資本の金額等を考慮して決定することとなる。上限設定を行うことにより、プロジェクトに執着することなく合理的な判断を貫徹することが可能となる。交渉に際しては、「このような機会はもう一生めぐってくることはないだろう」[12]などと思い込むとどうしても高値掴みをしやすいので、「上限を超えれば買わなくていい」と言い聞かせて交渉に当たるべきである。「Okay, no deal, good-bye!!」と言って席を立つ気概で交渉に臨むべきである。また、業務執行に関わっている取締役は、どうしても前のめりになって、足元のM&Aの成立を求めることが考えられるが、社外独立取締役の存在等、ガバナンスがしっかりしていれば、安易な高値掴みが回避できる可能性が高い[13]。

12）　ソニーの盛田昭夫会長（当時）がコロンビア・ピクチャーズ買収に際して述べたといわれている。ソニーはコロンビア・ピクチャーズを34億ドルで買収したが、コロンビア社の経営陣に、ほとんどチェックせずに放漫経営をさせたために、業績が伸びず、ソニーは1995年3月期に約2,650億円ものの れんの減損を計上した。

第9　被買収者の判断の合理性

買収者については上述のとおり、プレミアム分についてシナジー効果やマネジメント改善効果があり、かつ当該対価がRPを下回っていることが、投資判断の合理性を確保するためには必要であるが、被買収者の判断の合理性については、どう考えればよいだろうか？　非常にシンプルであるが、対象事業（資産）価値を超える金額で、RPを上回る対価であることが、被買収者の判断の合理性の基準である。むしろ、対象事業（資産）価値を超える対価で、RPを上回る対価による買収のオファーがあった場合には、経営者は、株主に対する善管注意義務や忠実義務の観点から、当該オファーを拒むことはできないと考えるべきではないだろうか。限定的な事例ではあるが、「会社が売却される際には会社の経営者は会社砦の守護者（defenders of the corporate bastion）としてではなく、株主のために最高の売却益を獲得する使命を負った競売人（auctioneer）として行動しなければならない」とする、米国デラウェア州の「レブロン基準」と相通ずるものがあると思われる。もちろん、当該M&Aの手法が株主総会決議を要する場合において、理由のいかんを問わず、株主総会で否決される可能性はあり得るが、少なくとも経営者は上記のオファーを株主総会の議題とすることを拒否することはできないと考えるべきであろう。このようにオファーを受けた場合の対応が注目される場面として、我が国ではまだあまり実例はないが、敵対的買収のオファーがあった場合がある。2006年に王子製紙が北越製紙の全株式を対象として行った敵対的買収案件では、公開情報では、王子製紙はプレミアムは約34%で従業員の解雇は一切しない

13）ガバナンスが機能していない場合にしばしばみられるのが、経営者が買収の妥当性を検討するときに、シナジー効果やマネジメント改善効果を、買える価格に「つじつま合わせ」することである。このようなM&Aは、トップの肝いりのプロジェクトであることが多く、プロジェクト担当者としては破談にしたくないという心理が強く働き、実現の見通しのないシナジー効果やマネジメント改善効果を、いかにも存在するかのようなシナリオを描くことがある。1998年に実施されたダイムラーとクライスラーの合併時の買収価格算定の際に、両社の車種が全く異なっており、現実には部品共通化は不可能であったにもかかわらず、部品共通化をシナジー効果の1つとして上乗せした上で、実行したといわれている。結局、ダイムラー・クライスラーでは旧両社間での部品共通化は実現せず、2007年にクライスラー部門はサーベラス・キャピタル・マネジメントに売却され、分離独立した。

ことを公約していた[14)]。しかし、当時の北越製紙の社長が断固反対の姿勢をとり、結果的にこのM&Aは不成立となった。次の問答は、2006年7月31日付日経ビジネスに掲載された記者と当時の社長との問答である。

問　王子のやり方に怒り、徹底抗戦の構えだが、勝算はあるのか。

答　業界再編がいかにも正義だという風潮がある。再編さえすれば企業価値が高まり、株主に価値を提供できるという考え方だ。資本の論理を否定はしないが、その陰には常に従業員のリストラがある。それが正道だろうか。

23日、（北越の）労働組合の委員長から「TOBなんてとんでもない。もしそうなったら一緒になって戦いますよ」という、うれしい言葉をもらった。従業員と会社の一体感というのは日本の製造業として一番大事なことではないか。大きくなれば力がつくという単純な考え方でいいのか。もちろんステークホルダーの中心には株主を据えるが、根元のところは人だと思う。

問　世界を見ると日本の製紙会社は一つひとつの規模が小さい。王子と日本製紙グループ本社の2強に再編すべきという考え方に説得力はないか。

答　2強になれば、第三者をコントロールできるだろう。価格などあらゆる面で力を行使でき、そうした事態を憂えるお客さんの声も聞こえている。

我々の規模が小さいというのはその通りだが、（規模が大きい）日本の総合メーカーも品種ごとに見れば個々には強くない。我々は塗工紙では日本のナンバーワンであり、国際競争力もある。得意のところを伸ばしていくという考え方があってもいい。

問　三菱商事の出資を受けると発表したのが7月21日。敵対的TOBを事前に察知しての防衛策とも見える。

答　それは勘ぐりだ。紙の国内需要の伸びは期待できないから我々は海外に打って出る。そのために三菱商事と組んだ。三菱商事も紙パルプ事業はそれほど強くないから、北越と組んで起死回生の手を打った。三菱商事と正式に資本関係ができれば、向こうには三菱製紙がいるわけで、大きな意味でのグループ化、第3勢力の形成というのは当然考える。第3極がないと業界のバランスが崩れるから、我々は頑張らなくてはならない。

問　王子製紙は、かねて北越に経営統合を打診していたと主張している。

答　王子さんとのつき合いは古いから、その種の申し入れは何度もあった。

14）　平成18年7月23日付王子製紙株式会社公表文書「北越製紙株式会社に対する経営統合提案に関するお知らせ」参照（http：//www.ojiholdings.co.jp/news/2006/7-9/060723.pdf）。

今回もその１つと思ったが、いきなりTOBで子会社化だとか、自分たちの戦略に取り込んで当社の（最新の抄紙機を2008年に稼働させる予定の）新潟工場をどうするとかは、ありがた迷惑な話。ひどいじゃないかと。

あちらは新潟工場のことばかり言っているが、ウチにはほかに２つ工場がある。ほかは切り捨てて新潟だけくれというのではあんまりだ。高級白板紙ではウチと王子を合わせると国内シェアが50％を超えて独占禁止法の問題が出てくるが、それについても触れていない。議論の余地がない話だ。

問　三菱商事と北越製紙の資本提携で製紙業界に第３勢力が生まれることを嫌った王子が、TOBで楔（くさび）を打ち込んだと見ることもできる。

答　相手の心の内は分からないが、もし仮に第３勢力を否定しようとしているのだとしたら、許し難い。小さくても健全に、地方で一生懸命モノを作っている会社はたくさんある。その存在を否定したら、日本の製造業の根底が覆る。今回の事件は日本の製造業全体に関わる問題だと思っている。失礼かもしれないが、北越や大王製紙の工場の生産性は王子より高い。

問　とはいえ、王子の提案する買い取り価格は発表時点の北越株よりも35％高い。よほどのデメリットがなければ、拒否できないのではないか。

答　例えば当社の新潟工場の１人当たりの生産性は日本で一番高いと思う。それは設計から生産、メンテナンスまで現場の社員が一体感を持って生産性を上げようとしているからだ。そういった私たちの企業文化が、１兆何千億円のグループに入ったら一夜で崩れてしまう。それが怖い。

今までも多くの会社が２強にのみ込まれていった。よその会社のことはよく分からないが、想像するに、のみ込まれた側は、言われた通りにすればいい、ノルマを果たせばいい、という雰囲気になってしまい、モチベーションが出てこないのではないだろうか。

問　王子は数字で統合のメリットを示している。一体感やモチベーションという抽象的な言葉では、北越の株主を説得できないかもしれない。

答　王子と北越は同業種だから、数字を比較しやすい。社員１人当たりの生産性とかコストとか。一緒になったら北越の生産性がどのくらい落ちるかも、すぐに計算できる。規模が小さい会社にも価値があることを大いにアピールできるはずだ。今後もTOBが跋扈するだろうが、ここは何が何でも踏みとどまらなければならない。

問　王子の鈴木正一郎会長とは親しく、TOB発表直前の７月23日の夕方にも会ったそうだが。

答　長いおつき合いだから、血を流すようなことはしないでほしい、こちらの意思を通させてもらえないかとお願いした。だけど、まあ私の説得力が足りなかったということです。

「従業員と会社の一体感というのは日本の製造業として一番大事なことではないか。」「ありがた迷惑な話。ひどいじゃないかと。」「議論の余地がない話だ。」「そういった私たちの企業文化が、1兆何千億円のグループに入ったら一夜で崩れてしまう。それが怖い。」「想像するに、のみ込まれた側は、言われた通りにすればいい、ノルマを果たせばいい、という雰囲気になってしまい、モチベーションが出てこないのではないだろうか。」「今後もTOBが跋扈するだろうが、ここは何が何でも踏みとどまらなければならない。」など、上場企業のトップとしては首をかしげたくなるような感情的・抽象的な発言に終始している。冒頭に紹介した、東京大学公共政策大学院セミナーの講演者である某大手メーカーのトップ同様の発言である。社会の富の増大という目的に合致した行動をとるべき、いわば社会の公器としての存在である上場企業の経営者の発言・判断として、はたして適切であったであろうか？

第10　対等合併

話は少し外れるが、我が国ではM&A、中でも合併において、公表する際に、「対等合併」や「対等の精神で」という表現が多用される。はたして、「対等」とは何か？　合併比率が1対1であれば、字句どおり対等な合併であるが、これは単に1株当たりの価値が同じ、というだけであり、会社自体の価値や合併後の会社のコントロールを誰が持つのか、ということとは無関係である。また、字句どおりの対等な合併は極めてまれである。それでも「対等」を強調するアナウンスメントが多い[15)]。M&Aにおいては、買収者と被買収者が存在し、M&Aの結果、被買収者の支配権が買収者に移動し、その結果トータルでの企業価値が増大するものである。この価値の増加が、シナジー効果によるものとマネジメント改善効果によるものであることは先述のとおりである。買収者の株主価値はシナジー効果や

15）「対等の精神」という表現が含まれた最近の公表例として次のものがある。
「新日本製鐵㈱と住友金属工業㈱の経営統合に向けた検討開始について（平成23年2月3日）」（http：//www.nssmc.com/news/old_nsc/news/data/20110203105009_1.pdf）。
「日立金属株式会社および日立電線株式会社の経営統合に関する基本合意書締結に関するお知らせ（平成24年11月13日）」（http：//www.hitachi-metals.co.jp/ir/ir-news/20121113_2.pdf）。

マネジメント改善効果により増大し、被買収者の株主はクロージング時点で、将来増大するであろう株主価値向上分の一部の還元をプレミアムという形で受けることになる。この考え方は、吸収合併であろうと株式交換であろうと同じである。ただ、我が国の場合には、「対等」の名の下に、存続会社、商号、経営トップ、本店所在地、取締役会の構成比率などにおいて、いかに表面上「対等」に分け合うかに注力し、被買収者株主にどれだけプレミアムを払うかについてはほとんど留意されていないようにみえる。現実に、我が国では、対価が株式である場合のプレミアムはほとんどない反面、被買収者の取締役が買収者の取締役に残る比率が非常に高い。これでは、プレミアムの支払いにより減少した株主価値を取り戻し、さらに資本コストを上回るリターンを上げるための「新たな経営」を必死に行うインセンティブも決して高まらない。両当事者の経営者と従業員の論理に基づき単にサイズを大きくするだけでの取引であり、株主特に被買収者の株主は浮かばれないのではないか。プレミアムと、これをカバーするシナジー効果及びマネジメント改善効果、これらがビジネスプランニングにおいて、明確にしておくべき要素である。これをあいまいにして、「対等精神」により頑張るという感情に流されたプランニングだけでは、企業価値向上の実現には大きな疑問符がつく。

第11　のれん

シナジー効果やマネジメント改善効果を、的確に把握せずに、過大に評価して、M&Aを実行した場合には、将来に大きなしっぺ返しを受けることとなる。

買収代金は、上述のとおり、プレミアムが必ず存在し、被買収者の帳簿上の純資産とは関係なく決まるので、差額が発生する。この差額がのれんとして計上される。

のれん＝買収価格－帳簿上の純資産

買収代金が帳簿上の純資産よりも高ければ、その会社は超過収益力があるということで、正ののれんが発生し、逆に低ければ負ののれんが発生する。のれんは「のれん」という無形固定資産科目としてBS（連結貸借対照

表又は貸借対照表）に計上される。のれんの会計処理の考え方としては、のれんが有効と考えられる期間にわたって規則的に償却する方法と、償却は行わずのれんの価値が損なわれたときに減損処理を行う方法とがある。米国会計基準や国際会計基準では、後者の減損処理を行う方法のみが認められているが、我が国の会計基準では、２年以上20年以内ののれんの効果の及ぶ期間にわたって、定額法その他の合理的な方法により規則的に償却することが強制され[16)]、のれんの当期償却額は販売費及び一般管理費として損益計算書に計上される。また、のれんも固定資産の１つであるので、「固定資産の減損に係る会計基準」の対象であるため、償却を行った上で減損処理が行われることがある。

シナジー効果やマネジメント改善効果を過大に見込んだ場合には、のれんの計上額も過大になり、その結果、毎期償却する場合には、販売費及び一般管理費が大きくなるので、期間損益を圧迫する要因となる。また、想定したほどのシナジー効果やマネジメント効果が実現できないことが判明した時には、減損処理を行うこととなり、巨額の特別損失を計上しなければならなくなる。

のれんの計上が、我が国の会計基準に従えば、償却負担による販売費及び一般管理費の増という形で毎期損益の重荷になること、そのために償却する必要がない国際会計基準に移行する企業があること、いずれにせよM&Aにより見込んでいたシナジー効果やマネジメント改善効果が出ない場合には、のれんの減損という厳しい結果が待っていることについては、2013年１月18日及び19日の日本経済新聞朝刊に掲載された「M&Aの副産物のれんの正体」という特集記事により紹介されているので、以下本文を記載する。

18日

日本企業による海外M&A（合併・買収）が昨年、過去最高の件数になるなど企業買収が活発になる一方、その副産物である「のれん」が業績を揺らす例が出てきた。価値が見えにくい無形資産、のれんが膨らみ、思わぬ損失が発生するリスクへ関心が高まる。

「将来の事業拡大が困難になったとして昨年度に続き、今回も巨額の（の

16）　企業会計基準第21号企業結合に関する会計基準32。

れんの）減損を実施することに至った」。パナソニックは昨年10月末、2013年３月期の最終損益が7650億円の赤字になると発表した。津賀一宏社長は会見で、要因をこう説明した。

パナソニックは12年４～９月期、のれんの減損で2378億円の損失を計上した。のれんの減損は２年間で計4000億円を超える。今回減損したのは、09年に買収した旧三洋電機と、02年に完全子会社化した旧松下通信工業に絡む分だ。パナソニックは7500億円を超えるのれんが12年３月末時点で残っていた。

M&Aでは買収価格は通常、将来に生む事業収益などを織り込み、買われる企業の実質的な時価より高くなる。この上乗せ金額がのれんだ。買収した事業で十分な利益を出せなくなると、会計ルール上はのれんの価値が減ったとみなし損失処理する。

河井英明常務は「波の激しいデジタル製品を扱う企業にとって、のれんの価値を維持するのは難しい問題だ」と話す。旧松下通工の携帯電話事業はかつては稼ぎ頭だったが、スマートフォン（スマホ）の台頭で苦戦。急激に収益が悪化し、のれんの価値が下がった。

リコーも12年３月期にのれん減損274億円を計上。07年に米IBMから買収したデジタル印刷機事業が、見込みほど収益が得られなくなった。

バランスシートにのれんを計上している上場企業（金融を除く）は800社強と全体の３割以上。1,000億円超の企業も20社余りある。

投資家も警戒を強める。「のれんの額が大きい企業を洗い出せ」。大手運用会社フィデリティ投信では１年ほど前、社内に緊急指示を出した。自己資本に比べのれんの規模が大きい企業を、外部機関も使って徹底調査した。のれんは「収益悪化により突然消える資産だけに怖い」（三瓶裕喜調査部部長）という。

海外の有力企業でも損失が出ている。欧アルセロール・ミタルが昨年末、12年10～12月期に約43億ドル（約3800億円）ののれん減損を計上すると発表。米マイクロソフトは12年４～６月期、07年に手掛けたネット広告大手の買収に絡み約62億ドル（約5400億円）の損失を出した。

豪州事業に関連するのれんなどで、11年12月期までの２年間で合わせて約450億円を減損したキリンホールディングス。三宅占二社長は「買収後の統合作業が遅れ、経営環境の変化に対応できなかった」と悔やむ。

のれんは工場などと違って、目に見えず実態を把握しにくい資産だ。M&Aが増えるにつれ、日本企業が全体で抱えるのれんは拡大しつつある。経営者も、投資家も、見えない資産とどう向き合うかが新たな課題だ。

19日

武田薬品工業の2014年３月期決算で、年300億円の増益要因が生まれる。国際会計基準を導入することで、日本基準の今期に約300億円かかる「のれん」償却費が、来期は消える。

武田は08年に米ミレニアム・ファーマシューティカルズを、11年にはスイスのナイコメッドを相次ぎ買収、合わせて約２兆円をM&A（合併・買収）に投じた。結果、のれんは12年３月期末で5800億円に膨らみ毎期の償却が重荷だった。

高原宏・経営管理部長は「欧米の製薬大手とEPS（１株利益）の競争をしている中では日本の会計基準では不利になる」と話す。海外のライバル企業と同じ条件で競争するため、来期から国際会計基準に移行する。

のれんの会計処理は日本と欧米の基準では違いがある。日本基準では20年以内で毎期少しずつ費用処理（償却）するが、国際会計基準では償却しない。12年３月期から国際会計基準に移行した日本たばこ産業（JT）は年800億円を超える償却負担がなくなった。M&Aに積極的な企業では、会計基準を変えると償却負担がなくなり利益を押し上げる。

M&Aに活路を求める企業にとって、コストが増えるのれん償却は無視できない。「買収しても利益が増えないことを気にしてM&Aをためらう経営者も多い」（ゴールドマン・サックス証券の矢野佳彦M&A統括責任者）という。

しかし、適用する会計基準を変えれば、問題が解決するわけではない。米国や国際会計基準では毎年の負担は消えても、のれんの価値を維持できなければ減損で大きな損失を被るリスクが残る。日本基準でも同様な減損ルールがある。どの会計基準を使っても、企業はのれんの価値を損なわないよう、M&Aの成果を上げなければならない。

テルモの新宅祐太郎社長は「今は環境変化が激しい時代。買収後の統合作業はスピーディーに進めた」と話す。テルモは11年４月に米カリディアンBCTを2000億円で買収。シナジー効果を一気に引き出すため、世界100カ国を超える国々で販売体制を素早く統合するなど、買収後に収益を一段と改善するための取り組みを１年でほとんどやりとげた。

日本有数のM&A巧者の日本電産は、買収した企業の収益を１週間単位で管理することもある。「収益が悪化するリスクをみつけた場合は、すぐに事業部門にフィードバックする体制を整えている」（吉松加雄最高財務責任者）という。

国内市場が成熟し、新たな成長機会を求めるためにはM&Aは重要な選択肢だ。しかし、安易な買収戦略には、のれんの減損という厳しい結果が待つ。のれんはM&Aの成否を映す鏡でもある。

M&Aのビジネスプランニングで最も重要なのは、M&Aにより実現する効果（シナジー効果及びマネジメント改善効果）の的確な設定である。この効果は、大きければ大きいほど、プレミアムが大きくなることもあり、被買収者やその株主の同意は得やすく、取引の成立は容易になるが、逆に買収者の経営者がクリアすべきハードルが高くなることでもあり、のれんの償却負担による期間損益への圧迫や、効果の実現が危ぶまれるような事態になると、のれんの減損という形で、経営者には大きなしっぺ返しとなってくる。場合によれば、おおもとの投資判断の合理性に関連した経営者の責任問題を惹起しかねない。一方、このようなリスクをおそれて、プレミアムを低く設定するような場合には、そもそも被買収者やその株主の同意を得ることが難しくなり、取引そのものが成立しない可能性がある。買収者の経営者としては、実現可能性のある効果をできるだけ大きく見込み、プレミアムを被買収者やその株主が容認するレベルに設定するとともに、設定したプレミアムについては、その回収に向けて、シナジー効果やマネジメント効果を着実に実現していく、クロージング後の必死の経営が求められることとなる。そして、経営者のこの成果を毎期毎期の決算にて、のれんの評価という形で、判定されることになり、場合によれば経営者の責任が問われる事態にもなる。敵対的買収やオークションによる買収の場合には、プレミアムを相当高く設定しなければ買収が成就しないことが考えられるため、より慎重な判断が求められることは前述のとおりである。

2006年６月に、日本板硝子は約6,160億円を投じ、英国のガラス大手ピルキントン社を買収した。当時は、「小が大をのんだ」と世界を驚かせ、世界トップ級のガラスメーカーに躍り出た。この結果、欧州での売上比率が５割となったが、リーマンショック後、欧米のガラス需要が大幅に落ち込み、買収に伴うのれん償却（約180億円）や金利負担が重く、2009年３月期、2010年３月期と２期連続の経常赤字となった。2011年３月期はリストラ効果等により、かろうじて経常黒字を確保した。その後、2012年３月期から、国際会計基準に変更し、償却負担を回避することはできたが、同期末に自己資本の70％近い1,050億円ののれんを抱えており、欧

17）　http：//www.nsg.co.jp/ja-jp/media/announcements-2013/changes-in-nsg-group-board-membership-b

州事業の収益力が低い中で、減損リスクを抱えている。このような中、2013年3月28日、ピルキントンの買収を推進してきた同社藤本勝司会長と阿部友昭副会長が3月末にも退任する人事を公表した[17)]。株主からの責任を求める声に応じたという報道もあるが、経営者に対して警鐘をならす事例といえよう。

一方、企業の成長・価値向上のために、果敢に大型買収を行い、巨額ののれんを計上したが、必死の経営により、シナジー効果実現し、株主価値を向上させている会社もある。日本たばこ産業（JT）は、2012年3月期の連結決算で、約1兆1,100億円ものののれんを計上しているが、減損額はない。同社は、1985年に日本専売公社の事業を承継する形で設立された株式会社で、1994年に株式を上場し、資本市場と対峙することとなり、永続的な成長（企業価値向上）を求められることとなった。ところが、メインの事業であるタバコの国内市場は縮小傾向が続き、海外市場の自己開拓についても、各国での健康上の規制等もあり、新たなブランドを作り上げることが困難である中で、成長のためには既存の会社を買収するという選択肢しかなかった。1999年に、RJRナビスコ社の米国外たばこ事業部門の入札に応じ、当時のJTの売上高の3分の1超の約9,400億円で落札した。さらに、2007年に、約2兆2,000億円で英国ギャラハー社を買収した。驚異的な金額による買収を行ってきているが、決して高値掴みではなく、一連の買収の結果、グローバルでは一ローカル企業でしかなかった会社が、世界第3位のたばこ会社としての地位を確固たるものとし、真にグローバル企業として年平均5％以上のEBITDA成長率を中期経営計画では掲げ、海外事業を中心に、目標を上回る成長を達成してきている。

第12　経営管理手法そのもの

最高の財・サービスの社会への提供と企業価値の最大化という経営目標を達成するための1つの方法としてM&Aがあり、M&Aにおいては、シナジー効果とマネジメント改善効果という形で上記の経営目標の達成がなされる。この経営目標は、抽象的なものではなく、初期投資で負担したプレミアムそのものであり、会計処理上のれんという項目で具体的数値として世の中に公開されるものである。そして、こののれんの価値の評価は毎期の決算処理の中で、当該事業（資産）の将来キャッシュフローから資本コストを考慮した割引率で算出される事業（資産）価値との対比の中で行われ、計上額に価値が満たない場合には減損という処理を余儀なくされ、場合によれば、経営者の更迭につながる。

このプロセスは、実はM&Aという限られた世界での規律ではなく、企業の経営そのものを律するプロセスでもある。法定開示事項ではないが、最近、投資家や株主の声を反映し中期計画等の経営計画を設定・公表する上場企業が増えてきており、さらのその中で具体的な数値目標を設定している企業が大半を占めている実態がある[18)]。ただ、数値目標を含めた記載内容については、投資家の求めるものと企業の現実の記載内容にはギャップがあるようである。投資家は、企業が企業価値向上のために、何に投資をし、その投資が企業価値をどの程度向上させるのか、投資判断の基準は何か、投資後の撤退基準は何か、FCFは株主還元の対象としているか、投資・株主還元・資本構成の相互間に具体的な整合性があるか等を求めているが、現実の我が国企業の開示内容では、単純に会計上の利益額や利益の伸び率、会計上の売上高や売上高の伸び率、売上高利益率を示すだけであり、ROEを含めた、上記の投資家が望む内容の開示を行っている企業はまだ多くない[19)]。資本の規律を厳格に機能させるためにも、このような経営計画の開示の中で、いわばのれんに該当する、達成すべき企業価値向上額をコミットし、その実現に向けて、必死に経営を行い、達成することができない場合には、経営者は責任をとる、というようなメカニズムがあってもよいように思われる。

18）　2013年３月に公表された生命保険協会の平成24年度調査結果によると、アンケートに回答した上場企業（571社）の73.4％が中期経営計画を公表しており、うち94.5％が具体的な数値目標を公表している。また、96.1％の投資家が、企業の中期経営計画を投資判断材料として、「重視している」と回答（http：//www.seiho.or.jp/info/news/2013/0315-２.html）。

19）　欧米企業の経営計画では、EPS成長率、EBITAマージン、キャッシュ転換率、ROIC、資本コスト控除後EBITなどの独自の指標を目標としている企業が多い。我が国でも、先進的な企業においては、独自の指標を目標とするところも出てきている。例えば、JT・キリンHD（EBITA成長率やEPS成長率）、味の素・三菱重工業（ROE）、三菱重工業（ROIC）など。

第13　社会の富の増大に向けたM&A

戦後の荒廃から復興する過程で、放っておいても需要が伸びる時代においては、各企業は自ら需要を捕捉するために、自らが生産拠点や販売拠点等に投資を行って、社会に最高の財・サービスを提供するとともに、自らの企業価値も高めてきた。これにより、社会の富の増大に大きく貢献してきた。しかし、我が国の高度経済成長時代が終焉し、放っておいても需要が伸びる時代ではなくなった。一方、グローバル競争が激しくなる中で、テクノロジーやビジネスモデルの盛衰が速くなり、最高の財・サービスを、自らの経営資源だけで開発・商品化・販売することが、極めて難しい時代になってきた。また、財・サービスの市場も、我が国や欧米諸国はもとより、アジア、ロシア、中南米、アフリカと拡大を続けている中で、グローバル市場でのプレゼンスを高めることが、企業の成長すなわち企業価値の向上に必要不可欠である時代が到来してきた。

このような時代背景の中で、企業が持続的な企業価値向上を図るためには、M&Aは不可欠なものとなっている。先に述べたとおり、ここでいうM&Aは、投資の1つとしてのM&Aであるとともに、非効率事業（資産）の処分としてのM&Aでもある。

冒頭述べたが、高度経済成長時代の負の遺産として、企業の共同体化がある。すなわち、経営者の経営目的が自らが属する組織の維持に終始している企業が多く、このような企業では、当該組織に属する正規従業員も居心地の良さから、組織維持経営をサポートする傾向がある。幕藩体制のような固定化された社会では、非効率な事業（資産）はそのまま維持され、トータルとしての資源の効率な配分が実現せず、その結果、社会全体の富の増大にもつながらない。個々の企業、事業組織、個人（経営者、従業員など）など、社会を構成する主体等がもっと流動化でき、最適な主体等が最適なところに不断に動いていける社会が、最も効率的な資源配分を実現することとなり、社会全体の富の最大化につながる。

上場企業の経営者は、社会の富の増大を担う公器であるとの自覚を持ち、資本コストを基準とした事業（資産）の取捨選択を常に行い、各企業が自らが得意とする分野に集中して、不断に最高の財・サービスの提供を行うことを目指すべきである。

我が国における M&A の市場はまだまだ活発だとはいえない状況であるが、(i)資本コストを下回るリターンしか期待できない事業（資産）を切り離すこと、(ii)高いプレミアムでも企業価値向上につながる可能性があれば、敵対的な買収も辞さずに、果敢にチャレンジすること、という、資本主義経済の下では、当然ともいえる、経営判断をもっと行うことになれば、我が国における M&A も活性化するものと思われる。M&A が活性化することにより、上記のとおり、社会における資源配分が効率化され、社会の富の増大すなわち経済成長につながることとなる。

第１章　本書の使い方

第１　本書の特徴

企業再編は、企業や事業を統合、移転又は廃止させるものであり、当事会社のステークホルダーはもちろん、その企業の属する業界にも重大な影響を及ぼす可能性がある。そのため、会社法、金融商品取引法、独占禁止法をはじめとする様々な法令による規制を受ける上、税務面、会計面でも検討しなければならない課題は多い。さらに、異なる企業間での支配権や事業の移動を伴うため、法令等の規律にとどまらず、相手方企業の調査やクロージングに向けた諸条件の交渉も当然のことながら必要となる。このように、企業再編を実際に行う場面では、対象となる事業の内容のみでなく、法律、会計、税務面の知見が不可欠となる。

本書は、そのタイトルのとおり、企業再編に関わる諸制度について、全体を俯瞰することができるよう幅広く、かつ詳細に解説している。

加えて、本書は実際に企業再編を検討する企業や担当者の利用に資するよう、以下のとおり実用性を重視した内容となっている。

１　利用目的に合わせた３部構成としている

本書は、利用者の目的に応じた利便性を高めるため、(i)再編の形態や手法といった機能的側面から、制度横断的に実例を踏まえて実践的な解説を行う第１部活用編、(ii)各種法律、会計及び税務について、それぞれ企業再編に関する体系的な解説を行う第２部制度編、並びに、(iii)企業再編を進める上で必要とされる契約書、開示書類、届出書あるいは標準スケジュール等を掲載した第３部資料編の３部構成としている。

しかも、(iii)資料編については、利便性を高めるため、活用編や制度編とのクロスリファレンスを徹底するとともに、一部の書式を商事法務のホームページからダウンロードできるようにする予定である。

2　豊富な実例を踏まえた実践的な分析を加えている

本書は、特に活用編において、再編の手法ごとに関連する著名な公表事例を紹介し、その実例を詳細に分析している点に大きな特徴がある。これは、事例分析により、当該事例の手続の流れや検討された点などを具体的にイメージできるようにし、類似の組織再編を検討する際の参考にできるよう配慮したものである。

また、再編手法における事例紹介以外にも、実務上の論点や最近の動向等に関し、コラム等を用いて随所に判例や事例を取り上げ、その理解の促進を図っている。

3　最新の動向を踏まえた実践的な内容となっている

本書は、各方面の専門家が、企業再編を進める上で実際に問題となる事項について、それぞれの専門的見地から解説しているため、単なる制度の解説にとどまらず、実務上の問題点や留意事項についても言及した実践的な内容となっている。

また、平成26年の会社法改正、平成24年、25年の金融商品取引法改正、あるいは産業競争力強化法の新設など、近時企業再編に関する重要な法改正が続いているが、これらの法改正を踏まえた実務上の影響や、最新の裁判例についても可能な限り言及している。

第2　本書の構成

本書は先に述べたとおり、(i)機能的側面から実践的な解説をしている活用編、(ii)諸制度の体系的な解説をしている制度編、及び、(iii)資料編の3部構成となっている。

1　活用編

第2章から第6章までは、再編の形態を分類し、それぞれの再編形態を目指す目的やそのための手法の紹介とその特徴、再編形態や手法のメリット・デメリットを解説するとともに、各形態・手法に関する実例について、公表資料をベースに、実務上の課題に触れつつ事案の分析を行っている。

具体的には、下記**図表1-1-1**記載のとおり、組織再編を、異なるグループ企業間の再編とグループ内再編とに分け、異なるグループ企業間の再編のうち、グループ企業間全体の統合を図る類型を「経営統合」として第２章で、一方当事者が他方当事者の株式や企業・事業を獲得する類型を

＜図表1-1-1　企業再編の分類＞

- 組織再編
  - 異なるグループ間の再編
    - 経営統合（第２章）
      - 合　　併
      - 持株会社他（共同株式移転等）
    - 買収・売却（第３章）
      - 株式の譲渡・取得（株式譲渡・TOB 他）
      - 企業・事業の移転（事業譲渡・会社分割等）
    - 事業再生と M&A（第６章）
      - 株式の譲渡・取得（増減資・DES 等）
      - 企業・事業の移転（事業譲渡・会社分割等）
  - グループ内再編（第４章）
    - 純粋持株会社の創設・解消
    - 分社と親会社への事業統合
    - 子会社間の事業分野の調整
    - 事業部門の廃止・子会社整理
    - 支配形態の変更
    - マネジメント・バイアウト（MBO）
- 業務提携 共同事業（第５章）
  - 合　　弁
  - 資本提携
  - 業務提携

「買収・売却」として第3章で、それぞれ解説している。また、「買収・売却」の類型のうち、事業再生局面の倒産法制等による特殊な規律に関しては、「事業再生とM&A」として第6章で解説している。

他方、「グループ内再編」については、第4章において、(i)純粋持株会社の創設と解消、(ii)分社と親会社への事業統合、(iii)子会社間の事業分野の調整、(iv)事業部門の廃止又は子会社整理、(v)支配形態の変更、(vi)マネジメント・バイアウト（MBO）に分けて解説している。

さらに、当事会社の支配権・事業運営権が移転しない、合弁、資本提携、業務提携等のいわゆる企業提携を、「業務提携・共同事業」として第5章で解説している。

以上は、再編の形態ごとに、その特徴や手法を論じたものであるが、これらの再編を行う際の手続の流れ、その間に取り交わされる契約、株式買取請求等の少数派株主への対応を含む手続の内容、クロージング後の具体的な事業の統合（ポストM&A）等、各再編類型全体にまたがる手続について、「M&Aのプロセス」として第7章で解説している。

2　制度編

制度編においては、企業再編を実現するプロセスにおいて、遵守しなければならない主要な法律、会計及び税務の規律について、体系的な解説を行っている。具体的には、会社法（合併、会社分割、株式交換・株式移転、事業譲渡、株式の発行と取得、清算手続）、金融商品取引法（開示書類、TOB規制、インサイダー規制）、独占禁止法（企業結合規制等）、知的財産権（ライセンス契約、職務発明制度、営業秘密）、労務（余剰人員の整理、労働条件の統一、集団的労使関係、労働契約承継法等）、税務及び会計について、それぞれ企業再編に関わる規制、手続、必要書類その他の規律の説明を行っている。

3　資料編

資料編は、企業再編を進める上で必要とされる契約書、開示書類、届出書あるいは標準スケジュール等を掲載している。これらの書式・資料は、基本的に制度編の体系に沿って整理しており、活用編及び制度編との対照が容易に行えるよう、解説の各所で参照書式を明示してクロスリファレンスを図っている。

第3　本書の使い方

本書は以上のような構成をとるため、実際に企業再編を検討する実務家には、前記図表を参考に、具体的にどのような再編類型を企図されているかを確認した上で、活用編で各手法のメリット・デメリットや参考事例を読み進めるとともに、関連する制度や書式を、制度編や資料編で参照していくのが便利であり、かつ理解の促進にも役立つものと思われる。

また、再編に関する制度全体の俯瞰や、特定の制度について確認をする場合には、制度編の該当箇所を確認されたい。

なお、法令上の論点については、基本的には制度編において記述しているが、実務的な論点ともいえるものについては、活用編の事例分析の中で論じているものもあるため、いずれに記載されているかわかりにくい項目については、目次又は索引にて確認されたい。

第２章　経営統合

第１　経営統合とは

複数の企業が一体となり（合一し）、あるいは、株式の保有や契約関係を通じて結ばれることを総称して、「企業結合」という。企業結合は、企業が、その事業を拡張したり新たな事業分野に進出したりすることを通じて活動領域を拡大し、また、複数の企業が相互の利点を活かして連携し全体としての効率を高めるなどのために行われる。企業結合は、企業が競争力を強めるために最も基本的な企業戦略であり、その実例も数多くみられる。

企業結合の手法には、合併、共同株式移転（共同持株会社設立）、吸収分割、合弁、事業や資産の譲受け、事業の賃貸借・委任、損益共通契約、株式取得、株式の相互保有、さらには役員派遣・兼任等による人的結合、技術提携・販売提携など様々なものがある。

このうち、本章では、従前、相互に独立して経営を行ってきた複数の企業または企業グループ（以下、単に「企業」と表記）同士が、企業グループの枠を超えて、組織的にも実態的にも合一して１つの企業になること（企業同士の結婚とイメージできる）を「経営統合」と呼び、検討の対象とする。一方、結合の手法としては合併が用いられる場合でも、「一方が他方を併呑するようなケース」は対象としない（**本編第３章**において検討される）。すなわち、本章で「経営統合」という場合、(i)合一する企業同士が、規模の点で比較的近似している場合、(ii)規模の点で乖離があるとしても、規模が小さい方の企業も絶対的な尺度でみると相当程度大きな企業である場合を想定する。

第２　経営統合の目的

１　国内市場の安定化から国際競争力の強化へ

1970年の八幡製鉄と富士製鉄の経営統合（新日本製鐵の誕生）に代表されるように、我が国のかつての合併は、国内市場の安定化を主たる目的とするものが多かった。

しかし、近時は、国内市場の成長鈍化ないし縮小、外国企業との競争激化等の市場環境の変化に伴い、それまで競合関係にあった企業同士が、競争力を高め、あるいは存続をかけて、経営統合するケースが目立つ。近年の化学・セメント・製紙等の素材産業分野での業界再編、あるいは金融の大再編などは、いずれもグローバル市場の中で生き残りを図るために、国際的な競争単位としてふさわしい単位にまで企業規模を拡大することを主たる目的としている。

2012年10月、新日本製鐵と住友金属工業とが「各社が有する人的・物的な経営資源を結集し、全面的な事業統合を行うことで、両社の得意領域の融合と相乗効果を創出し、技術・品質・コストなどあらゆる面で世界最高の競争力を培っていく」ことを目指して全面的な経営統合に至ったことは、国際競争力強化のためのM&A（業界再編）の時代の到来を象徴するものといえよう（後掲**第７・事例１**参照）。

２　経営統合によるシナジーの獲得

経営統合は、それによるシナジーの獲得を目的とする。

シナジーとは、複数の企業が別々に活動するよりも一体化して活動する方が効率性が向上し、企業価値も大きくなるということを意味する。比喩的にいえば、経営統合による事業規模の拡大によって、１＋１が２ではなく３以上になることである。

経営統合によるシナジーのうち、事業活動から生まれるシナジーを一般に「事業シナジー」という。事業シナジーは、規模の経済性、範囲の経済性、経営資源の（相互）補完性、垂直統合の経済性により生ずる。規模の経済性は規模拡大に伴うコスト削減、範囲の経済性は関連する事業を同時に手がけることによるコスト削減を意味し、経営資源の（相互）補完性は、自社の弱点を他社の強みが補い、他社の弱点を自社の強みが補うことを意味する。垂直統合の経済性は、生産と販売を一体化することにより効率が高まることを意味する。また、市場シェアの拡大による交渉力の強化も期待できる。

一方、経営統合により財務的なコストの節約が可能になることを一般に「財務シナジー」と呼ぶ。例えば、既に成熟産業に属しており新規の設備投資や研究開発などの支出をほとんど必要としないA社に安定した売上げと潤沢な投資余力があり、一方、成長産業に属し売上げは順調に伸びているものの、設備投資などの資金需要が旺盛で、外部からの資金調達を必要としているB社がある場合、A社とB社が経営統合すると、A社の余剰資金をB社が利用できるようになり、A社の資金コストがB社より小さいならば経営統合によって資金コストを節約することができる。

同業者間の経営統合では、本社機能の一本化（間接経費の軽減）、研究開発部門の統合、「規模の経済」を活かした生産コストの低減などの事業シナジーが生まれる要因が多い。一方、異業種間の経営統合においても、資金調達力の強化（財務シナジー）、倒産リスクの軽減などのシナジー効果が期待できる。同種の商品またはサービスの取引関係にある企業同士の経営統合（垂直的統合）においては、取引費用の軽減（例えば在庫の需給アンバランスの消滅や情報のフィードバック効果）などによるシナジーが大きいと考えられる。

経営統合の目的

〈同業種の企業間での経営統合の目的〉

- 市場シェアの拡大
- 規模（国際市場で外国企業と対等に戦えるだけの規模）の追求
- 重複する設備、機能、研究開発等を整理して事業を効率化。重複する間接部門の縮小
- 相互補完作用
- 産業構造の変化への迅速な対応
- 市場の安定
- グローバル展開への人材確保

〈異業種（特に隣接業種・関連業種）の企業間での経営統合の目的〉

- 事業の多角化

・シナジー効果
・相互補完作用
・産業構造の変化への迅速な対応

第3　経営統合の手法と手法選択の視点

1　経営統合の手法

経営統合に用いられる手法の主流は、合併と共同株式移転（共同持株会社設立）である。

ただし、合併や共同株式移転は資産・負債のすべてを結合させるものであるため、資産・負債の切分けが必要な場合には、他の手法を検討する必要がある。その場合、他の手法のみを利用するのではなく、会社分割や事業譲渡等で不要な部分を切り出してから合併や共同株式移転を実行するといった、段階的な経営統合手法も考えられる。

なお、実際の経営統合事例を検討すると、単に合併や共同株式移転を行うだけではなく、親会社同士の統合（本体統合）に引き続き、子会社・関連会社群について、合併・会社分割・事業譲渡などの手法を駆使して、事業分野等の整理・統廃合を行っているケースが多くみられる（後記**第7・事例2**参照）。経営統合を行うに際しては、最終的に当該企業グループをどのような形にしていくのか、そのグランドデザインが重要である（**本編第4章**参照）。

⑴　合　併

合併は複数の企業が組織として一体化する方法であり、もっとも強力な経営統合の形態である。事業会社同士が合併する方法のほか、純粋持株会社同士が合併することにより共同持株会社化する方法も考えられる。

⑵　共同株式移転（共同持株会社設立）

共同株式移転（共同持株会社設立）は複数の企業が共同で持株会社を作り、その下に各企業が子会社としてぶら下がる方法である。合併とは異なり、経営統合に参加する企業において従来の企業形態（法人格）が維持される。

⑶　株式交換

株式交換は、既存の会社（A社）に対し他の会社（B社）の株主が有するB社の全株式を移転させることにより、B社をA社の完全子会社とする方法である。経営統合を検討する企業の一方が既に純粋持株会社を設置している場合には、株式交換の手法によって他方が当該純粋持株会社の傘下に入る方法が考えられる。

⑷　会社分割と株式交換の併用

経営統合を計画している企業の中の１社が会社分割によって持株会社化し、その持株会社が別の会社を株式交換によって完全子会社化するというように、いくつかの企業再編手法を併用して経営統合を図ることも考えられる。例えば、A社とB社が経営統合しようとしている場合、まず、A社が自社の事業全部を会社分割（新設分割）によって新設する子会社C社に切り出し、A社をC社の株式を保有する持株会社とする。次に、経営統合に参加するB社を株式交換によってA社の完全子会社とし、持株会社の傘下に組み入れるというような併用があり得る。

統合前に、既に会社（上の例におけるA社）の組織が事業ごとに分社化されており、親会社（上の例におけるA社）が事業持株会社となっているケースにおいて、事業とグループ統括を切り離す際に用いること等が想定される。

⑸　その他

その他上記の各手法と同様の効果を得る別の手法（吸収分割、事業譲渡など）も考えられなくはないが、合併や共同株式移転に比して迂遠であり、または手続上や税務上のデメリットがあるため、実際に検討すべき場面は限定的であろう。

２　経営統合手法の選択の視点

経営統合においてどの手法（法的スキーム）を利用するかは、統合スケジュールや統合後のリスクにも影響が出てくる重要な問題である。スキームの選択に当たっては、主に以下のような観点からの考慮が必要となる。

(i)　統合相手企業の法人格を存続させるか否か

統合相手企業の法人格を存続させる必要がある場合には、合併ではなく、共同持株会社化を選択する。

(ii)　シナジー効果の発揮を期待する時期

組織としての統合を速やかに進め、より早期にシナジー効果を発揮したい場合には、一度に組織を一体化させることのできる合併によることが望ましいと考えられる。ただし、情報システムの統合や人事制度の統合など、統合準備や統合後の事務的負荷が大きいことには留意を要する。

一方、統合に伴う種々の摩擦を回避し、時間をかけて融合を目指すのであれば共同株式移転による持株会社化が適しているといえる。ただし、シナジー効果が十分に発揮されるには時間がかかる。

(iii)　統合相手企業（事業）の潜在リスクの程度

統合相手企業（事業）に簿外債務等の潜在リスクがあるおそれが大きい場合には、合併や共同持株会社化のように統合相手企業（事業）にかかる権利義務一般を丸抱え（包括承継）することとなるスキームではなく、事業譲渡や会社分割により健全な部分のみの統合を検討するべきである。

(iv)　対等な立場との印象を重視するか

実務における合併は、「対等合併」を謳っていたとしてもそのほとんどが法形式上は吸収合併であり、当事会社間には合併会社と被合併会社という関係性が生まれる。対等な立場での統合との印象を特に重視する場合は、株式移転を活用した共同持株会社設立による統合が適していると考えられる。

(v)　税務上の取扱い

スキームにより税務面の取扱いに大きな差が生ずることがあり、税務コストが手法選択を左右することが少なくない（**第２部制度編第６章**参照）。概していえば、事業譲渡の場合、課税対象資産の買取りについては消費税のほか不動産取得税や不動産の登録免許税がかかる、買収対象企業の有する繰越欠損金の引継ぎもできないなど、一般に税務コストは高くつく。合併や会社分割、株式交換、株式移転の場合は、税制適格に該当するかどうかで買手企業としては取得原価やのれんに大きな影響が出てくることもある。

第４　合併による経営統合

１　合併の意義と特徴

⑴　合併とは

合併とは、複数の会社が、組織的にも実態的にも合一して１つの会社になる会社法上の組織再編行為である。企業結合の最も完全な形態といってよい。共同株式移転による共同持株会社設立の手法が認められる以前は、経営統合といえば合併であった。もちろん、共同株式移転の手法が認められて以降も、重要な手法である。

⑵　新設合併と吸収合併

合併には、当事会社のすべてが新設会社に事業を移転して解散するタイプの合併（新設合併）と、当事会社のうち一方（存続会社）が他の会社（消滅会社）から事業を引き継ぎ、当該他の会社は解散するタイプの合併（吸収合併）とがある。

我が国のM&A実務においては「対等の精神」「対等合併」といった表現が用いられることが少なくないが、「対等合併」であっても、ほとんどの合併が、法形式上は吸収合併で行われている。理念的に考える限り、合併当事会社が対等の立場での合併を求める場合、新設合併が最も適した方法とも考えられるが、実務において新設合併が用いられる例は極めて稀である。これは、(i)新設合併では、合併当事会社がすべて解散消滅してしまうため、元の会社が有していた事業の許認可などが合併と同時に消滅してしまい、新設会社において改めて許認可の申請を行わなければならなくなること、(ii)新設会社の上場手続が改めて必要となること、(iii)吸収合併の方が登録免許税を節減できること（新設合併の場合には資本の額の1000分の1.5、吸収合併の場合には増加した資本の額の1000分の1.5）、などが主な理由である。

(3)　交付金合併・三角合併

平成17年の会社法制定により、合併等の場合における「対価の柔軟化」が図られている。これにより、消滅会社の株主に対し存続会社から金銭のみが交付される「交付金合併（現金合併、cash-out merger）」や、親会社株式が交付される「三角合併」も許容されることとなった。

(4)　簡易合併・略式合併

合併をするためには、両当事会社において株主総会の承認決議を得るのが原則であるが、一定の要件を満たす場合には、株主総会における承認決議を省略することができる。

存続会社は、合併に際して交付する財産の金額が、純資産額の5分の1以下である場合に株主総会を省略することができる（簡易合併）。ただし、反対株主が存続会社の総株式数の6分の1を超えた場合や存続会社が譲渡制限会社であり、消滅会社の株主に譲渡制限株式を割り当てる場合は株主総会を省略することはできない。なお、消滅会社には簡易合併の制度はない（株主総会を省略できない）。

親子会社間の合併において、親会社が子会社の90％以上の議決権を保有している場合には、手続の簡素化の観点から子会社側の株主総会を省略することができる（略式合併）。ただし、消滅会社である子会社が公開会社であって、その株主に対して譲渡制限株式が割り当てられる場合には、株主総会決議を省略することができない。なお、親会社には略式合併の適用はない（株主総会決議を省略できない）。

(5)　水平合併、垂直合併、混合合併

上記(2)(3)(4)は、会社法の観点からみた分類である。

これに対して、事業の観点からみた分類として、一般に、同種の製品やサービスを提供している企業同士の合併を「水平合併」、製品・サービスの売手企業と買手企業との合併を「垂直統合」、水平合併、垂直合併のいずれにも属さないタイプの合併を「混合合併」と呼ぶ。

2　合併のメリット・デメリット

合併による経営統合のメリットとしては、以下の点を指摘することがで

きる。

(i)　１度の組織再編行為によって会社が一体化されるため、統合効果（シナジー）を早期に実現することが期待できる。

(ii)　合併の対価を株式とすれば、存続会社は資金調達をせずに経営統合することができる。

他方、デメリットとしては、以下の点が指摘されている。

(i)　一体化を早急に進める必要があることから、情報システムの統合や人事制度の統合など、統合準備や統合後における現場の事務的負荷が大きく、本来の事業活動が停滞してしまうおそれがある。

(ii)　合併に伴い存続企業の新株が発行されるため、合併比率によっては存続会社株主の持分が希釈化し、株価が下落するリスクがある。

第５　共同株式移転による経営統合

１　共同株式移転（共同持株会社の設立）の意義と特徴

(1)　共同株式移転とは

共同株式移転（共同持株会社の設立）は、複数の企業が共同で持株会社（ホールディング・カンパニーとも呼ばれる）を作り、その下に各企業が子会社としてぶら下がる手法である。Ａ社とＢ社が経営統合をする場合に、新たに共同して持株会社Ｃ社を設立し、Ｃ社設立と同時にＡ社とＢ社の株主は、保有するＡ社株式又はＢ社株式をＣ社の株式と交換する。これによって、Ｃ社はＡ社の株式のすべてとＢ社の株式のすべてを保有する親会社（持株会社）となり、Ａ社の株主とＢ社の株主はＣ社の株主となる。

平成９年の独占禁止法改正により純粋持株会社の設立が可能となったこと及び平成11年の商法改正により株式移転制度が創設されたことによる比較的新しい手法であるが、現在では合併と並ぶ経営統合手法として実務に定着しており、その実例も多い。

合併とは異なり、経営統合に参加する企業は従来の企業形態（法人格）が維持される。すなわち、各当事会社は持株会社の下でそのまま子会社として存続することによって、人事・勤労・賃金体系、仕入れ・販売先、さらにはコーポレート・カルチャー等を維持しながら、統合のメリットを享受することが可能となる。

(2)　事業持株会社と純粋持株会社

親会社自身が事業を行う一方で他の会社（子会社）を支配する場合を「事業持株会社」、親会社自身は事業を行わず他の会社（子会社）の支配に専念するものを「純粋持株会社」と呼ぶ。一般に「持株会社」といったときは、後者を指す。

2　共同株式移転のメリット・デメリット

共同株式移転による経営統合のメリットとして、以下の点が指摘されている。

(i)　統合に伴う混乱や摩擦の回避

1回の合併では処理しがたい複雑な企業組織の組み直しを余裕をもって行うことや、合併による完全な合一までに時間をかけてグループ内の融合を図ることできる（統合に伴う種々の摩擦を回避し、時間をかけて融合できる）。

(ii)　経営戦略立案機能と日常的業務の分離

持株会社制では、持株会社と事業を遂行する子会社が別の法人格として完全に切り離されているため、事業部制やカンパニー制に比べ、両者の機能をより明確に分離することが可能となる。持株会社は、日常的な業務を子会社に委ね、企業グループ全体の経営戦略の企画・立案に専念することができ、経営効率が上がる。

(iii)　独立採算制の強化と責任の明確化

持株会社の傘下にある各子会社はそれぞれ独自の決算を行う1つの法人格であるため、子会社の長（代表取締役）の責任がより明確化される。

(iv)　さらなるM&Aの容易さ

特定の事業部門を担う子会社の株式を取得（又は売却）することで、それ以外の事業部門（子会社）に影響を与えずに事業に参入（又は撤退）することが可能となる。

他方、共同株式移転による経営統合のデメリットとしては、以下の点が指摘されている。

(i)　人事の柔軟性の欠如

持株会社では各事業部門をそれぞれ別法人にしているため、子会社ごとに人事・賃金体系が異なったままとなるケースが多く、そのため、従業員を子会社間で異動させることが比較的難しい。

(ii)　グループとしての統制の欠如

持株会社にグループ全体の経営戦略を企画立案する十分な能力が備わっていないと、グループ各社がそれぞればらばらに事業を遂行し、グループとして統一のない企業集団になってしまうおそれがある。

第６　株式交換による経営統合

１　株式交換の意義と特徴

株式交換は、既存の会社（A社）に対し他の会社（B社）の株主が有するB社の全株式を移転させることにより、B社をA社の完全子会社とする手法である（株式交換により、B社の株主はA社の株式を受け取る）。

経営統合を検討する企業の一方が既に純粋持株会社を設置している場合には、株式交換の手法によって他方が当該純粋持株会社の傘下に入ることにより経営統合を行うことが考えられる。

２　株式交換のメリット・デメリット

株式交換による経営統合のメリットとして、以下の点が指摘されている。

(i)　株式交換の対価を株式とすれば、株式交換完全親会社（上の例におけるA社）は資金調達をせずに経営統合することができる。

(ii)　完全子会社となる会社（上の例におけるB社）の株主の３分の２以上の賛成が得られれば、経営統合に反対するB社の少数株主を排除して、強制的に100％子会社化することができる。

他方、株式交換による経営統合のデメリットとしては、以下の点が指摘されている。

(i)　株式交換に伴い株式交換完全親会社の新株が発行されるため、交換比率によっては株式交換完全親会社の既存株主の持分が希釈化し、株価が下落するリスクがある。

第７　事　例

●事例１　新日本製鐵と住友金属工業の経営統合（株式交換＋吸収合併）

１　経営統合の概要

（表示未満切り捨て）

両社の概要

商 号	新日本製鐵株式会社	住友金属工業株式会社
事業内容	１．製鉄事業（鉄鋼の製造・販売） ２．エンジニアリング ３．都市開発 ４．化学 ５．新素材 ６．システムソリューション	１．製鉄事業（鉄鋼の製造・販売） ２．新素材 ３．土木・建築・プラント ４．電子部品 ５．電力供給 ６．システムソリューション
設立年月日	1970年３月31日	1949年７月１日
本店所在地	東京都千代田区丸の内２－６－１	大阪府大阪市中央区北浜４－５－33
代 表 者	代表取締役社長　宗岡　正二	代表取締役社長　友野　　宏
連結売上高（H22年度）	41,097億円	14,024億円
粗鋼生産（連結） （単独＋子会社、H22年度）	3,492万トン／年	1,290万トン／年
資本金（H23.３末）	4,195億円	2,620億円
発行済株式総数 （H23.３末）	6,806百万株	4,805百万株
総資産（H23.３末）	50,008億円	24,407億円
決 算 期	３月31日	３月31日
従業員数（H23.３末）	59,183人（単独 16、150人）	22、597人（単独7,104人）
主要取引先	㈱メタルワン 日鐵商事㈱ 三井物産㈱	住友商事㈱ 住金物産㈱
主要取引銀行	㈱みずほコーポレート銀行 ㈱三菱東京 UFJ 銀行 ㈱三井住友銀行	㈱三井住友銀行 三井住友信託銀行㈱
大株主及び持株比率 （H23.３末）	日本トラスティ・サービス信託銀行㈱　10.3% 友金属工業㈱　4.2% シービーエイチケイコリアセキュリティーズデポジトリー　3.5% 日本マスタートラスト信託銀行㈱　3.5% 日本生命保険（相）　3.3% ㈱みずほコーポレート銀行　2.7% 資産管理サービス信託銀行㈱　2.3% 明治安田生命保険（相）　2.0% ㈱三菱東京 UFJ 銀行　2.0% SSBT OD05 OMNIBUS ACCOUNT -TREATY CLIENTS　1.5%	住友商事㈱　9.54% 新日本製鐵㈱　9.40% 日本トラスティ・サービス信託銀行㈱（信託口）　3.53% ㈱神戸製鋼所　2.34% 日本マスタートラスト信託銀行㈱（信託口）　2.32% 日本トラスティ・サービス信託銀行㈱（住友信託銀行再信託分・㈱三井住友銀行退職給付信託口）　1.88% 日本生命保険（相）　1.85% SSBT OD05 OMNIBUS ACCOUNT -TREATY CLIENTS　1.41% 日本トラスティ・サービス信託銀行㈱・住友信託退給口　1.14% NT RE GOVT OF SPORE INVT CORP P.LTD　1.14%

出典：平成23年９月22日付新日本製鐵プレスリリース

(1) 両当事会社の概要

同業企業間における「水平的統合」である。

両当事会社の概要は前頁の表のとおりであり、連結売上高・粗鋼生産量・純資産等の各指標によれば、企業としての事業規模は概ね２：１程度といえる。相互に株式を持ち合い、一部事業においては既に統合を経るなど（例えば、ステンレス事業に関する新日鐵住金ステンレスの新設（2002年））、いわゆる「ソフト・アライアンス」（緩やかな企業提携）の関係を10年来継続した上での完全経営統合である。

(2) 経営統合の手法

新日本製鐵（以下「旧新日鐵」）が住友金属工業（以下「旧住金」）を、株式交換により100％子会社とした上で、同日、旧新日鐵を存続会社、旧住金を消滅会社とする吸収合併により経営統合をしたものである。株式交換と吸収合併を併用する二段階の統合手法が採用されている。

公表資料によれば、当初は株式交換を経ずに吸収合併を実行する予定であったが、統合対象資産の一部に係る豪州税法上の課税繰延べ措置の適用を確実に受けることができるよう、専門家の意見も踏まえて、日本の法令上も適法かつ有効な二段階手続に変更したとのことである。タックスプランニングが統合スキームの選択に大きな影響を与えることがよくわかる好例である。

(3) 経営統合に至る背景事情

我が国の鉄鋼業界は2002年のJFEホールディングス誕生（日本鋼管と川崎製鉄の共同株式移転による経営統合）という大型再編を経験しているが、近年は、需要構造のさらなる急激な変化（公共事業を中心とする内需低迷、新興国を中心とした経済成長に伴う海外需要の拡大、需要家の海外移転によるグローバル展開の加速化の要請、コスト・品質面での需要家ニーズの高度化・厳格化）及び供給構造の変化（海外鉄鋼メーカーの積極的なM&Aによる強大化と競争の激化、韓国・中国メーカーの国際競争力強化やインド・ブラジル等の高炉メーカーの台頭）への対応を迫られていた。

また、国内老朽設備の更新・新鋭化の必要性、グローバル展開へ向けた人的資源確保の必要性、寡占化が進む原材料供給業者に対するバーゲニングパワーの向上の要請も経営統合を促した背景事情の１つであろう。

⑷　経営統合の目的

平成23年９月22日付け旧新日鐵のプレスリリースによれば、本経営統合は、「それぞれが培ってきた優れた経営資源の結集と得意領域の融合などによる相乗効果を徹底的に追及することに加え、国内生産基盤の効率化と海外事業の拡大などの事業構造改革も加速」することをその目的としている。

両社は、経営統合によって、概ね以下のような施策に取り組むとされている。

(i)両社人材を活用した海外事業展開の加速
(ii)海外生産・営業拠点の再編・強化
(iii)管理間接部門等の効率化
(iv)技術・研究開発分野の融合による技術先進性発揮（操業・製造技術のベストプラクティス共有化）
(v) R&Dのスピードアップ・効率化
(vi)製造工程一貫での生産効率化
(vii)製造ラインごとの最適分担による生産性向上
(viii)原料調達・輸送の効率向上
(ix)設備仕様共通化等による設備費・修繕費・資材費削減
(x)資金調達の一元化・資金管理の効率化等。

(i)〜(ix)は事業シナジーの獲得、(x)は財務シナジーの獲得を意味するものと理解できる。

上記⑶で述べた厳しい経営環境を見据え、こうした統合効果（シナジー）を早期に発揮することを企図した結果、持株会社化による緩やかな融合ではなく合併による完全統合の途が選択されたものと考えられる。

当事会社の公表資料によれば、両当事会社は、グローバル展開の拡充及び技術研究開発の促進、生産・販売・調達関連の合理化により、統合後３年程度を目途に、年率1500億円規模の統合効果を見込んでおり、また、産括法により認定された「事業再構築計画」によると、両当事会社は、平成26年度に平成23年度と比較して自己資本当期純利益率（ROE）を９％以上向上させることを目指すとされている。

(5)　統合スケジュールの概要（＊は公正取引委員会関係の日程）

平成23年２月３日	両社経営トップが経営統合検討に関する覚書締結
＊５月31日	合併計画届出書を提出（第一次審査の開始）
＊６月30日	報告等要請書の受領（第二次審査の開始）
平成23年９月22日	統合基本契約 締結（合併比率の公表）
＊11月09日	報告等の提出完了（90日間の最終審査期間スタート）
＊12月14日	承認／審査終了（排除措置命令を行わない旨の通知）
平成24年４月27日	株式交換契約、合併契約 締結
６月26日	株式交換契約及び合併契約承認株主総会
10月１日	合併期日（効力発生日）

一般に、経営統合スケジュールの策定に当たっては、効力発生日（統合新会社の発足日）からの逆算で、各種必要手続を踏まえた適切な作業工程を仕組むことが求められる（**第３部資料編第１章１**の作業工程表は、簡略なものであるが、あわせて参照されたい）。

本事例においても、「平成24年度下期に統合新会社を発足させるためには、同年６月の定時総会にて統合承認決議が必要となる。そのためには、遅くとも総会の２か月程度前までには合併契約を締結する必要がある。この合併契約に合併比率を記載するためには、いつまでに財務DD・法務DDを終えてフェアネスオピニオンを取得しておく必要がある。また、各国の競争当局からクリアランスを得るためには、少なくとも何か月はかかると予想される」等といった形で入念なスケジュール検討が行われたものと考えられる。

２　契約プロセス関係

(1)　デューディリジェンス（DD）

デューディリジェンス（DD）は、統合基本契約を締結する予定の平成23年９月までに完了させるべく、平成23年３月から８月にかけて約５か月の期間を費やして実施されたとのことである。

経営統合する当事会社がともに相当数の子会社・関連会社を有しているような巨大案件では、DDの対象範囲（広さ及び深さ）についての認識のすり合わせが重要となる。本件でも、双方本体のほか、互いに数十社に及ぶ子会社・関連会社を対象として、DDが実施されたとのことである。

なお、大企業同士の双方向DDでは、相手方会社が締結しているすべての契約書類を実査するのは極めて困難であることから、双方協議の上で案件実行の支障となり得る契約条項のチェックリスト（**第3部資料編第1章5**参照）を作成の上、それぞれが自社及び自社関連会社に対してセルフDDを実施し、その結果を相互に開示し合う等の工夫をすることも有用である。

(2)　複数FAの起用とフェアネスオピニオンの取得

本事例では、合併比率の算定及び公表（統合基本契約の締結時）に当たり、合意された合併比率が財務的見地から妥当・公正である旨の意見書（いわゆる「フェアネスオピニオン」）が取得されている。フェアネスオピニオンは、M&Aやファイナンスの際に、スキームや評価額、合併比率などが妥当であるとする第三者意見である。欧米ではM&A実行前に取締役会が利害関係のない第三者機関（投資銀行など）の意見を求めることが通例であり、日本でも大型M&Aを中心に徐々に浸透しつつある。本事例では、統合する両当事会社が、それぞれ複数（各4社）の財務アドバイザー（FA）を起用している点に、大規模統合案件としての特殊性がある。

3　産活法関係

本件プロジェクトの進行中である平成23年7月1日に、事業所管大臣と公正取引委員会との協議規定が盛り込まれた改正産活法が施行された。本件両当事会社は同日、連名で「事業再構築計画」の認定申請を行った。合併に伴い生じる可能性のある資本金増加や不動産の変更登記等にかかる登録免許税の軽減等、各種優遇措置を受けることを目的とするものである（平成24年9月27日に認定取得）。

また、平成23年10月には、改正産活法に基づいて、経済産業省から公正取引委員会に対して本合併計画に関する意見が提出され、協議がなされている（公正取引委員会・平成23年11月2日付事務総長会見記録）。

4　独占禁止法関係

(1)　公正取引委員会による企業結合審査の要旨

本事例は、かつての「事前相談制度」を廃止した新企業結合ガイドライン（平成23年７月１日改訂）の下で実質的に審査された第１号案件である。最終的な承認を得るまでに、「届出前相談」による事実上の相談開始から約９か月、正式な届出書提出からは約７か月を要しているが、従来に比べれば相当に迅速な審査であったと評価することができる。

公正取引委員会は約30の取引分野を画定し審査を行ったが、そのうち公表された６つの商品・役務について、当事会社のシェア、競合事業者数、その他の考慮要素等を整理すると下表のとおりである。従前の実務感覚的には合算シェア40％が１つの目安であり、これを超えると何らかの独占禁止法上の問題点を指摘されるおそれが高まると考えられてきたが、本審査における公正取引委員会の判断傾向からすると、合算シェアが50％を超えるような場合であっても、問題解消措置なしでクリアランスを得られる可能性があるということができ、さらに鋼矢板のように合算シェアが60％を超え、有力な競争者が１社しか存在しないような場合であっても、隣接市場からの競争圧力や需要の縮小といった事情があれば、問題解消措置なしでクリアランスを得られる可能性があるとみることができる[1)]。

	無方向性電磁鋼板（NO）	高圧ガス導管エンジ	鋼矢板	スパイラル鋼管	熱延鋼板	H形鋼
地理的範囲	日本全国（「東アジア市場」は適当ではない）	日本全国	日本全国	日本全国	日本全国（国境を越えて画定される可能性あり）	日本全国（国境を越えて画定される可能性がないでもない）
合算国内シェア（順位）	約55％（１位）	約60％（１位）	約65％（１位）	約55％（１位）	約40％（１位）	約45％（１位）
国内競争事業者数	３社→２社	３社→２社	４社→３社	４社→３社	高炉メーカー４社→３社（但し、電炉系複数）	高炉メーカー３社→２社（但し、電炉系複数）

1）　川合弘造ほか「改正企業結合届出手続下における巨大統合案件の実務」商事1957号（2012年）26頁参照。

考慮要素						
競争状況	シェア40%の有力な競争事業者がいるものの、十分な供給余力なし	各事業者の供給余力は必ずしも大きくない	−	供給余力ある有力な競争者が複数存在	供給余力ある有力な競争者が複数存在	供給余力ある有力な競争者が複数存在
輸入圧力	高グレート品につきなし 低グレート品についても必ずしも強くない	−	輸入圧力が働いているとは認められない	−	輸入圧力が十分に働いている	輸入圧力が一定程度働いている
参入圧力	−	参入障壁高い	参入圧力あり	−	−	−
隣接市場からの競争圧力	−	−	隣接市場からの競争圧力が一定程度働いていると認められる	隣接市場からの競争圧力が一定程度働いていると認められる	−	隣接市場からの競争圧力が一定程度働いていると認められる
需要者からの競争圧力	需要家からの競争圧力なし	需要家からの一定程度の競争圧力が働いている	需要縮小で、建設業者間の競争が激しく、値下げ圧力強い	需要縮小で、建設業者間の競争が激しく、値下げ圧力強い	需要家からの競争圧力が十分に働いている	需要家からの一定程度の競争圧力が働いている
問題解消措置	商社へのコストベースでの継続的供給（引取権設定）	参入支援のための資材供給・技術指導	−	−	−	−

⑵　海外競争当局への届出等

本事例では、平成23年9月の統合基本契約締結を契機として各国の競争当局へのファイリングが開始され、統合承認株主総会前の平成24年3月までの間に、本件経営統合につき事前審査が必要な海外の競争当局（中国、韓国、台湾、シンガポール、インド、米国、ブラジル、ノルウェー、ドイツ及びロシアの10か国）の承認がすべて取得されている。

⑶　情報交換とガンジャンピングの問題

経営統合案件の準備段階においては、統合後の戦略の立案・検討、デューディリジェンスの実施、競争当局への届出準備等の必要から、各社の事業にかかる各種情報の交換が行われざるを得ない。しかし、統合の実行前、特に競争当局の承認を得るまでの期間は、両当事会社はあくまでも競合関係にある別会社であるので、情報交換によって独占禁止法上の問題を惹起することがないよう十分に注意する必要がある。交換情報を踏まえて統合実行前に統合効果を実質的に先取りするような行為（例えば、交換情報を踏まえた生産設備の廃棄や取引先の整理等）が為された場合には、いわゆる「ガンジャンピング（フライング）」として独占禁止法上違法とされるおそれがあり、その疑いをもたれるだけでも競争当局の審査に致命的な悪影響を及ぼしかねない。

そこで、経営統合の準備段階においては、ガンジャンピングが起こらないよう、適切な情報管理体制を整える必要がある。

本事例においても、案件発足の当初から情報管理が実務上の最重要課題として認識され、厳しい情報交換ルール（例：情報の種類によってアクセスできるメンバーを制限する、営業活動に直接的には関わらない社員らからなる「クリーンチーム」を活用する、情報交換ルール徹底のための社内啓蒙活動等）の下で準備作業が行われたとのことである。

⑷　代用自己株の利用とインサイダー取引規制の問題

本事例では統合の実行に際し、株式交換の対価として旧住金の株主に対して割当交付する株式の一部に、旧新日鐵が保有する新日鐵の株式（自己株式）が使用されている（平成24年９月５日付け新日本製鐵プレスリリース）。発行済株式総数が増えすぎることによる管理コスト増大、既存株主等の希薄化懸念への対処等を目的とするものと考えられる。

なお、平成24年改正前の金商法では、自己株式の交付は既に発行された株式の譲渡に当たるため、インサイダー取引規制が適用されるものと解されていたが、改正後はインサイダー取引の危険性が低いとの理由で適用除外とされた（**第２部制度編第２章第３・１⑵**参照）。

●事例2　JX ホールディングスの創設（共同持株会社化）

1　経営統合の概要

商　号		新日本石油株式会社	新日鉱ホールディングス株式会社
設立年月日		1888年 5月 10日	2002年 9月 27日（創業 1905年12月26日）
本店所在地		東京都港区西新橋一丁目３番12号	東京都港区虎ノ門二丁目10番１号
代表者		代表取締役社長　西尾　進路	代表取締役社長　高萩　光紀
資本金 (2009年９月末現在)		1,394億円	739億円
発行済株式数 (2009年９月末現在)		14億6,451万株	９億2,846万株
事業内容		石油製品の精製・販売 ガスの輸入・販売 電力の発電・販売	石油製品の製造・販売 非鉄金属製品・電材加工製品の製造・販売
大株主 (2009年９月末現在)		日本トラスティ・サービス信託銀行㈱信託口 (6.2%) 日本マスタートラスト信託銀行㈱信託口 (5.4%) ㈱みずほコーポレート銀行 (3.2%) 三菱商事㈱ (3.1%) ㈱三井住友銀行 (2.8%) ㈱三菱東京 UFJ 銀行 (2.1%)	日本トラスティ・サービス信託銀行㈱信託口 (10.0%) 日本マスタートラスト信託銀行㈱信託口 (9.0%) 日本トラスティ・サービス信託銀行㈱信託口９ (3.5%) ㈱みずほコーポレート銀行 (2.4%) ㈱三井住友銀行 (2.4%)
従業員数 (2009年９月末現在)		13,869人（連結） (内訳：石油精製・販売9,305人、石油・天然ガス開発 589人、建設･その他 3,975人)	10,936人（連結） (内訳：石油 4,380人、金属 5,058人、他 1,498人)
主要取引先		全国特約店および直売需要家	全国特約店、直売需要家、電線メーカーなど
主要取引銀行		㈱みずほコーポレート銀行、㈱三井住友銀行 ㈱三菱東京 UFJ 銀行	㈱みずほコーポレート銀行、㈱三井住友銀行 ㈱三菱東京 UFJ 銀行
決算期		３月	３月
当事会社間の関係			
	資本関係	なし	
	人的関係	なし	
	取引関係	新日本石油株式会社と、新日鉱ホールディングス株式会社傘下の株式会社ジャパンエナジーは、精製、物流等の分野において業務提携を行っております。	

最近３年間の経営成績および財政状態
（ア）新日本石油株式会社（単位：百万円）

決算期	連結ベース			単体ベース		
	2007年３月期	2008年３月期	2009年３月期	2007年３月期	2008年３月期	2009年３月期
純資産	1,331,981	1,429,266	1,016,306	786,268	827,253	746,920
総資産	4,385,533	4,594,197	3,969,730	3,071,996	3,233,615	2,868,804
１株当たり純資産（円）	829.64	896.06	627.9	537.11	565.13	511.58
売上高	6,624,256	7,523,990	7,389,234	5,826,415	6,706,382	6,658,071
営業利益	159,684	263,962	▲ 312,506	14,445	115,325	▲ 441,090

経常利益	186,611	275,666	▲ 275,448	33,101	132,088	▲ 147,045
当期純利益	70,221	148,306	▲ 251,613	26,405	85,647	14,723
１株当たり当期純利益（円）	48.12	101.49	▲ 172.42	18.06	58.53	10.07
１株当たり年間配当金（円）				12.00	12.00	12.00

（イ）新日鉱ホールディングス株式会社　　　　　　（単位：百万円）

決算期	連結ベース		
	2007年３月期	2008年３月期	2009年３月期
純資産	701,064	765,264	659,938
総資産	2,056,407	2,251,208	1,886,083
１株当たり純資産（円）	671.56	735.22	612.44
売上高	3,802,447	4,339,472	4,065,059
営業利益	132,258	103,186	▲ 101,667
経常利益	224,236	192,026	▲ 67,433
当期純利益	106,430	99,299	▲ 40,794
１株当たり当期純利益（円）	117.98	107.14	▲ 44.02
１株当たり年間配当金（円）			

出典：当事会社の平成21年10月30日付プレスリリース

(1)　両当事会社の概要

事例１の場合と同様、同業企業間における「水平的統合」である。

両当事会社の概要は上表のとおりであり、企業規模を比較すると、新日本石油の方が２倍程度大きいが、新日鉱ホールディングスも絶対的な尺度でみれば大企業であるから、本章でいうところの「経営統合」に位置付けることができよう。

本事例においても、経営統合の覚書（2008年12月）より前の2006年に、新日本石油とジャパンエナジーが幅広い分野で業務提携している。業務提携当時に両社が経営統合をどこまで意識していたかは不明であるし、一般に経営統合は必ずしも業務提携が先行するわけではないが、この業務提携が経営統合にプラスの影響を与えたものと考えられる。

(2)　経営統合の手法

経営統合の手法としては、第１段階として共同株式移転による共同持株会社化、その後第２段階として、吸収合併・吸収分割による子会社・

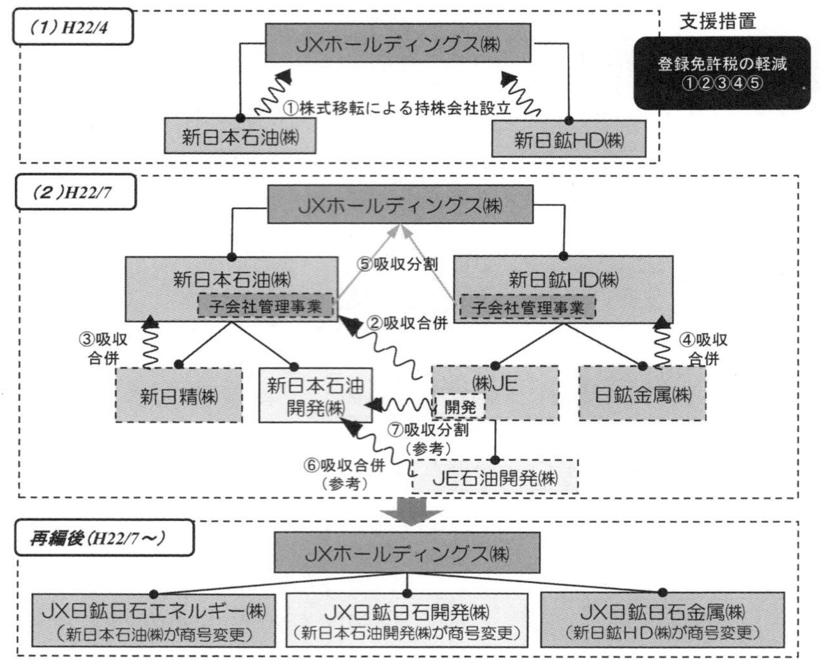

（出典：経済産業省 http://www.meti.go.jp/policy/jigyou_saisei/sankatsuhou/nintei/pdf/h15_a/ 3 /100330jx.pdf）

関連会社の整理・統合がなされている。

第１段階で、合併ではなく共同株式移転を利用したのは、その後の経緯をみれば明らかであるが、事業分野の大がかりな整理・統合を企図した場合に、ホールディングスを設立してその下に元々の親会社（新日本石油と新日鉱ホールディングス）を配置した方が便宜であると考えられたためとみられ、妥当な選択であったと考えられる。

共同株式移転を実行した後、第２段階として、JXホールディングスは、その傘下の子会社群を、(i)石油精製販売事業を営む「JX日鉱日石エネルギー」、(ii)石油開発事業を営む「JX日鉱日石開発」及び(iii)金属事業を営む「JX日鉱日石金属」に整理・統合している。その手法は、基本的には、子会社同士の吸収合併である。経営統合により同種事業を営む子会社が複数併存することは通常起こり得ることであり、その統合手法として吸収合併を選択することは妥当であろう（**第４・１(2)**も参照）。

さらに、本事例では、吸収分割の手法も活用されている。例えば、石油精製販売事業の統合過程で新日本石油はジャパンエナジーを吸収合併してJX日鉱日石エネルギーとなったが、ジャパンエナジーが有していた石油開発事業は、吸収分割の手法で、JX日鉱日石開発に承継された。また、元々の親会社（新日本石油と新日鉱ホールディングス）が有していた子会社管理機能のうち、JXホールディングスが行うべきものも、吸収分割の手法でJXホールディングスに統合されている。このように、子会社が複数の事業を営んでいるケースでは、事業の切出しが必要な場合があり、ケースに応じて新設分割、吸収分割、事業譲渡といった手法（あるいは、いったん子会社として整理した上で、当該子会社の株式を他の企業グループへ譲渡する手法）を選択することになろう。本事例では、経営統合後のグループ内再編であることから、吸収分割を選択したことは妥当であったと考えられる。

(3)　経営統合に至る背景事情

我が国の石油業界は、規制緩和の進展に伴って、石油・電力・ガスといったエネルギー間の垣根を越えた激しい競争に晒され、これまでも度重なる業界再編を経験してきた。石油精製・元売会社の企業再編の主な動きは、次のとおりである[2)]。

- ・1992年、日本鉱業と共同石油が合併し「ジャパンエナジー」が誕生。のちに（2002年）、ジャパンエナジーと日鉱金属の持株会社として「新日鉱ホールディングス」が発足。
- ・1999年４月、日本石油と三菱石油が合併し「日石三菱」が発足（2002年７月に「新日本石油」に商号変更）。
- ・2000年７月、東燃とゼネラル石油が合併し「東燃ゼネラル石油」に。
　一方、2002年６月にはエッソ石油とモービル石油が合併してエクソンモービル有限会社となり、現在は、東燃ゼネラル石油とともにエクソンモービルグループとしてグループ化している。
- ・ジャパンエナジーと昭和シェル石油が、1999年に精製・物流提携
- ・新日本石油は、出光興産と1995年に物流提携、2002年に精製提携、コスモ石油と1999年に精製・物流提携、ジャパンエナジーとも2006年に業務提携。

2）　石油問題調査会監修『新・石油読本2012年版』（油業報知新聞社、2012年）71頁参照。

こうして、(i)新日本石油—コスモ石油、(ii)出光興産、(iii)ジャパンエナジー—昭和シェル石油、(iv)エクソンモービルグループの４極体制に、九州石油、太陽石油、三井石油、キグナス石油らが続く体制が形成された。

その後、2008年に入り、内需のさらなる減退、輸出採算の悪化、市況の下落、原油価格の高騰・急落といった経営環境の激変を背景に、業界再々編の動きが活発化。同年10月、新日本石油は、九州石油を吸収合併したのに続いて、同年12月、新日鉱ホールディングスとの間で経営統合を目指すことで基本合意に達した。

(4)　経営統合の目的

両当事会社が連名で行ったプレスリリースによると、本経営統合により、両社は、石油精製販売事業において、以下のような施策により、統合効果の獲得を目指すとしている。

- 「今後予想される石油精製の国内需要減少を先取りした精製能力削減、需要構造の変化に的確に対応した精製設備の効率化・高付加価値化を推進し、精油所競争力の維持向上を図る。」
- 「バリューチェーン全ての再点検により、統合シナジーの最大化、スケールメリットの実現を図りコスト競争力を飛躍的に高めることを目指す。」
- 「成長するアジアマーケットを中心としたグローバルな事業展開を積極的に推進する。」

両社は、こうした合理化施策を通じて、2010年４月の統合持株会社設立後、2013年３月末日までに、年額600億円の統合効果（売上原価低減、経費削減等を通じた損益改善）を見込み、さらに2015年３月末までに年額400億円を積み増し、合計年額1000億円以上のシナジー効果を追求する、としている。また、産活法により認定された事業再構築計画によると、両社はこの経営統合により自己資本当期純利益率（ROE）を26.１％向上させることを目指すとされている。

(5)　統合スケジュールの概要

2008年12月４日　経営統合の覚書を締結。
2009年10月30日　経営統合契約を締結。

2009年12月	公正取引委員会より、「競争を実質的に制限することとならない」旨の回答。
2010年1月27日	両社が臨時株主総会開催。株式移転計画を承認可決。
2010年3月29日	両社が上場廃止。
2010年3月30日	産活法の認定取得。登録免許税の軽減措置。
2010年4月1日	新日本石油と新日鉱ホールディングスが共同株式移転を行い、持株会社「JXホールディングス」を設立。株式上場。
2010年7月1日	JXホールディングス傘下の新日本石油・新日鉱ホールディングス及び両社の子会社を合併・再編し、中核事業会社として(i)JX日鉱日石エネルギー（旧商号：新日本石油）、(ii)JX日鉱日石開発（旧商号：新日本石油開発）及び(iii)JX日鉱日石金属（旧商号：新日鉱ホールディングス）を発足。

2　契約プロセス関係

本事例でも、両当事会社が、それぞれ複数（各3社）の財務アドバイザー（FA）を起用し、フェアネスオピニオンを取得している。

3　独占禁止法関係

公正取引委員会より公表された4つの商品・役務について、当事会社のシェア、競合事業者数、その他の考慮要素等を整理すると下表のとおりである。

事前相談の過程において、公正取引委員会より、両社が行っているニードルコークス製造販売事業については本経営統合により競争を実質的に制限することとなるおそれがあるとの指摘がなされ、その結果、両社のいずれかのニードルコークス製造販売事業を分離の上、その経営権を第三者に譲渡する旨の問題解消措置を講じることを条件として、クリアランスを得ている（当事会社の2009年12月25日付プレスリリース）。

化学製品の中間財に関して、国境を越えた市場画定がなされた（パラキシレンの地理的市場が「アジア地域」とされた）点で、画期的と評価できる。

		ガソリン	ニードルコークス	パラキシレン	ナフサ
地理的範囲		日本全国 及び 各都道府県	日本全国	アジア地域	日本全国
合算国内シェア（順位）		【全国】 約35%（1位）	約55%（1位）	約20%（1位）	約30%（1位）
国内競争事業者数		9社→8社	4社→3社	9社→8社	8社→7社
考慮要素					
	競争状況	シェア10％超の有力な競争事業者が複数存在し、十分な供給余力が認められる	事業者数が4社から3社に減少する上、競争事業者の供給余力は十分には存在しない	水平型企業結合のセーフハーバー基準に該当	シェア10％超の有力な競争事業者が複数存在し、十分な供給余力が認められる
	輸入圧力	輸入圧力が一定程度存在する	輸入圧力は弱い		輸入圧力が存在する
	参入圧力	−	参入障壁高い		−
	隣接市場からの競争圧力	−	隣接市場からの競争圧力は存在しない		隣接市場からの競争圧力が一定程度存在すると認められる
	需要者からの競争圧力	需要家からの競争圧力が一定程度認められる	−		需要家からの競争圧力が存在する
問題解消措置		−	いずれかの当事会社のニードルコークス事業を分離し、第三者（大手商社）に譲渡する		−

第３章　買収・売却

第１　買収・売却の目的

１　本章の対象及び構成

前章では、企業グループの枠を超えた経営の一体化を取り上げた。本章では、企業グループの枠を超えたM&Aという意味では前章と共通するものの、一方の企業グループ（売手企業）から別の企業グループ（買手企業）に企業そのものや事業を移転し、買手企業が承継した企業や事業の支配権を獲得するケースを取り上げる。このような企業グループを股にかけた企業・事業の買収や売却は、M&Aの典型である。平成９年独占禁止法改正による持株会社の解禁を皮切りに、平成11年商法改正により株式交換・株式移転制度が、平成12年商法改正により会社分割制度が創設され、また、平成17年に成立した会社法では企業再編対価が柔軟化されるなど、企業再編制度の整備が順次進められてきた。このような制度整備の影響もあって、我が国では1990年代後半からM&Aの件数が大幅に増加し、2007年以降のサブプライムローン問題に端を発する金融危機の影響を受けて減少に転じたものの、なお1990年代以前よりも高い水準で件数が推移している。

本章の構成は、次のとおりである。まず、企業が買収・売却を行う目的や狙いを簡単に整理する（**第１・２**及び**３**）。次に、買収には様々な手法が用いられるが、これを買収対価及び買収対象の両面から整理する（**第２**）。そして最後に、近年の買収事例をいくつか紹介する（**第３**）。

２　買収の目的（買手企業側）

買手企業側にとって買収を行う目的を一言で表すならば、「時間を買う」ことである。事業を一から立ち上げて収益性のあるものにまで育て上げるためには、人材の育成、販路の構築、設備投資等に多くの時間とコストを割かなければならず、事業の育成の過程では失敗もつきものである。買収は、他社がこのようにして築き上げた人材・販路・設備等を含む事業を一体として譲り受けるものであり、試行錯誤を経ずに、既に収益性があり又は将来において収益を見込むことができる事業を手に入れることが可能となる。

この点とともに、買手企業側からみた買収の目的としては、主に次のようなものを挙げることができる。

(1)　シナジーの獲得

買手企業が企業・事業の買収を行う一番の目的は、シナジー（相乗効果）の獲得である。買収により獲得が目指されるシナジー効果には、様々なものがある。同業他社を買収することにより事業規模を拡大して、スケールメリットを享受したり、共同購買による原材料等の調達コストの削減や、工場等の生産施設の統廃合をして生産の効率化を図ったりすることもその１つである。また、地域性や商品性、顧客層等の面で当事会社相互の弱点を補完し合うこともその１つである。

(2)　新規事業の開拓

事業を営んでいれば、急速にその事業が成長する時期もあれば、市場が成熟して大きな発展が望めない時期や、市場が衰退してゆく時期もある。企業の資源にも時間的にも余裕があるならば、将来的に成長が見込まれる事業分野を自ら一から育て上げることも可能であろうが、技術革新の速度が高まり、経営環境も短期間のうちに激変することがある現下の状況では、そのようなリスクを冒すだけの時間的余裕がないことが少なくないであろう。後記**3**(1)の選択と集中とは裏腹の関係になるが、事業の多角化や事業ポートフォリオの組換えのために、新規事業の開拓を図りつつ事業の育成期間を短縮するためには、企業・事業の買収はその有意義な一手法となる。

(3)　倒産企業の再生

企業・事業の買収は、倒産状態に陥った企業の事業再生の局面でも活発に行われている。企業が倒産する要因には様々なものがあるが、不採算事業ばかりでなく優良事業をも抱えたまま倒産する企業もあり、また、法的整理ないし私的整理により過剰な負債をカットすることができれば、事業の再建が期待できる場合もある。このような場合、競合他社や再生ファンドにとって、倒産企業・事業の支援の一貫としてその買収をし、再建を図るニーズがある。

事業再生の局面におけるM&Aの活用については、後記**本編第６章**を参照されたい。

３　売却の目的（売手企業側）

売手企業側からみた企業・事業の売却目的としては、主に次のようなものを挙げることができる。

⑴　選択と集中（ノンコア事業の売却）

かつての日本企業の中には、多角化経営の標語の下、関連性に乏しい複数の事業を抱える企業体が少なくなかった。しかしながら、バブル経済の崩壊後、規制緩和や各種産業のグローバル化の進展により、経営環境が大きく変化して、多角化経営を行う企業の競争力の低下が顕著なものとなった。この結果、2000年代以降は、多角経営企業における採算事業（コア事業）と不採算事業（ノンコア事業）の選別が進み、今度は「選択と集中」という標語の下で、ノンコア事業の売却と経営資源のコア事業への集中が進んだ。この際の事業売却の手法として、株式の売却や事業譲渡等のM&Aが用いられる。

⑵　コングロマリット・ディスカウントの解消

コングロマリット・ディスカウントとは、企業全体の価値が、当該企業が営む個々の事業の価値の総和と比べて低く抑えられている状態を指す（例えば、２種類の事業を営む企業において、一方の事業の価値が「３」、もう一方の事業の価値が「４」となっているときに、当該企業全体の企業価値が「７」ではなく「５」と評価されている状態）。このようなコングロマリット・ディスカウントを解消して適正な企業価値を取り戻すために、事業の一部を売却することがある（上記⑴の選択と集中は、このようなコングロマリット・ディスカウントの解消の一貫ともいえる)。

(3)　経営者の高年齢化と事業承継問題（中小企業）

我が国の企業のほとんどは中小企業であるが、大規模企業や上場企業とは異なり、中小企業には経営者の高年齢化とその後継難の問題に直面しているところが少なくない。このような中小企業においては、株式を創業者やその一族が保有しているのが通例であろうが、事業を継続して従業員の雇用を確保すると同時に、創業者の相続税問題を解消するために、事業を承継してくれる第三者に株式を売却して、その現金化を図るニーズがある。

第２　買収・売却の類型

買収・売却の手法には多種多様なものがある。買収手法は様々な側面から分類することができるが、買収対象（何を手に入れるか）及び買収対価（何を渡すか）の面からは、大きく次のように整理することができる。

１　買収対象による分類

(1)　株　式

まず、買収対象企業の株式を取得する方法がある。株式を取得することにより買収対象企業の議決権を得て、議決権の行使を通じて当該企業の支配権を獲得するものである。株式を取得するにも、その取得割合や取得方法によって、さらに細かく分類をすることができる。

①　株式の取得割合

株式の取得割合としては、会社法上の株主総会の決議要件との関係や会計上の区分に応じて、次のア～エのような一応の区切りをすることができる。

なお、法令上、一定の企業や事業分野においては、出資割合に制限が設けられている場合もあることに留意が必要である。例えば、銀行又はその子会社は、国内の会社の議決権について、合算して、総株主等の議決権の５％を超える議決権を取得し、又は保有してはならないとされている（銀行法16条の３第１項)。また、電波法、放送法、航空法など、業法の中には外資規制が導入されているものがある（電波法５条１項４号、放送法93

条１項６号、航空法４条１項４号等)。

ア　20％以上

原則として、投資先企業の株式（議決権）の20％以上を実質的に所有する場合（20％未満であっても、一定の議決権を有しており、かつ投資先企業の財務及び営業又は事業の方針決定に対して重要な影響を与えることができる一定の事実が認められる場合）には、その投資先企業は、会計上、持分法適用関連会社となり、投資先企業の損益を自社の財務諸表に反映させることができる。

後記**第３の事例１**（J. フロントリテイリングによるパルコの子会社化）においては、１段階目の株式取得により、J. フロントリテイリングがパルコ株式の33.２％を取得し、同社を持分法適用関連会社化している。

イ　３分の１超

買収対象企業の株式（議決権）の３分の１超を獲得すると、買手企業は、買収対象企業における株主総会の特別決議事項について拒否権を有することとなる。株主総会の特別決議は、出席株主の議決権の３分の２以上の多数をもって行わなければならないから（会社法309条２項）、買手企業が買収対象企業の３分の１を超える議決権を握ることにより、意に沿わない特別決議の可決承認を防ぐことができるわけである。

株主総会の特別決議事項には、主なものとして、募集株式の有利発行（会社法199条２項・３項・309条２項５号）、公開会社でない会社における募集株式の発行（同法201条１項参照）、定款変更（同法466条・309条２項11号）、合併・会社分割・株式交換・株式移転（同法第５編・309条２項12号）、事業の全部又は重要な一部の譲渡（同法467条１項１号・２号・309条２項11号）、事業の全部の譲受け（同法467条１項３号・309条２項11号）、解散（同法471条３号・309条２項11号）がある。いずれも会社の支配権や基礎に関わる重要な事項である。

ウ　過半数

買収対象企業の株式（議決権）の過半数を獲得すると、買手企業は、買収対象企業における株主総会の普通決議事項について決定権を有することとなる（会社法309条１項）。

役員の選任及び解任に係る株主総会決議は、原則として議決権の過半数をもって行うことができるから（会社法341条）、買収対象企業の株式の過半数を取得することにより、買手企業による買収対象企業への支配権は強固なものとなる。

エ　3分の2以上

上記イの裏返しとなるが、買収対象企業の株式（議決権）の3分の2以上を取得することにより、買手企業は、買収対象企業における株主総会の特別決議事項についても単独でその決定権を握ることができる。

オ　全　部

買収対象企業の株式（議決権）の全部を取得すれば、買手企業以外の株主が存在しなくなることから、株主総会の運用等において経営支配の自由度が格段に高まる。

②　株式の取得方法

次に、株式の取得方法については、主に次のア～オのように分類することができる。既存株主から株式を買い受けて取得する方法や（アイウ）、発行会社から新たに募集株式の発行又は自己株式の処分を受けて株式を取得する方法（エ）がある。これらに加えて、組織再編行為の1つとして株式交換の手続により買収対象企業の株式の全部を取得すること（完全子会社化）もできる（オ）。

ア　相対取引

買収対象企業の株主から相対で株式を譲り受ける方法である。当事者間で株式譲渡契約を締結し、契約に従い株式の移転と対価の交付を行うものであり、最も簡便な株式の取得方法であって、非上場会社の株式の原則的な取得方法である。後記**第3の事例2**（アサヒグループホールディングスによるカルピスの完全子会社化）においては、アサヒグループホールディングスが、非上場会社であるカルピスの株式の全部を、株式譲渡契約により味の素から譲り受けている。

相対取引による株式取得の手続は、会社法の定めに従う。譲渡制限株式（会社法2条17号）については、譲渡による株式の取得につき発行会社の承認がなければ、株主名簿の名義書換を請求することができない（同法134条）。また、株券発行会社の株式の譲渡は、株券の交付がなければ、その効力を生じない（同法128条1項）。

なお、平成26年通常国会において、親会社による子会社株式等の譲渡について、親会社の株主総会の特別決議を要するものとする改正会社法

（平成26年法律第90号）が成立した。この改正法が施行された後は、親会社による子会社株式等の譲渡であって、譲渡株式の帳簿価額が親会社の総資産額の５分の１超であり、かつ株式譲渡により親会社が子会社の議決権の過半数を有しないこととなるときは、株式譲渡について親会社の株主総会特別決議が必要となる（会社法467条１項２号の２）。

イ　市場取引

買収対象企業が上場会社である場合には、証券取引所市場を通じて株式を取得することが可能である。

なお、上場会社等の有価証券報告書提出義務のある会社の株式を取得するに際しては、一定の場合に後記**ウ**の公開買付けによる取得が義務付けられていること（金商法27条の２第１項）に注意が必要である。また、上場会社や店頭登録会社の株式等の株券等保有割合が５％を超えた場合には、大量保有報告書の提出義務を負うこととなる（同法27条の23第１項）。

ウ　公開買付け（TOB）

公開買付けとは、不特定かつ多数の者に対し、公告により株式等の買付け等の申込み又は売付け等の申込みの勧誘を行い、証券取引所市場外で株式等の買付け等を行うものである（金融商品取引法27条の２第６項）。

株式の取得に際していかなる場合に公開買付けが強制されることとなるかについては、後記**第２部制度編第２章第２**において公開買付手続とともに詳述するが、最も典型的なケースは、上場会社の株式につき株券等所有割合が３分の１を超える株式取得を行う場合である。買収対象企業の株式の過半数の取得を目指すにせよ、完全子会社化を目指すにせよ、公開買付けは、上場会社を買収する際に避けて通ることのできない重要なステップである。

上場会社である買収対象企業の完全子会社化を目指す場合、はじめに公開買付けを行って３分の２以上の議決権の取得をした上で、続いて全部取得条項付種類株式（会社法108条１項７号）の活用又は株式交換により完全子会社化を実現するというケースが多い。後記**第３**の**事例５**（パナソニックによる三洋電機の完全子会社化）においては、二段階の公開買付け及び株式交換を経て、パナソニックによる三洋電機の完全子会社化が行われている。

なお、このような公開買付けを前置した完全子会社化（少数株主のスクイーズアウト）は、いわゆるMBOにおいてよくみられる手法であることから、その手続等の詳細については、後記**本編第４章**の**第７**を参照されたい。また、少数株主のスクイーズアウトに関して、平成26年通常国会において会社法が改正され、株式併合により端数となる株式の買取請求制度及び特別支配株主による株式等売渡請求制度が導入された。前者は、株式併合に際して反対株主に株式買取請求権を付与することにより、全部取得条項付種類株式の取得に準じた少数株主の手続保障を図るものである（会社法182条の４等）。また、後者の株式等売渡請求制度は、特別支配株主（子会社の90％以上の議決権を有する親会社）が子会社の少数株主に対してその株式の全部を売り渡すことを請求することができるというものである（会社法179条～179条の10）。関係当事者に課税問題が生じないなどの税制面の手当てがされれば、株式併合や株式等売渡請求制度が、少数株主のスクイーズアウトの手法として今後一般化する可能性がある。

エ　第三者割当増資

第三者割当増資は、買収対象企業が募集株式の発行をし、買手企業がこれを引き受ける方法である。買収対象会社の既存の株主が有する株式には変動がないことから、第三者割当増資を引き受けるのみでは、買収対象企業を完全子会社化することはできない。後記**第３**の**事例３**（ビックカメラによるコジマの子会社化）及び**事例４**（ヤマダ電機によるベスト電器の子会社化）においては、いずれも第三者割当増資により買収対象企業の子会社化が行われている。第三者割当増資とともに買収対象企業の完全子会社化を図るためには、増資と同時に、既存株式の全部の消却（いわゆる100％減資）の手続が必要となる。

第三者割当増資には、会社法上の新株発行又は自己株式の処分の手続（同法199条以下）を要する。株式譲渡制限会社による第三者割当増資には、発行会社の株主総会の特別決議を要する（同法199条２項・309条２項５号）。上場会社等の公開会社（同法２条５号）においては、取締役会の決議による第三者割当増資が可能であるが、発行価格が株式引受人にとって特に有利な金額である場合（いわゆる有利発行の場合）には、公開会社であっても株主総会の特別決議を要する（同法201条１項）。

また、第三者割当増資が金商法上の有価証券の募集（同法２条３項）に該当するときは、原則として有価証券届出書の提出等の発行開示手続を行わなければならない。

加えて、第三者割当増資により既存株式に一定割合以上の希釈化が生じる場合には、証券取引所規則により遵守事項が設けられている。具体例として、東京証券取引所の上場会社が第三者割当により希釈化率25％以上となる増資を行う場合や、第三者割当増資により支配株主が異動する見込みがある場合には、原則として、経営者から一定程度独立した者による当該割当ての必要性及び相当性に関する意見の入手又は当該割当てに係る株主総会決議などによる株主の意思確認が必要とされている（東京証券取引所有価証券上場規程432条）。

なお、平成26年通常国会において、支配株主の異動を伴う募集株式の発行について、一定の場合に発行会社の株主総会決議を要するものとする改正会社法が成立した。この改正法が施行された後は、公開会社が行う募集株式の発行によりその引受人が発行会社の議決権の過半数を有することとなる場合、10％以上の株主が反対したときは、発行会社の財産の状況が著しく悪化している場合において事業の継続のため緊急の必要があるときを除き、当該増資につき株主総会決議による承認を得なければならないこととなる（会社法206条の２）。

オ　株式交換（対象企業の完全子会社化）

株式交換は、買手企業を完全親会社とし、買収対象企業を完全子会社とする組織再編行為であるが（会社法２条31号）、買手企業が買収対象企業の発行済株式の全部を取得するものであり、上記ア〜エと並び、株式を取得対象とする買収手法に位置付けることができる。

株式交換は、完全親会社となる会社と完全子会社となる会社の間で株式交換契約を締結する方法により行う（会社法767条・768条）。株式交換契約については、原則として当事会社双方の株主総会の特別決議による承認を要する（同法783条１項・795条１項・309条２項12号）。また、事前事後の開示制度（同法782条・791条・794条・801条）や債権者保護手続（同法789条・799条）が設けられているほか、反対株主に株式買取請求権（同法785条・797条）が、完全子会社となる会社の新株予約権者に新株予約権買取請求権（同法787条）が付与されている。

(2)　事業（事業に関する権利義務）

買収対象としては、上記(1)の株式以外にも、買収対象の企業そのものや買収対象企業が営む事業（ないし事業に関する権利義務）を取得する方法がある。企業や事業の取得方法としては、次のような分類をすることができる。

①　事業譲渡（事業の取得）

事業譲渡は、文字どおり、譲渡会社が営む事業を譲受会社に譲渡するものである。会社法施行前の旧商法の営業譲渡に関する最高裁判例では、「一定の営業目的のため組織化され、有機的一体として機能する財産（得意先関係等の経済的価値のある事実関係を含む。）の全部又は重要な一部を譲渡し、これによって、譲渡会社がその財産によって営んでいた営業的活動の全部又は重要な一部を譲受人に受け継がせ、譲渡会社がその譲渡の限度に応じ法律上当然に……競業避止義務を負う結果を伴うものをいう」とされている（最大判昭和40・9・22民集19巻6号1600頁）。

事業譲渡は、当事会社間で事業譲渡契約を締結し、譲渡会社が、譲受会社に対して、得意先や取引先、営業上のノウハウ等の事実関係のほか、資産、負債、契約上の地位等の権利義務関係の譲渡を行い、譲受会社がその対価を支払うものである。一定の事業譲渡には、会社法上必要となる手続が定められている。譲渡会社がその事業の全部又は重要な一部を譲渡する際には、原則として譲渡会社の株主総会の特別決議を要する（会社法467条1項1号・2号・309条2項11号）。譲渡資産の帳簿価額が譲渡会社の総資産額の5分の1を超えないときは、例外的に株主総会の特別決議を要しない（簡易事業譲渡。同法467条1項2号かっこ書）。また、譲受会社側では、他社の事業の全部の譲受けをするときは、株主総会の特別決議を要する（同項3号・309条2項11号）。また、事業譲渡では、簡易事業譲渡の要件を満たす等の場合を除き、反対株主に株式買取請求権が付与されている（同法469条1項）。

合併や会社分割との対比における事業譲渡の特徴は、前者が組織法上の行為であって一般承継・包括承継とされている一方、事業譲渡は取引法上の行為であって個別承継・特定承継とされている点である。すなわち、合併や会社分割においては、債務や契約上の地位の承継に際して債権者や契約相手方の同意を要しないとされている一方、事業譲渡においては、これらの承継に際して債権者や契約相手方の個別の同意を得ることが必要とされる。合併や会社分割と比べて事業譲渡は手続が煩瑣であるといわれるゆえんである。

他方、事業譲渡では、合併や会社分割において求められる債権者保護手続（会社法789条・799条）は不要である。また、合併や会社分割では、事前事後の開示手続が設けられているが（同法782条・791条等）、事業譲渡においてはこのような開示手続は会社法上法定されていない。

②　合併（企業全体の取得）

合併には、新設合併と吸収合併の２種類がある。新設合併は、２社以上の会社がする合併であって、いずれの会社も合併により消滅し、会社の権利義務の全部を合併により設立する新たな会社（新設会社）に承継させるものをいう（会社法２条28号）。吸収合併は、当事会社の一方（消滅会社）の権利義務の全部を他方の会社（存続会社）に承継させるものである（同条27号）。消滅会社の資産、債務や、雇用関係を含む一切の契約関係が新設会社・存続会社に承継されることとなる。

新設合併では、消滅会社が許認可事業を営んでいた場合に新設会社において許認可を新たに取得し直す必要が生じたり、複数の消滅会社から資産や契約関係等が新設会社に承継されることとなり手続が煩瑣になる可能性があることから、M&Aに新設合併が用いられることは少ない。

吸収合併は、当事会社間で吸収合併契約を締結する方法により行う（会社法748条・749条）。吸収合併契約については、原則として当事会社双方の株主総会の特別決議による承認を要する（同法783条１項・795条１項・309条２項12号）。また、事前事後の開示制度（同法782条・791条・794条・801条）や債権者保護手続（同法789条・799条）が設けられているほか、存続会社において簡易合併の要件を満たす等の場合を除き反対株主に株式買取請求権（同法785条・797条）が付与されている。消滅会社の新株予約権者には新株予約権買取請求権（同法787条）が付与されている。

③　会社分割（事業に関する権利義務の取得）

会社分割には、新設分割と吸収分割の２種類がある。新設分割は、１又は２以上の株式会社又は合同会社（分割会社）がその事業に関して有する権利義務の全部又は一部を分割により新たに設立する会社（新設会社）に承継させるものをいう（会社法２条30号）。吸収分割は、株式会社又は合同会社（分割会社）がその事業に関して有する権利義務の全部又は一部を分割後他の会社（承継会社）に承継させるものをいう（同条29号）。

買収対象企業が営む事業を買手企業自体に組み込む場合には、売手企業を分割会社とし、買手企業を承継会社とする吸収分割が選択されることとなる。他方、M&Aでは、新設分割が用いられることも少なくない。例えば、買手企業が、売手企業の営む事業の一部を承継したいが、当該事業を買手企業自体に組み込んでしまうのではなく、別法人（子会社）としておくことを望むケースにおいて、まず売手企業が新設分割により当該事業を新設会社に承継し、続いて買手企業が売手企業から新設会社の株式を譲り受けるという方法が用いられることがある（この場合、厳密にいえば、買収対象は、売手企業の事業（事業に関する権利義務）ではなく、対象事業を営む新設会社の株式ということになる）。

会社分割は、吸収分割については当事会社間で吸収分割契約を締結する方法により行い（会社法757条・758条）、新設分割については分割会社が新設分割計画を作成する方法により行う（同法762条・763条）。吸収分割契約・新設分割計画については、原則として当事会社の株主総会の特別決議による承認を要する（同法783条１項・795条１項・804条１項・309条２項12号）。また、事前事後の開示制度（同法782条・791条・794条・801条・803条・811条）や債権者保護手続（同法789条・799条・810条）が設けられているほか、簡易分割の要件を満たす等の場合を除き反対株主に株式買取請求権（同法785条・797条・806条）が付与されている。分割会社の新株予約権者には新株予約権買取請求権（同法787条・808条）が付与されている。

合併との対比における会社分割の特徴は、前者では消滅会社が有する資産、負債及び契約関係の一切が存続会社に承継される一方、後者では分割会社が有する資産、負債又は契約関係の一部のみを新設会社・承継会社に承継させることが可能なことである。分割会社の従業員（雇用契約）の一部を新設会社・承継会社に承継させることも可能であるが、労働者保護の観点から、会社分割に伴う労働契約の承継等に関する法律（労働契約承継法）が制定されており、会社分割に伴う従業員の承継については同法の定める手続に従う必要がある。

(3) 買収対象選択の考慮要素

買収対象として株式を選択するか企業・事業を選択するかは、主に次のような考慮要素を念頭に置いてその判断を行うこととなる。

① 企業・事業を買手企業に組み入れるか否か

売手企業の企業全体や事業を買手企業に組み入れる場合には、その手法として合併や吸収分割・事業譲渡が選択されることとなる。合併の場合には、売手企業の法人格がそのまま買手企業に合一化されることとなるし、吸収分割又は事業譲渡の場合には、売手企業の対象事業が買手企業に組み込まれることとなる。

<図表1-3-1　合併・吸収分割・事業譲渡の模式図>

これに対し、売手企業の企業や事業を買手企業に組み込んでしまうのではなく、買手企業とは別の法人格として存続させるのであれば、株式取得や株式交換といった手法が選択されることとなる。

<図表1-3-2　株式取得・株式交換の模式図>

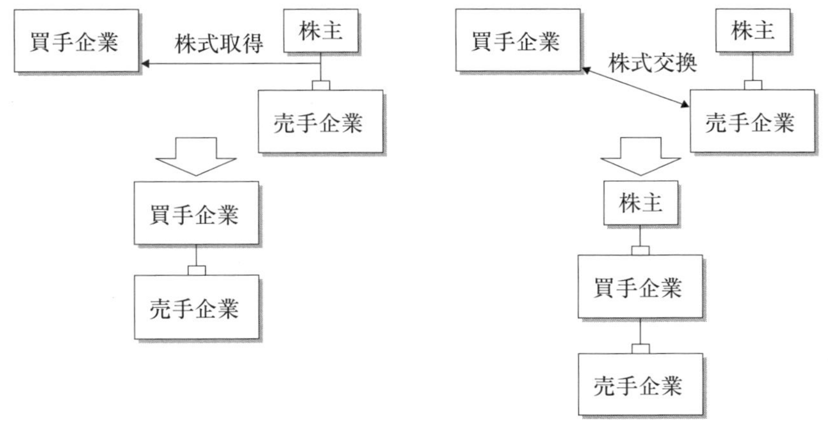

合併や吸収分割、事業譲渡を用いて売手企業の企業・事業そのものを買手企業に組み込む場合には、両社の事業の緊密な一体化が図られ、より速やかなシナジー効果の発揮を期待することができる。もっとも、このように一気に企業・事業の統合をすることについて、システム面や人事制度面あるいは各社の取引先との関係等から支障があり、ゆるやかに統合を進めざるを得ない事情がある場合もある。そのようなときは、株式取得や株式交換を用いて、売手企業の事業体を存続させた上で一定の時間をかけて統合を図るという選択肢もある。

②　簿外債務リスク

買手企業としては、売手企業の買収に伴い、簿外債務や偶発債務といった想定外の債務を承継することは避けたいのが常である。買手企業は、買収に先立って実施する監査（デューディリジェンス）によってそのような簿外債務や偶発債務の存在を調査するが、それでも明らかにならない簿外債務等もあり得る。

買収手法として合併や株式取得を選択する場合、売手企業の資産・負債が包括的に買手企業側に移転することとなるから、売手企業が抱えていた簿外債務や偶発債務まで買手企業側に移転してしまうこととなる。他方で、買収手法として吸収分割や事業譲渡を選択する場合、吸収分割契約や事業譲渡契約において移転対象となる資産や負債を特定する（簿外債務や偶発債務を移転対象負債から除外する）ことができるから、一定の範囲で簿外債務リスクを回避することが可能となる。

したがって、買手企業にとって簿外債務や偶発債務の承継を回避するニーズが強い場合には、買収手法として吸収分割や事業譲渡が選択されることとなり、そのようなニーズが弱い場合には、合併や株式取得といった手法を選択することが可能となる。

もっとも、会社分割や事業譲渡による簿外債務リスクの遮断についても、一定の限界があることに留意が必要である。近時、特に事業再生の局面において、詐害的会社分割（濫用的会社分割とも呼ばれることがある）の問題が取り沙汰されている。詐害的会社分割とは、分割会社が、承継会社に債務の履行の請求をすることができる債権者と当該請求をすることができない債権者（残存債権者）とを恣意的に選別した上で、承継会社に優良事業や資産を承継させるなどの残存債権者を害する会社分割をいう。詐害的会社分割に関しては、民法424条の詐害行為取消権や破産法160条等の否認権、会社法22条１項の商号続用責任の類推適用、法人格否認の法理等により、裁判例において残存債権者の救済（債務承継遮断の否定）が図られてきた。また、平成26年改正会社法では、詐害的会社分割・事業譲渡における残存債権者の保護に係る規定が新設されている（会社法23条の２・759条４項等）。なお、詐害的会社分割の詳細については、後記**本編第６章第１・２(3)**を参照されたい。

③　税負担

買収手法の選択に際しては、買収により当事会社が負うこととなる税負担の大小が決め手となるケースが少なくない。

株式譲渡については、譲渡側では譲渡損益が認識され、譲渡益に対する課税が発生し得る。譲受側においては基本的には課税問題は生じない。

合併・会社分割・株式交換等の組織再編行為については、税制上の適格組織再編の要件を充足する場合には、簿価による資産の承継が許容され、譲渡損益の計上を繰り延べることが可能となる。

事業譲渡については、組織再編税制が適用されないから、資産は時価で譲渡されたものと扱われ、譲渡益課税が生じ得る。また、譲渡対価が適正な時価を下回るときは、譲渡会社において寄附金課税が、譲受会社において受贈益課税が生じ得る。反対に譲渡対価が適正な時価を上回るときは、譲受会社において寄附金課税が生じ得る。また、事業譲渡の際の譲渡資産のうち消費税法上の課税対象物件については、譲渡に伴い消費税が課税されることとなる。

いずれにせよ、買収目的との兼ね合いで複数の買収手法が候補となる場合には、当事会社に対する法人税、消費税、不動産取得税、登録免許税等の課税の有無や額の規模を、手法ごとに比較検討することが必須である。

④　スケジュール・手続負担

企業グループを股にかけたM&Aにおいては、一般的に、秘密保持契約や基本合意書の締結に始まり、デューディリジェンスを経て、当事会社間で交渉をして合意した内容を最終契約（合併契約や株式譲渡契約等）として締結し、契約の定めに従いクロージングを実行するという過程をたどる（後記**本編第７章**参照）。この過程には一定の時間を要することが避けられないが、とはいえ経営環境が短期間のうちに目まぐるしく変化する昨今の状況下においては、買収の効果をできる限りスピーディに発揮することが市場やステークホルダーから求められる。このため、買収手法の選択に際しても、スケジュールの長短や手続の難易が考慮要素となり得る。

合併・会社分割・株式交換といった組織再編行為において会社法上時間を要するのは債権者保護手続であり、最低１か月間の官報公告期間を要する（同法789条２項・799条２項・810条２項）。また、会社分割においては、雇用契約を承継する従業員に関して、会社分割に伴う労働契約の承継等に関する法律（労働契約承継法）に従い、労働者との協議（商法等の一部を改正する法律（平成12年法律第90号）附則５条１項等）や労働者に対する通知（労働契約承継法２条１項）、異議申出手続（同法４条・５条）等を履践する必要も生じる。

事業譲渡は、会社法上の手続に要する期間は上記の組織再編行為と比べて短いが（反対株主による株式買取請求の期間は、最低20日間。同法469条３項）、債務や契約上の地位を承継するために債権者や契約相手方の個別の同意を取得することが必要となるため、同意取得の期間が長期化する可能性がある。

これらの会社法上の手続のほか、買収手法によっては事業運営に不可欠な許認可を改めて取得する必要がある場合もあるし、独占禁止法及び関係各国の競争法上のクリアランスの取得や、当局からの指摘を受けて問題解消措置を講じるために、相当の長期間を要する場合もある（例えば、後記**第３の事例４**（ヤマダ電機によるベスト電器の子会社化）を参照）。

コラム：敵対的買収と買収防衛策

企業買収は、買手企業と売手企業の間で友好的な交渉を経て実行される場合がほとんどであるが、対象企業の経営陣の賛同が得られぬまま買収が行われる場合もある。いわゆる敵対的買収である。

敵対的買収においては、当事会社間で合併契約や事業譲渡契約を締結することなどできないから、対象企業の経営陣の意思決定によらない買収手法、すなわち、対象企業の株主からの株式取得（公開買付け等）がされたり、株主総会における経営陣の入替えを目指して委任状争奪戦が繰り広げられたりする。

我が国における敵対的買収及びその防衛策については、平成17年に大きな動きがあった。ライブドアがニッポン放送の買収を試み、これに対抗したニッポン放送によるフジテレビへの新株予約権の発行について、裁判所の発行差止決定が出された。また、同年５月には、企業価値研究会（経済産業省の研究会）の「企業価値報告書」と、経済産業省・法務省の「企業価値・株主共同の利益の確保又は向上のための買収防衛策に関する指針」が公表され、買収防衛策に関する論点整理がなされた（なお、その後の平成19年８月に出されたブルドックソース事件最高裁決定（最決平成19・８・17民集61巻５号2215頁）等の裁判例を踏まえて、企業価値研究会は、平成20年６月に「近時の諸環境の変化を踏まえた買収防衛策の在り方」を公表し、合理的な防衛策の在り方に係る提言をしている）。これらを受けて、上場企業の多くが買収防衛策、とりわけ事前警告型と称される防衛策の導入を進め、平成20年７月末時点での買収防衛策導入企業は、上場企業の570社に達した。

もっとも、この頃をピークにして、以降は防衛策の廃止・非継続企業数が新規導入企業数を上回る状況が続き、平成25年７月末時点における買収防衛策導入企業数は、512社（上場企業全体の14.5%）となっている（茂木美樹ほか「敵対的買収防衛策の導入状況――2013年６月総会を踏まえて」商事2012号（2013年）49頁参照）。

２　買収対価による分類

(1)　金　銭

①　既発行株式の譲渡

買収に際して、買収対象企業の株式が既存株主から買手企業に譲渡される場合、その手法が相対取引であれ、市場取引であれ、公開買付けであれ、対価となる金銭が買主である買手企業から売主である既存株主に対して支払われることとなる（株式を対価とする公開買付けについては、後記(2)②参照）。

後記②の新規発行株式の取得及び③の事業譲渡においては、買収対価は買収対象企業に対して支払われるが、この①の既発行株式の譲渡においては、買収対価は買収対象企業に払い込まれることなく、その株主に対して支払われることとなる点に相違がある。

②　新規発行株式（自己株式を含む）の取得

第三者割当増資により新株発行又は自己株式の処分がされた場合、出資金が引受人から発行会社に対して払い込まれることとなる。増資に際して金銭以外の財産を出資すること（いわゆる現物出資）も可能であるが、本稿では割愛する。

③　**事業譲渡**

事業譲渡の対価は、法令上特に制約があるわけではないが、金銭とされることが通例である。譲受会社から譲渡会社に対して事業譲渡契約の定めに従って合意された額及び方法で金銭が支払われる。

(2)　買収企業の株式

①　**合併・会社分割・株式交換**

合併・会社分割・株式交換における買収対価は、買収企業の株式とされることが一般的である。

なお、会社法では、組織再編行為の対価が柔軟化されており、買収企業の株式以外の財産を対価とすることも許容されている（同法749条1項2号ロ～ホ等。ただし、新設合併・新設分割・株式移転の対価は、新設会社の株式に限られる）。もっとも、組織再編行為に際して簿価による資産承継が許容され譲渡損益を繰り延べることができる税制適格の要件には、買収対価として買収企業の株式以外の資産が交付されないことが掲げられていることから、株式以外の財産を買収対価とする組織再編行為がなされるケースは少ない。

②　**自社株対価TOB**

公開買付けの対価は、通常は金銭とされるが、法律上は買手企業の株式を対価とすることも可能である（自社株対価TOBとも呼ばれる。金商法27条の4）。しかし、現物出資規制と価額填補責任の2点の問題から、株式を対価とする公開買付けはM&Aで活用されてこなかった。

＜図表1-3-3　自社株対価TOBの模式図＞

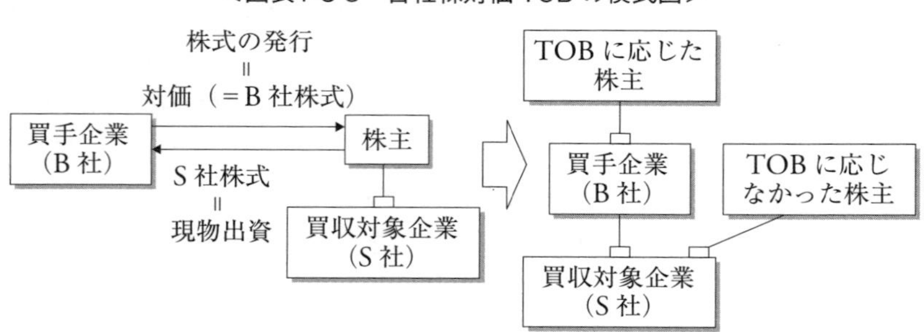

株式を対価とする公開買付けは、上の図表のように、買収対象企業の株式（S社株式）を現物出資財産とする買手企業による株式発行（B社株式の発行）に相当する。そのため、自社株対価TOBに際しては、現物出資財産たる株式の価額につき検査役の調査を要するなどの手続負担が生ずる（会社法207条）。また、検査役の調査を経たとしても、出資時（買取時）の現物出資財産たる株式の価額が株式発行決定時（TOB決定時）に定めた価額（同法199条1項3号）に著しく不足するときは、株主に価額填補責任が生ずる（同法212条1項2号。なお、同法207条9項各号に該当するなどして検査役の調査を経ない場合には、取締役も価額填補責任を負う（同法213条））。TOB決定時から買取時までの間には、公開買付手続期間が挟まれ、その間に株価が大きく変動する可能性があることから、特に価額填補責任は無視することのできないリスクであり、自社株対価TOBの障害となっていたわけである。

このような状況の中、平成23年に産業活力の再生及び産業活動の革新に関する特別措置法（産活法）が改正され、自社株対価TOBの途が開かれ、平成25年臨時国会で成立した産業競争力強化法（平成26年1月20日施行。同法の施行に伴い産活法は廃止）にもこれが受け継がれている。産業競争力強化法により、同法上の認定を受けた企業が買収対象企業を関係事業者（同法2条8項、同法施行規則3条。50％以上の株式取得等）としようとする場合に行う自社株対価TOBについて、現物出資規制や価額填補責任規定が適用されないこととなった。

産業競争力強化法による自社株対価TOBについては、募集株式の発行差止め（会社法210条）、発行無効の訴え（同法828条1項2号）、買手企業株主による株式買取請求（産業競争力強化法34条3項により読み替えられた会社法797条の準用）が認められ、かつ原則として買手企業の株主総会特別決議を要する（産業競争力強化法34条2項による会社法201条1項の適用除外）ものの、価額填補責任という買手企業とってコントロールしがたいリスクが払拭されていることから、TOB応募株主に係る株式譲渡損益の繰延措置等の税制面が整備されれば、有効な買収手法として活用される可能性がある。

⑶　対価選択の考慮要素

買収対価として金銭を選択するか株式を選択するかは、主に次のような考慮要素を念頭に置いてその判断を行うこととなる。

①　買収対象企業の株主の意向

中小企業の創業者が相続税対策のために現金を必要とするなど、売手企業の株主が買収対価として金銭を望む場合には、既発行株式の譲渡が通常の選択肢となる。売手企業の株主に対して金銭を交付するための手法としては、これ以外にも例えば、事業譲渡を行って売手企業が買手企業から金銭の交付を受けた上で、売手企業を清算して残余財産分配としてその株主に金銭が渡るようにするなどの方法もあり得るが、清算の過程で不確定要素も生じ得ることから、このような方法がとられることはそれほど多くないかもしれない。

これに対し、買手企業が上場会社であってその株式に換金性があるなどし、売手企業の株主が買収対価として買手企業の株式を望む場合には、合併、会社分割や株式交換が用いられることとなる。後記**第３**の**事例５**（パナソニックによる三洋電機の完全子会社化）においては、完全子会社化に当たり、公開買付け及び株式交換が用いられているが、パナソニックのプレスリリースによれば、三洋電機の株主が、公開買付けに応じて金銭対価を受領するという選択と、株式交換に応じてパナソニックの株主になるという選択のいずれもが可能となるようにこの手法を採用したとのことであり、参考となる。

②　資金需要

売手企業に資金投入する必要がある場合には、第三者割当増資又は事業譲渡が用いられる。後記**第３**の**事例３**（ビックカメラによるコジマの子会社化）では、第三者割当増資によるコジマへの払込金額の大部分が、店舗閉鎖費用や新規出店・店舗改装費用に用いられる予定である旨がリリースされている。

③　買手企業の資金調達能力

買手企業の手元資金や資金調達能力が乏しい場合には、買収対価として株式を利用するニーズが高い。もっとも、買手企業が非上場会社であるなどし、株式の流動性・換金性が乏しいときには、売手側からみれば、株式対価を望まないケースが多いであろう。

３　小　括

以上のとおり、買収対象及び買収対価の観点から買収手法の整理を行ったが、これを概略図にまとめると以下のとおりとなる。

＜図表1-3-4　買収手法選択の概略図＞

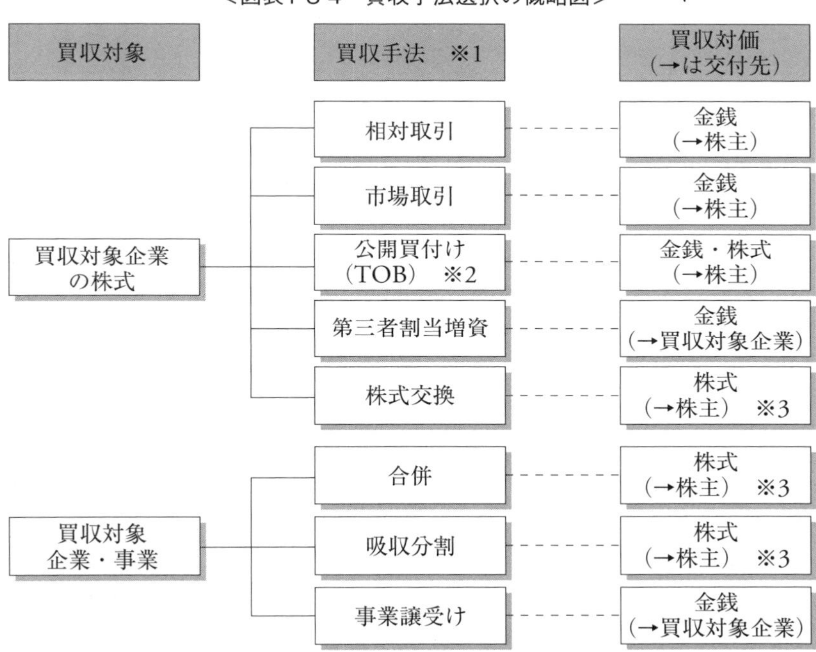

※１　買収手法には、複数の手法の組み合わせもあり得る。例：新設分割＋株式譲渡。
※２　買収対象企業や株式取得割合等に応じて、金商法により公開買付けが強制される場合がある。
※３　会社法上は組織再編行為の対価は株式に限らず柔軟化されている。

第３　事　例

●事例１　J. フロントリテイリングによるパルコの子会社化

１　会社の概要

上場会社が上場会社を株式取得によって買収した事例として、J. フロントリテイリングによるパルコの子会社化がある。

J. フロントリテイリングは、大丸と松坂屋ホールディングスが経営統合して平成19年に設立された持株会社で、百貨店事業やスーパーマーケット事業等を営む会社である。パルコは、大都市圏を中心にショッピングセンター事業や専門店事業等を営む会社である。いずれも東証一部に上場しており、買収当時の両社の主要な株主構成は次のとおりである。

J. フロントリテイリング		パルコ	
日本マスタートラスト信託銀行	7.24%	森トラスト	33.22%
日本トラスティ・サービス信託銀行	6.43%	イオン	10.03%
日本生命保険相互会社	5.39%	クレディセゾン	9.41%
J. フロントリテイリング共栄持株会	2.72%	日本トラスティ・サービス信託銀行	5.61%
（平成23年8月末時点）		（平成23年8月末時点）	

2　筆頭株主からの株式取得（持分法関連会社化）

J. フロントリテイリングによるパルコの買収は、2段階で行われている。1段階目は、パルコの筆頭株主からの株式取得である。

H24. 2. 24	株式譲渡契約の締結 ～1株1,100円で27,400,000株、総額30,140百万円
H24. 3. 23	株式譲渡の実行 持分法適用関連会社化

J. フロントリテイリングは、平成24年2月24日、パルコ株式の33.2%を有する筆頭株主である森トラストとの間で、株式譲渡契約を締結した。J. フロントリテイリングのプレスリリースによれば、株式取得の理由については次のとおり説明されている。

> ……当社グループは、都市型商業施設の開発・運営という事業領域で優れたノウハウを有するパルコ社との連携を今後深めることで、百貨店ビジネスモデルの変革を加速し競争力強化をはかるとともに、様々な業種・業態を展開する小売グループとして、グループ全体の成長力向上をはかることができると考えています。
>
> また、両社はともに高質で付加価値の高い小売ビジネスを指向しているとともに、対象とする顧客層のグレードやテイストも類似していることから、今後、両社の店舗基盤、顧客基盤を有効に活用し相乗効果を最大限に

> 創出していくことで、相互の企業価値向上に取り組んでまいります。……
> （平成24年２月24日付 J. フロントリテイリングプレスリリース[1)]）

その後、J. フロントリテイリングは、公正取引委員会の企業結合審査を経た上で、平成24年３月23日に株式を取得し、パルコを持分法適用関連会社化している。

この１段階目の株式取得は、取得後の持株割合（株券等所有割合）が３分の１未満であったことから、公開買付け制度の対象とはされていない。

３　公開買付けによる株式取得（子会社化）

買収の２段階目は、公開買付け（TOB）による株式取得である。この公開買付けと並行して、J. フロントリテイリングは、新株予約権付社債権者との間で公開買付応募契約を、パルコとの間で資本業務提携契約をそれぞれ締結している。

H24. 7 . 5	公開買付けの取締役会決議、プレスリリース ～１株1,100円で最大38,522,600株（取得後の持株割合で最大約65％相当となる部分買付け）、総額42,374百万円 資本業務提携契約の締結 公開買付応募契約の締結 パルコによる意見表明
H24. 7 . 9	公開買付けの開始
H24. 8 . 1	新株予約権付社債権者による新株予約権の行使（普通株式への転換）
H24. 8 .20	公開買付けの終了（買付期間：30営業日）
H24. 8 .27	公開買付けの決済開始 子会社化

⑴　公開買付け

平成24年７月５日、J. フロントリテイリングは、パルコの株式を公開買付けにより取得すると発表した。J. フロントリテイリングは、公開買付けの目的及び背景について次のとおり説明している（「当社」がJ. フロント

1）　http://www.j-front-retailing.com/_data/news/120224_parco_8251t_JFR.pdf

リテイリング、「対象者」がパルコを指す)。

> ……当社及び対象者は、両社の連携を深め事業シナジーを創出するための協議を重ね、その結果、具体的な店舗の共同開発、ストアオペレーション面での連携、関連事業における協業機会の拡大など、幅広い分野での提携検討に至り、さらに、南館建て替えを計画している当社の松坂屋上野店においては、対象者と共同での店舗開発及び対象者業態の出店も検討するに至っております。
>
> このような提携検討の中で、当社及び対象者においては、両社の店舗基盤、顧客基盤などの相互の有効活用を超えたさらなる提携効果が見込まれるのではないかとの考えが生まれてきたことから、平成24年6月以降、両社のより一層の企業価値の向上に資するための施策についても、具体的な協議・検討を開始いたしました。
>
> 当社及び対象者においては、今後も、他の共同店舗開発をはじめ、様々な分野で事業シナジーを追求することが想定される中、両社の事業提携をより深化させ、企業価値のより一層の向上を図るためには、当社の百貨店としてこれまで培ってきた様々な運営ノウハウ及び対象者の都市型商業施設の開発・運営ノウハウのみならず、当社の都心に所有する店舗不動産など、両社の事業の根幹を成す資産や経営資源、ノウハウなどを相互に提供・活用することが必要となるところ、現状の資本関係のままでは、相互にその事業の根幹を成す資産や経営資源、ノウハウなどを提供することには一定の制約があり、同一グループとなり、より強固な資本関係のもとで協力して双方の事業を進めることが、両社の経営資源の円滑な相互活用につながるとの判断に至りました。……
>
> (平成24年7月5日付J. フロントリテイリングプレスリリース[2)])

この公開買付けは、パルコの上場を維持すべく、買付予定数に上限を設けた点に特徴がある。買付予定数は、公開買付け完了後のJ. フロントリテイリングの持株割合が約65％相当となる数(最大38,522,600株)を上限としており、それを超える応募があったときは、超える部分についての買付けを行わず、あん分比例の方式により買付けを行うとされている。

かかる公開買付けに対し、パルコは、賛同の意見を表明するとともに、同社株式が上場を維持する見込みであることから、株主が公開買付けに応募するかは株主の判断に委ねるとの意見を述べた(「当社」がパルコ、「公開買付者」がJ. フロントリテイリングを指す)[3)]。

---

2)　http://www.j-front-retailing.com/_data/news/120705_TOB.pdf

> 当社は、……（平成24年７月５日）開催の取締役会において、本公開買付けの諸条件、公開買付者との資本業務提携による公開買付者グループとのシナジー効果や補完関係等を総合的に考慮し、慎重な協議及び検討を行った結果、本公開買付けの成立を前提とした安定した資本関係に基礎を置きつつ、公開買付者との間でより強固な提携関係を構築することが、当社の企業価値を高め、ひいては株主価値向上に資するものと判断し、本資本業務提携契約の締結を決議するとともに、本公開買付けに賛同する旨の決議をいたしました。
>
> なお、公開買付者によれば、本公開買付けは当社の普通株式の上場廃止を企図したものではないとのことであり、現時点において、本公開買付け後も当社の普通株式の上場が維持される見込みですので、当社取締役会は、……株式価値算定書に照らせば、買付価格は妥当と考えられるものの、当社の株主の皆様が本公開買付けに応募するか否かについては、株主の皆様のご判断に委ねることも、あわせて決議しております。
>
> （平成24年７月５日付パルコプレスリリース）

プレスリリースによれば、公開買付けの公正性を担保するための措置としては、次の事項がとられている。

(i)　公開買付者（J. フロントリテイリング）による独立した第三者算定機関（証券会社）からの株式価値算定書の取得。なお、いわゆるフェアネス・オピニオンは取得していない。

(ii)　対象者（パルコ）における独立した第三者算定機関（証券会社）からの株式価値算定書の取得。なお、いわゆるフェアネス・オピニオンは取得していない。

(iii)　対象者における独立した法律事務所からの助言。

(iv)　対象者における利害関係を有しない取締役全員の承認。

(v)　他の買付者からの買付機会を確保するための措置。具体的には、公開買付期間を30営業日と比較的長期に設定。

(2)　新株予約権付社債権者との公開買付応募契約

パルコは上記公開買付けが行われる前の平成22年９月当時、日本政策

---

3)　http://www.parco.co.jp/pdf/jp/library/press_120705.pdf

投資銀行に対して転換社債型新株予約権付社債を発行していた。転換社債型新株予約権付社債は、普通株式への転換が行われれば発行済株式数の18.71％相当に上るものであった。

この点に関し、J. フロントリテイリングは、公開買付けの発表と同時に、同行との間で、同行が当該新株予約権付社債に付された新株予約権を行使してこれを普通株式に転換し、その普通株式について同社の公開買付けに応募する旨の契約を締結している。そしてかかる契約に基づき、同行は平成24年８月１日に新株予約権を行使して社債を普通株式に転換し、公開買付けに応募している。

(3)　パルコとの資本業務提携契約

J. フロントリテイリングとパルコは、公開買付けの発表と同時に資本業務提携契約を締結している。平成24年７月５日付の両社のプレスリリースによれば、契約には次のような条項が含まれている。

・　パルコは、公開買付けに対し賛同する旨の意見を決議し、公表する。
・　J. フロントリテイリングは、公開買付けの完了後、パルコの同意なくパルコの株式を買い増してはならない。
・　J. フロントリテイリングは、資本業務提携契約の有効期間中、パルコの株式の上場が維持されるよう可能な限り努力する。
・　J. フロントリテイリングは、パルコの委員会設置会社によるガバナンス体制を維持するものとする。
・　パルコの取締役会の構成について、取締役の半数以上は、独立社外取締役とし、J. フロントリテイリングより指名する取締役をパルコの取締役会の過半数となる最小限の数とする。独立社外取締役以外の取締役のうち、J. フロントリテイリングが指名する取締役とパルコ出身者である取締役は同数とする。
・　J. フロントリテイリングはパルコブランド（グループ保有分を含む）の価値を認め、パルコブランドを維持し、これを変更しない。
・　パルコは、M&A、資産の取得・処分、開発等のうち東京証券取引所の有価証券上場規程に基づき適時開示義務を負うものを行う場合、又はパルコの株式、新株予約権等、希薄化を伴う資本政策を実行する場合は、事前にJ. フロントリテイリングの承諾を得ることを要する。
・　パルコは、M&A、資産の取得・処分、開発等のうち１件当たり、①10億円以上の支出、若しくは収入を伴うもの、②10億円以上の資産の取得若しくは処分、又は③その他パルコの税金等調整前当期純利益に５億円以上の影響をもたらす行為を実行する場合は、J. フロントリテイリングに事前に報告し、J. フロントリテイリングから要求があった場合はJ. フロントリテイリングと協議を行うものとする。

- J. フロントリテイリングは、パルコの顧客政策及び営業政策を尊重する。
- J. フロントリテイリングは、パルコの既存の取引関係、提携関係を尊重する。
- J. フロントリテイリングとパルコの間で行われる取引については、独立当事者間の取引条件と同等の取引条件に基づいて行われることを確保するものとする。
- 資本業務提携契約の有効期間は公開買付けの決済日から５年間。その後についてはJ. フロントリテイリングとパルコが誠実に協議するものとする。

取締役会の構成についての定めをはじめ、全体にパルコの自主性を尊重した内容となっているのが特徴的である。

買収の対象者の経営体制については、主要株主間の株主間契約によって定めることもあるが、この事案では買収者（J. フロントリテイリング）と対象者（パルコ）との間で定められている。このような買収者と対象者との間の契約の法的効果をいかに解すべきかについては、様々な考え方があるものと思われる。

コラム：森トラスト、イオンとの応酬

本件では、J. フロントリテイリングが登場する前に、パルコとその主要株主である森トラスト、イオンとの応酬が行われたことでも耳目を集めた。

平成23年２月、イオンは市場取引によりパルコの株式を取得し、同社の第２位の大株主となった。イオンのプレスリリースによれば、かかる株式取得はパルコとの事前の協議なく行われたものであった。翌３月、イオンは同社に対して資本・業務提携の提案を行い、筆頭株主である森トラストもイオンの提案に賛成した。

これに対し、パルコはイオンの提案に反対し、同社の労働組合や店長会等もこれに反対する旨の意見書を会社に提出して、パルコは主要株主と対立するに至った。

森トラストは、パルコの平成23年２月期にかかる定時株主総会において経営陣の刷新を求める株主提案権を行使し、イオンもこれに同調して共同して議決権行使を行う旨公表した。

結局、パルコは代表取締役社長の交代を含む経営陣の一部刷新を行い、それと引換えに森トラストは株主提案を取り下げることとなった。

J. フロントリテイリングによる買収は、このようなパルコと主要株主間の応酬の後で行われたものである。J. フロントリテイリングがパルコとの間で締結した資本業務提携契約が、パルコの自主性を尊重したものとなっているのは、このような経緯が背景にあった可能性があることを考えると興味深いものがある。

●事例2　アサヒグループホールディングスによるカルピスの完全子会社化

1　会社の概要

上場会社が非上場会社を株式取得によって買収した事例としては、アサヒグループホールディングスによるカルピスの完全子会社化がある。

アサヒグループホールディングスは、アサヒビールやアサヒ飲料を傘下に持つ酒類・飲料・食品等の製造販売を営む上場企業である。カルピスは、乳酸菌飲料等の製造販売を行っている会社であり、平成19年に株式交換によって味の素の完全子会社となった会社である。

本件は、次のスケジュールにより行われている。

H24. 5 . 8	株式譲渡契約締結
H24. 9 .12	カルピスが味の素に対して剰余金の配当
H24.10. 1	株式譲渡実行

2　株式売買

アサヒグループホールディングスによる買収は、同社が味の素からカルピスの発行済全株式を株式売買契約により取得することにより行われている。売買されたのが非上場株式であるため、公開買付制度の適用はない。

平成24年5月8日、アサヒグループホールディングスと味の素は、カルピスの株式譲渡契約を締結した。同日付のプレスリリースによれば、両社は株式譲渡について次のとおり説明している。

……当社グループとカルピス社とは、2001年5月の自動販売機の相互乗入れに始まり、2007年12月のアサヒカルピスビバレッジ設立により両社の自販機飲料事業を統合し、当社の中期経営計画達成に向けて協業してまいりました。

今回、カルピス社の全株式を取得することにより、当社グループの国内飲料事業の基盤が強化され国内清涼飲料業界シェア3位を確固たる地位にするとともに、当社グループとカルピス社の経営資源の融合による国内及び海外飲料事業の更なる強化、拡大を共に目指すことができると考えております。……

（アサヒグループホールディングス[4]）

……当社は、2012年1月アサヒ GH 社からカルピス社株式譲渡についての正式提案を受け検討に入りました。

アサヒ GH 社は、飲料事業をグループの中核事業として成長を図り、その中でカルピス社を重要な柱として拡大させたいとし、また同社の90年以上にわたる企業文化、「カルピス®」ブランド、乳酸菌・微生物活用技術、そして人材を高く評価しております。更には、カルピス社はかねてより、アサヒ GH 社傘下のアサヒ飲料株式会社と自販機飲料事業を共同で行っており、相互の信頼関係を築いてきております。

この様な背景を踏まえ、当社は、アサヒ GH 社へのカルピス社株式譲渡が、当社のコア事業に集中する経営計画の実現と、カルピス社の更なる長期的成長に合致すると判断し、契約締結を決定いたしました。……

（味の素[5]）

その後、カルピスは味の素に対して平成24年9月12日に270億円の剰余金の配当を行い、平成24年10月1日に株式譲渡が実行された。

譲渡価額は1,217億円（剰余金配当額270億円を含む）とされている。

本件は、両社の自動販売機の相互乗入れという部分的な業務提携に始まり、自販機飲料事業の統合という部分的な事業統合を経て、会社全体の買収へと進んだケースということができよう。

なおその後、カルピスが持つ国内飲料事業及び営業部門は、吸収分割の方法により、アサヒグループホールディングス子会社のアサヒ飲料に移管統合されている。

4）　http://www.asahigroup-holdings.com/ir/12pdf/120508.pdf
5）　http://www.ajinomoto.com/jp/presscenter/press/detail/2012_05_08_3.html

●事例3　ビックカメラによるコジマの子会社化

1　会社の概要

第三者割当増資の引受けによる子会社化を行った近時の事例としては、ビックカメラによるコジマの子会社化の例がある。

ビックカメラとコジマはともに家電量販店を手がける東証一部上場企業である。ビックカメラは首都圏をはじめとする主に大都市圏において、「都市型」「駅前」「大型」をキーワードとする店舗展開を行っており、コジマはロードサイド出店を主軸とする店舗展開を行っている。

ビックカメラによるコジマの子会社化は、両社が資本業務提携契約を締結し、その契約の一環として、コジマがビックカメラに対して発行済み株式数の50.06％に相当することになる株式を発行することによって行われている。全体のスケジュールは次のとおりである。

H24. 5 .11	取締役会決議、プレスリリース 資本業務提携契約締結（第三者割当増資については１株362円で39,000,000株（増資後の発行済株式数の50.06％相当）、総額14,118百万円）
H24. 6 .26	払込完了、子会社化

コジマは、ビックカメラとの間で資本業務提携に至った理由について次のとおり説明している。

当社が属する家電量販業界においては、家電エコポイント制度によるエアコン、冷蔵庫、テレビ等の需要の増加、平成23年７月のアナログ停波前のテレビの買い替え需要の増加等といったいわゆるイベント効果が終了したこともあり、今後は厳しい環境が予想されております。また、国内市場の拡大成長が見込めない中で、家電量販業界における企業間の規模の乖離が大きくなっており、業界内の競争は今後一段と激しくなっていくことが予想されます。

特にロードサイド出店戦略を展開する同業大手他社による大規模な新規出店計画も明らかとなっており、業界中堅に位置する当社の今後の競争環境は益々厳しくなることが予測されます。このような環境下、当社としては、「地域一番店の集合体・コジマ」を構築するための４つの指針である「競争力のある店舗」、「効率的な仕組み」、「強い商品」、「強い人材」の充実を今後より一層推進していくこと、より具体的には、アライアンスによる原価交渉力強化による粗利の向上、店舗のスクラップ・アンド・ビルドを含む事業再構築による収益構造の改善、財務基盤の強化等が喫緊の経営課題であるものと認識しております。

当社は、上記のような認識を踏まえ、厳しい競争環境における当社の競争力を向上するとともに、財務基盤を強化するため、本件提携の一環としてビックカメラに対する第三者割当を行うことといたしました。当社とビックカメラにおいては、相互に競合する店舗が比較的少なく、また、ロードサイドとレールサイドという異なるビジネスモデルによる補完関係があり、本件提携が実現した場合、売上高規模で約1兆円、業界第2位の地位に立つことが見込まれ、特に首都圏における市場シェアは合算で20%を超える水準となり、将来の市場規模成長が期待される首都圏において競争上優位に立つことができると見込まれます。また、当社は、本件提携を実施することにより、共同仕入の実施による原価交渉力の強化（粗利改善）、物流・システムの連携によるコスト削減、店舗運営ノウハウを共有することによるマーケティング力の強化や接客スキルの向上、什器・間接資材の共同購入によるコスト削減等といったシナジー効果を享受することができるものと考えております。

（平成24年5月11日付コジマプレスリリース[6]）

2　資本業務提携契約

ビックカメラのプレスリリースによれば、資本業務提携契約には、資本提携として後記**3**の第三者割当増資を行うことのほか、業務提携として(i)商品仕入面での連携（商品仕入部門の再編及び調達業務の統合等）、(ii)物流・システム面での連携（物流の共同化等を通じた物流コストの低減、物流オペレーションの優位点を共有、システム面での連携）、(iii)店舗開発、店舗運営ノウハウ及び店舗マネジメント並びに販売促進の連携、(iv)什器・間接資材の共同購入（調達費用の削減）、(v)人材交流を行うことが盛り込まれている[7]。

また、ビックカメラが指名する1名を取締役としてコジマに派遣することのほか、従業員の相互交流も行う予定とされている。

6)　http://www.kojima.net/corporation/ir/pdf/irnews20120511_3.pdf
7)　http://www.biccamera.co.jp/ir/news/pdf2012/20120511_2news.pdf

3　第三者割当増資

(1)　発行内容

時価を大きく下回る価格での第三者割当増資（有利発行）は、株主総会の特別決議が必要とされている（会社法199条3項・2項・309条2項5号）。何をもって有利発行に当たるかについて、会社法は明確な基準を定めているわけではないが、日本証券業協会の「第三者割当増資の取扱いに関する指針」（平成22年4月1日付）は、証券業界の自主ルールとして、払込金額を次のとおりとするよう、会員（証券会社等）が第三者割当増資を行う会社に要請することを定めており、1つの参考となる。

> (1)　払込金額は、株式の発行に係る取締役会決議の直前日の価額（直前日における売買がない場合は、当該直前日からさかのぼった直近日の価額）に0.9を乗じた額以上の価額であること。ただし、直近日又は直前日までの価額又は売買高の状況等を勘案し、当該決議の日から払込金額を決定するために適当な期間（最長6か月）をさかのぼった日から当該決議の直前日までの間の平均の価額に0.9を乗じた額以上の価額とすることができる。
> (2)　株式の発行が会社法に基づき株主総会の特別決議を経て行われる場合は、本指針の適用は受けない。

本件の発行価額は、取締役会決議の前営業日の終値とされている。本件では、コジマは株主総会決議を経ず、取締役会決議により第三者割当増資を行っており、発行条件について次のとおり説明している。

> 発行価額の決定に際しては、本件第三者割当に関する取締役会決議日の直前営業日（平成24年5月10日）の株式会社東京証券取引所における当社普通株式の終値である362円をもって発行価額といたしました。日本証券業協会「第三者割当増資の取扱いに関する指針」（平成22年4月1日付）によれば、第三者割当により株式の発行を行う場合には、その払込価額は、原則として、株式の発行に係る取締役会決議の直前日の価額（直前日における売買がない場合は、当該直前日からさかのぼった直近日の価額）を基準として決定することとされているため、本件第三者割当の発行価額を決定する際にも、本件第三者割当に関する取締役会決議日の直前営業日の終値を基準といたしました。
> なお、この発行価額は、本件第三者割当に関する取締役会決議日の直前

> 営業日から1か月間さかのぼった期間の終値単純平均値387円に対して6.47%のディスカウントとなっておりますが、同直前営業日から3か月間さかのぼった期間の終値単純平均値455円に対しては20.43%のディスカウント、同直前営業日から6か月間さかのぼった期間の終値単純平均値480円に対しては24.63%のディスカウントとなっております。しかしながら、当社は、平成24年3月30日に株式会社東京証券取引所において平成24年3月期通期業績予想を大幅に下方修正する旨の公表を行ったため、その後市場で形成された株価の方が当社の直近の財政状態及び経営成績を公正に反映しているとの考慮に基づき、この発行価額は割当予定先にとって特に有利なものではないと判断いたしました。
>
> （平成24年5月11日付コジマプレスリリース）

また、東証の上場規則は、第三者割当増資を行う場合に、払込金額が割当てを受ける者に特に有利でないことに係る適法性に関する監査役又は監査委員会の意見等を開示すべきことを要求している（有価証券上場規程402条1号a、同施行規則402条の2第2項2号b)。この点、コジマは、発行価額の適法性について、監査役会から適法である旨の意見を得ている旨を公表している。

(2)　資金使途

上場株式の第三者割当増資に関しては、かつて、不適切な第三者割当増資（実態が明らかでない海外ファンドへの大量の株式割当てと既存株主の議決権の極端な希釈化など）が社会的に問題とされたことがあった。これを踏まえ、平成21年に企業内容等の開示に関する内閣府令が改正され、第三者割当増資を行う際には、割当予定先である第三者の状況や資金使途などの詳細な情報を開示すべきこととなった。

コジマは、資金使途について、第三者割当増資による払込金額141億円から発行諸費用3億円を控除した138億円の手取金のうち、121億円を店舗閉鎖費用に、17億円を新規出店・店舗改装費用に利用する予定である旨を開示している。

(3)　独立第三者からの意見入手

東証の上場規則は、第三者割当による希釈化率が25%を超えるか支配株主の異動を伴う場合には、(i)経営者から一定程度独立した者による当該割当ての必要性及び相当性に関する意見の入手、又は(ii)当該割当てに係る株主総会決議などによる株主の意思確認を求めている（有価証券上場規程432条）。

この点、コジマは３名（弁護士、公認会計士、大学院教授）で構成する第三者委員会を設置し、委員会から審議結果の報告書の提出を受けている。

コラム：会社法改正による影響

平成26年の通常国会で成立した改正会社法（平成26年法律第90号）により、支配株主の異動を伴う第三者割当増資については、株主総会による承認決議が必要となる場合が生じることとなった。

改正会社法によれば、第三者割当増資により、その第三者（その子会社等を含む）が総株主の議決権の過半数を有することとなる場合には、親会社等に対して割当を行う場合を除き、(i)会社は、原則として払込期日の２週間前までに各株主に通知又は公告をする必要があるとされ、(ii)議決権を有する総株主の10％以上の議決権を有する株主がその第三者割当増資に反対する旨を通知したときは、会社は、株主総会を開催してその第三者割当増資についての承認（普通決議）を経るべきこととされた。ただし、会社の財産の状況が著しく悪化している場合において、当該会社の事業の継続のため緊急の必要があるときは、株主総会を経ずに増資を行うことも可能とされている（会社法206条の２）。

改正会社法は、公布の日（平成26年６月27日）から起算して１年６か月を超えない範囲内において政令で定める日から施行される（附則１条）。

●事例4　ヤマダ電機によるベスト電器の子会社化

1　会社の概要

第三者割当増資の引受けによる子会社化のもう１つの事例として、ヤマダ電機によるベスト電器の子会社化を紹介する。

両社はいずれも家電量販店を営む東証一部上場企業であり、ヤマダ電機は業界最大手、ベスト電器は業界中堅に位置している。

本件は上記**事例３**の約１か月後に発表されたものであり、業界最大手が買収に動いたことと、短期間に家電業界の大型再編が相次いだことから、**事例３**と合わせて社会の耳目を集めたものである。

本件のスキームは、上記**事例３**と基本的には同じであり、ヤマダ電機とベスト電器が資本業務提携契約を締結し、その一環として、ベスト電器がヤマダ電機に対して、取締役会決議によって第三者割当増資を行い、ヤマダ電機がこれを引き受けるというものである。ヤマダ電機が既保有の株式と合わせてベスト電器の発行済株式数の51％相当の株式を取得することにより、子会社化が行われている。

本件では、後記**3**のとおり、公正取引委員会から独占禁止法上の問題が指摘され、ヤマダ電機が問題解消措置を行うことを申し出た上で、子会社化に至っている。

全体のスケジュールは次のとおりである。

H24.６.７	公正取引委員会が株式取得に関する計画の届出の受理（第１次審査の開始）
H24.７.６	公正取引委員会が第２次審査を開始
H24.７.13	取締役会決議、プレスリリース 資本業務提携契約締結（第三者割当増資については１株151円で80,265,500株（ヤマダ電機の既保有分６,730,500株と合わせると増資後の発行済株式数の51％相当）、総額12,120百万円）
H24.12.10	公正取引委員会が、両社が申し出た問題解消措置を前提に、排除措置命令を行わない旨を両社に通知
H24.12.13	払込完了、子会社化

２　第三者割当増資

⑴　発行内容

第三者割当増資の発行価額は、直近１か月間の終値平均としている。発行価額に関し、ベスト電器は次のとおり説明している。

> 払込金額を決定直前日まで１ヶ月間の終値の平均値を基礎とした理由は、①当社の第三者割当増資に関する憶測報道がなされたことにより、決定直前日の終値（172円）はその直前営業日である2012年７月11日（以下、「報道直前日」といいます。）の終値（154円）から11.69％（18円）上昇しており、また、売買高についても決定直前日の売買高（24,597,500株）は報道直前日から３ヶ月遡った期間の１日当たりの売買高の平均（291,669株）の84倍に上ること、②最近の当社株価変動状況や売買高を見ても従前に比して大きく変動していること、③当社株式の売買高は、報道直前日か

ら３ヶ月遡った期間の１日当たりの売買高の平均（291,669株）であるところ、決定直前日から遡った過去３ヶ月（取引日数は62日）において、売買高が1,000,000株以上と当該平均売買高の３倍以上に大きく変動する日が決定直前日を除き５日散見されることが確認され、当社株式の売買高が一時的に大きく変動し必ずしも安定しているとは言えないこと等から、決定直前日にできるだけ近い一定期間の平準化された値を基準とする方が算定根拠として客観性が高いと考えます。

（平成24年７月13日付ベスト電器プレスリリース[8)]）

⑵　資金使途

ベスト電器は、手取金118億円の使途として、国内既存店舗の活性化に向けた投資に85億円、海外（インドネシア）における出店における投資に10億円、情報システム更改及び人材投資に23億円を利用する予定であると開示している。

⑶　独立第三者からの意見入手

上記**事例３**と同様に、本件は希釈化率が25％を超えるため、ベスト電器は独立第三者から意見を入手している。

具体的には、３名（弁護士、司法書士、公認会計士）から構成される第三者委員会を設け、第三者割当増資の必要性及び相当性についての意見を受領している。

３　独占禁止法を遵守するための問題解消措置

ヤマダ電機は業界最大手であり、ベスト電器も業界中堅に位置する企業であるため、ヤマダ電気によるベスト電器の子会社化により、一部の地域における家電小売業について、競争が実質的に制限されることとなるおそれが生じた。

公正取引委員会は、「家電量販店における家電小売業」を役務範囲、「店舗から半径10キロメートル」を地理的範囲とする取引分野について、競争が実質的に制限されているかを検討した。そして、公正取引委員会は、参入圧力、地理的隣接市場からの競争圧力、GMS 等・通販事業者からの

8)　http://www.bestdenki.ne.jp/library/image/company/20120713teikei.pdf

競争圧力、経営状況などを検討の上、10地域については競争が実質的に制限されることになると認めた。

かかる公正取引委員会の見解に対し、ヤマダ電機は、当該地域内の店舗を譲渡するなどの問題解消措置を申し出た。これを受けて公正取引委員会は、問題解消措置を前提に、排除措置命令を行わない旨の通知を行った[9)]。

●事例5　パナソニックによる三洋電機の完全子会社化

1　会社の概要

公開買付け及び株式交換を使用した完全子会社化の近時の事例としては、パナソニックによる三洋電機の買収がある。

本件は、(i)いわゆるディスカウントTOB、(ii)通常のTOB、(iii)株式交換の三段階で、平成20年から平成23年の足かけ4年にわたって行われたものである。

平成20年当時、三洋電機は、財務体質強化のために、3,000億円を調達する代わりに、ゴールドマン・サックス・グループの関連会社（オーシャンズ・ホールディングス有限会社)、大和証券エスエムビーシープリンシパル・インベストメンツの子会社（エボリューション・インベストメンツ有限会社))、及び三井住友銀行の3社に対してA種優先株式及びB種優先株式を発行していた。優先株式は、いずれも1株当たり10株の普通株式に転換できる内容のものとなっており、優先株式がすべて転換された完全希釈化後の3社の持株割合は、3社の既保有の普通株式と合わせて、発行済株式数の約7割を占める計算であった。

パナソニックは、(i)まずいわゆるディスカウントTOBによって3社から優先株式を取得して三洋電機を子会社化し、(ii)その後、さらに踏み込んで通常のTOBにより一般株主から普通株式を取得し、(iii)最後に株式交換を行って、三洋電機を完全子会社化したものである。

2　資本業務提携契約の締結

平成20年12月19日、パナソニックと三洋電機は、資本・業務提携契約

---

9)　http://www.jftc.go.jp/houdou/pressrelease/h24/dec/121210_2.files/12121002.pdf

を締結し、パナソニックが三洋電機の総株式の完全希薄化後（優先株式の普通株式への転換後）の議決権の過半数の取得を目指すと発表した。発表では、国内外の競争法に基づく必要な手続や対応を終えた後、可能な限り速やかに公開買付けを実施することや、公開買付価格については普通株式が1株当たり131円、A種及びB種優先株式が1株当たり1,310円を予定していること、3社が「公開買付けへの応募を前提に検討」していることなどが明らかにされた[10)]。

その後両社は、約1年かけて日本、米国、欧州、中国その他各国の当局との折衝を行い、当局から指摘を受けた電池など一定の取引分野についての問題解消措置を講じることとした。またこの間、3社との間でも公開買付応募契約の交渉を行い、平成21年3月から9月にかけて、順次3社との間で応募契約を締結した。

3　ディスカウントTOB

平成21年11月4日、パナソニックは、三洋電機の株式についての公開買付けを行うと発表した。買付価格は、普通株式1株当たり131円、A種及びB種優先株式1株当たり1,310円であった。この価格は、前営業日の終値に対して42.5%、直近1か月間の終値平均に対して38.5%、直近3か月間の終値平均に対して43.3%低い価格であり、公開買付けは、3社からの株式取得を意図したいわゆるディスカウントTOBであった。

また、パナソニックと3社とがそれぞれ締結した応募契約では、3社合計で、完全希釈化後の株式数の50.1%に相当する株式について公開買付けに応じることが合意された。

三洋電機は、公開買付けに賛同する旨の意見を表明するとともに、公開買付価格がディスカウント価格であることから、買付価格の妥当性については意見を留保し、普通株式の応募については株主の判断に委ねる旨を述べた。

公開買付けは、平成21年11月5日から12月9日まで行われて成立し、パナソニックは3社から株式を取得した。その後、パナソニックは優先株式を普通株式に転換し、三洋電機の議決権の50.27%を取得して同社を

10）　http://panasonic.co.jp/sanyo/corporate/ir_library/pdf/disclosure/2008/di-1219-1.pdf

子会社化した。

4　通常のTOB

子会社化から約7か月を経過した平成22年7月29日、パナソニックと三洋電機は、公開買付けと株式交換により、パナソニックが三洋電機を完全子会社とすることに合意したと発表した（なお、同日付で、同様のスキームでパナソニック電工の完全子会社化も行う旨も発表された）。

公開買付価格は、普通株式1株当たり138円であり、これは公表日前日の終値に対して16.9%、直近1か月間の終値平均に対して21.1%、直近3か月間の終値平均に対して9.5%、直近6か月間の終値平均に対して0.7%のプレミアムを付けたものであった。

また、両社は、公開買付け後に（全部取得条項付種類株式を用いたキャッシュ・アウトではなく）株式交換を実施することによって完全子会社化を勧めるスキームを採用した理由について、「パナソニックの株主様となっていただくというご選択も可能とした」と述べている。

> パナソニック、パナソニック電工、三洋電機の3社では、本完全子会社化の推進にあたり、今回、まず上記の通り本公開買付けを行い、本公開買付け実施後、平成23年4月を目途に、両子会社との間で本株式交換（予定）を実施することで両子会社の完全子会社化を進めるスキームを採用しました。これは、両子会社の株主様に対して、公開買付価格で保有株式をご売却いただくというご判断だけでなく、本株式交換を通じ、GT12の実現とエレクトロニクスNo.1の『環境革新企業』に向けて尽力していくパナソニックグループを継続してご支援いただけるよう、新たにパナソニックの株主様となっていただくというご選択も可能としたものです。両子会社の株主様におかれましては、パナソニックグループを継続して支援することをご判断いただける場合は、両子会社の株主総会における承認（必要となる場合）等の法定の必要手続を踏むことにより、今後決定される株式交換比率に基づき、本株式交換により、保有される両子会社の株式をパナソニック株式と交換していただくことが出来ます。
>
> （平成22年7月29日付パナソニックほかプレスリリース[11)]）

三洋電機は、公開買付けに賛同し、公開買付けに応募することを勧める

11）http://panasonic.co.jp/sanyo/corporate/ir_library/pdf/panasonic/pn-0729-2.pdf

旨の意見を表明した。

公開買付けは、平成22年８月23日から平成22年10月６日まで行われて成立し、パナソニックは、既保有分と合わせて三洋電機の80％の株式を取得するに至った。

５　株式交換

平成22年12月21日、パナソニックと三洋電機は、平成23年４月１日を効力発生日として株式交換を行うと発表した。

その後、三洋電機は平成23年３月４日に株主総会を開催して株式交換についての承認決議を行った。この株式交換は、パナソニック側では簡易株式交換の要件を満たすため、パナソニックは株主総会の承認決議を経ずに行われた。

平成23年４月１日、パナソニックと三洋電機は株式交換を行い、パナソニックが三洋電機を完全子会社化した。

第４章　グループ内再編

第１　総　論

第２章及び**第３章**においては、主に企業グループを超えた企業再編について述べてきた。しかし、企業グループが、その企業価値を高めていくためには、外部の経営資源を利用するだけでなく、既にグループ内で保有されている経営資源を適正かつ効率的に配分できる組織を確立することも重要である。

そこで、本章では、企業グループ内における組織再編、具体的には、純粋持株会社の創設と解消（**第２**）、分社と親会社への事業統合（**第３**）、子会社間の事業分野の調整（**第４**）、事業部門の廃止又は子会社整理（**第５**）、持株比率の変更をはじめとする支配形態の変更（**第６**）について取り上げることとし、これらの企業グループ内の組織再編を実現するための法的手法及びそのメリット・デメリット並びに実例について述べることとする。

また、グループ内再編とは若干趣きが異なるが、**第６**において取り上げる支配形態の変更に関連して、MBO（経営陣が経営する企業や事業部門を自ら買収すること）についても本章において言及することとしたい（**第７**）。

企業グループの事業形態を、企業グループ内の各事業に対する親会社の関与度合いを基準として分類すると、親会社が純粋持株会社として事業の統括に専念し、かつ、すべての事業について法人を分ける形態（以下「分社型」という）が一方の極にあり、他方の極に１つの会社ですべての事業を行う形態（以下「統合型」という）が位置付けられる。

そこで、グループ内再編の総論として、まずは、分社型と統合型、それぞれの事業形態のもつメリット・デメリットについて整理してみたい。

１　戦略と事業の分離

分社型の場合、戦略の立案については持株会社が専属的に担当し、その戦略に基づく事業の遂行については子会社が担うという形で戦略と事業を分離することが容易となる。

ただし、統合型においても、戦略の立案に特化した部署を設置することにより、戦略と事業を分離することは不可能ではない。

また、そもそも、戦略と事業を分離することが常に望ましいわけではなく、各企業グループの実情によっては、戦略と事業を渾然一体のものとして運用していくことが望ましい場合もあろう。

２　責任・権限の明確化

分社型の場合、事業ごとに法人が異なるため、ある事業を担当している法人がその事業に係る責任及び権限を有していることを明確にできる。

統合型であっても、厳格な事業部門制を採用することにより、責任・権限を明確にすることは不可能ではないが、独立した法人と比較すると限界があろう。

３　収益構造の明確化・事業部門ごとの業績の適正評価

貸借対照表・損益計算書といった法定の計算書類については法人ごとに作成する義務があるところ、分社型の場合、事業部門ごとに法人が異なるため、事業部門ごとに法定の計算書類が作成されることになる。

その結果、法定の計算書類を通じて事業部門ごとの収益構造を明確にすることができ、また、業績評価についても法定の計算書類に基づいて事業部門ごとに明確に行うことができる。

統合型であっても、事業部門ごとに収支を明らかにすることはもちろん不可能ではないが、各事業部門に共通する間接費用の配賦の問題などもあり、分社型と同程度に明確化することは容易ではないだろう。

４　経営判断・意思決定の迅速化

分社型の場合、事業に関する経営判断・意思決定の多くを当該事業を担当する法人に委ねることが多く、各事業に特化した経営判断を行えることから、迅速な意思決定を行い得る。

他方、統合型の場合には、企業グループ全体又は他の事業部門への影響も考慮せざるを得ないため、経営判断に迅速性を欠きやすい。

ただし、分社型であっても、親会社の承認を要する事項の範囲が広いと、かえって、経営判断・意思決定までのプロセスが増えて意思決定が遅延するとの指摘もあり、一概に迅速化できるというわけではない。

5　事業ごとに最適な内部組織・労働条件の構築及び個別事業の強化

統合型において、事業部門に係る社内組織を構築し、又は労働条件を設定する場合には、他の事業部門に係る社内組織及び労働条件との整合性にも留意しなければならないため、独自性をもたせるのには限界がある。

他方、分社型の場合には、他の事業部門との整合性という制約を受けず、独自に、担当する事業に最適な内部組織を構築し、かつ、労働条件を設定することができる。

6　リスクの分散

分社型の場合、株主有限責任の原則があるため、法律上は、子会社の債権者に対して親会社が責任を負うことはなく、当該事業に失敗したとしても、他の事業に対する影響を最小限にとどめることができる。

また、営業の停止や許認可の取消しといった行政処分についても、処分を受けた会社に対してのみ効力を生じるから、やはり、他の事業に対する影響を最小限に止めることができる。

これに対し、統合型の場合には、一事業部門の失敗や撤退による損失等を他の事業部門も含めた会社全体で負担せざるを得ない。また、他の事業部門にまで波及する損失が想定され、他の事業部門との調整も余儀なくされる結果、事業部門からの撤退を迅速に判断できない傾向がみられる。

ただし、株主有限責任の原則を形式的に主張すれば、親会社が社会的信用を失うことになるから、分社化していたとしても、子会社が負う債務については親会社が事実上肩代わりせざるを得ず、リスクの分散という点において、統合型と分社型との違いは、相対的なものにとどまる。

7　優遇措置等の享受

分社化し、規模の小さい法人に事業を担当させることにより、要件が形式的に定められた規制の緩和措置又は優遇措置を受けることができる。例えば、子会社を設立して事業を行わせる場合に、資本金を1,000万円としておけば、下請法に定める下請事業者として、同法による保護を受けることができる。

8　事業売却の容易性

分社型の場合、親会社は、各事業について、株式を保有するという形で事業を支配している。そのため、当該事業を売却する場合には、株式売買の方法で売却することができ、比較的簡便な手続によることができる。

9　指示命令系統の統一

統合型の場合、又は分社型であっても、事業会社の議決権のすべてを企業グループ内で保有している場合には、企業グループ全体にとって利益となるか否かを基準として経営判断が行われる。場合によっては特定の事業部門又は事業会社に不利に判断されることもある。

他方、分社型を採用し、かつ、議決権のすべてを企業グループ内で保有していない場合には、親子会社間で対立が生じかねず、企業グループ全体の経営方針を徹底できなくなるおそれがある。

10　監視・監督の射程

監視・監督の射程については、まずは自社が優先されてしまい、子会社までは行き届きにくいのが通常である。

特に、海外子会社の監視、監督については、問題がより強く意識されている。

分社型の場合には、分社によるメリットが失われないようにしつつも、より実効的に監視・監督できる方策を構築しておく必要がある。

11　縦割りの弊害（関連する事業分野間の連携の困難さ）

分社型の場合、事業が法人ごとに区別され、その結果、役割分担の意識が強くなりすぎると、担当外又は担当範囲の境界部分への対応に消極的となり、関連する事業分野間で上手く連携できない弊害が生じ得る。

ただし、統合型であっても、組織が大きくなり、社内部門における役割分担の意識が強くなりすぎれば同様の問題を生じる可能性があり、分社型との違いはあくまで相対的なものであるといえよう。

12　業務の重複

分社型の場合、法人ごとに管理・間接部門を設ける必要があるため、これに要する費用が重複して発生することになる。

ただし、最近では、こうした費用の重複を回避するために、グループ内の各社からの依頼を受けて、管理・間接業務を請け負うことを専門とする会社を別途企業グループ内に用意する会社が増えてきている。

また、分社型で縦割りの意識が強く、子会社間の意思疎通が円滑に行われていないと、同様の研究開発が重複してしまい、効率性が損なわれる可能性がある。

13　税負担

税負担については、分社型の方が税負担が重くなる場合もあれば、軽減される場合もある。いずれにせよ、再編後の税負担がどうなるのかについての検討が必要となることに変わりはない。

以上、再編の目的を整理してきたが、分社型と統合型との違いは、あくまでも相対的なものにすぎないことに注意する必要がある。統合型であったとしても事業部門制を徹底することなどにより、分社型に近い運用が可能であるし、逆に分社型であっても統合型に近い運用が可能である。また、企業グループが置かれている個別の状況によっても左右される。分社や統合を行ったからといって自動的に上記の目的が達成されるわけではない。

「何を実現したいのか」という目的・目標を明確にした上で、その企業グループの個別状況に照らしてどういった組織再編が必要なのかというアプローチを常に意識しておかないと、組織再編そのものが目的化してしまい、組織再編を行ってはみたものの企業価値の向上には結びつかない結果となってしまう可能性も否定できない。

第2　純粋持株会社の創設と解消[1)]

1　純粋持株会社のメリット・デメリット

純粋持株会社のメリットとしては、責任・権限の明確化、収益構造の明確化、意思決定の迅速化、個別事業の強化、リスクの分散、事業ごとに最適な内部制度を運用できるといった分社によるメリットのほか、持株会社特有のものとして、戦略の立案と事業の遂行の分離となることやM&Aの実施しやすさなどが挙げられる。これらのメリットを社内カンパニー制によって享受することも可能であろうが、分社の方がより徹底できるように思われる。

他方、デメリットとしては、経営の求心力の低下、経営陣・親会社による監視・監督機能の後退、重複する事業分野間の連携の困難さ、重複する事業分野・顧客・製品等の増加、間接部門・管理業務費用の重複、経営資源配分の遅延といった点が指摘されている。また、メリットとして指摘されていた意思決定の迅速化について、かえって遅延するという指摘もある。これは、事業子会社に委任した事項については、意思決定が迅速になるものの、事業子会社に委任していない重要事項については、かえって意思決定までに要するプロセスが増えて意思決定が遅延する場合もあるということであろう。

そもそも、純粋持株会社体制といっても、その内容には様々なバリエーションが考えられるし（事業子会社に委任する権限の範囲も自由に設定することができるし、事業子会社についても事業内容によって分けることもできれば、地域によって分けることもできる）、企業グループが置かれている個別の状況（業種、規模、社風など）、中長期的な方向性、課題等によっても左右されることから、一律にメリット・デメリットを判断することは難しいと思われる。

それだけに、純粋持株会社の創設に当たっては、「何を実現したいのか。」という明確な目的・目標をもって進めないと、持株会社化すること

1）「＜特集＞持株会社という選択」経理情報1336号（2013年）10～26頁。

自体が目的となってしまい、結果として企業価値の増大に寄与できないことになってしまう可能性があるように思われる。

コラム：純粋持株会社と株主代表訴訟

純粋持株会社体制の場合、株主代表訴訟において被告となり得るのは、純粋持株会社の役員であり、事業子会社の役員が株主代表訴訟の被告となることはなかった。もちろん、メリットとして指摘できるものではないが、こうした点を奇貨として、株主代表訴訟リスクを回避する意図で、実質的な経営トップが純粋持株会社の取締役に就任せず、事業子会社の取締役に留まることも考えられた。

しかし、会社法が改正され、多重代表訴訟制度が導入されたことにより、一定の要件を満たす大規模な完全子会社の取締役については、これを被告として親会社の株主が株主代表訴訟を提起することが可能となる（会社法847条の3）。その結果、こうした濫用的な意図に基づく制度の利用が抑止されることが期待できる。

2　純粋持株会社の創設と解消の手法

⑴　創　設

純粋持株会社の創設の手法としては、単独株式移転、新設分割、子会社への吸収分割（子会社を新たに設立する場合を含む）などが考えられる。

①　会社分割

グループ内再編において純粋持株会社を創設する場合、通常、事業会社に存在する複数の事業ごと、又は地域ごとに会社を分けて純粋持株会社にぶら下げることになるので、単独株式移転ではなく、新設分割や子会社への吸収分割の手法が用いられることの方が多いように思われる。新設分割や子会社への吸収分割の場合には、証券取引所に上場している法人も変更されないことになるので、手続的にもメリットがあろう。

他方、許認可や契約や従業員の承継に支障が出たり、コストを要したりするなどのデメリットもある。許認可の引継ぎを円滑に行うためには、新設分割ではなく、既存又は新設した子会社に許認可を取得させておいてから、当該子会社に事業を吸収分割する手法を用いることも考えられる。

②　単独株式移転

他方で、単独株式移転の手法による場合もある。単独株式移転によって事業子会社を完全子会社とする純粋持株会社を設立した上で、事業子会社が保有している事業子会社の子会社の株式を純粋持株会社に譲渡するなどして、純粋持株会社に複数の事業子会社をぶら下げることにより、純粋持株会社を創設することも考えられる（ただし、事業子会社を完全子会社とする純粋持株会社を設立しただけで、その後、複数の事業子会社をぶら下げることを行わない場合もある）。

メリット・デメリットは会社分割の場合の裏返しとなるが、事業を担う法人は変わらないので、許認可、契約、従業員の承継等の問題は原則として生じない。事務負担や時間といった上場する法人が変わることによるコストも考慮しなければならないが、株券の電子化やテクニカル上場といった制度もあるので、それほど大きくはならないだろう。

コラム：間接業務の集約

純粋持株会社の創設に伴い、グループ内の1つの会社に対して、他のグループ内の会社の間接業務を委託することを検討するケースもあろう。ここで留意しておかなければならないのが、こうした間接業務の受託に当たっては各種規制法に抵触する可能性がある点である。

例えば、グループ内の会社の法務機能を1つの会社に集約した上で、グループ内の会社で生じてくる法律問題をそうした集約された会社の法務部門で処理することとした場合には、弁護士法において、弁護士でない者が報酬を得る目的で法律事務を取り扱うことを禁止されていることとの関係が問題となる。間接業務を受託している場合、経営管理料などの金銭を受領してことが多く、「報酬を得る目的で」という要件に該当することも否定しきれない難しさがある。

また、キャッシュマネジメントサービス（グループ内の会社において余剰となっている資金を1つの会社に集約し、必要に応じて資金が不足しているグループの会社に融通し、グループ内で効率的に現金を運用していく仕組み）についても、貸金業法3条の登録の要否が問題となる。実際、金融庁の法令適用事前確認手続においては、議決権の過半数を有する株式会社に対するものであれば、貸金業法3条の登録は不要であるものの、過半数には満たないが会社法施行規則に基づき子会社とされる会社に対するものについては、貸金業法3条の登録が必要との見解が示されていた。ただし、この貸金業法の点については、同法施行令等の改正により、親会社と実質支配力基準に基づく子会社で構成されるグループ会社（親子・兄弟会社等）間で行われる貸付けについて、一定の議決権保有等の要件の下に、貸金業規制の適用が除外されたため、問題のほとんどが解消された。

この改正は、平成26年４月１日から施行されている。

⑵　解　消

吸収合併の手法が用いられることが多い。特に、許認可の引継ぎに問題がある場合には、許認可を取得している事業子会社を存続法人とすることになろう。

⑶　外国法への配慮

手法の選択に当たっては、日本法だけでなく、外国法への配慮も必要である。特に、米国証券取引法の場合には、選択した手法によって、提出が要求される書類の種類が大幅に増加して膨大なコスト負担を余儀なくされることがあるので注意が必要である。詳細については、**第２部制度編第２章第１・２⑵**（370頁）のコラムを参照されたい。

３　事　例

⑴　王子製紙と日本製紙グループ本社（創設と解消）

ほぼ同時期に、王子製紙は純粋持株会社を創設し、日本製紙は純粋持株会社を解消した。両社は、同じ製紙業界に属する会社であることから、比較して検討するのが有益と思われる。

①　王子製紙

ア　概　要

王子製紙は、平成23年11月４日、取締役会において、平成24年10月１日を目途に純粋持株会社制に移行すべく、その準備に入ることを決議し、同日、純粋持株会社制に移行した。

イ　目　的

より強力に事業構造転換諸施策を推し進め持続的成長を図る上で、一層のグループ経営効率の最大化、各事業群の経営責任の明確化及び意思決定の迅速化を推進することとされている。

ウ　手　法

事業持株会社を吸収分割会社とし、純粋持株会社を創設するために新たに設立した会社及び既存の子会社を吸収分割承継株式会社とし、事業持株会社の事業を子会社に承継させる。

②　日本製紙グループ本社

ア　過去の経緯

平成13年3月　日本製紙と大昭和製紙の純粋持株会社として設立

平成15年4月　洋紙事業と板紙事業に再編し、事業ごとに会社を編成

イ　概　要

日本製紙グループ本社は、平成24年4月25日、取締役会において、平成25年4月1日に完全子会社である日本製紙を存続会社として合併することを承認決議し、同社との間で合併契約を締結した。

ウ　目　的

顧客ニーズが多様化するなど、グループを取り巻く事業環境が急速に変化したことにより、事業会社間で重複する事業分野、顧客、製品等が増加し、このままでは、かかる変化に迅速に対応することが次第に困難になりつつあるところ、持株会社制を見直し、日本製紙を合併することにより、今まで以上に迅速な経営資源の配分を可能とすることとされている。

エ　手　法

中核となる事業子会社を吸収合併存続会社とし、純粋持株会社を吸収合併消滅会社とする吸収合併を行う。

⑵　近鉄グループにおける旅行事業の統合（創設）

①　概　要

近畿日本ツーリスト及びクラブツーリズムは、平成24年8月10日、取締役会において、平成25年1月1日を効力発生日として、以下の内容により、経営を統合した上で、純粋持株会社制に移行することを決議し、同日、経営統合及び純粋持株会社制への移行を実行した。

- 近畿日本ツーリストを完全親会社、クラブツーリズムを完全子会社とする株式交換を行う。
- 近畿日本ツーリストは、新たに2つの完全子会社を設立し、そのうちの1社（KNT 団体株式会社）に団体旅行事業を、残りの1社（KNT 個人株式会社）に個人旅行事業を、それぞれ吸収分割により承継させる。
- 近畿日本ツーリストは、商号を KNT-CT ホールディングス株式会社

に変更する。

②　**経緯（クラブツーリズム）**

昭和55年	近畿日本ツーリスト渋谷営業所として事業開始
平成５年	株式会社ミリオンオーナーズ設立
平成８年	同社を株式会社クラブツーリズムに改組
平成15年	株式会社クラブツーリズムをクラブツーリズム株式会社に商号変更
平成16年４月	近畿日本ツーリストからクラブツーリズム事業を譲り受け、それに伴い近畿日本鉄道及び投資ファンドから出資を受け、近畿日本ツーリストから独立
平成20年６月	近畿日本鉄道が投資ファンドから株式を譲り受け、近畿日本鉄道の子会社になる（近畿日本鉄道の議決権比率は、78.4％）。
平成24年８月10日	直前における近畿日本鉄道の各社に対する議決権比率

近畿日本鉄道→クラブツーリズム　86.31％

近畿日本鉄道→近畿日本ツーリスト　12.3％

③　**目　的**

事業分野別の収益構造及び責任構造を明確化すること並びに持株会社において経営戦略及び目標を明確に定め、的確な経営判断及び機動的な意思決定を行うことを目的としている。

④　**手　法**

上記①参照。

⑶　日清紡ホールディングス（創設）

①　**概　要**

日清紡績は、平成19年11月29日、取締役会において、平成21年４月１日をもって純粋持株会社制に移行すべく、その準備に入ることを決定し、同日、純粋持株会社制に移行した。

②　目　的

・　持株会社を核としたグループ経営の強化

グループの全体最適と、各事業の個別最適のバランスを考慮した戦略的マネジメントにより、グループ全体の企業価値の向上を図る。

・　事業環境に応じた機動的な事業運営による個別事業の競争力強化

各事業の事業環境に適した機動的な業務遂行と、個別事業における責任・権限の明確化や意思決定の迅速化により、経営効率のアップと最適なコスト構造を実現し、個別事業の競争力を強化する。

・　事業再編による自己完結型事業運営の実現

各新設分割設立会社を中核会社として、既存の子会社を含めたグループ内の事業再編を加速し、自己完結型の事業運営により各事業の企業価値の向上を図る。

③　手　法

事業持株会社を新設分割会社とし、５つの事業を承継する５つの子会社を新設分割設立会社とする新設分割による。

④　産活法の活用

作成した事業再構築計画について、産活法に基づく認定を受け、登録免許税の軽減の措置を受けている[2)]。

⑷　コニカミノルタ（解消）

①　過去の経緯

平成15年８月　ミノルタと株式交換による経営統合

平成15年10月　コニカ、ミノルタが有していたすべての事業を６事業会社、２共通機能会社に再編

②　概　要

コニカミノルタホールディングスは、平成24年10月10日、取締役会において、平成25年４月１日付で、同社を存続会社とし、完全子会社７社を消滅会社とする経営体制の再編を行うことを決議し、純粋持株会社制を

2)　産活法は、産業競争力強化法の施行により廃止されているが、現在でも、産業競争力強化法に基づく事業再編計画の認定を受けることにより、登録免許税の軽減の措置を受けることができる（租税特別措置法80条）。

解消することとした。

③　目　的

・　**情報機器事業の経営力の高度化**

グループ売上高の約７割を占める情報機器事業において、その業容を転換しつつ成長と高収益化を実現するために、事業持株会社が同事業の経営に直接関わる体制に再編し、業務革新力及び経営管理力を強化する。

・　**戦略的・機動的な経営資源の活用**

将来有望な事業分野での成長を加速するとともに、高収益化が必要な事業分野における経営変革を促進するために、戦略的・機動的な組織変更や人材配置ができる体制に再編する。

・　**効率的な事業支援体制**

分社体制の利点は残しつつ、これまでの分社に伴う非効率化、機能分散による組織力の弱体化を是正し、各事業を支援するコーポレート機能を強化する体制（社内カンパニー制の導入）に再編する。

・　**手　法**

純粋持株会社を吸収合併存続会社とし、事業子会社を吸収合併消滅会社とする吸収合併を行う。

⑸　検　討

製紙業界大手の２社である王子製紙と日本製紙が同時期に純粋持株会社の創設と解消をそれぞれ選択していることから、純粋持株会社の形態が適切かどうかを判断するに当たって事業の内容が決め手とならないことがわかる。

次に、純粋持株会社制を解消した日本製紙とコニカミノルタに共通する特徴は、純粋持株会社の創設が経営統合をきっかけとしている点である。経営統合においては、最終的には、事業を完全に統合することが目標になるはずだが、歴史のある屋号の継続や人事制度の統一困難性といった事情から[3)]当初から完全に統合することが困難な場合も考えられる。そうした場合には、いったん、純粋持株会社の子会社として経営統合する会社をぶ

3）　http://www.dir.co.jp/library/column/120404.html

ら下げておいた上で、時機をみて完全な統合を果たすという戦略も考えられるところである。日本製紙やコニカミノルタにおける純粋持株会社制の解消は、まさにそうした完全な統合を果たす時機が到来したことの現れなのかもしれない。

また、王子製紙においては純粋持株会社の創設の目的として意思決定の迅速化が掲げられているのに対し、コニカミノルタにおいては、逆に純粋持株会社制により、意思決定の遅延がもたらされると指摘されており[4)]、純粋持株会社を創設したからといって一律に意思決定の迅速化がもたらされるわけではないことがわかる。

こうしてみると、純粋持株会社制を採用することによるメリットが得られるかどうかは、経営者の感覚による部分が大きく、採用の可否についてはある程度経営者の裁量に委ねられるべき（純粋持株会社の採否が取締役の善管注意義務違反になる可能性は低い）ということがいえるのかもしれない。

この点、公開されている純粋持株会社の創設又は解消の目的及び理由は抽象的な記述にとどまっている。しかし、経営者の裁量に委ねられるべきだからといって説明する努力を怠ってよいということにはならず、純粋持株会社制を創設又は解消すると、なぜその企業グループにおいてメリットが得られるのか、より具体的な説明を行っていかないと株主及び投資家の理解は得られないのではないかと思われる。

第3　事業持株会社における分社化と子会社から事業持株会社への事業統合

1　事業持株会社における分社化と子会社から事業持株会社への事業統合のメリット・デメリット

事業持株会社における分社化と子会社から事業持株会社への事業統合は、純粋持株会社の創設と解消の簡易版といえ、そのメリット・デメリットは純粋持株会社の創設と解消のそれとほぼ一致し、純粋持株会社制度特有の事情が当てはまらないにとどまる。

4）　平成24年10月13日日本経済新聞朝刊10面。

2 手　法

(1) 分社化

既存の子会社に分社化する場合には、事業持株会社から子会社への事業の一部の譲渡及び吸収分割が考えられる。

子会社を新設する場合には、新会社を設立した上での事業持株会社から新設会社への事業の一部の譲渡及び吸収分割並びに新設分割が考えられる。

①　事業譲渡のメリット・デメリット

事業譲渡のメリットとして、事業持株会社の資産を精査することにより、健全な資産だけを選択して移転できることが挙げられる。

他方で、事業の時価相当額の資金を準備する必要がある点で、場合によっては多額の資金を要するデメリットがある。また、債務や契約上の地位を移転するに当たっては相手方の個別の同意を要し、手続的に非常に煩雑である。この点は労働契約についても同様であり、事業持株会社に移籍する従業員から承諾を得る必要がある。さらに、現物出資を除けば、適格要件を満たすことによる課税繰延べの措置がないため、譲渡益が発生することによる税務上の負担が大きくなるおそれがある。ただし、事業持株会社と既存の子会社との間に完全支配関係がある場合には、一定の資産の移転については、課税が繰り延べられる。

②　新設分割・吸収分割のメリット・デメリット

新設分割・吸収分割のメリットとして、個々の同意を要さずに、債務や契約上の地位を子会社に承継させることができることが挙げられる。労働契約も労働契約承継法に定める手続を経ることにより個々の従業員の同意を得ずに子会社に承継させることができる。また、子会社は、事業持株会社に対して子会社の株式を交付すれば足りるので、子会社の資金流出を防止できる。さらに、適格要件を満たすことによる課税繰延べの措置を受けることもできる。

(2) 事業持株会社への事業統合

子会社を存続させない場合には、吸収合併並びに子会社から事業持株会社に事業を全部譲渡した上での解散の手法が考えられる。

子会社を存続させる場合には、子会社から事業持株会社への事業の一部の譲渡及び吸収分割が考えられる。

①　合併のメリット・デメリット

合併のメリットとしては、まず1回の手続で子会社の取引から労働契約まですべての権利義務を事業持株会社に統合できることが挙げられる。また、消滅会社の株主に存続会社の株式を交付すれば足りるため、資金流出のおそれもない。

他方で、一切の権利義務を承継する結果、子会社の簿外債務や訴訟などの偶発債務まで引き継ぐリスクがある。労働条件についても、事業持株会社内で異なる労働条件を相当期間併存させなければならない点で、労務管理上のデメリットがある。

②　事業譲渡のメリット・デメリット

分社化（上記⑴①）の場合と同様である。

③　吸収分割のメリット・デメリット

分社化（上記⑴②）の場合と同様である。

第４　子会社間の事業分野の調整

1　考えられる類型

子会社間の事業分野の調整の類型としては、例えば以下が考えられる。

⑴　統合型

複数の子会社（S_1、S_2、S_3……）で同一又は類似の事業を行っている場合に単一の子会社Sに当該事業を集中させることが考えられる。また、管理コスト削減等の観点から、異なる事業を行う複数の子会社（S_1、S_2、S_3……）を単一の子会社Sにあえて統合することも考えられる。なお、必ずしも単一の法人格に統合させる場合だけでなく、法人格は従前の状態を維持したままで、ある子会社S_1を別の子会社S_2の傘下とする孫会社化（S_2をS_1の子会社とする）も考えられるだろう。

⑵　分離型

単一の子会社で行っていた事業を分割し、複数の子会社に担当させることが考えられる。例えば、全地域を担当していた販売子会社Ｓを地域ごとの販売子会社（Ｓ関東、Ｓ関西、Ｓ九州など）に分離させる、複数の事業を行っていた子会社Ｓを事業ごとの子会社（S_1、S_2、S_3……）に分離させるなどがあり得る。

２　手　法

⑴　統合型

典型的な統合型の場合の手法としては吸収合併が考えられる。いずれの子会社を存続会社とし、または消滅会社とするかは、許認可の再取得・承継にかかるコスト・時間その他の要素を考慮して判断することになろう。また、ある子会社S_1が別の子会社S_2を子会社化（親会社Ｐにとっては孫会社化）する場合にはS_2の株式をS_1がＰから譲り受けることが考えられる。

⑵　分離型

典型的な分離型の場合の手法としては吸収分割が考えられる。例えばある親会社Ｐの子会社S_1の行っていた事業の一部に係る権利義務を他の子会社S_2（既存の子会社であるとは限らず、新たに設立された子会社である場合も考えられる）に吸収分割により承継させることが考えられる。この場合、既存の株式所有構造を維持するためには（すなわち、S_2、S_2ともに引き続き親会社Ｐの直接の子会社とするためには)、分割の対価を金銭とすることが考えられる。

３　事　例

⑴　サッポロホールディングスの事例

子会社間の事業分野調整の事案としては様々な例があるが、「統合型」の事例のうち比較的珍しいものとして、サッポロホールディングス（以下「サッポロ HD」という）における食品・飲料事業における連結子会社間の合併が挙げられる。本事案は、同社グループの食品・飲料事業を統合するために、同社100％連結子会社であるサッポロ飲料株式会社（以下「サッポロ飲料」という）と、平成23年３月に同社が連結子会社化したポッカコーポレーション（以下「ポッカ」という）を統合することを目的として行われた取引である（平成23年11月29日付プレスリリース）。

具体的なストラクチャーとしては、以下の(i)から(iv)の手順により、ポッカ、北海道ポッカ、ポッカサッポロフード＆ビバレッジ（本統合における統合推進会社として平成24年３月30日付で新たに設立。以下「ポッカサッポロ」という）、サッポロ飲料の４社について、最終的にはポッカサッポロを存続会社とし、他の３子会社を消滅会社とする吸収合併を行うものであった（平成23年11月29日付プレスリリース記載のストラクチャー図をもとに作成した**図表1-4-1～3**もあわせて参照。）。これはポッカにサッポロ HD 以外にも1.7％の少数株主が存在したことから、再編完了後のポッカサッポロを引き続きサッポロ HD の100％子会社とするためにとられたストラクチャーである（平成24年11月７日付プレスリリース）。

(i)　サッポロ HD は、ポッカサッポロを処分予定先として、平成24年12月21日付で自己株式処分を行う（**図表1-4-1**の①参照）。これは、ポッカサッポロにその株主に交付する合併対価を付与する（下記(iv)参照）ために行うものである。子会社が親会社株式を取得することは原則として禁止されているが（会社法135条１項）、本件自己株式の処分は、例外的に取得が認められる、吸収合併存続会社（本件ではポッカサッポロ）になる際に、吸収合併消滅会社（本件ではポッカ）の株主に対して親会社（本件ではサッポロ HD）株式を交付するために取得する場合（同法800条１項）に該当する。

(ii)　サッポロ HD は、平成24年12月27日を効力発生日として、その保有するポッカ株式のすべて（98.83％）等をポッカサッポロに承継する吸収分割を行う（**図表1-4-1**の②参照）。その結果、ポッカはサッポロ HD の直接の子会社からポッカサッポロの直接の子会社となる。

(iii)　平成25年１月１日を効力発生日として、ポッカを存続会社とし、ポッカの100％子会社である北海道ポッカを消滅会社とする吸収合併を行う（**図表1-4-2**の③参照）。100％親子会社間の吸収合併であるため、合併対価の交付は行わない。

(iv)　平成25年１月１日を効力発生日として、ポッカサッポロを存続会社とし、ポッカを消滅会社とする吸収合併を行う（**図表1-4-2**の④参照）。かかる吸収合併の対価として、ポッカサッポロは、(i)で処分を受けたサッポロ HD 株式をポッカの株主（ただし、ポッカサッポロを除く。）に割り当てる（三角合併）。

(v)　平成25年１月１日を効力発生日として、ポッカサッポロを存続会社とし、ポッカ飲料を消滅会社とする吸収合併を行う（**図表1-4-2**の⑤参照）。ポッカサッポロは、合併対価としてその普通株式１株をポッカ飲料の唯一の株主であるサッポロ HD に割り当てる。

(vi)　以上の(i)～(v)の取引により、サッポロ HD の上記子会社４社は100%子会社であるポッカサッポロ１社に集約される（**図表1-4-3**参照）。

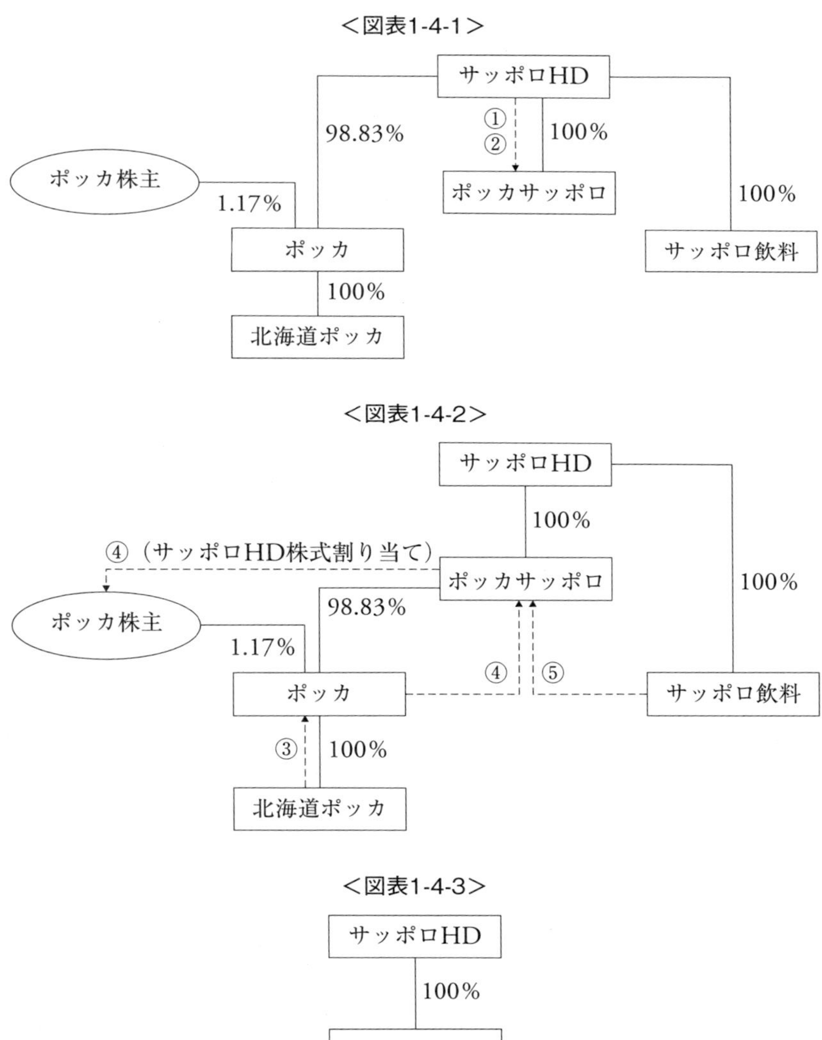

(2)　みずほフィナンシャルグループの再編の事例

同じく統合型の例として、みずほフィナンシャルグループにおける以下の事例がある。

①　みずほ銀行とみずほコーポレート銀行の吸収合併

株式会社みずほフィナンシャルグループ（以下「みずほFG」という）は、平成23年５月23日、同グループにおけるシステム障害への信頼回復に関する取組みとして、「『経営体制』『人事』『業務』の大胆な集約と一元化を図ることで、グループの一体運営を一段と強化し、合併等の統合を視野に入れた『ワンバンク』に実質的に移行」することを公表していたが、かかる公表を受け、同社の完全子会社である株式会社みずほ銀行（以下「みずほBK」という）及び株式会社みずほコーポレート銀行（以下「みずほCB」という）を合併（以下「本件銀行合併」という）することを公表した（同年９月16日付、11月14日付プレスリリース）。本件銀行合併の概要は以下のとおりである。

・　みずほCBを存続会社とし、みずほBKを消滅会社とする。
・　本件銀行合併は、合併当事者両行の機関決定、国内外の関係当局への届出、許認可の取得等を前提とする。
・　みずほFGが合併当事者両行の発行済み株式のすべてを保有しているため、合併対価の交付は行わない。
・　効力発生日を平成25年７月１日とする。
・　本件銀行合併後の商号は「株式会社みずほ銀行」とする。

②　みずほ証券とみずほインベスターズ証券の合併

また、①と同じくみずほFGグループ内の新しいコーポレートストラクチャーの一環として、「グループ総合証券会社として一元的に証券機能を提供することを目的として」、みずほ証券及びみずほインベスターズ証券が合併（以下「本件証券合併」という）している（平成23年７月29日付、平成24年５月15日付、12月21日付及び平成25年３月29日付プレスリリース）。本件証券合併の概要は以下のとおりであるが、みずほ証券をみずほFGの直接の子会社とするため、みずほ証券株式の現物配当を行っている点が特徴的である。

・　本件証券合併の前段階の取引として、ともに平成23年９月１日付けで、(i)みずほ BK を株式交換完全親会社、みずほインベスターズ証券を株式交換完全子会社とし、みずほフィナンシャルグループの普通株式を株式交換の対価とする株式交換、及び(ii)みずほ CB を株式交換完全親会社、みずほ証券を株式交換完全子会社とし（ただしその後みずほ CB は農林中央金庫にみずほ証券株式5.34％を譲渡）、みずほ FG の普通株式を株式交換の対価とする株式交換が行われている。
・　みずほ証券を存続会社とし、みずほインベスターズ証券を消滅会社とする。
・　本件証券合併は、合併当事者両社の機関決定、国内外の関係当局への届出、許認可の取得等を前提とする。
・　効力発生日を平成25年１月４日とする。
・　本件証券合併後の商号は引き続き「みずほ証券株式会社」とする。
・　本件証券合併の効力発生後の平成25年４月１日付けで、みずほ証券の株主となったみずほ BK 及びみずほ CB は、みずほ FG に対して同社株式を現物配当として交付し、その結果、みずほ FG はみずほ証券を直接の子会社となる。

③　ストラクチャー図

以上のみずほ FG グループ内の(i)及び(ii)の取引をまとめると次頁の図のとおりとなる（平成24年12月21日付プレスリリースに添付の図をもとに作成）。

<図表1-4-4>

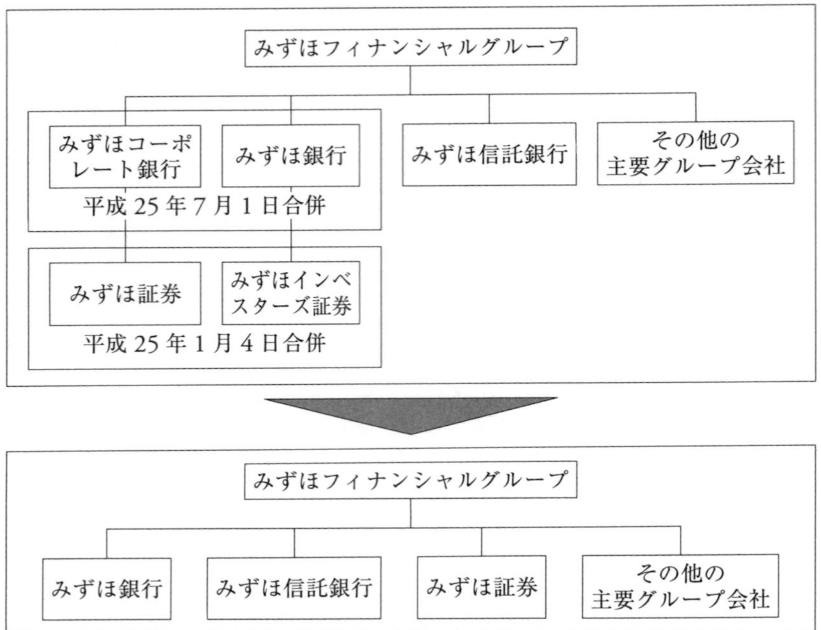

第5　グループ内の事業部門の廃止と子会社整理

1　目　的

事業部門廃止及び子会社整理の目的としては、不採算事業から撤退する、選択と集中を図るなどが考えられる。

2　手　法

事業部門廃止及び子会社整理の手法としては以下が考えられる。

(i)　単純な事業廃止
(ii)　子会社の解散・清算
(iii)　子会社の法的整理
(iv)　第三者に対する子会社又は事業の売却（**本編第3章第2・1(2)**参照）

3　単純な事業廃止

まず、最も単純な形態として、事業部門の「単純な廃止」がある。

この「単純な廃止」の場合であっても、会社法上の問題や労働法上の問題などいくつかの問題が生じる。

会社法においては、「支店その他の重要な組織の設置、変更及び廃止」については、取締役会の決議事項とされている（会社法362条４項４号）。したがって、事業部門の廃止についても、当該事業部門が、会社全体の規模に比較して、重要でないといえる場合を除き（通常は取締役会規則等で具体的な付議基準に従うべき場合が多いだろう）、その廃止には、取締役会の決議が必要となる。

また、事業の廃止に伴い、当然、当該事業部門に所属していた従業員は、担当していた職場を失うこととなる。そのうち、当該事業部門を統括をしていた幹部職員などの重要な使用人の移動等は、「支配人その他の重要な使用人の選任及び解任」に該当することとなるので、同じく取締役会の決議が必要である（会社法362条４項３号）。

このように、事業の「単純な廃止」は、取締役会の決議によって実行することができ、株主総会の特別決議や第三者との間の契約が要件とされておらず、非常に簡易に行うことができる。

しかし、一方においては、存続する事業部門と廃止される事業部門が同一の法人格に属しており、廃止された事業部門に対する債権債務は、すべて存続する部門に残されることとなる。

ところで、不採算部門である事業部門を廃止する場合に、従業員等もこれを削減しなければ、企業全体としての収益の改善を図ることができないと考えられるが、そのために、従業員を解雇できるかについては、企業の再建等のために、事業部門の廃止だけでは、不十分である。

このような場面での従業員の解雇は、整理解雇といわれるものであるが、これが有効と認められるためには、会社の経営上の必要性があること、会社が解雇を回避するための努力をしたこと、解雇の対象者の選択について合理性があること、労働組合等に対して人員削減の必要性やその実施方法について説明し、十分な協議を尽くしたこと等が必要とされる。

また、廃止される事業部門の関係で締結されていた契約については、契約締結主体たる法人は存続する以上、当該事業部門の廃止によって、契約関係が当然に終了することはない。さらに、契約の内容いかんによっては、事業部門を廃止したために、債務が履行不能となってしまい、相手方から、損害賠償の請求を受けることも考えられるし、解約できるとしても契約上多額の違約金の支払いが課されている場合も考えられる。また、契約上は一方的な解約又は更新拒絶が可能であっても、いわゆる「継続的取引終了の理論」に基づき、長期にわたり取引が存続し、かつ、当該取引に依存している取引の相手方に対しては十分な期間の事前予告を行うか、取引終了に伴う一定の補償をしなければ、取引の終了ができない場合もあり得る。

そこで、事業部門の廃止に当たっては、当該部門に関する契約関係について十分に精査して、取引の相手方と協議の上、事前に合意解約するなどの適切な措置をとる必要がある。

最後に、事業部門の「単純な廃止」においても、通常、従業員の解雇に伴う退職金（場合によっては割増支給が必要な場合もある）や先述の契約上の違約金など、様々な金銭的負担が発生する。このようなコストが不採算事業部門の廃止によって得られるメリットを上回るのであれば、単純廃止ではなく第三者への事業売却など他の選択肢も検討する必要がある。

４　子会社の解散・清算

子会社の清算を行う場合には、たとえ債務超過に陥っている場合であっても、破産手続などの法的整理の手法をとらずに、超過する負債部分を親会社が負担して債務超過状態を解消した上で、通常清算により処理する場合が多い。

本来、親会社は子会社に対して株主としての有限責任を負担しているにすぎないから、債権者に対して子会社債務につき連帯保証をしているなどの特段の事情がない限り、子会社の負債を肩代わりする法的な義務はない。それでも多くの場合親会社が子会社の債務を負担するのは、子会社が債務を履行しないことにより親会社グループの信用が害されることを防ぐためであるが、このような債務負担行為は親会社の経済的損失を伴うため、親会社株主からの代表訴訟提起に備えて、当該債務負担行為が親会社取締役の善管注意義務に違反しないか、慎重な検討が必要となる。

グループ会社支援に関する役員の善管注意義務については多くの裁判例

があるが（例えば、清算段階にある関連会社に対して整理支援金を支出した株式会社の取締役に善管注意義務違反が問われた日本信販事件（第一審・東京地判平成17・３・３判タ1256号179頁、控訴審・東京高判平成17・９・13資料版商事327号76頁）など）、多くの裁判例において、グループ会社支援は経営判断の問題として取り扱っており、意思決定が行われた当時の状況下において、(i)当該判断をする前提となった事実の認識の過程（情報収集とその分析・検討）に不注意な誤りがあり合理性を欠いているか否か、(ii)その事実認識に基づく判断の推論過程及び内容が明らかに不合理なものであったかという枠組みにより判断されている。そして、経営判断内容が合理的であったか否かは、当該債務負担行為をすることによって親会社が受ける利益と被る不利益を比較考量し、前者の方が大きいと判断されるか否かを、前掲日本信販事件判決のように、例えば以下のようなファクターごとに、できる限り計数化して分析検討するべきである。

(i)　親会社と当該子会社との関係
(ii)　支援を受ける子会社が解散・清算するに至った原因
(iii)　支援の必要性・合理性
(iv)　支援を行う親会社の経営状況（体力）
(v)　代替手段の有無

第６　支配形態の変更

１　総　論

グループ内再編は、グループ内における支配形態を変更する態様によっても行われる。この支配形態の変更の態様としては、主に、(i)持株比率を変更する方法、例えば、持株比率を引き上げて子会社ではない会社を子会社にしたり、逆に、持株比率を引き下げて親子会社関係を解消する方法と、(ii)グループ内にある複数の子会社、孫会社を組み替える方法、例えば、子会社を孫会社にしたり、逆に、孫会社を子会社にしたりする方法などがある。

２　持株比率の変更

持株比率の変更は、企業経営戦略に見合った企業グループの組成のために用いられる。例えば、主力業務を行う関連会社の持株比率を引き上げて子会社化することにより、当該関連会社を支配することが可能となるため、より柔軟な企業経営が可能となる。他方、非主力業務を行う子会社の株式を売却し、持株比率を引き下げることにより、当該子会社に関するリスクを軽減し、また、グループ全体として、主力業務に注力することが可能となる。

特に、既存の子会社・関連会社の完全子会社化は、企業グループ全体の指揮命令系統の統一、経営資源の有効活用に資する上、上場廃止による上場維持負担の軽減、情報開示規制の回避、株主総会開催手続の簡便化などのメリットがある。そして、近年、親子上場（上場子会社）の問題点が指摘されていることもあり、完全子会社化は、親子上場を廃止する一環としても行われている。

⑴　持株比率の引上げ（上場子会社の完全子会社化を含む）

持株比率を引き上げる手法としては、主に、(i)株式取得（親会社による子会社・関連会社の株式の取得)、(ii)第三者割当増資（子会社・関連会社が、親会社を割当先に指定して行う募集株式の発行)、(iii)株式交換などの方法がある。

株式取得の方法による場合、子会社・関連会社が有価証券報告書提出会社である場合、取引の内容によっては金融商品取引法上の公開買付規制等を受ける場合がある。他方、子会社・関連会社が非上場会社である場合には、その株式取得に当たり、金融商品取引法上の規制は受けないが、当該株式の価格算定が問題となることがあるので、注意が必要である。また、第三者割当増資の方法による場合、子会社・関連会社が公開会社であり、払込金額が「特に有利な金額」となる場合には、株主総会の特別決議が必要となる。

完全子会社化の方法としては、子会社・関連会社の他の株主から相対で株式を取得するという方法もあるが、当該他の株主が売却に応じるとは限らず、また、子会社・関連会社が上場会社である場合、必ずしも全株式を取得し得るとは限らない。このため、完全子会社化の方法としては、株式取得（公開買付）を行って、持株比率を引き上げた後、株式交換を行い、完全子会社化することがよく行われている。また、会社法により、全部取得条項付種類株式の発行が認められたため、株式取得（公開買付）を行った後、定款変更、株主総会決議を経て、発行株式の普通株式を全部取得条項付種類株式に転換し、これを行使することにより、少数株主を排除し、完全子会社化する方法もある。さらには、会社法が改正され、特別支配株主の株式等売渡請求の制度が導入されたため、株式取得（公開買付）を行い、特定支配株主となり、株式売渡請求権を行使するという方法も考えられる。

(2)　持株比率の引下げ（子会社上場を含む）

持株比率を引き下げる手法は、上記(1)の持株比率を引き上げる方法とほぼ同様であり、主に、(i)株式譲渡（親会社による子会社株式の第三者への譲渡)、(ii)第三者割当増資（子会社による親会社以外を割当先とする募集株式の発行)、(iii)自己株式の売却（子会社による自己株式の第三者への売却）などがある。

子会社上場については、親子上場（上場子会社）の問題点が指摘されていることもあり、近年、ほとんどみられないが、2007年10月に、ソニーによるソニーフィナンシャルホールディングスの上場、2013年7月、サントリーホールディングスによるサントリー食品インターナショナルの上場の例がある。

コラム：親子上場をめぐる議論（子会社上場の問題点）

我が国においては、親子上場（子会社上場）が多く行われおり、我が国の特有の制度であるといわれている。親子上場は、親会社が、自己の利益を図るために上場子会社の一般株主の利益を犠牲にする危険が存在するなど、ガバナンス・利益相反の視点からの問題であるといわれ、最近では、子会社を上場させて資金調達をした後、短期間で子会社の上場を廃止し、キャピタルゲインを得るという資金調達方法が問題視された。

他方、子会社上場のメリットとしては、親会社側には、子会社株式を売却することで資金調達が容易になる、完全なスピンオフと異なり、企業グループ全体のシナジー効果が期待できる、子会社側には、資金調達の多様化が可能となる、知名度が向上し、信用力が増大するなどの点が指摘されている。また、親子上場は、企業再編過程において被買収会社の上場が維持されることが、被買収会社にとって、買収を受け容れる要因となるとの指摘もあり、親会社と少数株主との間の利益相反については、支配株主が存在する場合の一般株主の保護をどのように図るかを問題とすべきであって、親子上場自体の問題ではないとの意見もある。

もっとも、近年の実務では、一部で、子会社を上場する例はあるものの、全体としてみれば、上場親会社が上場子会社を完全子会社にし、親子上場を解消する例が多い。これは、子会社上場によるメリットといわれていた子会社株式の売却益の計上がIFRSの適用により不可能となったこと、子会社上場によるデメリット（例えば、株価の高い子会社を目当てに親会社が敵対的買収の標的となる可能性があること、親子上場は我が国特有の制度であるため、海外の投資家から親子上場の解消を要求される等の圧力を受けるおそれがあること、金融庁や金融商品取引所から求められる開示事項が増加すること、上場に伴いコストがかかることなど）が大きいからであるといわれている。

いずれにせよ、親子上場の廃止は時代の流れといえ、今後も、この流れは継続すると思われる。

3　子会社・孫会社の組替え

子会社・孫会社の組替えは、M&Aを繰り返した結果、子会社、孫会社が多数になり、その指揮命令系統が複雑になった場合、企業グループ全体の指揮命令系統の統一、組み直しを図るために行われることがある。

⑴　孫会社を子会社にする場合

孫会社を子会社にする手法としては、主に、(i)株式取得（親会社による子会社が保有する孫会社株式の取得）、(ii)現物配当（子会社による親会社への剰余金配当としての孫会社株式の配当）、(iii)株式交換などがある。

上記(ii)の現物配当とは、剰余金の配当等又はみなし配当により株主等に金銭以外の資産を交付することであり、会社法により明文化された制度である（会社法454条4項）。平成22年税制改正により、100%グループ内の現物配当は「適格現物分配」として組織再編税制の一環と位置付けられ、課税が生じないこととなったため、今後の活用が注目される手法の1つである。

⑵　子会社を孫会社にする場合

子会社を孫会社にする手法としては、主に、(ⅰ)株式譲渡（親会社が保有する子会社株式の他の子会社への譲渡）、(ⅱ)吸収分割（親会社が保有する子会社株式を分割対象資産として、これを他の子会社に吸収分割させる）、(ⅲ)株式交換が考えられる。

このほか、子会社同士を合併させ、孫会社とする会社を新設分割により設立するなどの方法も考えられるが、実務的には、(ⅲ)株式交換が用いられることが多い。

４　事例紹介

⑴　持株比率の引上げ（上場会社の完全子会社化）の事例（株式交換）

上場会社が、上場子会社の持株比率を引き上げ、当該上場子会社を完全子会社化した事例として、キヤノンマーケティングジャパンによるキヤノンソフトウェアの株式交換による完全子会社化がある。

キヤノンマーケティングは、以下の目的、手法、日程により、上場子会社であったキヤノンソフトウェアの株式を株式交換により取得し、キヤノンソフトウェアを完全子会社とし、同社を上場廃止とした。

目的：連結経営基盤の一層の強化と効率性の追求
手法：簡易株式交換
日程：平成22年１月26日　株式交換決議取締役会
　　　平成22年１月26日　株式交換契約締結
　　　平成22年３月25日　定時株主総会（キヤノンソフトウェア）
　　　平成22年４月26日　キヤノンソフトウェア株式　最終売買日
　　　平成22年４月27日　キヤノンソフトウェア株式　上場廃止日
　　　平成22年５月１日　株式交換の予定日（効力発生日）

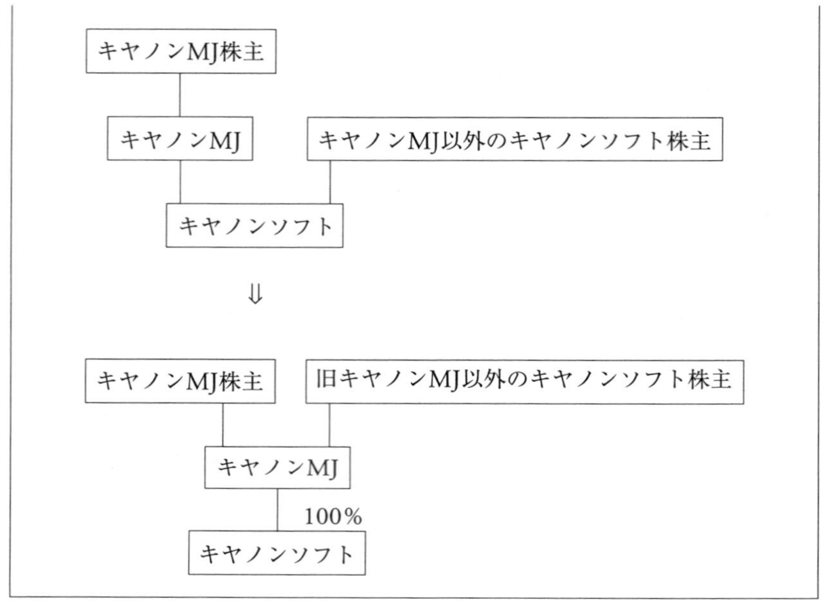

(2)　孫会社の子会社化の事例（現物配当）

親会社が、孫会社を子会社化した事例としてノエビアホールディングスによる孫会社（常盤薬品工業株式会社、ボナンザ、ノエビアアビエーション）の子会社化がある。

ノエビアホールディングスは、以下の目的、手法、日程により、子会社であるノエビアから剰余金配当として、同社の子会社（ノエビアホールディングスからは孫会社）であった常盤薬品工業、ボナンザ、ノエビアアビエーションの株式を現物配当により取得し、孫会社３社を子会社化した。

目的：グループ企業を戦略的に再編し、企業力強化を図る
手法：ノエビアホールディングスの完全子会社であるノエビアが、剰余金の配当として、同社保有の子会社（常盤薬品工業、ボナンザ、ノエビアアビエーション）株式をノエビアホールディングスへ現物配当する（適格現物配当）
日程：平成23年６月23日　ノエビア取締役会決議
　　　平成23年６月23日　ノエビア臨時株主総会決議
　　　平成23年６月30日　現物配当日

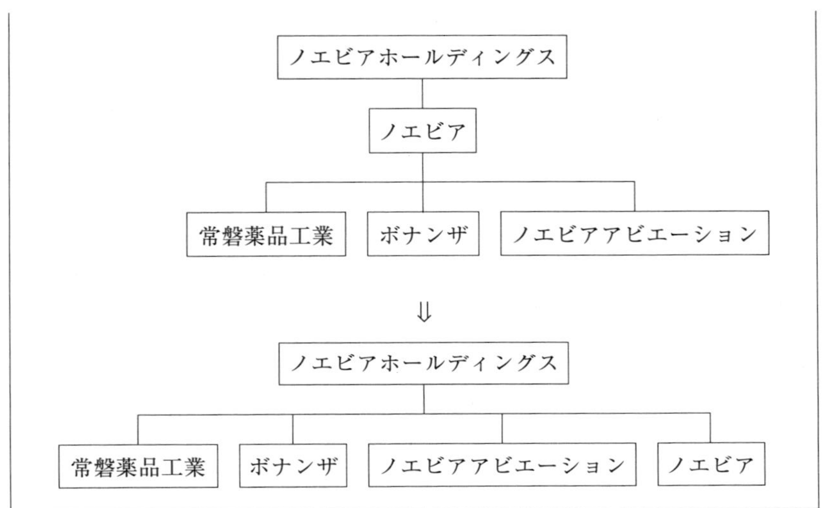

(3)　子会社の孫会社化の事例（株式交換）

上場会社が、子会社を孫会社化した事例として、キヤノンマーケティングジャパングループによるITS事業会社（キヤノンソフトウェア、エディフィストラーニング）をキヤノンMJアイティグループホールディングスの傘下に集約した事例がある。

キヤノンマーケティングは、以下の目的、手法、日程により、子会社であったキヤノンソフトウェア及びエディフィストラーニングを、他の子会社であるキヤノンMJアイティグループホールディングスの子会社として、孫会社とした。

目的：グループシナジーの一層の強化やスピード経営の実践
手法：（ア）キヤノンMJ-ITHDを完全親会社とし、キヤノンソフトを完全子会社とする株式交換並びに（イ）キヤノンMJ-ITHDを完全親会社とし、エディフィストラーニングを完全子会社とする株式交換
日程：平成22年5月25日
　グループ内再編に関するキヤノンMJ取締役会決議
　平成22年6月10日
　株式交換承認取締役会（キヤノンMJ-ITHD、キヤノンソフト、エディフィストラーニング）

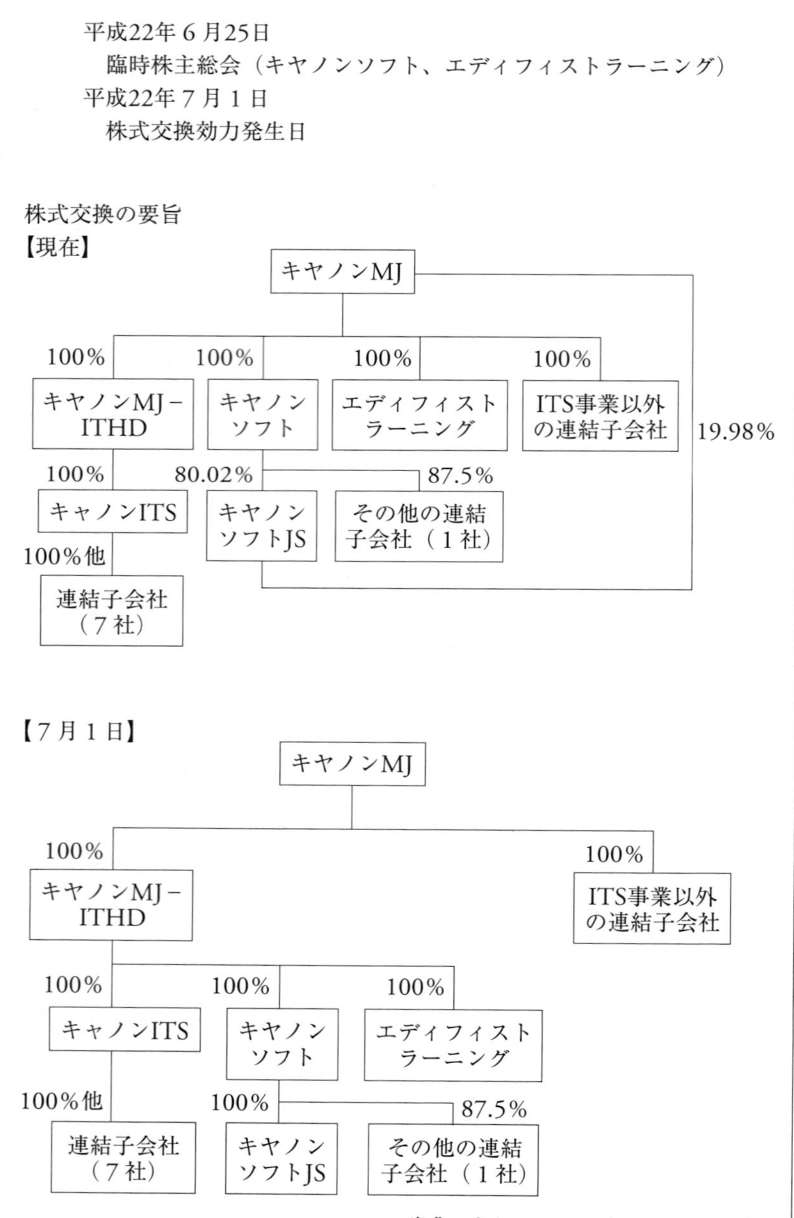

平成22年６月25日
　臨時株主総会（キヤノンソフト、エディフィストラーニング）
平成22年７月１日
　株式交換効力発生日

株式交換の要旨

出典：キヤノン MJ プレスリリース資料

コラム：スピンオフ、スプリットアップ、スプリットオフ

米国では、事業を分離、分社化する手法として、スピンオフ（spin-off)、スプリットオフ（split-off)、スプリットアップ（split-up）が知られている。

スピンオフは、親会社が、分離する事業部門の子会社を設立し、親会社の株主に対して子会社の株式を現物配当等により、持分に応じて分配する方法である。我が国の会社法では、新設分割又は現物出資により、子会社を設立した後、新設の子会社の株式を親会社株主に現物配当することにより、実施することが可能といわれている。

スプリットオフは、親会社が、分離する事業部門の子会社を設立し、親会社株式の一部と子会社の株式とを交換することにより、親会社の株主に対して子会社株式を分配する方法（親会社株主の株式の償還対価として子会社株式を分配する方法）である。我が国の会社法では、新設分割又は現物出資により子会社を設立した後、子会社株式を対価とする親会社による自己株式の取得により、実施することが可能といわれている。

スプリットアップとは、親会社がその分離したい事業部門のすべてについて各々子会社を設立し、親会社は清算し、清算配当の対価として新設子会社の株式を交付する方法である。我が国の会社法では、新設分割又は現物出資により複数の子会社を設置した後、親会社の清算に際し、現物残余財産分配を行うことにより実施が可能といわれている。

スピンオフとスプリットオフは、新設した子会社の株式を親会社株主に交付する点で類似するが、スピンオフは子会社株式を持分に応じて比例的に分配するため、原則として、すべての親会社株主が子会社の株主となるのに対し、スプリットオフは、比例的に分配するのではなく一部の親会社株主の親会社株式のみを償還して子会社株式を分配することもあるため、一部の株主は親会社株主のまま、一部の株主は子会社の株主となるということがある点で異なる。

これらの制度は、米国では、税法上、一定の要件を充足することにより、非課税取扱いを受けることから用いられているようであるが、我が国の税制では、いずれの方法も、課税繰延措置が認められていないなど、課税上の問題もあり、ほとんど行われていない。

コラム：子会社整理とインサイダー取引規制

子会社の組織再編は、原則として、金融商品取引法166条に定める重要事実になるため、インサイダー取引規制を受けることとなり、子会社の解散（166条２項５号へ）も、この規制を受けることには変わりはない。過去に子会社の解散に関して、その公表前に子会社株式を買い付けたため、インサイダー取引規制違反として、課徴金納付命令が行われたこともあり

注意が必要である。
子会社の解散については、従前、軽微基準が設けられていなかったが、取引規制府令が改正され、「解散（合併による解散を除く。以下この号及び次項第五号の二において同じ。）による当該上場会社等の属する企業集団の資産の減少額が当該企業集団の最近事業年度の末日における純資産額の百分の三十に相当する額未満であると見込まれ、かつ、当該解散の予定日の属する当該企業集団の事業年度及び翌事業年度の各事業年度においていずれも当該解散による当該企業集団の売上高の減少額が当該企業集団の最近事業年度の売上高の百分の十に相当する額未満であると見込まれること。」（52条1項5号の2）との軽微基準が定められるに至った。今後は、上記軽微基準をふまえ、インサイダー取引規制の適用を受けるかを検討することとなる。

第7 MBO

1 意 義

(1) 種 類

MBOとは、Management Buyoutの略称であり、経営陣が経営する企業や事業部門を自ら買収することである。

経営陣が対象企業の議決権のすべてを取得する場合をSponsor-less MBO、Non-sponsored MBO、純粋MBO等といい、外部の出資者（スポンサー）が対象企業の議決権を取得する場合をSponsored MBO等という。スポンサーには、プライベート・エクイティ（PE）ファンド等の金融投資家が就くのが一般的であるが、事業会社が就く場合もある。

スポンサーが対象企業の議決権を取得する場合には、外部から経営陣を送り込むMBI（Management Buy-in）や、旧経営陣と外部から送り込まれた経営陣が共同で経営を担うBIMBO（Buy-in Management Buyout）といった形態もある。

また、買収主体が従業員の場合をEBO（Employee Buyout）、経営陣及び従業員の場合をMEBO（Management Employee Buyout）というが、我が国ではMBOが大半を占めることから、以下MBOを前提に記載する。

(2) 要　因

①　事業や企業の改革

事業や業界、企業組織が停滞しその成長が見込みにくいときに、事業の内容や構造、企業組織を抜本的に変えたり、企業組織に刺激を加えて活性化したりするため MBO が行われる場合がある。MBO により株主からの圧力を排することができ、素早い意思決定や思い切った施策が可能となる。

②　上場廃止

J-SOX の導入、IFRS 準拠による開示項目の変更、有価証券報告書の継続開示などに基づく上場コストを削減したり、親子上場の問題点（前記**第６・２(2)**のコラム（129頁）参照）を解消したりするため、上場を廃止するべく MBO が行われる場合がある。上場によって、知名度や信用力を向上させ、資金調達手段や優秀な人材を確保する等のメリットを享受できるようになるが、上場から時間が経過するにつれて当該メリットが薄れる傾向にある。かかる上場維持や上場廃止のメリット及びデメリットを踏まえ、上場維持のデメリットや上場廃止のメリットの方が大きい場合に、上場廃止の一手法として MBO が選択されることとなる。

③　親会社からの独立

親会社がグループ内再編の一環としてノンコア事業を売却するような場合に親会社主導で、又は第三者に売却しようという親会社の動きに対抗するため対象企業の経営陣主導で MBO が行われる場合がある。親会社主導で MBO を行う場合は、対象企業との取引が重要で、競合他社への売却を回避したい等といった思惑が存することが多い。

④　事業承継

創業者一族内の事業承継又は創業者一族外への事業承継のために MBO が用いられる場合がある。かかる事業承継の過程において、分散した株式を集中させたり、株式の現金化を希望する者にその機会を与えたりすることになる。

２　メリット・デメリット

⑴　メリット

前記１⑵記載の①事業や企業の改革、②上場廃止、③親会社からの独立、④事業承継の目的を達成するのはもちろんのこと、所有と経営の一致により、経営陣の企業価値の向上に対するモチベーションや責任感を一層高めたり、①とも重複するが、長期的視野に基づく柔軟かつ迅速な経営を実現したりすることが可能となる。

⑵　デメリット

株式買収資金及び既存借入金の返済資金を調達する必要があるところ、資金調達が必ずしも容易ではない、当該資金調達時に銀行などのファイナンサーとの間でコベナンツと呼称される誓約条項が取り決められ、これが自由な経営に対する足枷となる可能性がある、後記３⑴記載の利益相反的構造と相まって、訴訟リスクが低くはなく、訴訟に発展した場合に結論に係る予測がつきにくい、外部からの経営に対するチェック機能が低下するといったことが挙げられる。また、前記１⑵記載の②上場廃止に伴い、資金調達手段が減少したり、③親会社からの独立により、グループ内取引が解消されたり、②上場廃止又は③親会社からの独立によって、知名度や信用力が低下するおそれもある。

３　手　法

⑴　プロセス

MBOは、経営陣において、買収者としての立場と、株主のために行動すべき経営者の立場とを併有するため、株主との間で利益相反的構造が生じることが他の企業再編手法と異なる特徴であり、問題でもある。もっとも、経営陣は、創業者やその一族であることもあれば、いわゆるサラリーマン経営者であることもあり、また保有株式割合も様々であることから、利益相反的構造の程度も千差万別である。

MBOでは、後記⑵記載のとおりLBO（Leveraged Buyout）ファイナンスにより資金調達を行うため、SPC（Special Purpose Company）を用いることが多い。SPCとしては、経営陣の資産管理会社などの既存企業を利用することもあるが、当該SPCに対するデューディリジェンスの必要が生じるため、効率性や対象企業と吸収合併するまでの暫定性などに鑑み、新設される場合が多数を占める。

上場会社のMBOにおいては、(i)株主に対し自由な意思に基づき株式を売却する機会を付与するとともに、(ii)保有株式割合を高めてスクイーズアウト総会で承認を得るべく、公開買付けが前置されるのが通常である。ただし、我が国では、親会社等が３分の２以上の議決権を保有していることも多く、このような場合にまで公開買付けを前置すべきかが問題となるが、上述のような利益相反的構造に考慮し、株主に対し自由な意思に基づく株式売却の機会を保障するという観点から、実務上、公開買付けが前置されている。

①　公開買付け（TOB）

平成19年４月、テーオーシーの創業家によるMBOに対し、対抗的TOBが仕掛けられた。当該対抗的TOBは不成立に終わったものの、MBOによるTOBも失敗するという事態が生じ、MBOについて手続の公正性確保に対する関心が一層高まった。これに伴い、同年８月２日、企業価値研究会により「企業価値の向上及び公正な手続確保のための経営者による企業買収（MBO）に関する報告書」が、さらに同年９月４日、経済産業省により「企業価値の向上及び公正な手続確保のための経営者による企業買収（MBO）に関する指針」がそれぞれ公表された。これらの公表により、訴訟リスクが低くなく、訴訟に発展した場合に結論の予測がつきにくいといったデメリットが全面的に解消されたわけではないが、実務上は、具体的な事案における利益相反的構造の程度等に応じ、同指針に沿って以下のような措置を講じるのが一般的である。

利益相反回避措置
・第三者委員会の設置……通常、諮問型。構成員、諮問事項、期間、プロセス、答申の内容、報酬などに留意 ・プロジェクトチームの設置 ・各当事者別の算定機関による株価算定書の取得 ・対象企業独自のフィナンシャル・アドバイザー、法務アドバイザー ・協議、交渉における特別利害関係人の排除 ・意見表明取締役会における取締役・監査役の賛同や推奨

・監査役からの意見の入手 ・監査役からの意見の入手 ・マジョリティ・オブ・マイノリティ
価格の公正性担保措置
・対抗的買収提案の機会確保……公開買付期間、対抗買付者と対象企業との接触などに留意 ・複数の算定方法 ・プレミアム ・フェアネス・オピニオンの取得 ・オークションの実施
情報開示措置
・業績予想の下方修正…不当に安い価格で株主を締め出そうとしているのではないかとの疑念の払拭。→内容及び公表時期に係る理由、上場廃止の公表時期、株価算定方法、利益相反回避措置・価格の公正性担保措置の充実化などに留意 ・事業計画 ・株価算定書、答申書、意見書など ・法令又は取引所規則に基づく開示書類……利害関係の有無、内容 ・説明用 Q&A
弾圧性排除措置
・第２段階で交付する金銭と買付価格の同一性保障 ・公開買付け後、第２段階への速やかな移行 ・マジョリティ・オブ・マイノリティ
その他
・公開買付けが成立することを条件とした配当や株主優待の廃止

②　スクイーズアウト

TOB を行わない場合はもちろんのこと、TOB を行った場合でも、少数派株主をスクイーズアウトする必要がある。従前は、産活法の認定を用いた現金株式交換や、株式移転＋株式譲渡＋清算が用いられることが多かったが、平成18年度税制改正により、税制非適格の株式交換・株式移転について、課税の繰り延べが認められなくなり、対象企業の資産の含み益に対し時価評価課税がなされることとなったことから、両手法とも敬遠されるようになった。これを受けて、端数株式交換の手法が編み出されたが、平成19年税制改正により、現金株式交換と同様、対象企業の資産の含み益に対し時価評価課税がなされるおそれが高まったため、端数株式交換の手法も避けられることとなった。現在では、以下の流れで全部取得条項付種類株式を取得し、裁判所の許可を得て、SPCを買主とする任意売却を行い、少数株主に対する金銭処理を行うというスクイーズアウトがなされるのが通常である。

種類株式発行会社となるための定款変更
株主総会特別決議（会社法309条２項11号）
A種種類株式の設計 残余財産の分配につき、１円の優先分配とするのが一般的。 全部取得条項付種類株式の設計 公開買付者以外に交付されるA種種類株式を１株未満の端数にするとともに、金銭処理（会社法234条）ができるよう、端数の合計を１株以上にする。
普通株式に全部取得条項を付する旨の定款変更（会社法108条１項７号・２項第７号）
株主総会特別決議（会社法309条２項11号） 普通種類株主総会特別決議（会社法111条２項・324条２項１号）
反対株主は株式買取請求権を行使可（会社法116条１項２号）。ただし、株式の価格決定につき、効力発生日から30日間の協議期間が確保されていることから（同法117条２項）、株式買取請求の効力発生（同条５項）前に全部取得条項付種類株式の取得がなされ、株式買取請求権を行使する意味がなくなる可能性があるため、実務上は、価格決定申立権が利用される。
全部取得条項付種類株式の取得（会社法171条）
株主総会特別決議（会社法309条２項３号）
反対株主は裁判所に対し価格決定申立権を行使可（会社法172条１項）。

スクイーズアウト後はSPCと対象企業が吸収合併するのが一般的であるが、いずれを存続会社とするかについては、SPC又は対象企業のいずれのケースもある。

また、会社法改正により、株式会社の総株主の議決権の10分の９以上を直接又は間接に保有する特別支配株主が、当該株式会社のその他の株主全員に対し、その有する当該株式会社の株式の全部を売り渡すことを請求できるという特別支配株主の株式等売渡請求制度が創設されたことから

(会社法179条以下)、今後はスクイーズアウトの手段として、かかる特別支配株主の株式売渡請求制度も利用できる。さらに、同じく会社法改正に伴い、株式の併合により端数となる株式の買取請求制度が新設され（同法182条の4・182条の5)、端数株式の株主の保護が図られるようになったことから、当該株式の併合を利用することも可能である。

(2)　ファイナンス

MBOでは、M&Aにおける、対象企業の資産や将来キャッシュフロー等の信用力を担保にした資金調達方法であるLBOが用いられる。LBOでは、買収資金として借入金を充当することで、少ない手持ち資金により大規模な買収を行うことができる上、レバレッジ効果によってキャピタルゲインの大幅な増加を狙うことができる。

MBOのファイナンスでは、外部からの資金調達のうち最もコストパフォーマンスのよいシニア・ローンが大きな割合を占め、普通株式やシニア・ローンでも資金調達を賄うことができない場合にメザニン・ファイナンスが用いられる。

①　シニア・ローン

ターム・ローン（ア）及びコミットメント・ライン（イ）により構成されるのが一般的であるが、これらにブリッジ・ローン（ウ）が加わることもある。

ア　ターム・ローン

ターム・ローンとは、買収資金に充当される長期のローンである。その種類として、対象企業のキャッシュフローによって毎年予め定められた金額を返済するターム・ローンAと、満期時に新たなファイナンスにより一括して返済するターム・ローンBがある。ターム・ローンA及びBの割合に決まりはなく、一般的には、ターム・ローンAの割合の方が多い場合にファイナンサーに受け入れてもらいやすいものの、経営陣は、毎年の約定弁済額がなく資金繰りが柔軟にできるターム・ローンBを好む傾向にある。

イ　コミットメント・ライン

コミットメント・ラインとは、MBO後の運転資金に係る融資枠であり、リボルバー又はリボルビング・クレジットともいわれる。

ウ　ブリッジ・ローン

ブリッジ・ローンとは、対象企業に運転資金などに充当する必要のない余剰現預金や売却可能な有価証券、非事業用の不動産等の資産などがある場合に、売却して短期間で現金化できる換価性があり、売却によって事業に特段の悪影響がないことを条件に行われる１年以内の短期ローンである。

シニア・ローンに係るタームシートでは、以下のような内容を盛り込むことが多い。

貸付けの基本条件 当事者、定義、貸付内容（貸付金額、返済日、返済金額、利息、金利、コミットメント・フィー等）
担保・（連帯）保証
貸付けを実行するための前提条件
期限前返済（任意、強制 …… 一定の金銭を受領した場合に強制的に期限前返済がなされる）
表明保証
誓約条項（コベナンツ）
作為義務、不作為義務、財務制限条項、報告義務
シンジケーションに係る条項
手数料に係る条項
期限の利益喪失条項
一般条項

②　メザニン・ファイナンス

メザニンとは、中２階を意味し、資金調達において、建物の１階を普通株式、２階をシニア・ローンとした場合に、その中間に位置するファイナンスの総称として用いられる。具体的には、以下のとおり優先株式（ア）や劣後ローン（イ）等が挙げられる。

ア　優先株式

優先株式は会計上資本に含まれるため、資金調達額を増やすとともに、資本を増加させたい場合に用いられる。すなわち、資本を増加させたいものの、普通株式に対する出資によって、経営陣の議決権割合が低下するのを防ぎたいような場合に、無議決権の優先株式が利用される。

優先株式には、普通株式に転換される株式型と、一定期間経過後に償還される社債型のものがあるが、LBO で用いられるのは後者の社債型であり、前述のように無議決権であることが多いことから、実質的には負債と同様であるといえる。

イ　劣後ローン

劣後ローンとは、シニア・ローンよりも返済順位等が劣後しているローンである。資金調達額を増やしたいものの、負債と資本との関係において資本を増やす必要性が特にない場合には、優先株式ではなく劣後ローンが用いられる。これは、優先株式の配当は税務上損金算入できないが、劣後ローンの金利は損金算入できること、劣後ローンは優先株式と異なり分配可能額による制約を受けないこと等といった理由による。

劣後の構造には、債権者間の合意により、劣後ローンの債権者からシニア・ローンの債権者に対する受領金額の引渡し等の取決めをすることで優劣を定める相対劣後と、債務者の倒産といった一定の劣後事由が生じた場合においても優劣関係を維持できるように定める絶対劣後があるが、LBO では通常、前者の相対劣後が利用される。

第５章　業務提携・共同事業

第１　業務提携・共同事業とは

本章は、前章までとやや異なっている。前章までで取り上げたテーマは、相手方に対する支配権・経営権の獲得を軸としていた。それに対して、本章は、相手方との間で提携関係を結ぶ場面を想定している。すなわち、一般に企業提携（アライアンス）と呼ばれる分野に踏み込んでいる。

大きく分けると、企業提携の手法には、資本関係を結ぶ方法と事業上の契約関係を結ぶ方法がある（後者を「業務提携」と呼ぶこともある）。資本関係を結ぶ方法の代表例は、資本提携（資本参加。これを相互に行えば、株式持ち合い）や合弁会社の設立がある（なお、合弁会社設立を含めて「資本提携」と呼ぶ例もある）。事業上の契約関係を結ぶ方法の代表例は、共同研究開発や製造委託などがある。

ただし、資本提携も合弁会社設立も、資本・組織関係の契約（株主間契約、株式譲渡契約、株式引受契約等）以外の契約、すなわち事業上の契約関係を伴うことが少なくない。例えば、ある企業同士が資本提携をする場合は、資本関係を結ぶことによって相互の関係を強化しながら、事業上の協力関係を推進しようとする意図があるのが通常であって、そこでは事業上の契約関係が伴うはずである。したがって、資本関係を結ぶ方法と事業上の契約関係を結ぶ方法は、相互に排他的な関係に立つわけではない。企業は、事業上の目的に応じて、様々な手法や契約関係を利用しながら、提携関係を構築していくことになる。

法務の観点からは共同研究開発や製造委託などに関する契約実務も重要であるが、本書の性格上、組織運営に独特のテクニックを要する合弁会社を軸として、大局的な観点から企業提携について取り上げたい。

第2　業務提携 共同事業のニーズ

業務提携・共同事業は、自社単独では事業を継続、発展させることは難しいが、他社の経営資源を利用することで、採算見通しが立つ、あるいは、より戦略的な事業活動が可能となるという場合に利用される。例えば、研究開発や設備投資のために巨額の資金投下が必要である事業などは、複数の企業が共同して行うことにより実現可能となる。このような提携の例として、自動車業界において、近時、資金投資の必要となる環境対策面の研究開発を複数企業が業務提携して行っていること（トヨタとBMWのHV車、ディーゼル車等の環境分野における業務・資本提携、いすゞとトヨタのディーゼル分野における業務・資本提携、日産・ルノーとダイムラーのEV車共同開発など）が挙げられる。

また、既に需要に比べて供給能力が過多になっている業界において、その集約を図る必要がある場合などにおいても、あらゆる部門を自社内に有していた企業同士が部門ごとの事業を共同化することなどを通じて、経営の効率化やリストラクチャリングを図ることができる。このような例は、ソニー、東芝、日立製作所が産業革新機構からの出資も得ながらジャパンディスプレイを設立して中小型ディスプレイ事業を統合した事例（本章末尾で取り上げた）等、近時電機業界において多くみられる。このほか、業界内での競争が激化する中で多額の設備投資が要求される半導体事業等において、ファブライト経営（自社の工場設備を最小規模に絞り、製造に外部委託を活用すること）やファブレス経営（自社の工場設備を持たず、製造を100%外注すること）が進んでいるのも、企業提携の好例であろう。

さらに、技術力、資金力、労働力等それぞれ保有する経営資源が十分ではない場合に他の企業と補完し合うことで、単体の企業として困難であった事業展開が可能になるという場面でも、共同事業化が利用されている。このような例は、エンターテインメントビジネスにおいてLLPを設立し映画製作等を共同して行う、あるいは、医薬品やIT分野等で研究を行う大学や研究機関と販売会社等が共同して研究開発事業を行う等、ノウハウを持つものと資金を持つものが互いに補完し合って事業を行うケースで多くみられる。

このように、企業活動においては、販売代理店契約やフランチャイズ契約のような従来型の業務提携から、研究開発・生産・販売までの一貫した戦略に基づく提携まで、様々な企業提携が行われている。

なお、事業環境が急激に変化する昨今の経済環境下で、高シェアを占めるトップ企業同士が比較的中核の事業分野において提携する例もみられる。このような場合は、独占禁止法によって制限される可能性に注意が必要である。独占禁止法は、提携契約の形態によって規制するものではないが、提携の具体的な内容によっては、独占禁止法が禁止する不当な取引制限や不公正な取引方法などに該当する可能性がある（**第２部制度編第３章**参照）。

第3　合　弁

1　合弁の意義と狙い

(1)　合弁の意義

合弁（ジョイント・ベンチャー）とは、複数の企業が１つの事業体を形成し、共同で特定の事業を行うことをいう（このような事業形態を「合弁事業」、こうして生み出される事業体（のうち会社形態）を「合弁会社」という）。なお、複数の企業が共同で事業体を創設するケースのほか、ある企業が単独で100％子会社を設立した後に他の企業が当該子会社に資本参加することで合弁関係に入るケースもある。

合弁は、１つの独立した事業体を設立した上で、複数の企業が事業体の経営を支配するとともに、事業体が生み出す利潤を相互に分け合うことを目的としており、これが単なる業務提携とは異なる特徴である。このように、合弁とは、複数の企業が、ともに高い比率での出資を行い、かつ、人材の派遣等を通じ経営に能動的に参画する形態である。

合弁の手法（事業体の創設手法）としては、会社を設立する場合（株式会社、合同会社）と会社以外の事業体を設立する場合（民法上の組合契約に基づく任意組合、有限責任事業組合契約に関する法律に基づく有限責任事業組合（LLP））が考えられる。そこで、合弁によって共同事業を行う場合は、それぞれの特徴やメリット・デメリット等を考慮し、共同事業の目的、ニーズに合わせて最適な形を選択することになる。ただし現在、実務上は株式会社形態をとる場合がほとんどである（組合形態は、次のコラムでみるように、特定の事業分野での利用に集中する傾向にある。また、会社形態の場合、株式会社よりも合同会社の方が設計等の自由度が高いとの指摘がある）。

以下では、特に断らない限り、株式会社形態での合弁を前提として記述する。

コラム：民法上の組合や有限責任事業組合（日本版LLP）の利用例

組合形式の事業体としては、民法上の組合、有限責任事業組合（日本版LLP）等があり、これらは組合契約を締結することにより創設することができる。このような組合形式は、出資が金銭に限られていないことから、医薬品やIT分野等で研究を行う研究者や教授と販売会社等が共同して研究開発事業を行う等、資金はないがノウハウを持つものと資金を持つものが共同して事業を行う場合等にも活用されるほか、設立手続の容易さやパス・スルー課税の利便性等からエンターテインメントビジネスにおいてLLPを設立し映像コンテンツの製作等を共同して行う、あるいは、建築業界で多くみられる大規模建造物の構造に利用されるJV等、特定のプロジェクトのために利用される例が多い。

なお、民法上の組合には税務上のメリット（実質連結納税が可能）がある一方、法人格がないこと、及び無限責任であることといったデメリットがある。このため、上記メリットを享受しつつ、デメリットを解消させる、(i)対外的には出資者の有限責任の確保、(ii)対内的には組合的規律の適用、(iii)課税関係ではパス・スルー課税の適用といった特徴を持つ新しい事業体の創設が模索され、平成17年に至り、「有限責任事業組合契約に関する法律」が成立し、上記(i)～(iii)の特徴を兼ね備えた有限責任事業組合、いわゆる「日本版LLP」（Limited Liability Partnership）が創設された。

(2)　合弁の狙い

合弁は、単独の企業では資金・信用・人材・施設・技術・ノウハウ・営業網などの営業資源を十分に準備できない場合に行われる。すなわち、合弁の狙いは、新規市場参入・海外進出時のコスト削減・リスク分散、事業拡大・事業多様化、技術力・営業力等それぞれの分野で強みを有する企業同士の相互補完による競争力確保、権益確保を目的とした資源開発、共同での投資等にある。

近時の例として、ソニーとエリクソンが合弁による携帯電話メーカーとしてソニー・エリクソン・モバイルコミュニケーションズを設立する等、グローバル経済下において、異なる能力を結集し国際市場における競争力を確保するため、異なる得意分野を有する複数の企業が結合する例もみられる。また、例えばアジア展開を目指す日本企業が、進出先の国の外資規制等の規制に対応するため、ローカルパートナーと合弁で現地展開をする例なども多くみられる。

(3)　合弁契約の重要性

合弁事業は、合弁当事者（合弁に参画し合弁会社の株主になろうとする者）間の高度な信頼関係に基づき、かつ、長期間における様々な物的又は人的な出資を伴う。すなわち、全合弁当事者が、(i)合弁事業に高い比率で出資するとともに取締役の派遣等を通じて経営に参画する、(ii)技術力・営業力・信用力等の経営資源を提供する、(iii)収益とリスクを分担する、(iv)長期の継続的関係が予定され当事者間の権利義務関係が多様となる、といった特徴を有する事業である。したがって、合弁当事者間で締結される合弁契約においては、このような特徴に対応した契約条項を定めておく必要がある。

また、合弁の目的を達成した場合や、反対に、合弁当事者間の信頼関係が損なわれる状況が発生した場合等、合弁の目的の達成が困難となった場合には、合弁事業の解消や合弁事業からの撤退が可能とされる必要がある。そこで、合弁事業を行うに際しては、合弁事業の終了に至るスキームを、合弁契約において事前に明確に定めておく必要がある。実際に行われた合弁の例をみても、後に、一方が他方の保有株式を買い取って合弁を解消して完全子会社としたケースなどが多くみられる。

合弁会社の設立により合弁事業を遂行する場合、合弁契約書には、合弁会社の設立、運営、資金調達、株式譲渡の制限、契約の終了等に関する事項が定められることになる。例えば、(a)当事者、(b)定義規定、(c)合弁の目的、(d)設立ないし出資の前提事項、(e)設立時期、(f)本店所在地等、(g)資本金に関する事項、(h)株主総会関連事項、(i)取締役及び取締役会に関する事項、(j)財務に関する事項、(k)業務運営に関する事項、(l)株式の譲渡制限に関する事項、(m)競業避止義務・守秘義務に関する事項、(n)紛争解決方法、(o)契約終了に関する事項（終了に伴う株式譲渡の手続を含む）等である。

ただ、合弁会社の設立に関する合弁契約は、あくまで合弁当事者間における契約（合弁会社設立後においては株主間の契約）であり、設立される合弁会社自体は合弁契約の当事者ではない。そこで、合弁契約の内容を合弁会社に及ぼすためには、合弁契約の内容を合弁会社の定款に記載する必要が生じる。そこで、定款への記載を見据え、合弁契約書に定款案が添付されることも多い。

また、合弁会社設立後に、既に合併当事者により締結済みの合弁契約に合弁会社が新たな契約当事者として加わることも考えられる（株主と合弁会社間において、競業避止義務・守秘義務に関する義務が定められることがある。また、業務運営に関し、技術供与・資材供給等に関する取り決めがなされることもある）。

なお、合弁当事者間（株主間）の合弁契約や株主・合弁会社間の契約のほか、株主・取締役間で経営委任契約を締結する例も少なくない。また、合弁事業を遂行する上ではそれぞれの株主が保有する知的財産権、不動産、人員等のリソースを利用する場合が多いことから、その場合には株主と合弁会社との間で、リソースごとに、ライセンス契約、賃貸借契約、出向契約等の契約も締結されることとなる。

2　合弁交渉

上記**1**(**3**)でみたように、合弁会社の設立に際しては、出資比率、役職の配分、運営方針等の会社運営の基本となる事項に関する合弁契約や、それに付随する事業上の契約について、いかなる内容の合意をするかが重要である。すなわち、合弁関係が成立する前の、事前の交渉が合弁事業の成否を分けるといえる。

このような契約は合弁交渉の最終段階で締結されるものであるが、合弁交渉の過程では、以下のような契約が締結される（**本編第７章**参照）。

①　守秘義務契約

合弁交渉における当事者は、技術情報や財務情報等、各自が保有する企業機密を開示し合うことになる。そのため、機密保持を担保するため、守秘義務契約が締結される。

②　レター・オブ・インテント

レター・オブ・インテントとは、最終合意の前に、交渉の節目において取り交わされる確認書面であり、それまでの交渉において方向性の一致や一定の合意がなされた事項を確認する目的で取り交わされるものである。

レター・オブ・インテントが取り交わされた時期や内容により、法的拘束力を持たせるかどうかは変わってくる。ただし、たとえ法的拘束力がない旨の合意をした事項であっても、いったん明文化した場合は再交渉は事実上困難であるから、合意事項の内容には慎重を期すべきである。

３　合弁契約の成立

合弁当事者は、合弁交渉を踏まえて、合弁契約を締結する。これは、合弁会社設立後の株主等の会社運営上の義務等を定める契約であり、株主間契約の典型である。合弁会社は、合弁契約の内容に沿って運営されることとなる。

また、合弁会社の定款は、合弁契約の内容を反映させる形で作成される。もっとも、典型的な条項のうち、議決権拘束契約（取締役等の選任等の株主総会決議事項や取締役会決議事項に関して当事者間の合意に従い議決権を行使する旨を定めた契約）や、（取締役会の承認に加えて）他の当事者の承認なくして株式を譲渡しない旨を定めた条項等は、定款に記載された場合、強行規定違反として無効となる可能性が高いため、定款に記載されることはまずないであろう。ただし、合弁契約の当事者間では、債権的な拘束力を有する。

以下、合弁契約に定めるべき主要な条項を概観する。

(1)　合弁会社設立に関する事項

合弁契約書には、合弁の目的、設立時期、本店所在地、商号等の設立に関する基本的事項が規定される。なお、合弁契約書に定款案が添付されることも多い。

なお、合弁会社設立に際して特に重要となるのは、合弁当事者相互の出資比率である。出資比率は設立後の合弁会社の支配比率につながるため、合弁会社の運営に対して重大な影響を及ぼす事項となる。例えば、合弁当事者が２社である場合、50％：50％が対等であるといえる（そして実務上は、どちらに支配権を持たせるかで交渉がまとまらないため、やむを得ず50％ずつ保有する例も少なくないと思われる）が、意見が対立した場合（デッド・ロックに陥った場合）は何も決定できない状態が長引く可能性もある。そこで、一方の合弁当事者の出資比率を過半数にするなど、一方当事者に支配権を持たせる方が、経営の安定という観点からは望ましいであろう（なおこの場合、少数株主が株主総会特別決議事項について拒否権を確保するため、少数株主に議決権割合の３分の１超を保有させることも考えられる)。

(2)　合弁会社の運営に関する事項

合弁会社においては、一定の重要事項について出資割合が少ない合弁当事者（少数株主）に対しても一定の発言権を確保する必要があることから、次のような手段を講じることが考えられる。

(i)　一定の重要事項について株主総会や取締役会に議案を提出するためには、合弁当事者間での事前協議を行うとともに各合弁当事者の同意を必要とし、かつ、当該合意に基づいて議決権を行使する旨の条項を規定すること。

(ii)　株主総会等の決議に際して常に議決権の３分の２以上の賛成を必要とする旨の条項や、例えば取締役選解任議案のような特定の重要議案に関する決議要件を加重する旨の条項を規定すること。

(iii)　議決権制限種類株式、拒否権付種類株式、一定数の取締役を選任できる旨の種類株式などの種類株式を発行する旨の条項を規定すること。

(iv)　種類株式は発行しないが、少数株主に一定数の取締役の選任・解任権を付与する旨の条項を規定すること。

実務上は、少数株主の発言権を確保する条項は合弁契約でしか定めず（定款に規定せず)、債権的合意に留める例も少なくないと思われるが、例えば決議要件加重（上記(ii)）や種類株式発行（上記(iii)）に関しては定款で定めておく必要がある（なお、前述のように、法定外の事項を定款で定めようとする場合は、強行法規違反として無効となる可能性があるので注意を要する)。

(3)　合弁会社の資金調達に関する事項

合弁会社においては、合弁当事者間の支配比率が重要になることから、資金調達においても支配比率が維持されるよう、出資割合に応じた募集株式の引き受けを可能とすることが多い。

ただし、合弁当事者の一部に余剰の資金がない場合、出資割合に応じた株式の引受けが困難となることもあり得る。このような場合に円滑な資金調達を可能とするため、支配比率の維持を前提に合弁当事者の一部が資金を合弁会社に貸し付けるとともに、資金提供を行わない他の合弁当事者の保有する拒否権（事前同意）等の権利の全部又は一部を剥奪する旨の条項を定めておくことが考えられる（つまり、合弁当事者の拒否権（事前同意）等の権利は、資金提供という責任を果たすからこそ保証されるのであり、資金提供ができなければ権利を剥奪されてもやむを得ないと考えるのである）。また、合弁契約中に、支配比率の維持を原則としつつも、一定の場合には一定の範囲内で支配比率が変更される余地を認めるような条項を予め定めておくことも考えられる。

(4)　合弁当事者の変動に関する事項

合弁契約成立時に想定された事業環境が変化したため合弁目的の達成に支障が生じた場合、逆に、合弁目的が達成され、もはや複数当事者による合弁事業を継続する必要がないと判断される場合など、合弁事業から退出を図りたい合弁当事者であれば、株式を譲渡することにより合弁契約から離脱する余地を残すことを考えるであろう。一方、合弁当事者は、他方当事者による株式の譲渡により合弁契約において予期しない者が合弁当事者として参入してくることを望まないであろう。そこで、合弁契約においては、株式の譲渡制限を定めるとともに、一定の場合に合弁会社の株式や持分を他の当事者に譲渡することを可能とする条項が定められることが多い。

株式の譲渡制限としては、定款上の譲渡制限に加えて、合弁契約に株式譲渡の際には相手方当事者の承認が必要であることを記載しておくことがほとんどである。もっとも、当事者の合弁事業からの退出を確保するために、合弁契約に原則として株式の譲渡を禁止しつつも一定の場合に株式譲渡を可能とする条項を記載することが多い。

株式の譲渡に関する条項としては、先買権条項（ある合弁当事者が合弁会社の株式譲渡を希望する場合、他の合弁当事者が優先的に株式を買い取る権利を認める条項）、売渡強制条項ないしコール・オプション（ある合弁当事者が、他の合弁当事者が保有する合弁会社の株式を強制的に売り渡すことを求める権利を認める条項）、買取強制条項ないしプット・オプション（ある合弁当事者が、他の合弁当事者に対して、自己が保有する合弁会社の株式を強制的に買い取ることを求める権利を認める条項）等が考えられる。

ここで、Tag Along Right（共同売却請求権ないし便乗売却請求権：合弁当事者の一部が保有株式を第三者に譲渡して合弁からの離脱を希望する場合、その他の合弁当事者が、その保有株式も一定の条件にて当該第三者に売却することを請求できる権利）をあわせて規定することも考えられる。

また、同様に当事者の合弁事業からの退出を容易にする手段としては、Drag Along Right（強制売却請求権：合弁当事者の一部が保有株式を第三者に譲渡して合弁からの離脱を希望する場合、その他の合弁当事者に対してその保有株式も強制的に当該第三者に売却することを請求できる権利）を規定することもある。

これらの権利が行使できる条件の設定は、一定の譲渡制限期間後は無条件に行使できるようにしていたり、一定期間中に一定のパフォーマンスが上げられた、又は上げられなかったことを条件にするなど、先述の合弁事業の内容や当事者の役割・意向等により様々になされる。

⑸　合弁契約違反に対する措置

合弁当事者の一部が合弁契約に違反することも想定される。合弁当事者の一部が合弁契約に違反した場合、他方が違反当事者の保有する株式を売り渡すことを求める権利を定めておくことがある。逆に、他方がその保有する株式を違反当事者に対して買い取ることを求める権利を定めておくこともある。これらは各々、売渡強制条項（コール・オプション）と買取強制条項（プット・オプション）の仕組みを活用することとなる。

なお、かかる契約違反の場合のオプション権行使時の株式価格については、ペナルティを織り込んだ価格を事前に規定を設けておくのが一般的である。

⑹　合弁事業存続に問題が生じた場合に関する事項

前述のとおり、合弁の場合、原則として株式の譲渡は制限されているが、合弁事業が当初の予測に反し成果を上げることができない可能性がある場合、合弁当事者の一部は合弁契約の規定に基づき他の合弁当事者に対して株式を譲渡することにより合弁会社から離脱することが考えられる。この場合、他の合弁当事者が合弁会社を維持していくことになる。このため、例えば、合弁会社に回復不能な損失が生じた場合、合弁会社を存続させることが合弁当事者の合弁契約履行に関する重大な債務不履行が生じた場合、合弁当事者が倒産手続に組み込まれた場合、合弁当事者の支配関係に重大な変化が生じた場合、合弁当事者の対立により会社の運営がストップした場合（デッド・ロック）等を想定し、それらの処理につき合弁契約に定めておくことが考えられる。とりわけ、デッドロックのトリガーと解消方法については、実務上問題となることが多く特に慎重に考えておく必要がある。

また、これらの事態が生じた場合の譲渡方法等についても、前述のようなコール・オプション、プット・オプション等を事情に応じて使い分け、規定しておくことが望ましい。

さらに、合弁目的の達成が困難と思われる場合には、合弁契約を終了させるとともに合弁会社を解散させ合弁事業そのものを消滅させてしまうことも考えられるが、これを契約上あらかじめ織り込むことは性質上難しく、実際上は、株式の譲渡で決着をつけることが多いものと考えられる。なお、合弁契約を終了させる場合には、関連契約の終了に当たっての取扱い、権利義務関係の処理方法、残余財産や損失の処理方法、秘密情報の処理方法、従業員の処遇の方法等を定めることになるだろう。

第４　資本提携（資本参加、株式持ち合い）

１　資本提携とは

(1)　資本提携の意義

ある企業（出資企業）が他の企業（発行企業）の発行する株式を保有することを通じて、事業上の協力関係を築くことを、資本提携（資本参加）という。

資本提携（資本参加）は、通常、保有割合を発行企業の経営に関与しない程度の低い割合（明確な指標はないが、10％を目安に考えておくとよい）に抑える場合を指すことが多く、この場合をマイノリティ出資という。

また、複数の企業同士が互いの発行する株式を保有し合うことを、株式持ち合いという（通常は２社による相対の保有関係だが、３社以上で持ち合う例もみられる）。

(2)　資本提携の目的

資本提携の目的は、(i)積極的な業務提携関係（合弁を含む）の構築、(ii)安定株主の確保、(iii)資金調達、(iv)既存の資本提携解消の受け皿などが考えられる（後二者については次項参照）。

もっとも、(ii)のような安定株主確保は、特に発行企業が上場企業である場合は経営監視を緩めるとの批判が強い。出資企業の側でも、事業上のシナジーがないのに純投資のような状態で保有している他社株式は売却すべきである、との批判を受けることになる。

このような視点からは、資本提携の主たる目的は、(i)の積極的な業務提携関係（合弁を含む）の構築や、広く捉えて(iii)資金調達であることが望ましいと考えられる。

なお、もちろん、この他、発行企業の支配権を獲得することを将来の含みとし、企業分割や営業譲渡等の事業の買収・統合の準備段階として資本提携を行う例もある。また、ある企業が発行企業の同意なく株式を買い進めた場合に、それ以上の株式買い進めを阻止する目的をも含みながら、資本業務提携を結ぶケースも想定される（このような目的から、株式保有割合の上限について合意することになる）。

２　資本提携の構築

(1)　資本提携の構築方法

資本提携の構築方法としては、発行企業の新株を引き受ける方法のほか、金庫株の譲り受けや、他の株主が保有していた株式の譲受け、上場株式の場合は市場での取得といった方法も考えられる。

資本提携の目的の１つに発行企業の資金調達がある場合は、新株の引受や金庫株の譲り受けの方法によることになるだろう（前記**１(2)**(iii)）。

また、既存の資本提携を解消する必要に迫られている場合は、その受け皿として別の企業と資本提携を行い、資本提携解消により放出された株式を新しい提携先に保有してもらうことになる（前記**１(2)**(iv)）。

(2)　保有割合の問題

前記（**１(1)**）のように、資本提携（資本参加）はマイノリティ出資を指す場合が多いが、必ずしもそうというわけではない。

出資企業の側では、業務提携の効果を出すために、発行企業の経営に対する影響力を出せるだけの保有割合を目指すことを検討する可能性がある。発行企業の側では、あえて経営に関与を受ける高い保有割合で保有してもらう必然性はない。しかし、安定株主対策や別の資本提携の解消の受け皿として考えたとき、比較的高い保有割合しか弾き出せないケースもあるだろう。また、株価が低迷している場合に一定規模の資金調達を行おうとすれば、保有割合が高くなる傾向になる。

なお、株価が低迷するなど資金調達をすることが困難な場面で、ファンド等から出資を受けるような場合には、既存株主の議決権割合の希薄化を避けるため、議決権のない優先株をファンド等に発行する例もよくみられる（ただしこの場合、一定のトリガーの下に優先株を普通株に転換できるような仕組みを設けることが多い）。また、最初から株式を発行するのではなく、CB（新株予約権付社債）を発行して資金調達をすることも考えられる。

＜保有割合を検討する際の基準＞

1％超…………株主提案権
3％超…………株主総会招集権、帳簿閲覧権
20％　…………持分法適用会社　（※ただし実質基準あり）
25％　…………相互保有における議決権行使の制限
33.3％超………特別決議が必要な株主総会議案を単独で否決
50％　…………連結子会社　（※ただし実質基準あり）
50％超…………経営権取得
66.6％超………特別決議が必要な株主総会議案を単独で可決
80％超…………上場廃止の可能性

3　資本提携に関する契約

(1)　業務提携に関する合意

資本提携に業務提携は必然ではないが、前述のとおり、一般の事業会社が他社の株式を保有する主たる目的としては、事業上の協力関係を構築し強化することが想定されるべきである。したがって、資本提携について合意する段階で、業務提携（合弁を含む）に関する合意もなされることが望ましいと考えられる。

⑵　保有割合に関する合意

資本提携を開始する時点での保有割合については、当然合意されるであろう。問題は、その後の保有割合に関する合意をどのように定めておくべきかである。

出資企業としては、当然のことながら、保有株式の売却も買増しも、フリーハンドで実行できる方がよい。他方、発行企業としては、これをできるだけ制限したい。発行企業の立場としては、次のような対応が考えられる。

(i)　出資企業が保有割合を下げたい（株式を売却したい）場合への対応

・　一定期間は売却できない条項を定めておく。

・　合弁会社の箇所で述べたように、先買権条項を定めておく。ただしこの場合、自己株取得に関する財源規制により発行企業自身による取得ができない事態も想定される。これを避けるためには、発行企業以外の第三者による買取りを可能にするような規定を設けておく方法がある。

・　取得条項付種類株式にしておく。ただし、先買権条項の場合と同様に、財源規制の問題がある。

・　市場で売却する場面を想定して、株価の下落を避けるために、段階的に売却する条項を定めておく。

(ii)　出資企業が保有割合を上げたい（買い増したい）場合への対応

・　買増しを禁止する条項を定めておく。

⑶　議決権行使に関する合意

提携が思ったとおりの成果を上げていないような場合に、例えばその原因として発行企業の経営陣に問題があるようなケースでは、発行企業と出資企業が敵対する可能性も否定できない。ここで、出資企業が発行企業の経営に影響を及ぼすためには、株主総会で会社提案に反対するような議決権行使が最も効果的である。

したがって、前記⑵と同様に、出資企業としてはフリーハンドでいる方が望ましく、発行企業としては会社提案に反対するような議決権行使は制限したい。かかる点について合意し明文化することができるか、検討しておくべき事項ではあるが、様々な問題を含んでおり容易にはいかないのが実情である（当事者にとって抵抗感が強いことのほか、出資企業と発行企業が議決権行使に関して何らかの合意をし、それに従って議決権を行使することが、他の株主との関係で善管注意義務違反の問題を惹起しないか。また、利益供与禁止との関係をどう整理するか等の法的な論点が想定される）。

(4)　資本提携の解消時に関する合意

資本提携を解消する時点で、出資企業が保有している株式に関してどのような処理を行うべきか、定めておく必要がある。基本的には、(2)(i)で述べたところと同様に考えていく。

第５　業務提携（契約関係を通じた提携）

これまでは、合弁会社の設立や資本提携といった、どちらかといえば会社法に寄った視点からみてきた。本節では、それ以外の視点から企業提携について概観する。

1　技術・開発に関する提携

著名な企業は、基本的には自社で知的財産権を囲い込むような知財戦略をとっているが、自社の事業に必要不可欠な知的財産権を既に他社が押さえている場合は、ライセンス契約を締結して利用する方法によることになる。

また、契約当事者同士がその保有する知的財産権を相互に利用し合う、いわゆるクロス・ライセンス契約（それも、多数の知的財産権を包括的に利用し合う、包括的クロス・ライセンス契約）を締結することもみられるところである。なお、クロス・ライセンス契約は、知的財産の相互利用という積極的な効果だけでなく、将来の紛争を予防する効果も期待できる。このほか、知的財産権の侵害という紛争状態を解決するため、和解の手段として、ライセンス契約ないしクロス・ライセンス契約を締結する例もみられるところである。

共同研究開発や共同製品開発も、依然として重要である。特に、事業環境が急激に変化する昨今の経済環境下で、高シェアを占めるトップ企業同士が、比較的中核の事業分野において提携し、新素材や新製品を開発する例、商社、事業会社と産業革新機構等の投資会社が設立したSPVが共同して海外の水事業、水道事業等の買収等を行う等、グローバルなレベルでの事業そのものまたは研究開発・商品開発の共同化を行っている例、太陽電池、リチウム電池事業等の開発を共同して行う例もみられるところである。

研究開発の分野では、近時は、研究開発の成果を管理し社会還元を図ることなどを目的として、複数企業が共同して1つのプロジェクトを進めるなどの共同化構想や大学等の研究機関との提携も進んでいる。研究コンソーシアムの形でプロジェクトが進められている例も多い。京都大学、大和証券、三井住友銀行、バイオベンチャーがiPS細胞研究成果の社会還元を図るための事業を行ったことや、製薬会社や知財管理会社等が共同して知財ファンド等を設立し、知的財産のバンドリング、ライセンス、医薬品の開発等の事業展開を行ったこと等はこの例である。

2　生産（製造）に関する提携

第2で述べたファブライト経営やファブレス経営にみられるように、製造委託契約を結び、下請けや外注先に製品の生産を委託する提携関係も、重要性を失っていない。なお、人件費の安い外国に生産拠点を構える企業に発注するような場合は、現地の慣習や人の気質などを見極めながら提携関係の構築に努める必要がある。

3　販売に関する提携など

上記以外にも、販売代理店契約、フランチャイズ契約、OEM契約のように、販売を拡大するための提携関係がある。また、購買を共通化するといった共同仕入れに関する提携関係や共同販売により輸送コストの削減を図るためなどに行う提携関係のほか、海運業界における過剰船供給解消のためのタンカー等の共同運航アライアンス等の提携関係もある。

また、この他、近時の特長としては、ポイントカードやICカードの共通化を図ることで、相互に販売を拡大しようとする提携関係がある。

第６　事　例

●ジャパンディスプレイ設立による中小型ディスプレイ事業統合

１　概　要

産業革新機構[1]、ソニー、東芝、日立製作所の４社の出資により「ジャパンディスプレイ」が設立され、ソニー、東芝、日立はそれぞれの子会社（ソニーモバイルディスプレイほか１社、東芝モバイルディスプレイ、日立ディスプレイズ）が有する中小型ディスプレイ事業を統合した。

２　統合の目的（意図及び効果）

中小型ディスプレイ事業を展開するソニー、東芝、日立は、世界市場において競合各社との厳しい競争下に置かれていた。ディスプレイの高精細化技術等の技術革新は競争力の鍵となるが、そのためには巨額の研究開発費用や大規模投資が必要となる。そのため、各社は国際競争力を強化するための施策を講じることが必要不可欠であった。

このような状況において、中小型ディスプレイ事業を行うソニー、東芝、日立の各子会社が有する世界最高水準の技術力結集による高付加価値市場への需要対応、効率的な研究開発投資、生産コスト競争力の強化、産業革新機構から投入される成長資金の活用による新規生産ライン立上げ等により、中小型ディスプレイ事業におけるグローバルリーディングカンパニーとしての地位を強固にすることが事業統合の意図であった。

３　当事会社の状況

(1)　事業統合対象子会社の特徴

①　ソニーモバイルディスプレイ[2]

売上高：1,412億円（2011年３月期）、大株主及び持株比率：ソニー

1）　オープンイノベーションの推進を通じた次世代産業の育成を目指し、当時の産活法に基づき、平成21年（2009年）７月に設立された会社である。総額9,000億円超の投資能力を有しており、革新性を有する事業に対し出資等を行うことで産業革新を支援することを目的としている。

100%（2011年3月末現在）、従業員数：約2,200人（2011年6月末現在）、事業内容：中小型液晶ディスプレイデバイスの開発・設計・製造及び販売、有機ELディスプレイデバイスの開発・設計・製造及び販売、製造拠点：東浦事業所（本社）愛知県知多郡東浦町、鳥取事業所　鳥取県鳥取市

②　東芝モバイルディスプレイ

売上高：2,096億円（2011年3月期）、大株主及び持株比率：東芝グループ100%（2011年3月末現在）、従業員数：約2,200人（2011年3月末現在）、事業内容：低温ポリシリコンTFT液晶、アモルファスシリコンTFT液晶の開発、製造及び販売、製造拠点：埼玉県深谷市（本社）、石川県能美郡川北町

③　日立ディスプレイズ

売上高：1,508億円（2011年3月期）、大株主及び持株比率：日立75%（2011年3月末現在）、従業員数：約2,600人（2011年3月末現在）、事業内容：中小型TFT液晶パネル及び関連製品の開発・設計・製造・販売等、製造拠点：千葉県茂原市

※なお、2012年3月5日付で、産業革新機構とパナソニック株式会社間において、パナソニックの子会社であるパナソニック液晶ディスプレイ[3)]の茂原工場を、産業革新機構が中心となり、ジャパンディスプレイに譲渡することで最終合意している。ジャパンディスプレイは、当該茂原工場に、中小型ディスプレイ事業における新規の生産ラインを設置する予定とした。

(2)　再編の状況

①　2011年8月31日

産業革新機構、ソニー、東芝及び日立が、「中小型ディスプレイ事業統合に関する基本合意書の締結」を決定（以下、2011年8月31日付プレスリリースを引用）。

2）　事業統合の対象子会社には、中国蘇州において中小型ディスプレイ事業を営む索尼移動顕示器（蘇州）有限公司（ソニーの間接100%子会社）が含まれ、当該有限公司の持分譲渡の時期は、新会社の事業開始後となる予定とされた。

3）　テレビ用途を主とする大型液晶パネルの開発、設計、製造、販売及び保守サービスを事業内容とする。

「中小型ディスプレイ事業統合に関する基本合意書の締結について～３社の事業統合により、グローバルリーディングカンパニーを設立～」

株式会社産業革新機構（本社：東京都千代田区丸の内、代表取締役社長：能見公一、以下「INCJ」）、ソニー株式会社（以下「ソニー」）、株式会社東芝（以下「東芝」）及び株式会社日立製作所（以下「日立」）は、INCJを中心として設立及び運営される新会社（以下「新会社」）の下、ソニー、東芝及び日立の子会社等の中小型ディスプレイ事業を統合することで基本合意いたしました。今後、INCJ、ソニー、東芝及び日立は、2011年秋を目途に法的拘束力を有する正式契約を締結し、関連当局の承認の取得等を条件として、2012年春に本件事業統合を完了することを目指します。

新会社には、中小型ディスプレイ事業を行うソニー、東芝及び日立それぞれの子会社（ソニーモバイルディスプレイ株式会社、東芝モバイルディスプレイ株式会社、株式会社日立ディスプレイズ、以下併せて「対象子会社」）の全ての発行済株式等が譲渡され、INCJを割当先とする第三者割当増資により2,000億円が投入されます。新会社の議決権付株式は、最終的にはINCJが70%、ソニー、東芝及び日立がそれぞれ10%ずつ保有する予定です。

②　2011年11月15日

４社が、「中小型ディスプレイ事業統合に関する正式契約を締結。

③　2012年４月１日

ジャパンディスプレイ設立、事業開始（以下、2012年４月２日付プレスリリースを引用）。

「株式会社ジャパンディスプレイの事業開始のお知らせ」

株式会社ジャパンディスプレイ（以下、JDI）は、当初計画の通り2012年４月１日に事業活動を開始しましたことをお知らせします。

JDIは、世界的な市場の拡大が見込まれるスマートフォン及びタブレットを中心とする中小型ディスプレイ分野において、最先端技術製品を提供するグローバルリーディングカンパニーを目指して、株式会社産業革新機構（以下「INCJ」）、ソニー株式会社（以下「ソニー」）、株式会社東芝（以下「東芝」）、株式会社日立製作所（以下「日立」）の出資のもと、ソニー、東芝、日立の中小型ディスプレイ事業を統合して発足しました。

昨年11月の正式契約締結後、統合準備会社を設立し、「ロケットスタート」を合言葉に準備を進めて参りました。JDIは、全く新しい会社として、フラットでスリムな組織体制で事業を開始いたします。今後は、グローバルかつスピーディーな事業展開をはかるとともに、統合シナジーを早期に創出すべく運営してまいります。

今後急成長と供に競争激化が見込まれるディスプレイの市場環境において、JDIはこれまでに3社が培ってきたLTPS技術・低消費電力技術・表示技術を統合発展させ、ニーズを先取りした新たな製品を次々と提案し、市場の高精細化要求にもスピーディーに対応してまいります。また、お客様により満足いただけるパートナーになるべく、先行投資による生産能力拡充を進めてまいります。

JDIは、モバイル用、車載・産業用、コンシューマー用中小型ディスプレイ分野に注力します。販売には、アメリカ、欧州、韓国、中国、台湾に販売会社を設立し、お客様との密なコミュニケーションを図り、満足度の高い製品の提供を目指します。また、将来に向けて、有機ELディスプレイ等の次世代パネルの研究開発も積極的に行っていきます。

④　2013年4月1日

ジャパンディスプレイが自らを存続会社として、ジャパンディスプレイ・ジャパンディスプレイウエスト（旧ソニーモバイルディスプレイ）、ジャパンディスプレイセントラル（旧東芝モバイルディスプレイ）、ジャパンディスプレイイースト（旧日立ディスプレイズ）が合併した（以下、2013年4月1日付プレスリリースを引用）。

「国内関連会社合併のお知らせ」

株式会社ジャパンディスプレイ（社長：大塚周一）は、2013年4月1日、当初の計画どおり国内関連会社を合併統合したことをお知らせします。

統合シナジーの最大化を図り、更なるスピード経営で新たな価値を創造し続ける真のグローバルリーディングカンパニーの実現を目指します。

4　検　討

(1)　ジャパンディスプレイの会社概要

・　事業開始：2012年4月1日

・　資本金：2,300億円（資本準備金を含む）
・　従業員数：約6,200人
・　事業内容：中小型ディスプレイデバイス及び関連製品の開発、設計、製造及び販売
・　株主：産業革新機構（70％）、ソニー（10％）、東芝（10％）、日立（10％）

⑵　事業統合の形式について

本事業統合は、産業革新機構と、ソニー、東芝、日立の４社が出資する「ジャパンディスプレイ」に、中小型ディスプレイ事業を行うソニー、東芝及び日立それぞれの子会社（ソニーモバイルディスプレイほか１社、東芝モバイルディスプレイ、日立ディスプレイズ）の全発行済株式等を譲渡することにより行われた（なお、ジャパンディスプレイには、産業革新機構を割当先とする第三者割当増資により2,000億円が投入された）。

上記の子会社のいずれかに事業を統合する形（この場合、子会社のうち１社が他の子会社を吸収合併する手法になるだろう）を採用せず、新会社を設立の上、新会社が上記の子会社各社の株式を保有する形を採用したのは、「フラットかつスピーディな経営判断が可能な体制を構築」するためであった。三社のカルチャー間の摩擦を防ぎ、統合によるシナジー効果を発揮するために新たな組織を用意した事業統合のシナリオは理解できる。

なお、このように設立当初は親会社の下に子会社が存続する形態であったが、平成25年４月１日付けで当初の計画どおり国内関連会社（ジャパンディスプレイ、旧ソニーモバイルディスプレイ、旧東芝モバイルディスプレイ、旧日立ディスプレイズ）を合併統合している（旧東芝モバイルディスプレイ［事業統合後はジャパンディスプレイイーストに商号変更］を存続会社とする吸収合併。同時に、ジャパンディスプレイイーストはジャパンディスプレイへと商号変更）。

⑶　独占禁止法への抵触について

本事業統合に際しては、独占禁止法10条に関し、公正取引委員会による企業結合審査が行われた[4)]。審査に際しては、商品範囲は「中小型TFT液晶ディスプレイ」、地理的範囲は「世界全体」として、「一定の取引分野の画定」がなされた。

本事業統合が競争に与える影響を審査した公正取引委員会は、平成22年度における中小型TFT液晶ディスプレイの世界全体の市場規模は約18億枚であるところ、本事業統合により当事会社の合算市場シェア・順位は約15％・第２位となるが、水平型企業結合のセーフハーバー基準に該当し、本事業統合による一定の取引分野における競争を実質的に制限することにはならないと判断した。

(4)　事業統合の効果

本件事業統合によるシナジー効果として、コスト削減（研究開発費、販売費、一般管理費等）、及び、企業価値の向上が期待された。

2014年２月14日付で発表された「平成26年３月期の業績予想について」[5]によれば、ジャパンディスプレイグループにおける平成26年３月期の売上高は前年比約3.8倍の6,234億円、営業利益は前年比約３倍の304億円、当期純利益は前年比約10倍の366億円となり（なお、2013年４月１日合併前の旧ジャパンディスプレイ単体で比較すると、売上高は前年比約1.36倍、営業利益は前年比約17倍、当期純利益は前年比約9.4倍となる）、シナジー効果が表れているようである。さらに同日付で出発表された「募集株式発行及び株式売出しに関する取締役会決議のお知らせ」[6]により、ジャパンディスプレイ普通株式の東京証券取引所への上場、及び、上場に伴う募集株式発行及び株式売出しが明らかにされた。そして、2014年３月19日、ジャパンディスプレイは、東京証券取引所市場第一部に上場した[7]。

ジャパンディスプレイにおける事業統合は、先端技術商品の研究開発・製造において世界市場で戦うためのモデルとなる可能性を有している。

4）「平成23年度における主要な企業結合事例について」における「事例７ ㈱ジャパンディスプレイによるソニーモバイルディスプレイ㈱、東芝モバイルディスプレイ㈱及び㈱日立ディスプレイズの株式取得）」（http://www.jftc.go.jp/dk/kiketsu/jirei/h23nendo.files/H23nendo.pdf）。

5）　http://www.j-display.com/news/2014/20140214_2_j.pdf

6）　http://www.j-display.com/news/2014/20140214_3_j.pdf

7）「東京証券取引所市場第一部上場のお知らせ」（http://www.j-display.com/news/2014/20140319.html）。

第6章　事業再生とM&A

一橋大学大学院法学研究科教授　山本和彦

第1　事業再生におけるM&Aの意義とその手法

1　はじめに

事業再生は債権者の債権に係る債務の免除等何らかの権利変更を伴うことが一般的である。そうであるとすれば、会社法の基本原則に鑑み、何らかの形で企業の所有者（株主）の権利変更を伴うことが原則となる。その意味で、広義のM&A[1)]を伴うことが原則になると考えられる。けだし、（有限責任）会社が債務超過の状態に陥った場合には、顕在化した信用リスクをまずもって負担すべきは株主であり、債権者の権利変更を行うには、最低限株主の実質的権利の縮減を図り、株主の会社に対する支配権を失わせることが理論的には前提となるからである。

他方、M&Aの側からみたときにも、対象企業の事業再生は1つの主要な機会になり得る。けだし、スポンサー企業からみた場合も、対象企業の経営状態が通常の場合に比べて、事業再生を契機としてM&Aを行うことにいくつかのメリットがあるからである。第1に、廉価な買受けの可能性である。事業再生に追い込まれている企業は、既に信用リスクが顕在化しており、様々な理由でその売値は安くならざるを得ない。しかし、倒産状態に陥った理由や買受企業とのシナジー効果等によっては、それが破格の「買い物」になる可能性もある。その意味で、M&Aを目指す企業にとって、事業再生の局面は有用なマーケットとなり得る。第2に、事業再生の手続における対象企業の透明性の確保である。M&Aを行う企業にとって、最大の問題の1つは簿外債務等対象企業の想定外のリスクの回

1)　ここでは、「広義のM&A」として、その法的手法を問わず、何らかの形で、企業の所有者が変更される（従来の株主が会社の支配権を実質的に失う）法的行為を指す。

避という点にあろう。しかるに、事業再生の局面では、対象企業の弱点がいわば市場にオープンな状態になっており、（手続の内容にもよるが）その問題点が洗い出され、買受企業にとっては安心してM&Aに入ることができよう。

以上のように、事業再生中の債務者の側からみても、M&Aを行おうとするスポンサーの側からみても、事業再生におけるM&Aはその活用の契機があると考えられ、実際にも事業再生の局面でのM&Aは活発に行われている。そこで、以下では事業再生におけるM&Aについてみていきたいが[2)]、その前提として、あり得るM&Aの手法とあり得る事業再生の手法について簡単に確認しておきたい。

まず、あり得るM&Aの手法としては、倒産手続外の事業再生の場合はもちろん、倒産手続における事業再生であっても、平時の手法、すなわち会社法上認められている手法は基本的にすべて利用可能である。すなわち、増減資、合併、事業譲渡、会社分割、株式移転、株式交換、DES等である。ただ、平時のM&Aにおいて最も一般的な手法と思われる既存株式の譲受けは、事業再生下では原則として否定されることになると考えられる。けだし、事業再生が行われる局面は、原則として債務超過の状態にあり、株式が無価値化しているとすれば、スポンサーは（既存株主ではなく）会社自体に新規資金を注入する必要があると考えられるからである[3)]。ただ、それでもM&Aの手法には相当の多様性があり、具体的な手法を選択する基準が必要になる。

次に、事業再生の手法については、大きく分けて法的倒産手続（裁判所手続）と私的整理（裁判所外手続）とがある。前者は、主にいわゆる再建型の手続である再生手続及び更生手続であり[4)]、後者としては、純粋の私的整理のほかに、第三者が関与する私的整理、いわゆる制度化された私的

---

2)　なお、筆者は研究者であり、以下の分析はあくまで理論的な観点からの検討にすぎない。本来であれば、事業再生やM&Aといった、優れて実務的な問題について研究者の立場からの論及は困難であり、控えるべきことかもしれないが、不十分な分析を承知の上で、可能な範囲で検討してみたい。その意味で、実情から懸け離れた検討であったり、現状認識等の誤りを含んでいたりするおそれは多分にあるが、予めご寛恕いただきたい。

3)　また、前述のような株主の責任の負担という観点からも、株主が株式譲渡という形で事業再生の果実を取得することは原則として相当ではない。もちろん債務超過でない場合には、上記の議論は妥当しない。

整理又は広義の倒産ADRの仕組みが近時発達している。すなわち、事業再生ADR、中小企業再生支援協議会、地域経済活性化支援機構等の手続である。M&Aを念頭に置いて事業再生を行う場合にも、どのような手続を利用することがその目的に最も適合的であるかを判断して、事業再生の手法を選択する必要がある。

以上のように、M&A及び事業再生の双方について多様な手法があり、相互の組み合わせによってさらに多様な手法が可能になる。本稿は、事業再生の手続におけるM&Aの手法の活用の可能性と限界及び立法論的・解釈論的対応の可能性等について検討したい。以下では、事業再生の手法に応じて、まず倒産手続外の事業再生（私的整理）とM&Aについて論じる（**2**参照）。ここでは、基本的に会社法に基づく手続が必要となる点で、手続的観点では平時のM&Aとの差異は小さいが、私的整理の種類とM&A、M&Aの手法及びその後に倒産手続が開始した場合の否認の可能性、さらに私的整理から法的整理に移行した場合の私的整理段階のM&Aの取扱いといった問題点について検討する。近時、私的整理による事業再生が重要性を増す中、重要な論点と考えられる。次に、倒産手続における事業再生とM&Aについて論じる[5)]。ここでは、まず倒産手続全体について、M&Aの目的に応じて、完全一体化の手法、子会社化の手法、事業の選択的承継の手法に分けてそれぞれ検討し（**3**参照）、その後、再生手続（**4**参照）・更生手続（**5**参照）に分けて、それぞれの手続におけるM&Aの方法や問題点を取り扱う。

2　倒産手続外の事業再生（私的整理）とM&A

⑴　私的整理の種類とM&A

前述したように、倒産手続外の事業再生として、かつては一般に債務者と債権者（グループ）の相対の話合いによって再生策が検討される純粋の私的整理が主流であった。私的整理ガイドラインはその中で最も整備され

4）ただし、破産など清算型手続でも例外的に事業譲渡等による事業再生の余地はある。ただ、実際には清算型手続を利用したM&Aは例外的であるとみられるので、以下では主に民事再生・会社更生のみを取り上げる。

5）この部分については、10年以上前の論稿であるが、山本和彦「倒産手続とM&A」金判1160号（2003年）48頁以下と重複する部分がある。予めご了解いただきたい。

た手続であったが、様々な問題点があり、近時その利用はほとんどないとされる。むしろそれに代わって第三者が手続に関与し、手続自体がルール化された私的整理の形態、いわゆる制度化された私的整理あるいは広義の倒産 ADR[6]の比重が増大している。具体的には、事業再生 ADR（産業競争力強化法51条以下）、中小企業再生支援協議会（同法128条）、地域経済活性化支援機構（地域経済活性化支援機構法）等の手続である。これらの手続によって、大企業から中堅企業、中小零細企業に至るまで多様な事業主体について私的整理による事業再生の可能性が開かれている。実際に、大規模事業者が対象になることの多い事業再生 ADR に対して、中小企業再生支援協議会や地域経済活性化支援機構[7]は主として中小企業を対象にしており、特に後者においては、実際には中小企業再生支援協議会で対象とならない業種、すなわち病院や学校等の申立ても多いようである。

M&A の手続という観点からみると、いずれの手続も、既存の手続（会社法上の手続）を前提にして、第三者が M&A を仲介するものと整理できる。ただ、地域経済活性化支援機構は、やや例外で、事業再生の仲介機関であるとともに、自らスポンサーをも兼ねる仕組みとなっている[8]。これは、M&A による事業再生という観点からみたとき、１つの大きなアドバンテージとなる。すなわち、他のスキームでは手続の中で必ずスポンサーを探さなければならないが、機構スキームにおいては自らスポンサーを兼ねることができる点で、実効性・柔軟性が大きいと考えられるからである。もちろん、機構スキームでも、最後は実際のスポンサーを見出さなければならず[9]、その意味で最終的なエグジットを常に考えておく必要はあるが、

6）　狭義の倒産 ADR とは、中立公平な第三者が倒産処理に関与する手続であるが（山本和彦『倒産処理法入門〔第４版〕』（有斐閣、2012年）29頁以下参照）、ここでは、純粋の意味での第三者とはいえないがなお中立公平性を有する主体が関与する場合（地域経済活性化支援機構等の手続）もこれに含めて、広義の倒産 ADR と呼ぶ（同機構の前身である企業再生支援機構の手続について、ADR に準じるものと位置づける議論については、山本和彦「企業再生支援機構と JAL の更生手続」ジュリ1401号（2010年）16頁など参照）。

7）　前身の企業再生支援機構が大企業の申請を排除せず、実際に JAL の再生がその業務の１つの中心であったところ、地域経済活性化支援機構は制度上も大企業を適用対象から除外している（同機構法25条１項１号参照）。

8）　その意味で、純粋の ADR ではないということになるが（注６参照）、産業再生機構、企業再生支援機構といった従来の同種の仕組みを承継するものである。

9）　地域経済活性化支援機構法33条２項等では、５年以内のできる限り短い期間で、再生支援決定等に係る業務を完了するように努めなければならないものとしている。

それでも一定の猶予期間が認められる意味は大きいと思われる。

(2) M&Aの手法——第二会社方式を中心に

私的整理、とりわけ制度化された私的整理においても、通常はM&Aの手法を選択する必要があるが[10)]、そこでは特に決められた一定の方法があるわけではない。各私的整理ないしADRのスキームにおいてそれぞれ適宜の方法がとられる点で、一般の経営再建を図る場合と基本的には同様である。例えば、事業再生ADRについては、事業再生計画の記載事項として、「事業の再構築のための方策」が定められ（経済産業省関係産業競争力強化法施行規則28条1項2号）、そこでは核となる事業とそれ以外の事業を分離することが想定されるとすれば、何らかのM&Aが通常前提となるし、特に債権放棄を伴う事業再生計画の場合、債権者の権利との均衡を保つため、支配株主の権利の消滅や減増資による既存株主の割合的地位の減少・消滅など株主の権利の全部又は一部の消滅が原則として必要となるので（同規則29条1項3号）、広義のM&Aが不可避となると考えられる。

そのような中で、M&Aの手法として、中小企業再生支援協議会において多用されているとされる、いわゆる第二会社方式が興味深い[11)]。これは、「会社分割等によりGOOD部分を別会社に分離し、BAD部分に過剰債務を残した状態で、債務者企業を特別清算することにより、実質的な債権放棄を受ける手法」とされる[12)]。このような手法が（一般的な債権放棄に比べて）多用されている理由として、「実質的には債権放棄と同等の効果があることに加え、株主責任や経営者責任、そして個人保証の処理といった、再生に伴う中小企業ならではの問題にも対処しやすいという現実的なメリット」が指摘される[13)]。換言すれば、①事業の切分けのためのM&Aの手法を活用すること[14)]、② GOOD部分の事業価値を顕在化してそれ

10）　もちろんいわゆる自力再生の手法がとられることもあり得る。ただ、現実的にはそれで真の意味での事業再生を図ることは困難であり、特に制度化された私的整理では、後述のように、制度的にも何らかのM&Aが想定されていることが多い。

11）　これについては、藤原敬三「中小企業における私的整理手続の現状と課題」伊藤眞ほか編『松嶋英機弁護士古稀記念論文集 時代をリードする再生論』（商事法務、2013年）299頁以下、特に310頁以下参照。

12）　藤原・前掲注11論文310頁参照。

13）　藤原・前掲注11論文311頁参照。

をBAD部分の清算価値に加えて債権者に配当し、GOOD部分の事業への追及効を遮断することで、債務免除と同等の効果を達成すること、③GOOD部分には株主の権利は及ばず、経営者の経営権も存続しないことで、株主・経営者責任を問うことができることといった点で、一般に事業再生とM&Aの組み合わせとして優れた手法と評価できよう[15)]。

(3)　倒産手続における否認の可能性——濫用的会社分割の議論

裁判外でM&Aを実施し、債務者の事業が想定どおり再生すればそれで問題はない。しかし、事業再生に失敗はつきものであり、その後に法的倒産手続（破産手続等）が開始することは決して稀ではない。その場合に、手続開始前のM&Aの効力が問題となる。手続開始前の行為は、その時点で要件を満たしていれば原則として当然有効であるが、倒産手続における否認の可能性がある。例えば、手続開始前にされた事業譲渡において、その対価が少ないとすれば、廉価譲渡として詐害行為否認の対象となり得るし、対価を隠匿・浪費する意図があり、相手方も悪意であれば、相当対価行為の否認の対象ともなり得よう[16)]。M&Aが制度化された私的整理など透明な手続で行われる場合は、通常問題にはならないが、理論的にはこのような否認の可能性は常に残ることになる。

そのような観点で、実務上、近時問題となっているものとして、いわゆる濫用的会社分割の否認の問題がある。ここではその中身に詳細に立ち入る余裕はないが[17)]、本稿との関係では、事業再生におけるM&Aとしての会社分割はどのようなものであれば否認を免れるか、換言すれば倒産手

14)　後述のように（**3**(**3**)参照）、そのための手法としては、会社分割と事業譲渡が考えられる。この第二会社方式で会社分割がよく利用されているとすれば、事業再生におけるM&Aとして会社分割の事業譲渡に対する優位性が認められることになる。しかるに、逆に法的倒産手続で事業譲渡がよく利用されているとすれば、倒産法の規律によって、裁判外の事業再生とは異なる観点からのバイアスがかかっている可能性が指摘できよう。

15)　対象は必ずしも中小企業に限定されず、大企業であっても同様に優れた手法という評価は可能であろう。

16)　M&Aについては通常組織行為が問題となるが、組織行為もそれだけを理由に否認の対象外とはならないと解されている。詐害行為取消権に関するものであるが、近時の判例として、最判平成24・10・12民集66巻10号3311頁参照。

17)　この問題に関する文献は枚挙に暇ないが、この点に関する筆者の見解については、山本和彦「濫用的会社分割と詐害行為取消権・否認権」土岐敦司＝辺見紀男編『濫用的会社分割——その態様と実務上の対応策』（商事法務、2013年）１頁以下参照。

続の観点からみた「良い会社分割」とは何か、という点が重要である。筆者は、当該会社分割、つまりGOOD部分の資産の移転と一部債務の承継によって当該事業の価値が増大し、BAD部分に残存する債権者の立場からみても、全体を清算等によって処理するよりも高い弁済が得られるとすれば、(GOOD部分に承継された債権者との関係では不公平が生じるとしても）なおそれは「良い会社分割」として否認を免れ得るのではないかと考えている[18)]。いずれにしても、この問題は会社法改正[19)]後の実務動向なども勘案しながら、さらに検討が必要になろう。

(4)　私的整理から法的整理への移行

以上のように、私的整理が失敗して法的整理に移行することを考える場合、その移行を可及的に円滑に進めることは、移行後の法的手続の運用のみならず、私的整理の実効性の観点からも重要である[20)]。本稿との関係では、私的整理の段階で行われたM&Aの準備行為、とりわけスポンサー契約の法的手続における尊重が1つの課題となる[21)]。仮に私的整理の段階でスポンサーを定め、それに金融債権者等が同意していたとしても、それを当然にそのまま法的手続でも承認することはできない。法的手続の対象債権者は、私的整理の対象債権者とは異なり、その利益の保護が別途必要になるからである。結局、既にスポンサー契約が締結されていても、それは双方未履行双務契約として解除の可能性があり、新たに入札等スポンサーの再選定の手続が行われざるを得ない。ただ、それを前提に、スポンサー契約の中で、法的手続に入った場合の再入札の合理的手続も合意し、その場合のいわゆるブレークアップ・フィーも合理的金額で合意しておけば、その全体が法的手続で履行選択される余地はあろう（米国実務におけるストーキング・ホース契約の一種ということになろうか)。今後の実務の展開が注目される[22)]。

---

18)　詳細については、山本・前掲注17論文15頁以下参照。

19)　会社法改正との関係等については、田中亘「会社法改正の視点からみた濫用的会社分割」土岐＝辺見編・前掲注17書19頁以下参照。

20)　この点については、特に事業再生ADRとの関係で、山本和彦「事業再生ADRと法的倒産手続との連続性の確保について」伊藤ほか編・前掲注11書257頁以下参照。

21)　以下については、山本・前掲注20論文267頁以下も参照。

3　倒産手続とM&A

倒産手続においてM&Aが行われる場合、その実施後にスポンサーと対象事業者（債務者）との関係がどのようになるかは、用いられるM&Aの手法によって異なってくる。以下では、完全一体化（合併）、子会社化（増減資・株式交換・DES）、事業の選択的承継（事業譲渡・会社分割）に分けて概観する。

(1)　完全一体化の手法——倒産手続と合併

スポンサーと倒産会社とが合併するという手法は、それによって両者の法人格は完全に一体となる。合併について、スポンサーが用いる場合には[23]、倒産会社と直ちに法人格として一体化することになり、スポンサーにとって一般にリスクが相当大きいと考えられる。したがって、このような形で倒産会社とM&Aが行われることは相対的に多くないとみられる[24]。なお、合併には債務者会社の株主総会の特別決議が必要となるが（会社法783条1項・309条2項12号）、更生手続ではこれを計画案の決議で行うことができる（**5**(**1**)参照）。

(2)　子会社化の手法

合併はシンプルなM&Aの手法であるが、前述のようなリスクがあるところ、まず倒産会社をスポンサーの子会社として、状況によって適宜切り離す等の柔軟な選択肢を保持することが安全である場合が多い。そこで、事業再生におけるM&Aとして子会社化の手法が問題となる。

---

22)　この問題を含む事業再生手続におけるスポンサー選定の問題については、現在、事業再生研究機構で研究プロジェクトが進行中であり、近々その成果が公表の予定である。

23)　他方、複数の関連会社が同時に事業再生を行う場合、関連会社を合併させて再生を図ることは少なくない。2003年～2013年の会社更生事件242件のうち、このような合併がされている事件は22例あったとされる（松下淳一＝事業再生研究機構編『新・更生計画の理論と実務』（商事法務、2014年）59頁参照）。

24)　やはり2003年～2013年の会社更生事件242件のうち、このような合併がされている事件はなかった（松下＝事業再生研究機構編・前掲注23書59頁参照。なお、同期間に、会社分割は31例、事業譲渡は23例あったとされる）。

①　倒産手続と増減資

このような手法として一般的なものは、いわゆる増減資である。倒産会社についてまず100％減資を行い[25]、その後にスポンサーによるニューマネーの投入に基づきスポンサーに新株を発行するものである。これによって、倒産会社はスポンサーの100％子会社になる[26]。このような手法の問題点として、株式交換との比較では常に現金が必要となる点があるし、事業譲渡・会社分割との関係では常に会社全体を引き受ける必要がある点がある。また（双方未履行双務契約以外の）既存の契約関係も維持が原則となり、特に労働関係[27]などレガシーコストの引受けのリスクが残る場合もあろう。

②　倒産手続と株式交換

株式交換及び株式移転は、100％持株会社の効率的な形成を目的とした制度である[28]。倒産手続において、それが増減資とは異なる独自の意義をもつとすれば、特に更生手続において、DESと併用する場合である。すなわち、更生会社の更生債権者・更生担保権者を直接親会社＝スポンサーの株主にして、弁済に代えてスポンサーの株式を割り当てる方途を可能にする点にあろう（会社更生法177条の2第1項3号・217条の2第1項参照）。これによって、スポンサーとしては、長期の負債を残さない形で子会社化を実現できる。

③　DES

スポンサーが倒産債権を買い受け、再建計画案の議決及び経営を左右できる金額、つまり過半数又は3分の2以上を取得した場合、DESを定めた計画の認可の可能性がある。この場合、（100％減資を前提にすれば）当該支配債権者はそのままの比率で支配株主に転化することになる。これは、①や②のように完全子会社化を目指すのではなく、一定割合の支配で足り、かつ、他に出資者が得られないような場合には有用な手法となり得よう。

---

25)　ただし、債務超過でない場合には、減資は100％である必然性はない。

26)　ただし、複数企業に新株を割り当てたり、DESによって債権者も並行的に株主としたりする手法もあり得よう。

27)　アメリカなどとは異なり、倒産手続の中で既存の労働契約を解除することは容易ではない。M&Aの手法選択においては、労働関係の取扱いも大きな論点となる所以である。

28)　スポンサー会社が受け皿になる場合を想定すれば、ここでは株式交換のみを考慮対象とすれば足りよう。

これについては、銀行法上の持株規制等の問題[29)]のほか、債権買取りのための資金及び買取額の交渉の必要があり、必ずしも容易ではないとすれば、むしろ増減資という伝統的手法の方が容易である可能性はあろう。

(3)　事業の選択的承継の手法

倒産会社は、通常は事業部門の一部は競争力があり、他の部門は競争力を欠く。全部について競争力があれば倒産しないし、全部競争力がなければ再建はできないからである。したがって、スポンサーが競争力のある事業部門（採算部門）のみを選択的に承継したいと希望することは十分にあり得、それが一般的であるとすれば、最もあり得るM&Aの手法といえよう。実際の状況でも、このような事業の選択的承継が選好される傾向が強まっているように見受けられる。

①　事業譲渡

倒産手続において事業譲渡による処理が活発な理由はいくつかあると考えられる。第1に、契約による取捨選択で事業の選択的承継が可能となり、最も効果的なシナジー効果を達成できること、第2に、債務を承継しないため、偶発的なリスク（簿外債務）を最小化できること、第3に、計画外での利用の可能性があり、迅速な実施が期待できること、第4に、破産手続においても可能である[30)]など手続の選択の広さ・柔軟性があることなどが指摘できよう。他方、問題点もある。例えば、異なる法人格への承継となるため、契約の承継については契約相手方の同意が必要となるし、許認可関係の承継は保障されないなど事業の円滑な継続に支障を生じる場合がなくはない[31)]。

②　会社分割

会社分割制度は2000年の商法改正によって導入されたが、倒産法改正の過程ではM&Aの手法として余り大きな注目を受けていなかった。し

29)　これについては、近時の法改正で緩和の方向にある。具体的には、従来は保有期間を原則として1年以内としていたものが延長されている。川口恭弘「銀行の議決権保有規制」金法1975号（2013年）20頁以下参照。

30)　なお、破産の場合、現状は換価の一形態として債権者の意見聴取等の手続は不要とされ、再生・更生に比べても迅速な実施が可能となり、その点が1つのメリットと考えられている。しかし、立法論としては、価額の適正さ等について債権者の意見聴取の手続は不要か、考えてみる必要はあろう。

かるに、その後大いに活用が進んでいるが、その利点として、第1に、事業譲渡と同様に事業の選択的承継が可能であること、第2に、人格の承継という法律構成がとられているため、事業譲渡と比べても、契約関係や許認可関係の承継が可能であること、第3に、譲受代金を現金で支払う必要がなく、吸収会社等の株式で支払うことが可能であること[32]などがある。しかし、問題点もあり、それは手続上、計画外で利用が困難であるため、迅速な実施が難しい点などが挙げられよう。

4　民事再生とM&A

(1)　各M&A手法の利用可能性

民事再生法においては、基本的には組織再編については平時の規律（会社法の規定）が適用され、再生計画の中でそれを行うことはできない。したがって、例えば、合併や株式交換については、通常の会社法上の手続によることになり、仮に再生計画にその旨の定めがあっても、再生計画の認可だけでは効力は生じず、株主総会の特別決議等を得る必要がある。その意味で、申立ての時点で既にスポンサーによる合併や株式交換等が想定されている場合には、民事再生ではなく会社更生の利用が適合的であると言えよう。会社分割もこの点は同様である（立法論として、(3)参照）。

その例外として、まず増減資がある。これについては、再生計画による減資（無償消却）の規定が当初から設けられていたが（民事再生法154条3項・183条4項）、増資の特則はなく、総会決議等会社法上の手続が必要とされていたが、それに対して実際的でないとの批判もあった[33]。しかるに、この点は2004年改正によって、いわゆる閉鎖会社について再生計画による増資が新たに認められるに至った（同法154条4項・166条の2・183条の2）。これにより、閉鎖会社については増減資ともに株主総会の決議なしに行うことが可能となり、M&Aの手法としての有効性は増した（実際に

31）　なお、事業譲渡は特殊な破綻処理、例えば金融機関の破綻処理においても中心的な重要性を要する。今般の預金保険法等の改正によって、事業譲渡等をより迅速かつ円滑に進められるように、預金保険機構の関与を前提に、倒産手続上の事業譲渡に要する手続を回避する可能性が認められたことは注目されよう。この点については、山本和彦「金融機関の秩序ある処理の枠組み」金法1975号（2013年）26頁以下参照。

32）　これによって、将来の収益による弁済が可能となり、スポンサーの負担が軽減され得る。

33）　山本・前掲注5論文50頁も、この点を立法論として批判していた。

も増減資の計画が増加傾向にあることは、⑵参照）。

また、事業譲渡についても重要な例外がある。まず、手続中の計画外事業譲渡について、裁判所の許可を必要的にし、債権者・労働組合の意見聴取の手続が設けられているが（民事再生法42条）、債務超過の場合には裁判所の代替許可によって株主総会決議を不要にできる（同法43条）。これにより、利害関係人の利益を保護しながら、迅速に事業譲渡を行う途が開かれている。他方、手続開始前（保全段階）の事業譲渡については、明文規定がない。これについては、(i)保全管理命令がない場合、通常の会社法上の手続に基づき可能であると一般に解されている。しかし、債権者の権利行使が制約されている段階で、債権者の意見を無視して（株主等のみによって）事業譲渡を進めてよいか、（少なくとも立法論として）疑問は否めない。また、(ii)保全管理命令がある場合、財産の管理処分権は保全管理人に移転しており、理論的に株主総会は不要になると解される。ただ、これは常務には属しないので、裁判所の許可が必要となる（同法81条１項ただし書）。しかし、債権者の意見聴取等の手続なしに保全管理人がこれを行えるとするのは、手続開始後に比べて均衡を欠くことは明らかである。その意味で、民事再生法は手続開始前に事業譲渡を行うことは想定していないのではないか（事業譲渡の見込みが立つ場合は、原則として直ちに再生手続を開始し、開始後の事業譲渡の手続を踏むべきと考えている）とも思われる。

⑵　利用の実態

再生手続におけるM&Aの利用の実態について、近時、実情調査が行われている[34)]。それによれば、まず、再生手続において株主がその地位を維持した事件は全体の54％であり、認可された再生計画において株主の地位に変動が認められるのは30％に及ぶ。そして、後者の割合は近時顕著であり、平成16年までの調査事件では18％であったのが、平成17年以降の事件では43％に上っている。その意味で、再生手続で何らかのM&Aが行われる割合は相当数に上り、特に近時顕著に増大しているといえよう。

34)　田中亘「再生手続における株主と役員」NBL1006号（2013年）68頁以下〔山本和彦＝山本研編・民事再生研究会著『民事再生法の実証的研究』（商事法務、2014年）225頁以下所収〕参照。

次に、利用されているM&Aの種類であるが、株主の地位が変動している事件のうち、55%が再生債務者の法人格が消滅するもので、そのうち66%が事業譲渡（全体の36%）、４%が会社分割、10%が合併とされる。他方、残りの45%は債務者の法人格が存続したものであるが、そのうち83%（全体の38%）が100%減資（全部無償取得）＋増資の計画であったとされる。これをみると、事業譲渡と増減資が圧倒的な占有率を有しており、いずれも民事再生法で特則が設けられている形態であり（(1)参照）、その意味では立法者の予測どおりといえる。また、私的整理と比較するとき、会社分割の利用が低調である点は注目される[35)]。

(3)　若干の立法論

近時、倒産法の再改正が実務家から提起されているところであるが、M&Aに関連する民事再生法の改正についてもいくつかの提案がある。

第１に、事業譲渡に関連して、前述の問題点を解決するため、事業譲渡における契約の承継や許認可の承継を可能にすることが提言されている[36)]。これは、契約の引受けについては原則として相手方の同意が必要とされるところ、倒産手続においては一定の要件の下で裁判所の許可により強制的な承継を可能とする提案である[37)]。この提案は、相手方の同意を要件とする実体法の例外を形成することになり、実体法的な正当化の論証が必要となろう。

第２に、会社分割に関連して、前述の問題点を解決するため、計画外での会社分割について、事業譲渡に係る規律（民事再生法42条・43条）の適用を可能にすることが提言されている[38)]。これは、再生計画外でも会社分割を行うことにより迅速な手続を可能とし、M&Aの選択肢を増やそう

---

35)　これは、会社分割が最近作られた制度であることも影響している可能性があるが、それでも全体の２%という比率は異常な低さというべきであろう。

36)　井出ゆり「事業譲渡の迅速化」東京弁護士会倒産法部編『倒産法改正展望』（商事法務、2012年）239頁以下参照。

37)　現在進行中の債権法の改正で契約上の地位の移転に関する明文規定を設ける提案がされているところ（「民法（債権関係）の改正に関する要綱仮案」第22参照）、それを受けて、諸外国の立法も参考に、倒産手続の中で契約の強制的引受の可能性を検討に値すると論じるのは、山本和彦「債権法改正と民事手続法」松嶋英機＝伊藤眞＝福田剛久編『門口正人判事退官記念 新しい時代の民事司法』（商事法務、2011年）672頁以下参照。

とする趣旨である[39]。この提案は、再生手続が債務者の組織変更に対してより深く関与する結果になり、会社更生法とは別個に民事再生法を残置することの意義が問われよう（換言すれば、そこまで行くのであれば再建型手続の一本化の方が制度として整合的である可能性もあろう）[40]。

5　会社更生と M&A

(1)　各 M&A 手法の利用可能性

会社更生法は、更生計画の中で広く組織変更が可能とされ、その意味で多様な M&A の手法の利用が可能とされている[41]。一般に、更生計画によらない組織再編は許されない旨が規定されているが（同法45条１項各号参照）、これは言い換えれば更生計画によれば行うことができることを意味する。合併、増減資、株式交換、会社分割、DES 等についてはいずれも、この規律が妥当し、更生計画で行う場合には特則が設けられ、会社法の規律、すなわち株主総会の承認等は適用されないものとされている[42]。

このような規律によって、民事再生においての障害となる総会決議の必要性という問題は会社更生においては生じない。しかし、もう１つの問題である計画認可まで待たなければならないという迅速性の問題は会社更生でも残っている。この点は、唯一事業譲渡においてのみ解決が図られている。すなわち、事業譲渡も、原則として更生計画による必要があるとしながら（会社更生法46条１項本文）、例外的に更生計画外で可能な場合を明文化している（同項ただし書・同条２項以下）。それは民事再生法の規律と基本的に同旨である。ただし、更生手続では管財人の管理処分権の専属が

---

38)　綾克己「会社分割」東京弁護士会倒産法部編・前掲注36書271頁以下、中森亘「再生手続における会社分割手続の合理化」倒産改正研究会編『続・提言 倒産法改正』（金融財政事情研究会、2013年）234頁以下参照。

39)　さらに徹底すれば、合併等も含むその他の組織変更行為についても、債務超過の場合には一般的に代替許可を許容する可能性も理論的にはあり得よう。

40)　なお、この２つの立法論は、ともに契約等の承継を認めながら再生計画外での選択的事業承継を可能にする枠組みを求めるという点で、同じ目的をもつようにもみえる。その意味で、これらは選択的な改正提案とも捉えられよう。

41)　一般に、この点が民事再生と比較した会社更生の特徴ないし利点の１つとされる。山本・前掲注６書215頁参照。

42)　合併につき会社更生法180条・181条・220条・221条、増減資につき同法174条・175条・212条・215条、株式交換につき同法182条の３・224条、会社分割につき同法182条・182条の２・222条・223条など参照。

前提となり、株主総会はそもそも不要であるため、代替許可制度は採用されないが、事業譲渡が実質的に株主の地位に大きな影響を与えることに鑑み、債務超過でない場合には株主の一定数の反対による拒否権を認める構成を採用する[43]（同条7項。その実質は株主総会の賛成を得ることに近い）。

(2)　若干の立法論

会社更生においても、更生計画によらない組織再編行為の需要があるとすれば、民事再生の場合と同様の立法論、すなわち事業譲渡について契約等の承継を可能にして会社分割に近接させるか、逆に会社分割についても計画外で可能にするか[44]、という方策が検討され得ることになろう[45]。このようなニーズが大企業にも認められるとすれば、同様の立法措置は考えられ、その際の具体的な制度構成は事業譲渡に関する会社更生法の現在の規律を参考にすることになろう。

---

43)　このような法律構成については、深山卓也「会社更生法の立案過程からみた営業譲渡の手続的規律」伊藤眞ほか編『竹下守夫先生古稀祝賀 権利実現過程の基本構造』（有斐閣、2002年）783頁以下参照。

44)　会社更生法立案時にも、迅速性のため、計画外で分割を認めるべき旨の意見があったが、それに対しては、会社分割については債務の履行の見込みの要件が課されている点が指摘された（山本・前掲注5論文53頁参照）。筆者はかつて、「なおいかなる需要があるか、今後も検討を要する問題であろう」（同53頁）としていたが、会社法の下では上記見込みの要件は不要になったと解されており、また計画外で会社分割を認めるニーズが相当に高まっていることは間違いない。

45)　既存の立法論の中でも、井出・前掲注36論文239頁以下、綾・前掲注38論文272頁はいずれも会社更生法の改正も提言されている。

第7章　M&Aのプロセス

第1　M&Aのプロセス概説

M&A取引は、当事会社及びその従業員、株主、取引先その他関係者など、広い範囲の関係者に重大な影響を与えるものであることに加え、取引の一回性（継続的契約ではない）という特殊性から、契約締結後の事態への対応に関しできる限り明確かつ詳細に定めておくことが多く、契約書の内容は複雑なものになるのが通常である。そのため、案件の検討を開始してから取引の実行に至るまでに相当長期間を要することが少なくない。

M&Aのプロセスは、その目的や採用するスキームによって様々なバリエーションがあり得るが、一般的には、

(i)　プランニング（戦略の立案・ターゲット企業の選定等、ターゲット企業の企業価値算定等）
(ii)　スキームの検討
(iii)　秘密保持契約の締結・条件交渉
(iv)　基本合意の締結
(v)　デューディリジェンス
(vi)　最終契約の締結
(vii)　クロージング

といった流れとなる。

当初から対象企業（交渉相手）を見定め、独占交渉権を確保して実行する場合であれば、(i)売主・買主間の秘密保持契約の締結、(ii)基本条件の交渉、(iii)売主・買主間の基本合意書の締結、(iv)買主によるデューディリジェンス、(v)売主・買主間の最終契約の交渉、(vi)最終契約の締結、といった流れとなることが一般的である。

一方、金融機関やM&A専門会社等からM&A案件が持ち込まれ、買主候補者による入札手続が実行されることもあり、その場合には概ね、(i)

売主による入札資料（ノンネームシート、インフォメーション・パッケージ等と呼ばれる）の準備、(ii)売主による買主候補者の募集、(iii)売主・各買主候補者間の秘密保持契約の締結、(iv)各買主候補者によるデューディリジェンス、(v)各買主候補者による応札・最終的な買主の選定、(vi)売主・買主間の最終契約の交渉、(vii)最終契約の締結といった流れになる。

一定規模以上のM&A取引においては、上記プロセス全般を支援するファイナンシャル・アドバイザー（FA）が選定されるのが一般的である。FA業務は投資銀行、証券会社、商業銀行、M&A専門会社、経営コンサルティング会社などが行う事業であり、企業価値算定や財務的なアドバイスをはじめとしてターゲット企業の選定・買収スキームの検討、交渉支援から最終契約、クロージングに至るまで全般的なアドバイスを提供している。

第２　プランニング、スキームの検討

M&A取引のプランニング・スキーム検討及びスケジュールの策定に当たっては、M&Aの効力発生日（例：統合新会社の発足日）からの逆算で、各種必要手続を踏まえた適切な作業工程を仕組むことが求められる。

第３部資料編第１章１のM&Aの作業工程表は、簡略なものであるが、あわせて参照されたい。

コラム：海外競争当局への届出

大規模なM&Aのプランニングに当たっては、当該M&Aがいかなる範囲の競争市場に影響を及ぼすかを把握し、競争当局への届出等が必要な国の選別を的確に行い、各国でのクリアランス取得にかかる事務的負荷と期間をスケジュールに織り込む必要がある。とりわけ中国での届出が必要となる案件では、中国以外の競争当局の承認は下りているにもかかわらず中国商務省の審査のみが遅れてクロージングできないという事態がしばしば生じ得るので特に注意を要する。

第３　M&Aの契約プロセス

１　秘密保持契約

M&A取引を検討している当事者間において最初に締結される契約が、秘密保持契約である（Confidentiality Agreement又はNon-Disclosure Agreementとも呼ばれ、「CA」「NDA」と略されることが多い）（**第３部資料編第１章２**）。

M&A取引は当事者の事業や資産等に重大な影響を与えるものであり、締結される契約の内容も複雑になる場合が多いことから、案件の検討を開始してから最終契約を締結するまでの間には相当長期間の交渉を要することが多い。特に、売主が買主候補を選定するための入札手続を行うような場合や、買主が財務・税務・法務等の観点から対象会社の調査（デューディリジェンス）を行う場合には、最終契約の締結までには相当の期間を要することとなる。このような場合、当初は秘密裏に交渉がスタートするが、時間の経過とともに情報漏洩のリスクは高くならざるを得ない。その際、中途半端な状態で情報が漏れると、買収対象企業の従業員や取引先などの関係者がM&Aに反対する事態に発展することもあり得、また競合企業からの妨害工作を受けることもあり得る。そのため情報漏洩はM&Aを破談に追い込む致命傷となりかねない。また、デューディリジェンス等のために開示された対象会社の情報を買主企業が他の目的に転用したり第三者に開示したりすることを防止する必要がある。

このような必要性から、M&Aのプロセスはまず、当事会社間で秘密保持契約を締結することから始まるのが一般的であり、秘密保持契約において定められる主要な事項は、(i)秘密情報の第三者への開示禁止と、(ii)目的外使用の禁止の２点となる。

秘密保持の対象となる秘密情報には、(i)当該M&A取引にかかる交渉の存在及び内容に加えて、(ii)売主企業が買主企業に対して開示する対象会社に関する情報を含むと規定するのが一般的である。

M&A取引の当事者間において秘密保持契約が締結されると、当該守秘義務の下で、買収等のスキームや、各種契約条件の交渉が進められる。その他、M&Aを実行する時期、買収対象企業の役員の処遇、従業員の承継などが論点となることが多い。

コラム：M&Aの準備段階における情報交換と「ガンジャンピング」の問題

M&A案件、とりわけ経営統合案件の準備段階における秘密情報の交換に際しては、独占禁止法上の問題を惹起することがないよう注意が必要である。

経営統合案件の準備段階においては、統合後の戦略の立案・検討、デューディリジェンスの実施、競争当局への届出準備等の必要から、各社の事業にかかる各種情報の交換が行われざるを得ない。しかし、統合の実行前、特に競争当局の承認を得るまでの期間は、両当事会社はあくまでも競合関係にある別会社であるので、情報交換によって独占禁止法上の問題を惹起することがないよう十分に注意する必要がある。交換情報を踏まえて統合実行前に統合効果を実質的に先取りするような行為（例えば、交換情報を踏まえた生産設備の廃棄や取引先の整理等）がなされた場合には、いわゆる「ガンジャンピング（フライング）」として独占禁止法上違法とされるおそれがあり、その疑いをもたれるだけでも競争当局の審査に致命的な悪影響を及ぼしかねない。

そこで、経営統合の準備段階においては、ガンジャンピングが起こらないよう、適切な情報管理体制を整える必要がある（**第２章第７・事例１**参照）。

２　基本合意

M&Aの契約プロセスにおいては、基本的な契約条件が合意に至った時点で、その時点における当事者間の了解事項を確認し、いくつかの基本的な項目について合意する目的で、一定の契約（基本合意書）を締結しておくことが少なくない（**第３部資料編第１章３**）。

基本合意は「LOI（Letter of Intent）」や「MOU（Memorandum of Understanding）」とも呼ばれ、基本的には、相互にM&Aを実行する法的義務までは負わない形（ノンバインディング）で締結されることが多い。それでも基本合意を締結する意味合いとしては、基本合意により重要な条件面の合意が図られること、独占的交渉権が買い手企業に与えられることで交渉が進めやすくなることにある。

基本合意書の内容は案件ごとに様々であり一般化することは難しいが、多くの場合において定められている項目としては、予定しているM&A取引の内容や日程を当事者間で確認する条項、相手方当事者に対して独占交渉権を付与する条項、相手方が行うデューディリジェンスへの協力義務を定める条項等がある。

なお、上場企業においては、具体的な条件面の合意を含んだ基本合意は証券取引所への適時開示事項に該当すること留意する必要がある。開示を避けたいタイミングで基本合意書を締結する場合には、あえて具体的な合意を取引条件までは規定しないなど、契約内容を慎重に検討する必要がある。

コラム：独占交渉権の効果——住友信託銀行 vs 旧 UFJ 銀行事件（最決平16・8・30民集58巻6号1763頁）

2004年7月から8月にかけて、UFJ ホールディングス（UFJH）と三菱東京フィナンシャル・グループ（MTFG）の経営統合をめぐり、住友信託銀行が、自社への UFJ 信託銀行の売却を白紙撤回したのは不当だとして、UFJH と交わしていた基本合意書上の独占交渉権に基づいて、UFJH と MTFG との経営統合交渉の差止めを求める仮処分を申し立てる事件が起きた。

裁判所の判断は、東京地裁（仮処分を肯定）、と東京高裁（仮処分を否定）とで割れたが、最高裁は、(i)独占交渉権は合意成立の可能性がなくなれば消滅するが、本件では可能性がなくなったとはいえず、独占交渉権条項による義務は消滅していないとして、独占交渉権の法的拘束力自体は肯定しつつも、(ii)3つの理由（(a)住友信託銀行が被る損害は、最終契約が成立するとの期待が侵害されることによる損害とみるべきであり、事後の損害賠償によって償い得ないほどのものではいえないこと、(b)本件基本合意書に基づく最終契約が成立する可能性が相当低いこと、(c)本件仮処分命令が認められた場合に UFJ 信託・UFJH が被る損害は相当大きものと解されること）を述べて「保全の必要性」を認めず、仮処分を否定した。

その後、住友信託銀行は UFJH に対して独占交渉義務違反等を理由に損害賠償を求める訴訟を提起したが、東京地裁は、上記最高裁決定の判断に沿って、最終契約が成立した場合に得べかりし利益（履行利益）と独占交渉義務違反との間には相当因果関係が認められないとして請求を棄却した（東京地判平成18・2・13判時1928号3頁）。その後控訴審において UFJH の訴訟承継人である MTFG が25億円の解決金を住友信託銀行に支払うことを骨子とする訴訟上の和解が成立した（平成18・11・21付の住友信託銀行のプレスリリース）。

この一連の事件を評し、最高裁の判断により独占交渉権の実質的拘束力が弱まったとして、今後は独占交渉権の段階で、独占交渉義務を免れる例外事由（Fiduciary Out 条項）や交渉から離脱する当事者が相手方当事者に対して一定の金銭（Break-up Fee）を支払う義務を定める方法が主流になるとの議論もあったが、国内のM&A取引で締結される基本合意書において、Fiduciary Out条項やBreak-up Feeを定める例は多くないとみられる。上記最高裁決定の内容も踏まえ、独占交渉権を設けることにどのような実務的な意味があるか、さらなる議論の蓄積が待たれるところである。

3　デューディリジェンス（Due Diligence「DD」）

秘密保持契約締結後、あるいは基本合意書の締結後に、本格的なデューディリジェンス（Due Diligence「DD」）が実際される（**第３部資料編第１章４・５**参照）。

DDとは、M&A取引の実施に当たり、関連当事者が、その意思決定に直接・間接に影響を及ぼすような種々の問題点がないかを調査・検討する手続である。

DDの主たる目的は、買収対象企業の財務実態の把握とリスク事項の抽出、及び買い手企業とのシナジー効果の詳細分析である。

DDの対象分野は、財務DD、法務DD、ビジネスDDが主なものであるが、必要に応じて、人事DDや環境DDなどが行われることもある。財務DDは公認会計士や監査法人、法務DDは弁護士、ビジネスDDは買い手企業自身若しくは経営コンサルタント会社が担当することが一般的である。

DDの対象は買収対象会社だけに限らず、買収対象企業の子会社や関係会社も対象とされることがある。また、合併や共同株式移転等によって経営統合を図る場合には、相互にDDを実施する必要があり、大規模な経営統合のケースでは相互に関係会社数十社を対象としてDDを実施することもある（**本編第２章第７・事例１**参照）。なお、大企業同士の双方向DDでは、相手方会社が締結しているすべての契約書類を実査するのは極めて困難であることから、双方協議の上で案件実行の支障となり得る契約条項のチェックリスト（**第３部資料編第１章５**参照）を作成の上、それぞれが自社及び自社関連会社に対してセルフDDを実施し、その結果を相互に開示し合う等の工夫をすることも有用である。

DDで発見されたリスク事項については、金額換算できるものについては価格のマイナス要因として織り込み、それ以外は下記**4**のとおり、最終契約における表明保証事項に盛り込むことが行われる。逆に、DDを通じて期待されるシナジー効果が新たに発見された場合は、価格のプラス要因として盛り込むことも可能である。

4　最終契約

DDによる発見事項をも踏まえた契約交渉の結果、すべての条件が合意に至ると、いわゆる最終契約書が締結される（採用するスキームによって、以下のようなタイトルの契約が締結される）。

＜図表1-7-1＞

株式の取得・譲渡の場合	株式譲渡契約書（相対取引）（**第３部資料編第７章１**） 応募契約・賛同契約（公開買付）（**第３部資料編第10章３**） 株式引受契約（第三者割当）（**第３部資料編第７章３**）
事業の取得・譲渡の場合	事業譲渡契約（**第３部資料編第６章１**）
組織再編の場合	合併契約（**第３部資料編第２章１**） 株式交換契約・共同株式移転契約（**第３部資料編第４章１、第５章１**） 吸収分割契約（**第３部資料編第３章１**）
上記の組み合わせ	会社分割＋株式譲渡 公開買付＋株式交換

これにより各当事者は一定の条件の下にM&Aを実行する法的義務を負うこととなる。

ただし、クロージングが終了するまではM&Aが完了したとはいえない。通常、クロージングを行う前提条件として、各当事者がクロージングまでに行わなければならない事項が最終契約書に規定される。各当事者がこの前提条件をすべてクリアして初めてクロージングを迎えることができる。

コラム：表明保証条項の法的性質と効果

合併契約や株式譲渡契約等のM&A契約においては、一方当事者が自社や譲渡対象会社等の一定の法律関係や事実関係について表明し、その内容が真実且つ正確であることを保証するとともに、表明保証した事項が真実又は正確でないことに起因して相手方当事者に生じた損害等を補償する旨の条項（「表明保証条項」及び「補償条項」）が盛り込まれるのが、一般的な実務となっている。

表明保証条項に基づく補償の法的性質については、契約上の義務違反に基づくものではなく、損害担保契約（一定の事由により生じた損害を、一定の要件の下に填補することを定める契約）の一種と整理する見解が学説上有力である。

近時、表明保証条項の法的性質を含めた解釈論を展開するいくつかの裁判例が現れているが、裁判所は、売主側の事情及び買主側の事情を総合的に考慮した上での価値判断により、必要に応じて信義則違反や契約文言の解釈などの形で、契約当事者が交わした表明保証条項の内容に一定の制約・修正を加える傾向があるといわれている。

契約実務の観点からは、予期しない形での裁判所による制約・修正の余地を排除し、当事者が契約締結時に求めたとおりの効果を得られるよう、M&A実務に通じた弁護士の助言を得て、契約文言を工夫することが望ましい。

5　クロージング

最終契約に規定したクロージングの前提条件をすべてクリアすると、クロージングの実行となる。

クロージングでは、例えば株式譲渡契約の場合であれば、株式代金の決済、株券の授受、株主名簿の書換え、重要動産等の授受等が行われる。またクロージングと同時に役員変更手続が行われることも多い。

なお、最終契約からクロージングまでの期間はスキームにより異なる。合併や会社分割などの組織再編スキームを活用する場合には、債権者保護手続や株主総会決議などが必要となるため、最終契約からクロージングまでは２か月ほどを要する。一方、買収対象企業が中小企業でスキームが株式譲渡であれば、最終契約とクロージングを同日に行ってしまうことも少なくない。

第４　少数派株主の処遇

１　従前から存する少数派株主の保護制度

⑴　企業再編の瑕疵を争う方法

企業再編の効力発生前、株主は、取締役に対し、違法行為等の差止めを請求することができる（会社法360条）。また、略式組織再編の場合、対価が著しく不当等であって株主が不利益を受けるおそれがあるときに、企業再編の差止めを請求することができる（同法784条の２・改正前784条２項、796条の２・改正前796条２項）。そして、これらの差止請求権を被保全債権として、企業再編差止めの仮処分を申し立てることも可能と考えられる（民事保全法23条２項）。

他方、略式組織再編の場合と異なり、企業再編に際し株主総会決議が行われる場合には、株主総会決議取消し、無効確認、不存在確認の訴えを提起することができ（会社法831条・830条）、例えば、特別利害関係を有する者が議決権を行使したことにより著しく不当な決議がなされたことを理由に、株主総会取消しの訴えを提起し得る（同法831条１項３号）。

企業再編の効力発生後は、無効の訴えが提起でき（同法828条１項７号～12号）、これが会社法上唯一の手段となっているが、明文はないものの、不存在確認の訴えも提起できるとする見解もある。

⑵　対価の公正性を争う方法

企業再編の場合には反対株主の株式買取請求権の行使により、全部取得条項付種類株式の取得の場合には、反対株主の株式買取請求権（会社法116条・117条）や裁判所に対する価格決定申立権（同法172条）の行使により、対価の公正性を争うことができる。ただし、後者の全部取得条項付種類株式の取得の場合、**第４章第７・３⑴②**記載のとおり、株式買取請求における株式の価格決定につき、効力発生日から30日間の協議期間が確保されているため（同法117条２項）、株式買取請求の効力発生（同条６項・改正前５項）前に全部取得条項付種類株式の取得がなされ、株式買取請求権を行使できなくなると解されるおそれがあることから、実務上は、価格決定申立権が利用されている。

⑶　責任を追及する方法

役員に対し、第三者に対する損害賠償責任（会社法429条１項）や不法行為責任（民法709条）を追及することができる。また、役員以外の第三者に対する不法行為責任（同条）を追及することも考えられるが、役員以外の第三者において、株主に損害が発生することにつき故意や過失が認められることは通常は想定しにくいであろう。

⑷　事前及び事後における情報開示

⑴ないし⑶の方法の採否や内容の検討に当たり情報収集は不可欠であり、事前開示書類（会社法782条・794条・803条）及び事後開示書類（同法791条・801条・811条）の閲覧等を活用することになる。

２　会社法改正に伴い新設された少数派株主の保護制度

会社法の改正により、次のとおり少数派株主を保護する制度がいくつか新設されることとなった。

⑴　キャッシュ・アウト

①　特別支配株主の株式等売渡請求制度の創設

キャッシュ・アウトを行うために必要な時間的・手続的コストを低減するとともに、少数派株主等に交付される対価の適正さを確保するべく、総株主の議決権の10分の９以上を有する特別支配株主による、他の株主及び新株予約権者の全員に対する株式等売渡請求制度が創設された（会社法179条以下）。

この株式等売渡請求制度については、対象会社の承認が必要であり（会社法179条の３第１項）、売渡株主は、差止請求権（同法179条の７第１項）や裁判所に対する価格決定申立権（同法179条の８第１項）を行使したり、無効の訴えを提起したり（同法846条の２第１項・２項１号）することができる。また、売渡株主は、これらの行動をとる前提として、事前開示書類（同法179条の５第２項）及び事後開示書類（同法179条の10第３項）を閲覧等することができる。

②　全部取得条項付種類株式の取得における差止請求等

全部取得条項付種類株式の取得は、キャッシュ・アウト目的の制度として創設されたものではなかったことから、少数派株主の保護が不十分であったため、会社法の改正に伴いこの点が改善された。具体的には、少数派株主は、従前より存する裁判所に対する価格決定申立権（会社法172条１項）の他、差止請求権（同法171条の３）を行使したり、かかる権利行使の要否等を検討するべく、事前開示書類（同法171条の２第２項）及び事後開示書類（同法173条の２第３項）を閲覧等したりできることとなった。

③　株式の併合により端数となる株式の買取請求等

株式の併合により端数が多く生ずる結果、市場価格が下落したり、売却先の確保が困難となったりして、端数株式につき適切な対価が交付されないことを防止するべく、少数派株主が、差止請求権（会社法182条の３）や反対株主の株式買取請求権（同法182条の４第１項）、裁判所に対する価格決定申立権（同法182条の５第２項）を行使したり、事前開示書類（同法182条の２第２項）及び事後開示書類（同法182条の６第３項）を閲覧等したりできることとなった。

上述のような②全部取得条項付種類株式の取得における差止請求等及び③株式の併合における端数株式の買取請求等をはじめとして、会社法の改正に伴い修正された企業再編に関する制度の概要は、**図表1-7-2**のとおりである（表中の条文は会社法の条文である）。

＜図表1-7-2＞

	全部取得条項付種類株式の取得	株式の併合による端数株式の発生	全部取得条項付加 or 株式併合で種類株主に損害を及ぼすおそれ	事業譲渡	吸収合併、吸収分割、株式交換		新設合併、新設分割、株式移転
					消滅会社	存続会社	
事前開示書類の備置き	171の2Ⅰ	182の2Ⅰ			782Ⅰ、Ⅱ	794Ⅰ、Ⅱ	803Ⅰ、Ⅱ
事前開示書類の株主による閲覧等	171の2Ⅱ	182の2Ⅱ			782Ⅲ（債権者も）	794Ⅲ（債権者も）	803Ⅲ（債権者も）
差止請求	171の３	182の３			~~784Ⅱ（略式）~~ →784の２	~~796Ⅱ（略式）~~ →796の２	805の２

	全部取得条項付種類株式の取得	株式の併合による端数株式の発生	全部取得条項付加or株式併合で種類株主に損害を及ぼすおそれ	事業譲渡	吸収合併、吸収分割、株式交換		新設合併、新設分割、株式移転
					消滅会社	存続会社	
反対株主の範囲		182の4Ⅱ	116Ⅱ	469Ⅱ	785Ⅱ	797Ⅱ	806Ⅱ
株主への通知	172Ⅱ	182の4Ⅲ、181Ⅰ	116Ⅲ	469Ⅲ	785Ⅲ	797Ⅲ	806Ⅲ
上記通知に代わる公告	172Ⅲ	181Ⅱ	116Ⅳ	469Ⅳ（公開会社or株主総会承認決議済み）	785Ⅳ（公開会社 or 株主総会承認決議済み）	797Ⅳ（公開会社or株主総会承認決議済み）	806Ⅳ
買取請求／申立の期間	172Ⅰ	182の4Ⅳ	116Ⅴ	469Ⅴ	785Ⅴ	797Ⅴ	806Ⅴ
買取請求の撤回		182の4Ⅵ	116Ⅵ	469Ⅵ	785Ⅵ	797Ⅵ	806Ⅵ
価格の決定で協議が調ったとき		182の5Ⅰ	117Ⅰ	470Ⅰ	786Ⅰ	798Ⅰ	807Ⅰ
価格の決定で協議が調わないとき		182の5Ⅱ	117Ⅱ	470Ⅱ	786Ⅱ	798Ⅱ	807Ⅱ
利息	172Ⅳ	182の5Ⅳ	117Ⅳ	470Ⅳ	786Ⅳ	798Ⅳ	807Ⅳ
価格決定前の支払い	172Ⅴ	182の5Ⅴ	117Ⅴ	470Ⅴ	786Ⅴ	798Ⅴ	807Ⅴ
効力発生日等に買取りの効力が発生		182の5Ⅵ	117Ⅵ（~~代金支払時~~→効力発生日）	470Ⅵ（~~代金支払時~~→効力発生日）	786Ⅵ（吸収分割：~~代金支払時~~→効力発生日）	798Ⅵ（~~代金支払時~~→効力発生日）	807Ⅵ（会社成立日、新設分割：~~代金支払時~~→会社成立日）
事後開示書類の作成	173の2Ⅰ	182の6Ⅰ			791Ⅰ	801Ⅰ、Ⅱ	811Ⅰ
事後開示書類の備置き	173の2Ⅱ	182の6Ⅱ			791Ⅱ	801Ⅲ	811Ⅱ
事後開示書類の株主による閲覧等	173の2Ⅲ	182の6Ⅲ			791Ⅲ（債権者その他の利害関係人も）、Ⅳ	801Ⅳ・Ⅵ（債権者も）、Ⅴ（債権者その他の利害関係人も）	811Ⅲ（債権者その他の利害関係人も）、Ⅳ
財源規制なし		461参照	461参照	461参照	461参照	461参照	461参照
分配可能額の超過額の填補責任		464	464				

※　グレーの網掛け部分が、改正箇所。

⑵　その他

①　組織再編における株式買取請求等

会社法116条１項各号の行為をする株式会社、事業譲渡等をする株式会社、消滅株式会社等又は存続株式会社等は、株式買取請求又は価格決定の申立てをした株主に対し、株式の価格の決定がされる前に、公正な価格と認める額を支払うことができるものとされた（同法117条５項・470条５項・786条５項・798条５項・807条５項、前記⑴**図表1-7-2**参照）。

②　株主総会等の決議の取消しの訴えの原告適格

株主総会等の決議に取消しにより株主となる者も、当該決議の取消しを請求できることとなった（会社法831条１項）。

③　株式交換、株式移転又は吸収合併に伴い株主でなくなった場合における株主代表訴訟

株式交換、株式移転又は吸収合併に伴い株主でなくなった場合であっても、引き続き完全親会社の株式を有するときは、会社法847条１項の責任追及等の訴えの提起を請求することができることとされた（同法847条の２）。

3　公正な価格をめぐる判例の動向

⑴　公正な価格の意義

①　公正な価格とは

公正な価格は、組織再編における反対株主の株式買取請求（会社法469条１項・785条１項・797条１項・806条１項）に係る買取価格決定の場面及び全部取得条項付種類株式の取得（同法171条）に係る価格決定の場面で問題とされている。

反対株主の株式買取請求権に係る買取価格について、旧商法は「決議ナカリセバ其ノ有スベカリシ公正ナル価格」と定めていた（旧商法245条の２第１項・349条１項等）。しかしながら、組織再編自体には賛成だが、組織再編の条件に不満な株主も存在し得ることから、このような株主を保護するべく、組織再編がなかった場合に株式が有したであろう価格（ナカリセバ価格）にとどまらず、組織再編から生ずるシナジーを適切に反映した価格（シナジー反映価格）による買取りを保障する必要がある。そこで、会社法では端的に「公正な価格」と定められ、後記⑵**図表1-7-3**の

ような判例の集積等に伴い、企業価値が上昇した場合にはシナジー反映価格が、企業価値が上昇しない場合にはナカリセバ価格がそれぞれ「公正な価格」であると解されるようになった。そのため、反対株主からいずれか高い方の価格で株式を買い取る取扱いがなされている。

他方、全部取得条項付種類株式の取得に係る価格決定においては、「公正な価格」は、後記(3)記載の判例のとおり、公開買付けがなかった場合に株式が有したであろう価格（ナカリセバ価格）と、公開買付けによって増大が期待される価値のうち反対株主が享受すべき価格（増加価値分配価格）とを合わせて算定したものとされている。

②　算定基準日

組織再編における反対株主の株式買取請求では、「公正な価格」の算定基準日は、組織再編公表日、株式買取請求権行使日、株式買取請求期間満了日又は組織再編の効力発生日のいずれかで争いがあったが、後記(2)のとおり最高裁決定が相次いで出されたことを受け、現在は株式買取請求権を行使した日と考えられている。

他方、全部取得条項付種類株式の取得に係る価格決定では、「公正な価格」の算定基準日は、全部取得条項付種類株式の取得日と解されている。

③　算定方法

ア　ナカリセバ価格

組織再編における反対株主の株式買取請求において、組織再編により企業価値が増加も毀損もしないときは、その市場株価は当該組織再編による影響を受けるものではなかったとみることができるから、ナカリセバ価格を算定するに当たって参照すべき市場株価として、基準日における市場株価やこれに近接する一定期間の市場株価の平均値を用いることも、裁判所の合理的な裁量の範囲内にあるものといえる（最決平成23・4・19民集65巻3号1311頁参照）。また、組織再編以外の市場の一般的な価格変動要因により、当該株式の市場株価が変動している場合に、これを踏まえて、参照した組織再編公表前の株価に補正を加えるなどして基準日のナカリセバ価格を算定することも、裁判所の合理的な裁量の範囲内にあるものといえる（前掲最決平成23・4・19、最決平成23・4・26判時2120号126頁参照）。

他方、全部取得条項付種類株式の取得に係る価格決定では、市場株価がその企業の客観的価値を反映していないと認められる特別の事情のない限り、取得日に近接した一定期間の市場株価を基本に、その平均値により算定される。

イ　シナジー反映価格／増加価値分配価格

組織再編における反対株主の株式買取請求において、当事者が独立した経済主体同士である場合には、株式に市場価格があるのであれば、市場価格について異常な価格形成がされたなど当該組織再編から生ずるシナジーを含む企業の客観的価値が反映されていないことを窺わせる特段の事情がない限り、市場価格を基礎にすべきものと考えられる。また、株式に市場価格がない場合であっても、組織再編の条件算定理由書や会社及び反対株主のシナジーに関する主張立証等を踏まえ、配当還元方式、収益還元方式、類似業種比準方式、純資産価格方式等を併用しながら、株式を評価することとなる。

当事者が独立した経済主体同士ではない場合、例えば、94.77％の株式を有する連結子会社との合併の事案では、連結子会社の資産、収益が親会社の資産、収益に対して与える影響の度合いや合併公表後の株価の推移が検討されており（神戸地決平成21・３・16金判1320号59頁)、参考になるものと思料される。

他方、全部取得条項付種類株式の取得に係る価格決定においては、増加価値分配価格の算定方法は、後記⑶**図表1-7-4**のように様々であり、確立された考え方があるわけではない。しかしながら、算定に当たり、強圧的な効果の有無、情報開示の内容、多くの一般株主が公開買付けに応募したか、対抗的買収提案があるか等といった考慮要素が検討される傾向にある。

⑵　反対株主の株式買取請求に係る買取価格決定

会社法施行後、組織再編における反対株主の株式買取請求に係る買取価格を決定した判例の中で重視されているのが**図表1-7-3**記載の３つの最高裁決定であり、実務もこれらの決定に沿うような形で運用されている。

＜図表1-7-3＞

	最決平成23・4・19民集65巻３号1311頁（楽天対TBS）	最決平成23・4・26判時2120号126頁（インテリジェンス）	最決平成24・２・29民集66巻３号1784頁（テクモ）
企業価値の変動	増加も棄損もなし	増加なし（原審：毀損あり）	判断なし（原審が増加ありと判断していることを前提に）
公正な価格	ナカリセバ価格	ナカリセバ価格	ナカリセバ価格又はシナジー反映価格
基準日	株式買取請求日	株式買取請求日	株式買取請求日
組織再編の条件	問題とならず、判断もなし	判断なし	一般に公正と認められる手続により効力が発生した場合には、株主総会における株主の合理的な判断が妨げられたと認められるに足りる特段の事情がない限り、公正→本件では、公正
基礎資料	基準日の市場株価やこれに近接する一定期間の市場株価の平均値	組織再編公表前の市場株価を参照、公表後買取請求までの一般的要因による市場株価の変動を踏まえて補正	基準日の市場株価やこれに近接する一定期間の市場株価の平均値
具体的な基礎資料	基準日の市場株価	判断なし（破棄差戻し）	判断なし（破棄差戻し）

(3)　全部取得条項付種類株式の取得に係る価格決定

全部取得条項付種類株式の取得に係る価格を決定した判例としては、**図表1-7-4**記載の３つが重要であり、これを踏襲する形で大阪地決平成24・4・13金判1391号52頁等が出ている。

＜図表1-7-4＞

	東京高決平成20・９・12金判1301号28頁（レックス・ホールディングス）	大阪高決平成21・９・１判タ1316号219頁（サンスター）	東京高決平成22・10・27資料版商事322号174頁（サイバードホールディングス）
公開買付価格	23万円	650円	６万円
裁判所の価格決定	33万6966円	840円	６万1360円
公正な価格	ナカリセバ価格＋増加価値分配価格	ナカリセバ価格＋増加価値分配価格	ナカリセバ価格＋増加価値分配価格
基準日	取得日	取得日	取得日
ナカリセバ価格の算定方法	異常な価格形成がされた場合など、市場株価がその企業の客観的価値を反映していないと認められる特別の事情のない限り、取得日に近接した一定期間の市場株価を基本に、その平均値。純資産方式（修正簿価純資産法）及び比準方式（類似会社比準法）を排除	意図的な人為操作などがない限り、上場廃止の日に近接する一定期間の市場価格の平均値	評価基準時に近接した、かつ、公開買付けの公表等による影響のない一定期間の市場株価の平均値→通常は、公開買付公表前１か月間の市場株価の終値による出来高加重平均値
具体的なナカリセバ価格	公開買付発表の結果、客観的価値を反映していないと認められる特別の事情あり→同発表日の直前日からさかのぼって６か月間の市場株価の単純平均＝28万0805円	経営陣が株価を安値に誘導する工作を行った疑い等あり→公開買付発表日の１年前の株価に近似の価格＝700円	公開買付公表前１か月間の市場株価の終値による出来高加重平均値をもって算定した価格＝５万1133円

増加価値分配価格の算定方法	事業計画から収益力や業績の見通しについて検討し、算定	株価算定評価書を基礎に算定	①収益力や業績の見通し、②利益相反関係に配慮した措置、買付価格についての交渉の有無、経過、旧経営陣の立場等に照らし、MBOが、いわゆる独立当事者間において、第三者機関の評価を踏まえ合理的な根拠に基づく交渉を経て、合意に至ったなどと評価し得る事情があるか、③適切な情報開示が行われた上で、一般に公正と認められる手続によって一連の手続が行われたと認められるか等を総合考慮
具体的な増加価値分配価格	事業計画等の提出なし→近接した時期にMBOを実施した各社の例を参考に20％を加算	被買収者側の評価書は信用できない。DCF法を排除→他のTOBプレミアムの平均値＝20％	利益相反関係や弾圧性の問題が全くないとはいえず、17.34％と直ちには認められない→近接した時期にMBOを実施した各社の例等を考慮すると20％を下回らない→20％

第5　ポストM&A

1　合併・会社分割等と労働条件統一

合併・会社分割においては、包括的に権利義務関係が承継されるから、労働条件は維持されるのが理屈である。しかし、実務上は、人事制度・賃金制度の統一が必要であり、労働条件の変更は不可欠となる。合併・分割の前に、両社ですり合わせを行い、合併等の効力発生と同時に統一された労働条件を適用するのが理想であるが、調整が後日に残ることもある。

いずれにせよ、変更の手続・可否については、企業再編に特有の法理があるわけではなく、労働協約による変更、就業規則による変更など、通常の枠組みの中で行われることになる。

(1)　労働協約による変更

①　労働協約による変更の効力

労働組合は労働条件の維持改善を目的とするものであるから、はたして、労働協約によって労働条件を不利益に変更することができるかという点が、かつては議論された。しかし、今日では、労使の自治を尊重する趣旨から、たとえ不利益変更であっても、労働協約による変更を原則として有効としている。ただし、労使自治に委ねてよいものかどうか、労使の協議の経過や、労働組合が真に労働者の意見を反映して協約を締結しているかといった点はチェックされることになる。

労働協約による不利益変更に関する最高裁判例としては、朝日火災海上保険（石堂）事件（最判平成９・３・27判時1607号131頁）がある。国鉄の保険部との「合体」という組織再編に由来する変更であったが、定年年齢の引下げと退職金の不利益変更を不満として組合員が提訴した事案である。判旨は、労働協約が労働組合の目的を逸脱して締結されたなどの事情がない限り、協約の効力を認めるべきであるとの前提に立って、協約が締結されるに至った経緯（長年にわたる交渉が続けられていた経緯等）、当時の会社の経営状態、協約内容の全体としての合理性に照らせば、当該協約の規範的効力を否定すべき理由はないとした。

最高裁の判示は抽象的でわかりにくい点があるが、組合内部で民主的な意思形成がなされたかどうか、例えば、規約上、必要な大会決議がなされているか、不利益となる者から十分な意見聴取がなされているかといった点を重視するという趣旨と解されている。

②　労働協約の適用範囲

労働協約は、原則として、組合員にのみ適用されるので、非組合員にも労働条件変更を及ぼそうとする場合には、結局、就業規則による変更が必要である。

ただし、当該事業所の４分の３以上の従業員で組織されている労働組合が締結した労働協約には一般的拘束力が認められ、当該労働協約は、非組合員である「同種労働者」にも適用される（労働組合法17条）。もっとも、管理職や非組合員たるパートタイマー、契約社員等非正規社員は「同種労働者」には該当しないとされるのが一般的であり、やはり労働条件変更に際しては就業規則の変更が必要となる。

(2)　就業規則による変更

①　変更の手続

就業規則の作成・変更について、過半数組合又は過半数代表者の意見を聴取して、労基署に届け出ることが必要であり（労働基準法89条・90条）、また、周知手続も必要である（労働基準法106条）。

労働基準法所定の手続として、意見聴取の手続は必要であるが、それが反対意見であっても差し支えない。あるいは、意見が返ってこないこともあるが、催促しても返答がなければ、その旨を説明する書面を添えて労基署に届け出をすることができる。このように、就業規則の変更は、従業員の同意がなくても、労働基準法上、一方的に行うことが可能である。ただし、労働条件変更の民事的効力が生じるかどうかは、労働契約法10条によることになり、労働基準法とは別の問題である。

また、労働協約があれば、組合員との関係では労働協約が優先することになるので（労働契約法13条）、変更の手続としては、就業規則変更に先立ち、労働協約の改訂に向けて交渉に尽力する必要がある。それでも合意できない場合には、最後の手段として労働協約を解約するしかない。期間の定めがない労働協約は、当事者の一方が、署名し、又は記名押印した文書によって、90日以上前に予告して、解約することができるとされている（労働組合法15条３項・４項）。ただし、十分な交渉もせずに解約したのでは、不誠実団交の不当労働行為とされるおそれがある（同法７条２号）。まずは、改訂交渉に尽力する必要がある。

②　変更の効力

ア　変更についての合意があった場合

就業規則を変更しないまま、処遇の切下げ等に同意しても、就業規則を下回る合意として無効になる（労働契約法12条）。しかし、就業規則を変更した上で、変更について合意が得られれば、変更に合意した社員との関係では、仮に不利益な変更だったとしても、当該変更は有効となる（労働契約法９条）。合意の得られない場合には、後述のとおり「変更の合理性」（同法10条）が必要であるが、変更についての合意がある場合は、このような合理性判断は不要である（協愛事件・大阪高判平成22・３・18労判1015号83頁）。この合意は、書面による必要はなく、口頭でも足りるし、さらには、黙示の合意ということもあり得る。ただし、後日、紛争になると、黙示の合意ありと認定されるのはかなり困難である。

イ　変更について合意がない場合

就業規則の不利益変更の効力については、判例の積み重ねにより、変更の合理性があれば有効であるとする判例法理が確立され、さらに労働契約法に明文化されている。労働契約法10条は、変更後の就業規則を「周知」し、かつ、下記(i)～(v)の総合判断で変更の合理性が認められれば、同意しない者にも当該就業規則を適用することができるとして、(i)労働者の受ける不利益の程度、(ii)労働条件の変更の必要性、(iii)変更後の就業規則の内容の相当性、(iv)労働組合等との交渉の状況、(v)その他の就業規則の変更に係る事情に照らして変更の合理性を判断するとした。かつての裁判例は、代償措置もしくは関連する労働条件の改善を重視し、近年では十分な経過措置（激変緩和措置）を重視する傾向があるが、これらは(iii)の要素として勘案されることになる（労働契約法の施行通達：厚生労働省平成20年１月23日基発第0123004号）。

③　賃金、退職金等基本的労働条件の変更の場合

賃金、退職金、労働時間など労働者にとって重要な労働条件に関する不利益変更については、この変更を「労働者に法的に受忍させることを許容できるだけの高度の必要性に基づいた合理的な内容のものであることを要する」というのが、最高裁判例である（大曲市農協事件・最判昭和63・２・16民集42巻２号60頁）。通常の場合には、賃金等について、就業規則による一方的な不利益変更は困難と考えるべきである。

ただし、上記判決は合併の例であったところ、「一般に、従業員の労働条件が異なる複数の農協、会社等が合併した場合に、労働条件の統一的画一的処理の要請から、旧組織から引き継いだ従業員相互間の格差を是正し、単一の就業規則を作成、適用しなければならない必要性が高いことはいうまでもないところ」として高度の必要性を肯定している。他の判断項目も考慮されるので、合併による変更の必要性だけでなく、不利益の程度、関連する労働条件の改善（合併により有利になった部分もあれば考慮される）、経過措置等も重要であるが、合併のタイミングでの変更については、他の場合よりも不利益変更の合理性ありとされる余地があるといえよう。

２　使用者の責任の承継

合併、会社分割においては包括的に権利義務関係が承継されるから、使用者としての責任も、承継されることになる。労働者や労働組合とのトラブルも、これに含まれるものである。

労働委員会の命令例であるが、阪急交通社事件（中労委命令平成24・11・７中労委命令・裁判例データベース）は、A社が、吸収分割により、事業に関する権利義務をB社に承継させて中間持株会社に移行し、事業の主体ではなくなったという例である。命令は、分割前にA社において団体交渉拒否の不当労働行為があったとした上で、B社は分割契約等の定めに従い、A社から当該事業に関する権利義務を承継したのであり、交渉拒否が問題となった団交事項は、承継された事業等に関わる問題であるから、B社は、当該団交事項に関する労働組合法７条の使用者としての地位及びA会社による不当労働行為状態を除去、是正して正常な労使関係を回復すべき地位を承継したというべきであるとした。

労働条件の変更や人員削減について、企業再編前に当該会社で対応・実現するよう求めることが一般的であると思われるが、強引に実施して労使関係がこじれた場合は、紛争も承継することがあり得るので、その点リスクとして踏まえておく必要がある。

3　労働組合の組織再編

企業と労働組合とは別法人であるから、企業の組織再編がなされても、労働組合がどうなるかは別の問題である。

労働組合としては、会社分割や事業譲渡により、企業グループの外へ出た労働者についても、引き続き組合員資格を認めるということもあり得る。その結果、労働組合は、承継会社等に団体交渉を要求することになる。

また、合併により２以上の労働組合が併存する事態も生じ得る。使用者としては、複数の組合があれば、いずれの組合とも交渉に応じる必要がある。しかも、複数組合併存の場合、使用者には平等取扱義務がある。

一方、労働組合が合同することもある。労働組合の合同とは、２つ以上の労働組合がその存続中に１つの労働組合に統合されることである。企業であれば「合併」であるが、労働組合は会社組織ではないので、「合同」という。労働組合法に、合同に関する規定はないが、当事者たる労働組合間の協定、及び各組合における合同の決議があれば、合同も可能である。合同の決議について、解散決議に準ずることを要するとの説、吸収合同後、存続する労働組合においては規約変更に準じた決議で足りるとの説がある。

使用者としては、労働組合の組織がどうなるのか、関心をもたざるを得ないが、この点は組合自治の問題である。安定した労使関係の下で、労使で提案や、話し合いをするまでは問題ないと考えるが、最後は組合の判断であり、使用者による干渉は支配介入の不当労働行為（労働組合法７条３号）として禁止されるものである。

第８章　総括に代えて ——企業再編に関する若干の法律問題の検討

東京大学社会科学研究所准教授　田中　亘

第１　はじめに

本書は、『企業再編の理論と実務——企業再編のすべて』という書名のとおり、企業再編の諸手法とそれに関する法制度を網羅的に、かつ、全体を俯瞰できる形で体系的に、解説・分析したものである。本書の成立過程では、編者と執筆者による検討会が何度も開催され、企業再編の実務において直面する法律問題についてだけでなく、企業再編の手法・制度を読者にわかりやすく伝えるための構成上の工夫についても、入念な検討がなされた。本書を活用編、制度編および資料編の３部構成とし、活用編においては、企業再編の手法について、目的別に、実例を踏まえた実践的な解説を行い、制度編においては、企業再編に関する法制度を体系的に説明するという構成は、検討会での議論を踏まえて採用されたものである。筆者は、会社法学者として検討会に出席し、また、本書の草稿も読ませて頂いたが、そこでは、筆者が従来認識すらしていなかった法律問題が多数提起され、筆者としては、大いに勉強させられたところである。

本章は、一応、本書の総括をするということで執筆を依頼された。とはいえ、本書のような、企業再編の実務について網羅的・体系的に解説した大著を無理に総括することは、元来実務に疎い筆者の手に余るものである。むしろ、本章では、筆者が検討会への参加や本書の草稿を読む中で認識し、特に印象に残ったいくつかの法律問題について、会社法学者の立場から、法的な論点を整理し、問題によっては、若干の私見を述べることによって、総括に代えさせて頂きたい。まず、**第２**で、資本・業務提携におけるガバナンス上の取り決めに関する法律上の論点を検討する。次に、**第３**で、M&A取引における代表的な少数株主保護手段である、反対株主の保有株式の取得（買取）価格決定手続に関し、裁判所が「公正な価格」をいかにして決定すべきかという問題について、現時点における筆者の私見を述べたい。

第２　資本・業務提携の場面でのガバナンス上の取り決め

１　問題の所在

企業が第三者割当増資や公開買付け等によって他の会社を買収（過半数の株式を取得）したり、あるいはそこまでいかなくても、当該会社の経営に影響を与えるに足りるだけの株式を取得して、当該会社と資本・業務提携を結ぶことはよく見受けられる。そして、このような資本・業務提携契約の中で、当該会社の取締役構成などのコーポレート・ガバナンスに関する取り決めをすることがあるようである。**本編第３章**（88頁）で紹介されている、J. フロントリテイリングとパルコの間の資本・業務提携契約には、パルコの取締役会の構成について、①取締役の半数以上を独立社外取締役とする、② J. フロントリテイリングが指名する取締役をパルコの取締役会の過半数となる最小限の数とする、③独立社外取締役以外の取締役のうち、J. フロントリテイリングが指名する取締役とパルコ出身者である取締役は同数とする、という条項が含まれているとのことである。

このような取り決めは、必ずしも法的拘束力を持つことを意図して合意されたのではなく、一種の紳士協定として結ばれたものである（取り決めの違反があっても、それに対して何らかの法的措置をとることは意図されていない）可能性も否定できない。ただ、仮に、こうした取り決めが法的拘束力を持つ趣旨で結ばれたのだとすれば、それは、株式会社（パルコ）とその一人の株主（J. フロントリテイリング）との間の契約であって、(1)会社は上記の取り決めに沿う形で、取締役選任議案を株主総会に提出する義務を当該株主に対して負う一方、(2)当該株主も、上記取り決めに沿う形で、議決権その他の株主権を行使する義務を会社に対して負う（会社提案が上記取り決めに沿う内容である限り、株主総会で賛成の議決権行使をするとともに、上記取り決めに沿わない内容の株主提案は行わず、もしも他の株主がそうした提案をした場合には反対する義務を負う）という内容の契約である、と解することができるであろう。問題は、そのような契約は有効であるかどうか、また、有効であるとした場合、一方当事者が契約に反したときには他方当事者はどのような法的措置がとれるのか、という点である。以下では、まず**2**で、会社に(1)の義務を負わせる契約の効力について、次に**3**で、株主に(2)の義務を負わせる契約の効力について、それぞれ、法律上の問題点を検討する[1)]。

2　ある議案を株主総会に提出する義務を会社に負わせる契約

まず、上記(1)については、ある内容の議案を株主総会に提出するという義務を会社に負わせる契約は有効か、という点が問題になる。この点は、筆者が知る限り判例もなく、法解釈は必ずしも明確ではないものの、少なくとも、そのような契約が一般に許されないとはいえないと思われる。確かに、会社（その代表取締役）が株主その他の者との間で、ある内容の議案を株主総会で可決・成立させる旨を約すことは、法が定めた株主総会の決定権限を侵害するため許されず、そのような契約は無効と解すべきであるように思われる[2)]。しかし、単にある内容の議案を株主総会に「提出する」旨を約すだけであれば、株主総会は、当該議案を可決することも否決することもできるのであるから、株主総会の決定権限を侵害するわけではなく、有効と解することができるように思われる[3)]。実際、合併契約その他のM&A契約において、各当事会社は一定の期日までに株主総会の承認を得るものとする旨を約定することは一般に行われている[4)]。このような約定は、当事者を長期にわたってM&Aの成否未確定の状態に置かないための手段として合理的であり、その有効性を認めてよいと解される。したがって、会社が当該約定に違反して議案を株主総会に提出しないときは、相手方は、民法の原則に従い、損害賠償を求めたり（民法415条）[5)]、契約を解除すること（同法541条）ができる他、民法414条により履行の

1)　実際にこのような契約の効力が裁判で争われる場合には、契約を(1)と(2)の部分に分けてそれぞれについて有効性が検討されることはなく、全体を一個の契約としてその有効性が判断されるであろう。ただ、会社に(1)の義務を負わせることと、株主に(2)の義務を負わせることは、それぞれについて法律上の問題が存在していると考えられるため、論点を抽出・整理する上では、ひとまずこのように区別して議論することは有益と思われる。

強制をすること（強制の方法は、間接強制による）も可能であると解すべきである。

もっとも、M&A契約のような一回的な契約については上記の解釈でよいとしても、資本・業務提携におけるガバナンス上の合意の場合は、会社は長期にわたり、合意に従った内容の議案を株主総会に提出し続けること

---

2)　もっともこれに対し、本文で述べたような契約も、実質的に会社・株主の利益に資する内容のものである限り有効であるとし、代表取締役が会社を代表して、退任取締役に退職慰労金の支給約束をした場合も、その実質的内容が合理的であれば会社を拘束し、もし会社が支給決議をしないときは、退任取締役は損害賠償として、内規に従った退職慰労金相当額の支払いを会社に対して請求できるとする見解もある（江頭憲治郎「判批」ジュリ1103号（1996年）151頁）。しかし、そのような解釈は、会社法が一定の重要事項（この場合は、取締役の報酬）について株主総会が決定すべきものとしていること（同法361条）と整合せず、支持しがたい（東京地方裁判所商事研究会編『類型別会社訴訟Ⅰ〔第3版〕』（判例タイムズ社、2011年）136頁〔渡部勇次〕）。代表取締役その他の業務執行機関が、特定の内容の議案を株主総会で可決・成立させる旨の拘束力のある契約を、会社のために他人と結ぶことはできないと解すべきである。

もっとも、合併等のM&A取引において、株主総会の承認決議が得られない場合に相手方に一定の金銭を支払う旨の契約（解約金break-up fee条項）は、必ずしも、M&A取引の承認決議を可決・成立させることを義務づけるものとはいえない（第三者がより魅力的な買収提案をした場合など、解約金を支払ってでも当該M&A取引を承認しないことが有利であると株主が判断すれば、そうすることができる）。それに、そうした条項が、さもなければなされたかった買収提案を引き出すことによって会社・株主にとって有利となり得ることも考えられる（江頭・前掲論文151頁）。それゆえ、解約金条項は一般に無効であるとは解されないが、しかし、解約金の額が不相当に高額であるため、合理的な株主であれば当該M&A取引を承認せざるを得なくなるような解約金条項は、実質的に、特定議案を株主総会で可決・成立する義務を会社に負わせる契約と同じであり、株主総会の決定権限を侵害するものとして、無効になると解すべきである（田中亘「RTF条項の効力について」金判1447号（2014年）14頁）。

3)　もっとも、**1**で紹介したパルコとJ.フロントリテイリングの取り決め（法的拘束力のある契約で結ばれたと仮定する）の場合には、取り決めに従った内容の議案をパルコが提出すると、パルコの議決権の過半数を有するJ.フロントリテイリングが賛成の議決権行使をすべきことになり、総会決議の帰趨はそれによって決まってしまう。ただ、この点は、むしろ株主が特定の内容の議案に算定する義務を会社に対して負う内容の契約が有効かどうかの問題として、議論されるべきであると思われる。その点は、**3**で検討する。

4)　**第2部制度編第1章第2・4⑵**（258頁）のコラム「任意的記載事項」、**第3部資料編第2章1**の第9条（547頁）。また、合併契約の締結により、当事会社は合併契約の承認議案を株主総会に提出する義務を負うとする見解として、江頭憲治郎「合併契約の不履行」小出篤ほか編『前田重行先生古希記念 企業法・金融法の新潮流』（商事法務、2013年）248頁。

5)　もっとも、この場合に賠償請求できる損害とは、一定期日までに株主総会が開催されなかったことにより生じる損害に限られ、総会決議が可決されたとした場合に相手方が得られる利益（逸失利益）は含まれない。ただし、賠償金額の予定をすることは可能である（民法420条1項）。

を義務づけられる。このような合意は、取締役が、株主総会の都度、善管注意義務・忠実義務を尽くして会社・株主にとって最善の内容の議案を決定することの妨げとなるがゆえに、無効とされることがないかは問題となり得る。しかし、取締役の職務執行の内容を長期にわたって拘束するという問題は、会社が長期の契約を結ぶときは常に生じることである。たとえば、会社が長期の製品供給契約を結ばなければ、取締役は、取引の都度、最善と考える相手方に対して最善と考える条件で、製品を供給することができるが、長期の供給契約を結んだ場合には、特定の相手方に対して約定の条件で供給することを義務づけられることになる。それでも、取締役が業務執行の決定として、そうした長期の契約を結ぶことを法は認めており、ただ、その決定の過程・内容に著しく不合理な点があるなど取締役の善管注意義務・忠実義務に違反するときは、任務懈怠の責任（会社法423条１項）が生じるにすぎない。一定の内容の議案を株主総会に提出することを会社に義務づける契約についても、基本的には、それと同じことがいえるように思われる。

もっとも、株主総会のすべての議案内容を相手方の指示に従って決定することを約するような契約は、会社法が強行法的に取締役に課した職務を放棄することにつながり、許されないものと解される[6)]。けれども、**1**で例に挙げた資本・業務提携の合意のように、会社（取締役会）にも一定の判断権限を残しつつ、取締役の一定数（割合）について相手方に指示の権限を与えるに止まる契約は、通常は、取締役の職務の放棄とまではいえないであろう。

３　会社・株主間の議決権拘束契約

(1)　従来の議論状況

既存の学説状況に照らして、その有効性についてより疑問が持たれそうのは、**1**で例示した契約中の(2)の義務、すなわち、株主が約定された内容に従って、議決権等の株主権を行使する義務を会社に対して負担すると

---

6)　会社法は、本来は取締役の職務である会社の経営を第三者に包括的に委任することを認めないわけではないが、そのためには株主総会の特別決議による承認を必要とする（467条１項４号）。

いう側面である。

株主が一定の方法で議決権を行使する（あるいは行使しない）ことを約する契約である議決権拘束契約については、従来は、主として合弁事業等の場面で、株主どうしが当事者となって結ばれるものについて議論が行われていた[7)]。そして、そのような株主間の議決権拘束契約については、一般に有効と認める立場が、今日、支配的となっている。もっとも、契約の履行を強制できるかについては見解が分かれ、履行の強制は許されないとする見解や、履行の強制をするには株主全員が契約当事者となっていなければならないとする見解も見られる。しかし、私見では、そうした見解はいずれも根拠がなく、債務はその性質がこれを許さない限り履行を強制できるという民法の原則（同法414条１項）に従い、株主間の議決権拘束契約も、その履行を強制することができると考える（強制の方法は、議決権拘束契約の内容により、間接強制または判決による意思表示の擬制による）[8)]。

これに対し、株主が一定の方法で（とりわけ、会社の指示に従って）議決権を行使する義務を会社に対して負う契約（会社・株主間の議決権拘束契約）については[9)]、その有効性を疑問視する向きが多い。すなわち、そのような契約は、会社自身が自らの意思決定に関与することになるから無効であるとか[10)]、自己株式について議決権を否定する平成17年改正前商法241条２項（会社法308条２項）の趣旨に照らして無効であるとする見解が[11)]、従来から主張されている。他方、会社・株主間の議決権拘束契約について詳細に検討した上で、そのような契約は有効であると明言する学

7)　株主間の議決権拘束契約については、田中亘「議決権拘束契約についての一考察――特に履行強制の可否に関して」岩原紳作＝山下友信＝神田秀樹編代『会社・金融・法(上)』（商事法務、2013年）219頁以下参照。合弁事業における株主間契約（議決権拘束契約を含む）の解説として、**本編第５章第３・３**（151頁）参照。

8)　詳細は、田中・前掲注７論文参照。

9)　会社・株主間の議決権拘束契約については、未公刊であるが、合田悠紀「会社を一方当事者とする議決権拘束契約の有効性」東京大学法科大学院リサーチペイパー（2013年）。以下の議論は、同論文に多くを負っている。

10)　菱田政宏『株主の議決権行使と会社支配』（酒井書店、1960）156頁、青竹正一「株主の契約」平出慶道＝小島康裕＝庄子良男編『菅原菊志先生古稀記念論集 現代企業法の理論』（信山社出版、1998年） 1頁、22頁。

11)　森田果「株主間契約（６・完）」法協121巻１号（2004年） 1頁、25頁。

説は、ほとんど見当たらない[12)]。

(2) 検　討

もっとも、仮に自己株式に議決権を認めた場合には、当該議決権の行使の決定は会社の業務執行機関（経営陣）に委ねられてしまうのに対し、会社・株主間の議決権拘束契約の場合は、当該契約の当事者である株主が同意した取り決めに従って議決権が行使されるのであるから、議決権の行使がまったく経営陣の意のままにされてしまうわけではない。また、資本・業務提携が会社（その一般株主）の利益になる場合であっても、経営陣が経営支配権を失うことを恐れてその実現に消極的である場合には、法あるいは株主が、資本・業務提携を結ぶように経営陣に強制するということは、実際上、困難である[13)]。そのような場合に、会社と資本・業務提携の相手方との間の議決権拘束契約により、経営陣の地位（経営に対する影響力）をある程度保障しつつ、資本・業務提携を実現することができれば、会社ないしその一般株主、提携の相手方および経営陣の三者にとって利益となるかもしれない。このように考えれば、会社・株主間の議決権拘束契約も有効であるか、少なくとも、一律に無効とは解すべきでないという見解も、成り立ち得るもののように思われる。

とはいえ、従来の学説が、会社・株主間の議決権拘束契約について懐疑的な目を向けてきたことも十分理解できる。特に、会社の経営支配権に争いがある、またはその兆候がある場合（敵対的買収や委任状勧誘戦が行われ、あるいは行われる見込みがある場合）に、会社が経営陣に友好的な株主との間で資本・業務提携を結び、その中で、経営陣の地位を保障するような議決権拘束契約を定めるなど、経営陣の保身目的に当該契約が利用さ

---

12)　無効とは明言しないものの、株主が代表取締役の指示に従って議決権を行使するタイプの議決権行使契約には「問題がある」とするものとして、森本滋『会社法〔第２版〕』（有信堂高文社、1995年）203頁。

13)　経営陣が自己の地位を失うことを恐れて会社の利益となる資本・業務提携をしないことは、理論的には、忠実義務（会社法355条・419条２項）に反する行為といい得るが、ある資本・業務提携をしないことについて経営陣の任務懈怠責任（同法423条１項）を実際に問うことは、経営判断原則の厚い壁に阻まれ、ほとんど不可能であろう。また、敵対的買収に対する抵抗感がなお強いわが国においては、第三者が会社に資本・業務提携を申し入れたが経営陣に拒絶された場合、その者が、公開買付けや委任状勧誘戦等の形で、株主に直接働きかけてこれを実現することも、困難な場合が多いと思われる。

れる危険は十分に現実的と思われる[14]。会社・株主間の議決権拘束契約には当該株主の同意が必要であるという（先に指摘した）点についても、当該株主の利益が、会社ないしその一般株主の利益と一致するとは限らないから（資本・業務提携は当該株主にとって極めて有益であるが、会社ないし一般株主にとっては必ずしもそうでないかもしれない）、当該契約を常に有効と解するまでの論拠とはしにくいと思われる。

そこで、議決権拘束契約は一般には有効であるが、当該契約が何らかの基準により合理性を欠くと判断される場合には、経営陣が株主総会決議を支配することを禁ずる会社法の趣旨（自己株式や相互保有株式の議決権否定にそれが現れている）に反するか、または経営陣の忠実義務（会社法355条・421条2項）に反することを理由にして無効とすることが考えられる。問題は、合理性の基準をどのように定めるべきかである。たとえば、不公正発行の判断基準として用いられる、現経営陣の経営支配権の維持・確保を「主要目的」としているかどうかを基準にすることは、主要な目的が何かを判断することが果たして可能かという疑問が生じる。また、議決権拘束契約が客観的に見て会社にとって必要ないし有益なものであるかを、当該契約および資本・業務提携の内容に照らして裁判所が判断することも考えられるが、それは、資本・業務提携の経営的・経済的背景に立ち入った分析（高度な経営判断）を必要とし、裁判所がよく判断し得るかは疑問がある。そこで、そうした実体的な内容の審査に代えて、当該契約が独立の社外取締役の承認を得ているかとか、十分な情報開示のもとに利害関係のない株主による（資本・業務提携の前提となる新株等の発行を承認する株主総会決議、あるいは任意の勧告決議による）承認を得ているかといった、手続面を重視して審査するという考え方もあり得るところである。

とはいえ、どのような基準によっても、合理的な議決権拘束契約とそうでないものを適切に選別することは難しい一方で、会社・株主間の議決権拘束契約を結ばなければ会社にとって有益な資本・業務提携が実現しないということがどの程度あるのかについても、必ずしも明らかでない。その

14)　J. フロントリテイリングとパルコとの間の取り決めが本文のような目的を持っていたとは断言できないが、取り決めが結ばれた状況から、そうした目的の存在が疑われる面は否定できないと思われる（提携の背景に存した森トラスト・イオンとの応酬に関し、**本編第3章第3・3(3)**（89頁）のコラム「森トラスト、イオンとの応酬」参照）。

点を考えれば、こうした契約が経営者の保身のため濫用される危険を重視して、会社・株主間の議決権拘束契約の効力を一律に否定すること（従来の有力説がとってきた立場）も、一つのあり得る考え方のように思われる。現時点では、さまざまな立場が考えられることのみ指摘し、結論は留保しておきたい。この問題は、今後、学説の議論が一層深められる必要があると思われる。

４　利益供与規制との関係

ところで、資本・業務提携に際して会社・株主間でガバナンス上の取り決めがされた場合、株主は取り決めに従い議決権その他の株主権を行使するのと引き換えに、資本・業務提携による利益（たとえば、会社との取引による利潤）を会社から得ることになるため、会社法120条が禁じる株主の権利行使に関する利益供与に該当しないのかが、問題になる[15)]。もしも利益供与に該当するとすれば、たとえ当該取り決めが法的拘束力を持たない趣旨で（一種の紳士協定として）結ばれたとしても、取り決めに従って実際に議決権が行使され、かつ、株主が資本・業務提携から利益を得た場合には、会社法により民事上および刑事上の責任（会社法120条・970条）が生じる可能性があり、極めて深刻な問題になる。

従来、利益供与規制は、会社の財産が経営者支配のために使われることを防止し会社の健全性ないし公正を確保することが立法目的であって、会社財産に損害が生じたかは問題でないとの理解のもとに、利益供与が株主の権利の行使に関して行われたものである限り、たとえそれが相当な対価を得て行われたとしても同規制に抵触するという理解が、規制創設時（昭和56年商法改正）以来の一般的な解釈である[16)]。けれども、こうした解釈に対しては、元来は総会屋排除のために設けられた規制があまりにも拡張されているとの印象があり、会社の経営に萎縮効果を及ぼす危険が大きいと思われる。同規制の違反に対して厳格な刑事罰が科されることは、逆にいえば、社会的に不相当ないし会社の利益を侵害する危険の大きい取引

15）　**本編第５章第４・３(3)**（159頁）は、会社・株主間の議決権拘束契約の明文化が容易でない理由の一つとして利益供与規制との関係を挙げている。

16）　稲葉威雄『改正会社法』（金融財政事情研究会、1982年）185頁、酒巻俊雄＝龍田節編代『逐条解説会社法第２巻』（中央経済社、2008年）176頁〔岡田昌浩〕等参照。

に限って規制する趣旨であるとみるべきであり、単に会社の健全性ないし公正が害されるという抽象的な危険のみによって、当該規制が適用されると解するべきではないように思われる。すでに学説上も主張されているように、たとえ株主の権利行使と利益供与との関連性が認められるとしても、対価が相当であり、かつ当該取引が会社にとって有益ないし合理的な場合は、会社法120条の利益供与に当たらないと解するか[17]、あるいは、忠実義務の違反がなければ同条の規制にも抵触しないと解するといった形で[18]、規制の適用範囲を限定する必要があると思われる。この点についても、学説の議論が深められていくことが強く期待される。

第3　反対株主が有する株式の取得（買取）価格の決定について

1　会社法が用意する株式の取得（買取）価格決定の手続

企業再編は、通常、株主の利害に重大な影響を与えるため、会社法は、反対する少数派株主（反対株主[19]）の利益を保護するために一定の権利を認めている[20]。その中で、実務上も利用されることが多く重要なものとしては、反対株主が、裁判所の決定する価格で保有株式を会社に買い取らせる（取得させる）ことを可能とする手続が挙げられる。

具体的には、まず、合併、株式交換等の組織再編においては、反対株主は、自己の有する株式を「公正な価格」で買い取ることを会社に請求することができる（会社法785条・797条・806条）。買取価格は、第一次的には会社と反対株主間の協議により定めるが、協議が調わないときは、当事者の申立てにより、裁判所が買取価格を決定することになる（同法786条・797条・806条）。また、現行法下では、キャッシュアウト取引（少数派株主に金銭を交付し会社から退出させる取引）は、発行済株式全部を全部取

17）　森本滋「違法な利益供与の範囲」月刊監査役167号（1982年）7頁。
18）　山下友信編『会社法コンメンタール（3）』（商事法務、2013年）248頁〔森田章〕。
19）　会社法は、「反対株主」という用語を、株式買取請求の場面でのみ用い、全部取得条項付種類株式の取得価格決定（会社法172条）では用いていないが、以下では表記の単純化のため、後者の申立株主も「反対株主」と呼ぶことにする。
20）　株主のとり得る法的措置については、**本編第7章第4**（190～199頁）参照。

得条項付種類株式とした上で直ちにこれを全部取得する方法（同法108条１項７号・171～173条）で行われることが多いが[21)]、この場合、反対株主は、株式の取得価格の決定を裁判所に対して求めることができる（同法172条）。また、平成26年会社法改正により、株式の併合について株主保護のための手続が整備されるとともに（改正会社法182条の２～182条の６）、対象会社の総株主の議決権の９割以上を有する株主（特別支配株主）が、対象会社の株主総会の承認を得ることなく、対象会社の株式全部の売渡を請求する手続（株式等売渡請求手続）を創設しており（同法179条以下）、改正法施行後は、キャッシュアウト取引は、これらの手続によって行われることが増えると予想される。そして、これらの手続においても、キャッシュアウトされる反対株主は、「公正な価格」での株式買取請求権を与えられるか（株式の併合の場合。同法179条の８）、または、売買価格の決定を裁判所に申し立てることができる（株式等売渡請求の場合。同法182条の４）。

以下、本節（**第３**）では、裁判所は反対株主の株式の取得（買取）価格をどのように決定すべきであるかという問題について論じてみたい。

２　取得（買取）価格の決定方法

⑴　「公正な価格」の意義

会社法は、組織再編における反対株主の株式買取請求に係る株式の買取価格について、平成17年改正前商法が「決議ナカリセバ有スベカリシ公正ナル価格」（以下、「ナカリセバ価格」という）と定めていたものを（同法408条の３第１項等）、単に「公正な価格」と改めた（会社法785条１項・797条１項・806条１項）。これは、組織再編が、シナジーの発生等を通じて企業価値を増加させる場合には、増加した企業価値の公正な分配分をも株主に保障しようとする趣旨である[22)]。その一方で、学説は一般に、

21）　これは、キャッシュアウト取引を金銭対価の株式交換の方法で行おうとすると、非適格組織再編とされ、対象会社（株式交換完全子会社）の資産の評価益に課税されることになるためである（法人税法62条の９）。

22）　江頭憲治郎『株式会社法〔第５版〕』（有斐閣、2014年）866頁、伊藤靖史ほか『事例で考える会社法』（有斐閣、2011年）387～388頁〔田中亘〕、藤田友敬「新会社法における株式買取請求制度」黒沼悦郎＝藤田友敬編『江頭憲治郎先生還暦記念　企業法の理論(上)』（商事法務、2007年）281頁等参照。

従来のナカリセバ価格も、会社法のもとで排除されたわけではないと解している[23)]。これは、組織再編が企業価値を毀損する場合には、マイナスの企業価値増加分すなわち減少分を公正に分配した価格が「公正な価格」になるのではなく、むしろ反対株主は、組織再編がなかったとした場合に実現する価格で保有株式を買い取ってもらえるという意味である。

(2)　取得（買取）価格に関する判例

最高裁判所の判例も、組織再編により企業価値の増加が生じる場合には、組織再編の条件が公正なものであったならば（すなわち、それによって企業価値の増加分が公正に分配されたならば）、基準日[24)]において株式が有していると認められる価格が「公正な価格」になるとする一方（テクモ事件決定[25)]）、組織再編により企業価値の増加が生じない（企業価値に変化がない、または毀損する）場合は、基準日におけるナカリセバ価格が「公正な価格」になると認めている（楽天対 TBS 事件決定[26)]、インテリジェンス事件決定[27)]）。

他方、MBO のための全部取得条項付種類株式の全部取得における取得価格について、レックス・ホールディングス（以下、レックス HD）事

---

23)　江頭・前掲注22書866頁、伊藤ほか・前掲注22書388頁〔田中〕、藤田・前掲注22論文281頁等。

24)　価格決定の基準日については、最高裁は、反対株主の株式買取請求に係る買取価格決定については、買取請求がされた日であると解している（後掲の楽天対 TBS 事件決定、インテリジェンス事件決定、テクモ事件決定）。他方、全部取得条項付種類株式の全部取得の場合は、株主が価格決定の申立てをした日ではなく、会社が全部取得をする日（取得日。会社法171条1項3号・173条1項）が基準日になるという理解が一般的である（**本編第7章第4・3⑴②**（195頁）。後掲のレックス HD 事件決定は、取得日を基準日とした原審決定を是認している）。現行法では、価格決定の申立ては、全部取得の総会決議日から20日以内になされるため（改正前会社法172条1項）、それと取得日とではかなりの間隔が空く可能性がある。もっともこの点については、平成26年改正会社法では、取得価格決定の申立日は、取得日の20日前から前日までと改められた（改正後会社法172条1項）。これにより、法形式（組織再編か、全部取得条項付種類株式の全部取得か）による基準日の差違は、小さくなったということができる。

25)　最決平成24・2・29民集66巻3号1784頁（株式移転により企業価値が増加する場合の「『公正な価格』は、原則として、株式移転計画において定められていた株式移転比率が公正なものであったならば当該株式買取請求がされた日においてその株式が有していると認められる価格をいうものと解するのが相当である。」）。

26)　最決平成23・4・19民集65巻3号1311頁。

27)　最決平成23・4・26判時2120号126頁。

件決定の田原裁判官補足意見は、「① MBO が行われなかったならば株主が享受し得る価値と、② MBO の実施によって増大が期待される価値のうち株主が享受してしかるべき部分とを、合算して算定すべき」ものとしている[28)]。これは、組織再編に対する株式買取請求の場面における、組織再編が公正な条件で行われ、株主が企業価値の増加分を公正に分配されたとした場合に実現する価格を「公正な価格」とするという基準に相当するといえる。ただこれは、当該事件においては、MBO によって正の企業価値の増加が期待できることを前提にした判示と見るべきである。MBO によって企業価値が増加しない（変化しない、あるいは毀損する）場合には、負の企業価値増加分を公正に分配した価格が取得価格になるのではなく、MBO がなかったとすれば実現する価格、すなわちナカリセバ価格[29)]が取得価格になることを、同補足意見（法廷意見はもとより）が否定しているわけではないと解すべきである。

一般に、全部取得条項付種類株式の全部取得は、株式の併合あるいは金銭を対価とする株式交換と経済実質はほぼ同じであり、単に法形成の相違だけによって、反対株主に与えられる救済内容が異なるとすることは合理的でない。したがって、組織再編における反対株主の株式買取請求に係る株式の「公正な価格」についての判例の法解釈は、全部取得条項付種類株式の全部取得、株式の併合あるいは株式等売渡請求における株式の取得（買取、売買）価格決定にも、同様に妥当すると解すべきである。すなわち、これらの価格決定手続においても、裁判所は、株式の「公正な価格」を決定すべきであるし、「公正な価格」の決定の方法（企業価値の増加の有無によって公正分配価格またはナカリセバ価格となること）も、組織再編の場合と変わりがないと解すべきである。

(3)　一連の取引を一体と見て「公正な価格」を決定すべきであること

以上の点とは別に、レックス HD 事件の田原裁判官補足意見において、「全部取得条項付種類株式の全部取得」ではなく、「MBO」に注目した判

28)　最決平成21・５・29金判1326号35頁。

29)　この場合のナカリセバ価格は、「全部取得条項付種類株式の全部取得がなかったならば」実現する価格ではなく、「(先行する公開買付けも含めて) MBO がなかったならば」実現する価格と解すべきである。この点は、(3)で後述する。

示（「MBOが行われなかったならば株主が享受し得る価値」とか、「MBOの実施によって増大が期待される価値のうち株主が享受してしかるべき部分」とかいった判示）をしている点は、注目すべきである。本件を含め、MBOは通常、第一段階で公開買付けを行い、第二段階で全部取得条項付種類株式の全部取得により、公開買付価格と同額で残存株式を取得する方法（いわゆる二段階買収）で行われる[30)]。そして、本件の直接の争点は、第二段階の全部取得における取得価格がいくらであるべきかである。それでも、同補足意見は、MBOという一連の取引の中で全部取得の部分だけを切り取って、そこにおける「公正な価格」が何かを問うことはせず、あくまで「MBO」における「公正な価格」が何かを問題にしているのである。MBOは、公開買付けと全部取得条項対種類株式の全部取得とを組み合わせて、対象会社の株式の全部を取得することを目的とする取引であり、その一連の取引から生じる企業価値の増加のうち、どの部分が全部取得から生じ、どの部分が公開買付けから生じるのかを決定することは不可能であるばかりか、そもそも無意味である。むしろ、MBOという一連の取引に着目し、MBOが公正な条件で行われたとした場合に生じる企業価値の増加分を公正に分配した額をもって、「公正な価格」とするべきである。

なお、(2)で述べたとおり、全部取得条項付種類株式の全部取得における取得価格決定においても、ナカリセバ価格をもって「公正な価格」とすべき場合があると解すべきである。そこでもし、MBOに伴う全部取得条項付種類株式の全部取得においてナカリセバ価格を「公正な価格」とするべき場合において、裁判所が、公開買付けの実施は前提として、ただ全部取得条項付種類株式の全部取得だけがなかったとした場合に実現する株式の価格を「公正な価格」と決定するとすれば、反対株主は、公開買付けによって大部分の株式が取得され、流動性が極めて乏しい（上場廃止基準に抵触して上場廃止がされる可能性さえある）株式の価格でもって株式を取得されてしまうことになり、反対株主の保護に欠けることが明らかである。よって、この場合も、MBOという一連の取引の中で全部取得の点だけ切り取るようなことはせず、MBOを一体の取引とみなして、当該MBO

30)　**本編第4章第7・3**（138頁以下）参照。

が（先行する公開買付けも含めて）なかったとした場合、つまり、対象会社が従前どおり独立の上場会社として存続するとした場合に実現する株式の価格を、ナカリセバ価格とすべきである。

以上の理は、MBOに限らず、二段階買収の形で行われるM&A取引（親会社の完全子会社や、独立当事会社間における100%買収）一般に成り立つと考えられる。また、二段階目の取引が全部取得条項付種類株式の全部取得でなく、組織再編、株式の併合あるいは株式等売渡請求の形で行われる場合にも、同様に妥当すると解される。すなわち、これらの場合には、二段階買収のうち二段階目の会社法上の行為をことさらに切り離して「公正な価格」を求めるのではなく、二段階買収という一連の取引を一体として見て、当該一連の取引が公正な条件で行われた場合に基準日に実現する価格（当該取引によって企業価値が増加する場合）、または当該一連の取引がなかったとすれば基準日に実現する価格をもって、「公正な価格」とするべきである。

以上のような理解を前提にして、本節では、以下、反対株主による株式の取得（買取）価格決定の申立てが認められる会社法上の行為一般を包含し、かつ、上記のような二段階買収の場合には二段階買収という一連の取引を指すものとして、「M&A取引」という用語を用い、そのM&A取引において裁判所が決定すべき価格を「公正な価格」と呼んで、その決定方法を考察することにする。

3　「いずれか高い方」定式とその問題点

(1)　「いずれか高い方」定式

従来の学説（筆者のものも含む）は、**2**で説明したような学説・判例による「公正な価格」の解釈を要約して、反対株主は、企業価値の増加分を公正に分配した価格（以下、これを「公正分配価格」という）とナカリセバ価格のうち、「いずれか高い方の価格」で株式の買取りを求めることができる、といった説明をしてきた[31)]。定式化すれば、

31)　江頭・前掲注22書866頁、伊藤ほか・前掲注22書388頁〔田中〕、藤田・前掲注22論文283頁、田中亘「組織再編と対価柔軟化」法教304号（2006年）80頁。

「公正な価格」＝ Max（公正分配価格、ナカリセバ価格）[32)]

ということである（以下、この定式を、「いずれか高い方」定式ということにする）。実務においても、「いずれか高い方」定式による取扱いがされているようである[33)]。

しかし、筆者は現在、「いずれか高い方」定式はミスリーディングであって、価格の決定方法についての判例と実際には合致していないだけでなく、文字通りに適用すると不都合な事態を招くので、この定式は放棄し、価格決定のための新たな定式を作る必要があると考えている。以下、私見を敷衍して論じる。

(2)「いずれか高い方」定式のもとでの投機の弊害

「いずれか高い方」定式によると、反対株主は、最低限、ナカリセバ価格を保障されているということになる。そして、判例は、上場株式についてナカリセバ価格を算定する場合、M&A 取引の公表前の当該株式の市場株価を基礎にして、その後、価格決定の基準日[34)]までの間の市場全体の株価（TOPIX 等の市場指標）動向を反映した補正を行って（以下、これを「事後市場株価補正」という）ナカリセバ価格を算定している（インテリジェンス事件[35)]）。

このような、「いずれか高い方」定式およびナカリセバ価格の決定方法

32）数学記号 Max（$a_1, a_2, \cdots$）は、かっこ内の数値のうち、最も大きいものを指す。

33）**本編第７章第４・３(1)①**（195頁）（「反対株主からいずれか高い方の価格で株式を買い取る取扱いがなされている。」とする）。

34）価格決定の基準日は、前掲注24で説明したとおり、M&A 取引の種類に応じ、反対株主の株式買取請求の日か、または全部取得の効力発生日である。

35）インテリジェンス事件の高裁決定は、本文で述べたような事後市場株価補正により、ナカリセバ価格を算定した（東京高決平成22・10・19判タ1341号186頁）。同決定は、基準日に関する解釈の誤りを理由に破棄されたが（前掲注27・最決平成23・４・26）、事後市場株価補正によってナカリセバ価格を算出することは、「裁判所の合理的な裁量の範囲内」であるとして是認している。なお、上場株式のナカリセバ価格の算定方法としては、事後市場株価補正を行わず、M&A 取引の公表前の市場株価をそのままナカリセバ価格とすることも考えられる（改正前商法のもとでは、むしろその方法が主流だった。伊藤ほか・前掲注22書397頁〔田中〕）。しかし、その方法では、株式対価の M&A 取引において、反対株主による投機を助長することになる。田中亘「株式の買取・取得価格決定の意義と課題」MARR2009年８月号10～11頁参照）。

を前提にすると、M&A取引の公表後、基準日までの間に、①もしも市場全体の株価（TOPIX等）が上昇し、それを反映して算定されるナカリセバ価格が、基準日における当該株式の現実の市場株価を上回った場合には、反対株主は、取得（買取）価格決定手続において、ナカリセバ価格が「公正な価格」であると主張して、当該価格による株式の買取り（取得）を求めることができる。逆に、②もしも市場全体の株価が下落し（または上昇したものの、上昇率が当該株式の株価上昇率を下回り）、それを反映して算定されるナカリセバ価格が、基準日における当該株式の現実の市場株価を下回った場合には、反対株主は、取得（買取）価格決定において、公正分配価格が「公正な価格」であると主張すればよい。M&A取引が公正な条件で行われた場合には、公正分配価格は、基準日に当該株式が（当該M&A取引の実施を織り込んで）現実に有している市場株価に等しい。そして、もとより会社は、現実に行われたM&A取引は公正な条件で行われたと主張することが通常であるため、反対株主は、会社の主張をそのまま受け入れさせすれば、基準日における現実の市場株価を得ることができる[36)]。なお、組織再編の場合は、株式買取請求の日が価格決定の基準日になるから（前掲注25）、反対株主は、買取請求をする代わりに、単に市場で株式を売却することによっても、基準日時点での現実の市場株価を得ることができる。

以上より、反対株主は、公表日から基準日までの間に株価がどのように変動しようと、ナカリセバ価格と基準日における現実の市場株価のうち、いずれか高い方の価格を得ることができる。このことは、M&A取引自体

36）理論的には、会社は、現実のM&A取引は、会社（その株主）にとって不公正に有利な（取引の相手方にとって不公正に不利な）条件で行われたものであるため、公正分配価格は、基準日における現実の市場株価よりも低いと主張することもあり得る。しかし、そのような主張は、相手方の取締役の責任リスクを発生させるため、会社がそのような主張をする可能性は極めて低いと思われる（相手方が会社を買収するM&A取引の場合、取引実施後は、相手方が会社を支配しているのであるから、なおさらである）。また、取得（買取）価格決定手続は非訟事件である（処分権主義・弁論主義の適用がない）ため、裁判所は、当事者の主張に拘束されることなく、取得（買取）価格を決定することができる。とはいえ、現実の手続では、裁判所は当事者の提出する主張・証拠に依拠して裁判を行うのであるから、会社がM&A取引が公正な条件で行われたと主張し、株主がそれを特に争わないか、または会社にとって不公正に不利な条件で行われたと主張しているときに、裁判所が、取引は会社にとって不公正に有利な条件で行われたとの判断のもとに取得（買取）価格を決定するということは、実際上は考えがたい。

に対する賛否とは無関係に、公表日から基準日までの株価変動を利用して利益を得る目的（投機目的）で、M&A取引に反対するインセンティブを株主に与えてしまう。その結果、最悪の場合は、企業価値を増加させ会社にとっても社会全体にとっても有益なM&A取引が、株主総会で否決されてしまう可能性がある。そうでないとしても、過剰な株式買取請求あるいは取得価格決定の申立てにより、会社の財産が過剰に流出し、会社ひいてはその一般株主の利益を害する恐れがある。

(3)　投機の弊害はキャッシュアウト取引の場合により深刻であること

以上のような投機の弊害は、キャッシュアウト取引の場合に、より深刻になるであろう。M&A取引が買収者の株式を対価にして行われる場合、取引の公表後は、対象会社の株式の市場株価は、買収者の株式の市場株価と連動することになり、そして後者の市場株価は、市場全体の株価動向をある程度まで反映して決まるはずである。それゆえ、基準日における対象会社の株式の現実の市場株価とナカリセバ価格との乖離は、比較的小さく抑えられるであろう[37)]。これに対し、キャッシュアウト取引の場合、取引の公表後、基準日までの間の対象会社の株式の市場株価は、キャッシュアウト価格にほぼ固定され、市場全体の株価動向を反映しない傾向があろう。そうすると、反対株主にとっては、固定されたキャッシュアウト価格を最低保障金額として、市場全体の株価動向を反映して決まるナカリセバ価格が当該金額を上回って上昇すればするほど、利益が得られることになる。これは、反対株主は、会社（他の株主）の犠牲において、リスクのない投機ができるということであり、投機利益を得る目的でM&A取引に反対する行動は、株式対価のM&A取引以上に助長されることになる[38)]。

3で述べた問題は、「いずれか高い方」定式を文字通り適用して株式の

---

37)　もっとも、裁判実務において行われる事後市場株価補正は、対象会社の株式の株価変動率は、市場全体の株価動向を表す指標（たとえばTOPIX）の変動率の一次関数（マーケットモデル）で表せるという単純な仮定のもとで、単回帰分析によって一次関数の切片と係数を推定し、その推定式に基づいて、公表日から基準日までの間の市場全体の株価指標の変動率から、同期間における（M&A取引がなかったとした場合の）当該株式の株価変動率を予測するという素朴な方法であり、その推定および予測には大きな誤差が生じることを否定できない（森田果「実証分析入門」田中亘編著・飯田秀総ほか著『数字でわかる会社法』（有斐閣、2011年）276～277頁）。

取得（買取）価格を決定することは適当でなく、再検討が必要であることを示唆している。以下では、既存の判例、学説を再度吟味することを通じ、新たな定式の定立を試みる。

4 「いずれか高い方」定式再考

(1) 学説の趣旨の再検討

そもそも、学説が、改正前商法におけるナカリセバ価格が会社法施行後も排除されていないと主張した理由は、取締役や多数派株主の不合理な判断により、企業価値を毀損するようなM&A取引を行うことが決定された場合に、取締役・多数派株主の不合理な判断による不利益を反対株主に負担させることは必ずしも適切でないので、この場合にはナカリセバ価格が「公正な価格」であると解して、反対株主が不利益を免れることができるようにしたことにあると考えられる。取締役・多数派株主が、M&A取引は企業価値を増加し会社・株主の利益になるという合理的な判断のもとにM&A取引を行うことを決定した場合に、当該決定後、基準日までの間の市場全体の株価動向を反映して、たまたまナカリセバ価格が当該株式の現実の市場価格を上回ったという場合にまで、ナカリセバ価格を「公正な価格」とすることにより、当該上回った分の利益を享受させるということまで意図していたわけではないと思われる（少なくとも、筆者自身は、まったくそのようなことは意図していなかった）。

(2) 判例の再検討

翻って判例を見ると、判例は、反対株主の保有株式の取得（買取）価格決定に際し、「いずれか高い方」定式を用いるべきであると判示したことは一度もないことに注目すべきである。判例が採用する定式は、**2**(2)で説明したとおり、① M&A取引によって企業価値の増加が生じる場合は、

38）本文の分析は、ナカリセバ価格の算定に際して事後市場株価補正を行うことを前提にしている。これに対し、事後市場株価補正を行わず、M&A取引の公表前の市場株価をそのまま用いる場合は、キャッシュアウト取引において、本文に述べたような投機の弊害は生じないが、逆に、株式を対価とするM&A取引において、固定されたナカリセバ価格をオプション価格として株式の市場株価の変動を利用した投機を助長してしまう。田中・前掲注35論文参照。

公正分配価格が「公正な価格」になる一方（テクモ事件）、② M&A 取引によって企業価値の増加が生じない場合には、ナカリセバ価格が「公正な価格」になる（楽天対 TBS 事件、インテリジェンス事件）、というものである。この定式のもとでは、M&A 取引によって企業価値が増加するかどうかをまず判断しなければならないのであって、その判断を経ることなく、ナカリセバ価格を「公正な価格」にすることはできないと解される。そして、裁判所が、当該 M&A 取引によって企業価値の増加が生じると判断した場合（上記①の場合）は、判例の定式からは、公正分配価格が「公正な価格」になるのであって、この場合にナカリセバ価格を「公正な価格」にすることは認められていないように思われる。要するに、判例の定式のもとでは、ナカリセバ価格が反対株主に常に保障されているわけではない、ということである。

5　企業価値の増加の有無の判定の仕方

判例の理解にとって決定的に重要な、しかしいまだ明確にされていない点は、企業価値の増加の有無の判定を、いつの時点で、どのような基準によって行うのか、という問題である。もしも判例が、その判定は、M&A 取引に関する意思決定の時点[39]――基準日あるいは裁判所による価格決定の時点ではなく――における合理的な判断を基準として行うと考えているのだとすれば、判例の立場は私見と一致する。M&A 取引における意思決定の時点の諸事情に鑑みて、当該 M&A 取引は企業価値を増加させると合理的に判断（期待）できるのであれば、反対株主は、そのような M&A 取引の実施を前提にして基準日に形成される株式の価格をもって、会社から退出する権利を保障されれば、保護の程度としては十分であると考える。逆に、もしも企業価値の増加の有無の判定を、意思決定の時点以後の事情

39）　意思決定の時点とは、通常は、反対株主による株式の取得（買取）価格決定の申立ての原因となった会社法上の行為（組織再編や全部取得条項付種類株式の全部取得）を指す。ただし、M&A 取引が二段階買収の形をとって行われ、公開買付けの開示資料の中で、公開買付成立後に、二段階目の取引により残存株式全部を取得する旨およびその取得条件を明示し、かつ、実際に公開買付け後に開示内容どおりに残存株式全部の取得が行われた場合には、公開買付けの時点で M&A 取引の条件は決定しており、二段階目の取引である会社法上の行為はその決定内容どおりに行われているにすぎない。したがって、この場合は、公開買付けに関する意思決定の時点をもって、M&A 取引に関する意思決定の時点と考えるべきである。

をも勘案して行うことを認めれば、反対株主は、意思決定の時点で会社（その取締役・多数派株主）が認識し得ない事情をも反映した（いわば「後知恵」の判断による）株式価値を保障されることになり、反対株主に過剰な保護を与えるばかりでなく、**3**で指摘したような投機の弊害をもたらし、会社やその一般株主を害する危険が大きいと考える。

以上のように解した場合、残る問題は、M&A取引に関する意思決定の時点で、当該取引が企業価値を増加させると合理的に判断できるかどうかを、裁判所がいかにして判定するのか、という点である。これは、裁判所がどの程度まで、取引の実質的内容に立ち入るべきか（逆にいうと、会社の取締役・多数派株主の判断をどこまで尊重すべきか）、という問題に関わる。以下ではこの点を、M&A取引が独立の当事者間で行われる場合と、MBOや親子会社間など、非独立の当事者間で行われる場合とに分けて検討する。

6　独立当事者間のM&A取引の場合

この点に関し、テクモ事件最高裁決定（前掲注25）は、「相互に特別の資本関係がない会社間において、株主の判断の基礎となる情報が適切に開示された上で適法に株主総会で承認されるなど一般に公正と認められる手続により株式移転の効力が発生した場合には、当該株主総会における株主の合理的な判断が妨げられたと認めるに足りる特段の事情がない限り、当該株式移転における株式移転比率は公正なものとみるのが相当である」とし、独立当事者間のM&A取引においては、取締役・多数派株主の判断を原則として尊重する立場を明確にしている。

もっとも、同決定は、当該事件のM&A取引は会社の企業価値を増加させるものであったという原審の認定を前提にして、その場合の企業価値の増加分の分配方法については、取締役・多数派株主の判断を原則として尊重するとしたものである。そもそもM&A取引によって企業価値が増加するかどうかについても、取締役・多数派株主の判断を尊重するのかという問題については、判例は態度を決していないと見るべきである[40)]。

---

40)　飯田秀総「企業再編・企業買収における株式買取請求・取得価格決定の申立て」法教384号（2012年）26～36頁参照。

その点を認めた上で私見を述べると、筆者は、独立当事者間の取引においては、取締役は、自社の企業価値を毀損するような取引をあえて提案する動機はなく、また株主も、自己の不利益になるような取引をあえて承認する動機はないのであるから、取締役と多数派株主がM&A取引を承認した以上、当該取引は、意思決定の時点における合理的な判断として、企業価値を増加させるものであったということを前提にしてよいのではないかと考えている[41)]。もしもそう考えないとすれば、独立当事者間の取引であっても、それが企業価値を増加させるものであったかを、常に裁判所は独自に判定しなければならないことになるが、その判定は困難な場合が多いと思われる。たとえば、市場株価を基準に判定するとしても、市場株価はさまざまな要因によって変動するから、M&A取引の公表後に市場株価が下落したからといって、当該取引が企業価値を損なうとの株式市場の判断が示されたとはいえないであろう。さらにいえば、市場株価の動向は、市場で株式を売買する限界的な投資家の見方を反映しているのであって、株式を保有し続けている株主の見方を必ずしも反映していないのではないかという疑問もあり得る。かといって、市場株価によらずに、裁判所が経営学的見地から、当該M&A取引が企業価値を増加させるかを直接判定するということも、多くの場合は困難であろう。

それゆえ、独立当事者間において、一般に公正と認められる手続を経てM&A取引が行われた場合は[42)]、株主の合理的な判断が妨げられたと認めるに足りる特段の事情（以下、単に「特段の事情」という）がない限り[43)]、裁判所は、当該取引によって①企業価値が増加し、かつ、②企業価値の増加分は株主に公正に分配されていることを前提にして、「公正な価格」を決定すべきである。その結果、独立当事者間取引においては、通常の場合は、現実のM&A取引を前提にして形成された基準日における株式の現

41）　伊藤ほか・前掲注22書400～401頁〔田中〕。もちろん、取締役・多数派株主も、意思決定の時点で知り得ない事情については考慮しようがないため、意思決定の時点でM&A取引は企業価値を増加させると合理的に判断される場合であっても、その後の事情の変化により、M&A取引は企業価値を低下させるものとなる、ということはあり得る。しかし、**5**で述べたように、M&A取引における企業価値の増加の有無の判定は、意思決定の時点における合理的な判断を基準に行うべきであり、意思決定後の事情は考慮すべきではないから、そのような事情の変化が仮に起こったとしても、M&A取引は企業価値を増加させるものであるという判断は覆らないというべきである。

実の価格（上場株式では、原則として市場株価によって算定）をもって、「公正な価格」とすることになると考えられる。

そして、その場合には、ナカリセバ価格はそもそも「公正な価格」とはいえないため、公表日前の株価を基礎として事後市場株価補正をするといった方法で「公正な価格」を算定することは許されないのであって、裁判所がそのような方法で「公正な価格」を決定した場合、裁量範囲の逸脱になると解すべきである。独立当事者間のM&A取引において、そのような方法で「公正な価格」を決定することが許されるのは、当該取引が一般に公正な手続によって行われたと認めることができないか、あるいは特段の事情があるために、取締役・多数派株主の判断を尊重することができないため、裁判所が独自に「公正な価格」を決定しなければならない場合（その場合については、**8**で検討する）に限られるというべきである。

42）「一般に公正と認められる手続を経て」という限定は、テクモ事件最高裁決定に従うものである。とはいえ、本文で述べたとおり、独立当事者間のM&A取引においては、取締役・多数派株主は、M&A取引が自社またはその株主の利益となる場合のみ、取引を行う動機があるから、非独立当事者間取引と異なり、手続の公正さについて立ち入った審査をする必要はないと思われる。基本的に、法令および（上場会社の場合）取引所規則で求められる情報開示を行った上で、会社法上必要な機関の承認を得れば、当該取引は「一般に公正と認められる手続を経て」行われたと認められ、反対株主の側で「特段の事情」（後掲注43）を示さない限り、実際に行われたM&A取引の内容を尊重する形で「公正な価格」を決してよいと考える。

43）「特段の事情」について、テクモ事件最高裁決定は、「株主の合理的な判断が妨げられたと認めるに足りる」事情という抽象的な意味づけをしているに止まる。そのような事情の具体例を挙げるとすれば、①株主に対して重要な事実の不実開示（誤解を与えないために重要な事実の不開示を含む）がされた場合、②二段階買収において公開買付けに強圧性があった場合の他、③M&A取引の交渉、締結において取締役に善管注意義務・忠実義務の違反がある場合が考えられる。③について敷衍すると、株主は、一般に、取締役は善管注意義務・忠実義務を尽くした上で会社・株主の利益になると判断した場合にのみM&A取引を締結し、これを株主に提案するはずであるという認識（期待）のもとに、M&A取引に対する賛否の判断を行うものと解されるところ、その取締役には実は善管注意義務・忠実義務の違反があったという事情は、ほとんどの株主の期待に反することであり、「株主の合理的な判断が妨げられたと認めるに足りる」事情であるといってよいように思われる。もっとも、独立当事者間の取引においては取締役の経営判断は原則として尊重されるべきであるから、善管注意義務・忠実義務の違反が認められるのは、判断の過程・内容に著しく不合理な点がある場合に限られると解され（最判平成22・7・15判時2091号90頁）、そのような場合は、ごく例外的であると考えられる。

7　非独立当事者間のM&A取引の場合

MBOあるいは親子会社間取引のように、M&A取引の当事者が互いに独立の関係にあるとはいえない場合には、利益相反のゆえに、取締役・多数派株主が自社ないし自社の株主の利益となる判断をするとは当然には期待できない。そこで、実務では、独立役員や社外有識者からなる特別委員会（第三者委員会）に取引の公正さを審査（ときには、取引条件について交渉）させたり、独立の株価算定機関による株価算定書を取得するなど、利益相反を回避し、取引の公正さを担保する措置をとっている[44)]。

そこで、裁判所は、まず、こうした措置が実効的に機能したかを審査することにより、当該M&A取引が、独立当事者間の取引に比肩し得るような公正な手続を経て行われたと認められるか否かを判断すべきである[45)]。もしも手続が公正と認められれば、**6**で述べたのと同様、特段の事情がない限り[46)]、当該M&A取引は、意思決定の時点における合理的な判断として、企業価値を増加させ、かつ、企業価値の増加分を公正に分配するものであることを前提にして、「公正な価格」を決するべきである。そして、その場合には、基準日において現実に形成されている株式の価格（上場株式の場合は、原則として市場株価）が「公正な価格」になるのであり、ナカリセバ価格を算定してこれを「公正な価格」とすることは許されないことは、独立当事者間取引について**6**で述べたことと同様である。

裁判所は手続の公正さに重点を置いて審査をするべきであるという一般論は、従来から学説が主張していたものであり[47)]、裁判例においても、非独立当事者間取引において手続の公正が認められる場合には、実際に行わ

44）　利益相反回避措置ないし公正担保措置の内容については、**本編第4章第7・3**⑴①（139～140頁）参照。

45）　伊藤靖史ほか『リーガルクエスト会社法〔第2版〕』（有斐閣、2011年）383～384頁〔田中亘〕、白井正和「MBOにおける利益相反回避措置の検証――ホリプロ株式取得価格決定申立事件を題材に」商事2031号（2014年）9頁等。

46）　独立当事者間のM&A取引の場合との均衡上、ここでも「特段の事情」がある場合は例外になると考えられる。もっとも、独立当事者間取引と異なり、非独立当事者間取引の場合、裁判所は手続の公正さについて立ち入った審査を行った上で、取引が公正な手続を経て行われたと認めるのであるから、手続の公正さが認められながら、株主の合理的な判断が妨げられたと認めるに足りる特段の事情があるということは、実際上は想定しにくいと思われる（そのような特段の事情がある場合、そもそも手続は公正とは認められないと思われる）。

れたM&A取引の条件を尊重する形で「公正な価格」を決定するようになってきている[48]。もっとも、それらの裁判例に対しては、手続の審査がやや形式に流れていないかという疑問を持つこともないではない。裁判所は手続の公正さに重点を置いた審査をすべきであるという学説は、米国法に範をとるものであるが、同国では、非独立当事者間取引については、たとえば特別委員会の委員の独立性、特別委員会が独立のアドバイザーを雇っているか、買収者と特別委員会との交渉の過程、あるいは株価算定書（またはフェアネス・オピニョン）の作成過程等について、相当に入念な審査を行っている[49]。こうした手続審査をパスしない場合、少数派株主の救済のため、非常に峻厳な法的措置がとられることもある[50]。これに対し、わが国の裁判例では、手続面の審査といっても、それは特別委員会が設置されたとか、株価算定機関による株価算定書を得ているとかいった、外形的な事実の認定に止まり、たとえば特別委員会がどのように機能して取引条件が決定されたのか、あるいは株価算定書がどのような過程を経て作成されたのかといった点について、あまり立ち入った審査は行われていないように見える[51]。日米では裁判手続（特に証拠開示）に関するルールが異な

47）　田中・前掲注31論文79～80頁、加藤貴仁「レックス・ホールディングス事件最高裁決定の検討(中)」商事1876号（2009年）５頁等。

48）　東京地方裁判所は、早い時期から、手続の公正さに着目した審査を行う立場を明確にしている。東京地決平成21・９・18金判1329号45頁（サイバード事件）参照。近時は、MBO（東京地決平成25・９・17金判1427号54頁（セレブリックス事件）、東京高決平成25・10・８金判1429号48頁（ホリプロ事件））や親子会社間取引（大阪地決平成24・４・27判時2172号122頁（三洋電機事件））につき、手続の公正さを認めて、実際のM&A取引の条件を尊重する形で「公正な価格」を決定する裁判例が蓄積しつつある。なお、インテリジェンス事件の東京高裁決定は、親子会社間の株式交換が「一般に公正と認められる手続によりなされた」と認めつつ、株式交換の公表後に子会社の株式の市場株価が下落したことを根拠に、株式交換は子会社の企業価値を毀損したと認めて、ナカリセバ価格を算定している（東京高決平成22・10・19判タ1341号186頁）。しかし、飯田・前掲注40論文30頁注10で適切に指摘されているとおり、当該事件では、親会社の支配力を払拭して取引の公正さを担保する措置が十分とられたとはいえず、取引が公正な手続を経て行われたとは認められない事案というべきである。したがって、独立当事者間取引と同様（**6**参照）、非独立当事者間取引についても、取引が公正な手続を経て行われたと認められる場合に、裁判所は企業価値の増加の有無について当事者自身の判断を尊重すべきかについて、判例は態度を決していないと理解すべきである。

49）　米国の裁判実務については、白井正和「利益相反回避措置としての第三者委員会の有効性の評価基準」岩原紳作＝山下友信＝神田秀樹編代『会社・金融・法(下)』（商事法務、2013年）169～172頁。

ること、また米国においても、厳正な手続審査をするコストに見合うメリットが存在するかについて疑問を持つ向きもあることから[52]、安易に日本法の現状を批判することは差し控えたいと思うが、裁判所が非独立当事者間の取引についてどこまで立ち入った審査をすべきか、現在の実務の水準で果たして十分なのかという問題は、比較法研究の成果も踏まえつつ、真剣な検討が行われるべきであると思われる。

とはいえ、以上の問題は、手続の公正さの審査をどの程度まで厳格に行うべきかという問題であり、その前提として、手続の公正さが認められれば、裁判所は現実に行われたM&A取引を尊重してよいという考え方自体は、支持してよいと思われる。前述したとおり、裁判所がM&A取引の実質的な合理性を判定することは困難であり、誤った判断によりM&A取引を萎縮させる危険性は、非独立当事者間取引も独立当事者間取引と変わりがないと考えるからである。

---

50)　たとえば、*In re* Emerging Communications, Inc., S'holders Litig., 2004 Del. Ch. LEXIS 70（Del. Ch., May 3, 2004）では、MBO（支配株主兼CEOによるゴーイング・プライベイト取引）として行われたキャッシュアウト・マージャーに対する反対株主の株式買取価格決定手続（appraisal procedure）において、現実の取引価格10.25ドルに対し、38.05ドルの価格決定がされた。当該事件では、支配株主兼CEOは、役員に命じて作らせたキャッシュフロー予測（3か月前に作らせたものより楽観的なもの）を自己のフィナンシャル・アドバイザー等には開示したが、特別委員会や取締役会には開示しなかったことについて、手続の不公正さがあると認められた。また、当該CEOの忠実義務違反による責任も肯定された。Wataru Tanaka, *Going-private and the Role of Courts: A Comparison of Delaware and Japan*, UT Law Review No.3, pp.21-22（2011）参照。親子会社間の取引について親会社に13億4700万ドルの損害賠償責任を肯定した、In re Southern Peru Copper Corp. Shareholder Derivative Litigation, 52 A.3d 761（Del. Ch. 2011), aff'd, 51 A.3d 1213（Del. 2012）も参照。

51)　たとえば、サイバード事件東京地裁決定（前掲注48・東京地決平成21・9・18）では、MBOにおいて、第三者委員会を設置し、独立の財務アドバイザー・法務アドバイザーを選任したことが、取引の公正さを認める事情として挙げられているが、これらの委員会やアドバイザーが具体的にどういう働きをしたかは特に認定されていない。ことに本件では、当該委員会は、設置から12日間で取引を承認しており、この期間で取引条件につき十分な協議を尽くしたかについて疑問もあり得ることから、裁判所としてはより慎重な審査をするべきではなかったかと思われる。Tanaka, 前掲注50, pp.19-20. なお、同決定は抗告審で変更され、取得価格が若干、引き上げられた（東京高決平成22・10・27資料版商事322号174頁）。また、前掲注48・東京高決平成25・10・8について、取引が公正な手続を経て行われたとする裁判所の判断を批判的に検討するものとして、白井・前掲注45論文10〜11頁参照。

52)　支配株主による少数株主の締出取引について、訴訟リスクに直面する独立委員会が取引を容易に承認しないことから効率的な取引までもが頓挫する可能性を指摘するものとして、Guhan Subramanian, *Fixing Freezeouts*, 115 Yale Law Review 2, 39-40（2005）参照。

8　手続の公正さが認められない場合の「公正な価格」の決定方法

(1)　裁判所が独自に「公正な価格」を決定すべきであること

独立当事者間取引、非独立当事者間取引のいずれについても、M&A取引が公正な手続によって行われたと認められない場合（または、手続の公正さにかかわらず、株主の合理的な判断が妨げられたと認めるに足りる特段の事情がある場合。以下、表記の簡単化のため、その場合も含めて「取引が公正な手続を経て行われたと認められない場合」という）、取締役・多数派株主の判断を尊重することはできないため、裁判所が独自に「公正な価格」を決定する必要がある。

この場合、**4**(2)で示した判例の定式に従えば、裁判所は、まず、当該M&A取引によって企業価値が増加するか否かを判定する必要がある。ただし、**5**で述べたとおり、その判定は、M&A取引に関する意思決定の時点の合理的な判断を基準にして行うべきである。そして、企業価値の増加の有無に応じ、公正分配価格またはナカリセバ価格をもって、「公正な価格」とするべきである。以下、順に論じる。

(2)　公正分配価格を「公正な価格」とすべき場合

M&A取引が公正な手続を経て行われたと認められない場合であって、M&A取引によって企業価値が増加すると判断される場合には、裁判所は、仮に公正な条件でM&A取引が行われるとすれば基準日において株式が有するであろう価格、すなわち公正分配価格を独自に算定し、これをもって「公正な価格」とすべきである。レックス・ホールディングス事件は、非独立当事者間のM&A取引であるMBOが公正な手続を経て行われたと認められない場合において、裁判所が独自に公正分配価格を決定した事例、と評価することが可能である[53)]。

この場合、裁判所は、M&A取引の「公正な条件」とはどういうものかを特定しなければならない。理論的には、裁判所は、もしも当該M&A取引が（実際にはそうではなかったが）公正な手続を経て行われたとすれ

---

53)　加藤貴仁「レックス・ホールディングス事件最高裁決定の検討(下)」商事1877号（2009年）24頁、伊藤ほか・前掲注45書384頁〔田中〕。

ば、当事者間で合意されたであろう条件を推測し、そのような条件をもって「公正な条件」とすべきであると考えられる。もっとも、以上に述べたことは、価格決定の際の基本的な指針ないし理念とでもいうべきものであって、現実の裁判においては、上記のような推測を実際に行うことは困難である。そこで、たとえば、企業価値の増加分を各当事会社の従前の企業価値（市場株価により算定する）の大きさに応じて按分するとか、あるいは単純に１対１で分配するといった、腰だめ的な方法によらざるを得ないであろう[54)]。そのような方法も、特に不合理なものでない限り、裁判所の裁量の範囲内として許容されると考えられる。また、事案によっては、当事者（特に会社）が十分な証拠資料を提出しないために、M&A 取引前の企業価値がどれだけであり、それが M&A 取引によりどれだけ増加するかを裁判所が算定することができない場合もあり得る[55)]。そのような場合には、M&A 取引の公表前の株式の市場株価に、同種の M&A 取引の平均プレミアムを加算した額を公正分配価格とするといった処理も認められる[56)]。

以上のような腰だめ的な算定方法を常に裁判所が採用するとすれば、価格決定手続の予測は極めて困難となり、M&A 取引を萎縮させる危険が大きい。しかし、これまで論じてきたように、M&A 取引が公正な手続を経

54)　こうした分配方法についての検討として、田中亘「MBO における『公正な価格』」金判1282号（2008年）20～21頁。実際に、企業価値の増加分を１対１で配分した裁判例として、大阪地決平成24・４・13金判1391号52頁（カルチュア・コンビニエンス・クラブ事件）。ただし、同決定の M&A 取引（二段階買収を用いた MBO）が公正な手続を経て行われたと認められるかについて、学説の評価は分かれる（対立する見解について、白井正和「判批」ジュリ1455号（2013年）118～119頁参照）。もしも公正な手続を経て行われたと認められるとすれば、本稿の立場からは、裁判所は現実に合意された MBO 価格をもって「公正な価格」とすべきだったのであり、同決定のように、公正分配価格を独自に算定すべきではなかったことになる。

55)　非訟事件手続法の改正により、価格決定手続においても、裁判所が文書提出命令を発することが可能となったが（同法53条）、当事者が当該命令に従わない場合も、民事訴訟法のような真実擬制（同法は働かず、過料の制裁が科され得るだけであるため、当事者には証拠を提出する十分なインセンティブが働かないかもしれない。松田亨「新しい非訟事件手続法の施行にあたって」金判1407号（2013年）１頁。

56)　レックス HD 事件では、会社が MBO 後の事業計画や株価算定評価書を提出しないことを踏まえて、MBO の公表前６か月間の平均市場株価に20％のプレミアムを加算した額を取得価格と決定した（東京高決平成20・９・12金判1301号28頁）。最高裁はこの処理について、裁量範囲の逸脱はなく適法と認めている（前掲注28・最決平成21・５・29）。

て行われたと認められる場合には、裁判所は現実のM&A取引の条件を尊重して「公正な価格」を決定し、手続の公正さが認められない場合に限って、上記のような方法で「公正な価格」を決定するものとすれば、M&A取引の当事者に対し、取引を公正な手続を経て行うインセンティブを与えることになり、株主の利益に資する効果を期待できるであろう。

(3)　ナカリセバ価格を「公正な価格」とすべき場合

M&A取引が公正な手続を経て行われたと認められない場合であって、M&A取引によって企業価値が増加しない（変化しない、または減少する）と判断される場合には、裁判所は、独自に算定したナカリセバ価格をもって「公正な価格」とすべきである。

この場合において、市場株価に基づいてナカリセバ価格を算定する場合には、裁判所は、M&A取引の公表日前の（M&A取引による影響を受けない）株式の市場株価を基礎にして、公表日から基準日までの市場全体の株価動向を反映した補正（事後市場株価補正）を行うことにより、M&A取引がなかったとすれば当該株式が有する価格を求めることが合理的であろう（インテリジェンス事件[57]）。市場全体の株価動向は一般的な経済動向を反映したものであるところ、もしもM&A取引がなかったならば、当該株式の市場株価は、そのような一般的な経済動向を反映して上昇ないし下降したはずであるから、基準日におけるナカリセバ価格を決定するに当たっては、そのような株価の変化を考慮することに合理性が認められるためである。

もっとも、ナカリセバ株価は必ずしも市場株価に基づいて算定すべきであるとは限らず、当事者（特に会社）がそのために十分な証拠資料を提出する場合には、裁判所は、DCF法等の市場株価によらない価格算定方法を用いて、ナカリセバ価格を決定することも可能であると解すべきである。事後市場株価補正は、ことにマーケットモデルのような単純な推定式によ

57）　インテリジェンス事件（前掲注35）では、基準日までに市場全体の株価が下落したことから、事後市場株価補正をしたナカリセバ価格は、M&A取引公表日前の市場株価よりも低い価格となった。逆に、基準日前の市場全体の株価が上昇した場合は、反対株主には、公表日前の市場株価を上回る価格が与えられるべきである。このように、事後市場株価補正は、市場全体の株価動向により、反対株主の有利に働くことも、不利に働くこともある。

る場合は、推定誤差が大きくなりがちであるため[58]、DCF 法等を用いてそもそも市場株価によらずに価格を算定したほうが、より客観的に正確な「公正な価格」を算定できる場合もあろう。

もっとも、ナカリセバ価格を裁判所が独自に算定すべきなのは、M&A 取引が公正な手続を経て行われたとは認められない場合なのであるから、裁判所は、そのような場合に会社が提出する証拠資料（キャッシュフロー予測その他）が果たして信頼が置けるものであるかを慎重に吟味する必要がある。十分な信頼が置けない（価格を低くするため意図的に低めなキャッシュフロー予測が行われている可能性が疑われる）場合には、たとえ推定誤差が大きくなるといった問題があるとしても、市場株価を基礎にして事後市場株価補正を行うことによって、ナカリセバ価格を算定せざるを得ない場合もあると思われる。

⑷　事後市場株価補正とプレミアム加算を同時に行うことはできないこと

なお、近時、特に MBO 等のキャッシュアウト取引における価格決定手続において、取引の公表日前の株式の市場株価を基礎として、これに、基準日までの事後市場株価補正をすることによってナカリセバ価格を算定し、これに一定のプレミアムを加算することによって、「公正な価格」を算定するべきであるとの主張が、反対株主からなされることがあるようである[59]。これは、レックス HD 事件の田原裁判官補足意見が、MBO における「公正な価格」は、「① MBO が行われなかったならば株主が享受し得る価値と、② MBO の実施によって増大が期待される価値のうち株主が享受してしかるべき部分とを、合算して算定すべき」ものとしていることを根拠としているようである。

しかし、このような算定方法には問題がある。まず、M&A 取引が公正な手続を経て行われたと認められる場合は、実際に行われた M&A 取引の条件を前提として基準日において株式が有する価格（キャッシュアウト

58)　前掲注37参照。

59)　これは特に、2012年末以来の市場全体の株価上昇により、本文のような方法で求めた価格が、株価上昇前に合意された現実のキャッシュアウト価格を大きく上回る場合が多くなったことに起因するもののようである。

取引の場合、通常、現実のキャッシュアウト価格そのものとなろう）をもって「公正な価格」とすべきであるから、上記のような方法で「公正な価格」を算定することはできないと解される。

次に、M&A取引が公正な手続を経たと認められない場合であって、M&A取引により企業価値が増加すると判断される場合は、公正分配価格をもって「公正な価格」とすべきことになる。そして、この場合、裁判所は、「仮にM&A取引が公正な手続を経て行われたとすれば、合意されていたであろうM&A取引の条件」を基礎にして基準日に株式が有するであろう価格をもって、公正分配価格とすることを基本理念とすべきである（(**2**)で論じたように、現実には、ある程度腰だめ的な処理をせざるを得ないことが多いと思われるが、上記が基本理念になることは変わりがない）。そして、公正な手続を経たとすれば当事者が合意したであろうM&A取引の条件は、M&A取引に関する意思決定の時点（前掲注39参照）で存した事情のみに基づいて決まるはずである。意思決定の時点後に生じた事情、ことに、基準日までの市場全体の株価動向は、当事者がそれをM&A取引の条件に反映させることはできないから、裁判所も、そのような事情を考慮して公正分配価格を決めることはできないというべきである[60)]。

先に引用した田原補足意見にいう「① MBOが行われなかったならば株主が享受し得る価値」も、MBOに関する意思決定の時点（二段階買収の方法をとる場合、買収条件を実質的に決める公開買付けに関する意思決定の時点。前掲注39参照）における合理的な期待を基準に決まる価値を意味すると解すべきである。上場株式の場合には、その価値は、MBOの公表日前の市場株価によって算定されるのであって、公表日後、基準日までの間の事後市場株価補正をしてその価値を算定することは許されないというべきである（実際、レックスHD事件では、①の価値はMBOの公表前6か月間の平均市場株価として算定され、事後市場株価補正は行われ

60）　なお、二段階買収において、公開買付けから二段階目の取引までの期間が不合理に長期に及ぶ場合には、たとえ対価の額が同じであっても、二段階目の取引による対価を得る時期が遅れる分だけ、公開買付けに強圧性が生じてしまうという問題がある（加藤・前掲注47論文10頁）。しかし、その問題は、二段階買収が公正な手続を経て行われたとは認められず、裁判所が独自に「公正な価格」を決定する理由にはなっても、公正分配価格の決定に際して、事後市場株価補正を行う理由にはならないと解される。

ていない)。

最後に、M&A取引が公正な手続を経て行われたと認められない場合であって、M&A取引によって企業価値が増加しないと判断される場合には、ナカリセバ価格をもって「公正な価格」とすべきことになる。この場合は、(3)で述べたとおり、もしも裁判所が市場株価に基づいてナカリセバ価格を算定するならば、M&A取引の公表後、基準日までの市場全体の株価動向を反映した事後市場株価補正を行ってしかるべきである（ただし、ナカリセバ価格をDCF法等の市場株価によらない方法で決定する場合は、事後市場株価補正も行わないであろう)。けれども、その半面、この場合はM&A取引が行われなかった場合の価格を算定するのであるから、公正な手続が行われていれば株主が享受したであろうプレミアム（企業価値の増加分の公正な分配分に相当する）を加算する余地はない。

以上を要するに、株式の取得（買取）価格決定において、事後市場株価補正をして求めた価格にさらにプレミアムを加算するという形で、「公正な価格」を決定することが適切な場合は、存在しないというべきである。

9　価格決定のフローチャート

本節で論じた、裁判所による株式の取得（買取）価格決定の方法をフローチャート式に図示すると、図表のようになる。

＜図表1-8-1 「公正な価格」決定のためのフローチャート＞

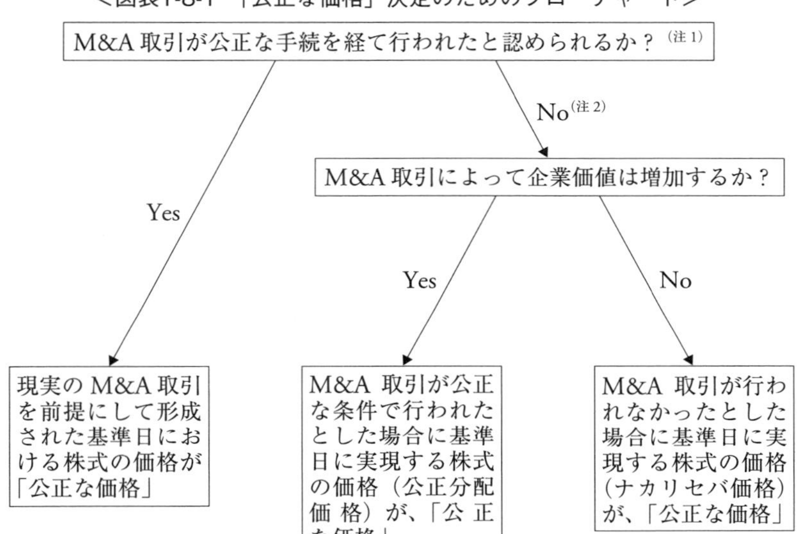

（注１）　公正な手続を経て行われたかどうかの審査の程度は、独立当事者間取引と非独立当事者間取引とで異なる（非独立当事者間取引のほうが、手続の公正さについて立ち入った審査を行う）。

（注２）　公正な手続を経たと認められるものの、株主の判断が妨げられたと認めるに足りる特段の事情がある場合を含む。

第４　終わりに

本章では、本書の作成に関与する過程で筆者の印象に残ったいくつかの法律問題について、筆者なりに論点を整理し、問題によっては筆者自身の見解を述べた。議論が十分に詰め切れていない部分もあり、また、誤りもあるかと思われるが、この問題について一層精緻な議論が行われる契機とでもなれば幸いである。

第2部

制度編

第1章　会社法

第1　平成26年会社法改正

1　改正法の概要

平成26年6月20日、「会社法の一部を改正する法律」が国会で可決・成立した（平成26年法律第90号。以下、本節において「改正法」という）。改正法の施行日は現時点で未定であるが、早ければ平成27年4月1日にも施行されると予想されている。

今回の改正は、法制審議会会社法制部会が平成24年8月1日に取りまとめた「会社法制の見直しに関する要綱案」（同年9月7日、法制審議会総会で要綱として採択。以下、本節において「要綱」という）の内容をおおむね踏襲している（ただし一部変更がある。下記**図表2-1-1**の※を参照されたい）。

改正法の概要を整理すると、下記**図表2-1-1**のとおりである。

＜図表2-1-1　改正法の概要＞

※改正法の全部を網羅しているわけではない。

Ⅰ　企業統治の在り方

・監査等委員会設置会社制度の創設
※要綱で「監査・監督委員会設置会社」と仮称されていたもの。
※「委員会設置会社」という名称は「指名委員会等設置会社」に変更された。

・「社外取締役を置くことが相当でない理由」の株主総会における説明
※改正法案が国会に提出される直前に追加された。

・社外取締役及び社外監査役の要件の厳格化

・支配株主の異動を伴う募集株式の発行（資金調達）における株主総会の承認

Ⅱ　親子会社に関する規律

・多重代表訴訟制度の創設
・株式交換等をした場合における株主代表訴訟
・親会社による子会社株式等の譲渡における株主総会の承認
・親子会社間の利益相反取引に関して子会社の事業報告及び監査報告に記載すべき内容の追加
・特別支配株主の株式等売渡請求（いわゆるキャッシュ・アウト）制度の創設
・組織再編における株式買取請求に関する規定の整備
・組織再編等の差止請求制度の創設
・会社分割等における債権者の保護
Ⅲ　その他
・株主名簿等の閲覧等請求の拒絶事由の整備
※このほか、要綱に盛り込まれていた「金融商品取引法上の公開買付け規制に違反した者による議決権行使の差止請求制度の創設」は改正法案に盛り込まれず、立法化されなかった。

以下では、改正法の内容のうち、企業再編において注意すべきものを紹介する（ただし、紙幅の関係から細部の説明を省略している。また、一部は項目自体を省略している）。

２　監査等委員会設置会社制度の創設

(1)　制度の概要

改正前会社法は、監査役設置会社と委員会設置会社という２つの組織形態を設けていた。改正法は、第３の類型として、監査等委員会設置会社という組織形態を創設した。なお、改正法により、改正前会社法の委員会設置会社という名称は、指名委員会等設置会社に変更された（ただし、その中身に変更はない）。

監査等委員会設置会社は、監査役及び監査役会の代わりに、監査等委員及び監査等委員会を設置するものである。監査等委員は、取締役でなければならず、かつ、その過半数は社外取締役でなければならない。したがって、この点を捉えれば、監査等委員会設置会社は、指名委員会等設置会社（改正前会社法の委員会設置会社）と類似している。しかし、監査等委員会設置会社が指名委員会等設置会社と異なる点として、次の点が挙げられる。

(i)　監査等委員は、他の取締役と区別して、株主総会の決議によって選任する必要がある。監査等委員を解任するためには、株主総会の普通決議による必要がある。これらの制度的な工夫により、監査等委員の他の取締役からの独立性を高めようとしている。

(ii) 監査等委員会設置会社は、指名委員会及び報酬委員会を設置する義務がない。これにより、指名委員会等設置会社を導入する場合と比較して、監査等委員会設置会社制度を導入する場合のハードルは低くなるものと考えられる。

(2)　企業再編の視点から

経営統合、持株会社化、グループ内再編のいずれにおいても、計画段階において、会社の組織形態としていずれを選択するかが検討課題となる。改正法により、選択の幅が広がったといえる。もちろん、実務上は、組織形態を変更するのは容易ではないと思われるので、監査等委員会設置会社の導入がどの程度進むか、現時点では未知数である。

3　社外取締役及び社外監査役に関する規律

(1)　制度の概要

①　「社外取締役を置くことが相当でない理由」の説明

監査役会設置会社（公開会社、大会社、かつ、株式に関する有報提出会社に限る）が社外取締役を選任していない場合は、「社外取締役を置くことが相当でない理由」を事業報告に記載するとともに、株主総会において説明しなければならない。また、かかる会社が社外取締役の候補者を含まない取締役選任議案を株主総会に提出する場合は、株主総会参考書類において、かかる「理由」を説明しなければならない。

②　社外役員の要件の厳格化

社外役員の要件に、(a)親会社等の関係者でないこと、(b)兄弟会社の関係者でないこと、(c)会社関係者の近親者でないことを追加した。

③　社外役員の要件にかかる対象期間の限定

改正前会社法において、過去のある時点で業務執行取締役等であったものは、何年経過しても社外役員になれなかった。改正法はこれを改め、業務執行取締役等であった者も、10年経過すれば社外役員に就任できるものとした。

④　取締役及び監査役の責任の一部免除

取締役等の責任免除の基準として、社外であるかどうかではなく、業務執行に関与するかどうかという判断基準を採用した。

(2)　企業再編の視点から

企業再編という視点からみれば、(1)②の改正事項が重要であろう（ただし、他の改正事項も、グループ全体の人事政策に関係する点で、企業再編に影響を与え得る)。組織再編を行うことにより親子会社関係等が生じ、または失われることがあり、このような場合は、社外性の判断に影響がある。また、グループ経営において、親会社から関係会社に役員を派遣する場合など、留意する必要がある。

なお、会社法では採用されなかったが、上場規則による開示や機関投資家の議決権行使基準においては、取引関係の有無が社外役員の独立性の判断に際して重要な要素である。業務提携による関係強化の際には、注意を要する。

４　公開会社における支配株主の異動を伴う募集株式の発行等

(1)　制度の概要

公開会社が募集株式又は募集新株予約権を発行して資金調達をしようとする場合に、支配株主（議決権の過半数を有する株主）の異動が生じるときは、会社は事前に株主に対して一定の事項を通知しなければならない。これに対して、10分の１以上の議決権を有する株主が会社に対して反対を通知した場合は、会社はかかる資金調達について株主総会の承認を受ける必要がある。ただし、会社の財産の状況が著しく悪化している場合において、会社の事業の継続のため緊急の必要があるときは、株主総会の承認を要しない。

(2)　企業再編の視点から

当然ながら、第三者割当増資による子会社化の場合に、本規制が問題となる。また、それ以外でも、株価が低迷し資金繰りに窮している会社を救済する目的を伴う資本提携をする場合には、必要な資金を調達するため相当数の株式を発行しなければならないため、結果として本規制が問題となる可能性が出てくると思われる。

5　多重代表訴訟

⑴　制度の概要

親会社（法文上は「最終完全親会社等」だが、以下単に「完全親会社」という）が子会社の株式の全部を直接・間接に保有している場合に、完全親会社の株主が当該子会社の役員の責任を追及する制度である。なお、当該子会社については資産基準があり、当該子会社の株式の帳簿価額が完全親会社の資産の５分の１を超えることが必要である。

改正前会社法では、株主は、自己が保有する株式を発行する会社（上記でいう完全親会社）の役員の責任しか追及できなかった。しかし、持株会社化する企業グループが増加しつつある中で、完全親会社の株主が事業子会社の役員の責任を追及することができないのは、親会社株主の保護に欠けるとの批判があり、多重代表訴訟制度（法文上は「特定責任追及の訴え」とされている）を創設するに至ったものである。

⑵　企業再編の視点から

立法の背景となった事情から明らかなとおり、企業グループを形成している場合には、常に多重代表訴訟の可能性を検討しながら、子会社群を形成していく必要がある。もっとも、多重代表訴訟の適用を逃れるためにいたずらに複雑な組織構造とする（例えば、資本関係を複雑にする。資産規模の小さな子会社を多数生み出す）のは、本末転倒であろう。

なお、法文上は完全親会社が持株会社である場合に限らないから、完全親会社が事業会社であっても多重代表訴訟の対象になる。同様に、法文上は上場・非上場による区別はない。

また、上記の資産基準によって、多重代表訴訟の対象となる子会社はそれなりの規模を有している会社に限定される。しかし、資産基準は完全親会社の資産額と当該子会社の資産額（株式価値）を相対的に比較したものであるから、資産規模が小さい子会社であっても、完全親会社の資産規模が小さい場合には多重代表訴訟の対象となる可能性がある。

6　株式会社が株式交換等をした場合における株主代表訴訟

(1)　制度の概要

改正前会社法では、株主代表訴訟の提起後に会社が株式交換等により他の会社の完全子会社となった場合であっても、原告である株主が、当該株式交換等の対価として完全親会社の株式を取得したときは、引き続きその訴訟を追行することができるものとされていた。改正法は、この場合に加えて、株主代表訴訟の提起前に株式交換等が行われた場合も、株主が株式交換等によって完全親会社の株式を取得したときは、株主代表訴訟を提起できるものとした。

(2)　企業再編の視点から

改正前会社法では、株式交換等を行った後は株主代表訴訟の提起を受けずにすんでいたが、改正法では、株式交換等を行った後であっても、株主代表訴訟の提起を受ける可能性が出てきた。

7　親会社による子会社の株式等の譲渡

(1)　制度の概要

会社がその子会社の株式等の全部又は一部の譲渡をする場合は、一定の要件に該当しない限り、当該譲渡がその効力を生ずる日の前日までに、株主総会の特別決議によって、当該譲渡に係る契約の承認を受けなければならないものとされた。

(2)　企業再編の視点から

企業グループの再編の一環として子会社の株式をグループ外に売却するような場合に、株主総会の特別決議が必要になるときがある。

8　子会社少数株主の保護

(1)　制度の概要

子会社少数株主の保護の観点から、個別注記表等に表示された親会社等との利益相反取引に関し、当該子会社の利益を害さないように留意した事項、当該取引が当該子会社の利益を害さないかどうかについての取締役

（会）の判断及びその理由等を事業報告の内容とし、これらについての意見を監査役（会）等の監査報告の内容とする（法務省令にて対応予定）。

⑵　企業再編の視点から

企業グループを構築する目的の１つとして、例えば資材等の調達や業務請負をグループ内で行うことにより、コストを削減することが考えられる。このとき、子会社の利益を不当に害するようなかたちでグループ内取引を構築しないよう、注意を要する。

9　特別支配株主の株式（等）売渡請求

⑴　制度の概要

特別支配株主（議決権の10分の９以上を有する株主）は、当該会社の株主の全員に対し、その有する当該株式会社の株式の全部を自己に売り渡すことを請求することができるとする制度を創設した。なお、特別支配株主以外の少数株主を保護するために、手続上の工夫や差止請求等の手当がなされている（ただし、立法の過程で、少数株主の保護に欠けるとの批判が強くあった）。

⑵　企業再編の視点から

改正前会社法においてキャッシュ・アウトをするためには、税制上の理由などから、株式を対価とする全部取得条項付種類株式の取得により、少数株主の有する株式をいったん端数株式としたのち、端数の処理により当該端数株式の売却代金を少数株主に交付するという手法（かかる手法の場合、常に株主総会の特別決議を要する）が通例であった。

この点、特別支配株主の株式等売渡請求の制度では、株主総会の特別決議を要せずにキャッシュ・アウトが可能である。企業再編を迅速に進めるためには、制度自体への批判に留意しつつ、採用を検討する価値があると考えられる。

10　組織再編における株式買取請求等

⑴　制度の概要

(i)　振替株式を発行する会社が組織再編等をしようとする場合は、振替機関に対して、株式買取請求に係る振替株式の振替を行うための口座（買取口座）の開設の申出をしなければならない。また、振替株式の株主が株式買取請求をしようとする場合は、当該株主は、当該振替株式について買取口座を振替先口座とする振替の申請をしなければならない。

(ii)　組織再編等において株式買取請求があった場合の当該請求に係る株式の買取りの効力発生日について、改正前会社法では組織再編の種類によって異なっていたものを、改正法では組織再編の効力発生日に統一した。

(iii)　組織再編等において株式買取請求又は価格決定の申立てがあった場合に、会社は当該株式買取請求又は価格決定の申立てをした株主に対し、株式の価格の決定前に、公正な価格と認める額を支払うことができる。

(iv)　存続株式会社等において簡易組織再編の要件を満たす場合及び譲受会社において簡易事業譲渡の要件を満たす場合には、反対株主は、株式買取請求権を有しない。

(2)　企業再編の視点から

(1)(i)により、株式買取請求をしながら市場で売却するという、株主の脱法的な行為を防止することができる。また、(1)(iii)により、会社が６％という高金利の遅延利息を支払う範囲が狭まることとなる。その他の改正事項も、組織再編を円滑に進める効果が期待できる。

11　組織再編等の差止請求

(1)　制度の概要

(i)全部取得条項付種類株式の取得、(ii)株式の併合、又は(iii)略式組織再編以外の組織再編（簡易組織再編の要件を満たす場合を除く）が法令又は定款に違反する場合において、株主が不利益を受けるおそれがあるときは、株主が会社に対し、当該行為をやめることを請求することができるとする制度を導入した。

(2)　企業再編の視点から

株主の利益を守るための改正である。ただし、「法令又は定款に違反する場合」や「株主が不利益を受けるおそれがあるとき」にはどのようなケースが該当するか、解釈問題の余地が生じたため、実務上の不安定さが残るおそれがある。

12　会社分割等における債権者の保護

(1)　制度の概要

①　詐害的な会社分割等における債権者の保護

詐害的な会社分割に関する裁判例等を参考に、分割会社（吸収分割会社または新設分割会社）が承継会社等（吸収分割承継会社又は新設分割設立会社）に承継されない債務の債権者（残存債権者）を害することを知って会社分割をした場合には、残存債権者は、承継会社等に対して、承継した財産の価額を限度として、当該債務の履行を請求することができるとの制度を導入した（事業譲渡についても同様）。

②　分割会社に知れていない債権者の保護

会社分割に異議を述べることができる分割会社の債権者であって、各別の催告を受けなかったもの（分割会社が官報公告に加え日刊新聞紙に掲載する方法または電子公告による公告を行う場合にあっては、不法行為によって生じた債務の債権者であるものに限る）は、吸収分割契約又は新設分割計画において会社分割後に分割会社や承継会社等に対して債務の履行を請求することができないものとされているときであっても、分割会社や承継会社等に対して、一定の価額を限度として、当該債務の履行を請求することができるものとした。

(2)　企業再編の視点から

会社分割においては、他の組織再編と比較して、構造的に債権者が害されるおそれが強いため、債権者の保護を強化したものである。詐害的な会社分割を意図的・積極的に行うとことは通常考えられないが、軽率な会社分割計画を立てることによって債権者を害することがないよう、注意する必要がある。

13　株主名簿等の閲覧等の請求の拒絶事由

⑴　制度の概要

会社法125条３項及び252条３項のうち、「請求者が当該株式会社の業務と実質的に競争関係にある事業を営み、又はこれに従事するものであるとき。」との拒絶事由（改正前３号）が削除された。

⑵　企業再編の視点から

本書は敵対的な企業買収を直接の対象としていないが、改正前会社法では、例えば敵対的な企業買収における委任状争奪戦の場面において、買収側の株主が他の株主にアプローチしようとして株主名簿の閲覧等を請求したとき、会社が上記の拒絶事由を根拠として株主名簿の閲覧等を拒絶する余地があった。

改正前３号の拒絶事由を削除した改正法の下では、会社と実質的に競争関係にある請求者が濫用的に会社の株主名簿の閲覧等を請求するなどした場合には、会社はそれ以外の拒絶事由に該当することを根拠に、株主名簿の閲覧等を拒絶することとなる。

第２　合　併

1　合併の意義と種類

⑴　合併の意義

合併とは、２つ以上の当事会社が合併契約を締結することにより、当事会社の一部又は全部が解散し、解散会社の権利義務関係の全部が清算手続を経ることなく存続会社または新設会社に包括承継される効果を有する行為である（会社法２条27号・28号・748条）。

合併は複数の企業が組織として一体化する事業統合に際しての会社法上の組織再編手法の１つであり、最も強力な経営統合の形態である。事業会社同士が合併する方法のほか、純粋持株会社同士が合併することにより共同持株会社化する方法も考えられるところである。

組織再編における合併のメリットとしては、(i)一度の組織再編行為によって経営が一体化され統合効果（シナジー）を早期に実現することが期待できること、(ii)事業規模の拡大を図ることができること、(iii)合併対価を株式とすれば、現金を交付することなく経営統合が可能となること等が指摘されている。

一方、デメリットとしては、(a)消滅会社における権利義務を包括的に承継するため、不要な事業や債務を承継せざるを得ないこと、(b)早急なシステム統合に伴う混乱により事業活動が停滞するリスクがあること、(c)人事制度の統合に時間と労力を要し現場が混乱するおそれがあること、(d)合併に伴い存続企業の新株が発行されるため、合併比率によっては存続会社株主の持分が希釈化し、株価が下落するリスクがあること、(e)許認可の再取得が必要とされる可能性があること等が指摘されている。

(2)　合併の種類

合併には、吸収合併と新設合併がある（なお、会社法において規定された概念ではないが、同種の製品やサービスを提供している企業同士の合併は「水平合併」、製品・サービスの売手企業と買手企業との合併は「垂直合併」、水平合併、垂直合併のいずれにも属さないタイプの合併は「混合合併」と呼ばれることがある）。吸収合併は、当事会社の1つが存続（存続会社）し、他の消滅会社が解散するものである（会社法2条27号）。一方、新設合併は、2つ以上の当事会社の全部が解散し、それと同時に新会社（新設会社）が設立されるものである（同条28号）。

両者のうち、実務上多く用いられるのは吸収合併であり、新設合併が用いられることは稀である（経済的に対等な合併であっても、吸収合併の手続がとられることが多い）。その理由としては、(i)登録免許税額が新設合併に比して安価であること（吸収合併では合併による資本金増加額の1000分の1.5であるが、新設合併では新設会社の資本金の額の1000分の1.5であることから、吸収合併の方が安価である）、(ii)新設合併では、消滅会社が取得していた営業許認可や金融商品取引所の上場資格等が合併時点でいったん消滅し、それらの再取得が必要となり手間がかかること等が指摘されている。

そこで以下では、存続会社及び消滅会社のいずれもが株式会社である吸収合併を中心に解説する（なお、新設合併については、適宜触れる）。

＜図表2-1-2　吸収合併＞

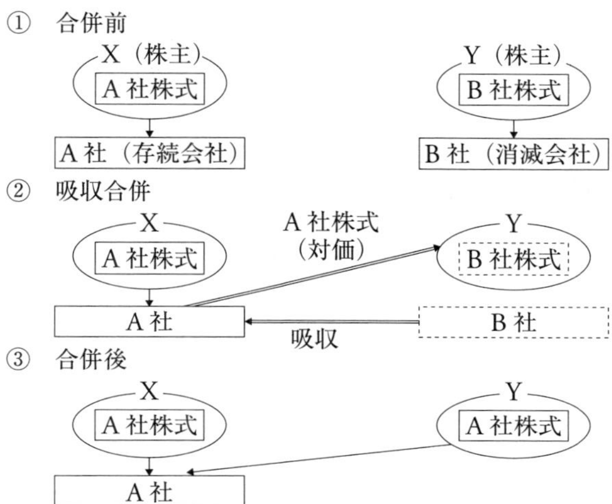

＜図表2-1-3　新設合併＞

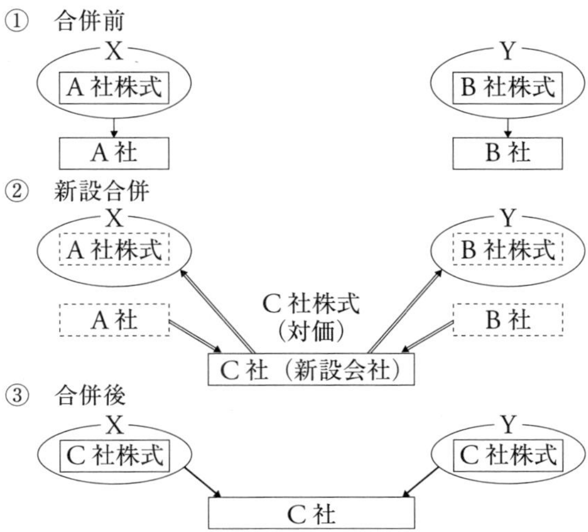

2　合併の効果

合併により、合併契約の効力発生日に、存続会社は消滅会社の権利義務を包括的に承継する（会社法750条１項）。消滅会社の権利義務は一括して法律上当然に存続会社へ移転することから、個々の権利義務を個別に移転することは不要である。消滅会社の保有する動産・不動産、債権・債務の一切は、存続会社に承継される。また、特段の合意がない限り、消滅会社とその従業員間の雇用契約等の継続的契約関係も存続会社に承継される。そのため、存続会社の合併承認決議において、消滅会社の債務の全部又は一部を承継しない旨を定めた合併契約を承認する決議がなされたとしても、そのような条項は無効になると解されている。

また、消滅会社は清算手続を経ることなく当然に解散し消滅することになる。

さて、消滅会社の株主等は、吸収合併の効力発生日に存続会社の株主等になる（会社法750条３項・５項）。しかし、消滅会社の株主は、合併の対価として存続会社の株式を交付されるとは限らない。合併契約の定めに従い、存続会社の社債、新株予約権、新株予約権付社債、金銭、存続会社の親会社等の株式等を交付されることもある（同法749条１項２号ロ〜ホ・３号）。これを合併対価の柔軟化という。

コラム：新設合併の効果

新設合併においては、存続会社が存在しないため、存続会社に消滅会社の権利義務が承継されることはない。そこで、新設合併における消滅会社の株主は、消滅会社の株式に代えて必ず新設会社の株式（持分）を交付されることになる（会社法753条１項６号・７号）。

ただし、消滅会社の一方の株主に対して社債や新株予約権のみを交付し、株式を交付しないという取扱いは認められている（非株式交付消滅会社・会社計算規則２条３項48号）。また、消滅会社の株主に対して、新設会社の株式に加えて新設会社の社債・新株予約権・新株予約権付社債を交付することも認められている（会社法753条１項８号・９号）。

３　交付金合併・三角合併

吸収合併における消滅会社の株主は、当然に存続会社の株主となるわけではなく、金銭や存続会社の親会社の株式のみを交付されることがある（合併対価の柔軟化）。このような合併としては、交付金合併、三角合併、新株予約権・新株予約権付社債を対価とする合併、社債を対価とする合併等が考えられる（なお、無対価合併も考え得る）。このような合併対価の交付は、存続会社の株主構成を変えることなく合併を行うことを可能とする利点を有している。

ここで、消滅会社の株主に対して存続会社から金銭が交付される場合を、交付金合併という。買収会社が買収対象会社の支配を可能とする割合の株式取得後に買収対象会社を完全子会社とすることを念頭に置いた場合、この交付金合併の手法を用いて手続を進めることが可能である。

また、消滅会社の株主に対して存続会社から親会社や関係会社の株式が交付される場合を、三角合併という。三角合併は、外国企業が日本企業を買収する場合や日本の持株会社が子会社を用いて合併を行う場合等に利用されることが想定されていた。しかし、株主総会において特別決議が要求されることや課税繰延に関する要件が厳しい等の理由により、実際の活用例は極めて少ないとされる。

＜図表2-1-4　交付金合併＞

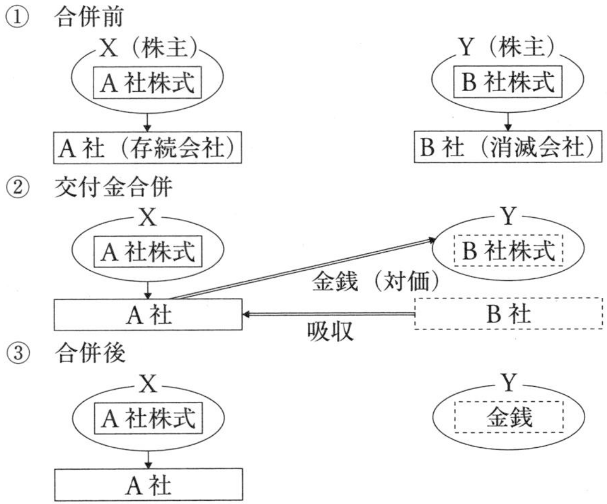

＜図表2-1-5　三角合併＞

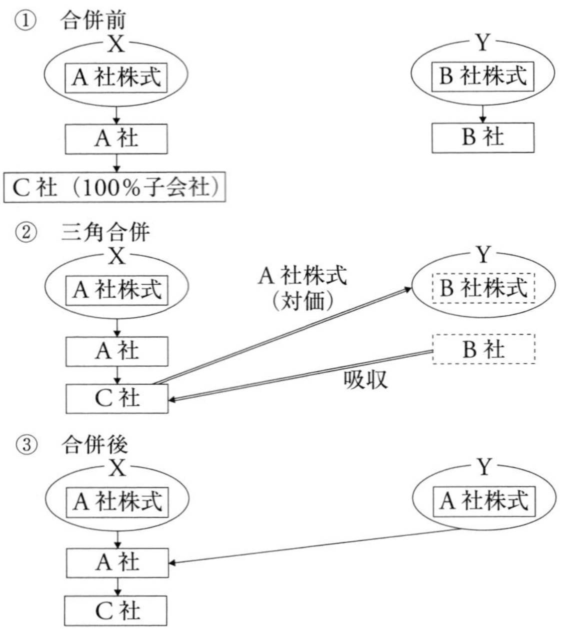

４　合併手続

(1)　合併手続の概要

合併手続は、合併計画、合併覚書締結前の調査・交渉、合併覚書の取り交わし、合併契約締結、合併契約書面等の事前開示書類の本店備置、基準日公告、基準日、株主総会における合併契約の承認決議・債権者に対する公告・催告・反対株主等への合併通知・公告（＋消滅会社においては登録株式質権者等に対する通知・公告・新株予約権者に対する合併通知・公告）・株式買取請求（消滅会社においては新株予約権買取請求）、効力発生日、合併による変更登記申請・合併対価の交付・事後開示書類の作成と本店備置、合併無効の訴えの提起期間終了といった過程を経ることになる。

コラム：合併計画と合併覚書

組織再編手法としての合併には、実質的事業支配権の変動を伴わない合併、実質的事業支配権の変動を伴う合併、２つ以上の勢力によって対等の立場で行われる合併等が考えられる。

吸収合併を行う場合、実質的事業支配権を変動させるのか否かという政策判断を踏まえ、どの会社を存続会社とし消滅会社とするのか、合併対価を何にするのか等の合併計画を検討する。そして合併計画を前提に、合併契約締結前に、合併の当事会社間で相互に調査・交渉を行うこととなる。調査の過程においては、合併に関する調査・交渉を行っている事実自体の秘密が守られる必要があるとともに、当事会社に関する非公表情報を相互に開示し、それらの情報を前提に調査検討を行う必要がある。そこで、当事会社間で秘密保持契約を締結した上で、実地調査（事前詳細調査・資産調査）が行われることが多い。

合併契約締結に向けた調査・交渉過程においては、当事会社間で合併の基本事項につき合意が形成された段階で、基本事項を記した合併覚書（合併合意書・合併仮契約書と呼ばれることもある）が作成されることが多い。合併覚書の取り交わしは必須ではないが、取り交わす場合には、例えば、合併の目的、合併の形態、合併条件（合併比率、合併後の商号、合併承認決議の期日、効力発生日、合併後の役員人事に関する事項等）、従業員の取扱い、合併委員会の設置等の事項が記載される。なお、合併覚書には、誠実交渉義務、独占交渉義務（解放金・違約金）につき定めが置かれることもある。

＜図表2-1-6　吸収合併の手続概要＞

<table>
<tr><td>存続会社</td><td>消滅会社</td></tr>
<tr><td colspan="2" align="center">合併計画</td></tr>
<tr><td colspan="2" align="center">合併契約締結前の調査・交渉</td></tr>
<tr><td colspan="2" align="center">合併覚書の取り交わし</td></tr>
<tr><td colspan="2" align="center">合併契約の締結</td></tr>
<tr><td>合併契約書面等の事前開示書類の本店備置・閲覧等</td><td>合併契約書面等の事前開示書類の本店備置・閲覧等</td></tr>
</table>

・株主総会における承認決議（なお、簡易合併・略式合併においては決議不要） ・種類株主総会の決議 ・債権者保護手続 ・反対株主の株式買取請求手続 ・消滅会社の新株予約権者の新株予約権買取請求手続	・株主総会における承認決議（なお、略式合併においては決議不要） ・種類株主総会の決議 ・債権者保護手続 ・登録株式質権者、登録新株予約権者への通知・公告 ・反対株主の株式買取請求手続 ・新株予約権買取請求手続 ・株券、新株予約権証券提出手続
・効力発生	
・合併対価の交付	
事後開示事項の本店備置	
変更登記	解散登記
合併無効の訴えの提起期間終了	

コラム：新設合併の手続概要

新設合併は以下のような各手続を要する。なお、株主総会における合併契約の承認決議・債権者に対する公告・催告・反対株主等への合併通知・公告等は先後の関係なく効力発生日までに同時並行で進めることができる。

(i)　合併計画・合併契約

合併計画、合併覚書締結前の調査・交渉、合併覚書の取り交わし、合併契約締結

(ii)　合併手続

合併契約書面等の事前開示書類の本店備置、基準日公告、基準日、株主総会における合併契約の承認決議、債権者に対する公告・催告、反対株主等への合併通知・公告（＋消滅会社においては登録株式質権者等に対する通知・公告、新株予約権者に対する合併通知・公告）、株式買取請求（消滅会社においては新株予約権買取請求）

(iii)　効力発生後

効力発生日、合併による変更登記申請、合併対価の交付、事後開示書類の作成と本店備置、合併無効の訴えの提起期間終了

⑵　合併契約

会社が他の会社と合併する場合、合併当事会社は合併契約を締結する必要がある（会社法748条）。取締役会設置会社においては、取締役会決議の後、当事会社の代表取締役が両社における合併決議の承認を停止条件として合併契約を締結することになる。

なお、会社法上、合併契約書の作成は要求されていないが、合併契約は消滅会社の権利義務関係が存続会社に包括的に承継されるという重大な効果を導く契約であり、また、合併契約の内容は書面又は電磁的記録による備置きが要求されることから（会社法782条１項１号・794条１項）、合併契約における合併契約書の取り交わしは事実上必須といえる。

合併契約に際して定めるべき事項は、会社法749条に規定されている（法定記載事項）。なお、合併契約において必要となるこれらの法定記載事項の記載が欠けている場合又は記載が違法である場合には、合併契約は原則として無効となる。法定記載事項は以下のとおりである。

(i)　当事会社の表示（商号及び住所）（会社法749条１項１号）

(ii)　存続会社の資本金・準備金の額に関する事項（会社法794条１項２号イ）

(iii)　合併条件（下記(a)及び(b)）

(a)　交付される対価の内容・数・額・算定方法等（会社法794条１項２号・４号）[1)]

(b)　金銭等の割当てに関する事項（会社法749条１項３号・５号）

合併条件とは、消滅会社の株主又は新株予約権者が消滅会社の株式又は新株予約権と引換えに交付されるものについての定めである。合併条件は、交付される対価の種類・総額等及び割当てに関する事項（割当比率）から成り、合併から生ずるシナジーの分配も含めて、当事会社の株主間において公正に定められる必要がある。

(iv)　吸収合併の効力発生日（会社法749条１項６号）

---

1)　消滅会社の株主に対して交付する金銭等に関する事項（会社法794条１項２号イ）、新株予約権、社債に関する事項（同号ロ～ニ）、その他の財産に関する事項（同号ホ）、存続会社が吸収合併に際して新株予約権の新株予約権者に対して交付する新株予約権に代わる存続会社の新株予約権又は金銭に関する事項（同項４号）。

コラム：任意的記載事項

なお、合併契約書には、法定記載事項以外に、当事会社の利害に関わる事項に関する定め（例えば、合併承認決議を行う株主総会期日、当事会社の財産等に関する善管注意義務、合併に際しての財産承継、剰余金の配当限度額、役員への退職慰労金額、従業員の取扱いに関する事項、合併契約の変更・解除に関する事項）が記載されることがある。これらは、合併承認決議の対象ではない。

コラム：新設合併契約における記載事項

新設合併においては、合併により新たに会社が設立されることになるため、新設会社の目的、商号、本店所在地、発行可能株式総数、その他定款で定める事項、設立時取締役の氏名、新設会社の株式・資本金・準備金に関する事項等（会社法753条１項）を記載しなければならない。なお、新設合併設立会社が監査等委員会設置会社である場合には、設立時取締役の氏名については、設立時監査等委員である設立時取締役とそれ以外の設立時取締役とを区別して定めなければならない（同条２項）。

また、新設会社は、その成立の日に消滅会社の権利義務を承継することになるのであり（会社法754条１項）、設立登記による成立日が効力発生日となる。

(3)　合併契約等に関する書面等の備置・閲覧

合併は会社の基礎の変更という重大な効果を伴う行為であることから、株主であれば合併条件の公正等を判断し、会社債権者や新株予約権者であれば合併に異議を述べるか否かを判断する機会を提供する必要がある。

そこで、吸収合併の当事会社は、吸収合併契約備置開始日から吸収合併がその効力を生ずる日（効力発生日）の後６か月を経過する日（消滅会社にあっては効力発生日）までの間、吸収合併契約の内容その他法務省令で定める事項を記載又は記録した書面又は電磁的記録を本店に備え置かなければならない（会社法782条１項１号、会社法施行規則182条、会社法794条１項、会社法施行規則191条）。そして、当事会社の株主・債権者・新株予約権者は、営業時間内であればいつでも、合併契約に関する書面等の閲覧を請求し、又は会社の定めた費用を支払って謄本・抄本の交付等を請求することができる（同法782条３項・794条３項）。

開示すべき吸収合併契約の内容その他法務省令で定める事項は、例えば以下のものがある。

(i)　存続会社の事前開示事項

(a)　合併契約の内容（会社法794条１項）

(b)　合併条件の相当性に関する事項（会社法施行規則191条１号）

(c)　新株予約権等の定めの相当性に関する事項（会社法施行規則191条２号）

(d)　消滅会社の計算書類・財産状況に関する事項（会社法施行規則191条３号）

(e)　存続会社の債務履行の見込みに関する事項（会社法施行規則191条６号）

(f)　当事会社の重要な後発事象等の内容（会社法施行規則191条７号）

(ii)　消滅会社の事前開示事項

(a)　合併契約の内容（会社法782条１項１号）

(b)　合併対価の相当性に関する事項（会社法施行規則182条１項１号・３項）

(c)　合併対価について参考となるべき事項（会社法施行規則182条１項２号・４項）

(d)　新株予約権の定めの相当性に関する事項（会社法施行規則182条１項３号・５項１号）

(e)　消滅会社及び存続会社の計算書類・財産状況に関する事項（会社法施行規則182条１項４号・６項）

(f)　存続会社の債務履行の見込みに関する事項（会社法施行規則182条１項５号）

(g)　当事会社の重要な後発事象等の内容（会社法施行規則182条１項６号）

⑷　合併承認決議

①　株主総会の期日と決議要件

吸収合併の当事会社は、合併契約で定めた効力発生日の前日までに、株主総会の決議によって、吸収合併契約等の承認を受けなければならない（会社法783条1項・795条1項）（ただし、簡易合併及び略式合併を除く）。

決議要件は、合併契約に関する株主総会の決議は特別決議によることが原則となる。すなわち、当該株主総会において議決権を行使することができる株主の議決権の過半数（3分の1以上の割合を定款で定めた場合にあっては、その割合以上）を有する株主が出席し、出席した当該株主の議決権の3分の2（これを上回る割合を定款で定めた場合にあっては、その割合）以上に当たる多数をもって行わなければならない。この場合においては、当該決議の要件に加えて、一定の数以上の株主の賛成を要する旨その他の要件を定款で定めることを妨げない（会社法309条2項12号）。

ただし、消滅会社が公開会社であり、かつ、当該会社の株主に対して交付する金銭等の全部又は一部が譲渡制限株式等（会社法309条3項に規定する譲渡制限株式等をいう）である場合（種類株式発行会社の株主総会を除く）の決議は、当該株主総会において議決権を行使することができる株主の半数以上（これを上回る割合を定款で定めた場合にあっては、その割合以上）であって、当該株主の議決権の3分の2（これを上回る割合を定款で定めた場合にあっては、その割合）以上に当たる多数（特殊決議）をもって行わなければならない（同項2号）。

また、消滅株式会社が種類株式発行会社でない場合において、消滅株式会社の株主に対して交付する金銭等（合併対価等）の全部又は一部が持分等（持分会社の持分その他これに準ずるものとして法務省令で定めるものをいう）であるときは要件が加重されており、吸収合併契約について消滅株式会社の総株主の同意を得なければならない（会社法783条2項）。

なお、消滅会社が種類株式発行会社である場合の種類株主の保護については、会社法783条3項・4項が、消滅会社の登録株式質権者や新株予約権の登録新株予約権質権者に対する、吸収合併の通知・公告については、同条5項・6項が規定している。

②　合併差損が生じる場合及び存続会社の自己株式取得となる場合の説明義務

存続会社が承継する消滅会社の債務の額として法務省令で定める額（承継債務額）が存続会社が承継する消滅会社の資産の額として法務省令で定める額（承継資産額）を超える場合及び存続会社が消滅会社の株主に対して交付する金銭等（吸収合併存続株式会社又は吸収分割承継株式会社の株式等を除く）の帳簿価額が承継資産額から承継債務額を控除して得た額を超える場合には、存続会社の取締役は、株主総会において、その旨を説明しなければならない（会社法795条２項）。

また、承継する消滅会社の資産に存続株式会社の株式が含まれる場合には、取締役は、合併承認決議を行う株主総会において、当該株式に関する事項を説明しなければならない（会社法795条３項）。

さらに、存続会社が種類株式発行会社である場合において、消滅会社の株主に対して交付する金銭等が存続会社の株式である場合には、吸収合併は、会社法749条１項２号イの種類の株式（譲渡制限株式であって、同法199条４項の定款の定めがないものに限る）の種類株主を構成員とする種類株主総会（当該種類株主に係る株式の種類が２以上ある場合にあっては、当該２以上の株式の種類別に区分された種類株主を構成員とする各種類株主総会）の決議がなければ、その効力を生じない。ただし、当該種類株主総会において議決権を行使することができる株主が存しない場合は、この限りでない（同法795条４項）。

⑸　反対株主保護手続

①　反対株主の株式買取請求

吸収合併をする場合、消滅会社の反対株主は、消滅会社に対し、自己の有する株式を公正な価格で買い取ることを請求することができる（会社法785条１項。ただし、同法783条２項に規定する場合及び同法784条２項）に規定する場合は除く）。

また、存続会社の反対株主は、存続会社に対して、株式買取請求権を行使できる（会社法797条１項）。ただし、会社法796条２項本文に規定する場合（もっとも、795条２項各号に掲げる場合及び796条１項ただし書又は３項に規定する場合は除かれる）は、存続会社に対する株式買取請求権を行使できない（同法797条１項ただし書）。

ここで、「反対株主」とは、以下の株主（会社法783条４項に規定する場合における同項に規定する持分等の割当てを受ける株主を除く）をいう（同法785条２項・797条２項）。

(i)　吸収合併をするために株主総会（種類株主総会を含む）の決議を要する場合には、当該株主総会に先立って吸収合併に反対する旨を当事会社に対し通知し、かつ、当該株主総会において当該吸収合併等に反対した株主（当該株主総会において議決権を行使することができるものに限る）、若しくは、当該株主総会において議決権を行使することができない株主（会社法785条２項１号・797条２項１号）

(ii)　(i)に規定する場合以外の場合には、すべての株主（ただし、会社法784条１項本文及び796条１項本文に規定する場合における特別支配会社は除く（同法785条２項２号・797条２項２号））

(iii)　なお、存続会社においては、株主総会において議決権を行使することができない株主も行使可能である。

②　反対株主への通知及び通知に代わる公告

当事会社は、効力発生日の20日前までに、反対株主に対し、吸収合併をする旨並びに存続会社の商号及び住所を通知しなければならない（会社法785条３項本文・797条３項）。ただし、消滅会社においては、同法783条２項に規定する場合及び同法784条２項・改正前３項に規定する場合は、この限りでない（同法785条３項ただし書）。

なお、(i)当事会社が公開会社である場合及び(ii)当事会社の株主総会の決議によって吸収合併契約の承認を受けた場合には、通知を公告に代えることができる（会社法785条４項・797条４項）。ただし、振替株式を発行している会社では、通知に代えて、通知すべき事項を公告しなければならない（振替法161条２項）。

③　株式買取請求の手続及び株式買取請求の撤回

株式買取請求は、効力発生日の20日前の日から効力発生日の前日までの間に、その株式買取請求に係る株式の数（種類株式発行会社にあっては、株式の種類及び種類ごとの数）を明らかにしてしなければならない（会社法785条５項・797条５項）。

ただし、振替株式を発行している会社の場合、会社に期中の株式保有状況を把握させるため、前提として振替機関（証券保管振替機構）による会社に対する個別株主通知が必要となる。

手続の流れの概要は以下のとおりである。

(i)　株式買取請求権を行使しようとする株主は、自己が口座を開設している口座管理機関（証券会社等）に個別株主通知の申出を行う（振替法154条3項・4項）

(ii)　口座管理機関は、当該株主に受付票を交付するとともに、振替機関にかかる個別株主通知の申出の取次を行う。

(iii)　振替機関は、当該株主が口座を開設している他の口座管理機関があれば、それに対して個別株主通知に必要な事項の報告を求め（振替法154条5項・151条6項）、当該口座管理機関はかかる事項を報告する。

(iv)　振替機関は、当該株主に関する一定の事項を発行会社に通知するとともに（個別株主通知・振替法154条3項。なお、株主が口座管理機関に申出を行ってから個別株主通知までに最短で4営業日を要する）、口座管理機関に対しても個別株主通知を行った旨を通知する（個別株主通知済通知）。

(v)　株主は、振替機関が個別株主通知を行った日から4週間以内に株式買取請求権を行使する（振替法154条2項、同法施行令40条）

なお、株式買取請求をした株主は、消滅会社の承諾を得た場合に限り、その株式買取請求を撤回することができる（会社法785条7項・改正前6項、797条7項・改正前6項）。また、吸収合併を中止したときは、株式買取請求は、その効力を失う（同法785条8項・改正前7項、797条8項・改正前7項）。

④　株式買取価格の決定

株式買取請求がなされた場合における、株式の価格の決定について、株主と消滅会社（吸収合併をする場合における効力発生日後にあっては、併存続会社をいう）との間に協議が調ったときは、消滅会社は、効力発生日から60日以内にその支払いをしなければならない（会社法786条1項）。

しかし、株式の価格の決定について、効力発生日から30日以内に協議が調わないときは、株主又は消滅会社は、その期間の満了の日後30日以内に、裁判所に対し、価格の決定の申立てをすることができる（会社法786条2項）。

株式買取価格は「公正な価格」（会社法785条１項・797条１項）となる必要があるが、これは合併により発生するシナジーの反映を可能とするものであり、たとえば、合併後のシナジーにより株式の価値が上がる場合には、これも加味して算定される。

⑤　株式買取りの効力発生日

株式買取請求に係る株式の買取りは、合併の効力発生日に効力を生ずる（会社法785条５項・797条５項）。

(6)　新株予約権者保護手続

新株予約権買取請求権の行使手続は、原則として株式買取請求権の行使手続と同様である。

消滅会社の新株予約権の目的は存続会社の株式に変わることから、消滅会社に対する新株予約権は消滅するとともに、存続会社に対する新株予約権が交付されるとされている（会社法749条１項２号ハ）。ただし、交付金合併を行う場合には、存続会社に対する新株予約権は交付されず、その代わりに金銭が交付される（同項４号ハ）。

①　新株予約権者の新株予約権買取請求

一定の場合[2)]、消滅会社の新株予約権の新株予約権者は、消滅会社に対し、自己の有する新株予約権を公正な価格で買い取ることを請求することができる（会社法787条１項１号）。

なお、新株予約権付社債に付された新株予約権の新株予約権者は、新株予約権買取請求をするときは、あわせて、新株予約権付社債についての社債を買い取ることを請求しなければならない。ただし、当該新株予約権付社債に付された新株予約権について別段の定めがある場合は、この限りでない（会社法787条２項）。

②　株主への通知及び通知に代わる公告

消滅会社は、効力発生日の20日前までに、新株予約権者に対し、吸収合併をする旨並びに存続会社の商号及び住所を通知しなければならない（会社法787条３項）。

なお、公告をもって通知に代えることができる（会社法787条４項）。

---

2)　会社法749条１項４号又は５号に掲げる事項についての定めが236条１項８号の条件（同号イに関するものに限る）に合致する新株予約権以外の新株予約権である必要がある。

③　新株予約権買取請求の効力発生日及び新株予約権買取請求の撤回

新株予約権買取請求は、効力発生日の20日前の日から効力発生日の前日までの間に、その新株予約権買取請求に係る新株予約権の内容及び数を明らかにしてしなければならない（会社法787条5項）。

なお、新株予約権買取請求をした新株予約権者は、消滅会社の承諾を得た場合に限り、その新株予約権買取請求を撤回することができる（会社法787条8項・改正前6項）。また、吸収合併を中止したときは、新株予約権買取請求は、その効力を失う（同法787条9項・改正前7項）。

④　新株予約権の価格の決定

新株予約権買取請求があった場合における、新株予約権（当該新株予約権が新株予約権付社債に付されたものである場合において、当該新株予約権付社債についての社債の買取りの請求があったときは、当該社債を含む）の価格の決定について、新株予約権者と消滅会社（吸収合併をする場合における効力発生日後にあっては、存続会社）との間に協議が調ったときは、消滅会社は、効力発生日から60日以内にその支払いをしなければならない（会社法788条1項）。しかし、新株予約権の価格の決定について、効力発生日から30日以内に協議が調わないときは、新株予約権者又は消滅会社は、その期間の満了の日後30日以内に、裁判所に対し、価格の決定の申立てをすることができる（同条2項）。

なお、消滅会社は、新株予約権の価格決定があるまでは、新株予約権者に対して、消滅会社が公正な価格として認める額を支払うことができる（会社法788条5項）。

⑤　新株予約権買取の効力発生日

新株予約権買取請求に係る新株予約権の買取りは、効力発生日にその効力を生ずる（会社法788条6項（改正前5項各号においては、各号に定める新株予約権の区分に応じ、当該各号に定める時に、その効力を生ずることとされていた））。

⑥　新株予約権証券等の回収

消滅会社は、新株予約権証券が発行されている新株予約権について新株予約権買取請求があったときは、新株予約権証券と引換えに、その新株予約権買取請求に係る新株予約権の代金を支払わなければならない（会社法788条7項・改正前6項）。

また、消滅会社は、新株予約権付社債券が発行されている新株予約権付社債に付された新株予約権について新株予約権買取請求があったときは、新株予約権付社債券と引換えに、その新株予約権買取請求に係る新株予約権の代金を支払わなければならない（会社法788条８項・改正前７項）。

⑺　登録株式質権者及び登録新株予約権質権者に対する通知・公告

権利内容に変動が生じる可能性があることから、消滅会社は、効力発生日の20日前までに、登録株式質権者（会社法784条２項・改正前３項に規定する場合における登録株式質権者を除く）及び同法787条３項各号に定める新株予約権の登録新株予約権質権者に対し、吸収合併等をする旨を通知しなければならない（同法783条５項）。

なお、この通知は、公告をもって代えることができる（会社法783条６項）。

⑻　債権者保護手続

①　消滅会社における手続

ア　債権者の異議

吸収合併をする場合、消滅会社の債権者は、消滅会社に対し、吸収合併について異議を述べることができる（会社法789条１項）。そして、消滅会社の債権者の全部又は一部が異議を述べることができる場合には、消滅会社は、以下の事項を官報に公告し、かつ、知れている債権者（同項の規定により異議を述べることができるものに限る）には、各別にこれを催告しなければならない（会社法789条２項）。

⒤　吸収合併をする旨

(ii)　存続会社の商号及び住所

(iii)　消滅会社及び存続会社（株式会社に限る）の計算書類に関する事項として法務省令で定めるもの

(iv)　債権者が一定の期間内に異議を述べることができる旨（ただし、この期間は、１か月を下ることができない）

イ　知れている債権者に対する各別の催告を要しない場合

消滅会社が吸収合併についての公告を、官報のほか、時事に関する事項を掲載する日刊新聞紙に掲載する方法又は電子公告によりするときは、知れている債権者に対する各別の催告をする必要がなくなる（会社法789条

３項）。

ウ　一定の期間内に異議を述べなかったとき

債権者が一定の期間内に異議を述べなかったときは、債権者は吸収合併につき承認をしたものとみなされる（会社法789条４項）。

エ　一定の期間内に異議を述べたとき

債権者が一定の期間内に異議を述べたときは、消滅会社は、当該債権者に対し、弁済し、若しくは相当の担保を提供し、又は当該債権者に弁済を受けさせることを目的として信託会社等に相当の財産を信託しなければならない。ただし、吸収合併をしても当該債権者を害するおそれがないときは、この限りでない（会社法789条５項）。

②　存続会社における手続

ア　債権者の異議

吸収合併をする場合、存続会社の債権者は、存続会社に対し、吸収合併について異議を述べることができる（会社法799条１項）。そして、存続会社の債権者が異議を述べることができる場合には、存続会社は、以下の事項を官報に公告し、かつ、知れている債権者には、各別にこれを催告しなければならない（同条２項）。

(i)　吸収合併をする旨

(ii)　消滅会社の商号及び住所

(iii)　存続会社及び消滅会社（株式会社に限る）の計算書類に関する事項として法務省令で定めるもの

(iv)　債権者が一定の期間内に異議を述べることができる旨（ただし、この期間は、１か月を下ることができない）

イ　知れている債権者に対する各別の催告を要しない場合

存続会社が吸収合併についての公告を、官報のほか、時事に関する事項を掲載する日刊新聞紙に掲載する方法又は電子公告によりするときは、知れている債権者に対する各別の催告をする必要がなくなる（会社法799条３項）。

ウ　一定の期間内に異議を述べなかったとき

債権者が一定の期間内に異議を述べなかったときは、債権者は吸収合併につき承認をしたものとみなされる（会社法799条４項）。

エ　一定の期間内に異議を述べたとき

債権者が一定の期間内に異議を述べたときは、存続会社は、当該債権者に対し、弁済し、若しくは相当の担保を提供し、又は当該債権者に弁済を受けさせることを目的として信託会社等に相当の財産を信託しなければならない。ただし、吸収合併をしても当該債権者を害するおそれがないときは、この限りでない（会社法799条５項）。

⑼　株券・新株予約権証券の提出

株券が発行されている株式について株式買取請求をしようとするときは、当該株式の株主は、当事会社に対して当該株式に係る株券を提出しなければならない（会社法785条６項本文・797条６項本文）。ただし、株券喪失登録請求を行ったものは除かれる（同法785条６項ただし書・797条６項ただし書）。

株券発行会社においては、株券提出日までに、当該株券発行会社に対して、全部の株式に係る株券を提出しなければならない旨を、株券提出日の１か月前までに、公告し、かつ、当該株式の株主及びその登録株式質権者には、各別にこれを通知しなければならない（会社法219条１項）。そして、提出を受けた株券は、株券提出日に無効となる（同条３項）。なお、効力発生日までに株券を提出ない者がいる場合、会社は株券の提出があるまでの間、合併対価の交付を拒むことができる（同条２項４号・改正前２項）。

これは、消滅会社が新株予約権証券を発行している場合においても、同様である（会社法293条）。

⑽　合併の効力発生

会社が吸収合併をしたときは、その効力が生じた日（会社法749条１項６号）から２週間以内に、その本店の所在地において、吸収合併により消滅する会社については解散の登記をし、存続会社については変更の登記をしなければならない（同法921条）。

⑾　吸収合併に関する事後開示

存続会社は、効力発生日後遅滞なく、吸収合併により存続会社が承継した消滅会社の権利義務その他の吸収合併に関する事項として法務省令で定める事項を記載し、または記録した書面又は電磁的記録を作成しなければならない（会社法801条1項）。そして、効力発生日から6か月間、それらを本店に備え置くとともに（同条3項）、その営業時間内はいつでも、存続会社の株主及び債権者による書面等の閲覧・謄本又は抄本の交付等に応じなければならない（同条4項）。

合併手続の過程等を事後的に開示させ事後検証の対象とすることにより合併手続の適正を間接的に担保するとともに、株主や会社債権者等が合併無効の訴えを提起するための判断資料の提供を可能とするためである。

⑿　子会社による親会社株式取得の例外

子会社は、原則として、親会社株式（その親会社である株式会社の株式）を取得してはならない（会社法135条1項）。自由な取得を認めた場合、子会社は親会社から出資を受けるとともに、親会社から株式保有を通じた支配を受けていることから、種々の弊害が生じる可能性があるためである。

しかし、合併後消滅する会社から親会社株式を承継する場合は、例外として自己株取得が認められる（会社法135条2項2号）。このような取得はやむを得ない取得といえるからである。例えば、事業会社（子会社）が存続会社となり持株会社（親会社）を消滅会社として吸収する場合などが想定される。

⒀　吸収合併登記

会社が吸収合併をしたときは、その効力が生じた日から2週間以内に、その本店の所在地において、吸収合併により消滅する会社については解散の登記をし、吸収合併後存続する会社については変更の登記をしなければならない（会社法921条）。

⒁　関連訴訟

合併が違法に行われた場合であっても、法的安定性を確保する観点から、合併の無効を主張するためには合併無効の訴えを行った上で合併無効判決を取得せねばならず、また、合併無効の効力は遡及しない。

①　合併無効原因

合併無効原因は会社法において明示されてはいないが、合併手続の瑕疵が無効原因とされる。すなわち、合併契約の内容の違法、合併契約等に関する書面の備置不備や不実記載、合併承認決議の瑕疵、株式・新株予約権買取請求手続の不履行、債権者異議手続の不履行、簡易合併・略式合併の要件不充足等である。

②　合併無効の訴え

ア　合併無効の主張期間

会社の合併無効は、効力発生日から６か月以内に、訴えをもってのみ主張することができる（会社法828条１項７号・８号）。

イ　合併無効の訴えの提起ができる者

合併の無効の訴えは、効力発生日において合併当事会社の株主等に限定されている（会社法828条２項７号・８号）。

③　合併無効の訴えの被告

吸収合併の無効の訴えの被告は、吸収合併後存続する会社である（会社法834条７号）。また、新設合併の無効の訴えの被告は、新設合併により設立する会社である（同条８号）。

④　合併無効の訴えの管轄及び移送

合併無効の訴えは、被告となる会社の本店の所在地を管轄する地方裁判所の専属管轄となる（会社法835条）。

⑤　担保提供命令

合併無効の訴えを提起した場合、吸収合併後存続する会社若しくは新設合併により設立する会社の申立てにより、裁判所は訴えを提起した者に対して相当の担保提供を命ずる場合がある（会社法836条）。

なお、その場合、吸収合併後存続する会社若しくは新設合併により設立する会社は、原告の訴えの提起が悪意によるものであることを疎明しなければならない。

⑥　合併無効の訴えの認容判決の効力

ア　認容判決の効力が及ぶ者の範囲

合併無効の訴えに係る請求を認容する確定判決は、第三者に対してもその効力を有する（会社法838条）。

イ　無効又は取消しの判決の効力

合併無効の訴えに係る請求を認容する判決が確定したときは、合併は無効とされ将来に向かってその効力を失う（会社法839条）。

⑦　原告が敗訴した場合の損害賠償責任

合併無効に関する訴えを提起した原告が敗訴した場合において、原告に悪意又は重大な過失があったときは、原告は、被告に対し、連帯して損害を賠償する責任を負う（会社法846条）。

5　簡易合併・略式合併

(1)　簡易合併

株式会社を存続会社とする吸収合併であって、消滅会社の株主に対して交付する存続会社の株式の数に一株当たり純資産額を乗じて得た額、及び、消滅会社の株主に対して交付する存続会社の社債その他の財産の帳簿価額の合計額が、存続会社の純資産額として法務省令で定める方法により算定される額の5分の1（これを下回る割合を存続株式会社等の定款で定めた場合にあっては、その割合）を超えない場合には、存続会社における合併承認の株主総会決議（会社法795条1項）をすることなく合併を行うことが認められる（同法796条2項・改正前3項、会社法施行規則196条）。これを簡易合併という。

ただし、合併差損が生じる場合及び消滅会社の株主に対して交付する金銭等の全部又は一部が存続会社の譲渡制限株式である場合であって、存続会社が公開会社でない場合については、簡易合併手続を行うことができない（会社法796条2項ただし書・改正前3項ただし書）。ところで、簡易合併の要件が充足される場合であっても簡易合併を採用することが必須とされるわけではなく、存続会社において通常の合併手続を採用することも可能である。

なお、消滅会社においては、合併承認決議を省略することができない。消滅会社の株主にとってみれば、合併が自己の権利義務に及ぼす影響が大きいからである。ただし、存続会社が消滅会社の特別支配会社に該当する場合には略式合併が可能となることから、消滅会社における合併承認決議を省略することが可能となる。

簡易合併における存続会社における手続は、上記合併承認決議に関する特則を除き、基本的に通常の存続会社おける手続と変わらない。ただし、法務省令で定める数の株式（合併承認決議において議決権を行使することができるものに限る）を有する株主が、株式買取請求に係る通知・公告（会社法797条３項・４項）の日から２週間以内に吸収合併等に反対する旨を存続会社に対し通知したときは、当該存続会社は、効力発生日の前日までに、株主総会の決議によって、吸収合併契約等の承認を受けなければならない。

＜図表2-1-7　簡易合併の手続概要＞

存続会社	消滅会社
合併計画	
合併覚書締結前の調査・交渉	
合併覚書の取り交わし	
※合併承認に関する株主総会招集決定についての取締役会開催不要	合併承認に関する株主総会招集決定についての取締役会開催
合併契約締結	
事前開示書類の本店備置	事前開示書類の本店備置
基準日の公告	基準日の公告
基準日	
※株主総会の招集通知発送不要	株主総会の招集通知発送
※株主総会における合併契約の承認決議不要（会社法796条２項）	株主総会における合併契約の承認決議
債権者に対する公告・催告	債権者に対する公告・催告
反対株主等への合併通知・公告	・反対株主等への合併通知・公告 ・登録株式質権者等に対する通知・公告 ・新株予約権者に対する合併通知・公告
株式買取請求手続	・株式買取請求手続 ・新株予約権買取請求手続
債権者に対する異議申述期間満了	債権者に対する異議申述期間満了
効力発生日	
合併による変更登記申請（変更登記）	合併による変更登記申請（解散登記）

合併対価の交付 事後開示書類の作成と本店備置	
合併無効の訴えの提起期間終了	

(2)　略式合併

存続会社及び消滅会社の一方が他方の特別支配会社である場合（原則として、存続会社及び消滅会社の一方が他方の総株主の議決権の10分の９以上を保有している場合）には、被支配会社において、株主総会における承認決議は不要となる（会社法784条１項本文・796条１項本文）。これを、略式合併という。

ただし、吸収合併における合併対価等の全部又は一部が譲渡制限株式等である場合であって、消滅会社が公開会社であり、かつ、種類株式発行会社でないとき（会社法784条１項ただし書）や、消滅会社に対して交付する金銭等の全部又は一部が存続会社の譲渡制限株式である場合であって、存続会社が公開会社でないとき（同法796条１項ただし書）には、株主総会の承認が必要となる。

略式合併における従属会社の手続は、上記合併承認決議に関する特則を除き、基本的に通常の当事会社における手続と変わらない。ただし、(i)吸収合併が法令又は定款に違反する場合又は合併条件が吸収合併当事会社の財産の状況その他の事情に照らして著しく不当である場合であって、(ii)消滅会社の株主が不利益を受けるおそれがあるときは、消滅会社の株主は、消滅会社に対し、吸収合併をやめることを請求することができ（会社法784条の２）、また、存続会社の株主は、存続会社に対し、吸収合併をやめることを請求することができる（同法796条の２）。

＜図表2-1-8　略式合併の手続概要＞

存続会社	消滅会社
合併計画	
合併覚書締結前の調査・交渉	
合併覚書の取り交わし	

※取締役会（合併契約承認及び合併承認に関する株主総会招集決定）不要（会社法796条１項）	※取締役会（合併契約承認及び合併承認に関する株主総会招集決定）不要（会社法784条１項）
合併契約締結	
事前開示書類の本店備置	事前開示書類の本店備置
基準日の公告	基準日の公告
基準日	
※株主総会の招集通知発送不要	※株主総会の招集通知発送不要
※株主総会における合併契約の承認決議不要	※株主総会における合併契約の承認決議不要
債権者に対する公告・催告	債権者に対する公告・催告
反対株主等への合併通知・公告	・反対株主等への合併通知・公告 ・登録株式質権者等に対する通知・公告 ・新株予約権者に対する合併通知・公告
株式買取請求手続	・株式買取請求手続 ・新株予約権買取請求手続
債権者に対する異議申述期間満了	債権者に対する異議申述期間満了
効力発生日	
合併による変更登記申請（変更登記）	合併による変更登記申請（解散登記）
合併対価の交付 事後開示書類の作成と本店備置	
合併無効の訴えの提起期間終了	

６　吸収合併のスケジュール

＜図表2-1-9　通常の吸収合併手続のスケジュール例（効力発生日：４月１日）＞

日程	存続会社	消滅会社
	合併覚書締結前の調査・交渉	
	取締役会（合併覚書承認）	取締役会（合併覚書承認）

	合併覚書の取り交わし	
	取締役会（合併契約承認及び合併承認に関する株主総会招集決定（会社法298条））	取締役会（合併契約承認及び合併承認に関する株主総会招集決定（会社法298条））
	合併契約締結（会社法748条・749条）	
下記※１～３のいずれか早い日まで[3)]	事前開示書類の本店備置（会社法794条）	事前開示書類の本店備置（会社法782条）
	基準日の公告（会社法124条３項）	基準日の公告（会社法124条３項）
	基準日（会社法124条１項）	
承認決議の２週間前まで	株主総会の招集通知発送（会社法299条）	株主総会の招集通知発送（会社法299条）
４月１日の１日前まで（※１）	株主総会における合併契約の承認決議（会社法783条）	株主総会における合併契約の承認決議（会社法783条）
４月１日の１か月以上前まで（※２）	債権者に対する公告・催告（会社法799条）	債権者に対する公告・催告（会社法789条）
４月１日の20日前まで（※３）	反対株主等への合併通知・公告（会社法797条３項）	反対株主等への合併通知・公告（会社法787条３項） 登録株式質権者等に対する通知･公告（会社法783条５項） 新株予約権者に対する合併通知･公告（会社法787条３項）
	株式買取請求（会社法797条）	株式買取請求（会社法785条） 新株予約権買取請求（会社法787条）
	債権者に対する異議申述期間満了	債権者に対する異議申述期間満了
４月１日	効力発生日	

3）　ただし、登録株式質権者等に対する通知・公告日は除く。

4月1日から2週間以内	合併による変更登記申請（変更登記）	合併による変更登記申請（解散登記）
4月1日以降	合併対価の交付 事後開示書類の作成と本店備置	
4月1日の6か月後まで	合併無効の訴えの提起期間終了（合併効力発生日から6か月以内に訴え提起が必要）（会社法828条1項7号）	

第３　会社分割

１　会社分割の意義と種類

⑴　会社分割の意義

会社分割とは、ある会社（分割会社）がその事業に関して有する権利義務の全部又は一部を他の会社（承継会社又は設立会社）に承継させる行為である（会社法２条29号・30号）。

事業をある会社から別の会社に承継させる方法としては、事業譲渡や現物出資も考えられるが、会社分割はこれらの手法よりも優れている。なぜなら、事業譲渡の場合は、資産、負債や契約関係を承継させるために債権者や契約の相手方の承諾など個別の手続を要する。現物出資の場合は、原則として検査役による調査が必要となる上、承継の対象が資産に限られることから、事業譲渡と同様に相手方の承諾など個別手続を要する。これに対して、会社分割は組織法上の行為であり、承継の対象とされた権利義務は効力発生日に当然に承継されるからである（包括承継）。

したがって、組織再編において、分社化を行ったり、グループ会社間で事業の整理統合を行ったり、他社から事業を譲り受けたり、逆に不要な事業を他社に譲渡する場合に、会社分割は有効な手法である。２以上の会社が分割会社となることも可能であり（会社法763条柱書を参照）、合弁会社の設立を通じた業務提携にも利用できる（例えばＡ社とＢ社が共同新設分割の方法によりＣ社を設立し、Ａ社・Ｂ社それぞれの事業の一部をＣ社に承継させる方法)。また、分割会社は会社分割を行う際に承継させる権利義務と承継させない権利義務を選択でき（権利義務の全部が移転する合併との根本的な相違点である)、しかも債務の承継に際して債権者の承諾が不要であるため、柔軟な組織再編が可能である。

また、労働者を保護するため、労働契約承継法に基づく手続が必要である。なお、合併の場合と同様に、分割会社の有していた許認可が当然に承継会社又は設立会社に承継されるとは限らないため、承継会社又は設立会社において許認可の再取得が必要な場合がある。

(2)　会社分割の種類

会社分割には、吸収分割と新設分割がある。吸収分割は、既存の会社（承継会社）が分割会社の権利義務を承継するものである（会社法２条29号)。一方、新設分割は、会社分割により新設される会社（設立会社）が分割会社の権利義務を承継するものである（同条30号)。

２　会社分割の効果

吸収分割は吸収分割契約で定めた効力発生日に、新設分割は設立会社の設立登記による成立の日に、それぞれ効力を生じる。効力発生により、承継会社又は設立会社は、吸収分割契約又は新設分割計画の定めに従い、分割会社の権利義務を承継する（会社法759条１項・764条１項)。この承継は包括承継であり、対象となる権利義務は一括して法律上当然に承継会社又は設立会社へ移転する。このように、承継される権利義務を選択できること、債務の承継に債権者の承諾が不要であることが会社分割の特徴であることは前述した（**1**(1))。

なお、合併と異なり、分割会社が解散することはない。分割会社を解散させるためには、権利義務の全部を承継させた後に別途解散・清算手続を経る必要がある。

分割会社の権利義務を承継した承継会社又は設立会社は、分割会社に対して対価（分割対価）を交付する。吸収分割の場合、分割対価の種類は、吸収分割契約で自由に決めることができ、対価を交付しないこともできる(対価の柔軟化)。他方、新設分割の場合、分割対価の種類は、設立会社の発行する株式は必ず交付する必要があり、それ以外の財産も、社債、新株予約権、新株予約権付社債に限定されている。

コラム：分割会社株主に承継会社又は設立会社の株式を取得させる方法（物的分割と人的分割）

会社法制定前の商法では、物的分割と人的分割の区別が存在した。物的分割とは、承継会社又は設立会社がその発行する株式を分割会社に交付する形態であり、人的分割とは、承継会社等がその発行する株式を分割会社株主に直接交付する形態である。したがって、会社法制定前の商法において、分割会社の株主に承継会社又は設立会社の株式を取得させようとする場合は、人的分割によればよかった。

これに対して、会社法では、人的分割の規定は廃止され、物的分割だけとなった。会社法において人的分割と同じ効果を得るためには、分割会社が交付を受けた承継会社等の株式を分割会社株主に現物配当するか、または全部取得条項付種類株式の取得対価とする方法によることとなる。

このように、会社法では２段階の手続を経る構造となったが、実務上は、吸収分割契約又は新設分割計画において当該配当等に関する定めを置き、１段階の手続で実行することができる（会社法758条８号・763条１項12号等）。

３　会社分割手続

本項においては、当事会社が取締役会を設置する株式会社であること、略式分割や簡易分割でないことを前提として説明する。また、原則として、吸収分割と新設分割を同時に説明するが、用語や根拠法条が両者で異なる場合は「吸収分割の場合／新設分割の場合」とした（例：吸収分割契約／新設分割計画）。

⑴　会社分割手続の概要

会社分割手続は、分割契約の締結／分割計画の作成、事前開示書類の本店備置、株主総会における分割契約／分割計画の承認決議、債権者に対する公告・催告（債権者保護手続）、株主等への会社分割通知・公告、反対株主等による株式買取請求、会社分割による変更登記申請・分割対価の交付、事後開示書類の作成と本店備置といった手続を要する。他の組織再編手続と同様、株主総会承認決議、株式買取請求手続、債権者保護手続などは先後の関係なく効力発生日までに同時平行で進めることが可能である。

このほか、グループを超えて実施される会社分割においては、デューディリジェンス及び基本合意書、最終合意書の交渉・締結といった、M&Aで通常みられるような手続を踏むことになる。

(2)　分割契約／分割計画

吸収分割の場合は、分割会社と承継会社が分割契約を締結する。当時会社の代表取締役が、（多くの場合は取締役会決議を経て、）両社における株主総会の承認決議を停止条件として、分割契約を締結することになる。

他方、新設分割の場合は、分割会社は分割計画を作成する。２以上の会社が分割会社となる共同新設分割の場合は、実務上、分割計画の作成のみならず、分割会社同士で新設会社の設立、運営等に関する契約を締結することが多い。

<図表2-1-10　会社分割の手続>

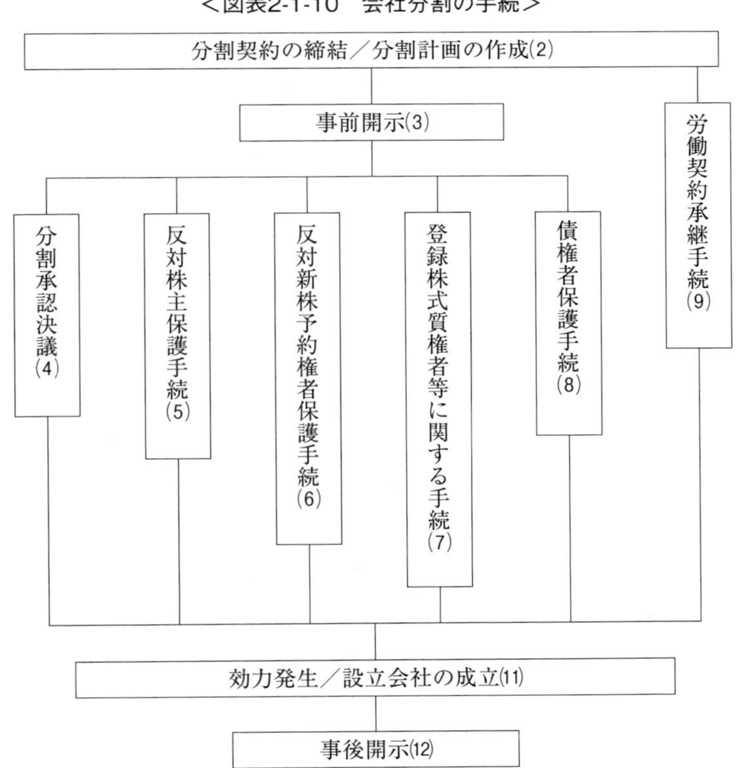

分割契約／分割計画において定めるべき事項は、会社法758条・763条に規定されている（法定記載事項）。なお、分割契約／分割計画において必要となるこれらの法定記載事項の記載が欠けている、若しくは記載が違法である場合、分割契約／分割計画は原則として無効となる。法定記載事項は以下のとおりである（一部省略した事項がある）。

① 【吸収分割に特有の事項】当事会社の表示（会社法758条１号）
② 【新設分割に特有の事項】設立会社に関する事項（会社法763条１項１号～４号）
③ 承継会社／設立会社が分割会社から承継する資産、債務、雇用契約その他の権利義務に関する事項（会社法758条２号・763条１項５号）
※ただし、当事会社の株式及び新株予約権については、吸収分割において当事会社の株式を承継会社に承継させることができるのみであり（ただし、他の権利義務とは区別して記載する。会社法758条３号）、新設分割により分割会社の株式を承継させることはできないし、新株予約権に関する義務は吸収分割・新設分割いずれにおいても承継させることはできない。
④ 分割対価に関する事項（会社法758条４号・763条１項６号・８号）
※共同新設分割に関する事項については、763条１項７号・９号を参照。
⑤ 新株予約権に関する事項（会社法758条５号・６号・763条１項10号・11号）
⑥ 【吸収分割に特有の事項】吸収分割の効力発生日（会社法758条７号）
※新設分割においても、任意的記載事項として、効力発生日を記載することは可能である。
⑦ 人的分割に関する事項（会社法758条８号・763条１項12号）

※任意的記載事項
なお、分割契約／分割計画には、法定記載事項以外に、当事会社の利害に関わる事項に関する定め（例えば、分割承認決議を行う株主総会期日、当事会社の財産等に関する善管注意義務、分割に際しての財産承継、剰余金の配当限度額、役員への退職慰労金額、従業員の取扱いに関する事項、分割契約／分割計画の変更・解除に関する事項、分割会社の競業避止義務）が記載されることがある。これらは、法的な意味では分割承認決議の対象ではない。

(3) 分割契約／分割計画に関する事前開示書類の備置・閲覧

会社分割は会社の基礎の変更という重大な効果を伴う行為であるから、株主であれば分割条件の公正等を判断し、会社債権者であれば分割に異議を述べるか否かを判断する機会を提供する必要がある。

そこで、会社分割の当事会社は、分割契約／分割計画の備置開始日から、吸収分割にあっては効力発生日の後６か月を経過する日までの間、新設分割にあっては設立会社の成立の日後６か月を経過する日までの間、分割契約／分割計画の内容その他法務省令で定める事項を記載又は記録した書面又は電磁的記録を本店に備え置かなければならない（会社法782条１項２号、会社法施行規則183条、会社法794条１項、会社法施行規則192条、会社法803条１項２号、会社法施行規則205条）。そして、当事会社の株主・債権者・新株予約権者は、営業時間内であればいつでも、分割契約／分割計画に関する書面等の閲覧を請求し、または、会社の定めた費用を支払って謄本・抄本の交付等を請求することができる（会社法782条３項・794条３項・803条３項）。

(4)　分割承認決議

①　総会の期日と決議要件

会社分割の当事会社は、吸収分割の場合は、承認決議は効力発生日の前日までに、新設分割の場合は会社成立の登記までに、株主総会の決議によって、分割契約／分割計画の承認を受けなければならない（以上、会社法783条１項・795条１項・804条１項）（ただし、簡易分割及び略式分割を除く）。

株主総会の決議要件は、特別決議による。すなわち、当該株主総会において議決権を行使することができる株主の議決権の過半数（３分の１以上の割合を定款で定めた場合にあっては、その割合以上）を有する株主が出席し、出席した当該株主の議決権の３分の２（これを上回る割合を定款で定めた場合にあっては、その割合）以上に当たる多数をもって行わなければならない。この場合においては、当該決議の要件に加えて、一定の数以上の株主の賛成を要する旨その他の要件を定款で定めることを妨げない（会社法309条２項12号）。

②　分割差損が生じる場合及び承継会社の自己株式取得となる場合の説明義務

承継会社に分割差損が生じる場合、すなわち、承継会社が承継する分割会社の債務の額として法務省令で定める額（承継債務額）が承継会社が承継する分割会社の資産の額として法務省令で定める額（承継資産額）を超える場合及び承継会社が分割会社の株主に対して交付する金銭等（吸収合併存続株式会社又は吸収分割承継株式会社の株式等を除く）の帳簿価額が承継資産額から承継債務額を控除して得た額を超える場合には、承継会社の取締役は、会社分割を承認する株主総会において、その旨を説明しなければならない（会社法795条2項）。

また、承継する分割会社の資産に承継会社の株式が含まれる場合には、承継会社の取締役は、会社分割を承認する株主総会において、当該株式に関する事項を説明しなければならない（会社法795条3項）。

(5)　反対株主保護手続

①　反対株主の株式買取請求

会社分割に反対の株主は、会社（当該株主に係る株式を発行する会社）に対し、自己の有する株式を公正な価格で買い取ることを請求することができる（会社法785条1項・797条1項・806条1項）。

ただし、(i)分割会社において簡易分割が成立する場合、分割会社の株主にはかかる株式買取請求権は認められない（会社法785条1項2号・806条1項2号）。また、これに加えて、改正法は、(ii)吸収分割における承継会社が簡易組織再編の要件を満たす場合には、承継会社の株主に株式買取請求権を認めないこととし（会社法797条1項ただし書）、また、(iii)略式分割の要件を満たす場合には、特別支配会社に株式買取請求権を認めないこととした（同法785条2項2号・797条2項2号）。

ここで、「反対株主」とは、以下の株主をいう（会社法785条2項・797条2項・806条2項）。

(i)　【吸収分割及び新設分割に共通】会社分割をするために株主総会（種類株主総会を含む。）の決議を要する場合には、当該株主総会に先立って会社分割に反対する旨を当事会社に対し通知し、かつ、当該株主総会において当該会社分割に反対した株主（当該株主総会において議決権を行使することができるものに限る）、または、当該株主総会において議決権を行使することができない株主

(ii)　【吸収分割のみ】株主総会の決議を要さない場合（(i)に規定する場合）以外の場合には、すべての株主（ただし、簡易分割の場合には承継会社の株主のみ）

②　株主への通知及び通知に代わる公告

株主による株式買取請求権行使の機会を確保するため、当事会社は、吸収分割の場合は効力発生日の20日前までに、新設分割の場合は新設分割

計画を承認した株主総会の決議の日から2週間以内に、反対株主に対し、会社分割をする旨等を通知しなければならない（会社法785条3項・797条3項・806条3項。ただし、分割会社において簡易分割が成立する場合は分割会社の株主に株式買取請求権が認められないので不要である）。

なお、吸収分割にあっては、(i)当事会社が公開会社である場合及び(ii)当事会社の株主総会の決議によって吸収合併契約の承認を受けた場合には、この通知を公告に代えることができる（会社法785条4項・797条4項）。新設分割にあっては、常に、この通知を公告に代えることができる（同法806条4項）。ただし、振替株式を発行している会社では、必ず通知に代わる公告をしなければならない（振替法161条2項）。

③　株式買取請求の手続

株式買取請求は、吸収分割の場合は効力発生日の20日前の日から効力発生日の前日までの間に、新設分割の場合は②の通知又は公告をした日から20日以内に、その株式買取請求に係る株式の数（種類株式発行会社にあっては、株式の種類及び種類ごとの数）を明らかにしてしなければならない（会社法785条5項・797条5項・806条5項）。

ただし、振替株式を発行している会社の場合、会社に期中の株式保有状況を把握させるため、前提として振替機関（証券保管振替機構）による会社に対する個別株主通知が必要となる。手続の流れとしては大要以下のとおりである。

(i)　株式買取請求権を行使しようとする株主は、自己が口座を開設している口座管理機関（証券会社等）に個別株主通知の申出を行う（振替法154条3項、4項）。
(ii)　口座管理機関は、当該株主に受付票を交付するとともに、振替機関にかかる個別株主通知の申出の取次を行う。
(iii)　振替機関は、当該株主が口座を開設している他の口座管理機関があれば、それに対して個別株主通知に必要な事項の報告を求め（振替法154条5項、151条6項）、当該口座管理機関はかかる事項を報告する。
(iv)　振替機関は、当該株主に関する一定の事項を発行会社に通知するとともに（個別株主通知・振替法154条3項。なお、株主が口座管理機関に申出を行ってから個別株主通知までに最短で4営業日を要する）、口座管理機関に対しても個別株主通知を行った旨を通知する（個別株主通知済通知）。

(v)　株主は、振替機関が個別株主通知を行った日から４週間以内に株式買取請求権を行使する（振替法154条２項、同法施行令40条）。

また、会社分割を中止したときは、株式買取請求は、その効力を失う（会社法785条８項・改正前７項・797条７項・806条７項）。

④　株式買取請求の撤回

株式買取請求をした株主は、会社（当該株主に係る株式を発行する会社）の承諾を得た場合に限り、その株式買取請求を撤回することができる（会社法785条７項・改正前６項、797条７項・改正前６項・806条７項・改正前６項）。

もっとも、反対株主は市場で買取請求に係る株式を売却できるため、事実上会社の承諾を得ることなく撤回することが可能となっていた。そこで改正法では、撤回の制限をより実効的なものとするため、上場会社（振替株式の発行者）が株式買取請求権の対象となる行為を行う場合には、買取口座を株主に通知・公告することとし、振替株式について株式買取請求権を行使する株主は、当該買取口座に振替をしなければならないとすることとした（振替法155条）。その結果、反対株主は株式買取請求を行うと当該株式を市場で処分することができなくなる。

また、改正法では、同様に株式買取請求の撤回制限の実効化を図る制度として、株券が発行されている株式について株式買取請求をしようとするときは株券を提出しなければならないこととされた（会社法785条６項・797条６項）。

⑤　株式買取価格の決定

株式買取請求がなされた場合における、株式の価格の決定について、株主と会社（当該株主に係る株式を発行する会社）との間に協議が調ったときは、会社は、吸収分割の場合は効力発生日から60日以内に、新設分割の場合は設立会社の成立の日から60日以内に、その支払いをしなければならない（会社法786条１項・798条１項・807条１項）。しかし、株式の価格の決定について、吸収分割の場合は効力発生日から30日以内に、新設分割の場合は設立会社の成立の日から30日以内に、協議が調わないときは、株主又は会社は、その期間の満了の日後30日以内に、裁判所に対し、価格の決定の申立てをすることができる（同法786条２項・798条２項・807条

2項)。

株式買取価格は、「公正な価格」(会社法785条1項・797条1項・806条1項)である必要がある。

⑥　株式買取の効力発生日

株式買取請求に係る株式の買取りの効力発生時期は、現行法では当該株式の代金の支払いの時とされていたが、反対株主において買取価格に係る利息請求権と剰余金配当請求権の二重どりになることを防ぐため、改正法では会社分割の効力発生日とされた(会社法786条6項・798条6項・807条6項)。なお、振替株式の場合、会社は、当該株主に対して、代金の支払いと引換えに当該株式について振替えの申請を請求することができる(振替法155条8項)。

⑦　利息の支払い・価格決定前の支払制度

株式買取請求に係る株式について価格決定の申立てがされた場合、分割会社又は承継会社は、裁判所の決定した価格に対する会社分割の効力発生日から60日の期間の満了の日後の年6分の利率により算定した利息を支払わなければならない(会社法786条4項・798条4項)。

改正法では、会社のかかる利息の負担を軽減するとともに、株式買取請求の濫用を防止するため、株式買取請求があった場合には、分割会社又は承継会社は、裁判所による株式の買取価格の決定があるまでは、公正な価格と認める額を支払うことができるものとし(会社法786条5項・798条5項)、会社がこの制度による支払いをした場合には、当該支払いをした額に対する当該支払後の利息を支払う義務を負わないものとした。

(6)　反対新株予約権者保護手続

新株予約権買取請求権の行使手続は、原則として株式買取請求権の行使手続と同様である。

(7)　登録株式質権者及び登録新株予約権質権者に対する通知・公告

権利内容に変動が生じる可能性があることから、吸収分割会社／新設分割会社は、吸収分割の場合は効力発生日の20日前までに、新設分割の場合は新設分割計画を承認した株主総会の決議の日から2週間以内に、登録株式質権者(会社法784条3項・805条に規定する場合における登録株式質権者を除く）及び同法787条３項各号・808条３項各号に定める新株予約権の登録新株予約権質権者に対し、会社分割をする旨を通知しなければならない（同法783条５項・804条４項）。

なお、この通知は、公告をもって代えることができる（会社法783条６項・804条５項）。

(8)　債権者保護手続

①　債権者の異議

会社分割をする場合、当事会社の債権者のうち、次の者は、会社に対し、会社分割について異議を述べることができる（会社法789条１項２号・799条１項２号・810条１項２号）。

(i)　吸収分割における吸収分割会社につき、吸収分割後に会社に対して債務の履行（当該債務の保証人として吸収分割承継会社と連帯して負担する保証債務の履行を含む）を請求することができない会社の債権者（人的分割の場合、すなわち分割時に剰余金の配当等により株主に承継会社株式を交付する場合（会社法758条８号又は760条７号に掲げる事項についての定めがある場合）にあっては、会社の全債権者）
(ii)　吸収分割における吸収分割承継会社につき、会社の全債権者
(iii)　新設分割における新設分割会社につき、新設分割後に会社に対して債務の履行（当該債務の保証人として新設分割設立会社と連帯して負担する保証債務の履行を含む）を請求することができない会社の債権者（人的分割の場合、すなわち分割時に剰余金の配当等により株主に新設会社株式を交付する場合（会社法763条１項12号又は765条１項８号に掲げる事項についての定めがある場合）にあっては、会社の全債権者）

そして、会社の債権者の全部又は一部が異議を述べることができる場合には、会社は、以下の事項を官報に公告し、かつ、知れている債権者（のうち異議を述べることができるもの）には、各別にこれを催告しなければならない（会社法789条２項・799条２項・810条２項）。

(i)　会社分割をする旨
(ii)　他の当事会社の商号及び住所
(iii)　当事会社（株式会社に限る）の計算書類に関する事項として法務省令で定めるもの
(iv)　債権者が一定の期間内に異議を述べることができる旨（ただし、この期間は、１か月を下ることができない）

②　知れている債権者に対する各別の催告を要しない場合

会社が会社分割についての公告を、官報のほか、時事に関する事項を掲載する日刊新聞紙に掲載する方法又は電子公告によりするときは、知れている債権者に対する各別の催告をする必要がなくなる（会社法789条3項・799条3項・810条3項）。ただし、分割会社については、その不法行為債権者に対して個別の催告を省略することはできない。

③　一定の期間内に異議を述べなかったとき

債権者が異議申述期間内に異議を述べなかったときは、債権者は会社分割につき承認をしたものとみなされる（会社法789条4項・799条4項・810条4項）。

④　一定の期間内に異議を述べたとき

債権者が異議申述期間内に異議を述べたときは、会社は、当該債権者に対し、弁済し、若しくは相当の担保を提供し、又は当該債権者に弁済を受けさせることを目的として信託会社等に相当の財産を信託しなければならない。ただし、会社分割をしても当該債権者を害するおそれがないときは、債権者が異議を述べた場合であっても、かかる弁済等の対応をする必要はない（会社法789条5項・799条5項・810条5項）。債権者を害するおそれがないかどうかは、会社の財務状況、債権額、弁済期等を考慮して判断することになる。

⑤　分割会社に知れていない債権者の保護

改正法では、各別の催告を受けなかったことにより、分割会社と承継会社の双方に履行を請求することができる分割会社の債権者の範囲が拡大された（会社法759条2項・764条2項）。すなわち、現行法では、当該債権者の範囲は、分割会社が各別の催告を行わなければならない債権者のうち、各別の催告を受けなかったものに限られていたため、分割会社に知れていない債権者（例えば、無記名社債権者）がこれに該当することはなかったが、改正法では、当該債権者の範囲を、より広く、（各別の催告を要するか否かにかかわらず、）各別の催告を受けなかった債権者（ただし、官報公告に加えて日刊新聞紙又は電子公告を行う場合には、不法行為債権者に限る）に拡大した。

(9) 労働契約承継手続

会社分割における権利義務の承継は包括承継（一般承継）であるから、本来、労働契約も、分割契約／分割計画の定めに従って当然に承継されることになる。しかし、それでは労働者の保護に欠けるおそれがあることから、労働契約承継法が定められた。また、商法等の一部を改正する法律（平成12年法律第90号）の附則（以下「附則」という）にも、労働者保護の観点から、会社分割の際の個別協議が定められている（附則5条1項）。労働契約承継法の詳細は**本編第5章**で詳述されているので、本項では手続の要点を整理するにとどめる。

① 労働者の理解と協力（労働契約承継法7条）

分割会社は、分割に当たり、その雇用する労働者の理解と協力を得るよう努めるものとされている。

具体的には、後記②の個別協議の前に、すべての事業場（分割の対象とならない事業場を含む）において、当該事業場に労働者の過半数を組織する労働組合がある場合においてはその労働組合、そのような労働組合がない場合においては労働者の過半数を代表する者との協議その他これに準ずる方法によって、その雇用する労働者の理解と協力を得るよう努めるものとされている（労働契約承継法施行規則4条）。

② 個別協議（附則5条1項）

会社は、分割計画／分割計画の本店備置き日までに、承継される営業に従事している労働者と、会社の分割に伴う労働契約の承継に関して協議をするものとされている。

③ 労働者、労働組合への通知（労働契約承継法2条）

会社は、関係労働者等に対し、会社分割に関して書面で通知する必要がある。通知の時期は、次に掲げる会社法に規定する日のうち、株式会社にあっては(i)又は(ii)のいずれか早い日と同じ日に、合同会社にあっては(iii)と同じ日に行われることが望ましいとされている。

(i)　吸収分割契約等の内容その他法務省令で定める事項を記載し、又は記録した書面又は電磁的記録をその本店に備え置く日
(ii)　株主総会を招集する通知を発する日
(iii)　債権者の全部又は一部が会社分割について異議を述べることができる場合に、当該分割会社が、会社法に掲げられた事項を官報に公告し、又は知れている債権者に催告する日

⑽　株券・新株予約権証券の提出

当事会社が株券発行会社である場合でも、特段、会社に対して株券を提出する必要はない（会社法219条1項参照）。

他方、当事会社が新株予約権証券を発行している場合には、会社分割の効力発生日までに、会社に対して新株予約権証券を提出しなければならない旨を効力発生日の1か月前までに、公告し、かつ、当該新株予約権の新株予約権者及びその登録新株予約権質権者には、各別にこれを通知しなければならない（会社法293条1項5号・6号。なお、各号に定めるとおり一定の例外がある）。そして、提出を受けた新株予約権証券は、効力発生日に無効となる（同条3項）。なお、効力発生日までに新株予約権証券を提出しない者がいる場合、会社は新株予約権証券の提出があるまでの間、分割対価の交付を拒むことができる（同条2項）。

⑾　会社分割の効力発生

会社分割における効力の発生とは、承継会社／設立会社が、吸収分割契約／新設分割計画の定めに従い、分割会社の権利義務を承継することをいう。なお、会社法の用語法では、吸収分割の場合は「効力発生日」というが、新設分割の場合は「設立会社の成立の日」という（以上、会社法759条・764条。特にその表題及び1項）。

⑿　会社分割に関する事後開示

当事会社は、吸収分割にあっては効力発生日後遅滞なく、新設分割にあっては設立会社の成立の日後遅滞なく、会社分割により承継会社／設立会社が承継した分割会社の権利義務その他の吸収合併に関する事項として法務省令で定める事項を記載し、又は記録した書面又は電磁的記録を作成しなければならない（会社法791条1項1号・811条1項1号）。そして、吸収分割にあっては効力発生日から6か月間、新設分割にあっては設立会社の成立の日から6か月間、それらを本店に備え置くとともに（同法791条2項・801条3項2号・811条2項）、その営業時間内はいつでも、会社の株主及び債権者による書面等の閲覧・謄本又は抄本の交付等に応じなければならない（同法791条3項・801条4項・811条3項）。

会社分割手続の過程を事後的に開示させることにより会社分割手続の適

正を間接的に担保するとともに、株主や会社債権者等が会社分割無効の訴えを提起するための検討資料の提供を可能とする趣旨である。

⒀　子会社による親会社株式取得の例外

子会社は、原則として、親会社株式（その親会社である株式会社の株式）を取得してはならない（会社法135条１項）。自由な取得を認めた場合、子会社は親会社から出資を受けるとともに、親会社から株式保有を通じた支配を受けていることから、種々の弊害が生じるためである。

しかし、会社分割により他の会社から親会社株式を承継する場合は、例外として自己株取得が認められる（会社法135条２項３号・４号）。ただし、親会社株式を取得した子会社は、相当の時期にその有する親会社株式を処分しなければならない（同条３項）。

⒁　会社分割に伴う登記

会社が会社分割をしたときは、一定の期間内に、その本店の所在地において、変更の登記（新設分割における設立会社にあっては、設立の登記）をしなければならない（会社法923条・924条）。

⒂　会社分割の差止請求

次に掲げる場合で、株主が不利益を受けるおそれがあるときは、当該株主は、会社に対し、吸収分割をやめることを請求することができる（会社法784条の２・796条の２・805条の２）。

(i)　会社分割が法令又は定款に違反する場合。なお、ここでいう「法令又は定款に違反する場合」には、善管注意義務や忠実義務の違反を含まないと解されている。
(ii)　略式分割の要件に該当する場合で、対価が当事会社の財産の状況その他の事情に照らして著しく不当であるとき

なお、いずれも簡易分割の要件を満たす場合を除く。

現行法では、略式分割についてのみ差止請求が認められていたところ、改正法により、略式分割以外の会社分割でも差止請求が認められることとなった。もっとも、会社分割の差止請求は、対価の不当性を差止事由とする場合には略式分割以外の会社分割については認められないこと、また、

簡易分割の要件を満たす場合には認められないことに留意を要する。

⒃　会社分割無効の訴え

会社分割が違法に行われた場合であっても、法的安定性を確保する観点から、会社分割の無効を主張するためには会社分割無効の訴えを行った上で会社分割無効判決を取得せねばならず、また、会社分割の無効の効力は遡及しない。

①　会社分割の無効原因

会社分割の無効原因は会社法において明示されていないが、会社分割手続の瑕疵が無効原因とされる。すなわち、分割契約／分割計画の内容の違法、分割契約／分割計画に関する書面の備置不備や不実記載、会社分割承認決議の瑕疵、株式・新株予約権買取請求手続の不履行、債権者異議手続の不履行、労働者との協議義務の不履行、簡易会社分割・略式会社分割の要件不充足等である。

②　会社分割の無効の訴え

ア　会社分割の無効の主張期間

会社分割の無効は、効力発生日から６か月以内に、訴えをもってのみ主張することができる（会社法828条１項９号・10号）。

イ　会社分割の無効の訴えを提起できる者

会社分割の無効の訴えは、効力発生日において当事会社の株主や会社分割を承認しなかった債権者等一定の者に限定されている（会社法828条２項９号・10号）。

③　会社分割の無効の訴えの被告

吸収分割の無効の訴えの被告は、吸収分割契約をした会社（分割会社及び承継会社）である（会社法834条９号）。また、新設分割の無効の訴えの被告は、分割会社及び設立会社である（同条10号）。

④　会社分割の無効の訴えの管轄及び移送

会社分割の無効の訴えは、被告となる会社の本店の所在地を管轄する地方裁判所の管轄に専属する（会社法835条１項）。

⑤　担保提供命令

裁判所は、被告会社の申立てにより、訴えを提起した株主に対して、相当の担保提供を命ずることができる（会社法836条１項）。

なお、申立てをした被告会社は、原告株主の訴えの提起が悪意によるものであることを疎明しなければならない（会社法836条３項）。

⑥　会社分割の無効の訴えの認容判決の効力

ア　認容判決の効力が及ぶ者の範囲

会社分割の無効の訴えに係る請求を認容する確定判決は、第三者に対してもその効力を有する（会社法838条）。

イ　無効又は取消しの判決の効力

会社分割の無効の訴えに係る請求を認容する判決が確定したときは、会社分割は無効とされ将来に向かってその効力を失う（会社法839条）。

⑦　原告が敗訴した場合の損害賠償責任

会社分割の無効に関する訴えを提起した原告が敗訴した場合において、原告に悪意又は重大な過失があったときは、原告は、被告に対し、連帯して損害を賠償する責任を負う（会社法846条）。

４　簡易分割・略式分割

⑴　簡易分割

金額基準でみたときに小規模である会社分割の場合は、分割会社や承継会社において、会社分割を承認するための株主総会の決議（会社法783条１項・795条１項・804条１項）を不要とできる。これを簡易分割という（同法784条２項・改正前３項・796条２項・改正前３項・805条）。

具体的には、分割会社の場合は、承継会社／設立会社に承継させる資産（純資産額ではない）の帳簿価額の合計額が、分割会社の総資産額として法務省令（会社法施行規則187条・207条）で定める方法により算定される額の５分の１（これを下回る割合を分割会社の定款で定めた場合にあっては、その割合）を超えないとき、簡易分割が可能である。

承継会社の場合は、分割に際して交付する承継会社の株式の数に１株当たり純資産額を乗じて得た額、及び、分割に際して交付する承継会社の社債その他の財産の帳簿価額の合計額が、承継会社の純資産額の５分の１（これを下回る割合を承継会社の定款で定めた場合にあっては、その割合）を超えないとき、簡易分割が可能である。ただし、承継会社に分割差損が生じる場合又は分割会社に対して交付する金銭等の全部又は一部が承継会社（公開会社でないものに限る）の譲渡制限株式である場合は、簡易分割を行うことはできない（会社法796条２項・改正前３項ただし書)。

ところで、簡易分割の要件が充足される場合であっても簡易分割手続が強制されるわけではなく、通常の分割手続を採用することも可能である。他方、承継会社が簡易分割手続を採用しようとする場合に、法務省令で定める数の株式（分割承認決議において議決権を行使することができるものに限る）を有する株主が、株式買取請求に係る通知・公告（会社法797条３項・４項）の日から２週間以内に吸収分割に反対する旨を承継会社に対し通知したときは、当該承継会社は、効力発生日の前日までに、株主総会の決議によって、吸収分割契約の承認を受けなければならない（同法796条４項)。

簡易分割での存続会社における手続は、上記分割承認決議に関する特則を除き、基本的に通常の分割手続と変わらない。

(2)　略式分割

吸収分割の当事会社の一方が他方を支配している場合は、支配されている会社において、会社分割を承認するための株主総会の決議（会社法783条１項・795条１項）を不要とできる。これを略式分割という（同法784条１項本文・796条１項本文)。

具体的には、当事会社の一方が他方（従属会社）の総株主の議決権の10分の９（これを上回る割合を従属会社の定款で定めた場合にあっては、その割合）以上を有する（特別支配会社。会社法468条１項）とき、略式分割が可能である。ただし、分割会社に対して交付する金銭等の全部又は一部が承継会社（公開会社でないものに限る）の譲渡制限株式である場合は、略式分割を行うことはできない（同法796条１項ただし書)。

ところで、簡易分割の場合と同様、略式分割の要件が充足される場合であっても略式分割手続が強制されるわけではなく、通常の分割手続を採用することも可能である。

略式合併での従属会社における手続は、上記分割承認決議に関する特則を除き、基本的に通常の分割手続と変わらない。

5　詐害的会社分割における債権者の保護

改正法において、分割会社が承継会社又は新設会社に承継されない債務の債権者（残存債権者）を害することを知って会社分割をした場合に、残存債権者は、承継会社又は新設会社に、承継した財産の価額を限度として、当該債務の履行を請求することができることとされた（会社法759条４項以下・764条４項以下）。いわゆる詐害的会社分割については、判例において一定の要件の下に民法上の詐害行為取消権の行使が認められていたところ（最判平成24・10・12民集66巻10号3311頁）、改正法により会社法固有の救済手段が設けられたものである。この点については、**第１・12**を参照されたい。

第４　株式交換・株式移転

１　沿革・意義

ある会社が他の会社の株式の全部を保有する場合、当該ある会社を完全親会社と、当該他の会社を完全子会社という。

株式交換・株式移転は、いずれも既存の株式会社を完全子会社として完全親子会社関係を創設する、企業再編の手法の１つである。

株式交換は、既存の株式会社を完全親会社とするものであり、株式移転は、新設した株式会社を完全親会社とするものである。

Ｂ社がＡ社の完全子会社となるには、Ａ社がＢ社の株主全員からＢ社の株式を買い取るなど、Ｂ社の株主全員の同意が必要になるところ、これをＡ社とＢ社との間で株式交換契約を締結した上で、原則としてそれぞれの株主総会で承認するだけで行うことができるようにしたものが株式交換制度である。

株式交換・株式移転の制度は、平成９年に独占禁止法が改正されて純粋持株会社が解禁されたのを受けて、純粋持株会社の円滑な創設を可能とすべく平成11年の商法改正により導入されたものである。

なお、株式交換・株式移転に係る独占禁止法、知的財産法、労働法、税務上の問題は、**本編第３章**以降を参照されたい。

２　株式交換制度の概要

⑴　意　義

株式交換は、株式会社がその発行済株式の全部を他の株式会社又は合同

＜図表2-1-11　完全親会社の株式を対価とした株式交換＞

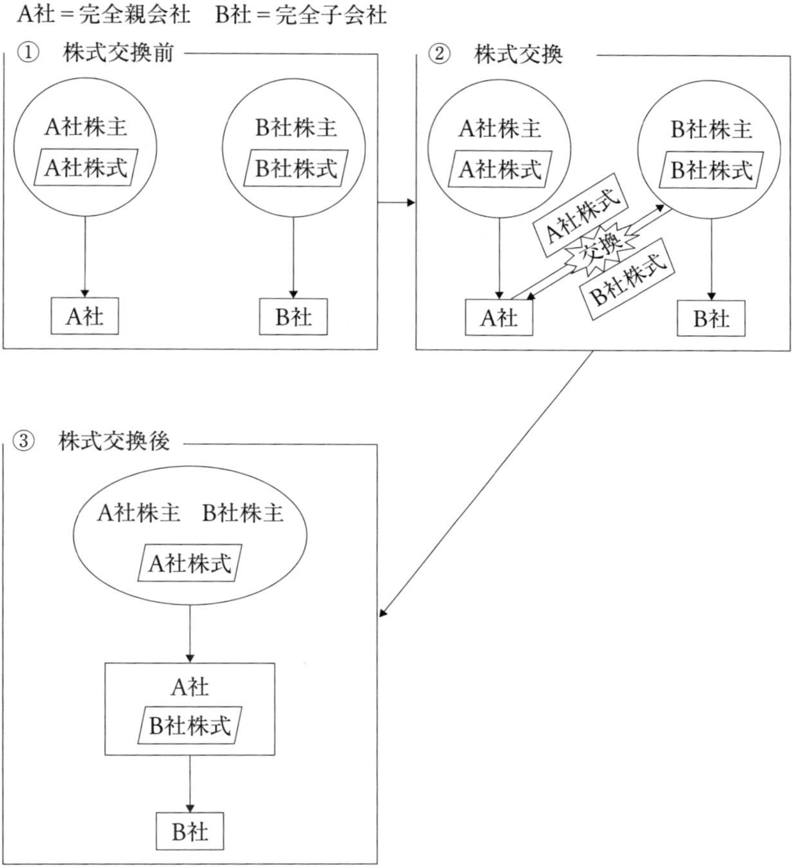

A社＝完全親会社　B社＝完全子会社

①　株式交換前

A社株主
A社株式
A社
B社株主
B社株式
B社

②　株式交換

A社株主
A社株式
A社
B社株主
B社株式
B社
A社株式
交換
B社株式

③　株式交換後

A社株主　B社株主
A社株式
A社
B社株式
B社

会社に取得させることをいう（会社法2条31号、会社法第5編第4章・第5章）。ここでいう「株式会社」が完全子会社となり、ここでいう「他の株式会社」が完全親会社となる（**図表2-1-11**参照）。

(2)　効　果

株式交換契約において定められた効力発生日において、

(i)　完全親会社が完全子会社の発行済株式の全部を取得し（会社法769条1項）、かつ、

＜図表2-1-12　共同株式移転＞

新会社＝完全親会社　A社及びB社＝完全子会社

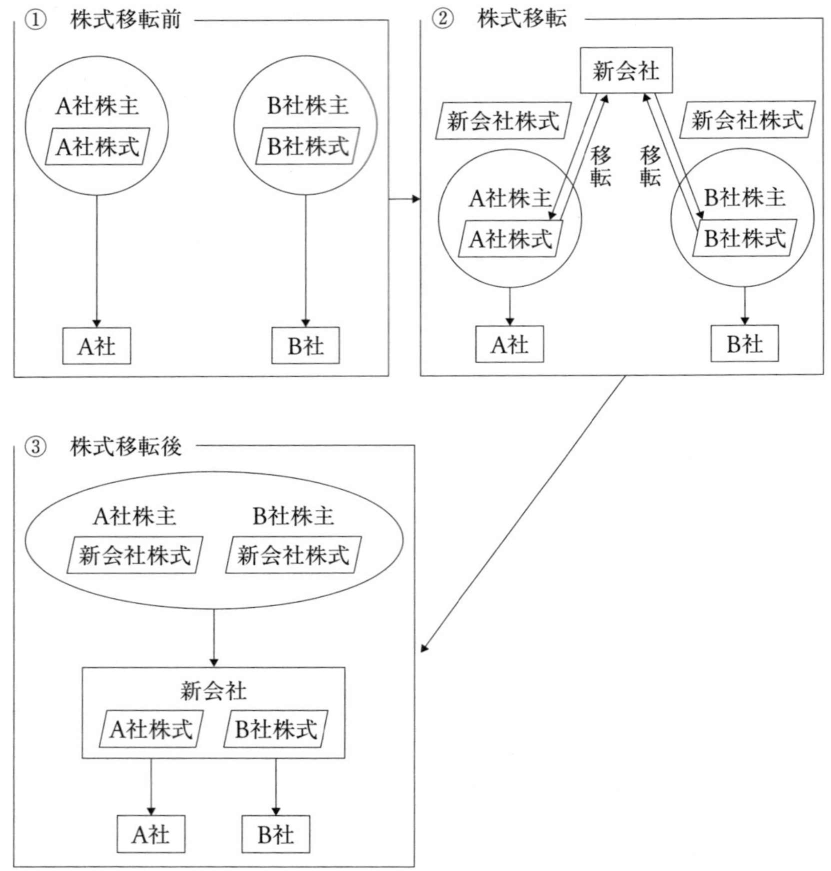

(ii) 旧株主は、対価となる財産の権利者となる。株式交換の対価は、完全親会社の株式であることが多く、その場合、旧株主は、完全親会社の株主となる（会社法769条３項）。

(3) 対　価

完全子会社の従来の株主（以下「旧株主」という）は、その保有する完全子会社の株式を失う（完全親会社が取得する）ことになるから、完全親

＜図表2-1-13　三角株式交換＞

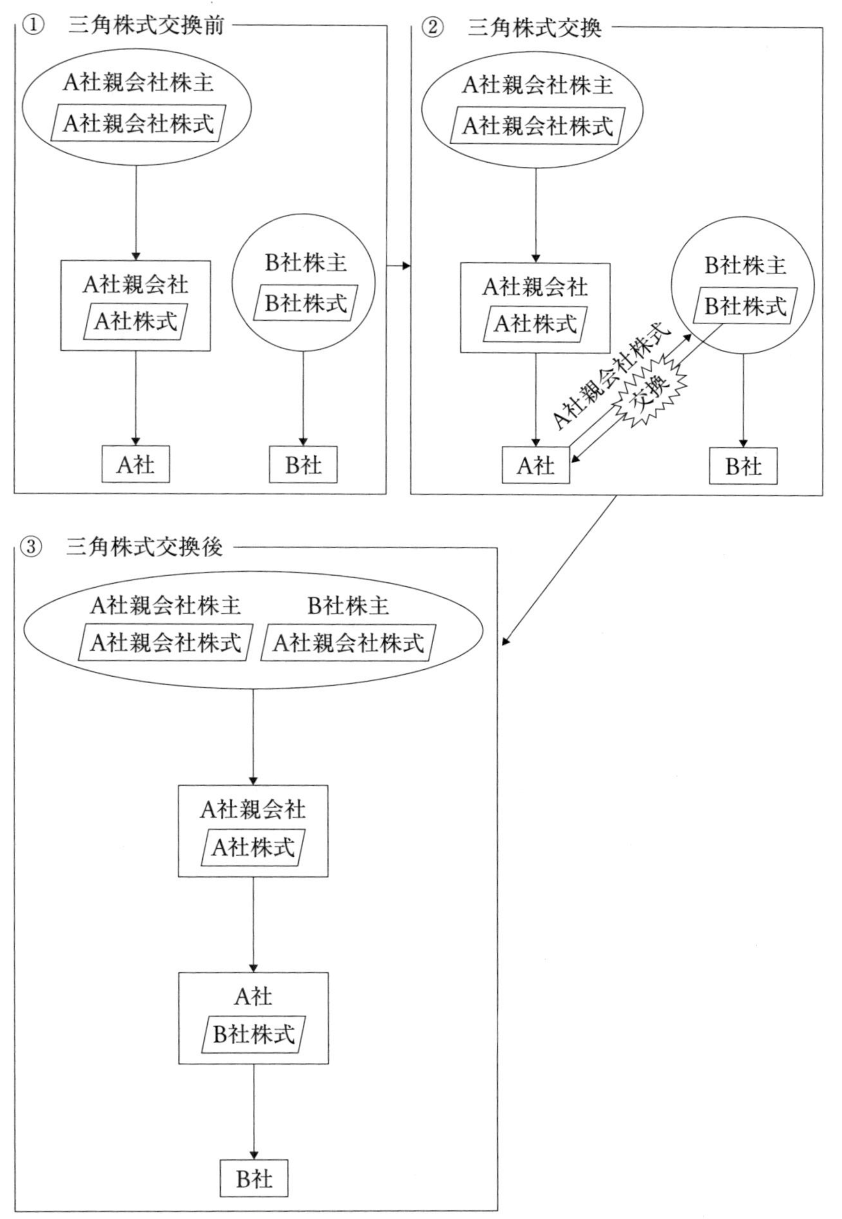

会社から旧株主に何らかの対価を交付する必要がある場合がほとんどである。この点、平成18年に会社法が施行されるまでは、その対価が完全親会社の株式に限られていたが、会社法の施行により柔軟化され、金銭を含めどのような財産であっても対価とすることが可能となった（会社法768条1項2号）。旧株主に完全親会社のさらに親会社の株式を交付することも可能であり、これを三角株式交換などという（実例としてシティグループと日興コーディアルグループによるものがある）。

(4)　手　続

各会社は、株式交換契約を締結した後、株主総会の決議、株式買取請求、新株予約権買取請求及び債権者保護手続等の手続を経る必要がある（多くの場合、取締役会規則等により取締役会決議も経る必要があると思われる）。これらの手続については、株式交換契約の締結が先にくるものの、その他の

＜図表2-1-14　株式交換の手続＞

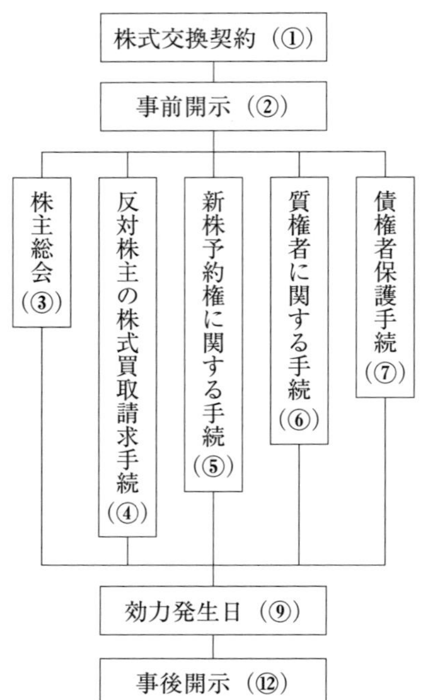

手続については時間的先後関係が定められていないため、並行的に行うことが可能である。このほか、グループを超えて実施される株式移転においては、秘密保持契約書の締結、デューディリジェンスの実施、基本合意書の締結といったM&Aで通常みられるような手続を踏むことになる。なお、ほとんどのケースでは、株式交換の対価が完全親会社の株式とされていることから、以下では、株式交換の対価が、完全親会社の株式であることを前提に説明することとする。また、紙幅の関係から振替機関の取扱いがないこと、当事会社に合同会社が含まれないこと及び種類株式が発行されていないことを前提に説明することとする。振替機関の取扱いがある場合については、**第３**を参照されたい。

コラム：株式交換の対価が完全親会社の株式ではない場合

株式交換の対価に完全親会社の株式ではないものが含まれた場合には、手続上次のような点で違いが生じる。なお、ＢからＤまでについては、完全子会社の新株予約権（以下「旧新株予約権」という）が新株予約権付社債に付された新株予約権である場合において、旧新株予約権の新株予約権者に対して、完全親会社の新株予約権（以下「新新株予約権」という）を交付するときも同様の違いが生じる（下記⑦参照）。

Ａ　株式交換契約における対価についての定めが変わる（会社法768条１項２号）。

Ｂ　完全親会社に係る事前及び事後の備置書類の閲覧又は謄本若しくは抄本の交付請求権者に債権者が加わる（会社法794条３項・801条６項）。

Ｃ　完全親会社に係る事前の備え置くべきものの内容に債務の履行の見込みに関する事項が加わる（会社法施行規則193条５号）。

Ｄ　完全親会社において債権者保護手続が必要になる（会社法799条１項３号）。

①　株式交換契約の規定事項

株式交換契約の規定事項は次のとおりである（会社法768条１項）。

(i)　完全親会社と完全子会社の商号及び住所（会社法768条１項１号）

(ii)　対価となる完全親会社の株式の数又はその数の算定方法（会社法768条１項２号イ）及び旧株主に対する完全親会社の株式の割当てに関する事項（会社法768条１項３号）

割当てに関する事項としては、旧株主が保有する完全子会社の株式に対して、完全親会社の株式がどの程度割り当てられるかという株式交換比率が記載されることになる。

株式交換比率は、完全親会社の株主にとっても旧株主にとっても非常に関心の高い事項である（完全親会社の従来の株主にしてみれば旧株主に対して割り当てられる完全親会社の株式の割合は小さければ小さいほど有利であるのに対し、旧株主にしてみれば割り当てられる完全親会社の株式の割合が大きければ大きいほど有利になる）。

通常、「A社は、株式交換に際して発行する普通株式○○株と、その保有する自己の普通株式△△株と合わせて合計□□株を、効力発生日の前日の最終のB社の株主（A社を除く。以下同じ）に対し、その保有するB社の株式◎株につき、A社の株式◇株の割合をもって割り当てる。」などと記載される。

なお、1株に満たない端数については、会社法234条に従い、現金で処理されることになる。

(iii)　完全親会社の資本金及び準備金の額に関する事項（会社法768条1項2号イ）

株式交換に伴って増加又は減少する資本金、資本準備金及び利益剰余金の金額を記載することになる。資本金、資本準備金及び利益剰余金の額として計上すべき額については、会社計算規則39条において定められている。

(iv)　効力発生日（会社法768条1項6号）

(v)　完全親会社が株式交換に際して旧新株予約権の新株予約権者に対して当該旧新株予約権に代えて新新株予約権を交付する場合における、旧新株予約権の内容、新新株予約権の内容及び数又はその算定方法並びに新新株予約権の割当てに関する事項等（会社法768条1項4号・5号）

(vi)　完全親会社となる会社が株式交換により定款を変更する場合におけるその規定

平成18年の会社法施行により法定記載事項から除外されたが、旧株主は、将来完全親会社の株主になるわけだから、完全親会社の定款の内容は、旧株主にとっても自己の利害に関わる事項となる。したがって、実務的には、株式交換に伴って完全親会社の定款を変更するのであれば、その内容を株式交換契約に規定するのが適切であろう。

株式交換に伴って変更される可能性がある定款の規定としては、商号や発行可能株式総数が考えられる。

(vii)　任意的記載事項

株式交換契約には、法定の記載事項以外の事項を記載することができる。実務上は、契約の目的、旧株主に交付された完全親会社の株式に対する剰余金の配当の起算日、効力発生日までの会社財産の管理運営に関する善管注意義務、効力発生日前に行う剰余金の配当等の限度額、効力発生日前に就任した役員につき本来の任期満了まで在任させる等の定め、総会の承認及び法令上の官公庁の承認が得られることを停止条件とする旨の定め、契約締結後効力発生日までの間に重大な事情の変更があったときは交換条件の変更ないし契約の解除ができる旨の定め、などが規定される。

②　事前の書類の備置き

各会社の利害関係者が、株式交換の可否、条件等内容の当否を判断することができるようにするとともに、事後的に株式交換無効の訴えを提起するかどうかの判断資料を与える趣旨の規定である。

備置期間の終期は、株式交換無効の訴えの提訴期間（会社法828条１項11号）に合わせて、効力発生日後６か月を経過する日とされている（同法782条１項・794条１項）。

なお、書類備置きの違反には過料の制裁があり（会社法976条８号）、株式交換無効の訴え（同法828条１項11号）における無効事由にもなる。

ア　完全親会社

完全親会社は、下記の備置期間の始期のいずれか早い日から、下記の備え置くべきものの内容を記載し、又は記録した書面又は電磁的記録をその本店に備え置かなければならず、株主（債権者保護手続が必要な場合には債権者を含む）は、その営業時間内は、いつでも書面の閲覧又は謄本若しくは抄本の交付の請求等をすることができる（会社法794条。完全子会社とは異なり、新株予約権者に閲覧等の請求権はない）。

＜備置期間の始期＞

- 株主総会の承認が必要な場合は、当該株主総会の日の２週間前の日（会社法794条２項１号）
- 株主に対する、通知又は公告の日のいずれか早い日（会社法794条２項２号）
- 債権者保護手続が必要な場合は、公告又は催告の日のいずれか早い日（会社法794条２項３号）

＜備え置くべきものの内容＞

<table>
<tr><td colspan="2">株式交換契約</td><td>会社法794条１項</td></tr>
<tr><td colspan="2">対価となる完全親会社の株式の数又はその数の算定方法、完全親会社の資本金及び準備金の額に関する事項並びに旧株主に対する完全親会社の株式の割当てに関する事項の相当性に関する事項</td><td>会社法施行規則193条１号</td></tr>
<tr><td colspan="2">旧新株予約権の内容、新新株予約権の内容及び数又はその算定方法並びに新新株予約権の割当てに関する事項等についての定めの相当性に関する事項</td><td>会社法施行規則193条２号</td></tr>
<tr><td rowspan="3">計算書類等に関する事項</td><td>完全子会社の最終事業年度に係る計算書類等</td><td>会社法施行規則193条３号イ</td></tr>
<tr><td>完全子会社について、最終事業年度後の日を臨時決算日とする臨時計算書類等があるときは、当該臨時計算書類等の内容</td><td>会社法施行規則193条３号ロ</td></tr>
<tr><td>完全親会社及び完全子会社について、最終事業年度の末日後に重要な財産の処分、重大な債務の負担その他の会社財産の状況に重要な影響を与える事象が生じたときは、その内容</td><td>会社法施行規則193条３号ハ・４号イ</td></tr>
<tr><td colspan="2">債権者保護手続が必要な場合は、債務の履行の見込み</td><td>会社法施行規則193条５号</td></tr>
<tr><td colspan="2">効力発生日までの間に、上記の事項に変更が生じたときは、変更後の当該事項</td><td>会社法施行規則193条６号</td></tr>
</table>

イ　完全子会社

完全子会社についても、下記の備置期間の始期のいずれか早い日から、下記の備え置くべきものの内容を記載し、又は記録した書面又は電磁的記録をその本店に備え置かなければならない。また、株主及び新株予約権者は、その営業時間内は、いつでも書面の閲覧又は謄本若しくは抄本の交付の請求等をすることができる（会社法782条）。

＜備置期間の始期＞

- 株主総会の承認が必要な場合は、当該株主総会の日の２週間前の日（会社法782条２項１号）
- 通知を受けるべき株主がいる場合は、通知又は公告の日のいずれか早

い日（会社法782条２項２号）
・　通知を受けるべき新株予約権者がいる場合は、通知又は公告の日のいずれか早い日（会社法782条２項３号）
・　債権者保護手続が必要な場合は、公告又は催告の日のいずれか早い日（会社法782条２項４号）
・　上記以外の場合には、株式交換契約の締結の日から２週間を経過した日（会社法782条２項５号）

＜備え置くべきものの内容＞

株式交換契約		会社法782条１項３号
交換対価の相当性に関する事項（会社法施行規則184条１項１号）	交換対価の総数又は総額の相当性に関する事項	会社法施行規則184条３項１号
	交換対価として当該種類の財産を選択した理由	会社法施行規則184条３項２号
	完全親会社と株式交換完全子会社とが共通支配下関係にあるときは、当該株式交換完全子会社の株主（当該株式交換完全子会社と共通支配下関係にある株主を除く。）の利益を害さないように留意した事項	会社法施行規則184条３項３号
	対価となる完全親会社の株式の数又はその数の算定方法、完全親会社の資本金及び準備金の額に関する事項並びに旧株主に対する完全親会社の株式の割当てに関する事項の相当性に関する事項	会社法施行規則184条３項

<table>
<tr><td rowspan="4">交換対価について参考となるべき事項（会社法施行規則184条１項２号）</td><td>完全親会社の定款の定め</td><td>会社法施行規則184条４項１号イ</td></tr>
<tr><td>交換対価を取引する市場、交換対価の取引の媒介、取次ぎ又は代理を行う者及び交換対価の譲渡その他の処分に制限があるときは、その内容その他の交換対価の換価の方法に関する事項</td><td>会社法施行規則184条４項１号ロ</td></tr>
<tr><td>交換対価に市場価格があるときは、その価格に関する事項</td><td>会社法施行規則184条４項１号ハ</td></tr>
<tr><td>完全親会社の過去５年間にその末日が到来した各事業年度に係る貸借対照表の内容</td><td>会社法施行規則184条４項１号ニ</td></tr>
<tr><td>株式交換に係る新株予約権の定めの相当性に関する事項（会社法施行規則184条１項３号）</td><td>旧新株予約権の内容、新新株予約権の内容及び数又はその算定方法並びに新新株予約権の割当てに関する事項についての定めの相当性に関する事項</td><td>会社法施行規則184条５項１号</td></tr>
<tr><td rowspan="3">計算書類等に関する事項（会社法施行規則184条１項４号）</td><td>完全親会社の最終事業年度に係る計算書類等</td><td>会社法施行規則184条６項１号イ</td></tr>
<tr><td>完全親会社について、最終事業年度後の日を臨時決算日とする臨時計算書類等があるときは、当該臨時計算書類等の内容</td><td>会社法施行規則184条６項１号ロ</td></tr>
<tr><td>完全親会社及び完全子会社について、最終事業年度の末日後に重要な財産の処分、重大な債務の負担その他の会社財産の状況に重要な影響を与える事象が生じたときは、その内容</td><td>会社法施行規則184条６項１号ハ・２号イ</td></tr>
<tr><td colspan="2">債権者保護手続が必要な場合は、債務の履行の見込みに関する事項</td><td>会社法施行規則184条１項５号</td></tr>
<tr><td colspan="2">効力発生日までの間に、上記の事項に変更が生じたときは、変更後の当該事項</td><td>会社法施行規則184条１項６号</td></tr>
</table>

旧株主に対する完全親会社の株式の割当てに関する事項、すなわち、株式交換比率については、上記①において述べたとおり、各会社の株主の関心が最も高い事項であるから、その相当性については、十分に説明する必要がある。実務上は、監査法人、証券会社その他の第三者算定機関に算定を依頼し、交換比率の算定の経緯や算定された交換比率が公正である旨の意見を得た旨が記載されることがある。

③　承認株主総会

原則――特別決議

例外――（完全親会社が非公開会社である場合）特殊決議

（簡易株式交換又は略式株式交換の場合）決議不要

ア　特別決議

株式交換契約の承認は、株主総会の特別決議によらなければならない（会社法783条1項・795条・309条2項12号）。株式交換は当事会社の株主の地位に重大な影響を与えるからである。

完全親会社が完全子会社の株式を有する場合でも、完全子会社の株主総会においてその議決権は排除されない。

なお、完全子会社が複数で株式交換を行う場合、完全子会社の取締役には、他の完全子会社の株主に対する交換比率等についても、株主総会での説明義務が及ぶものと解される。株主が株式交換に賛成するか否かを考える上で重要な要素となるからである。

イ　特殊決議

完全子会社が公開会社であり、完全親会社が非公開会社であるときは、完全子会社の株主総会における決議は、例外として株式の譲渡制限の定款変更決議と同様に、特殊決議によらなければならない（会社法309条3項2号）。完全子会社の株主は、株式交換により株式の譲渡につき制限を受けることになるからである。

ウ　簡易株式交換、略式株式交換の場合

下記⑮及び⑯のとおりである。

エ　招集通知・株主総会参考書類

株式交換契約の承認総会について、書面若しくは電子投票制度又は金商法に基づく委任状勧誘制度を採用した場合（株主の数が1000人以上の場合には採用が義務付けられる（会社法298条2項））には、株主総会参考書類に、株式交換を行う理由、株式交換契約の内容の概要及び事前開示事項（上記②参照）の内容の概要を記載しなければならない（同法301条・302条、会社法施行規則88条、委任状勧誘府令16条）。

また、これらの制度を採用しなかった場合には、招集通知に議案の概要（議案が確定していない場合にあっては、その旨）を記載しなければならない（会社法299条４項・298条１項５号、会社法施行規則63条７号ル・ヲ）。ただ、結局、議案の概要とは、株式交換を行う理由、株式交換契約の内容の概要、事前開示事項の内容の概要ということにならざるを得ず、上記の制度を採用したか否かによって記載内容が大きく変わることはないと考えられる。

オ　基準日を削除する定款変更

株式交換契約を承認するための株主総会において、完全子会社の定時株主総会についての基準日に関する定款の定めを削除する定款変更議案が上程されることが多い。これは、例えば、定時株主総会の基準日（期末日）より後で、かつ、完全親会社設立の日より後の日に定時株主総会を開催した場合、完全子会社の株主は完全親会社となっているにもかかわらず、当該定時株主総会において議決権を行使できるのが完全親会社が設立される前の完全子会社の株主となってしまうことを避けるためである。

他方、配当についての基準日については、当該定時株主総会に係る事業年度の利益に係る配当という位置付けであることから、基準日である期末日に株主であった者に支払うことで問題ないから削除しないのが通常である。

④　反対株主の株式買取請求権

株式交換は条件等によっては株主が不利益を被るおそれがある。そこで、株式買取請求権によって、株式交換に反対する株主の離脱及び投下資本回収の機会が与えられている。

この機会を確保するため、効力発生日の20日前までに、株主に対して通知又は公告を行うことが義務づけられているが（会社法785条３項・４項・797条３項・４項）、この通知を株式交換契約を承認する株主総会の招集通知とまとめて行うことは差し支えない。

株式交換に反対の株主は、承認総会に先立って会社に対し株式交換に反対する旨を通知し、かつ総会において株式交換に反対することにより、会社に対して自己の株式を、公正な価格で買い取るよう請求することができる（会社法785条・797条）。

なお、株主がいったん行った買取請求を撤回するためには、請求の相手方となった会社の承諾が必要となる（会社法785条７項・797条７項・改正前785条６項・797条６項）。

その手続については、吸収合併、吸収分割の場合と同様である。

⑤　新株予約権買取請求

株式交換に当たり、旧新株予約権について、発行時の新株予約権の内容と異なる取扱いを行う場合（発行時の新株予約権の内容として新新株予約権の交付を受ける旨定められているのに新新株予約権を交付しない場合など）には、当該旧新株予約権の新株予約権者は、完全子会社に対して自己の有する新株予約権を、公正な価格で買い取るよう請求することができる。これに対し完全親会社の新株予約権者には買取請求権は認められていない。

そして、新株予約権者がこの請求権を行使する機会を確保するため、新新株予約権の交付を受ける旧新株予約権の新株予約権者や新新株予約権の交付を受けないものの、発行時の新株予約権の内容として新新株予約権の交付を受ける旨定められている新株予約権者に対し、効力発生日の20日前までに、通知又は公告を行うことが義務付けられている（会社法787条）。

その手続については、吸収合併、吸収分割の場合と同様である。

⑥　登録株式質権者及び登録新株予約権質権者に対する通知・公告

質権の対象物である株式・新株予約権が消滅・移転するなど、その権利内容が変動することについての周知を図る必要があることから、効力発生日の20日前までに、完全子会社の登録株式質権者及び登録新株予約権質権者に対して通知又は公告を行うことが義務づけられている（会社法783条５項・６項）。

⑦　債権者保護手続

旧新株予約権が新株予約権付社債に付された新株予約権である場合において、旧新株予約権の新株予約権者に対して、新新株予約権を交付するときは、社債に係る債務も完全親会社が承継することになるので、完全親会社については、債権者全員に対する債権者保護手続が必要となる（会社法799条１項３号）。これに対し完全子会社については、新新株予約権の交付を受ける完全子会社の新株予約権付社債の社債権者に対してのみ債権者保護手続が必要になる（同法789条１項３号）。

その手続については、吸収合併、吸収分割の場合と基本的に同様である。

⑧　株券提出公告及び失効手続

株式交換が行われると、完全子会社の株主は完全子会社の株主ではなくなり、従来の株券は無効となる。株券提出公告及び失効手続は、無効な従来の株券の流通防止を目的とする手続である。

ア　株券提出の公告・格別の通知

株券を発行する旨の定款の定めがある株式会社であって、実際に株券を発行している完全子会社は、効力発生日までに株券を提出しなければならない旨を効力発生日の１か月前にまでに公告し、かつ、株主及びその登録株式質権者に対し、格別に通知しなければならない（会社法219条１項７号）。

イ　株券提出が不能の場合

完全子会社の株主が、株券及び端株券を提出できないときは、会社はその者の請求によって、３か月以上の期間を定め、利害関係人に対し同期間内に異議があれば述べることができる旨を公告し[4]、同期間内に異議がなければ、当該株主に交換対価を交付することができるものとしている（会社法220条２項）。

ウ　未提出株券の取扱い

株券を提出しない株主に対しては、株券の提出があるまでの間、交換対価の交付を拒むことができる（会社法219条２項）。

完全子会社の株券は、その株券が提出されたか否かにかかわらず、株式交換の日にすべて無効となる（会社法219条３項）。

⑨　効力発生日

効力発生日において、完全親会社が完全子会社の発行済株式の全部を取得し、旧株主は、対価となる財産の権利者となる。

なお、完全親会社と完全子会社との間で合意することにより、効力発生日を変更することができるが、変更する場合には、完全子会社において、変更後の効力発生日を公告しなければならない（会社法790条）。

---

4)　公告の時期については、法定されていないが、効力発生日後に行うと考えられている（江頭憲治郎『株式会社法〔第５版〕』（有斐閣、2014年）286頁）。

⑩　子会社による親会社株式取得の例外

完全子会社が保有する自己株式に株式交換により完全親会社となる会社の株式が割り当てられる結果、完全子会社は完全親会社の株式を保有することになり、子会社の親会社株式取得の例外とされている（会社法135条２項、会社法施行規則23条２号）。ただし、完全子会社は、相当の時期に完全親会社の株式を処分しなければならない（会社法135条３項）。

しかし、このような事態は市場に対する売り圧力等の事情により歓迎すべき事態ではないことから、実務上、効力発生日に先立ち、完全子会社において効力発生日において保有している自己株式をすべて消却する旨の取締役会決議（会社法178条）が行われていることが多い。

⑪　変更の登記

株式交換によって登記事項（会社法911条３項各号）に変更があった場合には、効力発生日から、本店所在地において２週間以内に、変更の登記を行う必要がある（同法915条１項）。

登録免許税は、増加した資本金の額の1000分の7[5)]（これによって計算した税額が３万円に満たないときは、申請件数１件につき３万円）となる（登録免許税法別表第一24号(一)ニ）。なお、同時に行われた定款の変更や役員の就任の登記については、別に変更の登記の登録免許税を納付しなければならない。

⑫　事後の書類の備置き

各会社の利害関係者が、事後的に株式交換無効の訴えを提起するかどうかの判断資料を与える趣旨の規定である。

備置期間の終期は、株式交換無効の訴えの提訴期間（会社法828条１項11号）に合わせて、効力発生日から６か月間とされている（同法791条２項・801条３項）。

なお、書類備置きの違反には過料の制裁があり（会社法976条８号）、株式交換無効の訴え（同法828条１項11号）における無効事由にもなる。

完全親会社及び完全子会社は、効力発生日後遅滞なく、下記の備え置くべきものの内容（会社法施行規則190条）を記載し、又は記録した書面又は

---

5)　産業競争力強化法の認定を受けた計画に従って増資を行う場合には、1,000分の3.5となる。ただし、3,000億円の上限が設けられている（租税特別措置法80条１項１号）。

電磁的記録を作成し、その本店に備え置かなければならず、完全親会社の株主（債権者保護手続が必要な場合には債権者を含む）及び効力発生日に完全子会社の株主又は新株予約権者であった者は、その営業時間内は、いつでも書面の閲覧又は謄本若しくは抄本の交付の請求等をすることができる（会社法791条・801条）。

＜備え置くべきものの内容＞

・　完全親会社が取得した完全子会社の株式の数（会社法791条1項2号）
・　効力発生日（会社法施行規則190条1号）
・　完全子会社における反対株主の株式買取請求、新株予約権買取請求及び債権者保護の各手続の経過（会社法施行規則190条2号）
・　完全親会社における反対株主の株式買取請求、債権者保護の各手続の経過（会社法施行規則190条3号）
・　その他株式交換に関する重要な事項（会社法施行規則190条5号）

⑬　株式交換差止請求

改正法施行後は、株式交換が法令又は定款に違反する場合において、完全親会社又は完全子会社の株主が不利益を受けるおそれがあるときは、完全親会社又は完全子会社の株主は、完全親会社又は完全子会社に対し、株式交換をやめることを請求することができる（会社法784条の2第1号・796条の2第1号）。

なお、ここでいう「法令又は定款に違反する場合」には、善管注意義務や忠実義務の違反を含まないと解されている。

⑭　株式交換無効の訴え

株式交換手続に瑕疵がある場合等の無効主張の方法としては、株式交換無効の訴えの制度が設けられており、訴えをもってのみ無効を主張することができるとされている（会社法828条1項11号）。

ア　無効原因

株式交換無効の訴えの無効原因は法定されていないが、次のような事項などが無効原因と考えられている[6)]。

・　株式交換の当事者適格を欠いている場合（合名会社や合資会社を完全親会社とする株式交換など）

6）東京地方裁判所商事研究会編『類型別会社訴訟Ⅱ〔第3版〕』（判例タイムズ社、2011年）736頁。

- 株式交換契約の必要的記載事項を欠いている場合
- 承認総会の決議に不存在、無効又は取消しの事由がある場合
- 事前又は事後の書類の備置きの懈怠
- 完全子会社の株主への株式の割当てが違法に行われた場合
- 簡易株式交換又は略式株式交換の要件を満たさないのに株主総会の承認手続が行われなかった場合
- 債権者保護手続に違反した場合

イ　手　続

- 効力発生日から6か月内に訴えをもってのみ主張し得る（会社法828条1項11号）。
- 訴えの提起権者は、当該行為の効力が生じた日において株式交換契約をした会社の株主等（株主、取締役、執行役、監査役又は清算人）であった者又は株式交換契約をした会社の株主等、破産管財人若しくは株式交換について承認をしなかった債権者である（会社法828条2項11号）。
- 管轄は、株式交換契約をした会社の本店所在地のうち、先に訴えの提起があった地方裁判所に専属する（会社法835条1項・2項）。

ウ　無効判決の効力

株式交換無効の訴えに係る請求を認容する判決が確定したときは、株式交換は将来に向かってその効力を失い（会社法839条）、完全親会社は判決の確定時における株式交換に際して交付した株式の株主に対し、完全子会社の株式を交付する（同法844条1項）。この場合の質権の効力については、完全子会社の株式について存在することになる（同条2項）。

さらに、無効判決は第三者に対しても効力を有し（会社法838条）、無効判決が確定したときは、職権で変更の登記がなされる（同法937条3項6号）。

⑮　簡易株式交換

完全子会社の規模が完全親会社の規模に比して小さい場合には、完全親会社又はその株主に及ぼす影響が軽微であることから、手続の合理化を図るため、株主総会による承認なしに株式交換を認める簡易な株式交換の制度が設けられている（会社法796条2項）。

株式交換は当事会社双方の株主に与える影響が甚大であるため、株主総会の特別決議による交換契約の承認という手続を定めているのであるが、完全親会社が規模の小さな会社と株式交換をする場合には、完全親会社と

なる会社の従来の株主に対する影響はそれほど大きなものとはならないと考えられる。このような場合の、完全親会社について、手続を合理化し株式交換制度の利用の便をはかる観点から設けられたのが簡易株式交換である。

なお、完全子会社となる会社については、このような簡易な手続は設けられていない。

ア　簡易株式交換の要件

旧株主に対して交付する完全親会社の株式の数に１株当たり純資産額を乗じて得た額の完全親会社の純資産額に対する割合が５分の１を超えない場合である。ただし、完全親会社に株式交換差損が計上される場合（会社法795条２項３号）又は完全親会社が非公開会社であり、交換対価が譲渡制限株式である場合（同法796条１項ただし書）には、株主総会における承認が必要となる（同法796条３項ただし書）。

また、株主に対する通知又は公告（会社法797条３項・４項）の日から２週間以内に株式交換に反対する旨を通知した株主が有する株式の数が、株主総会決議が否決されない可能性のある数等に至った場合にも、株主総会における承認が必要となる（同法796条３項・改正前796条４項）。

イ　簡易株式交換の場合の株式買取請求権

改正法の施行後は、簡易株式交換の場合、完全親会社の株主は、以下の場合を除き、株式買取請求権を有しない（会社法797条１項ただし書）。

(i)　完全親会社に株式交換差損が計上される場合
(ii)　完全親会社が非公開会社であり、交換対価が譲渡制限株式である場合
(iii)　株式交換に反対する旨を通知した株主が有する株式の数が、株主総会決議が否決されない可能性のある数等に至った場合

ウ　簡易株式交換の場合の差止請求権

改正法の施行後においても、簡易株式交換の場合には、上記イの(i)から(iii)までの場合を除き、差止請求権は認められない（会社法796条の２ただし書）。

⑯　略式株式交換

完全な、又はほぼ完全な支配権がある会社間において株式交換を行う場合には、被支配会社において株主総会を開催したとしても、結論において変わることがないことは明らかであることから、手続の合理化を図るため、

株主総会による承認なしに株式交換を認める略式株式交換の制度が設けられている（会社法784条１項・796条１項）。

ア　略式株式交換の要件

完全子会社が完全親会社の特別支配会社である場合に、完全親会社における株主総会による承認が不要となる。ただし、交換対価が譲渡制限株式である場合であって、完全親会社が公開会社でない場合には、株主総会における承認が必要となる（会社法796条１項ただし書）。

また、完全親会社が完全子会社の特別支配会社である場合に、完全子会社における株主総会による承認が不要となる。ただし、交換対価の全部又は一部が譲渡制限株式等である場合であって、完全子会社が公開会社である場合には、株主総会における承認が必要となる（会社法784条１項ただし書）。

ここでいう特別支配会社とは、例えば、ある株式会社の総株主の議決権の10分の９以上を他の会社が有している場合における当該他の会社をいう（会社法468条１項）[7]。

イ　少数株主の利益保護

略式株式交換の場合には、被支配会社における株主総会が開催されないため、被支配会社の少数株主にとっては、株主総会の決議取消しの訴えを提起することなどにより株式交換の効力を争う機会が著しく減少することになる。

そこで、上記⑬のような法令若しくは定款に違反する場合に加え、交換比率等が完全親会社又は被支配会社の財産の状況その他の事情に照らして著しく不当である場合であって、被支配会社の株主が不利益を受けるおそれがあるときについても、被支配会社の株主は、株式交換の差止めを請求することができることとされている（会社法796条の２第２号・改正前796条２項）。

３　株式移転制度の概要

⑴　意　義

株式移転は、１又は２以上の株式会社がその発行済株式の全部を新た

7)　産業競争力強化法の認定を受けた場合には３分の２となる（同法32条）。

に設立する株式会社に取得させることをいう（会社法２条32号、会社法第５編第４章・第５章。前掲**図表2-1-12**)。ここでいう「１又は２以上の株式会社」が完全子会社となり、ここでいう「新たに設立する株式会社」が完全親会社となる。

(2)　効　果

設立の登記が行われた日において、

(i)　完全親会社が完全子会社の発行済株式の全部を取得し（会社法774条１項)、かつ、

(ii)　旧株主は、完全親会社の株主となる（会社法774条２項)。

(3)　対　価

株式移転の対価については、株式交換とは異なり、柔軟化は部分的にしか認められておらず、完全子会社の従来の株主（以下「旧株主」という）には、完全親会社の株式が必ず交付される（会社法773条１項５号)[8)]。株式に加えて社債又は新株予約権を交付することは可能である（同条１項７号)。

(4)　手　続

完全子会社は、株式移転計画を作成した後、株主総会の決議、株式買取請求、新株予約権買取請求及び債権者保護手続等の手続を経る必要がある（多くの場合、取締役会規則等により取締役会決議も経る必要があると思われる)。これらの手続については、株式移転契約の作成が先にくるものの、その他の手続については時間的先後関係が定められていないため、並行的に行うことが可能である。このほか、グループを超えて実施される株式移転においては、秘密保持契約書の締結、デューディリジェンスの実施、基本合意書の締結といったM&Aで通常みられるような手続を踏むことになる。なお、ほとんどのケースでは、株式移転の対価が、完全親会社の株式のみとされていることから、以下では、株式移転の対価が、完全親会社

---

8)　ただし、共同株式移転の場合に１つの完全子会社の旧株主に対し株式を交付しない処理はあり得る（江頭・前掲注４書926頁)。

の株式でのみあることを前提に説明することとする。また、紙幅の関係から振替機関の取扱いがないこと、種類株式が発行されていないことを前提に説明することとする。振替機関の取扱いがある場合については、**第３**を参照されたい。

＜図表2-1-15　株式移転の手続＞

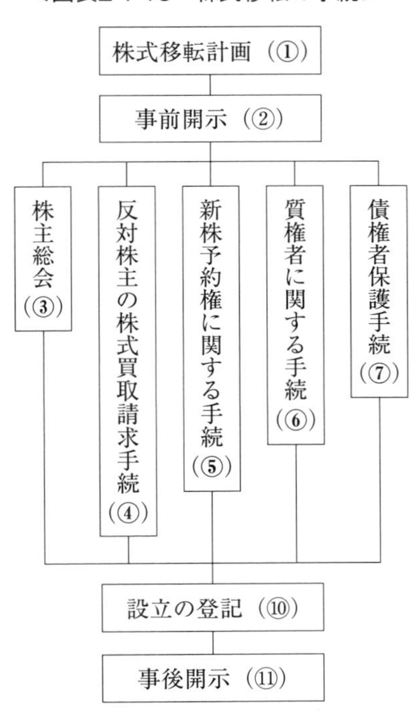

①　株式移転計画の規定事項

株式移転計画の規定事項は次のとおりである（会社法773条１項）。

(i)　完全親会社の目的、商号、本店の所在地、発行可能株式総数その他定款で定める事項（会社法773条１項１号・２号）

なお、完全親会社が公開会社となる場合、設立時発行株式の総数は、発行可能株式総数の４分の１を下ることはできない（会社法814条１項において同法37条３項は適用が除外されていない）[9)]。

(ii)　完全親会社の設立時取締役その他役員の氏名（会社法773条１項３号・４号）

(iii)　対価となる完全親会社の株式の数又はその数の算定方法（会社法773条1項5号）及び旧株主に対する完全親会社の株式の割当てに関する事項（同項6号）

割当てに関する事項としては、共同株式移転（2以上の株式会社が完全子会社となる場合における株式移転をいう。以下、共同株式移転について言及する場合には、2つの株式会社が完全子会社となる場合を想定し、一方の完全子会社をA完全子会社と、他方の完全子会社をB完全子会社という）の場合には、A完全子会社の旧株主（以下「A旧株主」という）が保有するA完全子会社の株式に対して完全親会社の株式がどの程度割り当てられ、B完全子会社の旧株主（以下「B旧株主」という）が保有するB完全子会社の株式に対して、完全親会社の株式がどの程度割り当てられるのか、という株式移転比率が記載されることになる。

共同株式移転の場合における株式移転比率は、A旧株主にとってもB旧株主にとっても非常に関心の高い事項である（A旧株主にしてみればA旧株主に対して割り当てられる株式の割合が大きければ大きいほど有利である）。

通常、「完全親会社は、株式移転に際して、完全親会社がA完全子会社及びB完全子会社の発行済株式の全部を取得する時点の直前時（以下「基準時」という）のA完全子会社及びB完全子会社の株主に対し、それぞれ保有するA完全子会社及びB完全子会社の株式に代わりA完全子会社が基準時時点で発行している株式に1を乗じて得た数、B完全子会社が基準時時点で発行している株式1.1を乗じて得た数の完全親会社株式を交付する。」などと記載される。

なお、1株に満たない端数については、会社法234条に従い、現金で処理されることになる。

(iv)　完全親会社の資本金及び準備金の額に関する事項（会社法773条1項5号）

完全親会社の資本金、資本準備金及び利益準備金の金額を記載することになる。資本金、資本準備金及び利益剰余金の額として計上すべき額については、会社計算規則52条において定められている。

---

9)　改正前814条1項においては同法37条3項も適用が除外されていたが、改正前においても、やはり4分の1を下ることはできないと考えるべきである。

(v)　完全親会社が株式移転に際して完全子会社の新株予約権（以下「旧新株予約権」という）の新株予約権者に対して当該新株予約権に代わる完全親会社の新株予約権（以下「新新株予約権」という）を交付する場合における、旧新株予約権の内容、新新株予約権の内容及び数又はその算定方法並びに新新株予約権の割当てに関する事項等（会社法773条１項９号・10号）

②　事前の書類の備置き

利害関係者が、株式移転の可否、条件等内容の当否を判断することができるようにするとともに、事後的に株式移転無効の訴えを提起するかどうかの判断資料を与える趣旨の規定である。

備置期間の終期は、株式移転無効の訴えの提訴期間（会社法828条１項12号）に合わせて、完全親会社成立の日後６か月を経過する日とされている（同法803条１項）。

なお、書類備置きの違反には過料の制裁があり（会社法976条８号）、株式交換無効の訴え（同法828条１項12号）における無効事由にもなる。

完全子会社は、下記の備置期間の始期のいずれか早い日から、下記の備え置くべきものの内容を記載し、又は記録した書面又は電磁的記録をその本店に備え置かなければならず、株主及び新株予約権者は、その営業時間内は、いつでも書面の閲覧又は謄本若しくは抄本の交付の請求等をすることができる（会社法803条）。

＜備置期間の始期＞

- 株主総会の承認が必要な場合は、株主総会の日の２週間前の日（会社法803条２項１号）
- 通知を受けるべき株主がいる場合は、通知又は公告の日のいずれか早い日（会社法803条２項２号）
- 通知を受けるべき新株予約権者がいる場合は、通知又は公告の日のいずれか早い日（会社法803条２項３号）
- 債権者保護手続が必要な場合は、公告又は催告の日のいずれか早い日（会社法803条２項４号）
- 上記以外の場合には、新設分割計画作成の日から２週間を経過した日（会社法803条２項５号）

＜備え置くべきものの内容＞

<table>
<tr><td colspan="2">株式移転計画</td><td>会社法803条１項３号</td></tr>
<tr><td colspan="2">株式移転計画に定める対価等の相当性に関する事項</td><td>会社法施行規則206条１項１号・２号</td></tr>
<tr><td rowspan="3">（共同株式移転の場合）他の完全子会社の計算書類等に関する事項</td><td>他の完全子会社の最終事業年度に係る計算書類等</td><td>会社法施行規則206条３号イ</td></tr>
<tr><td>他の完全子会社について、最終事業年度後の日を臨時決算日とする臨時計算書類等があるときは、当該臨時計算書類等の内容</td><td>会社法施行規則206条３号ロ</td></tr>
<tr><td>完全子会社及び他の完全子会社について、最終事業年度の末日後に重要な財産の処分、重大な債務の負担その他の会社財産の状況に重要な影響を与える事象が生じたときは、その内容</td><td>会社法施行規則206条３号ハ・４号イ</td></tr>
<tr><td colspan="2">債権者保護手続が必要な場合は、債務の履行の見込みに関する事項</td><td>会社法施行規則206条５号</td></tr>
<tr><td colspan="2">完全親会社成立の日までの間に、上記の事項に変更が生じたときは、変更後の当該事項</td><td>会社法施行規則206条６号</td></tr>
</table>

旧株主に対する完全親会社の株式の割当てに関する事項、すなわち、株式移転比率については、上記①において述べたとおり、各会社の株主の関心が最も高い事項であるから、その相当性については、十分に説明する必要がある。実務上は、監査法人、証券会社その他の第三者算定機関に算定を依頼し、交換比率の算定の経緯や算定された交換比率が公正である旨の意見を得た旨が記載されることがある。

③　承認株主総会

原則――特別決議

例外――（完全親会社が非公開会社である場合）特殊決議

ア　特別決議

株式移転計画の承認は、株主総会の特別決議によらなければならない（会社法804条１項・309条２項12号）。株式交換は完全子会社の株主の地位に重大な影響を与えるからである。

なお、共同株式移転を行う場合、完全子会社の取締役には、他の完全子会社の株主に対する交換比率等についても、株主総会での説明義務が及ぶものと解される。株主が株式移転に賛成するか否かを考える上で重要な要素となるからである。

イ　特殊決議

完全子会社が公開会社であり、完全親会社が非公開会社であるときは、完全子会社の株主総会における決議は、例外として株式の譲渡制限の定款変更決議と同様に、特殊決議によらなければならない（会社法309条３項３号）。完全子会社の株主は、株式移転により株式の譲渡につき制限を受けることになるからである。

ウ　簡易又は略式手続

株式移転には、簡易又は略式手続は存在しない。

エ　招集通知・株主総会参考書類

株式移転計画の承認総会について、書面若しくは電子投票制度又は金融商品取引法に基づく委任状勧誘制度を採用した場合（株主の数が1000人以上の場合には採用が義務付けられる（会社法298条２項））には、株主総会参考書類に、株式移転を行う理由、株式移転計画の内容の概要及び事前開示事項（上記②参照）の内容の概要等を記載しなければならない（会社法301条・302条、会社法施行規則91条、委任状勧誘府令19条）。

また、これらの制度を採用しなかった場合には、招集通知に議案の概要（議案が確定していない場合にあっては、その旨）を記載しなければならない（会社法299条４項・298条１項５号、会社法施行規則63条７号ワ）。ただ、結局、株式交換の場合と同様、上記の制度を採用したか否かによって記載内容が大きく変わることはないと考えられる（上記**2**⑷③**エ**参照）。

オ　基準日を削除する定款変更

株式移転計画を承認するための株主総会において、完全子会社の定時株主総会についての基準日に関する定款の定めを削除する定款変更議案が上程されることが多い。これは、例えば、定時株主総会の基準日（期末日）より後で、かつ、完全親会社設立の日より後の日に定時株主総会を開催した場合、完全子会社の株主は完全親会社となっているにもかかわらず、当該定時株主総会において議決権を行使できるのが完全親会社が設立される前の完全子会社の株主となってしまうことを避けるためである。

他方、配当についての基準日については、当該定時株主総会に係る事業年度の利益に係る配当という位置付けであることから、基準日である期末日に株主であった者に支払うことで問題ないから削除しないのが通常である。

④　反対株主の株式買取請求権

株式移転は条件等によっては株主が不利益を被るおそれがある。そこで、株式買取請求権によって、株式交換に反対する株主の離脱及び投下資本回収の機会が与えられている。

この機会を確保するため、株式移転計画を承認する株主総会決議の日から２週間以内に、株主に対して通知又は公告を行うことが義務付けられているが（会社法806条３項・４項）、この通知を株式移転計画を承認する株主総会の招集通知とまとめて行うことは差し支えない。

株式移転に反対の株主は、承認総会に先立って会社に対し株式移転に反対する旨を通知し、かつ総会において株式移転に反対することにより、会社に対して自己の株式を、公正な価格で買い取るよう請求することができる（会社法806条）。

なお、株主がいったん行った買取請求を撤回するためには、請求の相手方となった会社の承諾が必要となる（会社法806条７項・改正前６項）。

その手続については、新設合併、新設分割の場合と同様である。

⑤　新株予約権買取請求

株式移転に当たり、旧新株予約権について、発行時の新株予約権の内容と異なる取扱いを行う場合（発行時の新株予約権の内容として新新株予約権の交付を受ける旨定められているのに新新株予約権を交付しない場合など）には、当該旧新株予約権の新株予約権者は、完全子会社に対して自己の有する新株予約権を、公正な価格で買い取るよう請求することができる。

そして、新株予約権者がこの請求権を行使する機会を確保するため、新新株予約権の交付を受ける旧新株予約権の新株予約権者や新新株予約権の交付を受けないものの、発行時の新株予約権の内容として新新株予約権の交付を受ける旨定められている新株予約権者に対し、株主総会決議の日から２週間以内に、通知又は公告を行うことが義務付けられている（会社法808条）。

その手続については、新設合併、新設分割の場合と同様である。

⑥　登録株式質権者及び登録新株予約権質権者に対する通知・公告

質権の対象物である株式・新株予約権が消滅・移転するなど、その権利内容が変動することについての周知を図る必要があることから、株主総会の決議の日から２週間以内に、完全子会社の登録株式質権者及び登録新株予約権質権者に対して通知又は公告を行うことが義務付けられている（会社法804条４項・５項）。

⑦　債権者保護手続

旧新株予約権が新株予約権付社債に付された新株予約権である場合において、旧新株予約権の新株予約権者に対して、新新株予約権を交付するときは、社債に係る債務も完全親会社が承継することになるので、新新株予約権の交付を受ける完全子会社の新株予約権付社債の社債権者に対して債権者保護手続が必要になる（会社法810条１項３号）。

その手続については、新設合併、新設分割の場合と基本的に同様である。

⑧　株券提出公告及び失効手続

株式移転が行われると、完全子会社の株主は完全子会社の株主ではなくなり、従来の株券は無効となる。株券提出公告及び失効手続は、無効な従来の株券の流通防止を目的とする手続である。

ア　株券提出の公告・各別の通知

株券を発行する旨の定款の定めがある株式会社であって、実際に株券を発行している完全子会社は、設立の登記が行われる日までに株券を提出しなければならない旨を設立の登記が行われる日の１か月前にまでに公告し、かつ、株主及びその登録株式質権者に対し、各別に通知しなければならない（会社法219条１項８号）。

イ　株券提出が不能の場合

完全子会社の株主が、株券及び端株券を提出できないときは、会社はその者の請求によって、３か月以上の期間を定め、利害関係人に対し同期間内に異議があれば述べることができる旨を公告し[10]、同期間内に異議がなければ、当該株主に交換対価を交付することができるものとしている（会社法220条２項）。

10）　公告の時期については法定されていないが効力発生日（株式移転の場合には、設立の登記が行われた日）後に行うと考えられている（江頭・前掲注４書286頁）。

ウ　未提出株券の取扱い

株券を提出しない株主に対しては、株券の提出があるまでの間、交換対価の交付を拒むことができる（会社法219条２項）。

完全子会社の株券は、その株券が提出されたか否かにかかわらず、株式交換の日にすべて無効となる（会社法219条３項）。

⑨　子会社による親会社株式取得の例外

完全子会社が保有する自己株式に株式移転により完全親会社となる会社の株式が割り当てられる結果、完全子会社は完全親会社の株式を保有することになり、子会社の親会社株式取得の例外とされている（会社法135条２項５号、会社法施行規則23条３号）。ただし、完全子会社は、相当の時期に完全親会社の株式を処分しなければならない（会社法135条３項）。

しかし、このような事態は市場に対する売り圧力等の事情により歓迎すべき事態ではないことから、実務上、効力発生日に先立ち、完全子会社において効力発生日において保有している自己株式をすべて消却する旨の取締役会決議（会社法178条）が行われていることが多い。

⑩　設立の登記

株式移転による完全親会社の設立の登記は、下記の日のいずれか遅い日から２週間以内に行わなければならない（会社法925条）。

- 株主総会の決議の日（会社法925条１号）
- 株主に対する、通知又は公告の日から20日を経過した日（会社法925条３号）
- 通知を受けるべき新株予約権者がいる場合は、通知又は公告の日から20日を経過した日（会社法925条４号）
- 債権者保護手続が必要な場合は、手続が終了した日（会社法925条５号）
- 完全子会社が定めた日（共同株式移転の場合には、完全子会社が合意により定めた日）（会社法925条６号）

登録免許税は、資本金の額の1000分の７[11]（これによって計算した税額が15万円に満たないときは、申請件数１件につき15万円）となる（登録免許税法別表第一24号㈠イ）。

11）　産業競争力強化法の認定を受けた計画に従って増資を行う場合には、1,000分の3.5となる。ただし、3,000億円の上限が設けられている（租税特別措置法80条１項１号）。

⑪　事後の書類の備置き

各会社の利害関係者が、事後的に株式移転無効の訴えを提起するかどうかの判断資料を与える趣旨の規定である。

備置期間の終期は、株式移転無効の訴えの提訴期間（会社法828条１項12号）に合わせて、設立の登記が行われた日から６か月間とされている（会社法811条２項・815条３項）。

なお、書類備置きの違反には過料の制裁があり（会社法976条８号）、株式移転無効の訴え（同法828条１項12号）における無効事由にもなる。

完全親会社及び完全子会社は、効力発生日後遅滞なく、下記の備え置くべきものの内容（会社法施行規則210条）を記載し、又は記録した書面又は電磁的記録を作成し、その本店に備え置かなければならず、完全親会社の株主及び新株予約権者並びに効力発生日に完全子会社の株主又は新株予約権者であった者[12)]は、その営業時間内は、いつでも書面の閲覧又は謄本若しくは抄本の交付の請求等をすることができる（会社法811条・815条）。

＜備え置くべきものの内容＞

- 完全親会社に移転した完全子会社の株式の数（会社法811条１項２号）
- 株式移転が効力を生じた日（設立の登記が行われた日）（会社法施行規則210条１号）
- 完全子会社における反対株主の株式買取請求、新株予約権買取請求及び債権者保護の各手続の経過（会社法施行規則210条２号）
- その他株式移転に関する重要な事項（会社法施行規則210条４号）

⑫　株式移転差止請求

改正法施行後は、株式移転が法令又は定款に違反する場合において、完全子会社の株主が不利益を受けるおそれがあるときは、完全子会社の株主は、完全子会社に対し、株式移転をやめることを請求することができる（会社法805条の２）。

なお、ここでいう「法令又は定款に違反する場合」には、善管注意義務や忠実義務の違反を含まないと解されている。

12）改正法により、株式移転の無効の訴えの提起権者に債権者が加えられた（会社法828条２項12号）。これに伴い、閲覧等の請求権者にも債権者が加えられるべきだが、そのような改正は行われていない。

⑬　株式移転無効の訴え

株式移転手続に瑕疵がある場合等の無効主張の方法としては、株式移転無効の訴えの制度が設けられており、訴えをもってのみ無効を主張することができるとされている（会社法828条１項12号）。

ア　無効原因

株式移転無効の訴えの無効原因は法定されていないが、次のような事項などが無効原因と考えられている[13)]。

- 承認総会の決議に不存在、無効又は取消しの事由がある場合
- 事前又は事後の書類の備置きの懈怠
- 完全子会社の株主への株式の割当てが違法に行われた場合

イ　手　続

- 効力発生日から６か月内に訴えをもってのみ主張し得る（会社法828条１項12号）。
- 訴えの提起権者は、当該行為の効力が生じた日において完全子会社の株主等（株主、取締役、執行役、監査役、清算人）であった者又は完全親会社の株主等、破産管財人若しくは株式移転について承認をしなかった債権者である（会社法828条２項12号。改正法施行前においては破産管財人若しくは債権者に提起権はない）。
- 管轄は、完全親会社又は完全子会社の本店所在地のうち、先に訴えの提起があった地方裁判所に専属する（会社法835条１項・２項）。

ウ　無効判決の効力

株式移転無効の訴えに係る請求を認容する判決が確定したときは、株式移転は将来に向かってその効力を失い（会社法839条）、完全親会社は判決の確定時における株式移転に際して交付した株式の株主に対し、完全子会社の株式を交付する（同法844条１項）。この場合の質権の効力については、完全子会社の株式について存在することになる（同条２項）。

さらに、無効判決は第三者に対しても効力を有し（会社法838条）、無効判決が確定したときは、職権で変更の登記がなされる（同法937条３項７号）。

13）　東京地方裁判所商事研究会編・前掲注６書747頁。

第5　事業譲渡

1　事業譲渡の概要

(1)　事業譲渡の意義

①　意　義

事業譲渡とは、会社の事業の全部又は一部を他社に移転することをいう。事業譲渡を行う場合、譲渡会社においては、譲渡対象が事業の全部又は重要な一部の譲渡である場合には、原則として、株主総会の特別決議が必要となり（会社法467条1項1号・2号・309条2項11号)、譲受会社においては、事業の全部を譲り受ける場合には、原則として、株主総会の特別決議が必要となる（会社法467条1項1号・3号・309条2項11号)。

このため、企業再編において、譲渡対象が、特別決議が必要とされる「事業」に該当するか否かは重要な要素となる。「事業」の意義については、会社法上、明文の規定はないものの、判例は、旧商法245条の「営業譲渡」の意義について、「商法245条1項1号によって特別決議を経ることを必要とする営業の譲渡とは、同法24条以下にいう営業の譲渡と同一意義であって、営業そのものの全部または重要な一部を譲渡すること、詳言すれば、一定の営業目的のため組織化され、有機的一体として機能する財産（得意先関係等の経済的価値のある事実関係を含む。）の全部または重要な一部を譲渡し、これによって、譲渡会社がその財産によって営んでいた営業的活動の全部または重要な一部を譲受人に受け継がせ、譲渡会社がその譲渡の限度に応じ法律上当然に同法25条に定める競業避止業務を負う結果を伴うものをいうものと解するのが相当である。」（最大判昭和40・9・22民集19巻6号1600頁）と判示しており、この要件は、会社法における「事業」にも当てはまるものと考えられている。

したがって、会社法467条が適用される事業譲渡は、

(i)　一定の営業目的のため組織化され、有機的一体として機能する財産（得意先関係等の経済的価値のある事実関係を含む）の全部又は重要な一部の譲渡であること、
(ii)　譲渡会社がその財産によって営んでいた営業的活動の全部又は重要な

一部を譲受人に受け継がせること、
(iii)　譲渡会社がその譲渡の限度に応じ法律上当然に競業避止業務を負う結果を伴うもの

の要件を充足するものということになる。

なお、株主総会の特別決議が必要であるにもかかわらず、これを欠く事業譲渡は無効とされるのが通説的な理解である。

②　「有機的一体として機能する財産」の意義

「一定の営業目的のため組織化され、有機的一体として機能する財産」に該当するか否かは、画一的な基準はなく、個々の事例において、判断せざるを得ない。

結局のところ、全体的にみて、譲渡会社における事業のうち、単なる資産の集合体を超える基本的部分が移転すると評価できる場合が、事業譲渡となり、単なる資産のみの譲渡（工場内の機械のみの譲渡、在庫商品のみの譲渡）の譲渡といった、個々の財産の移転のみの場合は事業譲渡には当たらないこととなる。

③　「重要な」の意義

旧商法においては、旧商法245条１項１号に規定する「重要な」譲渡に該当する基準が明らかでなく、譲渡する営業の質及び量の両面から実質的に判断する必要があった。

会社法においては、量的な問題について、譲渡資産の帳簿価格が総資産額として法務省令で定める方法により算定される額の５分の１（これを下回る割合を定款で定めた場合にはその割合）以下の資産を譲渡する事業譲渡（簡易事業譲渡）については株主総会の決議を要しない旨が定められ、株主総会の決議を要する事業の譲渡の範囲の一部が明らかにされた（会社法467条１項２号かっこ書、会社法施行規則134条）。

したがって、「重要な」譲渡に当たるか否かは、当該事業が譲渡会社において占める地位や特殊性、例えば、事業譲渡によって生じる競業避止義務が譲渡会社の収益や譲渡後の事業活動に与える影響が重大かどうか等の質的基準をもって、その重要性の判断を行うことが中心となる。

なお、「重要な」一部の事業の譲渡に該当しない場合でも、「重要な財産の処分及び譲受け」に当たる場合には、取締役会の決議が必要である（会社法362条４項１号）。

④　競業避止義務

事業が譲渡されると、譲渡会社は、当事者の別段の意思表示がない限り、同一の市町村の区域内及びこれに隣接する市町村の区域内においては、譲渡日から20年間は同一の事業を行うことは禁止される（競業避止義務・会社法21条１項）。もっとも、当事者が別段の意思表示をした場合、すなわち、特約をすれば、競業避止義務の範囲・期間等を変更することはもとより、競業避止義務を免除することも可能である。

したがって、譲渡会社が事業譲渡後も引き続き当該事業を行う場合には、事業譲渡契約において、競業避止義務を免除する特約をしておく必要がある。

もっとも、譲渡会社が同一の事業を行わない旨の特約をした場合、その特約は、その事業を譲渡した日から30年の期間内に限り、その効力を有するものとされており（会社法21条２項）、また、譲渡会社が競業避止義務を負わない場合であっても、譲渡会社は、不正の競争の目的をもって同一の事業を行うことは禁止されている（同条３項）。

⑤　債務の承継

事業譲渡では、譲渡会社の債務は、原則として、特約等をしない限り、譲受会社に移転せず、譲受会社は譲渡会社の債務を弁済する責任を負わない。もっとも、以下の場合には、例外的に、法律上、譲受会社は譲渡会社の債務について責任を負うとされている。したがって、譲受会社が、譲渡会社の債務の責任を回避するためには、これらの規定に注意する必要がある。

ア　譲受会社が譲渡会社の商号を続用する場合（会社法22条1項）

譲受会社が譲渡会社の商号を引き続き使用する場合、その譲受会社も、譲渡会社の事業によって生じた債務を弁済する責任を負う（会社法22条１項）。もっとも、譲受会社が事業を譲り受けた後、遅滞なく、その本店の所在地において譲渡会社の債務を弁済する責任を負わない旨を登記した場合、並びに譲受会社及び譲渡会社から第三者に対して譲渡会社の債務を弁済する責任を負わない旨を通知した場合には、譲受会社は、その弁済責任を負わない（同条２項）。

また、譲受会社が商号を続用することにより、譲渡会社の債務を弁済する責任を負う場合、譲渡会社の責任は、事業譲渡をした日後２年以内に請求又は請求の予告をしない債権者に対しては、その期間を経過した時に消滅する（会社法22条３項）。

なお、譲受会社が商号を続用する場合、譲渡会社の事業によって生じた債権について、譲受会社にした弁済は、弁済者が善意無重過失であれば、有効な弁済となる（会社法22条４項）。

イ　譲渡会社の事業によって生じた債務を引き受ける旨の広告をした場合（会社法23条1項）

譲受会社が譲渡会社の商号を続用しない場合においても、譲渡会社の事業によって生じた債務を引き受ける旨の広告をしたときは、譲渡会社の債権者は、その譲受会社に対して弁済の請求をすることができる（会社法23条１項）。

また、債務引受の広告により、譲受会社が譲渡会社の債務を弁済する責任を負う場合、譲渡会社の責任は、広告があった日後２年以内に請求又は請求の予告をしない債権者に対しては、その期間を経過した時に消滅する（会社法23条２項）。

⑥　詐害的事業譲渡に係る譲受会社に対する債務の履行請求

会社法改正により、譲渡会社が譲受会社に承継されない債務の債権者（残存債権者）を害することを知って事業を譲渡した場合には、残存債権者は、その譲受会社に対し、同社が害すべき事実を知らなかった場合を除き、承継した財産の価額を限度として、当該債務の履行を請求することができる旨の規定が新設された（会社法23条の２第１項）。

上記譲受会社の責任は、譲渡会社が残存債権者を害することを知って事業を譲渡したことを知った時から２年以内に請求若しくは請求の予告をしない残存債権者に対しては、その期間を経過したとき、又は事業譲渡の効力が生じた日から20年を経過したときに消滅するとされ（会社法23条の２第２項）、また、譲渡会社について破産手続開始の決定、再生手続開始の決定又は更生手続開始の決定があったときは、残存債権者は、譲受会社に対して上記債務の履行の請求をすることはできないとされている（同条３項）。

⑵　特徴（他の制度との違い）

事業譲渡は事業の分離という点では会社分割に類似し、事業の全部譲渡の場合には、合併に類似する。

しかし、会社分割や合併が組織法上の行為であり、分割事業や被合併会社の権利義務が承継会社に包括的に承継されるのに対し、事業譲渡は取引上の行為であるため、事業譲渡契約で定めた範囲の財産が個別に移転するにすぎない点において、根本的に異なる。

したがって、事業譲渡は譲受人が引き継ぐ資産や負債の内容を契約により決定でき、偶発債務、簿外債務を遮断することが可能となるメリットがある一方、事業譲渡に伴って、資産の譲渡や債務の移転がなされた場合には、個別に対抗要件や相手方当事者の同意を必要とするなど、手続が煩雑となるというデメリットがある。また、事業譲渡においては、組織再編税制が適用されないため、課税上の恩恵を受けられないというデメリットもある。

(3)　簡易事業譲渡と略式事業譲渡

事業譲渡には原則として株主総会の特別決議が必要となるが、影響の小さい事業譲渡まで株主総会の決議を必要とすると、迅速な企業活動を阻害することになる。そこで、一定の要件を満たす場合には、簡易事業譲渡、略式事業譲渡として、株主総会決議が不要とされている。

①　簡易事業譲渡（会社法467条・468条）

(a) 事業の重要な一部を譲渡する場合において、当該譲渡により譲り渡す資産の帳簿価額が当該株式会社の総資産額として法務省令（会社法施行規則134条）で定める方法により算定される額の5分の1（定款でこれを下回る割合を定めた場合はその割合）を超えないとき、

(b) 事業の全部を譲り受ける場合において、事業の対価として交付する財産の帳簿価額の合計額の譲受会社の純資産額として法務省令（会社法施行規則137条）で定める方法により算定される額に対する割合が5分の1（定款でこれを下回る割合を定めた場合はその割合）を超えないとき、

には、(a)については譲渡会社、(b)については譲受会社の株主総会の決議は不要となる。

これらは、取締役会の決議のみで行うことができる合併、分割、株式移転、株式交換などの簡易組織再編の基準と整合性をとり、事業譲渡の場合でも株主総会の承認を必要としない場合を明確化したものである。

ただし、(b)の場合には、法務省令（会社法施行規則138条）で定める数の株式を有する株主が事業の譲受けに反対する旨の通知をした場合には、株主総会の決議によって、事業譲受けに係る契約の承認を受けなければならない（会社法468条3項）。

②　略式事業譲渡（会社法468条1項）

譲受会社が譲渡会社の特別支配会社である場合には、譲渡会社（被支配会社）の株主総会の決議は不要となり、譲渡会社が譲受会社の特別支配会社である場合には、譲受会社（被支配会社）の株主総会の決議は不要となる。

特別支配会社とは、ある株式会社の総議決権の90％（定款でこれを上回る割合を定めた場合はその割合）を、他の会社及び当該他の会社の100％子会社その他これに準じるものとして法務省令（会社法施行規則136条）で定める法人が有している場合における当該他の会社のことをいう（会社法468条1項）。

2　会社法上の手続

(1)　事業譲渡契約書の締結

事業譲渡の場合、合併、会社分割等の組織再編行為と異なり、会社法上、事業譲渡契約書の締結が必要とされるものではないが、事業譲渡契約書が締結されるのが一般的である。

(2)　取締役会決議（会社法362条4項1号。取締役会設置会社の場合）

①　譲渡会社（会社法362条4項1号）

事業譲渡は、重要な財産の処分（会社法362条4項1号）に該当するものといえるから、譲渡会社においては、取締役会の決議をするのが一般的である。

②　譲受会社（会社法362条4項1号）

譲受会社においても、事業譲受けは、重要な財産の譲受け（会社法362条4項1号）に該当するものといえるから、取締役会の決議をするのが一般的である。

⑶　株主総会の特別決議

①　譲渡会社（会社法467条1項1号・2号）

事業譲渡を行う場合、譲渡会社は、譲渡対象が事業の全部又は重要な一部の譲渡である場合には、原則として、株主総会の特別決議が必要となる（会社法467条１項１号・２号・309条２項11号）。

ただし、上記の簡易事業譲渡、略式事業譲渡に該当する場合には、株主総会の決議は不要となる。

②　譲受会社（会社法467条1項3号）

他方、譲受会社においては、事業の全部を譲り受ける場合には、原則として、株主総会の特別決議が必要となる（会社法467条１項１号・３号・309条２項11号）。

ただし、譲受会社の場合も、上記の簡易事業譲渡、略式事業譲渡に該当する場合には、株主総会の決議は不要となる。

⑷　反対株主の株式買取請求権（会社法469条）

①　反対株主の株式買取請求

事業譲渡等をする場合には、反対株主は事業譲渡等をする株式会社に対し、自己の有する株式を公正な価格で買い取ることを請求することができる（会社法469条１項）。ただし、譲受会社において簡易事業譲渡を満たす場合の反対株主及び略式事業譲渡における特別支配会社には株式買取請求は認められない（同条１項～３項）。

反対株主とは、(i)事業譲渡等をするために株主総会（種類株主総会を含む）の決議を要する場合は、(a)当該株主総会に先立って当該事業譲渡等に反対する旨を当該株式会社に対し通知し、かつ、当該株主総会において当該事業譲渡等に反対した株主（当該株主総会において議決権を行使することができる株主に限る）、(b)当該株主総会において議決権を行使することができない株主、(ii)（i)の場合以外はすべての株主（略式事業譲渡における特別支配会社を除く）をいう（会社法469条２項１号・２号）。

株式買取請求は、事業譲渡等の効力発生日の20日前から効力発生日の前日までに、株式の数などを明らかにして行わなければならなず（会社法６項新設469条５項）、株券が発行されている場合には、株券の提出が必要となる（同条６項）。

株式買取請求をした株主は、会社の承諾を得た場合に限り、その株式買取請求を撤回することができる（会社法469条７項・改正前６項）。

②　通知・公告

上記の機会を確保するため、事業譲渡等（会社法467条１項１号～４号に掲げる行為。事後設立は含まない）をする場合（略式事業譲渡における特別支配会社を除く）、効力発生日の20日前までに、株主に対し、事業譲渡等をする旨（事業の全部の譲受けをする場合において、譲受資産に株式が含まれる場合には事業の全部を譲り受ける旨及びその株式に関する事項）を通知しなければならない（同法469条３項）。もっとも、この通知は、事業譲渡等をする株式会社が公開会社である場合、株主総会の決議によって事業譲渡等に係る契約の承認を受けた場合には、公告をもってこれに代えることができる（同条４項）。

③　株式の買取価格の決定

株式の買取価格について、会社・株主間の協議が調ったときは、会社は、事業譲渡等の効力発生日から60日以内にその支払いをしなければならない（会社法470条１項）。他方、効力発生日から30日以内に協議が調わない場合は、株主又は会社は裁判所に対して買取価格の決定を申し立てることができる（同条２項）。

④　会社法改正による変更等

会社法改正により、株券が発行されている株式について株式買取請求をしようとするときは、当該株式の株主は、当該株式に係る株券を提出しなければならないこととされ（会社法469条６項）、株式買取の効力は、事業譲渡等の効力が生ずる日に生ずるものとされた（同法470条６項）。また、会社は、株式買取請求に係る株式等に係る価格決定前までは、自らが公正な価格と認める額を支払うことができるとされた（同条５項）。なお、上記に説明した特別支配会社の株式買取請求権を認めないこととしたのも会社法の改正によるものである。

３　その他の主な手続・規制

(1)　金融商品取引法の手続・規制

①　臨時報告書の提出

金融商品取引法では、有価証券報告書提出会社について、投資家の判断に重要な影響を与える事情について、臨時報告書の提出が求められており（金商法24条の５第４項）、事業譲渡においても、一定の場合には臨時報告書の提出が求められている。詳細は**本編第２章第１・２⑶**参照。

②　インサイダー取引規制

事業譲渡に係る事実もインサイダー取引規制の重要事実に該当とされており（金商法166条１項２項１号ヲ・五ホ）、軽微基準に該当する場合を除き、有価証券の売買が禁止される。詳細は**本編第２章第３**参照。

⑵　適時開示及び上場規則

上場会社にあっては、東京証券取引所規則等により、適時開示が求められている。詳細は**本編第２章第１・３**参照。

⑶　独占禁止法の手続・規制

独占禁止法においては、一定の取引分野における競争を実質的に制限することとなる場合及び不公正な取引方法による事業譲渡は禁止されており（16条１項）、また、一定規模以上の事業譲渡については、公正取引委員会に対する事前届出が義務付けられている（16条２項）。詳細は**本編第３章第８**参照。

⑷　税　務

法人税法上、事業譲渡は資産の譲渡という考え方がとられるため、いわゆる組織再編税制の適用はなく、対象資産は譲渡日の時価で取引が行われたものとされ、譲渡損益が発生し、課税所得計算の対象となる。

コラム：事業譲渡契約において織り込む内容と事業譲渡後の手続

事業譲渡は、合併や会社分割などと異なり、会社法上、事業譲渡契約の締結が義務付けられているわけでもなく、また、事業譲渡契約において定めるべき内容も、特段の定めはない。しかし、事業譲渡の事業の範囲を明確することは、簿外債務・偶発債務を遮断し、後々の紛争を防止するためにも必須のことである。このため、事業譲渡をする場合には、事業譲渡契約書を作成し、その契約書においては、譲渡すべき事業の内容を明確にする必要がある。そして、事業譲渡は、包括承継ではなく、取引行為にすぎないため、契約で定めた範囲の財産のみが移転するにすぎないから、資産と負債などを個別に特定して、どの範囲の財産を事業譲渡として移転し、どの範囲の財産を譲渡しないかを明確に記載することとなる。

また、事業譲渡は、取引実行日に財産が当然に譲受会社に引き継がれるものではないため、個々の財産ごとに移転等の手続をする必要がある。例えば、不動産については、対抗要件を具備するために登記をする必要があり、動産についても対抗要件として個別の引渡しが必要となる。また、売掛金等の債権を譲渡する場合には、債務者への通知、承諾等をする必要があり、買掛金等の債務を譲受会社に引継ぎ、譲渡会社が責任を負わないとする場合には、債権者の個別の同意が必要となる。

このような個別の手続が必要なことは従業員との間の労働契約についても同様であって、個々の従業員の労働契約を譲受会社に承継する場合には、従業員各人から同意（転籍の同意）が必要となる。

第６　株式譲渡、株式取得

１　総　論

企業再編に当たり、既存株式を譲渡したり、募集株式を発行するという方法が利用されることがある。特に、既存株式の譲渡は、会社法上の手続も簡便であり、非公開会社の持分全部を取得するという場合には、最もよく利用されている。

また、募集株式の発行に代わり、自己株式を譲渡するという方法も用いられており、会社法では、募集株式の発行と自己株式の譲渡とは、いずれも募集株式の発行という形で規定されている。

以下では、(i)株式譲渡・株式取得、(ii)募集株式の発行・自己株式の譲渡、(iii)自己株式の取得の手続を概観する。

２　株式譲渡・株式取得

(1)　意　義

株式譲渡・株式取得とは、被買収会社の株主が買収会社に対して、被買収会社の株式を譲り渡し、又は、買収会社が当該株式を譲り受ける方法である。

既存株式譲渡・株式取得は、当該株式の売買であるため、合併や株式交換など企業再編手続におけるような煩雑な手続は必要なく、基本的には、売主（被買収会社の株主）と買主（買収会社）の合意、株券の交付（株券発行会社の場合。会社法128条１項）、売買代金の支払い、株主名簿の名義書換（同法130条）の手続で完了する。

⑵　株式譲渡・株式取得の方法

①　方　法

既存株式を譲渡、取得する方法としては、(i)各々の株主から株式を取得する相対取引による方法、(ii)東京証券取引所などの株式市場において株式を買い付ける方法、(iii)特別支配株主による株式等売渡請求の方法がある。

②　相対取引による方法

相対取引による方法の場合、当該株式が譲渡制限株式（会社法２条17号）である場合には、その株式の取得については株式会社の決議（取締役会設置会社の場合は、取締役会の決議。取締役会設定会社でない場合には株主総会の普通決議。同法139条１項・309条１項）が必要となる（同法136条)。もっとも、通常の企業再編は友好的な買収であることがほとんどであるため、当該株式会社の決議が得られないということは通常なく、これが問題となることはほとんどない。

③　株式市場において株式を買い付ける方法

株式市場における株式買付けの場合には、金商法が定める公開買付規制（27条の２）などの規制に服する場合がある。

④　特別支配株主による株式等売渡請求による場合

特別支配株主による株式等売渡請求とは、株式会社の特別支配株主が、当該株式会社の株主（当該株式会社及び当該特別支配株主を除く）の全員に対し、その有する当該株式の全部を当該特別支配株主に売り渡すことを請求することができる制度である（会社法179条～179条の10)。会社法改正により導入された制度であり、完全子会社にするために利用される。特別支配株主とは、株式会社の総株主の議決権の10分の９以上を当該株式会社以外の者及び当該者が発行済み株式の全部を有する株式会社その他これに準ずるものとして法務省令で定める法人（特別支配株主完全子法人）が有している場合における当該者のことをいい、特別支配株主は、株式の売渡請求のほか、新株予約権、新株予約権付社債が付された新株予約権の売渡しの請求もなし得る（同法179条１項）。会社法では、株式の売渡しの請求を株式売渡請求と定義し、株式売渡請求にあわせて、新株予約権の売渡しの請求をする場合を株式等売渡請求と定義している。

⑤　一定規模の子会社株式等の譲渡

なお、会社法改正により、株式会社は、その子会社の株式又は持分の全部又は一部の譲渡をする場合であって、(i)当該譲渡により譲り渡す株式又は持分の帳簿価額が当該株式会社の総資産額として法務省令で定める方法により算定される額の５分の１を超えるとき、(ii)当該株式会社が、効力発生日において当該子会社の議決権の総数の過半数の議決権を有しないときのいずれの要件も充足するときは、株式譲渡の効力発生日の前日までに、株主総会の特別決議によって、当該譲渡に係る契約の承認を受けなければならないなど、事業譲渡と同様の手続（会社法468条～470条まで）が必要とされたため（同法467条１項）、今後、株式譲渡を行うに当たっては、当該規定に注意する必要がある。

(3)　株式譲渡・株式取得の手続

①　株式譲渡契約書の締結

株式譲渡・株式取得を行う場合には、会社法上に定めはないが、株式譲渡契約書を締結するのが一般的である。

②　取締役会決議（取締役会設置会社の場合）

ア　会社法上、株式譲渡・株式取得に際しては、取締役会決議は義務付けられていない。

しかし、株式譲渡・株式取得が、売主（被買収会社の株主が株式会社の場合）及び買主（買収会社）において、「重要なる財産の処分及び譲受け」に該当する場合には、それぞれにおいて取締役会決議が必要である（会社法362条２項１号）。企業再編手続において株式譲渡・株式取得を行う場合には、株式の全部取得に代表されるように、支配権の変更やこれに類似する変更を伴うのが一般的であるから、その多くの取引において取締役会決議が必要となると解される。

イ　株式譲渡・株式取得の対象となる株式が譲渡制限株式である場合には、その株式の取得については株式会社の承認（取締役会設置会社の場合は、取締役会の決議。取締役会設定会社でない場合には株主総会の普通決議）が必要となる（会社法139条１項・309条１項）。

③　株主総会決議

上記のとおり、会社法改正により、一定の要件を満たす株式譲渡については、株主総会の特別決議が必要とされたが（会社法467条１項）、それ以外の場合には、株主総会の決議までは必要ない。

④　株券の交付（株券発行会社の場合）

株券発行会社の株式の譲渡は、当該株式にかかる株券を交付しなければ効力を生じない（会社法128条１項）。

株券の交付の方法としては、現実の引渡し（民法182条１項）、簡易の引渡し（同条２項）、占有改定（同法183条）又は指図による占有移転（同法184条）がある。

⑤　名義書換え

株式譲渡の効力を会社に主張するためには、対抗要件として株主名簿の名義書換えが必要である（会社法130条）。

⑥　振替株式の場合

振替株式の譲渡は、振替えの申請により、譲受人がその口座における保有欄に当該譲渡に係る数の増加の記載又は記録がなされなければ、その効力が生じない（振替法140条）。

また、振替株式に係る株主名簿の更新は、会社が総株主通知を受けた場合に、通知事項等を記載又は記録することにより行われ（振替法152条１項前段）、通知事項等の記載・記録により、株主名簿の名義書換が行われたものとみなされる（同項後段）。したがって、個別株主通知や情報提供請求により会社が株主等の情報を知ったとしても、これによって、株主名簿の記録・更新はできない。

⑦　公開買付手続

株式市場において株式を取得する場合、公開買付の手続によらなければならない場合がある（金商法27条の２第１項）。公開買付手続の詳細については、**第２章第２**参照

(4)　特別支配株主の株式等売渡請求の手続

①　概　要

特別支配株主による株式等売渡請求とは、株式会社の特別支配株主が、

＜図表2-1-16　特別支配株主の株式等売渡請求の手続（概要）＞

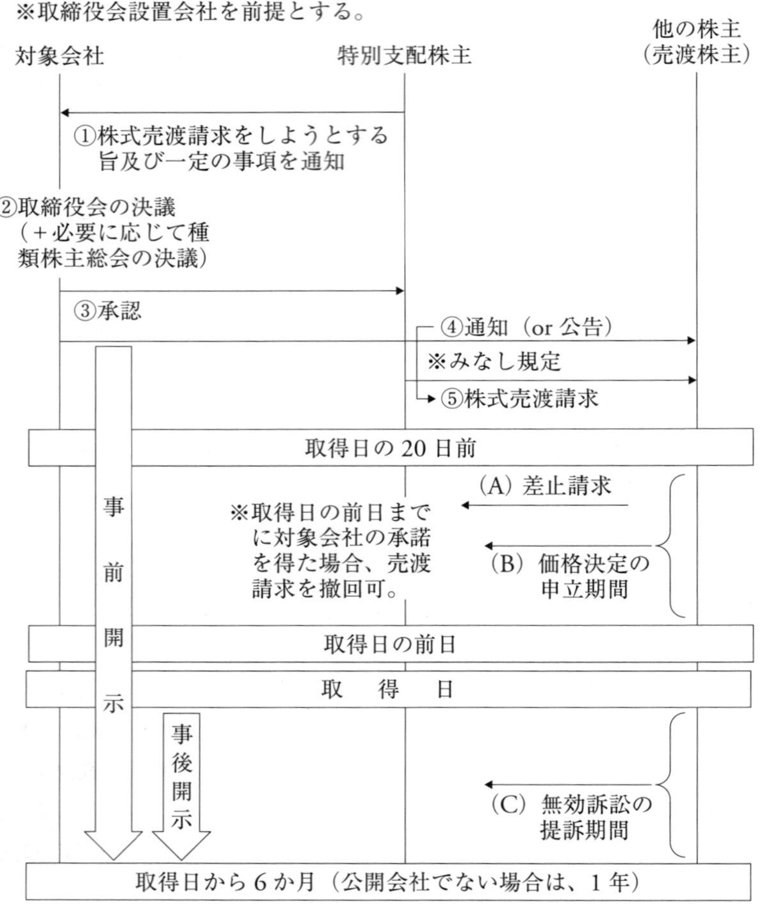

当該株式会社の株主（当該株式会社及び当該特別支配株主を除く）の全員に対し、その有する当該株式の全部を当該特別支配株主に売り渡すことを請求することができる制度であり（会社法179条～179条の10）、会社法改正により導入された制度である。

その手続を概観すると次のとおりとなる。

②　株式等売渡請求の方法

株式等売渡請求は、(i)特別支配株主完全子法人に対して株主売渡請求をしないこととするときは、その旨及び当該特別支配株主完全子法人の名称、(ii)売渡株主（対象会社、特別支配株主及び(i)の特別支配株主完全子法人を除く対象会社の株主）に対して売渡株式（対象会社の株式）の対価として交付する金銭の額又はその算定方法、(iii)売渡株主に対する上記金銭の割当てに関する事項、(iv)株式売渡請求にあわせて新株予約権（新株予約権付社債が付された新株予約権を含む）の売渡請求をする場合には、その旨及び売渡新株予約権に係る上記(i)から(iii)に関する事項、(v)特別支配株主による売渡株式及び売渡新株予約権の取得日、(vi)その他法務省令で定める事項を明らかにして行う（会社法179条の２第１項）。

対象会社が種類株式発行会社である場合には、対象会社の発行する種類の株式の内容に応じ、金銭の割当てについて売渡株式の種類ごとに異なる取扱いを行う旨及び当該異なる取扱いの内容を定めることができるが（会社法179条の２第２項）、売渡株主の有する売渡株式の数（種類株式の内容により異なる内容を定めた場合には、各種類の売渡株式の数）に応じて金銭を交付することを内容としなければならない（同条３項）。

③　対象会社の承認

特別支配株主は、株式等売渡請求をしようとするときは、対象会社に対し、その旨及び上記②に掲げる事項等を通知し、その承認を受けなければならない（会社法179条の３第１項）。この承認は、取締役会設置会社においては取締役会の決議による（同条３項）。なお、対象会社は、特別支配株主が株式売渡請求にあわせて新株予約権売渡請求をしようとするときは、新株予約権売渡請求のみを承認することはできない（同条２項）。

対象会社は、上記の承認をするか否かの決定をしたときは、特別支配株主に対し、当該決定の内容を通知することとなる（会社法179条の３第４項）。

④　売渡株主等に対する通知等

対象会社は、上記③の承認をしたときは、取得日の20日前までに、売渡株主等（売渡株主及び売渡新株予約権者）に対し、当該承認をした旨並びに特別支配株主の氏名又は名称及び住所、上記②に掲げる事項その他法務省令で定める事項等を通知し、売渡株式の登録質権者及び売渡新株予約権の登録新株予約権者質権者に対しては、当該承認をした旨を通知することとなる（会社法179条の４第１項）。

上記通知は、売渡株主に対してするものを除き、公告をもってこれに代えることができ（会社法179条の４第２項）、当該通知又は公告をしたときは、特別支配株主から売渡株主等に対し、株式等売渡請求がされたものとみなされる（同条３項）。ただし、振替株式を発行している対象会社は、通知に代えて公告をしなければならない（振替法161条２項参照）。

⑤　株式等売渡請求に関する書面等の備置き及び閲覧等

対象会社は、上記④の通知又は公告の日のいずれか早い日から取得日後６か月（対象会社が公開会社でない場合にあっては、取得日後１年）を経過する日までの間、特別支配株主の氏名又は名称及び住所、上記②に掲げる事項、上記③の承認をした旨等を記載した書面、その他法務省令で定める事項をその本店に備え置かなければならない（会社法179条の５第１項）。売渡株主等は、対象会社に対して、その営業時間内は、いつでも、上記の書面の閲覧又は謄本若しくは抄本の交付の請求等をすることができる（同条２項）。

⑥　株式等売渡請求の撤回

特別支配株主は、上記③の承認を受けた後は、取得日の前日までに対象会社の承諾を得た場合に限り、売渡株式等の全部について株式等売渡請求を撤回することができる（会社法179条の６第１項）。

取締役会設置会社においては、株式等売渡請求の撤回の承諾をするか否かの決定は取締役会の決議によらなければならず（会社法179条の６第２項）、上記の承諾をするか否かの決定をしたときは、特別支配株主に対し、当該決定の内容を通知しなければならない（同条３項）。

対象会社は、株式等売渡請求の撤回の承諾をしたときは、遅滞なく、売渡株主等に対し、当該承諾をした旨を通知又は公告しなければならず（会社法179条の６第４項・５項）。通知又は公告がなされたときは、株式等売渡請求は、売渡株式等の全部について撤回されたものとみなされる（同条６項）。

なお、株式売渡請求にあわせて新株予約権売渡請求がされた場合には、株式売渡請求のみを撤回することはできない。また、新株予約権売渡請求のみを撤回する場合も上記と同様の手続が必要となる（会社法179条の６第８項）。

⑦　売渡株式等による差止請求

売渡株主は、株式売渡請求が法令に違反する場合、売渡株主に対する通知の規定（会社法179条の4第1項1号のうち売渡株主に対する通知に係る部分）又は書面の備置・閲覧の規定（同法179条の5）に違反がある場合、同法179条の2第1項2号又は3号が著しく不相当である場合において、売渡株主が不利益を受けるおそれがあるときは、特別支配株主に対し、株式等売渡請求に係る売渡株式等の全部の取得をやめることを請求することができる（同法179条の7第1項）。売渡新株予約権者についても、同様の規定がある（同条2項）。

⑧　売買価格の決定の申立て

株式等売渡請求があった場合には、売渡株主等は、取得日の20日前の日から取得日の前日までの間に、裁判所に対し、その有する売渡株式等の売買価格の決定の申立てをすることができ（会社法179条の8第1項）、特別支配株主は、裁判所の決定した売買価格に対する取得日後の年6分の利率により算定した利息をも支払わなければならない（同条2項）。

なお、特別支配株主は、売渡株式等の売買価格の決定があるまでは、売渡株主等に対し、当該特別支配株主が公正な売買価格と認める額を支払うことができる（会社法179条の8第3項）。

⑨　売渡株式等の取得

株式等売渡請求をした特別支配株主は、取得日に、売渡株式等の全部を取得し（会社法179条の9第1項）、当該売渡株式等が譲渡制限株式又は譲渡制限新株予約権であるときは、対象会社は、当該特別支配株主が当該売渡株式等を取得したことについて、譲渡承認の決定をしたものとみなされる（同条2項）。

⑩　売渡株式等の取得に関する書面等の備置き及び閲覧等

対象会社は、取得日後遅滞なく、株式等売渡請求により特別支配株主が取得した売渡株式等の数その他の株式等売渡請求に係る売渡株式等の取得に関する事項として法務省令で定める事項を記載した書面等を作成し、取得日から6か月間（対象会社が公開会社でない場合にあっては、取得日から1年間）、これをその本店に備え置かなければならず（会社法179条の10第1項・2項）、取得日に売渡株主等であった者は、対象会社に対して、その営業時間内は、いつでも、上記の書面の閲覧又は謄本若しくは抄本の交付の請求等をすることができる（同条3項）。

⑪　売渡株式等の取得の無効の訴え

ア　概　要

株式等売渡請求に係る売渡株式等の全部の取得の無効は、取得日から６か月以内（対象会社が公開会社でない場合にあっては、当該取得日から１年以内）に、訴えをもってのみ主張することができる（会社法846条の２第１項）。

イ　提訴権者及び被告

提訴権者は、取得日において売渡株主若しくは対象会社の取締役等であった者又は対象会社の取締役等に限られ（会社法846条の２第２項）、特別支配株主を被告とすることとなる（同法846条の３）。

ウ　管轄及び立担保

売渡株式等の取得の無効の訴えは、対象会社の本店の所在地を管轄する地方裁判所の専属管轄となり（会社法846条の４）、裁判所は、被告の申立てにより、当該売渡株式等の取得の無効の訴えを提起した売渡株主に対し、相当の担保を立てるべきことを命ずることができる（同法846条の５）。

エ　裁判の併合及び判決の効力

同一の請求を目的とする売渡株式等の取得の無効の訴えに係る訴訟が数個同時に係属するときは、その弁論及び裁判は、併合してしなければならず（会社法846条の６）、売渡株式等の取得の無効の訴えに係る請求を認容する確定判決は、第三者に対してもその効力を有する（同法846条の７）。また、売渡株式等の取得の無効の訴えに係る請求を認容する判決が確定したときは、当該判決において無効とされた売渡株式等の全部の取得は、将来に向かってその効力を失う（同法846条の８）。

オ　敗訴原告の損害賠償責任

原告が敗訴した場合は、原告に悪意又は重大な過失があったときは、原告は、被告に対し、連帯して損害を賠償する責任を負うこととなる（会社法846条の９）。

(5)　その他の主な手続・規制

①　金融商品取引法・取引所規則の規制

株式譲渡・株式取得を行う場合には、一定の要件を満たす場合には、上記の公開買付規制に服するほか、インサイダー取引規制、大量保有報告書の提出義務などの規制や取引所規則に基づく開示義務などの規制を受ける。詳細は、**本編第2章**参照。

②　独占禁止法の規制

株式の取得において、一定の基準を満たす場合には、公正取引委員会に対し、事前届出を行う必要があり、事前届出を行った株式取得会社は、届出受理の日から30日を経過するまでは、原則として、当該届出に係る株式を取得してはならない。詳細は、**本編第3章第2・3(1)**参照。

3　募集株式の発行

(1)　意　義

企業再編においては、既存株式の譲渡、取得による方法のほか、被買収会社において新たに株式を発行する方法がある。既存株式の譲渡では、売買代金は、被買収会社の株主が取得し、被買収会社には入らないため、被買収会社に新たな事業資金が必要な場合には、募集株式を発行する方法が用いられる。

募集株式の発行については、取締役会において募集事項を決定し（会社法201条1項・199条1項）、株主への通知、公告が必要となるなど（同法201条3項・4項）、株式譲渡に比べて規制はあるが、合併等と比較すれば、その手続は簡易なものといえ、また、株式譲渡と異なり、公開買付規制の適用を受けないというメリットもある。

募集株式の発行は、割当先の相違などにより、株主割当て、第三者割当て、公募があるが、以下では、企業再編において主に利用される第三者割当てについて説明する。

(2)　手　続

①　募集事項の決定

株式会社は、募集株式の発行等を行う場合、次の募集事項を定める必要がある（会社法199条1項各号）。なお、募集事項は、募集株式の募集ごとに、均等に定めなければならない（同条5項）。

(i)　募集株式の数（種類株式発行会社にあっては、募集株式の種類及び数）
(ii)　募集株式の払込金額（募集株式1株と引換えに払い込む金銭又は給付する金銭以外の財産の額をいう）又はその算定方法

(iii)　金銭以外の財産を出資の目的とするときは、その旨並びに当該財産の内容及び価額
(iv)　募集株式と引換えにする金銭の払込み又は前号（(iii)）の財産の給付の期日又はその期間
(v)　株式を発行するときは、増加する資本金及び資本準備金に関する事項

②　決議機関

公開会社においては、募集事項の決定は、原則として、取締役会の決議による（会社法201条1項・199条2項）。ただし、募集株式の発行が、有利発行に該当する場合には、株主総会の特別決議により募集事項を定める必要がある（同法201条1項・199条3項・309条2項5号）。

コラム：有利発行に該当する場合の基準

有利発行に該当する場合には、取締役会の決議では足りず、株主総会の特別決議が必要となる。このため、その価格をどのように定めるかは重要な事項となる。

しかし、会社法上、有利発行は「払込金額が募集株式を引き受ける者に特に有利な金額である場合」（会社法199条3項）と定めているのみであり、「特に有利な金額」に該当するか否かについては明確な基準の定めはなく、結局、その該当性は社会通念によって決定されることとなる。

この点、日本証券業協会の「第三者割当増資の取扱いに関する指針」（平成22年4月1日最終改正）においては、その発行価額について、

「(1)払込金額は、株式の発行に係る取締役会決議の直前日の価額（直前日における売買がない場合は、当該直前日からさかのぼった直近日の価額）に0.9を乗じた額以上の価額であること。ただし、直近日又は直前日までの価額又は売買高の状況等を勘案し、当該決議の日から払込金額を決定するために適当な期間（最長6か月）をさかのぼった日から当該決議の直前日までの間の平均の価額に0.9を乗じた額以上の価額とすることができる。(2)株式の発行が会社法に基づき株主総会の特別決議を経て行われる場合は、本指針の適用は受けない。」

との指針が定められており、裁判例においても、この指針を引用して、有利発行の該当性を検討するものも見受けられる。したがって、実務取扱いとしては、この基準が一応の参考となろう。

他方、公開会社でない会社においては、募集事項の決定は、原則として、株主総会の特別決議による（会社法199条2項・309条2項5号）。ただし、株主総会の特別決議によって、募集株式の数の上限及び払込金額の下限を

定めることにより、募集事項の決定を取締役（取締役会設置会社にあっては、取締役会）に委任することができるとされている（同法200条１項）。

なお、種類株式発行会社においては、募集株式の種類が譲渡制限株式であるときは、定款の定めがある場合を除き、取締役会決議及び株主総会決議に加え、種類株主総会の決議が必要となる（会社法199条４項）。

③　公開会社における募集事項の通知・公告

公開会社は、取締役会決議によって、募集事項を定めたときは、払込期日又は払込期間の初日の２週間前までに、株主に対し、当該募集事項（払込金額の決定の方法を定めた場合にあっては、その方法を含む）を通知又は公告しなければならない（会社法201条３項・４項）。なお、振替株式を発行している会社では、公告が必要的となる（振替法161条２項）。

ただし、株式会社が、払込期日又は払込期間の初日の２週間前までに、金融商品取引法上の届出等をしている場合には、上記の通知又は公告は不要である（会社法201条５項、会社法施行規則40条）。

④　募集株式の割当て

ア　募集事項の通知等

募集株式の割当てに際しては、株式会社は、募集株式の引受けの申込みをしようとする者に対し、株式会社の商号、募集事項、金銭の払込みをすべきときは、払込みの取扱いの場所その他法務省令（会社法施行規則41条各号）で定める事項を通知しなければならない（会社法203条１項）。ただし、通知事項を記載した金商法２条10項に規定する目論見書を申込みをしようとする者に対して交付している場合その他法務省令で定める場合には通知は不要である（会社法203条４項）。

募集株式の引受けの申込みをする者は、申込みをする者の氏名又は名称及び住所、引き受けようとする募集株式の数を記載した書面を株式会社に交付しなければならない（会社法203条２項）。同書面の交付は、所定の要件を満たせば、電磁的方法により提供することに替えることができる（同条３項）。

株式会社は、申込者の中から募集株式の割当てを受ける者及びその者に割り当てる募集株式の数を定めた上（会社法204条１項）、払込期日又は払込期間の初日の前日までに、申込者に対し、当該申込者に割り当てる募集株式の数を通知しなければならない（同条３項）。

募集株式が譲渡制限株式である場合には、割当先の決定は、定款に別段の定めがある場合を除き、株主総会の特別決議（取締役会設置会社にあっては、取締役会の決議）によらなければならない（会社法204条2項・309条2項5号）。

イ　総数引受契約

株式会社が、募集株式を引き受けようとする者との間において総数引受契約を締結する場合には、上記アに記載した手続は、不要とされている（会社法205条1項）。このため、第三者割当てによる場合には、総数引受契約を締結することが多い。

なお、会社法改正により、当該募集株式が譲渡制限株式であるときは、株式会社は、株主総会の特別決議（取締役会設置会社にあっては、取締役会の決議）によって、当該契約の承認を受けなければならない（会社法205条2項）旨の規定が設けられた。

ウ　公開会社における募集株式の割当て等の特則

また、会社法改正により、次の公開会社における募集株式の割当て等の特則が設けられた。

公開会社は、募集株式の引受人について、次のαに掲げる数のβに掲げる数に対する割合が2分の1を超える場合には、会社法199条1項4号の期日の2週間前までに、株主に対し、当該引受人（特定引受人）の氏名又は名称及び住所、当該特定引受人についてαに掲げる数その他法務省令で定める事項を通知又は公告しなければならない。ただし、当該特定引受人が当該公開会社の親会社等である場合又は同法202条の規定により株主に株式の割当てを受ける権利を与えた場合は、この限りでない（同法206条の2第1項・2項）。

α　当該引受人（その子会社等を含む）がその引き受けた募集株式の株主となった場合に有することとなる議決権の数 β　当該募集株式の引受人の全員がその引き受けた募集株式の株主となった場合における総株主の議決権の数

上記にかかわらず、株式会社が上記期日の2週間前までに金商法4条1項から3項までの届出をしている場合その他の株主の保護に欠けるおそれがないものとして法務省令で定める場合には、上記通知は要しない（会社法206条の2第3項）。

総株主（議決権を行使することができない株主を除く）の議決権の10分の１以上の議決権を有する株主が上記通知又は公告の日（上記の通知又は公告が不要な場合にあっては、法務省令で定める日）から２週間以内に特定引受人（その子会社等を含む）による募集株式の引受けに反対する旨を公開会社に対し通知したときは、当該公開会社は、原則として、株主総会の決議によって、当該特定引受人に対する募集株式の割当て又は当該特定引受人との間の総数引受契約の承認を受けなければならない（会社法206条の２第４項）。

この場合の株主総会の決議は、議決権を行使することができる株主の議決権の過半数（３分の１以上の割合を定款で定めた場合にあっては、その割合以上）を有する株主が出席し、出席した当該株主の議決権の過半数をもって行わなければならない（会社法206条の２第５項）。

⑤　出資の履行等

申込者、総数引受契約により募集株式の総数を引き受けた者は、それぞれ、募集株式の引受人となる（会社法206条）。

募集株式の引受人（現物出資財産を給付する者を除く）は、払込期日又は払込期間内に、株式会社が定めた銀行等の払込みの取扱いの場所において、それぞれの募集株式の払込金額の全額を払い込まなければならない（会社法208条１項）。

募集株式の引受人は、出資を履行することにより、に募集株式の株主となる（会社法209条）。なお、募集株式の引受人は、出資の履行をしないときは、当該出資の履行をすることにより募集株式の株主となる権利を失う（同法208条）。

⑥　株券の発行

株券発行会社においては、株式を発行した場合、株主に対して株券を交付しなければならない（会社法215条１項）。

⑦　名義書換

株式会社は、株式を発行した場合、当該株式会社の株式を取得した場合又は自己株式を処分した場合、当該株式の株主に係る株主名簿記載事項を株主名簿に記載し、又は記録しなければならない（会社法132条１項）。

コラム：現物出資

1　現物出資の手続

会社法上、出資の履行方法として、金銭の出資のほか、金銭以外の財産による出資（現物出資）が認められている（会社法199条1項3号）。

現物出資による場合、株式会社は、募集事項の決定の後遅滞なく、現物出資財産の価額を調査させるため、裁判所に対し、検査役の選任の申立てをしなければならないが（会社法207条1項）、同条9項各号に該当する場合には、検査役の調査を要しないとされている。

現物出資の場合、募集株式の引受人（現物出資財産を給付する者に限る）は、払込期日又は払込期間内に、それぞれの募集株式の払込金額の全額に相当する現物出資財産を給付しなければならず（会社法208条2項）、払込期日又は払込期間中出資の履行をした日に募集株式の株主となるが（同法209条）、出資の履行をしないときは、当該出資の履行をすることにより募集株式の株主となる権利を失う（同法208条）。これは、金銭による出資の場合と同様である。

2　現物出資の税務

税務上、法人による現物出資については、法人税法所定の適格要件（法人税法2条12号の14）を充足しない場合には、収益額と簿価の差額が譲渡損益として計上され、課税される。適格要件を充足する場合には、「適格現物出資」として、譲渡損益の計上が繰り延べられる（同法62条の4第1項）。また、平成22年度税制改正により、組織再編税制における適格要件を充足していなくても、内国法人が、完全支配関係のある他の内国法人に対して、一定の資産を譲渡（現物出資も含まれる）した場合には、当該資産に係る譲渡利益額又は譲渡損失額に相当する金額はその譲渡事業年度において損金の額又は益金の額に算入するものとして、課税が繰延べられるとされた（同法61条の13第1項）。ただし、この場合、譲受法人において一定の事由が生じたときは、課税が生じる（同条2項）。

(3) 登　記

募集株式の発行（新株の発行）を行ったことにより、登記事項（会社法911条3項各号）に変更が生じる場合には、払込期日又は払込期日末日から2週間以内に変更登記をしなければならない（同法915条1項・2項）。

⑷　関連訴訟

①　差止請求

募集株式の発行又は自己株式の処分が法令若しくは定款に違反する場合又は著しく不公正な方法により行われる場合において、株主が不利益を受けるおそれがあるときは、株主は、株式会社に対し、募集株式の発行又は自己株式の処分の差止めを請求することができる（会社法210条）。

コラム：著しく不公正な方法

募集株式の発行の差止めの要件の１つである、「著しく不公正な方法」による募集株式の発行とは、法令又は定款に違反しないものの、著しく公正さを欠いている募集株式の発行である。その代表例としては、会社の支配権の維持又は争奪目的の場合があり、これを理由に、募集株式の発行の差止めの仮処分が申し立てられることは少なくない。

下級審の裁判例においては、「著しく不公正な方法」については、募集株式の発行の主要な目的がいかなるものであるかという「主要目的ルール」を採用して判断している例が多い（東京地決平成元・７・25判時1317号28頁、東京高決平成24・７・12金法1969号88頁等）。主要目的ルールにおいては、募集株式を発行した目的に、支配権の維持又は争奪目的など、不当な目的が存在していたとしても、その目的よりも、資金調達の必要などの正当な目的が優越する場合には、「著しく不公正な方法」に当たらないとされる。

企業再編手続における募集株式の発行は、一般的に資金調達の目的など正当な目的の下に行われるのが通常であるため、「著しく不公正な方法」による募集株式の発行に当たるものではない。もっとも、募集株式の発行の差止めが申し立てられた場合には、会社においても、その募集株式の発行が正当な目的によるものであることを疎明していくこととなる。したがって、募集株式の発行手続に当たっては、その正当な目的を裏付ける資料、例えば募集株式発行後の事業計画等などをきちんと整理しておくことは有用であり、必要である。

②　無効の訴え

ア　出訴期間（会社法828条1項2号・3号）

株式の発行又は自己株式の処分の効力が生じた日から６か月以内（公開会社でない株式会社にあっては、効力が生じた日から１年以内）。

イ　訴えが提起できる者（会社法828条2項2号・3号）

当該株式会社の株主等（株主、取締役又は清算人（監査役設置会社にあっては株主、取締役、監査役又は清算人、指名委員会等設置会社にあっては株主、取締役、執行役又は清算人))。

ウ　被告（会社法834条2号・3号）

株式の発行又は自己株式を処分した株式会社。

エ　管轄（会社法835条1項）

被告となる会社の本店の所在地を管轄する地方裁判所の管轄に専属する。

オ　担保提供命令（会社法836条）

裁判所は、被告の申立てにより、当該会社の組織に関する訴えを提起した株主に対し、相当の担保を立てるべきことを命ずることができる（会社法836条１項）。この場合、被告は、原告の訴えの提起が悪意によるものであることを疎明しなければならない（同条３項）。

カ　判決の効力

新株発行、自己株式の処分の無効の訴えに係る請求を認容する確定判決は第三者に対しても効力を有し（会社法838条）、その効力は、将来に向かってのみ効力を有する（同法839条）。

③　不存在確認の訴え

株式会社の成立後における株式の発行、自己株式の処分については、当該行為が存在しないことの確認を、訴えをもって請求することができる（会社法829条１号・２号）。

不存在確認の訴えについては、原告適格に制限はないが、訴えの利益との関係で、原則として、無効の訴えにおいて原告となることができる株主等にその利益があると解されている。

提訴期間については制限がない。管轄、担保提供命令、判決の対世力については、無効の訴えと同様であるが、株式の発行等の効力は、無効の訴えと異なり、発行時から不存在とされ、判決の効力は遡及すると解されている。

④　著しく不公正な払込金額で引き受けた者等の責任

取締役（指名委員会等設置会社にあっては、取締役又は執行役）と通じて著しく不公正な払込金額で募集株式を引き受けた場合、その者は、当該払込金額と当該募集株式の公正な価額との差額に相当する金額を支払う義務を負う（会社法212条１項１号）。

現物出資財産の価額が払込金額に著しく不足する場合も、その株主及び取締役等は当該不足額を会社に対して支払う義務を負う（会社法212条１項２号・213条）。

会社法改正により、出資の履行を仮装した募集株式の引受人は、払込み仮装した払込金額の全額の支払う義務を負い（会社法213条の２）、これに関与した取締役等も、その職務を行うについて注意を怠らなかったことを証明しない限り、同様の義務を負う（同法213条の３）旨の規定が設けられた。

コラム：新株予約権

企業再編においては、新株を発行する方法のほか、新株予約権を発行し、これを取得する方法が用いられることがある。

新株予約権の発行は、募集株式の発行手続に類似しており、公開会社であれば、取締役会決議により決定され（会社法240条１項・238条２項）、有利発行の場合には株主総会の特別決議が必要となる（同条３項・309条２項６号）。また、募集事項については、割当日の２週間前までに株主に対して通知、公告をする必要があり（同法240条２項・３項）、金融商品取引法の各種書類の届出等がある場合には、通知、公告は不要となる（会社法240条４項）。

新株予約権の申込み、割当て等の手続は募集株式の発行と同様であり（会社法242条～245条）、申込者が一定の期日までに全額の払込みが必要であることも募集株式と同じである（同法246条１項）。

なお、違法な新株予約権発行に対する措置として、新株予約権発行差止（会社法247条）、無効の訴え（同法828条１項４号等）、不存在確認の訴え（同法829条３号）があるのも募集株式と同様である。

４　自己株式の取得

⑴　総　論

企業再編においては、買収対価として自己株式を交付するために事前に自己株式を取得したり、ゴーイングプライベートのために自己株式を取得したりと、自己株式を取得する場面がある。

会社法では、自己株式の取得ができる場合については、155条各号に列挙されているが、以下では、株主との合意による取得（同条３号）とゴーイングプライベートの際に多く用いられる全部取得条項付種類株式の取得（同条５号）について説明する。

(2)　株主との合意による取得

①　すべての株主に売却の機会を与える場合

ア　株式の取得に関する事項の決定

自己株式を有償にて取得するためには、あらかじめ株主総会の普通決議によって、(i)取得する株式の数（種類株式発行会社にあっては、株式の種類及び種類ごとの数)、(ii)株式を取得するのと引換えに交付する金銭等（当該株式会社の株式等を除く）の内容及びその総額、(iii)株式を取得することができる期間（１年を超えることはできない）を定めなければならない（会社法156条１項)。

イ　取得価格等の決定

株式会社は、上記株主総会決議に従い株式を取得しようとするときは、その都度、取締役会決議（取締役会設置会社の場合）において、(i)取得する株式の数（種類株式発行会社にあっては、株式の種類及び数)、(ii)株式１株を取得するのと引換えに交付する金銭等の内容及び数若しくは額又はこれらの算定方法 、(iii)株式を取得するのと引換えに交付する金銭等の総額、(iv)株式の譲渡しの申込みの期日を定めなければならない（会社法157条)。

ウ　株主に対する通知等

株式会社は、株主（種類株式発行会社にあっては、取得する株式の種類の種類株主）に対し、取締役会において決定した事項を通知又は公告しなければならない（会社法158条)。なお、振替株式を発行している会社は公告が必要的となる（振替法161条２項)。

エ　譲渡の申込み

通知を受けた株主は、その有する株式の譲渡しの申込みをしようとするときは、株式会社に対し、その申込みに係る株式の数（種類株式発行会社にあっては、株式の種類及び数）を明らかにしなければならず、株式会社は、申込みの期日において、株式の譲受けを承諾したものとみなされる（会社法159条)。なお、株主の申込総数が取得総数を超えるときは、按分比例の方法による（同条２項ただし書)。

②　特定の株主から取得する場合

株式会社は、自己株式取得の事項を決定する株主総会の決議にあわせて、株主総会決議によって、株主に対する通知を特定の株主に対して行う旨を定めることができる（会社法160条１項)。この場合の株主総会の決議は、特別決議である（同法156条１項・309条２項２号）。

もっとも、この場合、株式会社は、株主総会の決議に際して、予め、株主に対して、自己を譲渡しの申込みができる株主に加えることを株主総会の議案とすることを請求することができる旨の通知をしなければならない（会社法160条２項・３項）。ただし、無償取得の場合（同法156条）、市場価格のある株式について市場価格を超えない額で取得する場合（同法161条）、非公開会社において相続人等から取得する場合（同法162条）、子会社から取得する場合（同法163条）、定款の定めがある場合（同法164条）には、その手続は不要となる。

その後の手続については、上記①（すべての株主に売却の機会を与える場合）と同様である。

③　市場取引等による取得

株式会社は、市場取引又は公開買付により自己株式を取得することもできる。この場合には、株主に対する通知などの手続は不要となる（会社法165条１項）。

なお、取締役会設置会社においては、定款で市場取引等により自己株式を取得することを取締役会決議によって定めることができる旨を定めることができ、この場合には、株主総会決議も不要となる（会社法165条２項）。

(3)　全部取得条項付種類株式の取得

①　概　要

全部取得条項付種類株式とは、２以上の種類の株式を発行する株式会社のおける、そのうちの１つの種類の株式の全部を株主総会の特別決議によって取得することができる旨の定款の定めがある種類の株式である（会社法171条１項・108条１項７号）。

全部取得条項付種類株式は、倒産手続等において、いわゆる100％減資を円滑に行うために導入された制度であるが、実務では、少数株主を排除するために用いられている。

②　導入手続

ア　種類株式発行会社となるための定款変更

全部取得条項付種類株式は、種類株式発行会社のみが発行することが可能である。

このため、普通株式のみを発行し、種類株式を発行していない（種類株式を発行できる旨の定款の定めのない）会社が、全部取得条項付種類株式を発行するためには、株主総会の特別決議により、種類株式発行会社とする旨定款変更をすることとなる（会社法309条２項11号）。

イ　普通株式を全部取得条項付種類株式とするための定款変更

次に、発行済みの普通株式を全部取得条項付種類株式とするため、株主総会の特別決議により、株式の内容を変更する旨の定款変更をすることとなる（会社法309条２項11号）。

また、全部取得条項を付される種類株式の種類株主総会の特別決議が必要となる（会社法111条２項・324条２項１号）。

ウ　全部取得条項付種類株式の取得

(a)　事前開示書類の備置・株主による閲覧等

全部取得条項付種類株式を取得する株式会社は、会社法171条１項の株主総会の日の２週間前の日又は同法172条２項の株主に対する通知若しくは同条３項の公告のいずれか早い日から取得日後６か月を経過する日までの間、同法171条１項各号に掲げる事項等を記載した書面等をその本店に備置しなければならない（同法171条の２第１項）。株主は、当該株式会社に対して、その営業時間内は、いつでも、その書面の閲覧又は謄本若しくは抄本の交付の請求等をすることができる（同条２項）。

(b)　株主総会決議

株式会社が全部取得条項付種類株式を取得するためには、株主総会の特別決議が必要となる（会社法171条１項・309条２項３号）。

当該株主総会においては、取得対価の内容、取得対価の割当てに関する事項、取得日を決定しなければならず（会社法171条１項各号）、また、取締役は、同総会において、当該株式を取得することを必要とする理由を説明しなければならない（同条３項）。

(c)　事後開示書類の備置・株主による閲覧等

株式会社は、取得日後遅滞なく、株式会社が取得した全部取得条項付種類株式の数その他の全部取得条項付種類株式の取得に関する事項として法務省令で定める事項を記載した書面等を作成し、取得日から６か月間、これをその本店に備置しなければならない（会社法173条の２第１項・２項）。全部取得条項付種類株式を取得した株式会社の株主等は、当該株式会社に対して、その営業時間内は、いつでも、その書面の閲覧又は謄本若しくは抄本の交付の請求等をすることができる（同条３項）。

③　株式買取請求・価格決定の申立て

ア　普通株式を全部取得条項付種類株式とする場合、全部取得条項を付することに反対する当該種類の株主、新株予約権者は、株式（新株予約権）の買取請求をすることができる（会社法116条１項２号・118条１項２号）。

株式会社は、効力発生日の20日前までに、当該株式の株主、新株予約権者に対し、通知又は公告をしなければならない（会社法116条３項・４項・118条３項・４項）。なお、振替株式を発行している会社の場合には公告が必要的となる（振替法161条２項）。

イ　また、全部取得条項付種類株式の取得に反対する株主又は株主総会において議決権を行使することができない株主は、取得日の20日前から取得日の前日までの間に、裁判所に対して価格決定の申立てをすることができる（会社法172条１項１号）。

株式会社は、取得日の20日前までに、全部取得条項付種類株式の株主に対し、当該全部取得条項付種類株式の全部を取得する旨を通知又は公告しなければならず（会社法172条２項・３項）、株式会社は、裁判所の決定した価格に対する取得日後の年６分の利率により算定した利息をも支払わなければならない（同法172条４項・改正前２項）。

もっとも、株式会社は、全部取得条項付種類株式の取得の価格の決定があるまでは、株主に対し、当該株式会社がその公正な価格と認める額を支払うことができ（会社法172条５項）、価格決定の申立てをした株主は、同法171条１項の株主総会の決議により定められた取得対価の交付を受けない（同法173条２項）。

④　差止請求

全部取得条項付種類株式の取得が法令又は定款に違反する場合において、株主が不利益を受けるおそれがあるときは、株主は、株式会社に対し、当該全部取得条項付種類株式の取得をやめることを請求することができる（会社法171条の３）。

第7　清算手続

1　総　論

(1)　概　要

会社の清算制度は、企業再編においては、事業譲渡などにより優良な事業等を他社に移転した結果、譲渡会社が抜け殻会社となった場合などに行われる。

通常清算手続によるか特別清算手続によるかは、基本的には、清算株式会社に債務超過の状態であるかどうかに関わるが、たとえ債務超過の会社であっても超過する負債部分を親会社が負担（貸付け）して通常清算で処理する場合もある。

通常清算手続については、会社法により、手続などの簡素化が図られている。裁判所の監督に服さないことになったこと、債権申出の公告は1回で足りることになったこと（会社法499条1項）などがその例である。また、会社法では、残余財産を金銭以外の財産で分配できることが定められ（同法504条～506条）、現物残余財産分配が可能であることが明定された。

特別清算手続についても、手続・制度について整理され、一般の先取特権その他一般の優先権がある債権について、特別清算開始の効力を受けないものとされた点などが大きく変更された。

(2)　特別清算と破産手続

債務超過会社の法的整理としては、特別清算のほかに、破産手続があるが、特別清算は子会社の清算に多く用いられている。これは、破産手続では、第三者である破産管財人によって手続が進められるのに対し、特別清算では、基本的には、解散時点で清算人となった旧取締役が特別清算の清算人に就任し、会社をよく知る者によって手続が進められることとなること、破産手続に比して弾力的な運用が図られていることから、簡易・迅速に子会社の整理を進めることができるためである。このほか、特別清算においては、債権の確定手続がなく、債権者の同意があれば、特定の債権者について、他の債権者と比較して不利益な取扱いをすることも認められていることから、親会社の支援等により、一般の債権者を有利に取り扱うことができ、債権者の同意が得られやすいことが挙げられる。実務上は、親会社以外の債権者の債権を親会社による支援などにより消滅させて、親会社のみを債権者とした上で、残余の放棄を内容とした和解を締結して特別清算を終結させるという方法がとられることが多いようである。

(3)　清算手続の税務

平成22年度税制改正前は、解散・清算した内国法人に対しては清算所得について清算所得に対する法人税が課されていたが（清算所得課税）、平成22年度税制改正により、清算所得課税が廃止され、解散後も各事業年度の所得に対する法人税が課されるようになった。清算中の法人の最後事業年度は、残余財産の確定の日をもって終了し、この最後事業年度においては、残余財産の譲渡損益に課税することとなった。ただし、平成22年度税制改正により、いわゆるグループ法人課税が導入されたことに伴い、清算株式会社（子会社）が親会社と完全支配関係にある場合には、残余財産の現物分配が適格現物分配となる場合には、子会社の税務では帳簿価格による譲渡をしたものとされ（法人税法62条の5第3項）、一方親会社の税務においては、(i)適格現物分配による収益の益金不算入（同条4項）、(ii)子会社の欠損金の親会社への引継ぎ（同法57条2項・58条2項）、(iii)親会社が子会社からみなし配当の額が生ずる基因となる事由により金銭等の交付を受けた場合には、これにより生ずる株式の譲渡損益を計上しない（同法61条の2第16項）、などの特例が認められることとなった。

また、特別清算については、親会社の子会社に対する債権の放棄は一定の要件を充足する場合には（法人税基本通達9-4-1参照）、寄附金とはならず、貸倒れとして損金処理できる（同9-6-1(2)）。他方、子会社においては、残余財産がないと見込まれるときは、清算所得課税が廃止されたため、親会社からの債権放棄により免除益が生じても、期限切れ欠損金（マイナスの資本金等の額を含む）の損金算入（法人税法59条3項）等により、法人税が生じないように手当されている。なお、税務対策のための清算手続については、裁判所も、協定によらない簡略な手続（債権者集会を開催せず、和解契約の許可を行う手続）による取扱いを認める例があり、この場合には、より簡易・迅速に処理することが可能となる。

2　通常清算

(1)　清算の意義

清算は、解散した会社について、会社のすべての権利義務関係を処理し、債権者に債務を弁済し、残余財産を株主に分配することを目的として行われる。

(2)　清算開始の原因

清算の開始原因は、会社法475条に規定されており、会社は次の清算開始原因がある場合には、清算をしなければならない。

(i)　解散した場合（合併に伴う解散･破産手続開始決定による解散を除く）
(ii)　設立無効を認容する判決が確定した場合
(iii)　株式移転無効を認容する判決が確定した場合

なお、清算株式会社は、清算の目的の範囲内において、清算が結了するまではなお存続するものとされている（会社法476条）。

(3)　清算株式会社の機関

清算株式会社には、1人又は2人以上の清算人を置かなければならず（会社法477条1項）、定款の定めによって、清算人会、監査役又は監査役会を置くことができる（同条2項）。監査役会を置く旨の定款の定めがある清算株式会社は、清算人会を置かなければならず（同条3項）、公開会社又は大会社であった清算株式会社は、監査役を置かなければならない（同条4項）。また、監査等委員会設置会社であった清算株式会社は、監査等委員である取締役が、指名委員会等設置会社であった清算株式会社は、監査委員が、それぞれ監査役となる（同条5項・6項）。

(4)　清算人の就任等

清算株式会社においては、取締役、定款で定められた者又は株主総会で選任された者が清算人となる（会社法478条1項）。清算人は、現務の結了、債権の取立て及び債務の弁済、残余財産の分配の職務を行う（同法481条）。

なお、解散及び清算人就任登記は、会社本店所在地において解散の日からまたは選任の日から2週間以内にすることとなる（会社法928条・926条）。

(5)　財産目録等の作成等

清算人（清算人会設置会社にあっては、代表清算人等）は、その就任後遅滞なく、清算株式会社の財産の現況を調査し、法務省令で定めるところにより、財産目録及び貸借対照表を作成し、株主総会の承認を受けなければならない（会社法492条１項・３項）。

(6)　債務の弁済等

①　債権者に対する公告等

清算株式会社は、清算開始後、遅滞なく、当該清算株式会社の債権者に対し、一定の期間内（２か月以上）にその債権を申し出るべき旨及び当該期間内に申出をしないときは清算から除外される旨を官報に公告し、かつ、知れたる債権者には個別に催告しなければならない（会社法499条１項）。

なお、知れたる債権者を除き、債権申出期間内に債権の申出をしなかった債権者は、清算から除斥され（会社法503条１項）、清算から除斥された債権者は、分配がされていない残余財産に対してのみ、弁済を請求することができる（同条２項）。残余財産を株主の一部に分配した場合には、当該株主の受けた分配と同一の割合の分配を当該株主以外の株主に対してするために必要な財産は、その残余財産から控除される（同条３項）。

②　債務の弁済

清算株式会社は、債権申出期間内は弁済することはできず、同期間経過後に、債務の弁済を行う（会社法500条１項）。ただし、債権申出期間内であっても、他の債権者を害するおそれがない債権に係る債務については、裁判所の許可を得た場合には、その弁済をすることができる（同条２項）。

(7)　残余財産の分配

清算株式会社は、残余財産の弁済をしようとするときは、清算人の決定（清算人会設置会社の場合は、清算人会の決議）によって、(i)残余財産の種類、(ii)株主に対する残余財産の割当に関する事項を定めなければならない（会社法504条１項）。残余財産の分配について内容の異なる２以上の種類の株式を発行しているときは、清算株式会社は、当該種類の株式の内容に応じて、残余財産の割当てをしないこと、株式の種類ごとに異なる取扱いをすること等を定めることができる（同条２項）。

残余財産の分配に関する事項の定めは、株主の有する株式の数（株式の種類ごとに異なる取扱いをする場合には、各種類の株式の数）に応じて残余財産を割り当てることを内容とするものでなければならない（会社法504条３項）。

(8)　清算事務の終了等

清算株式会社は、清算事務が終了したときは、遅滞なく、法務省令で定めるところにより決算報告を作成し（会社法507条１項）、清算人は、決算報告を株主総会に提出し、または提供し、その承認を受けなければならない（同条３項）。

なお、清算人は、株主総会で決算報告の承認を受けた日から２週間以内に清算結了の登記をしなければならない（会社法929条）。

(9)　帳簿資料の保存

清算人（清算人会設置会社にあっては、代表清算人等）は、清算株式会社の本店の所在地における清算結了の登記の時から10年間、清算株式会社の帳簿並びにその事業及び清算に関する重要な資料を保存しなければならない（会社法508条１項）。裁判所は、利害関係人の申立てにより、清算人に代わって帳簿資料を保存する者を選任することができる（同条２項）。

(10)　破産又は特別清算への移行

清算人は、清算手続中に、財産が債務を完済するのに足りないことが明らかになったときは、破産手続開始の申立てを、債務超過の疑いが生じたときは、特別清算開始の申立てを行わなければならず（会社法484条１項・511条２項）、この場合、破産手続又は特別清算手続に移行することになる。

3　特別清算

(1)　意　義

特別清算は、清算株式会社について、特別清算開始の原因（清算の遂行に著しい支障を来すべき事情があること、又は債務超過の疑いがあること）がある場合に、裁判所の監督の下に行われる清算手続である。

⑵　特別清算の開始

特別清算開始の申立権者は、債権者、清算人、監査役及び株主であり（会社法511条１項)、特別清算開始の原因は、(i)清算の遂行に著しい支障を来すべき事情があること、又は(ii)債務超過（清算株式会社の財産がその債務を完済するのに足りない状態）の疑いがあることである（同法510条)。

⑶　特別清算開始の効果

特別清算開始の命令があると、その清算は、裁判所の監督に属することになる（会社法519条１項)。また、(i)破産手続開始の申立て、(ii)強制執行等の手続の禁止・中止（同法515条１項)、(iii)相殺の禁止（同法517条・518条)、(iv)時効の停止（同法515条３項）などの効果が発生する。

⑷　特別清算の機関

特別清算の場合にも、通常清算と同様、清算人が清算事務を処理することになる。特別清算における清算人は、債権者、清算株式会社及び株主に対しても、公平かつ誠実に清算事務を行う義務を負う（会社法523条)。また、株主総会、監査役、監査役会も特別清算の目的に反しない限度において清算株式会社の機関として存続する。

その他、特別清算手続における機関としては、監督委員（会社法527条・535条１項)、調査委員（同法533条)、債権者集会があり、必要に応じて選任等がなされる。

⑸　特別清算の実行

通常清算における清算人の規定は、特別清算の目的に反しない限り、特別清算にも適用されるため、清算人は基本的には通常清算手続と同様の手続を行うこととなる。もっとも、特別清算においては、通常清算の手続に加えて、裁判所への財産目録等の提出（会社法521条本文）が必要となるなどの手続もある。特別清算においては、財産の処分等は、原則として、裁判所の許可（監督委員が選任されている場合は、裁判所の許可に代わる監督委員の同意）が必要となり（同法535条１項)、また、事業譲渡（一定の要件に該当するものを除く）及び一定の割合を超える子会社株式等の譲渡については、裁判所の許可を受ける必要があり、監督委員の同意では足りないとされる（同法536条1項）。

特別清算においては、全部又は一部の債権者との間において個別に和解をして弁済する方法と協定を債権者集会において決議し、これに基づき弁済する方法がある。協定の可決要件は、出席した議決権者の過半数の同意かつ議決権者の議決権の総額の3分の2以上の議決権を有数する者の同意であり（会社法567条1項）、債権者全員の同意は不要である。

なお、協定債権者に対する弁済は債権額の割合に応じた弁済となるが（会社法537条1項）、他の債権者を害するおそれのない協定債権に係る債権については、裁判所の許可を得て、債務額の割合を超えて弁済することができる（同条2項）。

(6)　特別清算の終了

①　清算の結了等

裁判所は、特別清算開始後、特別清算が結了したとき又は特別清算の必要がなくなったときは、清算人、監査役、債権者、株主又は調査委員の申立てにより、特別清算終結の決定をする（会社法573条）。

②　破産手続への移行

裁判所は、特別清算開始後、(i)協定の見込みがないとき、(ii)協定の実行の見込みがないとき、(iii)特別清算によることが債権者の一般の利益に反する場合において、清算株式会社に破産手続開始の原因となる事実があると認めるときは、職権で、破産法に従い、破産手続開始の決定をしなければならない（会社法574条1項）。また、裁判所は、特別清算開始後、(i)協定が否決されたとき、(ii)協定の不認可の決定が確定した場合において、清算株式会社に破産手続開始の原因となる事実があると認めるときは、職権で、破産法に従い、破産手続開始の決定をすることができる（同条2項）。

これらにより破産手続開始決定があれば、特別清算手続は当然に終了する。

第２章　金融商品取引法

第１　企業再編に関する開示

１　開示規制の全体像

企業再編に際しては、金商法上の開示（法定開示）が求められる場合がある。また、上場会社においては、株式等を上場している証券取引所（金融商品取引所）の規則による開示（適時開示）を求められる場合がある。

(1)　金融商品取引法による開示規制

第三者割当増資や株式を対価とする組織再編行為（合併、会社分割、株式交換及び株式移転）といった株式の発行を伴う企業再編に際しては、金商法に基づき、その発行会社において発行開示規制が課される場合があり（後記**２**(1)、(2)）、株式を取得する側において大量保有報告書の提出義務が課される場合がある（後記**２**(4)。なお、株式の取得方法の１つである公開買付けに係る開示規制については、後記**第２**参照）。

また、有価証券報告書の提出義務を負う会社が企業再編を行うに際しては、臨時報告書の提出義務が課される場合がある。臨時報告書の提出事由の概要は、**図表2-2-1**のとおりである。

＜図表2-2-1　臨時報告書提出事由の概要＞

＜提出会社の発生・決定事項＞

提出事由	開示府令
海外での有価証券の募集等	１号
募集によらない有価証券の発行等	２号
届出免除ストックオプションの発行	２号の２

親会社・子会社・主要株主の異動	３号・４号
災害の発生	５号
訴訟が提起された場合等	６号
株式交換、株式移転、会社分割、合併	６号の２～７号の４
事業譲渡・譲受け	８号
子会社取得	８号の２
代表取締役の異動	９号
株主総会の決議	９号の２
有価証券報告書提出後定時株主総会での修正決議等	９号の３
監査公認会計士等の異動	９号の４
破産手続開始の申立て等	10号
取立不能・取立遅延のおそれの発生	11号
財政状態・経営成績等に著しい影響を与える事象の発生	12号

＜連結子会社の発生事項＞

提出事由	開示府令
災害の発生	13号
訴訟が提起された場合等	14号

＜連結会社（提出会社・連結子会社）の発生・決定事項＞

提出事由	開示府令
株式交換、株式移転、会社分割、合併	14号の２～15号の４
事業譲渡・譲受け	16号
連結子会社による子会社取得	16号の２
連結子会社の破産手続開始申立て等	17号
取立不能・取立遅延のおそれ	18号
財政状態・経営成績等に著しい影響を与える事象の発生	19号

※　「開示府令」欄の号番は、同府令19条２項のもの

金商法に基づく有価証券届出書等の法定開示書類の提出は、EDINETと呼ばれるネットワークを通じて行う。

(2)　証券取引所規則による適時開示規制

上場会社が一定の企業再編を行うに際しては、株式等を上場している証券取引所の規則による適時開示を求められる場合がある。適時開示規制は、証券取引所規則に基づく自主規制であるが、証券取引所規則には金商法上の根拠が与えられている（金商法117条）。

適時開示は、上場会社と証券取引所等を結ぶTDnetと呼ばれるネットワークを通じて行う。

２　金融商品取引法における開示制度

ここでは、第三者割当増資、合併等の組織再編行為、事業譲渡・譲受け、株式の取得の順に、金商法上の主な開示規制に触れることとする。第三者割当増資（後記(1)）と株式の取得（後記(4)）とは重複する点があるが、前者では株式の発行会社側における発行開示規制に焦点を当て、後者では株式の取得側の大量保有報告規制に焦点を当てることとする。

(1)　第三者割当増資

①　発行開示規制

ア　概　要

第三者割当増資により行う株式の発行が「有価証券の募集」に該当する場合[1)]、発行会社には原則として発行開示規制が課される。

すなわち、株式の発行会社は、有価証券届出書の提出義務を負い（金商法５条１項）、有価証券届出書の提出前の勧誘行為が禁止される（同法４条１項本文）。発行会社や証券会社（金融商品取引業者）等は、有価証券届出書の効力発生前に株式を取得させることが禁止される（同法15条１項）。

---

1)　「有価証券の売出し」に該当する場合も発行開示規制が課されるが、本稿ではその詳細は割愛する。「有価証券の売出し」とは、既に発行された有価証券の売付けの申込み又は買付けの申込みの勧誘のうち一定のものを指すが（金商法２条４項）、「有価証券の募集」と同様に、人数基準（同項１号・２号ハ）や属性基準（適格機関投資家私売出し、特定投資家私売出し、少人数私売出しの除外。同号イ～ハ）が設定されている。

また、株式の発行会社は、目論見書の作成義務を負う（同法13条1項）。発行会社や証券会社等は、遅くとも株式を取得させる時までに目論見書を交付しなければならない（同法15条2項本文）。

株式についていえば、「有価証券の募集」とは、新規発行株式の「取得勧誘」のうち、次の枠囲みの(i)(ii)に該当するものを指す（金商法2条3項）。(i)と(ii)cは取得勧誘の相手方の人数面から、(ii)abは相手方の属性面から、発行開示の要否の区分をしている。(ii)のaは適格機関投資家私募、bは特定投資家私募、cは少人数私募と呼ばれ、これらabcが「有価証券の私募」（同項柱書）に該当するものとなる。上場会社による第三者割当増資は「有価証券の私募」とならず、原則として常に発行開示規制が課される。

(i)　50名以上の者（適格機関投資家が含まれる場合であって、株式がその取得者である適格機関投資家から適格機関投資家以外の者に譲渡されるおそれが少ないものとして政令で定める場合[2)]に該当するときは、当該適格機関投資家を除く）を相手方として行う場合（特定投資家のみを相手方とする場合を除く）[3)4)]

(ii)　(i)のほか、次のabcのいずれにも該当しない場合

a　適格機関投資家のみを相手方として行う場合であって、株式がその取得者から適格機関投資家以外の者に譲渡されるおそれが少ないものとして政令で定める場合

b　特定投資家のみを相手方として行う場合であって、次に掲げる要件のすべてに該当するとき（aを除く）

(a)　取得勧誘の相手方が国、日本銀行及び適格機関投資家以外の者である場合にあっては、金融商品取引業者等が顧客からの委託により又は自己のために取得勧誘を行うこと

(b)　株式がその取得者から特定投資家等以外の者に譲渡されるおそれが少ないものとして政令で定める場合[5)]に該当すること

c　(i)やab以外の場合（当該株式と種類を同じくする株式の発行及び勧誘の状況等を勘案して政令で定める要件に該当する場合[6)]を除く）であって、株式が多数の者に所有されるおそれが少ないものとして政令で定める場合[7)]

---

2)　いわゆる転売制限要件。(ii)aも同じ。金商法施行令1条の4、定義府令10条の2。

3)　金商法施行令1条の5。

4)「適格機関投資家」につき定義府令10条を、「特定投資家」につき金商法2条31項、定義府令23条を参照。

5)　金商法施行令1条の5の2、定義府令10条の2・11条の2。

「取得勧誘」は、新規発行株式の取得の申込みの勧誘であり、募集株式の発行及び自己株式の処分に係る売付けの申込み又は買付けの申込みの勧誘を含む[8)]。第三者割当増資を行う場合において、割当予定先が限定され、割当予定先から株式が直ちに転売されるおそれが少ない場合（例えば、資本提携を行う場合、親会社が子会社株式を引き受ける場合等）に該当するときは、割当予定先を選定し、又は割当予定先の概況を把握することを目的とした届出前の割当予定先に対する調査、第三者割当の内容等に関する割当予定先との協議その他これに類する行為は、取得勧誘又は売付け勧誘等に該当しないものとされている[9)]。

以上の「有価証券の募集」に該当する第三者割当増資であっても、有価証券届出書の提出義務が免除される場合が法定されている（金商法４条１項ただし書各号）。発行価額の総額が１億円未満である場合の少額免除がその代表例である。

イ　有価証券届出書の記載内容

有価証券届出書には、(ⅰ)募集又は売出しに関する事項（証券情報）、(ⅱ)商号、企業集団及び経理の状況その他事業の内容に関する重要な事項その他の公益又は投資者保護のため必要かつ適当なものとして内閣府令で定める事項（企業情報）を記載する（金商法５条１項・２項、開示府令８条・８条の２・第２号様式等）。

過去１年間継続して一定の有価証券報告書を提出しているなどの要件を満たす場合には、組込方式（直近の有価証券報告書等の写しをとじ込む等により企業情報の記載に代える方式[10)]）、参照方式（有価証券届出書の中に直近の有価証券報告書等を参照すべき旨を記載することにより企業情報の記載に代える方式[11)]）を利用して、届出書の作成や内容を簡素化することができる。また、参照方式の利用適格がある発行会社は、発行登録制度（将来の発行予定期間や発行予定額等を記載した発行登録書を事前に財務局長等に提出

6）　金商法施行令１条の６。株式発行日から遡る６か月間における同種株式の発行に係る取得勧誘の相手方（転売制限要件を満たした適格機関投資家を除く）の数は、通算される。

7）　金商法施行令１条の７、定義府令10条の２。

8）　定義府令９条１号、会社法199条１項。

9）　金融庁総務企画局「企業内容等の開示に関する留意事項について（企業内容等開示ガイドライン）」（平成26年４月）の「B　基本ガイドライン」2-12。

しておき、現に新株を発行する際には発行価額の総額や発行条件等を記載した発行登録追補書類を提出する方法。この場合、有価証券届出書の提出義務を負わない[12)]）を利用することができる。

②　臨時報告書

以上のほか、第三者割当増資に伴い有価証券報告書提出会社である発行会社の親会社・主要株主の異動がある場合には、臨時報告書の提出義務が生じる（金商法24条の５第４項、開示府令19条２項３号・４号）。

また、増資を引き受けて発行株式を取得する側には、大量保有報告書の提出義務が生じる場合がある。大量保有報告書については、後記(4)を参照されたい。

(2)　組織再編行為（合併・会社分割・株式交換・株式移転）

①　発行開示規制

ア　概　要

合併等の組織再編行為に際し、対価として株式が発行・交付される場合において、有価証券の募集・売出しに準じた発行開示規制が課されるケースがある。具体的には、組織再編成（合併、会社分割、株式交換及び株式移転[13)]）における会社法上の事前開示書面等の備置きのうち一定のものを「特定組織再編成発行手続」又は「特定組織再編成交付手続」と定義し、有価証券届出書を提出しなければ、原則としてこれらの手続をすることができないものとしている（金商法４条１項）。事前開示書面等の備置きを、有価証券の募集・売出しにおける勧誘行為と見立てて、発行開示規制を及ぼしているわけである。

イ　規制対象となる組織再編成

組織再編成の対価が株式である場合において、「特定組織再編成発行手続」及び「特定組織再編成交付手続」とは、次の枠囲みの(i)(ii)に該当する場合における組織再編成対象会社（吸収合併消滅会社、株式交換完全子会社、新設合併消滅会社、吸収分割会社、新設分割会社又は株式移転完全子会社[14)]）

---

10)　金商法５条３項、開示府令９条の３・第２号の２様式。

11)　金商法５条４項、開示府令９条の４・第２号の３様式。

12)　金商法23条の３～23条の12等。

13)　金商法２条の２第１項、金商法施行令２条。

による事前開示書面等の備置き[15]を指す（金商法２条の２第２項・４項１号・２号・５項１号・２号）。特定組織再編成「発行」手続と特定組織再編成「交付」手続の違いは、前者が組織再編成の対価として新たに株式が発行される場合であり、後者が既に発行された株式が交付される場合である。(i)と(ii)ｂは株主数の面から、(ii)ａは株主の属性面から、発行開示の要否を画している。

(i)　組織再編成対象会社株主等（組織再編成対象会社の株主等[16]）が50名以上である場合（適格機関投資家のみである場合を除く）[17]
(ii)　(i)のほか、次のａｂのいずれにも該当しない場合
ａ　組織再編成対象会社株主等が適格機関投資家のみであって、対価となる株式が適格機関投資家以外の者に譲渡されるおそれが少ないものとして政令で定める場合[18]
ｂ　(i)やａ以外の場合であって、対価となる株式が多数の者に所有されるおそれが少ないものとして政令で定める場合[19]

このような特定組織再編成発行手続及び特定組織再編成交付手続のうち、対価株式の発行会社（吸収合併存続会社等[20]）が有価証券届出書の提出義務を負うのは、対価株式の総額が１億円以上の場合[21]であって、かつ、組織再編成対象会社が発行者である株式に関しては開示[22]が行われていたが、対価株式については開示が行われていない場合である[23]。一定規模以上の

14)　金商法２条の２第４項１号、金商法施行令２条の２。吸収分割会社及び新設分割会社については、いわゆる人的分割の場合に限られている。
15)　会社法782条１項又は803条１項の規定による備置きを指す。会社法794条１項の規定による吸収合併存続会社、株式交換完全親会社及び吸収分割承継会社による事前開示書面等の備置きは、特定組織再編成発行手続や特定組織再編成交付手続に該当しない。
16)　金商法２条の２第４項１号。
17)　金商法２条の２第４項１号、金商法施行令２条の４、金商法２条の２第５項１号、金商法施行令２条の６。
18)　金商法２条の２第４項２号イ、金商法施行令１条の４、金商法２条の２第５項２号イ、金商法施行令１条の７の４。
19)　金商法２条の２第４項２号ロ、金商法施行令２条の４の２、金商法２条の２第５項２号ロ、金商法施行令２条の６の２。
20)　会社法では組織再編成の対価が柔軟化されているため、組織再編成の当事会社でない会社の株式が対価とされることもある。
21)　金商法４条１項５号、開示府令２条４項参照。
22)　金商法４条７項、開示府令６条。
23)　金商法４条１項２号。

組織再編成について、組織再編成の前後で株主への開示の水準を維持する趣旨である。

コラム：海外証券当局における発行開示手続

米国株主に株式が交付される場合には、米国企業が直接関係しない日本企業間の組織再編取引であっても適用除外要件（いわゆる「クロスボーダー・エグゼンプション」）に該当しない限り米国証券取引委員会（SEC）に登録が必要となる場合がある。具体的には、吸収合併（会社法２条27号）、新設合併（同条28号）、株式交換（同条31号）、株式移転（同条32号）の場合に、米国33年証券法の規則145(a)に規定された証券の交換を伴う合併等の取引に該当し、同法５条に基づく登録義務（フォーム F-4の提出）の対象となる可能性がある。他方、金銭のみを対価とする組織再編取引や公開買付け、全部取得条項付種類株式を用いたゴーイング・プライベート取引には同条の適用がなく、登録は不要である。

フォーム F-4には、組織再編取引に関して金融商品取引所規則に基づく情報開示よりも詳細な情報と、当該取引の当時会社双方について米国会計基準又は国際会計基準に従って作成し監査を受けた財務諸表等を記載する必要があることから、その作成には多大な時間と労力を要する（フォーム F-4の様式は SEC のウェブサイトから入手可能である。http://www.sec.gov/about/forms/formf-4.pdf）。また、フォーム F-4を登録することで、当該会社は米国34年証券取引所法が定める継続開示義務も負うことになり、その影響は大きい。

クロスボーダー・エグゼンプションに関する米国33年証券法の規則802は、日本企業が利用可能と考えられるほぼ唯一の適用除外規定と考えられるが、以下の要件をすべて充足すればフォーム F-4の登録義務が免除される。①対象会社における米国株主の保有比率が10％以下であること（いわゆる「10％ルール」）、②米国株主が対象会社の他の株主と同等以上の取扱いを受けること、③フォーム CB の提出など一定の情報開示が行われること。

このうち、10％ルールの計算は、基本的には株主名簿の記載に基づき行われることになるが、名簿上の保有者と実質的な保有者が異なる場合には、実質的な保有者（証券会社や銀行の顧客）が米国在住者か否かを調査しなければならないとされている。

なお、登録義務が免除される場合でも、米国34年証券取引所法の規則10b-5における詐欺的行為の防止規定等の規定は依然として適用されるので注意が必要である。

②　臨時報告書

上記の発行開示規制のほか、有価証券報告書の提出義務を負う会社が組織再編成を行うに際して臨時報告書の提出義務が生じる場合がある。有価証券報告書の提出会社は、吸収合併等の組織再編行為（一部には軽微基準が設けられている）が行われることが業務執行決定機関により決定された場合、遅滞なく臨時報告書を財務局長等に提出しなければならない（金商法24条の５第４項、開示府令19条２項６号の２～７号の４・第５号の３様式）。後記(**3**)の事業譲渡・譲受けを含めて、組織再編行為に係る臨時報告書の提出義務が生じるか否かについての軽微基準の有無・概要を整理すると、下表のとおりとなる。

＜図表2-2-2　組織再編行為等に関する臨時報告書の軽微基準＞

<table>
<tr><th colspan="2">主体</th><th>軽微基準の有無・概要</th><th>開示府令</th></tr>
<tr><td rowspan="2">吸収合併</td><td>存続会社</td><td>純資産10％基準
売上高３％基準</td><td rowspan="2">19条２項７号の３</td></tr>
<tr><td>消滅会社</td><td>軽微基準なし</td></tr>
<tr><td rowspan="2">新設合併</td><td>設立会社</td><td>－</td><td>－</td></tr>
<tr><td>消滅会社</td><td>軽微基準なし</td><td>19条２項７号の４</td></tr>
<tr><td rowspan="2">吸収分割</td><td>承継会社</td><td rowspan="2">純資産10％基準
売上高３％基準</td><td rowspan="2">19条２項７号</td></tr>
<tr><td>分割会社</td></tr>
<tr><td rowspan="2">新設分割</td><td>設立会社</td><td>－</td><td>－</td></tr>
<tr><td>分割会社</td><td>純資産10％基準
売上高３％基準</td><td>19条２項７号の２</td></tr>
<tr><td rowspan="2">株式交換</td><td>完全親会社</td><td>純資産10％基準
売上高３％基準</td><td rowspan="2">19条２項６号の２</td></tr>
<tr><td>完全子会社</td><td>軽微基準なし</td></tr>
<tr><td rowspan="2">株式移転</td><td>完全親会社</td><td>－</td><td>－</td></tr>
<tr><td>完全子会社</td><td>軽微基準なし</td><td>19条２項６号の３</td></tr>
<tr><td rowspan="2">事業譲渡</td><td>譲受会社</td><td rowspan="2">純資産30％基準
売上高10％基準</td><td rowspan="2">19条２項８号</td></tr>
<tr><td>譲渡会社</td></tr>
</table>

※　新設合併設立会社、新設分割設立会社及び株式移転完全親会社は組織再編行為により新たに設立されるものであるから、臨時報告書の提出義務は問題とならない。

なお、合併契約等の内容が変更されるなど、臨時報告書の記載事項に変更が生じたときは、訂正報告書を提出しなければならない（金商法24条の５第５項・７条）。

⑶　事業譲渡・譲受け

有価証券報告書の提出義務を負う会社が一定規模の事業の譲渡又は譲受けをする場合には、臨時報告書を提出しなければならない。

臨時報告書の提出義務が生じる事業譲渡等の規模は、有価証券報告書提出会社の資産の額が最近事業年度の末日における純資産額の30％以上増減すると見込まれる場合、又は売上高が最近事業年度の売上高の10％以上増減すると見込まれる場合である。このような規模の事業譲渡又は事業譲受けが行われることが業務執行決定機関により決定された場合、遅滞なく臨時報告書を財務局長等に提出しなければならない（金商法24条の５第４項、開示府令19条２項８号）。

臨時報告書の記載内容は、事業の譲渡先又は譲受先の名称、住所、代表者の氏名、資本金又は出資の額及び事業の内容、事業譲渡又は譲受けの目的、事業譲渡契約の内容である（開示府令19条２項８号イ～ハ）。事業譲渡契約の内容が変更されるなど、臨時報告書の記載事項に変更が生じたときは、訂正報告書を提出しなければならない（金商法24条の５第５項・７条）。

⑷　株式の取得

①　大量保有報告書

ア　概　要

上場会社株式を大量に保有する者は、当該会社の経営の支配に影響を与え得るものであるから、大量保有に関する情報は、当該会社の株主やその株式を取得しようとする投資家にとって、投資判断を左右し得る重要なものとなる。そのため、上場株式の大量保有者には、大量保有報告書の提出義務が課されている。

具体的には、「株券関連有価証券」で上場されているものの発行者である法人が発行者である「対象有価証券」の「保有者」であって、「株券等」に係る「株券等保有割合」が５％を超えるもの（大量保有者）は、内閣府令で定めるところにより、大量保有者となった日から５営業日以内に大量保有報告書を財務局長等に提出しなければならない（金商法27条の23第1項、大量保有府令2条1項・第1号様式）。大量保有報告書を提出した後に株券等保有割合が1％以上増減した場合その他の重要事項の変更があった場合は、その日から5営業日以内に変更報告書を提出しなければならない（金商法27条の25第1項）。

「株券関連有価証券」、「対象有価証券」の定義の詳細[24)]は割愛するが、後者については無議決権株式が除かれている。大量保有報告書では大量保有者による議決権の行使を通じた会社支配への影響の有無が問題とされるためである。上場された「株券関連有価証券」の発行会社が発行する「対象有価証券」が「株券等」となる。

イ　「株券等保有割合」

「株券等保有割合」の算式の概略は、以下のとおりである（金商法27条の23第4項）[25)]。潜在株式を含めて保有者と共同保有者が実質的に保有する株式の合計数から二重計算部分を控除した数を分子とし、発行済株式総数に保有者・共同保有者が保有する潜在株式を株式数に換算したものを加えたものを分母とする。

$$\text{株券等保有割合}=\frac{(①+②-③)+(④+⑤-⑥)-⑦}{⑧+⑨}$$

①＝保有者が保有する株式の数

②＝保有者が保有する潜在株式を株式に換算した数

③＝信用取引等により保有者が引渡義務を負う株式の数

④＝共同保有者が保有する株式の数

⑤＝共同保有者が保有する潜在株式を株式に換算した数

⑥＝信用取引等により共同保有者が引渡義務を負う株式の数

⑦＝保有者と共同保有者の二重計算部分

24)「株券関連有価証券」につき金商法27条の23第1項、金商法施行令14条の4を、「対象有価証券」につき金商法27条の23第2項、金商法施行令14条の5の2、大量保有府令3条の2を参照。

25)①④において除外される株券等につき大量保有府令4条、②⑤につき大量保有府令5条、③⑥につき金商法27条の23第4項、⑦は保有者・共同保有者間で引渡請求権等の権利が存在する場合を指すが、これにつき同項、金商法施行令14条の6の2、⑨につき大量保有府令5条・5条の2を参照。

⑧＝発行済株式総数
⑨＝保有者・共同保有者が保有する潜在株式を株式に換算した数

「保有者」には、自己の計算で自ら又は他人の名義により株券等を所有する者のほか、売買契約等に基づき株券等の引渡請求権を有する者等、議決権行使につき指図権を有する者であって発行会社の事業活動を支配する目的を有する者等が含まれる[26)]。「共同保有者」には、保有者と共同した当該株券等の取得・譲渡・議決権行使の合意をしている者[27)]のほか、保有者との間で夫婦関係、親子会社関係等の一定の関係にある者[28)]が含まれる。

ウ　記載内容

大量保有報告書の記載内容は、株券等保有割合に関する事項、取得資金に関する事項、保有の目的その他の内閣府令で定める事項である（金商法27条の23第１項、大量保有府令２条１項・第１号様式）。

保有目的としては、純投資、政策投資等の目的及び内容を具体的に記載することが求められるが、企業再編との関係では「重要提案行為等」を行うとの目的が重要である。「重要提案行為等」とは、株券等の発行者の事業活動に重大な変更を加え、又は重大な影響を及ぼす行為として政令で定めるものを指す（金商法27条の26第１項、金商法施行令14条の８の２[29)]）。機関投資家等[30)]においては、株券等保有割合が５％超10％以下であるなどの一定の要件を満たす場合には、大量保有報告書・変更報告書の提出頻度が緩和され、報告書の記載内容も軽減された特例報告制度[31)]が設けられて

26）　金商法27条の23第３項、金商法施行令14条の６。
27）　金商法27条の23第５項。
28）　みなし共同保有者と呼ばれる。金商法27条の23第６項、金商法施行令14条の７、大量保有府令５条の３。
29）　発行会社又はその子会社に係る(a)重要な財産の処分・譲受け、(b)多額の借財、(c)代表取締役の選定・解職、(d)役員構成の重要な変更、(e)重要な使用人の選解任、(f)重要な組織の設置・変更・廃止、(g)株式交換・株式移転・会社分割・合併、(h)事業の譲渡・譲受け・休止・廃止、(i)配当方針の重要な変更、(j)増減資に関する方針の重要な変更、(k)上場廃止等、(l)上場等、(m)資本政策に関する重要な変更、(n)解散、(o)倒産手続開始申立てを、その株主総会や役員に対して提案する行為をいう（金商法施行令14条の８の２第１項、大量保有府令16条）。
30）　証券会社（金融商品取引業者）、銀行その他の内閣府令で定める者、国、地方公共団体その他の内閣府令で定める者（金商法27条の26第１項、大量保有府令11条・14条）。
31）　金商法27条の26、大量保有府令15条・第３号様式等。「特例報告」との対比で、本文で触れた通常の報告制度を「一般報告」と呼ぶ。

いるが、重要提案行為等を行うことを保有目的とする場合には特例報告制度の適用を受けることができない[32)]。また、特例報告制度の適用を受けていた機関投資家等であっても、保有目的を変更して重要提案行為等を行うことを目的とするときは、保有目的変更日から５営業日以内に一般報告による変更報告書を提出しなければならない[33)]。特例報告制度の適用を受けていた機関投資家等が大量保有報告書・変更報告書の提出期限までに実際に重要提案行為等を行おうとするときは、行う日の５営業日前までに一般報告による大量保有報告書・変更報告書を提出しなければならない[34)]。

②　その他

以上のほか、株式の譲渡側における株式の放出が「有価証券の売出し」に該当する場合には、その発行会社や売出人等において「有価証券の募集」に類した発行開示規制が課される。

また、株式の取得に伴い有価証券報告書提出会社である発行会社の親会社・主要株主の異動がある場合には、臨時報告書の提出義務が生じる（金商法24条の５第４項、開示府令19条２項３号・４号）。

(5)　公開買付け

公開買付けに際し、公開買付者には公開買付届出書の提出義務等が、対象株式の発行会社には意見表明報告書の提出義務等が課せられるが、詳しくは後記**第２**に譲る。

(6)　不実開示に基づく責任等

①　行政処分

ア　訂正書類の提出命令等

有価証券届出書、臨時報告書、大量保有報告書等の法定開示書類において形式不備、記載不十分や虚偽記載等[35)]があるときは、財務局長等は、訂正書類の提出を命ずることができる[36)]。また、財務局長等は、虚偽記載等

32）　金商法27条の26第１項。

33）　金商法27条の25第１項、金商令14条の７の２、大量保有府令８条１項・第１号様式

34）　金商法27条の26第４項・５項、金商令14条の８の２第３項。

35）　(i)重要な事項について虚偽の記載があること、(ii)記載すべき重要な事項の記載が欠けていること、又は(iii)誤解を生じさせないために必要な事実の記載が欠けていることをいう。

のある有価証券届出書等の効力停止を命ずることができる（金商法10条1項・23条の10第3項）。

イ　課徴金納付命令

開示規制違反を防止するための行政上の措置として、発行開示規制に反して有価証券届出書の受理前に有価証券の募集・売出しをした場合や、虚偽記載等[37]のある有価証券届出書を提出した場合等について、金融庁長官は、違反者に対し課徴金の納付を命ずる。

臨時報告書や大量保有報告書の不提出・虚偽記載等についても課徴金納付命令の制度があり、これら開示規制違反に係る課徴金の額は、下表のとおりである。

＜図表2-2-3　有価証券届出書・臨時報告書・大量保有報告書の不実開示に係る課徴金＞

法定開示書類	不提出 （届出受理前の募集・売出し）	虚偽記載等
有価証券届出書（発行開示規制違反）	株券等の発行価額・売出価額の総額の4.5％※（金商法172条第1項）	株券等の発行価額・売出価額の総額の4.5％※（金商法172条の2第1項）
臨時報告書	以下の①②のいずれか高い額（右と同額） ①300万円 ②株式等の市場価額総額に10万分の3を乗じた額（金商法172条の4第3項、課徴金府令1条の3・1条の5）	以下の①②のいずれか高い額 ①300万円 ②株式等の市場価額総額に10万分の3を乗じた額（金商法172条の4第2項、課徴金府令1条の3）
大量保有報告書	提出期限翌日の株式時価総額に10万分の1を乗じた額（金商法172条の7、課徴金府令1条の7）	提出日翌日の株式時価総額に10万分の1を乗じた額（金商法172条の8、課徴金府令1条の7）

※　株券等以外の有価証券については、2.25％

36）　形式不備・記載不十分につき金商法9条1項（有価証券届出書）・23条の9第1項（発行登録書）・24条の5第5項（臨時報告書）・27条の29第1項（大量保有報告書）等、虚偽記載等につき金商法10条1項（有価証券届出書）・23条の10第1項（発行登録書）・24条の5第5項（臨時報告書）・27条の29第1項（大量保有報告書）等を参照。

37）　課徴金納付命令の対象となる虚偽記載等の範囲は、訂正書類の提出命令に係る虚偽記載等の範囲より狭く、(i)重要な事項について虚偽の記載があること、又は(ii)記載すべき重要な事項の記載が欠けていることをいう。

なお、平成24年金商法改正により、発行者等が虚偽開示書類等を提出し、提供し又は公表した場合において、その提出等を容易にすべき行為又は唆す行為を行った者（外部協力者）に対しても、当該行為の対価として支払われた額等に相当する額の課徴金を課すものとされた（金商法172条の12）。

②　損害賠償責任

発行開示規制に違反して、有価証券届出書の効力発生前に株式の発行をしたり、有価証券届出書や目論見書に虚偽記載等[38]をした場合に関しては、金商法に民事上の損害賠償責任の特則規定が置かれている。臨時報告書に虚偽記載等をした場合についても特則が設けられている。

発行開示規制違反、並びに有価証券届出書及び臨時報告書の虚偽記載等に係る流通市場における民事責任規定の概要は、**図表2-2-4**のとおりである。民法の一般不法行為の原則とは異なり、無過失責任とされたり、立証責任の転換がされたり、損害額の推定規定が導入されたりし、投資家の保護が図られているのが特徴である。

なお、大量保有報告書の虚偽記載等についてはこのような特則規定は設けられていない。

＜図表2-2-4　開示規制違反に係る金商法上の民事責任規定の概要＞

	金商法	賠償責任者	違反行為	請求権者	損害額	故意過失	免責
発行市場における民事責任	16条	・発行者 ・売出人 ・引受人 ・金融商品取引業者 ・登録金融機関 ・金融商品仲介業者	・有価証券届出書の効力発生前の取引 ・目論見書交付義務違反の取引	違反行為により有価証券を取得した者	・違法行為により生じた損害 ・推定規定なし	無過失責任	－
	17条	重要事項に虚偽記載等がある目論見書・資料の使用者	虚偽記載等のある目論見書・資料の使用	虚偽記載等につき善意の有価証券取得者	・有価証券取得者が受けた損害 ・推定規定なし	立証責任転換（虚偽記載等を知らず、かつ相当な注意を用いたにもかかわらず知ることができなかったことを証明したときは免責）	－
	18条 （19条）	有価証券届出書の届出者	有価証券届出書の重要事項に虚偽記載等	有価証券を募集・売出しに応じて取得した者	・損害額の法定 ＝取得価額－（市場価額等 or 処分価額） ・減額の抗弁 賠償責任者が損害額の全部 or 一部が虚偽記載等により生ずべき値下り以外の事情により生じたことを証明したときは、その全部 or 一部を免責	無過失責任	有価証券取得者の悪意を証明したときは免責
		目論見書を作成した発行者	目論見書の重要事項に虚偽記載等	有価証券を募集・売出しに応じて目論見書の交付を受けて取得した者			

38）民事上の損害賠償責任の特則規定における虚偽記載等の範囲は、(ⅰ)重要な事項について虚偽の記載があること、(ⅱ)記載すべき重要な事項の記載が欠けていること、又は(ⅲ)誤解を生じさせないために必要な事実の記載が欠けていることをいう。

発行市場における民事責任	21条	・提出会社の役員等 ・売出人	有価証券届出書の重要事項に虚偽記載等 （目論見書の重要事項に虚偽記載等）	有価証券を募集・売出しに応じて取得した者 （有価証券を募集・売出しに応じて目論見書の交付を受けて取得した者）	・虚偽記載等により生じた損害 ・損害額の法定規定なし	立証責任転換 （虚偽記載等を知らず、かつ相当な注意を用いたにもかかわらず知ることができなかったことを証明したときは免責）	有価証券取得者の悪意を証明したときは免責
		虚偽記載等がないと証明した監査法人等				立証責任転換 （監査証明につき故意・過失がなかったことを証明したときは免責）	
		元引受契約を締結した金融商品取引業者・登録金融機関				立証責任転換 （虚偽記載等を知らず、かつ財務計算書類以外の部分については相当な注意を用いたにもかかわらず知ることができなかったことを証明したときは免責）	
流通市場における民事責任	22条	提出会社の役員等	有価証券届出書の重要事項に虚偽記載等	虚偽記載等につき善意で有価証券を募集・売出しによらず取得した者	・虚偽記載等により生じた損害 ・損害額の法定規定なし	立証責任転換 （虚偽記載等を知らず、かつ相当な注意を用いたにもかかわらず知ることができなかったことを証明したときは免責）	−
		虚偽記載等がないと証明した監査法人等				立証責任転換 （監査証明につき故意・過失がなかったことを証明したときは免責）	
	24条の５第５項	臨時報告書の重要事項に虚偽記載等がある場合につき、22条を準用					
	21条の２	有価証券届出書、発行登録書、有価証券報告書、臨時報告書等の提出者	書類の重要事項に虚偽記載等	書類が公衆縦覧に供されている間に有価証券を募集・売出しによらず取得した者	・虚偽記載等により生じた損害 ・損害額の上限規定あり 上限＝取得価額－（市場価額等 or 処分価額） ・損害額の推定規定あり ＝虚偽記載等の公表前１か月市場価額等平均額－公表後１か月市場価額等平均額 ・減額の抗弁 賠償責任者が損害額の全部 or 一部が虚偽記載等により生ずべき値下り以外の事情により生じたことを証明したときは、その全部 or 一部を免責 ↑推定損害額の全部 or 一部と虚偽記載等の間に因果関係がないことは認められるものの、その額を証明することが極めて困難であるときは、裁判所は相当額を認定可	無過失責任	有価証券取得者の悪意を証明したときは免責

③　刑事罰

企業再編に際して提出義務があるにもかかわらず有価証券届出書等の法定開示書類の提出を怠った場合や、提出をした書類において重要な事項につき虚偽記載が含まれていた場合には、次頁の表のとおりの刑事責任が生じ得る。

＜図表2-2-5　有価証券届出書・臨時報告書・大量保有報告書の不実開示に係る刑事罰＞

法定開示書類	不提出	虚偽記載
有価証券届出書	・５年以下の懲役 and/or 500万円以下の罰金（金商法197条の２第１号） ・法人両罰　５億円以下の罰金（金商法207条１項２号）	・10年以下の懲役 and/or 1,000万円以下の罰金（金商法197条１項１号） ・法人両罰　７億円以下の罰金（金商法207条１項１号）
臨時報告書	・１年以下の懲役 and/or 100万円以下の罰金（金商法200条５号） ・法人両罰　１億円以下の罰金（金商法207条１項５号）	・５年以下の懲役 and/or 500万円以下の罰金（金商法197条の２第６号） ・法人両罰　５億円以下の罰金（金商法207条１項２号）
大量保有報告書	・５年以下の懲役 and/or 500万円以下の罰金（金商法197条の２第５号・６号） ・法人両罰　５億円以下の罰金（金商法207条１項２号）	

3　証券取引所規則における開示制度

(1)　適時開示

上場会社又はその子会社等の業務執行決定機関が株式の発行、合併等の組織再編行為、事業譲渡・譲受け、子会社等の異動を伴う株式の取得等を行うことについての決定をした場合、上場会社は適時開示義務を負う[39]（一定の軽微基準がある[40]）。

(2)　不実開示に対する措置

上場会社が適時開示規制に違反した場合、証券取引所は、次のような措置を講ずることができる。

---

39)　証券取引所ごとに規則が定められているが、その内容は共通化している。東京証券取引所においては、有価証券上場規程402条１号・403条１号を参照。以下も、東京証券取引所の例による。

40)　上場会社自身の株式の発行（有価証券上場規程施行規則401条１号）、事業譲渡・譲受け（同条２号）、子会社等の異動を伴う株式の取得等（同条５号）には軽微基準が設けられているが、合併、会社分割、株式交換及び株式移転には軽微基準がない。上場会社の子会社等による合併、会社分割、株式交換及び株式移転には、事業譲渡・譲受けも含めて、軽微基準が設けられている（有価証券上場規程施行規則403条１号～５号）。

まず、上場会社が適時開示を直ちに行わない状況にあると認められる場合において、当該事実が開示されていないことを周知させる必要があると認められるときは、上場株式の開示注意銘柄への指定とその指定理由等の公表がされる[41)]。また、上場会社が適時開示規制に違反し、証券取引所が改善の必要性が高いと認める場合には、改善報告書の提出が求められる[42)]。そして、改善報告書を提出してもなお改善措置の実施状況及び運用状況に改善が認められないと証券取引所が認めるなどした場合であって、上場会社の内部管理体制等について改善の必要性が高いと認めるときは、上場株式が特設注意市場銘柄へ指定される[43)]。

加えて、上場会社が適時開示規制に違反し、取引所市場に対する株主及び投資者の信頼を毀損したと証券取引所が認める場合には、年間上場料の20倍の額の上場契約違約金の支払いが求められる[44)]。提出義務のある改善報告書を提出しない場合や、特設注意市場銘柄指定後に内部管理体制等について改善がなされなかったと証券取引所が認める場合、上場契約について重大な違反を行ったと証券取引所が認めるなどの場合には、上場廃止となる[45)]。

第２　公開買付制度

1　公開買付制度の趣旨

公開買付けとは、不特定かつ多数の者に対し、公告により株券等の買付け等の申込み又は売付け等の申込みの勧誘を行い、取引所金融商品市場外で株券等の買付け等を行うことをいう（金商法27条の２第６項）。金商法は、会社の支配権に影響を及ぼすような一定の割合以上の上場株式等を市場外

41）　東証の有価証券上場規程506条、有価証券上場規程施行規則502条。

42）　東証の有価証券上場規程502条１項。なお、改善報告書の提出から６か月経過後速やかに、改善状況報告書を提出しなければならない（同規程503条１項）。提出された改善報告書や改善状況報告書は、公衆縦覧に供される（同規程502条４項・503条４項）。

43）　東証の有価証券上場規程501条。

44）　東証の有価証券上場規程509条、有価証券上場規程施行規則504条１号。

45）　東証の有価証券上場規程601条１項11号の２・12号、有価証券上場規程施行規則601条11項等。

で取得するときには公開買付けによらなければならないとしている。

公開買付制度は、次のような複数の趣旨・目的が複合的に合わさっているといわれる。すなわち、(i)誰でも参加でき、取引の数量や価格が公表され、競売買の方法によって行われている取引所市場における取引と異なり、市場外の取引は、一般にそのような保障がなく、公開性・透明性・公正性が必ずしも高くない。このため、市場外取引では、株主や投資者が十分な情報に基づいて投資判断を行えるよう、適正な情報開示が必要となる。また、(ii)支配権に影響を及ぼすような大量の株式等の取得は、他の株主が持つ株式等の価値にも影響を与える可能性がある。そこで、これが行われる際には、他の株主にも売却の機会を与えるのが公平である。さらに、(iii)支配権に影響を及ぼすような大量の株式等の取得は、企業買収の手段として用いられることがある。そのため、買収者と対象者の行動規律や、買収者が競合した場合の行動規律を設けて、企業買収が公正に行われるようなルール作りが必要である。

公開買付制度は、金商法の条文配置上、開示ルールの箇所に定められているが（２章の２）、以上に述べたような複合的な趣旨・目的から、開示ルールと取引ルールの双方によって構成されている。

公開買付制度は、昭和46年の証券取引法改正の際に導入され、平成２年の改正により強制的公開買付制度（３分の１ルール）が定められるなどして現在の制度の骨格が整備された。その後、いわゆるライブドア事件などをはじめとして、公開買付制度の趣旨を潜脱する株式取得が行われたことや、敵対的買収が多発したことを受けて、平成17年から平成18年にかけて、情報開示の拡充や脱法行為の防止などの点で大幅な見直しがなされ、現在に至っている。

公開買付けには、発行者以外の者が行う公開買付けのほか、発行者が行う公開買付けもあるが、本項では、企業再編の手段として用いられている前者を取り上げる。

2　公開買付けが必要となる場合

(1)　総　説

公開買付制度は、会社の支配権に影響を及ぼす大量の株式等の取得が行われる場合の開示や取引方法を定めるものであるため、取得を予定している株式等の多寡に応じた規制がなされる。具体的には、取得後の「株券等所有割合」がどうなるかによって画される。

「株券等所有割合」の内容は(5)で述べるが、極めて大まかに捉えれば一定の計算の下に算出される「議決権割合」と理解できる。実務上は、３分の１以上の取得で公開買付けが強制される「３分の１ルール」と、３分の２以上で全部買付義務が発生する点が特に重要である。

＜図表2-2-6　公開買付規制の概要＞

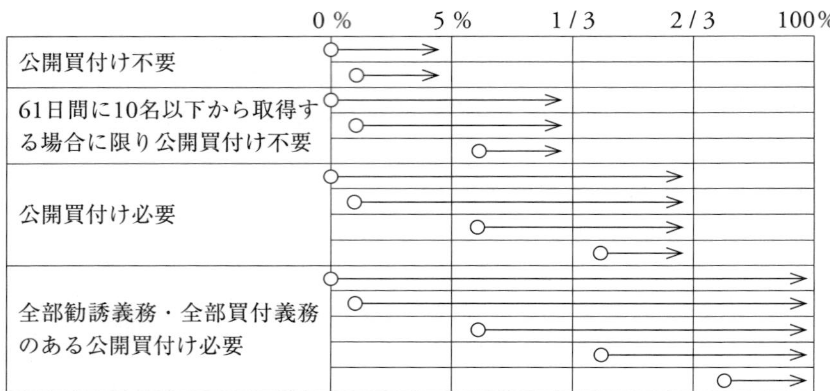

※○が現状の株券等所有割合、→の先端が取得後の株券等所有割合を指す
※現状50％超で取得後は３分の２未満となるときは、61日間に10名以下から取得する場合に限り公開買付け不要

(2)　５％超

まず、買付け後の株券等所有割合が５％以下であれば、公開買付けは不要である。

買付け後の株券等所有割合が５％を超えるときは、原則として公開買付けが必要である（金商法27条の２第１項１号）。ただし、買付け等を行う日前60日間（買付け等を行う日を入れて61日間。営業日でなく暦日でカウントする）に10名以下から行う場合には、株券等所有割合が３分の１を超えない範囲に限り、例外的に公開買付けは不要である（同号かっこ書・同項２号、金商法施行令６条の２第３項）。

実務上は、３分の１までの取得は上記の例外に当たるために公開買付けが行われないことが少なくない。**第１部活用編第３章第３・事例１**で触れたJ. フロントリテイリングによるパルコの買収でも、株式の売り手が森トラスト1社のみであり、株式の取得が1日で行われたので、上場株式の譲渡でありながら、公開買付けが不要であった。

(3)　3分の1超

次に、株券等所有割合が3分の1を超える場合には、公開買付けが強制される（金商法27条の2第1項2号）。これを「3分の1ルール」と呼んでいる。

3分の1超の議決権を取得すれば、買付者は、組織再編行為や定款変更などの株主総会の特別決議が必要な議案（会社法309条2項。出席株主の議決権の3分の2以上が可決要件）で、拒否権を持つことになり、会社の支配権に及ぼす影響が大きい。そこで広く株主に売却の機会を与えるとともに、売却の是非を判断する前提となる情報を開示させる趣旨から、公開買付けが強制されている。また、3分の1超の株式取得にはいわゆる支配権プレミアムが付される（市場価格よりも高い売買価格が付される）ことが多いから、公開買付けを強制すれば、株主が平等に支配権プレミアムを享受する機会を与えられることにもなる。

株券等所有割合が3分の2未満にとどまるときは、買付者は、買付数に上限を設け、応募数が上限を超えた場合には上限までの範囲のみ買い付けることが可能である（部分買付け）。

第1部活用編第3章第3・事例1で触れたJ. フロントリテイリングによるパルコの買収では、J. フロントリテイリングは、パルコ株式につき、取得後の持株割合で最大約65％相当となる株式数を上限とする部分買付けを実施し、それを超える応募があったことを受けて、あん分比例によって買付けの決済を行っている。

(4)　3分の2以上

さらに、株券等所有割合が3分の2以上となる場合には、公開買付けが強制されることは(3)と同じであるが、それに加えて、すべての株券等の所有者に対して勧誘をする必要があり（全部勧誘義務。金商法施行令8条5項3号）、かつ応募のあった株券等の全部を決済しなければならない（全部買付義務。金商法27条の13第4項、金商法施行令14条の2の2）。

3分の2以上の議決権を取得することになれば、買付者は株主総会の特別決議が必要な議案を可決させることができ、事実上会社の意思決定を自ら行うことができることになる。また、上場廃止の可能性も高まるから、少数株主の保護を一層図る必要がある。そこで法は、このような公開買付けを行う者に対し、全部勧誘義務及び全部買付義務を課して、少数株主に確実な売却の機会を保障しているのである。

(5)「株券等所有割合」

それでは上記の規律を画する「株券等所有割合」とはどのようなものか。公開買付けは、会社の支配権に影響を及ぼす大量の上場株式等の取得を規制するものである。よって、大まかにいえば「議決権割合」と捉えることができる。しかし、会社の支配と議決権の多寡は必ずしも一致しない。なぜなら、会社の支配の強さは、株式のみならず新株予約権や新株予約権付社債などに付された潜在的な株式の有無によっても影響を受けるし、買付者と同調して議決権を行使することが想定される者、例えば買付者の子会社の所有株式にも影響されるからである。加えて、取引法務や金融技術の発達により、株式の名義人と議決権行使の判断を行う者が乖離する事態も生じている（典型が信託である）。

このため、金商法は、公開買付けの対象となる有価証券や、取得割合の算定基礎とする事項について、以下のとおり定めている[46)]。

①「株券等」

公開買付けの対象となる有価証券は、有価証券報告書を提出している会社の発行している「株券等」である（金商法27条の2第1項、金商法施行令6条1項）。株券等には、株券のほか、新株予約権証券、新株予約権付社債券、外国法人の発行する証券でそれらの性質を有するもの、投資証券、株券等信託受益証券などが含まれる。いずれも発行者の支配関係に影響する有価証券である。なお金商法が、株「券」、新株予約権「証券」などと券面を意識した表現をしているのは、同法が沿革的に券面のある有価証券を対象としていたことの名残であり、現在では「株券等」には券面のない

46)　金商法・金商法施行令・他社株府令は、本文に掲げるものよりもさらに細かな規定を設けているが、詳細は割愛する。

有価証券（みなし有価証券）も含まれる。株「式」、新株予約「権」の意味と理解して差し支えない。

他方で、議決権のある株式に転換することのない完全無議決権株式、予約権行使によっても議決権のある株式を取得できない新株予約権・新株予約権付社債は、発行者の支配関係に影響しないため、「株券等」には含まれない（金商法施行令6条1項、他社株府令2条）。

②　「所有」

「株券等所有割合」にいう「所有」とは、所有のほかこれに準ずるものも含まれる（金商法27条の2第1項1号、金商法施行令7条1項、他社株府令4条）。株券等の引渡請求権を有する場合、信託契約などにより議決権行使の指図権限を有する場合、売買の一方の予約を行っている場合、売買にかかるオプションを取得している場合などである。これらの場合、株式を所有しているわけではないが、所有と同程度に会社の支配関係に影響を与え得るため、所有と同視して扱う趣旨である。

③　「特別関係者」

会社の支配は、買付者による株式の直接所有だけでなく、買付者と同調して議決権を行使することが想定される関係者を通じた所有によっても可能であるから、こうした関係者が所有・取得する株券等も、考慮に入れる必要がある。金商法は、このような近親者を「特別関係者」と定めている（金商法27条の2第7項）。

特別関係者には、(i)買付者と一定の資本関係・親族関係がある者や、(ii)買付者と共同して議決権などを行使することを買付者との間で合意している者がこれに当たる（前者を形式基準による特別関係者、後者を実質基準による特別関係者という）。

資本関係は、直接保有のみならず間接保有を勘案する必要があるため、複雑な規定となっている。買付者が法人の場合の形式基準による特別関係者の範囲は、概ね**図表2-2-7**のとおりである（金商法施行令9条）。

なお、買付者の役員と特別関係者の役員も特別関係者に当たる。

＜図表2-2-7　特別関係者の範囲＞

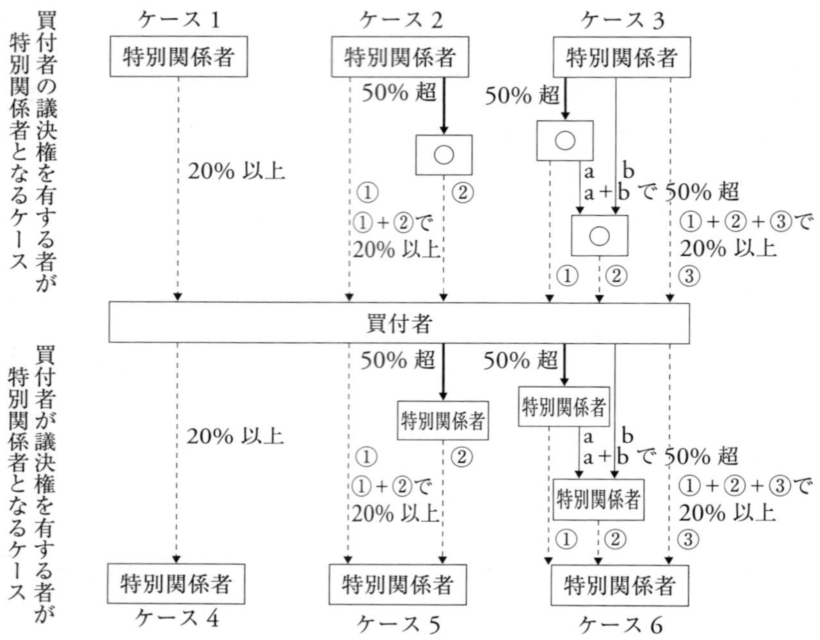

④　**「株券等所有割合」**

以上を踏まえて、次頁の計算式から算出される買付者の株券等所有割合と特別関係者の株券等所有割合を合計する（金商法27条の２第８項、他社株府令６条～８条）。「潜在議決権の数」とあるのは、そのままでは議決権を有しない新株予約権や種類株式を、すべて行使・転換させて潜在的な株式を顕在化（既存株式を希釈化）させた後の議決権数で計算する趣旨である。

この合計割合の多寡に応じて、前記**(2)**から**(4)**のとおり、５％超、３分の１超、３分の２以上のいずれに当たるかで、公開買付制度の適用があるか、あるとしてその規制がどうなるかが定まることとなる。

＜図表2-2-8　株券等所有割合の計算式＞

【買付者の株券等所有割合】

$$\frac{\text{買付者の所有する株券等にかかる議決権数}}{\text{総株主の議決権数} + \text{買付者と特別関係者が保有する潜在議決権の数}}$$

【特別関係者の株券等所有割合】

$$\frac{\text{特別関係者の所有する株券等にかかる議決権数}}{\text{総株主の議決権数} + \text{買付者と特別関係者が保有する潜在議決権の数}}$$

(6) 脱法手段に対する対処

公開買付制度は、従来は、市場外でのみ行われる株券等の取引を対象としていた。しかし、平成17年から平成18年にかけて、ライブドア事件などをきっかけとして、取引所市場における取引であるものの、競売買の方法によらない取引である「立会外取引」を利用したり、市場内の取引と市場外の取引を組み合わせることによって、公開買付制度の趣旨を潜脱して３分の１超の株式を取得する事例が生じた。

そこで、このような脱法行為を防ぎ、公開買付制度の趣旨をより実効化するために、金商法（当時の法律名は証券取引法）が改正され、次の取引についても公開買付規制の適用があることとされた。

①　立会外取引

取引所市場における取引ではあるものの、競売買の方法以外でなされる立会外取引（東証の ToSTNeT 取引など）については、株券等所有割合が３分の１を超える場合に公開買付けが強制される（金商法27条の２第１項３号）。

②　市場内外取引の組合せ（急速な買付け）

例えば32％までの株式を市場外取引で取得し、その後、市場内取引で５％の株式を取得することで、公開買付けによらずに３分の１超の株券等を取得することを防止するために、市場内外の取引を組み合わせて急速な買付けを行う場合にも、公開買付けが強制されることとされた。短期間の市場内外の取引の組合せを一連の取引とみて、公開買付制度の趣旨を及ぼすものである。その計算過程の詳細は、買付者の取得割合のみで判断するか実質基準による特別関係者の取得も加味するかで異なるため複雑なものとなっているが（金商法27条の2第1項4号・6号）、概ね、(i)3か月内に、(ii)株券等の買付け等（市場内外を問わない）又は新規発行取得により全体として10％超の株券等の取得を行う場合であって、(iii)その中に市場外取引又は立会外取引による買付け等（公開買付けによるものを除く）が合計5％超含まれており、(iv)当該取得後の株券等所有割合が3分の1超となる場合には、当該取得に含まれる買付け等については公開買付けによらなければならないとされている（金商法施行令7条2項～4項）。つまり、3か月以内に10％超の株式を取得した中に、本来公開買付けによらなければならない類型の取引（市場外取引や立会外取引）が5％超含まれており、当該取得後の株券等所有割合が3分の1超となる場合には、公開買付制度の規制を受けることとなる。

(7)　その他

以上のほか、ある者が公開買付けを実施している期間中に、3分の1超を所有している別の者が5％超の株券等の買付け等（市場内外を問わない）を行う場合には、公開買付けが義務付けられている（金商法27条の2第1項5号、金商法施行令7条5項・6項）。企業買収が競合している場合に、買付者間の公平を図るとともに、いずれの者に会社を支配させるのが妥当かを投資者が十分な情報の下で判断できるようにする趣旨である。

なお、公開買付制度の趣旨からみて、公開買付けによる必要性が低いものについては、適用除外が定められている（金商法27条の2第1項ただし書、金商法施行令6条の2第1項）。

3　公開買付けの手続

(1)　開示手続

投資者が適切な情報に基づいて的確な投資判断を行うことができるよう、金商法は、公開買付けに際して様々な情報開示を求めている。また、上場会社は、取引所の適時開示規制の適用を受ける。

①　公開買付開始公告・公開買付届出書・公開買付説明書

公開買付手続は、「公開買付開始公告」を行うことにより始まる（金商法27条の3第1項）。公開買付開始公告には、公開買付けの目的、買付け等の価格、買付予定の株券等の数、買付け等の期間など公開買付けにかかる基本的な情報を記載する（他社株府令10条）。公告には、(i)電子公告（EDINET）による方法と(ii)日刊新聞紙に掲載する方法がある（金商法施行令９条の３第１項）。電子公告によるときは、公告した旨と電子公告アドレスを遅滞なく全国において時事に関する事項を掲載する日刊新聞紙に掲載しなければならない（同条３項）。実務上は、よりコストの安い電子公告を選択し、電子公告を公開買付開始日の午前零時に行い、その日の朝刊に電子公告を行った旨を掲載するのが通常である。

公開買付者は、公開買付開始公告を行った日に、「公開買付届出書」を関東財務局長に提出しなければならない（金商法27条の３第２項、他社株府令12条）。公開買付届出書には、(i)公開買付要項（対象者名、買付け等をする株券等の種類、買付け等の目的、買付け等の期間、買付け等の価格、買付予定の株券等の数、買付け等を行った後における株券等所有割合、株券等の取得に関する許可等、応募・契約の解除の方法、買付け等に要する資金等、決済の方法など）、(ii)公開買付者の状況（会社の概要、経理の状況など）、(iii)公開買付者及び特別関係者による株券等の所有状況及び取引状況、(iv)公開買付者と対象者との取引等、(v)対象者の状況（最近３年間の損益状況等、株価の状況、株主の状況など）といった多岐にわたる事項を、所定の様式に沿って記載する（他社株府令12条・第２号様式）。また、公開買付者は、公開買付届出書の提出と合わせて、一定の添付書類を提出しなければならない（金商法27条の３第２項、他社株府令13条）。

MBO や親会社による子会社株式の買付けの場合には、より一層の開示の充実が必要となる。これらの場合には、売り手となる株主と、会社の経営陣との間に、利益相反が起きやすい構造があるためである。例えば、買付価格の算定に当たり参考とした第三者による評価書等があるときはその写しの添付を行うほか、買付価格の公正性を担保するための措置を講じているときは、その具体的内容を記載しなければならない。買付価格の公正性を担保するための措置としては、実務的には、(a)社外取締役・社外監査役から構成される特別委員会や、弁護士・公認会計士等から構成される第三者委員会を設置して諮問したり、(b)利益相反関係のある取締役を取締役会決議から排除したり、(c)社外監査役を含む監査役全員から同意を得たり、(d)フィナンシャル・アドバイザーから評価書を取得したり、(e)法律事務所から手続の適正性に関する意見を聴取するなどの工夫がなされている。公開買付届出書は5年間公衆縦覧される（金商法27条の14第1項）。EDINETで検索すれば、過去あるいは現在進行中の公開買付けの公開買付届出書を見ることができる。

公開買付者は、株券等の売付け等を行おうとする株主に対し、「公開買付説明書」を交付しなければならない（金商法27条の9）。記載事項は公開買付届出書と概ね同じである。公開買付開始公告と公開買付届出書が公衆縦覧型であるのに対し、公開買付説明書は直接型の開示制度といえる。

公開買付けを開始するに当たっての開示書類の中では、後述する取引所に対する適時開示書類を含め、公開買付届出書の記載項目が、最も多岐にわたっている。そこで実務的には、公開買付届出書をまず作成し、その内容の一部を他の書類に転記する方法により、開示書類が作成されることが多い。

②　意見表明報告書・対質問回答報告書

公開買付けに際して、対象者の経営陣がいかなる意見を有しているかは投資者にとって重要な情報である。そこで、対象者は、公開買付開始公告が行われた日から10営業日以内に関東財務局長に「意見表明報告書」を提出しなければならない（金商法27条の10第1項・2項、金商法施行令13条の2第1項）。

意見表明報告書には、(i)公開買付者の名称・住所、(ii)公開買付けに関する意見の内容及び根拠、(iii)意見表明を決定した取締役会決議の内容、(iv)対象者の役員が所有する公開買付けにかかる株券等の数及び当該株券等にかかる議決権の数、(v)公開買付者は又はその特別関係者による利益供与の内容、(vi)会社の支配に関する基本方針にかかる対応方針を記載する（金商法27条の10第1項、他社株府令25条1項・2項・第4号様式）。このほか、公開買付者に対する質問を記載することができる（金商法27条の10第2項1号）。

実務上、意見には、(a)公開買付けに賛同の意見を表明するとともに、株主に応募を推奨する、(b)公開買付けに賛同の意見を表明し、応募については株主の判断に委ねる、(c)意見を留保する、(d)公開買付けに対して反対の意見を表明する、などの記載がみられる。友好的な公開買付けの場合には、(a)のような意見になることが多いが、市場価格を下回る買付価格で行われるディスカウントTOBの場合や、利益相反性に配慮する必要のあるMBOなどでは(b)のような意見となることもある。友好的な公開買付けの場合は、公開買付届出書と同日に意見表明報告書が提出されるのが通常である。

対象者が意見表明報告書において質問を記載したときは、公開買付者は意見表明報告書の写しを送付された日から５営業日以内に、当該質問に対する回答（回答する必要がないと認めたときはその旨及び理由）を記載した「対質問回答報告書」を提出しなければならない（金商法27条の10第11項、金商法施行令13条の２第２項、他社株府令25条３項・４項・第８号様式）。

意見表明報告書及び対質問回答報告書は５年間公衆縦覧される（金商法27条の14第１項）。

③　訂正届出書・変更公告

公開買付届出書の重要な記載事項に変更があったときは、公開買付者は、関東財務局長に「訂正届出書」を提出しなければならない（金商法27条の８第２項、他社株府令21条１項）。例えば、買付条件の変更を行う場合や、株券等の取得に必要な許認可を取得した場合がこれに当たる。また、公開買付届出書に形式上の不備や記載事項の誤りがあるときも、訂正届出書の提出が必要である（金商法27条の８第１項）。

訂正届出書を提出する場合、形式上の不備を理由とする場合を除き、公開買付期間は、訂正届出書の提出日より起算して10営業日を経過した日まで延長される（金商法27条の８第８項、他社株府令22条）。

買付条件等の変更を行うときは、変更内容を公告しなければならない（金商法27条の６第２項）。また、公開買付開始公告に形式上の不備や記載の誤りがあったときは、訂正して公告又は公表しなければならない（同法27条の７第１項）。

④　公開買付結果公表・公開買付報告書・公開買付通知書

公開買付者は、公開買付期間の末日の翌日に、公開買付けの結果（公開買付けの成否、応募数、買付数、決済方法など）を公告又は公表しなければならない（金商法27条の13第１項、他社株府令30条）。実務上は、公告ではなく公表（記者クラブ等への投げ込み）により行われている。

また、公開買付者は、公開買付結果の公告又は公表を行った日に、公開買付けの結果などを記載した「公開買付報告書」を関東財務局長に提出しなければならない（金商法27条の13第２項、他社株府令31条・第６号様式）。

合わせて、公開買付者は、応募株主に対して遅滞なく「公開買付通知書」を送付しなければならない（金商法施行令８条５項１号）。

なお、公開買付者は、公開買付制度に基づく開示のほか、大量保有報告書の提出（金商法27条の23第１項・27条の25第１項）、臨時報告書の提出（金商法24条の５第４項、開示府令19条２項３号・10項）、親会社等状況報告書の提出（金商法24条の７第２項、開示府令19条の５第２項）が必要になることがある。

⑤　取引所の適時開示

以上のほか、上場会社は、取引所の適時開示規制の適用を受ける。

適時開示規制によって開示が求められる事項の多くは、金商法に基づいて開示が求められる事項と重複しているが、中には適時開示規制固有の開示事項もあるため、上場市場の別に応じて開示事項を確認する必要がある。

(2)　買付条件

①　買付条件の均一性

公開買付けの価格の高低については、特段の規制はない。実務上は、いわゆる支配権プレミアムを考慮して市場価格よりも高い公開買付価格とする例が多いが、公開買付者が特定の株主のみからの買付けを意図している場合には、市場価格よりも低い公開買付価格とするディスカウントTOBが行われることもある。

買付価格は、均一の条件によらなければならない（金商法27条の２第３項、金商法施行令８条３項）。応募する株主の平等を確保する趣旨である。

複数の種類の株券等が公開買付けの対象となっている場合には、応募株主が受領する経済的な対価が実質的に均一になるように、複数の種類の株券等毎に公開買付価格を設定する必要があると解するのが有力な見解である。

第１部活用編第３章第３・事例５で触れたパナソニックによる三洋電機の買収のケースでは、一段階目の公開買付け（ディスカウントTOB）の買付価格が、普通株式１株当たり131円、A種及びB種優先株式１株当たり1,310円とされていた。優先株式の買付価格が普通株式の買付価格の10倍となっているのは、A種及びB種優先株式が１株当たり10株の普通株式に転換できる内容であることを踏まえたものと考えられる。

②　買付数の上限（部分買付け）

公開買付後の公開買付者と特別関係者の株券等所有割合の合計が３分の２未満にとどまる場合には、公開買付者は、買付数の上限を定め、上限を超える応募数については買付けを行わないことができる（部分買付け。金商法27条の13第４項２号、金商法施行令14条の２の２）。部分買付けを行うときには、公開買付開始公告及び公開買付届出書にその旨を記載する必要がある。

買付数の上限を超える応募があったときは、応募株主の平等を図るべく、あん分比例方式（応募数×買付け等をする株券等の議決権数／応募された株券等の議決権数）により決済が行われる（金商法27条の13第５項）。

第１部活用編第３章第３・事例１で触れたJ. フロントリテイリングによるパルコの子会社化のケースでは、パルコの上場を維持すべく、買付数の上限が、J. フロントリテイリングの公開買付後の持株割合の約65％となる数に設定されている。

③　買付数の下限

公開買付けに際しては、買付数の下限を定め、応募数が下限に満たないときは全部の買付けをしないこともできる。下限を定めるには、公開買付開始公告及び公開買付届出書にその旨を記載する必要がある（金商法27条の13第４項１号）。

④　買付条件の変更・撤回

公開買付者は、公開買付けを開始した後、(i)公開買付価格の引下げ、(ii)買付予定数の減少、(iii)公開買付期間の短縮、(iv)買付予定数の下限の増加、(v)公開買付期間の上限を超える延長、(vi)買付対価の種類の変更、(vii)公開買付けの撤回等の条件内容の変更を行うことができない（金商法27条の６第１項、金商法施行令13条２項）。後から応募株主の不利になるような買付条件の変更を許さない趣旨である。

また、公開買付けの撤回は原則として許されない（金商法27条の11第１項）。撤回が許されると、応募株主の地位を不安定にするし、株価操作などにもつながるためである。ただし、会社の業務・財産状態に重要な変更が生じた場合等には、撤回を認めないと公開買付者に酷である。そこで、公開買付者は、金商法施行令14条及び他社株府令26条の定める一定の場合に限って撤回ができるとされている。平成18年金商法改正により、対象者がいわゆる買収防衛策を維持する旨の決定を行ったことなどが撤回事由に追加された。撤回の条件は、公開買付開始公告及び公開買付届出書に記載する必要がある。

なお、応募株主は、公開買付期間中いつでも公開買付けに関する契約を解除することができる（金商法27条の12第１項）。

⑤　別途買付けの禁止

公開買付者及びその特別関係者等は、公開買付期間中、公開買付けによらないで別途買付けを行うことを禁止される（金商法27条の５本文）。

(3)　公開買付期間

公開買付期間は、20営業日から60営業日の間で公開買付者が任意に決定することができる（金商法27条の２第２項、金商法施行令８条１項）。独占禁止法上、株式取得について事前届出が必要な場合には、原則として30日間の待機期間が必要であるため、公開買付期間の決定に際しても留意が必要である。また、MBO の場合には、株主の熟慮期間をより確保し、また他の者による買付けの機会を与えることによって公正性を担保する観点から、公開買付期間が比較的長期に設定されることがある。

公開買付者は、公開買付期間を延長することができるが、最長期間は原則として60営業日である（金商法27条の６第１項４号、金商法施行令13条２項２号）。ただし、公開買付者が訂正届出書を提出した場合には、訂正の理由が形式の不備によるものでない限り、公開買付期間は提出日より起算して10営業日を経過した日まで延長される（金商法27条の８第８項、金商法施行令13条２項２号イ、他社株府令22条）。また、公開買付期間中に他の者が公開買付けを開始したときは、その者の公開買付期間の末日まで延長できる（金商法施行令13条２項２号ロ）。他方、公開買付者は、公開買付期間を短縮することはできない。

公開買付期間が30営業日未満の場合、対象者は、公開買付期間を30営業日に延長することを請求できる（金商法27条の10第２項２号、金商法施行令９条の３第６項）。延長請求をしたときは、買付期間は一律に30営業日になるのであって、対象者が延長期間を決定できるわけではない。友好的な買収では、公開買付者と対象者との間で予め公開買付けの内容についての協議が調っているのが通常であるが、敵対的な買収ではそうとは限らない。このような場合に、対象者の経営陣が株主に対して適切な情報開示を行い、株主に十分な熟慮期間を与えることができるようにする趣旨である。

４　公開買付規制違反による責任

(1)　民事責任（損害賠償責任）

金商法は、公開買付規制に違反した者の民事責任を定めている（金商法27条の16～27条の20）。具体的には、(i)公開買付届出書を提出しなかったり公開買付説明書を交付しないままに買付け等を行った場合、(ii)別途買付けの禁止に違反した場合、(iii)買付条件に反する決済を行った場合、(iv)虚偽記載のある公開買付説明書を使用した場合、(v)虚偽記載のある公開買付開始公告等を行ったり公開買付届出書を提出した場合には、損害賠償責任が問われる。

これらの損害賠償責任は、投資者や株主の保護を図る観点から、一般の損害賠償責任の特則として、立証責任を転換したり、無過失の責任を課したり、損害賠償額を法定するものである。例えば、別途買付けの禁止に違反した場合には、公開買付者等が支払った最も有利な価格から公開買付価格を控除した金額に、請求権者の応募数を乗じた額が法定の損害賠償額とされている（金商法27条の17第２項）。

(2)　刑事罰

金商法は、公開買付規制に違反した者の刑事責任も定めている。公開買付開始公告や公開買付届出書などの法定書類に虚偽記載を行った者、これらの法定書類を提出しない者、別途買付けを行った者や買付条件に従った決済を行わなかった者などには、刑事罰が科される（金商法197条１項２号～４号・207条１項１号・197条の２第４号～６号・８号～10号・207条１項２号・200条３号・７号～11号・207条１項５号・205条５号・６号・207条１項６号）。

(3)　課徴金

また、金商法は公開買付規制に違反した者に対する課徴金も定めている。公開買付開始公告を行わないで買付け等を行った場合、虚偽記載のある公開買付開始公告を行ったり虚偽記載のある公開買付届出書を提出した場合には、所定の計算により算出される課徴金額が課される（金商法172条の５・172条の６）。

第３　インサイダー取引規制

１　インサイダー取引規制の概要

⑴　会社関係者のインサイダー取引

①　規制の概要

上場会社の役員等が株価を上下させるような投資家の投資判断に影響を及ぼす情報を知りながらその公表前に当該会社の株式の売買をすることは、証券市場の公正性や健全性を害する。そのため、会社関係者によるインサイダー取引が禁止されている。

規制対象は、上場会社等（親会社・子会社[47)]を含む）の「会社関係者」が、上場会社等の業務等に関する「重要事実」を、その職務等に関し知りながら、その「公表」前に、上場会社等の「特定有価証券等」の「売買等」をする行為である[48)]。

②　会社関係者

「会社関係者」とは、(i)上場会社等の役員、代理人、使用人その他の従業者、(ii)上場会社等の会計帳簿閲覧請求権を有する株主及びその役員等、(iii)上場会社等に対して法令に基づく権限を有する者（監督官庁等）、(iv)上場会社等と契約を締結している者又はその交渉をしている者であって上場会社等の役員等以外の者、(v)上記(ii)(iv)が法人である場合のその役員等である（金商法166条１項１号～５号）。会社関係者でなくなってから１年以内の元会社関係者も「会社関係者」に該当するものとして規制を受ける（同項後

47）「親会社」とは、上場会社等が提出し公衆縦覧に供された直近の有価証券届出書等の中で親会社として記載されたものをいい、「子会社」とは、上場会社等が提出し公衆縦覧に供された直近の有価証券届出書等の中でその企業集団に属する会社として記載されたものをいう（金商法166条５項、金商法施行令29条の３）。

48）　平成25年金商法改正により、J-REITと呼ばれる上場投資法人が発行する有価証券の取引もインサイダー取引規制の対象となったが、本稿では割愛する。

段)。また、会社関係者から重要事実の伝達を受けた者（第一次情報受領者）も規制対象となる（同条３項)。

③　重要事実

「重要事実」としては、上場会社等又はその子会社に係る(i)決定事実、(ii)発生事実、(iii)決算情報、(iv)バスケット条項（(i)〜(iii)を除き、上場会社等又はその子会社の運営、業務又は財産に関する重要な事実であって投資者の投資判断に著しい影響を及ぼすもの）が掲げられている（金商法166条２項１号〜８号)。(i)(ii)については軽微基準が、(iii)については重要基準が設けられている（取引規制府令49条〜53条・55条)[49]。

④　公　表

インサイダー取引の成否を時的に画する「公表」の方法は法定されているが、その主なものは、重要事実を、(i)２以上の報道機関に対し公開し12時間が経過したこと、(ii)証券取引所規則に従い TDnet を通じて適時開示すること、又は(iii)有価証券報告書や有価証券届出書、臨時報告書等の法定開示書類に記載して EDINET を通じて開示することである（金商法166条４項、金商法施行令30条)。

⑤　特定有価証券等

「特定有価証券等」には株式のほか社債や新株予約権等が含まれるが、その詳細は割愛する[50]。「売買等」は、売買その他の有償の譲渡・譲受け、合併・会社分割による承継又はデリバティブ取引を意味する（金商法166条１項前段)。事業譲渡に伴う上場株式の承継は、有償の譲渡・譲受けに含まれる。また、合併・会社分割による承継は、平成24年金商法改正により「売買等」に含まれることとなった。

⑥　適用除外

以上のインサイダー取引の要件に形式的に該当する場合であっても、証券市場の公正性や健全性を阻害しないとみられる類型の取引については、規制が適用除外とされている。適用除外される取引は、(i)株式の割当を受ける権利の行使による株券の取得、(ii)新株予約権の行使による株券の取得、

49）　平成24年金商法改正により、上場会社等が純粋持株会社（直近の有価証券報告書等において関係会社向け売上高（製品・商品売上高を除く）が80％以上を占めるもの。取引規制府令49条２項）である場合には、軽微基準につき連結ベースの数値が用いられることとなった。

50）　金商法163条１項、金商令27条の３・27条の４参照。

(iii)オプションの行使による売買等、(iv)株式買取請求・法令上の義務に基づく売買等、(v)防戦買い、(vi)公表後の自己株式の取得、(vii)安定操作取引、(viii)一定の普通社債券等の売買等、(ix)重要事実を知る者同士の証券市場によらない取引[51)]、(x)合併等による特定有価証券等の承継であって当該特定有価証券等の承継資産に占める割合が20％未満の場合及び合併等の対価として自己株式を交付する場合等、(xi)重要事実の知る前契約・知る前計画の履行に基づく売買等である（金商法166条６項各号、金商法施行令31条～32条の２、取引規制府令57条～59条)。

(2)　企業再編との関係

インサイダー取引規制が企業再編との関連で問題となり得る場面としては、次のような場合がある。

まず、合併等を検討している当事会社の役員等が、合併等の公表前に株式の売買を行うような典型的なインサイダー取引である。「重要事実」である決定事実には、一定の軽微基準はあるが、株式の発行、株式交換、株式移転、合併、会社分割、事業譲渡・譲受けが含まれ、上場会社等の「業務執行を決定する機関」がこれらを「行うことについての決定」をしたことが「重要事実」となる（金商法166条２項)。「業務執行を決定する機関」は、取締役会や株主総会等の会社法上の機関に限られず、また「行うことについての決定」とは、これらの行為に向けた作業等を会社の業務として行う旨を決定したことをいい、業務執行決定機関においてその実現を意図して行ったことを要するものの、当該行為が確実に実行されるとの予測が成り立つことは要しないと解されている（最判平成11・６・10刑集53巻５号415頁)。したがって、合併契約の承認など企業再編の実行に係る取締役会決議の前であっても、作業チームを組成して合併等の検討を開始する旨の指示を社長がした段階で「重要事実」が生じたと評価される可能性がある。

また、前記のとおり、平成24年金商法改正により、規制対象となる「売買等」には合併・会社分割による株式の承継も含まれることとされたため、

---

51)　平成25年金商法改正により、会社関係者又は第一次情報受領者の間の取引のみならず、当該情報受領者と重要事実を知っている者との間の取引（第一次情報受領者と第二次情報受領者の間の取引）についても、適用除外とされた（金商法166条６項７号)。

合併等により上場会社株式が被買収企業から買収企業に移転する場合にも留意しなければならない。なお、平成24年改正前は、事業譲渡に伴う譲渡会社が保有する上場株式の譲受会社への承継について、インサイダー取引規制の適用除外は設けられていなかったが、改正により、事業譲渡に伴う株式の承継のうち違反行為の危険性が低い場合（株式が承継資産の20％未満の場合等）が適用除外とされた[52)]。また、合併等の対価としての自己株式の交付については、平成24年改正前はインサイダー取引規制が適用されていたが、改正後は、インサイダー取引の危険性が低いとの理由で適用除外とされた[53)]。

コラム：増資インサイダー

平成24年に増資インサイダー問題が大きく報道されたことは記憶に新しい。増資インサイダー問題は、大手証券会社の営業職員が漏洩した公表前の公募増資情報に基づいてインサイダー取引が行われていたことが発覚したというものである。最近のインサイダー取引事案では、会社関係者等からの第一次情報受領者による違反行為が多くなっていることも受けて、金融庁のインサイダー取引規制に関するワーキング・グループにおいて、不正な情報伝達・取引推奨行為も規制対象とすることが検討された[54)]。

その結果、平成25年の通常国会において金商法が改正され、情報伝達・取引推奨行為に対する規制が導入された。すなわち、未公表の重要事実を知っている会社関係者（証券会社の役職員を含む）が、他人に対し、公表前の取引により当該他人に利益を得させ、又は損失を回避させる目的で、重要事実を伝達し、又は取引を勧めることが禁止された（公開買付け等事実についても同様。金商法167条の２）。

これに違反する情報伝達行為・取引推奨行為がされ、情報受領者が取引を行った場合、違反者は、課徴金納付命令を受け（証券会社は仲介手数料３か月分、その他の違反者はインサイダー取引を行った者の利得相当額の50％。金商法175条の２）、刑事罰も科され得る（５年以下の懲役若しくは500万円以下の罰金又はこれらの併科。法人には５億円以下の罰金。金商法197条の２第15号・207条１項２号）。

52）金商法166条６項８号、取引規制府令58条の２。合併・会社分割に伴う上場株式の承継についても、事業譲渡と同様の規制内容とされた。

53）金商法166条６項11号。合併等の対価として新株を発行する場合は、平成24年改正前からインサイダー取引規制が適用されておらず、これと平仄が合わされた。

(3)　公開買付者等関係者のインサイダー取引

①　規制の概要

公開買付けが公になると、対象株式の市場価格はプレミアムのついた公開買付価格に接近して上昇する例が多く、公開買付者等の役員等が公開買付けの実施・中止に関する情報を知りながらその公表前に対象株式の売買をすることは、証券市場の公正性や健全性を害する。そのため、公開買付者等関係者によるインサイダー取引が禁止されている。

規制内容は、「公開買付者等関係者」が、「上場等株券等」の「公開買付け等」をする者の「公開買付け等の実施に関する事実」又は「公開買付け等の中止に関する事実」を、その職務等に関し知りながら、これらの事実の「公表」前に、公開買付け等に係る上場等株券等の発行者である会社の発行する「株券等」の「買付け等」又は「売付け等」をすることである（金商法167条１項・３項）。

②　公開買付者等関係者

「公開買付者等関係者」は、公開買付者における役員等であり、会社関係者に係るインサイダー取引と同様の者が列挙されている（金商法167条１項１号～４号・６号）。また、平成25年金商法改正により、被買付企業及びその役員等も公開買付者等関係者に含まれることとなった（同項５号）。公開買付者等関係者でなくなってから６か月以内の者や第一次情報受領者も規制対象となる（同項後段・同条３項）。

③　上場等株券等

「上場等株券等」、「株券等」の定義の詳細[55]は割愛するが、上場会社の株式や新株予約権がその典型である。「買付け等」、「売付け等」は、株券等の有償の譲受け・譲渡が典型である[56]。

④　公開買付け等

「公開買付け等」には、公開買付けのほか、株券等の「買集め行為」も

---

54)　平成24年12月25日付「近年の違反事案及び金融・企業実務を踏まえたインサイダー取引規制をめぐる制度整備について」。

55)　「上場等株券等」につき金商法167条１項・27条の２第１項、金商法施行令６条１項を、「株券等」につき金商法167条１項、金商法施行令33条・33条の２を参照。

56)　「買付け等」につき金商法施行令33条の３、取引規制府令60条を、「売付け等」につき金商法施行令33条の４、取引規制府令61条を参照。なお、平成24年金商法改正を受けた平成25年金商法施行令改正により、合併・会社分割による株式の承継も規制対象とされた。

含まれる。「買集め行為」の概要は、総株主等の議決権の数の５％以上を買い集める行為をいうが[57]、合併等の組織再編行為による株式の取得は含まれないと解されている。

⑤　公開買付け等の実施・中止に関する事実

「公開買付け等の実施に関する事実」又は「公開買付け等の中止に関する事実」（両者は「公開買付け等事実」と総称される[58]）とは、前者は公開買付者等の業務執行決定機関が公開買付け等を行うことについての決定をしたことをいい、後者は公開買付者等の業務執行決定機関が当該決定のうち公表されたものに係る公開買付け等を行わないこと（いったん決定し公表した公開買付け等をしないこと）を決定したことをいう[59]。

⑥　公　表

「公表」の方法は法定されている。その主なものは、(i)公開買付開始公告又は公開買付撤回公告・公表、(ii)公開買付届出書又は公開買付撤回届出書の公衆縦覧である（金商法167条４項。金商法施行令30条１項１号・２項も参照）。また、平成25年金商法施行令改正により、(iii)上場会社である公開買付者等による適時開示、(iv)上場会社でない公開買付者等が上場親会社や被買付企業に適時開示を要請し、この要請を受けた上場親会社や被買付企業による適時開示も「公表」の方法に含まれることとなった（金商法施行令30条１項２号・４号）。

⑦　適用除外

公開買付者等関係者によるインサイダー取引に関しても、会社関係者によるインサイダー取引と同様に適用除外が設けられている。適用除外される取引は、(i)株式の割当を受ける権利の行使による株券の取得、(ii)新株予約権の行使による株券の取得、(iii)オプションの行使による売買等、(iv)株式買取請求・法令上の義務に基づく売買等、(v)応戦買い、(vi)防戦買い、(vii)安定操作取引、(viii)公開買付け等事実を知る者同士の証券市場によらない取引、(ix)合併等による株券等の承継であって当該株券等の承継資産に占める割合が20％未満の場合及び合併等の対価として自己株式を交付する場合等、

57）　金商法施行令31条、取引規制府令57条。なお、除外事由として取引規制府令62条参照。
58）　金商法167条３項。
59）　金商法167条２項本文。なお、軽微基準が設けられている（同項ただし書、取引規制府令62条）。

(x)公開買付け等事実の知る前契約・知る前計画の履行に基づく売買等である（金商法167条５項各号、取引規制府令58条の２・63条)。平成25年金商法改正により、公開買付者等関係者から未公表の公開買付け等の実施に関する事実の伝達を受けた者について、(xi)自らが公開買付けを行う際に公開買付届出書等に伝達を受けた情報を記載した場合や、(xii)伝達を受けた日から６か月を経過した場合も適用除外となった（金商法167条５項８号・９号)。

２　規制違反による責任

(1)　課徴金

インサイダー取引規制に違反して特定有価証券等の売買等（金商法166条１項・３項）又は株券等の買付け等・売付け等（同法167条１項・３項）をした者は、課徴金納付命令の対象となる（同法175条１項・２項)。

課徴金の額は、重要事実の公表前６か月以内の売付け等（買付け等）の価格と公表後２週間における最安値（最高値）との差額とされている（同条１項１号・２号・２項１号・２号)。

(2)　刑事罰

インサイダー取引規制に違反した者には、刑事罰が科され得る。法定刑は、５年以下の懲役若しくは500万円以下の罰金又はこれらの併科である（金商法197条の２第13号)。法人両罰規定もあり、５億円以下の罰金である（金商法207条１項２号)。そのほか、必要的没収・追徴の規定が設けられている（金商法198条の２)。

第３章　M&Aと独占禁止法

第１　企業再編に際して問題となり得る独占禁止法上の規制

一口に企業再編といっても、そのスキームは様々である。例えば、競争事業者同士が法人格を１つのものとする合併は、独占禁止法上、企業結合としての規制を受ける。

他方、法人格の独立性を保ったまま、債権関係として業務提携を行うこともある。このような場合には、独占禁止法上、企業結合規制を受けることは原則としてないが、不当な取引制限として違法となるものではないか、別途の検討を要する。また、業務提携関係を結ぶに当たっての条件が不公正な取引方法として違法とならないか検討を要することもあろう。

本章では、**第２～第11**において独占禁止法上の企業結合規制を説明し、**第12**で不当な取引制限、**第13**で不公正な取引方法という主に業務提携・共同事業に当たって問題となる別途の考慮事項をそれぞれ説明する。

第２　独占禁止法における企業結合規制の概要

１　企業結合規制

独占禁止法は、その「第４章　株式の保有、役員の兼任、合併、分割株式移転及び事業の譲受け」において、企業結合に関する規制を定めている。

この企業結合規制は、市場集中規制と一般集中規制とに分類される。

市場集中規制は、独占禁止法10条、13条、14条、15条、15条の２、15条の３及び16条である。これら市場集中規制は、主として、当該企業結合が「一定の取引分野における競争を実質的に制限することとなる場合」であるか否かを問題とするものである。

一般集中規制は、独占禁止法９条及び11条に定められている。商品・

役務に着目して画定される「一定の取引分野」における競争制限を規制するのではなく、国民経済全体あるいは特定の産業全体における経済力の集中を規制するものである。

２　市場集中規制の概要

(1)　禁じられる企業結合と届出義務

独占禁止法は、以下のとおり、企業結合の類型ごとに規定を置く。

株式取得・所有（独占禁止法10条）
役員兼任（独占禁止法13条）
会社以外の者の株式取得・所有（独占禁止法14条）
合併（独占禁止法15条）
共同新設分割・吸収分割（独占禁止法15条の２）
共同株式移転（独占禁止法15条の３）
事業譲受け等（独占禁止法16条）

これら企業結合が「一定の取引分野における競争を実質的に制限することとなる場合」には、その企業結合は禁止される。禁止される企業結合が行われた場合には、公正取引委員会は、排除措置[1)]を命じることができる（独占禁止法17条の２）。

また、株式取得・所有（独占禁止法10条２項以下）、合併（同法15条２項以下）、共同新設分割・吸収分割（同法15条の２第２項以下）、共同株式移転（同法15条の３第２項以下）及び事業譲受け等（同法16条２項以下）では、一定の規模以上の会社がこれら企業結合を行おうとする場合には、公正取引委員会に対して事前に届出をしなければならないことが定められている。競争に影響を及ぼす蓋然性が高い企業結合について、公正取引委員会による監視が十分に行き届くようにするための規制[2)]である。

１）　企業結合を行おうとする会社は、後述の「問題解消措置」を講ずることにより、「一定の取引分野における競争を実質的に制限することとなる場合」に該当しない方策を模索するのが通例である。

２）　逆にいえば、一定の規模に達しない企業結合については届出義務がないことにはなる。しかし、そのような企業結合であっても「一定の取引分野における競争を実質的に制限することとなる場合」には、理論上その企業結合は禁じられる。届出対象外の企業結合が公正取引委員会による審査の対象になり得ることを述べるものとして、菅久修一編著・品川武＝伊永大輔＝原田郁著『独占禁止法』（商事法務、2013年）318頁。

⑵　企業結合審査の判断枠組み

公正取引委員会は、企業結合審査に関する独占禁止法の運用指針（平成16年５月31日公正取引委員会。最終改定平成23年６月14日。以下「企業結合ガイドライン」という）に従って、次の手順・思考過程により企業結合審査を行う。

①　企業結合審査の対象となるか否か

複数の企業が株式保有、合併等により一定程度又は完全に一体化して事業活動を行う関係（以下「結合関係」という）が形成・維持・強化されるか否かを検討し、企業結合審査の対象となる案件かどうかをまずは判別する。

②　一定の取引分野の画定

企業結合審査の対象となると判断された場合には、商品・役務の範囲、地理的範囲を画定して、競争の実質的制限を検討するための土台を決める。

③　当該一定の取引分野における競争を実質的に制限することとなるか否かの検討

まずは、一定の取引分野における競争を実質的に制限することとなるとは通常考えられない場合とされるセーフハーバーの基準に該当するか否かを検討する。セーフハーバー基準に該当しない企業結合については、水平型企業結合、垂直型企業結合及び混合型企業結合の３類型ごとに、それぞれ単独行動による競争の実質的制限があるか否か、協調的行動による競争の実質的制限があるか否かを実質的に判断する。

④　問題解消措置の検討

いずれかの一定の取引分野において競争を実質的に制限することとなる場合であっても、当事会社が一定の適切な措置を講ずることにより、その問題を解消することができる場合があるため、その是非を検討する。

⑤　排除措置の検討

以上を経てなおも問題が残る場合には、排除措置が検討されることになる。

以上の流れを図示すると**図表2-3-1**のとおりとなる。

＜図表2-3-1　企業結合審査のフローチャート＞

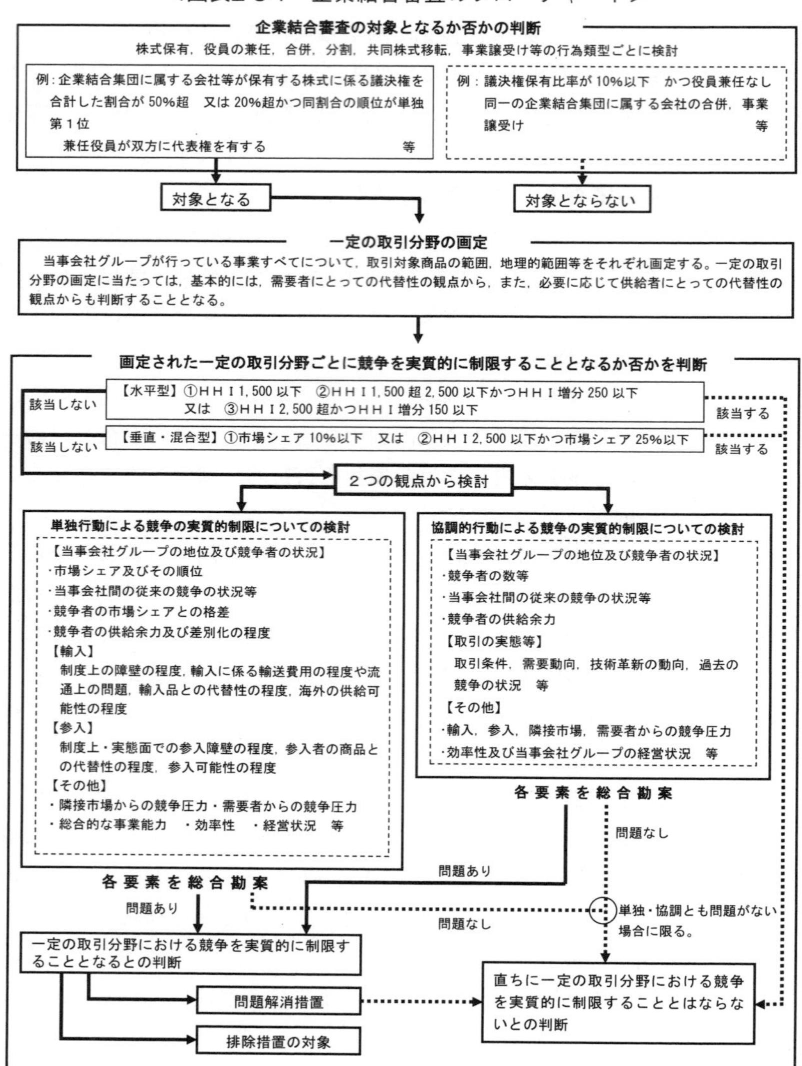
企業結合審査の対象となるか否かの判断
株式保有，役員の兼任，合併，分割，共同株式移転，事業譲受け等の行為類型ごとに検討
例：企業結合集団に属する会社等が保有する株式に係る議決権を合計した割合が50%超　又は20%超かつ同割合の順位が単独第１位
兼任役員が双方に代表権を有する　等
例：議決権保有比率が10%以下　かつ役員兼任なし
同一の企業結合集団に属する会社の合併，事業譲受け　等
対象となる
対象とならない
一定の取引分野の画定
当事会社グループが行っている事業すべてについて，取引対象商品の範囲，地理的範囲等をそれぞれ画定する。一定の取引分野の画定に当たっては，基本的には，需要者にとっての代替性の観点から，また，必要に応じて供給者にとっての代替性の観点からも判断することとなる。
画定された一定の取引分野ごとに競争を実質的に制限することとなるか否かを判断
該当しない
【水平型】①ＨＨＩ1,500以下　②ＨＨＩ1,500超2,500以下かつＨＨＩ増分250以下
又は　③ＨＨＩ2,500超かつＨＨＩ増分150以下
該当する
該当しない
【垂直・混合型】①市場シェア10%以下　又は　②ＨＨＩ2,500以下かつ市場シェア25%以下
該当する
２つの観点から検討
単独行動による競争の実質的制限についての検討
【当事会社グループの地位及び競争者の状況】
・市場シェア及びその順位
・当事会社間の従来の競争の状況等
・競争者の市場シェアとの格差
・競争者の供給余力及び差別化の程度
【輸入】
制度上の障壁の程度，輸入に係る輸送費用の程度や流通上の問題，輸入品との代替性の程度，海外の供給可能性の程度
【参入】
制度上・実態面での参入障壁の程度，参入者の商品との代替性の程度，参入可能性の程度
【その他】
・隣接市場からの競争圧力・需要者からの競争圧力
・総合的な事業能力　・効率性　・経営状況　等
協調的行動による競争の実質的制限についての検討
【当事会社グループの地位及び競争者の状況】
・競争者の数等
・当事会社間の従来の競争の状況等
・競争者の供給余力
【取引の実態等】
取引条件，需要動向，技術革新の動向，過去の競争の状況　等
【その他】
・輸入，参入，隣接市場，需要者からの競争圧力
・効率性及び当事会社グループの経営状況　等
各要素を総合勘案
問題なし
問題あり
各要素を総合勘案
問題あり
問題なし
単独・協調とも問題がない場合に限る。
一定の取引分野における競争を実質的に制限することとなるとの判断
問題解消措置
排除措置の対象
直ちに一定の取引分野における競争を実質的に制限することとはならないとの判断

出典：公正取引委員会「企業結合審査に関する独占禁止法の運用指針」（平成16年５月31日。最終改定平成23年６月14日）添付の参考図

３　平成21年独占禁止法改正と平成23年手続対応方針を踏まえたスケジュール策定の重要性

⑴　株式取得・所有及び共同株式移転における事前届出制導入

平成21年改正独占禁止法の施行前は、株式取得・所有（共同株式移転を含む）については、事後報告制がとられていた。同改正法の施行により、株式取得・所有及び共同株式移転についても、合併、共同新設分割・吸収分割及び事業譲受け等と同様に、一定の規模以上であれば、公正取引委員会に対する事前届出を要することとなった。

これら届出を要する場合に怠ると刑事罰（独占禁止法91条の２第３号・５号・７号・９号・11号。両罰規定として同法95条１項）の対象となる。また、届出受理の日から原則として30日を経過するまでは（「禁止期間」又は「待機期間」と呼ばれる）、当該企業結合を行ってはならず、もしこれに違反した場合には、やはり刑事罰（同法91条の２第４号・６号・８号・10号・12号）の対象となる。

⑵　事前相談制度の廃止と届出前相談の導入

従来、企業結合に当たっては、「事前相談に対する対応方針」（平成14年12月11日公正取引委員会。最終改定平成22年１月１日。以下「事前相談制度」という）に則って、公正取引委員会に対して当該企業結合に関する計画の届出前に事前相談を行い、独占禁止法上の問題をクリアしてから届出を行うのが通常であった。事前相談制度の下では、相談の中で公正取引委員会から問題点を指摘されたときには、問題解消措置をとることを申し出るなどして、公正取引委員会から違反のおそれがない旨の回答を得てから届出をすることになる。

しかし、平成23年６月14日に、公正取引委員会が「企業結合審査の手続に関する対応方針」を策定・公表したことに伴い事前相談制度は廃止され、届出を要する企業結合計画に対する独占禁止法上の判断は、届出後の手続において示されることとなった。

「企業結合審査の手続に関する対応方針」に基づく企業結合審査の手続の流れは、**図表2-3-2**のとおりである。「届出前の相談」が存置されているが、これは「任意」であることが明記され、また、事前相談制度のように実質的な審査の場としてではなく、届出書に記載すべき内容等について公正取引委員会に相談するための場として用いられるとされている。なお、届出を要しない企業結合計画についても、具体的な計画内容を示して相談があった場合には、「企業結合審査の手続に関する対応方針」に準じて、

＜図表2-3-2　企業結合審査のフローチャート＞

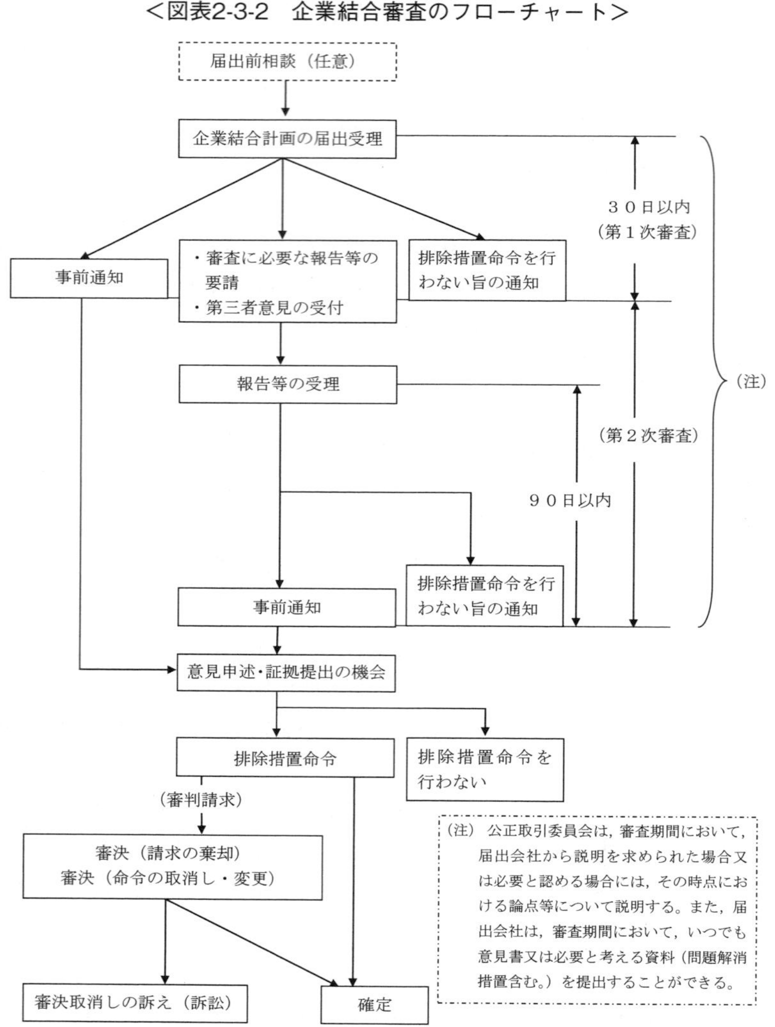

出典：公正取引委員会「企業結合審査の手続に関する対応方針」（平成23年６月14日）添付の参考図

同様の対応がなされることになっている。

コラム：届出前相談の活用

従前の事前相談制度の下では、公正取引委員会による膨大な資料提出要請に応え、問題点をクリアしない限り審査が開始されないという問題が指摘されていた。「時計がなかなか回らない」という批判である。

現在の届出前相談では、届出書のドラフトチェックや公正取引委員会の考え方一般に関する相談が想定されているところであり、従前のように審査の実質的な先取りという位置付けは否定されている。しかし、大型の企業結合案件では、企業側が届出前相談に２、３か月かけ、その間に企業結合計画に関する意見書の提出や数次にわたる会合を行い、公正取引委員会においても、これら資料等を踏まえて届出後の審査を行った事例が公表されている（平成24年６月20日公正取引委員会報道発表「平成23年度における主要な企業結合事例について」の事例２及び事例６、平成25年６月５日公正取引委員会報道発表「平成24年度における主要な企業結合事例について」の事例３及び事例４）。届出前相談における説明が最終のものではないことを自覚した上で自発的になされるのであれば、“実質的な相談”であっても拒まれるわけではない。

(3)　第１次審査と第２次審査

企業結合計画の届出が受理されると、第１次審査が開始される。第１次審査は、30日間の禁止期間内に行われる。届出会社が公正取引委員会から事前通知をしない旨の通知（独占禁止法９条から16条までの規定による認可の申請、報告及び届出等に関する規則（以下「届出規則」という）９条）を得れば、当該企業結合行為について問題を指摘されることはなくなる。また、セーフハーバーに該当する事案において、30日の禁止期間の短縮を申し出た場合には、原則として禁止期間が短縮されることとなる（企業結合審査の手続に関する対応方針５(2)）。

公正取引委員会は、より詳細な審査が必要と判断した場合には、第１次審査期間中に、届出会社に対して報告、情報又は資料の提出を求め、第２次審査を開始する。報告等の要請に当たっては、その趣旨が書面で示される（届出規則８条１項）。第２次審査の期間は、(i)届出受理の日から120日を経過した日と(ii)すべての報告等を受理した日から90日を経過した日のいずれか遅い方までとなる。これを延長する手続はないことから、公正取引委員会との協議時間を確保したいときには、報告等の提出を完了させることを差し控える（当面問題とされている部分についての報告等を行い、それ以外についてはあえて提出しない）ことも検討すべきであろう。

また、第２次審査に進んだ案件、すなわち、公正取引委員会が報告等の要請を行ったことは、公正取引委員会のウェブサイト上で公表され、第三者からの意見が募集される（企業結合審査の手続に関する対応方針６）。公正取引委員会によって、競争者や需要者に対するヒアリングやアンケートが行われ、企業結合審査の基礎資料とされることもよくある。

これら一切の資料を基に判断した結果、問題がない場合には、公正取引委員会から事前通知をしない旨の通知（届出規則９条）が発せられる。

⑷　問題解消措置

一定の取引分野における競争を実質的に制限することとなる場合であっても、当事会社が問題解消措置を講ずることを申し出、公正取引委員会がこれを承認すれば、当該企業結合は許容されることになる（企業結合ガイドライン第６・１）。問題解消措置は、事業譲渡等構造的な措置が原則とされ、技術革新等により市場構造の変動が激しい市場においては、一定の行動に関する措置（例えば、競争者に対するコストベースでの引取権の付与等）が例外的に妥当とされることもある。そして、これら問題解消措置は、原則として、当該企業結合が実行される前に講じられるべきものとされる。したがって、独占禁止法上問題解消措置を求められる可能性のあるM&Aについては、その実行に要する時間についても念頭に置いておく必要がある。

⑸　公正取引委員会による論点等の説明と届出会社による意見書及び資料の提出

第１次審査、第２次審査を通じて、届出会社は、公正取引委員会に対して、当該企業結合審査における論点等の説明を求めることができ、また、問題解消措置の申出を含む意見書又は資料の提出を行うことができる（企業結合審査の手続に関する対応方針４）。論点等の説明の機会には、当該企業結合の審査スケジュールについて、その後の見通しを尋ねることもできる。例えば、第１次審査中に第２次審査に移行する可能性が高いのか否か説明を受け、あるいは、第２次審査中に現状どの程度公正取引委員会の問題意識にマッチしているのか説明を受けることができる。届出会社としては、これらによりスケジュールの予測を立てることになる。

なお、論点等の説明は、公正取引委員会が必要と考えた場合にもなされる。例えば、公正取引委員会が企業結合審査を通じてある程度の独占禁止法上の心証を持ったところで、届出会社による問題解消措置の検討を促す趣旨で論点等の説明が行われることがある。

コラム：平成25年改正の概要と企業結合審査への影響

平成25年の独占禁止法改正は、(i)審判制度の廃止・排除措置命令等に係る訴訟手続の整備と(ii)排除措置命令等に係る意見聴取手続の整備を柱とする。

(i)は、排除措置命令に不服がある場合に公正取引委員会で行われてきた審判を廃止し、東京地裁において第１審の審理を行うこととする、というものである。これまでに排除措置が命じられた企業結合事案は極めて限られるが、仮に、排除措置を命じられる事態に至った場合において、それに不服があれば、今後は東京地裁でその適否が争われることになる。

(ii)は、公正取引委員会が排除措置を命じようとするときは、予定される排除措置命令の内容や公正取引委員会の認定した事実を通知した上で、手続管理官（仮称）が主宰する意見聴取手続において、事業者側に意見申述、陳述書及び証拠の提出の機会を設けることを定めるものである。カルテル等の違反事件審査で意見として主に想定されるのは、事実認識の相違などにより公正取引委員会の検討する排除措置に理由がない旨指摘することであるが、企業結合審査事案においては、これに代えて、又は同時並行的に、問題解消措置を講ずるので排除措置命令の必要性を欠くことになる、という「意見」も考えられる。これが正式に意見聴取手続において取り上げられるのか、同手続外で企業結合課とやりとりすることになるのかは現在のところ不明であるが、意見聴取手続が開始されたからといって問題解消措置の提案が妨げられるわけではないので、事業者側としては、引き続き公正取引委員会の理解を得る努力を続けることが肝要である。

第３　株式取得・所有の制限と届出義務（独占禁止法10条）

1　独占禁止法10条の概要

独占禁止法10条では、１項において会社による株式保有の制限を、２

項から７項までにおいて会社による株式取得に関する事前届出手続を、８項から10項までにおいて株式取得の禁止期間と公正取引委員会が事前通知を行うべき期間（「措置期間」又は「事前通知期限」と呼ばれる）が定められている。

2　株式取得・所有の制限（独占禁止法10条１項）

⑴　規制内容

独占禁止法10条１項は、(i)「他の会社の株式を取得し、又は所有することにより、一定の取引分野における競争を実質的に制限することとなる場合」、(ii)「不公正な取引方法により他の会社の株式を取得し、又は所有する」場合には、その株式取得・所有（あわせて「保有」と呼ばれる）を禁止する。これらに該当する株式保有は、公正取引委員会が企業結合審査を行って独占禁止法に違反すると認めた場合には、排除措置命令（同法17条の２・49条）により株式の処分、事業の譲渡等を命じられることとなる。

(ii)は、例えば、優越的地位を濫用して株式を取得する場合が該当することになる（流通・取引慣行に関する独占禁止法上の指針〔平成３年７月11日公正取引委員会事務局。最終改正平成23年６月23日〕第１部第７の２⑴参照）。

以下では(i)について各要件の内容を説明する。

⑵　株式取得・所有と企業結合審査の対象となる結合関係

独占禁止法10条は、株式の取得だけでなく、所有についても規定する。したがって、株式取得時には独占禁止法上の問題はないとされた事案であっても、事後の市場状況の変化等により、問題が生じる場合があることに注意する必要がある。ただし、M&Aに際して企業結合審査が問題になるのは、通常、株式取得である。

どのような株式保有が企業結合審査の対象となるかについては、企業結合ガイドラインが目安を示しているところ、以下では、株式取得について、企業結合審査の対象となる結合関係を説明する。

まず、(a)株式取得会社の属する企業結合集団[3)]の議決権の保有割合が50％を超える場合と(b)株式取得会社の属する企業結合集団の議決権の保有割合が20％を超え、かつ、保有割合の順位が単独で１位となる場合については、いずれの場合も結合関係が形成・維持・強化され、企業結合審査の対象となる（企業結合ガイドライン第１・１(1)ア）。

また、それ以外のケースでは、通常、企業結合審査の対象とならない場合が多いとされるところであるが、(a)議決権保有比率（株式発行会社の総株主の議決権に占める株式取得会社の保有する株式に係る議決権の割合をいう。以下同じ）の程度、(b)議決権保有比率の順位、株主間の議決権保有比率の格差、株主の分散の状況その他株主相互間の関係、(c)株式持合の状況、役員兼任の状況、取引関係、業務提携の有無等の当事会社相互間の関係等の事項を考慮して、結合関係が形成・維持・強化されるか否かを判断する。株式取得会社の議決権保有比率が単独で10％以下であるか、又はその順位が第４位以下であるときは[4]、結合関係が形成・維持・強化されず、企業結合審査の対象とはならない（企業結合ガイドライン第１・１(1)イ）。

さらに、株式発行会社の総株主の議決権のすべてをその設立と同時に取得する場合には、通常、企業結合審査の対象とはならない（企業結合ガイドライン第１・１(4)ア）。株式取得会社と株式発行会社が同一の企業結合集団に属する場合も、一定の例外を除いて、通常は企業結合審査の対象とならない場合が多いとされる（企業結合ガイドライン第１・１(4)イ）。

(3)　共同出資会社の場合の結合関係

共同出資会社（２以上の会社が、共通の利益のために必要な事業を遂行させることを目的として、契約等により共同で設立し、又は取得した会社をいう。以下同じ）については、例えば、出資会社Aと共同出資会社、出資会社Bと共同出資会社との関係をみて、結合関係が形成・維持・強化される場合には、企業結合審査の対象となる。のみならず、出資会社Aと出資会社Bとの間に直接の株式所有関係はなくとも、共同出資会社を通じて出資会社AB間で間接的に結合関係が形成・維持・強化されることがあり得るた

---

3)　「企業結合集団」とは、会社及び当該会社の子会社並びに当該会社の最終親会社（親会社であって他の会社の子会社でないものをいう）及び当該最終親会社の子会社（当該会社及び当該会社の子会社を除く）から成る集団をいう（独占禁止法10条２項）。当該会社に親会社がない場合には、当該会社が最終親会社となるので、当該会社とその子会社から成る集団が企業結合集団とされる。要するに、当該会社の属するグループの最終的な親会社とその傘下にある直接・間接の子会社の集合のことである。

4)　ここでは「企業結合集団」ではなく、株式取得会社単独で議決権を保有する比率が問題となる。

め、出資会社 AB 相互間の結合関係にも着目されるので注意する必要がある。さらに、出資会社 AB で事業活動が共同化する場合には、そのこと自体競争に影響を及ぼすことにも着目する（企業結合ガイドライン第１・１⑴ウ）。具体的には、出資会社相互間に協調関係が生じるときには、出資会社の市場シェアを合算するなどして競争に及ぼす影響を考慮することになる（企業結合ガイドライン第４・２⑴ウ）。

⑷　結合関係が認められた場合（当事会社グループ）

前記⑵又は⑶を通じて、企業結合の当事会社同士の間に結合関係が形成・維持・強化されて企業結合審査の対象となると判断された場合には、当事会社同士のみならず、当事会社それぞれと既に結合関係のあるすべての会社（以下「当事会社グループ」という）についてが企業結合審査の対象となる（企業結合ガイドライン第２柱書き）。

その際には、例えば、競争の実質的制限の考慮要素として市場シェアが用いられるところ、結合関係の程度に応じて当事会社グループの市場シェアが合算されることになる[5)]。過半数の株式を保有する結合関係の場合には、原則として、事業活動が完全に一体化しているものとの判断を受けることとなろう。

コラム：スクリーニング手段としての「結合関係」

企業結合規制をみる際に、「結合関係」概念がわかりにくいという批判がある。「結合関係」とは、「複数の企業が株式保有、合併等により一定程度又は完全に一体化して事業活動を行う関係」であると企業結合ガイドライン第１の柱書きで定義されている。「結合関係」ありと判断されると、市場シェアを合算して審査が開始されるが、その後に実質的判断を行う段になって、「結合関係」はあるが競争関係にあると認定することもある（平成24年６月20日公正取引委員会報道発表「平成23年度における主要な企業結合事例について」の事例２参照）、というのではわかりにくいではないかとの批判である。「結合関係」の定義の中に「一定程度」とあるので、論理的にはあり得ることではあるが、確かにわかりにくい。

にもかかわらず、公正取引委員会の実務において「結合関係」概念が用

5)　これに対して、セーフハーバーの基準に該当するか否かを判断するに当たっては、形式的にすべての市場シェアが合算される。

いられるのは、企業結合審査の対象とすべきものをある程度類型化しておき、ふるいにかけるための道具概念として便利であるということだと思われる。

例えば、過半数株式の保有により「結合関係」ありとされる場合と少数株式の保有により「結合関係」ありとされる場合とでは、「結合関係」には自ずと強弱がある。企業結合審査に当たっては、わかりにくいかどうかはさておき、「結合関係」ありとした後であっても、硬直的に考えて審査を行うのではなく、柔軟に競争の実質的制限の有無を分析することが肝要である。

(5)　一定の取引分野における競争を実質的に制限することとなる場合

①　「一定の取引分野」の画定の基本的考え方

「一定の取引分野」とは、企業結合により競争が制限されることとなるか否かを判断するための範囲を示すものである。(i)一定の取引の対象となる商品・役務の範囲、(ii)取引の地域の範囲、(iii)その他（取引段階、取引の相手方等）に関して、基本的には需要者にとっての代替性という観点から、必要に応じて供給者にとっての代替性を考慮して画定される（企業結合ガイドライン第２・１）。

企業結合ガイドラインは、需要者にとっての代替性をみるに当たって、仮定的独占者テスト（SSNIP基準[6]）を考慮するとしている。すなわち、ある地域において、ある事業者が、ある商品・役務を独占して供給しているという仮定の下で、当該独占事業者が、利潤最大化を図る目的で、小幅ではあるが、実質的かつ一時的ではない価格引上げ[7]をした場合に、当該商品・役務及び地域について、需要者が当該商品・役務の購入を他の商品・役務又は地域に振り替える程度を考慮し、振替の程度が小さいために、当該独占事業者が価格引上げにより利潤を拡大できるような場合には、その範囲をもって、当該企業結合によって競争上何らかの影響が及び得る範囲とするものである。

また、必要に応じ、供給者にとっての代替性という観点も考慮される。

---

6)　small but significant and nontransitory increase in priceの略。

7)　引上げの幅として５％から10%、期間として１年程度が目安とされているが、個々の事案ごとに検討される。

これは、当該商品・役務及び地域について、小幅ではあるが、実質的かつ一時的ではない価格引上げがあった場合に、他の供給者が、多大な追加費用やリスクを負うことなく、短期間（１年以内を目途）のうちに、別の商品・役務又は地域から当該商品・役務に製造・販売・供給を転換する可能性の程度を考慮し、転換可能性の程度が小さいために、当該独占事業者が価格引上げにより利潤を拡大できるような場合には、その範囲をもって、当該企業結合によって競争上何らかの影響が及び得る範囲とするものである。

一定の取引分野は、取引実態に応じ、ある商品・役務の範囲（又は地理的範囲等）について成立すると同時に、それより広い（又は狭い）商品・役務の範囲（又は地理的範囲等）についても重層的に画定されることがある。

②　具体的な「一定の取引分野」の画定手法

商品・役務の範囲は、基本的に需要者からみた商品・役務の代替性の観点を中心に、必要に応じて供給者における代替性も考慮して画定されるが、その代替性の程度は、実際上は、当該商品・役務の効用等の同種性の程度と一致することが多い。具体的には、商品・役務の用途、価格水準の違いや価格・数量の動き、需要者の代替性についての認識や行動などの状況を踏まえて判断される（企業結合ガイドライン第２・２）。

地理的範囲についても、まず、需要者からみた代替性、すなわちその買い回り先の範囲について、実際の需要者及び供給者の行動を踏まえて、商品・役務の特性、輸送手段や費用等の状況を勘案して判断される（企業結合ガイドライン第２・３）。企業結合ガイドラインは、内外の需要者が内外の供給者を差別することなく取引しているような場合には、国境を越えて地理的範囲が画定されるとの考え方を示しており、実際にそのような市場画定を行った事例も公表されている[8)]。ただし、例えば、世界市場が画定されたからといって、世界各地において海外企業と競争をしているので競争の実質的制限を引き起こさないと短絡されるわけではない。独占禁止法

8）　平成22年６月２日公正取引委員会報道発表「平成21年度における主要な企業結合事例について」の事例２、平成23年６月21日公正取引委員会報道発表「平成22年度における主要な企業結合事例について」の事例１など。

の保護法益は日本国内の競争であることから、世界市場の画定は、あくまで日本国内の競争圧力の有無を吟味しようとするものにほかならない。

一定の取引分野の画定に当たっては、そのほか、取引段階や取引の相手方が考慮されることもある。例えば、同一の商品・役務について大口需要者と小口需要者が存在する場合に、小口需要者向け価格が引き上げられたとしても、物流面の制約等から小口需要者が大口需要者向けの商品・役務を購入できず、大口需要者向け商品・役務が小口需要者向け商品・役務の価格引上げを妨げる要因とならないときは、大口需要者向け取引分野と小口需要者向け取引分野がそれぞれ画定されることとなる。

一定の取引分野の画定について、実務上参考とされる資料の具体例については、**図表2-3-3**の第２－２及び第２－３を参照されたい。

＜図表2-3-3　公正取引委員会が企業結合審査において参考とする資料の例＞

企業結合ガイドラインの該当箇所		資料の例
第２－２	一定の取引分野（商品の範囲）	・商品の概要（形状，特性等） ・原材料，製法，製造工程図 ・品質・性能や規格・方式による商品の差異の程度 ・効用等が同種又は類似の商品 ・商品別価格，取引数量の動き ・需要者の認識・行動の特徴 ・工場生産設備の概要（ラインの切替可能性等） ・関連する文献，調査・分析等（以下全ての項目についても同様）
第２－３	一定の取引分野（地理的範囲）	・事業を行っている国・区域（当事会社及び競争者） ・工場・事業所の所在地・事業区域（当事会社及び競争者） ・需要者の買い回る範囲，購買行動 ・商品の特性 ・商品の輸送・提供手段，輸送費用 ・国・地域別価格，取引数量の動き ・物流・商流
第４－２(1)	当事会社グループの地位・競争者の状況（市場における競争の状況等を含む。）	・市場規模（数量・金額）の推移，需要予測 ・各当事会社（及び競争者）の生産・出荷数量及び金額の推移（用途別・需要部門別，自家消費・外販別等） ・当事会社の対象商品の売上高（利益・コスト） ・市場シェアの変動状況，当事会社間の従来の競争状況 ・製品別販売価格の月別推移（相対取引・市況の別，需要者グループ別，流通経路別等） ・価格決定の方法（販売促進費用・リベートや広告宣伝費等） ・価格交渉の頻度，価格変更のタイミングやその要因 ・商品別の流通経路図，経路別流通数量・金額，販売組織，流通系列化の状況 ・工場生産設備の概要（設備の内容，生産能力・生産数量・供給余力の推移及びそれらの算定方法，建設・計画中の設備の内容・生産能力等） ・輸出数量・輸出価格の推移（価格形成要因，国内品との価格差） ・当事会社の製品ラインアップの状況（製品カタログ等），他社製品の概要（製品ラインアップ，特色等）

		・商品差別化（ブランド，グレード等）の状況，ブランドの評価 ・保有又は使用許諾を有する特許権，技術導入に関する提携の内容 ・新製品の開発状況，研究開発，技術開発の参入事例，量（額），投資額（人員，施設の概要等） ・当該商品に係る国内外の技術革新の速さや程度，商品陳腐化の状況，売上高に占める研究開発投資費の割合の推移
第４－２(2)	輸入	・輸入数量・輸入価格の推移（価格形成要因，国内品との価格差） ・国際的取引に係る関税その他の税制や法制度上の規制の有無・内容 ・輸入品の価格・品質・技術，輸入に係る費用・設備（物流・貯蔵設備等） ・輸入品の輸出国の需要動向・輸出余力，海外における有力な事業者の概要 ・今後の輸出入の予測
第４－２(3)	参入	・許認可等の法制度上の参入規制の有無 ・実態面での参入障壁の有無（参入に必要な生産設備の適正規模と所要資金額，立地条件，技術条件，原材料調達の条件，販売面の条件等） ・過去の参入事例及びその効果 ・参入可能性のある事業者や参入計画の有無，参入予定者の事業計画
第４－２(4)	隣接市場からの競争圧力	・隣接市場の競争状況及び隣接市場における競争が一定の取引分野における競争に与える影響の程度（競合品，隣接地域）
第４－２(5)	需要者からの競争圧力	・主要需要者名（所在地，販売数量・金額の推移） ・主要な需要者規模別販売先（大口・小口需要者）及び取引関係（販売数量〔金額〕の推移，取引方法等） ・需要者間の競争状況 ・取引先の変更容易性（取引先の切替費用，ユーザーの複数購買の状況，取引先の切替例等）
第４－２(7)	効率性	・企業結合に伴う合理化・効率化計画及び経済的効果の内容，算定根拠（規模の経済性，生産設備の統合，工場の専門化，輸送費用の軽減，研究開発の効率性等） ・当該企業結合を決定するに至るまでの内部手続に係る文書，効率性に関する株主及び金融市場に対する説明資料等 ・効率性向上による価格低下・品質向上・新商品提供等に係る過去の実績
第４－２(8)	当事会社グループの経営状況	・業績不振に陥っている当事会社に係る財務状況 ・業績不振に陥っている当事会社を救済することが可能な他の事業者との交渉の状況

（注１）上記はあくまでも例示であり，これに限定されるものではない。
（注２）市場規模，価格，数量，市場シェア等の推移については，一般的には３～５年分程度を提出することが望ましいが，事案の内容，取引の特性や入手可能なデータの有無等によって，推移をみるべき期間は異なり得る。
　なお，このようなデータの収集源としては，政府統計，業界団体の統計，市場調査機関の資料，ＰＯＳデータ（消費者向けの商品の場合）などが考えられる。

出典：公正取引委員会「企業結合審査の手続に関する対応方針」（平成23年６月14日）別添

コラム：国際的な企業結合

　一定の取引分野の地理的範囲で述べたとおり、日本の独占禁止法の企業結合規制が検討対象とするのは、究極的には日本の市場である。日本の独占禁止法は、平成10年改正に際して、「国内の会社」と規定していたのを「会社」と改めた。したがって、外国企業同士の企業結合であっても、日本の市場に影響があるのであれば、適用対象となり得る。

他方、企業結合が他国の市場に影響を及ぼすものである場合には、日本企業同士によるものであっても、日本企業と外国企業とによるものであっても、当該他国の独禁法（競争法）上の検討を行う必要がある。多くの国が事前届出制度をとっており、当該国の審査期間も踏まえて、企業再編のスケジュールを策定する必要がある。

③　「競争を実質的に制限することとなる」の意義

「競争を実質的に制限する」とは、「競争自体が減少して、特定の事業者又は事業者集団がその意思で、ある程度自由に、価格、品質、数量、その他各般の条件を左右することによって、市場を支配することができる状態をもたらすことをいう」とされている（東宝新東宝事件・東京高判昭和28・12・７高民集６巻13号868頁。企業結合ガイドライン第３・１⑴）。

「こととなる」とは、企業結合により、競争の実質的制限が必然ではないが容易に現出し得る状況がもたらされることで足りるとする蓋然性を意味するものである（企業結合ガイドライン第３・１⑵）。

④　「競争を実質的に制限することとなる」か否かの判断の枠組み

企業結合ガイドラインは、企業結合を次の３つに分類して、当該企業結合が一定の取引分野における競争を実質的に制限することとなるか否かを検討するとしている（企業結合ガイドライン第３・２）。

(i)　水平型企業結合

同一の一定の取引分野において競争関係にある会社間の企業結合

(ii)　垂直型企業結合

例えば、メーカーとその商品の販売業者との間の合併など取引段階を異にする会社間の企業結合

(iii)　混合型企業結合

例えば、異業種に属する会社間の合併、一定の取引分野の地理的範囲を異にする会社間の株式保有など水平型企業結合又は垂直型企業結合のいずれにも該当しない企業結合

また、「競争を実質的に制限することとなる」か否かは、次の２つの観点から検討が行われる（企業結合ガイドライン第４・１、第５・１）。

(a)　単独行動による競争の実質的制限

当事会社グループの単独行動による場合であり、典型例としては、(i)において、商品が同質的である場合に、当事会社グループの生産・販売能力が大きいのに対し、他の事業者の生産・販売能力が小さいなどの事情により、需要者が購入先を他の事業者に振り替えることができないとき、あるいは、商品がブランドで差別化されている場合に、当事会社グループがともに代替性の高い商品を販売しており、他の事業者が当該商品と代替性のある商品を販売していないときなどは、競争の実質的制限を生ずる可能性が想定される。

また、(ii)及び(iii)においては、当事会社グループの市場シェアが大きいときに、当事会社グループ間の取引に閉鎖性・排他性を生ずる結果、当該企業結合が競争の実質的制限をもたらすおそれが考えられる。例えば、複数の完成品メーカーに原材料を販売し、かつ、大きな市場シェアを有する原材料メーカーと当該原材料の需要者である完成品メーカーとが親子会社となったときに、他の完成品メーカーに対して原材料を供給しないことにより、完成品市場において、競争の実質的制限が生ずることがあり得る。

(b)　協調的行動による競争の実質的制限

当事会社グループとその一又は複数の競争者が協調的行動をとることによる場合であり、典型的には、(i)により、競争単位が減少することに加え、当該一定の取引分野における集中度等の市場構造、商品の特性、取引慣行等から、各事業者が互いの行動を高い確度で予想できるようになるときに、当事会社グループとその競争者が協調的行動をとることにより、競争の実質的制限が生じ得ることを想定している。

(ii)及び(iii)においては、例えば、メーカーと流通業者とが親子会社となった場合に、メーカーが垂直型企業結合関係にある流通業者を通じて、当該流通業者と取引のある他のメーカーの価格等の情報を入手し得るようになる結果、当事会社グループを含むメーカー間で協調的に行動することが高い確度で予測できるようなときには、(i)の場合同様メーカー間における競争が実質的に制限される可能性が考えられる。

⑤　「競争を実質的に制限することとなる」か否かの判断要素

企業結合審査においては、前記④に掲げた分類に沿って検討が行われるところ、その際の判断要素を前記④(i)(a)についてみると、当事会社グループの地位及び競争者の状況（市場シェア及びその順位、当事会社間の従来の競争の状況等、競争者の市場シェアとの格差、競争者の供給余力及び差別化の程度など）、輸入圧力の状況、参入圧力の状況、隣接市場からの競争圧力、需要者からの競争圧力（需要者間の競争状況、取引先変更の容易性等）、総合的な事業能力、当該企業結合による効率性の向上、当事会社グループの経営状況等の事情が挙げられる。これらの要素を総合的に考慮して競争を実質的に制限することとなるか否かが判断される（企業結合ガイドライン第４・２）。

また、前記④(i)(b)に関しては、当事会社グループの地位及び競争者の状況（競争者の数等、当事会社間の従来の競争の状況等、競争者の供給余力など）、取引の実態等（取引条件等、需要動向・技術革新の動向等、過去の競争の状況）、輸入・参入・隣接市場からの競争圧力等、効率性の向上、当事会社グループの経営状況等をみることになる（企業結合ガイドライン第４・３）。

前記④(ii)及び(iii)の場合における(a)、前記④(ii)及び(iii)の場合における(b)についても、水平型企業結合（前記④(i)）の場合に準じて判断される（企業結合ガイドライン第５・２）。

これらの判断に当たって、参考とされる具体的な資料の例については、**図表2-3-3**の第４－２(1)から同第４－２(8)を参照されたい[9)]。

⑥　セーフハーバー

企業結合が関係市場に与える影響を検討するに当たって、実務上大きな意味を持つのは、一定の基準を満たす場合には、定型的に企業結合審査の対象にならないことが企業結合ガイドライン上示されているセーフハーバーである。企業結合ガイドラインは、ハーフィンダール・ハーシュマン指数[10)]（以下「HHI」という）に着目して、通常一定の取引分野における競争を実質的に制限することとはならず、企業結合審査の対象にならないと

9)　産業競争力強化法28条により、主務大臣は、事業再編関連措置が同法に基づく申請を行う事業者の営む事業の属する事業分野における適正な競争が確保されないおそれがある場合として政令で定める場合に該当するときは、あらかじめ公正取引委員会に協議するものとされており、また、当該事業分野における内外の市場の状況、事業再編関連措置を講ずることによる生産性の向上の程度その他の主務大臣の意見の裏付けとなる根拠を示すものとされている。

10)　当該一定の取引分野における各事業者の市場シェアの２乗の総和によって算出される。詳細については、企業結合ガイドライン第４・１(3)（注４）を参照。

判断される一定の類型を明らかにしている。

水平型企業結合において、セーフハーバーは、次の３つのいずれかに該当する場合である（企業結合ガイドライン第４・１(3)）。

> (i)　企業結合後のHHIが1,500以下である場合
> (ii)　企業結合後のHHIが1,500超2,500以下であって、かつ、HHIの増分が250以下である場合
> (iii)　企業結合後のHHIが2,500を超え、かつ、HHIの増分が150以下である場合

また、垂直型企業結合及び混合型企業結合におけるセーフハーバーは、次の２つのいずれかに該当する場合である（企業結合ガイドライン第５・１(3)）。

> (vi)　当事会社が関係するすべての一定の取引分野において、企業結合後の当事会社グループの市場シェアが10％以下である場合
> (v)　当事会社が関係するすべての一定の取引分野において、企業結合後のHHIが2,500以下の場合であって、企業結合後の当事会社グループの市場シェアが25％以下である場合

３　株式取得についての事前届出（独占禁止法10条２項）

(1)　規制内容

次の３つの要件をいずれも満たす場合には、事前に公正取引委員会に対して届出をする必要がある。

> (i)　株式を取得しようとする会社及び当該会社の属する企業結合集団に属する当該会社以外の会社等の国内売上高[11)]の合計額（以下「国内売上高合計額」という）が200億円を超える場合
> (ii)　株式発行会社及びその子会社の国内売上高の合計額が50億円を超える場合

11)　国内売上高とは、「国内において供給された商品及び役務の価額の最終事業年度における合計額として公正取引委員会規則で定めるものをいう。」（独占禁止法10条２項）とされており、国内の営業所等の売上高に限定されていないことに注意を要する。

(iii)　株式発行会社の総株主の議決権の数に占める届出会社が取得の後において所有することとなる当該株式発行会社の株式に係る議決権の数と届出会社の属する企業結合集団に属する当該届出会社以外の会社等が所有する当該株式発行会社の株式に係る議決権の数とを合計した議決権の数の割合（議決権保有割合）が新たに20％又は50％を超えることとなる場合

(2)　届出方法及び禁止期間

届出は、届出規則に則って行う。届出書の書式は、公正取引委員会のウェブサイトにおいてダウンロードできる。

届出受理の日から原則として30日を経過するまでは株式取得をしてはならないことは、前記**第２・３(1)**で述べたとおりである。

第４　役員兼任の制限（独占禁止法13条）

独占禁止法は、２条３項において定義される役員の兼任に関して以下の規制を設けている。

(i)　会社の役員又は従業員は、他の会社の役員の地位を兼ねることにより、一定の取引分野における競争を実質的に制限することとなる場合には、当該役員の地位を兼ねてはならない（独占禁止法13条１項）。
(ii)　会社は、不公正な取引方法により、自己と国内において競争関係にある他の会社に対し、自己の役員がその会社の役員若しくは従業員の地位を兼ね、又は自己の従業員がその会社の役員の地位を兼ねることを認めるべきことを強制してはならない（独占禁止法13条２項）。

企業結合ガイドラインは、役員兼任の規制について、兼任当事会社のうちの１社の役員総数に占める他の当事会社の役員又は従業員の割合が過半である場合や兼任する役員が双方に代表権を有する場合は、会社の役員又は従業員が他の一の会社の役員を兼任することにより、兼任当事会社間で結合関係が形成・維持・強化され、企業結合審査の対象となるとしており、また、それ以外の場合は、常勤又は代表権のある取締役による兼任か否かなどの事情を考慮して企業結合審査の対象になるかどうかを判断するという考え方を示している（企業結合ガイドライン第１・２）。

役員兼任による企業結合が、「一定の取引分野における競争を実質的に制限することとなる」か否かについての判断は、前記**第３・２(5)**に準じて検討される。

なお、役員兼任に関しては、事前届出は要求されていない。

第５　会社以外の者の株式取得・所有の制限（独占禁止法14条）

独占禁止法14条は、財団法人、社団法人、特殊法人、地方公共団体、金庫、組合、個人等株式を保有し得るすべての者に対する規制である（企業結合ガイドライン第１・１(2)）。基本的に独占禁止法10条と同様に考えればよいが（前記**第３**参照）、事前届出は要求されていない。

第６　合併の制限と届出義務（独占禁止法15条）

１　合併の制限（独占禁止法15条１項）

一定の取引分野における競争を実質的に制限することとなる合併は禁じられる。このほか、当該合併が不公正な取引方法によるものである場合も合併は禁じられるが、ここでは説明を省略する。

合併の場合には、複数の会社が１つの法人として一体となるので、当事会社間で最も強固な結合関係が形成されることになり、当事会社グループ（前記**第３・２(4)**参照）全体が企業結合審査の対象となる。ただし、専ら株式会社を合名会社等に組織変更するなどの目的で行われる合併は、通常、企業結合審査の対象とはならない（企業結合ガイドライン第１・３(3)ア）。また、すべての合併をしようとする会社が同一の企業結合集団に属する場合も、一定の例外を除いて、通常は企業結合審査の対象とならない場合が多いとされる（企業結合ガイドライン第１・３(3)イ）。

企業結合審査の対象となる場合において、一定の取引分野における競争を実質的に制限することとなるか否かを判断する枠組みは、独占禁止法10条の場合と同様に考えればよい。前記**第３・２(5)**を参照されたい。

2　合併についての事前届出（独占禁止法15条２項）

合併をしようとする会社のうち、いずれか１社に係る国内売上高合計額[12)]が200億円を超え、かつ、他のいずれか１社に係る国内売上高合計額が50億円を超える場合には、合併をしようとする当事会社の連名で事前届出を行わなければならない。ただし、すべての合併会社が同一の企業結合集団に属する場合は届出が不要である。

禁止期間については、前記**第２・３(1)**で述べたとおりである。

第７　共同新設分割･吸収分割の制限と届出義務（独占禁止法15条の２）

1　共同新設分割・吸収分割の制限（独占禁止法15条の２第１項）

一定の取引分野における競争を実質的に制限することとなる共同新設分割・吸収分割は禁じられる。このほか、不公正な取引方法によるものである場合も禁じられるが、ここでは説明を省略する。

共同新設分割・吸収分割の場合には、承継させようとする事業が包括的に承継されることになるので、合併に類似した強固な結合関係が形成されることになり、当事会社グループ（前記**第３・２(4)**参照）全体が企業結合審査の対象となる。企業結合ガイドラインには、共同新設分割・吸収分割において、事業の全部又は重要部分が承継される場合に限って違反となり得るかのような記載があるが（企業結合ガイドライン第１・４(1)、同(3)）、法文上はそのような限定はない。ただし、事前届出に当たっては、事業の全部又は重要部分が承継される場合[13)]に限定されている。

すべての共同新設分割・吸収分割をしようとする会社が同一の企業結合

---

12)　**第３・３(1)**で述べたとおり、国内売上高合計額とは、企業結合集団のグループ単位での国内売上高を合算した額である。

13)「重要部分」とは事業を承継させようとする会社にとっての重要部分を意味し、当該承継部分が１つの経営単位として機能し得るような形態を備え、事業を承継させようとする会社の事業の実態からみて客観的に価値を有している場合を指す。なお、事業を承継させようとする会社の年間売上高に占める割合が５％以下であり、かつ、承継対象部分に係る年間売上高が１億円以下の場合には、通常、「重要部分」には該当しないとされる（企業結合ガイドライン第１・４(3)）。

集団に属する場合は、一定の例外を除いて、通常は企業結合審査の対象とならない場合が多いとされる（企業結合ガイドライン第１・４(4)）。

企業結合審査の対象となる場合において、一定の取引分野における競争を実質的に制限することとなるか否かを判断する枠組みは、独占禁止法10条の場合と同様に考えればよい。前記**第３・２(5)**を参照されたい。

２　共同新設分割・吸収分割の事前届出（独占禁止法15条の２第２項）

共同新設分割をしようとする場合において、次のいずれかに該当するときは、分割の当事会社は連名で事前届出をしなければならない。

(i)　共同新設分割をしようとする会社のうち、いずれか１社（全部承継会社[14]に限る）に係る国内売上高合計額[15]が200億円を超え、かつ、他のいずれか１社（全部承継会社に限る）に係る国内売上高合計額が50億円を超える場合
(ii)　共同新設分割をしようとする会社のうち、いずれか１社（全部承継会社に限る）に係る国内売上高合計額が200億円を超え、かつ、他のいずれか１社（重要部分承継会社[16]に限る）の当該承継の対象部分に係る国内売上高が30億円を超える場合
(iii)　共同新設分割をしようとする会社のうち、いずれか１社（全部承継会社に限る）に係る国内売上高合計額が50億円を超え、かつ、他のいずれか１社（重要部分承継会社に限る）の当該承継部分に係る国内売上高が100億円を超える場合
(iv)　共同新設分割をしようとする会社のうち、いずれか１社（重要部分承継会社に限る）の当該承継の対象部分に係る国内売上高が100億円を超え、かつ、他のいずれか１社の当該承継の対象部分に係る国内売上高が30億円を超える場合

また、吸収分割をしようとする場合において、次のいずれかに該当するときは、分割の当事会社は連名で事前届出をしなければならない。

14）「全部承継会社」とは、共同新設分割又は吸収分割でその事業の全部を別の会社に承継させようとする会社をいう。

15）前掲注12参照。

16）「重要部分承継会社」とは、共同新設分割又は吸収分割でその事業の重要部分を別の会社に承継させようとする会社をいう。

> (i)　吸収分割をしようとする会社のうち、分割をしようとするいずれか1社（全部承継会社に限る）に係る国内売上高合計額が200億円を超え、かつ、分割によって事業を承継しようとする会社に係る国内売上高合計額が50億円を超える場合
> (ii)　吸収分割をしようとする会社のうち、分割をしようとするいずれか1社（全部承継会社に限る）に係る国内売上高合計額が50億円を超え、かつ、分割によって事業を承継しようとする会社に係る国内売上高合計額が200億円を超える場合（(i)に該当する場合を除く）
> (iii)　吸収分割をしようとする会社のうち、分割をしようとするいずれか1社（重要部分承継会社に限る）の当該分割の対象部分に係る国内売上高が100億円を超え、かつ、分割によって事業を承継しようとする会社に係る国内売上高合計額が50億円を超える場合
> (iv)　吸収分割をしようとする会社のうち、分割をしようとするいずれか1社（重要部分承継会社に限る）の当該分割の対象部分に係る国内売上高が30億円を超え、かつ、分割によって事業を承継しようとする会社に係る国内売上高合計額が200億円を超える場合（(ii)に該当する場合を除く）

共同新設分割についても、吸収分割についても、すべての会社が同一企業集団に属する場合は、事前届出は必要ない。

事前届出を要する場合の禁止期間については、前記**第2・3(1)**で述べたとおりである。

第8　共同株式移転の制限、届出義務（独占禁止法15条の3）

1　共同株式移転の制限（独占禁止法15条の3第1項）

独占禁止法15条の3第1項は、共同株式移転によって一定の取引分野における競争を実質的に制限することとなる場合には、その共同株式移転を禁じる。このほか、当該共同株式移転が不公正な取引方法によるものである場合も同様であるが、この点については説明を省略する。

独占禁止法15条の3は、平成21年改正独占禁止法において新設された条文である。共同株式移転は、合併の代替手法として用いられることもあり、新設会社が複数の株式の全部を取得することになるので、強固な結合関係を形成する企業結合と捉えられ、当事会社グループ（前記**第3・2(4)**

参照）全体が企業結合審査の対象となる。ただし、すべての共同株式移転をしようとする会社が同一の企業結合集団に属する場合は、一定の例外を除いて、通常は企業結合審査の対象とならない場合が多いとされる（企業結合ガイドライン第1・5(3))。

企業結合審査の対象となる場合において、一定の取引分野における競争を実質的に制限することとなるか否かを判断する枠組みは、独占禁止法10条の場合と同様に考えればよい。前記**第3・2(5)**を参照されたい。

2　共同株式移転についての事前届出（独占禁止法15条の3第2項）

次の2つの要件をいずれも満たす場合には、共同株式移転の当事会社は、事前に公正取引委員会に対して連名で届出をする必要がある。実質的には、前記**第3・3(1)**と同じ要件である。

なお、すべての共同株式移転をしようとする会社が同一の企業結合集団に属する場合には、事前届出は不要である。

事前届出を要する場合の禁止期間については、前記**第2・3(1)**で述べたとおりである。

(i)　共同株式移転をしようとする会社のうち、いずれか1社に係る国内売上高合計額[17)]が200億円を超える場合
(ii)　他のいずれか1社に係る国内売上高合計額が50億円を超える場合

第9　事業譲受け等の制限、届出義務（独占禁止法16条）

1　事業譲受け等の制限（独占禁止法16条1項）

独占禁止法16条1項は、事業の全部又は重要部分[18)]の譲受け、事業上の固定資産の全部又は重要部分の譲受け、事業の全部又は重要部分の賃借、事業の全部又は重要部分の経営の受任、事業上の損益全部を共通にする契

17)　前掲注12参照。
18)　独占禁止法16条に登場する「重要部分」も前掲注12と同旨である（企業結合ガイドライン第1・6(3))。

約の締結により、一定の取引分野における競争を実質的に制限することとなる場合には、当該行為を行うことを禁じる。

このうち、事業譲受け及び事業上の固定資産の譲受けについては、譲渡会社の事業活動が譲受会社と一体化するものではあるが、譲受け後は譲渡会社と譲受会社との間につながりはないので、譲渡対象部分が譲受会社に新たに加わる点に着目し、譲受対象部分に関して当事会社グループの結合関係を検討することになる。

事業の賃借、事業の経営の受任、事業上の損益全部を共通にする契約の締結についても、事業譲受け及び事業上の固定資産の譲受けに準じて取り扱われるが、契約の内容いかんによっては、当事会社グループ全体（前記**第３・２⑷**参照）の結合関係が問題にされることがあり得る。

ただし、100％出資による分社化のために行われる事業譲受け等は、通常、企業結合審査の対象とはならない（企業結合ガイドライン第１・６⑷ア）。また、同一の企業結合集団に属する会社間での事業の譲受け等も、一定の例外を除いて、通常は企業結合審査の対象とならない場合が多いとされる（企業結合ガイドライン第１・６⑷イ）。

企業結合審査の対象となる場合において、一定の取引分野における競争を実質的に制限することとなるか否かを判断する枠組みは、独占禁止法10条の場合と同様に考えればよい。前記**第３・２⑸**を参照されたい。

２　事業等の譲受けについての事前届出（独占禁止法16条２項）

国内売上高合計額[19)]が200億円を超える会社（譲受会社）が、次のいずれかの事業の全部・重要部分の譲受け又は事業上の固定資産の全部・重要部分の譲受けをする場合には、自ら事前届出を行わなければならない。

(i)　国内売上高が30億円を超える会社の事業の全部の譲受けをしようとする場合
(ii)　他の会社の事業の重要部分の譲受けをしようとする場合であって、当該譲受けの対象部分に係る国内売上高が30億円を超える場合
(iii)　他の会社の事業上の固定資産の全部又は重要部分の譲受けをしようと

19）　前掲注12参照。

する場合であって、当該譲受けの対象部分に係る国内売上高が30億円を超える場合

なお、すべての譲渡会社と譲受会社が同一の企業結合集団に属する場合には、事前届出は不要である。

事前届出を要する場合の禁止期間については、前記**第２・３⑴**で述べたとおりである。

第10　事業支配力が過度に集中することとなる会社の設立等の制限、届出義務（独占禁止法９条）

１　事業支配力の過度の集中の制限（独占禁止法９条１項～３項）

他の国内の会社の株式を保有することにより事業支配力が過度に集中することとなる会社を設立することは禁止されている（１項)。また、既存の会社がそのような会社となることも禁止されている（２項)。

「事業支配力が過度に集中すること」とは、次の２つの要件をいずれも満たす場合をいう（３項)。

(i)　(a)　会社及び子会社その他当該会社が株式の所有により事業活動を支配している他の国内の会社の総合的事業規模が相当数の事業分野にわたって著しく大きいこと
　(b)　これらの会社の資金に係る取引に起因する他の事業者に対する影響力が著しく大きいこと
　または
　(c)　これらの会社が相互に関連性のある相当数の事業分野においてそれぞれ有力な地位を占めていること
(ii)　前記(i)のいずれかにより、国民経済に大きな影響を及ぼし、公正かつ自由な競争の促進の妨げとなること

なお、この「事業支配力が過度に集中すること」については、公正取引委員会が「事業支配力が過度に集中することとなる会社の考え方」(平成14年11月12日公正取引委員会。最終改定平成22年１月１日）を公表しており、想定される具体例として、会社グループの規模が大きく、かつ、相当数の

主要な事業分野のそれぞれにおいて別々の大規模な会社を有する場合などの３類型が示されている。

２　事業支配力が過度に集中することとなる可能性のある会社についての届出（独占禁止法９条４項・７項）

会社及びその子会社[20]の総資産合計額が、

> (i)　持株会社（会社の総資産に対する子会社株式の取得価額合計の割合が50%を超える会社）については6000億円
> (ii)　銀行業、保険業又は第一種金融商品取引業を営む会社については８兆円
> (iii)　それら以外の会社については２兆円

を超える場合には、公正取引委員会に対し、当該会社及びその子会社の事業に関する報告書を毎事業年度終了の日から３か月以内に提出しなければならない（４項)。

また、会社設立時に上記(i)から(iii)に該当する場合には、公正取引委員会に対し、設立の日から30日以内にその旨届け出なければならない（７項)。

第11　銀行・保険会社の議決権保有の制限

他の国内の会社の議決権総数について、銀行は５％を超えて、保険会社は10%を超えて保有してはならない（独占禁止法11条１項)。ただし、一定の場合にはこれらを超える株式保有が許されている[21]。融資と議決権の保有による一般事業会社に対する支配を防止するための規制である。

20）　独占禁止法９条の届出制度との関係での「子会社」は、他の届出制度における「子会社」と異なり、議決権の過半数を有する他の国内の会社と限定されている。

21）「独占禁止法第11条の規定による銀行又は保険会社の議決権の保有等の認可についての考え方」（平成14年11月12日公正取引委員会。最終改定平成26年４月１日）及び「債務の株式化に係る独占禁止法第11条の規定による認可についての考え方」（平成14年11月12日公正取引委員会。最終改定平成26年４月１日）参照。

コラム：バスケット条項としての独占禁止法17条

会社以外の者が株式を取得し、又は所有することにより一定の取引分野における競争を実質的に制限することとなる場合には、独占禁止法14条の規制を受ける。

他方、被取得者・被所有者の側が会社でない場合には、「会社の株式を取得し、又は所有する」（独占禁止法10条・14条）には当たらないため、これら条項の適用対象とはならない。例えば、有限責任事業組合（LLP）を設立して事業統合を図る場合には、企業結合規制が及ばないようにもみえるのである。このような場合には、バスケット条項としての同法17条が適用されるのかが問題となろう。あるいは、事後規制として不当な取引制限（同法2条6項・3条）の適用も問題になる[22)]。

第12　不当な取引制限

1　不当な取引制限とは

不当な取引制限（独占禁止法2条6項）とは、事業者が他の事業者と共同して相互にその事業活動を拘束し、又は遂行することにより、公共の利益に反して一定の取引分野における競争を実質的に制限することである。その典型例は、入札談合や価格カルテルである。しかし、それにとどまらず、共同購買、共同生産、共同物流、共同購買など様々な形で行われる業務提携・共同事業（**図表2-3-4**参照）についても、不当な取引制限として違法となることがある。なお、これら業務提携・共同事業のことを、非ハードコア・カルテルと呼ぶことがある。

22）　白石忠志「企業結合規制の概要と諸問題」ジュリ1451号（2013年）12頁参照。

＜図表2-3-4　業務提携・共同事業の形態の例＞

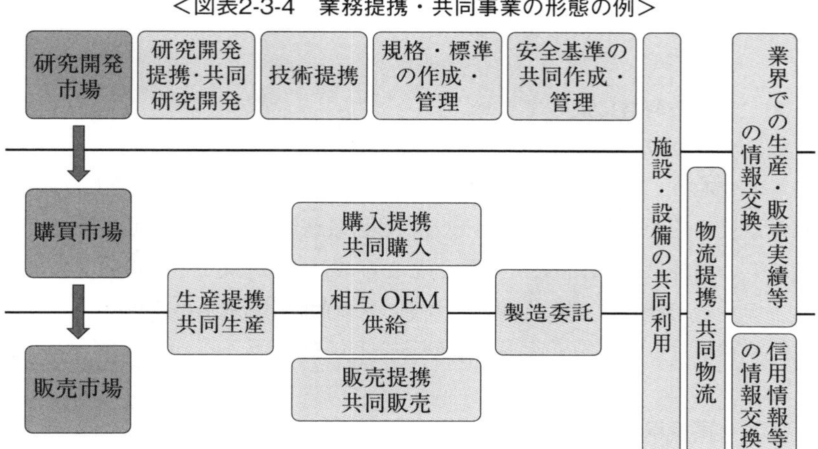

2　不当な取引制限の成立要件

(1)　共同して

「共同して」とは、事業者間の意思の連絡であるといわれる。したがって、業務提携・共同事業はこの要件を満たし得るものとなる。

(2)　相互拘束

相互拘束にいう「拘束」は、不履行時の制裁を伴うなど強圧的なものである必要はなく、何らかの経済上のメリットをもたらすことになるために事実上それに従う、という関係にあれば足りるものである。したがって、業務提携・共同事業の合意（契約）は「拘束」というに十分である。

問題はその「相互」性をどのように考えるかであるが、取引段階を同じくする競争事業者間において相互性が成り立ち得るのは当然として、取引段階を異にする場合であっても、例えば、他の事業者への指示等の手段を通じて同一取引段階に関与し得るなどの立場にあれば、相互性は充足されることがある（いわゆる「手足理論」）。水平的関係（同一の一定の取引分野における競争関係）でなく、垂直的関係（取引段階を異にする関係）にある場合でも注意が必要である。

なお、独占禁止法2条6項には行為要件として「共同……遂行」も掲げられているが、公正取引委員会の実務としては、「相互……拘束」の補完として用いられるにとどまる。

(3)　公共の利益に反して

独占禁止法2条6項にいう「公共の利益」とは、自由競争経済秩序そのものであり、競争の実質的制限など他の要件が充足されれば常に公共の利益に反することとなる、とされる。この解釈の下では「公共の利益に反して」の要件は、宣言的なものにとどまることにはなるが、非ハードコア・カルテルの適法性・違法性判断（競争の実質的制限の有無の判断）に際して、その解釈指針を示す意義を有していることになる。

(4)　一定の取引分野

その意味内容、画定手法については、前記**第3・2(5)**を参照されたい。

(5)　競争の実質的制限

その意味内容については、前記**第3・2(5)③**を参照されたい。

3　業務提携・共同事業について不当な取引制限の観点からの検討手法

(1)　業務提携・共同事業についての検討事項

業務提携・共同事業について、独禁法上の問題点の有無を検討するに当たっては、まず、提携先・共同事業の相手方が競争業者か否かをみることになる。もし、競争業者でないとするならば、前記**2(2)**の手足理論への注意は必要であるが、原則として、不当な取引制限の検討ではなく、不公正な取引方法（独占禁止法2条9項）、場合によっては私的独占[23]（同条5項）の検討を行う。

競争業者との間における業務提携・共同事業なのであれば、不当な取引制限とならないかの検討を行うことになる。その際には、参加事業者のシ

23）　私的独占は不公正な取引方法の行為要件と重なる部分があるが、効果要件は、不公正な取引方法が「公正な競争を阻害するおそれ」で足りるのに対して、私的独占は「一定の取引分野における競争の実質的制限」である。業務提携・共同事業の適法性・違法性判断としては、通常は、不公正な取引方法に該当しないことを確認しておけば足りる。

ェア合計、業務提携・共同事業の目的、内容、実施期間や市場の状況を分析し、競争促進的な側面と競争制限的な側面を総合的に判断して、検討を行うことになる。

以上を図示すると、**図表2-3-5**のとおりとなる。

＜図表2-3-5　業務提携に対する考え方の整理＞

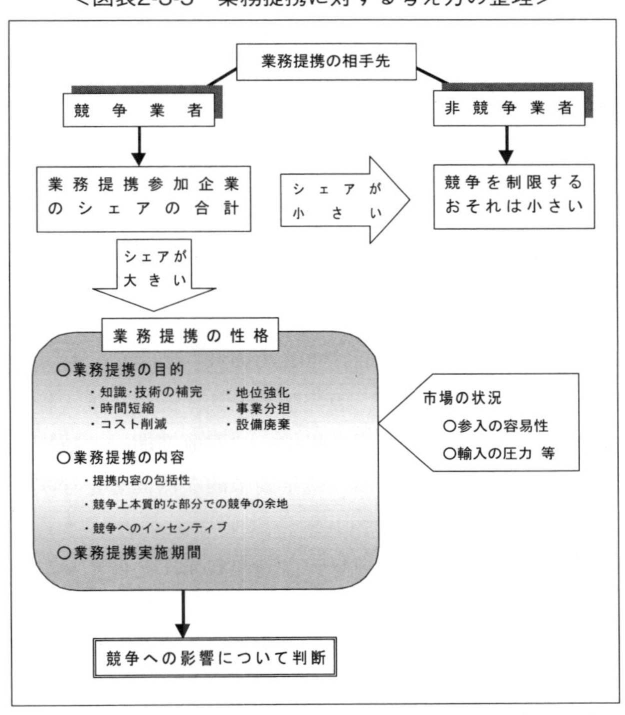

出典：公正取引委員会事務総局「業務提携と企業間競争に関する実態調査報告書」（平成14年２月）

(2)　各検討事項の整理

①　参加事業者のシェア合計

一般に、業務提携・共同事業への参加事業者のシェア合計が高いほど市場に与える影響は大きくなる。その意味でシェア合計が高い事案においては慎重な判断が必要となるところ、特に市場におけるシェアが過半（50％超）に近い場合には注意が必要となる。ただし、50％超であると、一律に不当な取引制限に該当するというわけでもなく、後記②～④の検討事項をも総合考慮して判断を行うことになる。

なお、公正取引委員会は、共同研究開発については、参加事業者の製品市場における合計シェアが20％以下であれば通常は独禁法上の問題は生じない旨のセーフハーバーを示しているが[24]、業務提携・共同事業一般についてのセーフハーバーは示していない。

②　業務提携・共同事業の目的及び内容

ここでいう「目的」とは、業務提携・共同事業によりもたらされる経済的効果のことである。業務提携・共同事業によりコスト削減や新規事業に要する時間の短縮等の効率性の向上が図られる結果、消費者に直接的に便益がもたらされ、また、他の事業者の対抗活動を促すなど、市場全体の競争が活発化することが考えられる。一方、例えば、設備の共同廃棄・統合がなされれば、生産数量等の調整により競争制限が引き起こされる場合もある。

これらの効果は、業務提携・共同事業の内容によって、様々なものが考えられる。生産提携・共同生産、販売提携・共同販売、購入提携・共同購入、物流提携・共同物流、研究開発提携・共同研究開発、技術提携、標準化提携の別に、競争促進的な側面と競争制限的な側面を整理すると、**図表2-3-6**のようになる。

当該提携・共同化による競争制限的な側面の発生を抑えるためには、(a)参加事業者間の情報遮断措置によって価格や数量に関する情報の共有化を防止する、(b)価格や数量について参加事業者による意思決定の独立性を確保することが有用であることが多い[25]。

そのほか公正取引委員会相談事例集においては、(c)業務の共通化割合の大小[26]も検討対象とされる。

---

24)　平成５年４月20日公正取引委員会「共同研究開発に関する独占禁止法上の指針」（最終改定平成22年１月１日）第一・２(1)①。

25)　ここでの注意点は、**第１部活用編第７章第３・１**のコラム（185頁）で指摘されている注意点と共通する。ガンジャンピングにおいては、企業結合には至っていないがその準備段階にある状況での不当な取引制限の成否が問題となっている。業務提携・共同事業においては、企業結合とはいえないが事業者同士に一定の関係性が生まれている状況での不当な取引制限の成否が問題になっているのである。

＜図表2-3-6　提携類型ごとの競争への影響＞

	競争を促進する側面	競争を制限する側面
生産	○　規模の経済の実現，得意分野への特化，技術・ノウハウの補完等によるコスト削減等	○　共同生産等による生産数量等に係る意思決定の一体化の可能性 ○　コスト構造が近くなり価格競争の余地が減少する可能性 ○　価格・生産品種等の調整の可能性
販売	○　流通網の相互補完等によるコスト削減，新規市場への進出の時間短縮等	○　共同販売等による価格・販売数量等に係る意思決定の一体化の可能性 ○　販売地域等の制限の可能性
購入	○　購入単位の拡大によるコスト削減等	○　購入市場における競争に影響を与える可能性 ○　コスト構造が近くなり価格競争の余地が減少する可能性 ○　購入数量に関する情報の共有による生産数量等の制限の可能性
物流	○　交錯輸送の排除，物流ネットワークの共同化等によるコスト削減等	○　コスト構造が近くなり価格競争の余地が減少する可能性 ○　価格・販売数量等の情報の共有による競争制限の可能性 ○　販売地域等の制限の可能性
研究	○　技術・ノウハウの統合によるコスト削減，リスク分散，期間短縮等	○　競争を制限する場合は少ない。なお，早い段階での研究開発の成果が将来の製品市場における競争に大きな影響を与える場合，技術開発をめぐる競争に影響を与える可能性
技術	○　技術の相互補完による効率的な利用等	○　業務提携非参加事業者に対するライセンスの拒否による競争業者の排除の可能性 ○　技術ライセンスに付随して，価格，販売数量，販売地域等の制限が行われる可能性 ○　コスト構造が近くなり価格競争の余地が減少する可能性
標準	○　競争基盤の整備による新規参入促進，新規市場発展，生産効率向上等	○　作成された標準へのアクセスの制限等による競争業者の排除の可能性 ○　価格等の情報の共有による競争制限行為の可能性

出典：公正取引委員会事務総局「業務提携と企業間競争に関する実態調査報告書」（平成14年２月）

26）業務共通化割合が大きいほど、参加事業者間のコスト構造が近づき競争の余地が小さくなるといわれる。しかし、業務共通化割合が大きいということは、同時に効率化の程度が大きいということでもあり、競争促進効果がより大きくなることを意味する。シェアの問題と同様に総合考慮の一要素と考えるべきであろう（内田清人＝笹野司「独禁法の道標――事業提携・共同事業のチェックポイント」Business Law Journal 2013年12月号82頁参照）。

④　実施期間

合併等の企業結合とは異なり、業務提携・共同事業については、限時的なものも考えられる。その場合には、提携・共同化解消後における競争の可能性を考慮要素とすることができる。

⑤　市場の状況

業務提携・共同事業への参加事業者以外に市場に有力な競争事業者が存在するか、新規参入の容易性があるか、輸入圧力があるか、需要者による取引先変更の容易性があるか等その他もろもろの市場状況も考慮要素となる。その内容は概ね企業結合審査に際しての考慮事項と重なる（前記**第3・2(5)**⑤参照）。

第13　不公正な取引方法

1　不公正な取引方法とは

不公正な取引方法は、(a)独禁法2条9項1号から5号までに規定される法定5類型（供給に係る共同の取引拒絶、差別対価、不当廉売、再販売価格の拘束及び優越的地位の濫用）と(b)独禁法2条9項6号のイからへのいずれかに該当する行為であって、公正競争阻害性を有するもののうち、公正取引委員会が指定するものとから成る。(b)の指定には、すべての業種に適用される「不公正な取引方法」（一般指定）[27]と特定の業種に適用される特殊指定[28]とがある。

一般指定で規定されているのは、(i)購入に係る共同の取引拒絶（一般指定1項）、(ii)その他の取引拒絶（同2項）、(iii)独禁法本法で規定される行為以外の差別対価（同3項）、(iv)取引条件等の差別取扱い（同4項）、(v)事業者団体における差別取扱い等（同5項）、(vi)独禁法本法で規定される行為

27）　昭和57年6月18日公正取引委員会告示第15号（最終改正平成21年10月28日公正取引委員会告示第18号）。

28）　新聞業における特定の不公正な取引方法（平成11年7月21日公正取引委員会告示第9号）、特定荷主が物品の運送又は保管を委託する場合の特定の不公正な取引方法（平成16年3月8日公正取引委員会告示第1号。最終改正平成18年3月27日公正取引委員会告示第5号）、大規模小売業者による納入業者との取引における特定の不公正な取引方法（平成17年5月13日公正取引委員会告示第11号）の3つがある。

以外の不当廉売（同６項）、(vii)不当高価購入（同７項）、(viii)欺瞞的顧客誘因（同８項）、(ix)不当な利益による顧客誘因（同９項）、(x)抱き合わせ販売等（同10項）、(xi)排他条件付取引（同11項）、(xii)拘束条件付取引（同12項）、(xiii)取引の相手方の役員選任への不当干渉（同13項）、(xiv)競争者に対する取引妨害（同14項）、(xv)競争会社に対する内部干渉（同15項）である。

2　不公正な取引方法の成立要件と業務提携・共同事業における検討手法

①　業務提携・共同事業において主に問題となる不公正な取引方法の類型

前記**1**のとおり、不公正な取引方法には様々なものがある。業務提携・共同事業に際して、特に問題になり得るのは、拘束条件付取引であろう。例えば、メーカーと流通業者が業務提携を行う場合に、流通業者に一定の販売方法によることを求めたり、流通業者の販売先の指定を行うことが拘束条件付取引として違法にならないかが問題になる。

また、業務提携先・共同事業の相手方に対して、自社とのみ取引することを求める場合には、排他条件付取引として違法とならないかが問題になることもある。

②　公正競争阻害性とは

不公正な取引方法に該当するか否かは、(a)各行為類型ごとに定められた行為要件、(b)公正な競争を阻害するおそれ（公正競争阻害性）があるか、によって判断される。

このうち、(b)の公正競争阻害性は、(i)事業者相互間の自由な競争が妨げられていないこと、及び事業者がその競争に参加することが妨げられていないこと（自由な競争の確保）、(ii)自由な競争が価格・品質・サービスを中心としたもの（能率競争）であることにより、自由な競争が秩序付けられていること（競争手段の公正さの確保）、(iii)取引主体が取引の諾否及び取引条件について自由かつ自主的に判断することによって取引が行われているという、自由な競争の基盤が保持されていること（自由競争基盤の確保）の３つの観点から検討されるのが一般である。排他条件付取引（一般指定11項）や拘束条件付取引（同12項）においては、主に(i)の自由競争が減殺されるおそれがないか、という点が問題とされる。

自由競争減殺が問題となる場合であっても、それを上回る正当な目的のために合理的に必要な範囲内の手段による拘束がとられる場合には、公正競争阻害性が否定されることがある。

③　排他条件付取引

排他条件付取引とは、「不当に、相手方が競争者と取引しないことを条件として当該相手方と取引し、競争者の取引の機会を減少させるおそれがあること。」である（一般指定11項）。Aがその取引先Bに対して、Aの競争業者との取引をしないようにさせると、競争業者は取引機会を失い、競争減殺が生じ得ることに着目した規制である。

逆にいえば、競争業者の取引機会が減少しないのであれば、公正競争阻害性は否定されることになる。(a)排他条件を課す行為者が市場において有力な立場[29]にあるかどうか、(b)排他条件を課される側の市場における割合が大きいかどうかを軸に、(c)対象商品・役務の特性、流通経路、差別化の程度や新規参入の難易性等を踏まえて、競争者の取引機会が減少し、他に代わり得る取引先を容易に見出すことができなくなるおそれがあるかどうかを見極めることになろう。

④　拘束条件付取引

拘束条件付取引とは、「法第2条第9項第4号又は前項に該当する行為のほか、相手方とその取引の相手方との取引その他相手方の事業活動を不当に拘束する条件をつけて、当該相手方と取引すること。」である（一般指定12項）。販売地域の拘束、販売先の拘束、販売方法の拘束などに分類される。

このうち販売地域の拘束及び販売先の拘束においては、基本的には、当該拘束により、当該商品・役務の価格維持のおそれがあるかどうかを見極めることになる[30]。

また、販売方法の拘束に関しては、(a)それなりの合理的な理由に基づくものであるか、(b)他の取引先にも同等の制限が課されているかをまず検討

29)　流通・取引慣行ガイドライン第1部第四・2及び第2部第二・2は、「市場における有力な事業者」をシェア10％以上又は上位3位以内と定義しており、同10％未満かつ上位4位以下である下位事業者や新規参入者が排他条件を課す場合には、通常、競争者の取引の機会が減少し、他に代わり得る取引先を容易に見出すことが困難となるおそれはなく、違法とはならない旨のセーフハーバー基準を示している。

し、(a)及び(b)を充足するとしても、(c)市場において競争制限的効果をもたらす例外的な事情がないかを念のため検討する、という手順となる[31)]。(c)としては、例えば、価格表示に関する拘束である場合には、「価格維持が維持されるおそれ」ありとして違法とされることが多い。

---

30)　前掲注29と同様の流通・取引慣行ガイドラインによるセーフハーバーは、販売地域の制限（拘束）の一部の類型にしか設けられていないが、その他の類型の販売地域の拘束及び販売先の拘束にも及ぼし得ることについて、内田清人「企業法務 独禁法事例コレクション(4)販売先の制限」ジュリ1465号（2014年）66頁参照。

31)　神宮司史彦『経済法20講』（勁草書房、2011年）206頁以下参照。

第４章　M&Aと知的財産権

第１　はじめに

1　知的財産権とは

知的財産基本法（平成14年法律第122号）は、「知的財産」を「発明、考案、植物の新品種、意匠、著作物その他の人間の創造的活動により生み出されるもの（発見又は解明がされた自然の法則又は現象であって、産業上の利用可能性があるものを含む）、商標、商号その他事業活動に用いられる商品又は役務を表示するもの及び営業秘密その他の事業活動に有用な技術上又は営業上の情報」と定義している。また、同法において、「知的財産権」とは、「特許権、実用新案権、育成者権、意匠権、著作権、商標権その他の知的財産に関して法令により定められた権利又は法律上保護される利益に係る権利」と定義されている。

本稿は、企業再編との関係で検討すべき課題の多い特許権、実用新案権、意匠権、著作権、営業秘密を中心に、企業再編が国内の知的財産権に及ぼす影響を概説するものである。なお、国外の知的財産権に関する法律関係については、当該知的財産権の登録国その他関連する外国の法令の検討が必要となることに留意されたい[1)]。

2　問題の所在――ライセンス契約、職務発明制度、営業秘密

(1)　企業再編が生じた場合、関係当事者間での知的財産権に関する権利義務関係に変動が生じる。中でも問題となるのは、ライセンス契約、職務発明制度[2)]及び営業秘密である。

---

1)　FM信号復調装置事件・最判平成14・9・26民集56巻7号1551頁は、特許権の効力の準拠法は、当該特許権が登録された国の法律であるとする。

(2)　ライセンス契約については、ライセンサー側に企業再編が生ずる場合と、ライセンシー側に企業再編が生ずる場合がある。いずれの場合も、ライセンス契約の帰趨が問題となる。なお、ライセンス契約に関しては、平成23年に特許権等における通常実施権の当然対抗制度の導入という重要な法改正（平成23年法律第63号）がなされている。

(3)　職務発明制度については、企業再編により特許権の帰属に変動が生じた場合に、従業者等の職務発明対価請求権がどのような影響を受けるかが問題となる。また、企業再編の結果として、従業者等に適用される職務発明規定が変更されることに伴う問題が生じる。

(4)　営業秘密に関しては、企業再編による営業秘密の流出や不正使用等を防止するための手当てが必要となる。

第２　企業再編とライセンス契約

１　ライセンサーに企業再編が生じた場合

(1)　合　併

新設合併、吸収合併いずれの場合も、消滅会社の権利義務は、すべて存続会社に包括承継される（会社法750条１項・752条１項・754条１項・756条１項）。したがって、消滅会社の保有していた知的財産権は、すべて存続会社に承継される。特許権、実用新案権、意匠権、商標権、育成者権及び回路配置利用権においては、存続会社は、遅滞なく、合併により権利を包括承継した旨を、特許庁長官（育成者権は農林水産大臣、回路配置利用権は経済産業大臣）に届け出なければならない（特許法98条２項、実用新案法26条、意匠法36条、商標法35条、種苗法32条２項、回路配置利用法４条３項）**（第３部資料編第12章１～４、13～16）**。

ライセンス契約関係においては、消滅会社のライセンサーとしての地位は存続会社に移転し、存続会社とライセンシーとの間で、従来と同一条件で契約関係が存続することになる。この地位の移転は包括承継であり、ラ

2）　同様の制度は実用新案法11条３項、意匠法15条３項、種苗法８条にも存在するが、これらを代表するものとして、特許法の職務発明制度に絞って記述する。

イセンシーの同意を要しない。ただし、ライセンサーの合併において、ライセンシーは債権者保護手続の対象となる債権者に該当する（会社法789条１項１号・799条１項１号・810条１項１号）。

ライセンス契約に合併を禁止する旨の条項や、合併を契約解除事由とする旨の条項がある場合には、ライセンシーが契約の継続を望まない場合（例えば、ライセンス技術の陳腐化等の理由で、ライセンシーにとって当該技術が不要となっている場合などが考えられる）は、ライセンシーの側から解除権を行使されることがあり得る。他方、そのような条項がない場合には、他に債務不履行を構成するような事由がない限り、ライセンシーが合併のみを理由としてライセンス契約を解除することはできないと解される。

(2)　会社分割

分割計画書や分割契約書において、知的財産権やライセンス契約が、承継会社・新設会社（以下あわせて「分割承継会社」という）への承継対象とされる場合には、知的財産権やライセンサーの地位は分割承継会社に包括承継される。特許権等について、遅滞なく特許庁長官に包括承継した旨を届け出なければならないことは、合併の場合と同様である**（第３部資料編第12章５～８、13～16）**。

他方、知的財産権やライセンス契約が、分割承継会社への承継対象とされていない場合には、知的財産権やライセンサーの地位は分割会社に残り、ライセンス契約関係に変動は生じないことになる。

なお、ライセンサーの会社分割においては、知的財産権とライセンサーの地位の帰属を分割承継会社または分割会社のいずれか一方に統一することが多いと考えられるが、知的財産権とライセンサーの地位とがそれぞれ別人格に帰属することとなるケースもあり得る。その場合のライセンシーの地位については、ライセンス契約それ自体は他人の権利のライセンス契約として有効と考えられるし（民法559条・560条。ただし、無償である場合、直接適用はできない）、権利行使に対しては後述する通常実施権の当然対抗制度や権利濫用論によりライセンシーの地位は保護され得ると考えられるが、疑義を生じないようにするためには、予め関係当事者間の契約によりライセンス契約関係の処理について定めておくべきであろう。

ライセンサーの会社分割において、分割承継会社がライセンサーの地位を承継する場合には、ライセンシーは会社分割後、分割会社に対してライセンス契約上の債務の履行を請求できないこととなる。したがって、この場合、ライセンシーは債権者保護手続の対象となる債権者に該当する（会社法789条１項２号・799条１項２号・810条１項２号）。

ライセンサーの会社分割を理由として、ライセンシーがライセンス契約を解除することの可否については、合併の項（上記(1)）で述べたところと同様であり、会社分割を契約解除事由とする旨の条項がない場合には、他に債務不履行を構成するような事情がない限り、ライセンシーがライセンサーの会社分割のみを理由としてライセンス契約を解除することはできないと解される。

(3)　株式交換・株式移転

株式交換及び株式移転の場合、会社の支配関係に変動を生ずるだけであり、会社の対外的な権利義務関係には変動を生じない。したがって、株式交換や株式移転によっては、知的財産権の帰属やライセンス契約の当事者に変動を生じない。ただし、ライセンス契約の当事者である会社の支配関係に変動が生じた場合に契約の解除を認める、いわゆる Change of Control（COC）条項が存在する場合には、ライセンシーの側から株式交換や株式移転を理由とする解除権を行使されることがあり得る。他方、COC 条項など解除権の根拠となる契約規定がない場合には、他に債務不履行を構成するような事由がない限り、ライセンシーはライセンサーの株式交換・株式移転のみを理由としてライセンス契約を解除することはできないと解される。

(4)　事業譲渡

①　特許権、実用新案権、意匠権

事業譲渡に伴い、特許権、実用新案権、意匠権を譲受人に移転する場合、権利の移転を登録しなければ移転の効力が生じない（特許法98条１項１号、実用新案法26条、意匠法36条）**（第３部資料編第12章９～11、13～15）**。

ライセンス契約の対象となっている権利の移転に当たっては、ライセンシーの同意がなくても、権利移転の効力は否定されない。ただし、ライセンス契約に権利の移転を禁止する条項がある場合、譲渡人はライセンシー

に対して債務不履行責任を負う。

ライセンス契約の対象となっている権利が第三者に移転された場合に、ライセンシーの地位を対象権利の譲受人に対抗できるか否かという問題点については、平成23年に重要な法改正がなされた。すなわち、平成23年の特許法等の一部改正[3)]では、特許権、実用新案権及び意匠権について、通常実施権の当然対抗制度（特許法99条、実用新案法19条、意匠法28条）が設けられた。改正法により、事業譲渡に伴ってライセンサーが第三者である譲受人に特許権等を譲渡した場合でも、ライセンシーは譲受人に対してライセンス契約の存在を当然に対抗することができることとなった。このような通常実施権の当然対抗制度が導入されたことにより、知的財産に関するデューディリジェンスの重要性は従来よりも増したといえる。また、事業譲渡の契約において、ライセンス契約の存否に関する表明保証の条項を設けておくことも必須となろう。

ライセンシーによるライセンス契約の対抗の可否の問題とは別に、事業譲渡に伴って特許権等が移転された場合に、ライセンシーの承諾なしにライセンサーの地位が譲受人に当然に移転すると解すべきか否かが問題となる。学説は、当然に承継されるとする当然承継説、ライセンシーの承諾がない限り承継されないとする承継否定説、及び、承継を前提としつつ一部の条項について当然承継を否定する折衷説に分かれている。この点について判断した裁判例は未だ存在しない状況である。仮に承継否定説の立場に立った場合には、ライセンサーの地位は譲渡人にとどまるので、ライセンス料の支払等のライセンシーの義務の履行は、譲渡人に対して行えば足りることになる。この場合、特許権等の譲受人がライセンス料を受領するためには、支払われたライセンス料を譲受人から受領する、あるいは、譲受人からライセンス料債権の譲渡を受け、債務者であるライセンシーに対する対抗要件（民法467条１項の通知又は承諾。なお、債務者以外の第三者に対抗するためには、通知又は承諾は確定日付ある証書によってする必要がある（民法467条２項）。）を備えるといった手当が必要となる。判例・学説の帰一しない現状では、複雑な事態を避けるために、特許権等の譲渡の際に譲受

3）　平成23年法律第63号。平成24年４月１日より施行。改正法の規定は、改正法施行の際に現に存在する通常実施権にも適用される。

人、譲渡人及びライセンシーとの間で契約を締結しておくことが推奨される。

②　商標権、育成者権、回路配置利用権

商標権及び育成者権の移転は登録が効力要件であり（商標法35条、種苗法32条1項1号）、回路配置利用権の移転は登録が対抗要件である（回路配置利用法21条1項1号）**（第3部資料編第12章12、16）**。

商標権、育成者権、回路配置利用権についてライセンス契約がある場合、ライセンシーの同意がなくても、権利移転の効力は否定されない。ただし、ライセンス契約に権利の移転を禁止する条項がある場合、譲渡人はライセンシーに対して債務不履行責任を負う。

これらの権利には、通常使用権の当然対抗制度は導入されず、従来どおりの通常使用権の登録制度が維持されている。したがって、通常使用権の登録がなされていない場合には、ライセンシーは第三者である権利の譲受人に対してライセンス契約を対抗することができないことになる（商標法31条4項、種苗法32条3項、回路配置利用法21条2項）。

③　著作権など

著作権については、権利の移転は当事者間の意思表示のみで行うことができ、権利移転の効力を発生させるために登録等の特別の手続を経ることを要しない。著作権の移転についての登録は第三者対抗要件であって（著作権法77条1号）、効力要件ではない。

ライセンス契約の対象である権利の移転について、ライセンシーの同意がなくても権利移転の効力は否定されないが、ライセンス契約に権利の移転を禁止する条項がある場合、譲渡人はライセンシーに対して債務不履行責任を負う。

著作権の譲渡においては、著作権法61条2項の規定に注意を要する。すなわち、著作権を譲渡する契約において、譲渡の目的として翻案権（著作権法27条）及び二次的著作物に対する原著作者の権利（同法28条）が譲渡の目的として特掲されていない場合には、これらの権利は譲渡人の下に留保されたものと推定される。「特掲」とは、「著作権の全部」等の抽象的表現では足りず、「著作権法27条及び28条の権利」等と明記することを要すると解されている。例えば、ソフトウェアについて、翻案権が譲渡の目的として特掲されず、事業の譲受人に移転されていないと解される場合、譲受人においてプログラムの改変利用に支障を生ずることになってしまう。なお、プログラムの著作権の譲渡に関しては、プログラムのソースコードがなければ、後の改変利用等は事実上不可能となるので、予めソースコードを受領しておくことも実務的に重要である。また、プログラムの改変利用に当たっては著作者人格権の１つである同一性保持権（著作権法20条）との関係にも注意を要する。著作者人格権は一身専属権であり譲渡が不能であるので（著作権法59条）、著作権の譲受人としては、著作者人格権の不行使の条項を事業譲渡の契約に盛り込んでおくことが必要である。

著作権のライセンス契約の場合、権利移転登録を得た譲受人に対して、ライセンシーはライセンス契約を対抗することができない[4)]。また、ノウハウ・営業秘密など、通常使用権の登録制度のない権利の場合、ライセンシーが権利の譲受人に対してライセンス契約を対抗する手段は存在しないこととなる。そのため、ライセンシーの自衛手段として、ライセンサーが権利を第三者に移転することを禁止する条項や先買権の条項をライセンス契約に盛り込むことも実務上行われている。もっとも、条項に違反して権利が第三者に移転された場合の効果は、ライセンサーに対して債務不履行責任を追及し得るにとどまる。

2　ライセンシーに企業再編が生じた場合

⑴　合　併

合併により、ライセンシーの地位は存続会社に包括承継される。合併による契約上の地位の移転は包括承継であり、ライセンシーの地位の移転についてライセンサーの同意は不要である。ただし、ライセンシーの合併においては、ライセンサーは債権者保護手続の対象となる債権者に該当する（会社法789条１項１号・799条１項１号・810条１項１号）。

ライセンサーとしては、競争者がライセンシーを吸収合併したような場合に、合併を理由としてライセンス契約を解除できるかが問題となるが、

---

4)　ただし、ライセンシーは権利移転登録の欠缺を主張する正当な利益を有する第三者に当たるから、権利移転登録を得ていない著作権の譲受人は、ライセンシーが背信的悪意者でない限り、ライセンシーに対して著作権者であることを主張できない（著作権の移転登録に関して背信的悪意者排除論を適用した事例として、Von Dutch 事件・知財高判平成20・３・27公刊物未登載）。

ライセンス契約に合併を禁止する条項や合併を契約解除事由とする条項が設けられていない場合には、他に債務不履行を構成するような事由がない限り、ライセンサーが合併のみを理由としてライセンス契約を解除することはできないと解される。

(2)　会社分割

分割計画書や分割契約書において、ライセンス契約が分割承継会社への承継対象とされている場合には、ライセンシーの地位が分割承継会社に包括承継される。承継対象とされていない場合には、ライセンス契約は分割会社との間に従前どおり存続する。ライセンシーの会社分割において、分割承継会社がライセンシーの地位を承継する場合には、ライセンサーは会社分割後、分割会社に対してライセンス契約上の債務の履行を請求できないこととなる。したがって、この場合、ライセンシーは債権者保護手続の対象となる債権者に該当する（会社法789条１項２号・799条１項２号・810条１項２号）。

会社分割を理由とするライセンサーによるライセンス契約の解除の可否については、合併の項（上記(1)）で述べたところと同様であり、ライセンス契約に会社分割を禁止する条項や会社分割を契約解除事由とする条項が設けられていない場合には、他に債務不履行を構成するような事由がない限り、ライセンサーがライセンシーの会社分割のみを理由としてライセンス契約を解除することはできないと解される。

(3)　株式交換・株式移転

株式交換・株式移転はライセンシーの会社支配関係を変動させるにすぎない。したがって、ライセンス契約は当事者間で従前のまま存続する。しかし、ライセンサーの競業者が、株式交換によってライセンシーを完全子会社としたような場合には、ライセンサーが不利益を被る。そこで、ライセンサーとしては、ライセンシーの会社支配権に変動を生じた場合にライセンス契約を解除できるようにするため、いわゆるChange of Control（COC）条項をライセンス契約に設けておくことが重要である。COC条項など解除権の根拠となる契約規定がない場合には、他に債務不履行を構成するような事由がない限り、株式交換や株式移転のみを理由としてライセンサーが契約を解除することはできないと解される。

⑷　事業譲渡

事業譲渡は、包括承継である合併や会社分割とは異なり、特定承継である。したがって、事業譲渡によるライセンシーの地位の譲渡に当たっては、ライセンス契約の他方当事者であるライセンサーの承諾を要するのが契約法上の原則である。例外として、特許の通常実施権については、実施の事業とともに通常実施権を譲受人に移転することは、特許権者の承諾を得なくても可能である（特許法94条１項。実用新案法24条１項、意匠法34条１項、種苗法29条１項、半導体回路配置保護法17条３項も同旨）。これらの規定は強行法規であると解されており、学説上はこれらの規定に反するような契約の定めは無効であるとの見解もあるが、実務上は、特許権者の意に添わない者に事業譲渡とともに通常実施権が移転することを防止することを目的として、合併や事業譲渡の場合を含め、COC 条項など、契約当事者の経営形態に変更が生じた場合を想定した解除事由を、予めライセンス契約に定めておくことが行われている。

第３　企業再編と職務発明制度

１　問題点

使用者等に企業再編が生じた場合、使用者等と従業者等との間の関係に変動を生ずることとなり、これに伴って従業者等の対価請求権に関わる法律関係について、検討すべきいくつかの問題点が生じる。具体的には、対価支払義務の帰趨、相当な対価の算定方法、職務発明規程の不利益変更の可否である。株式交換・移転の場合は、会社の支配権に変動があるだけであり、対価請求権には影響を及ぼさないと考えられる。

コラム：職務発明対価請求権の債権者である従業者等は、合併等について異議を述べることができる債権者に当たるか

企業再編と職務発明制度との関係については、職務発明対価請求権の債権者である従業者等が合併等について異議を述べることができる債権者に当たるかという問題がある。

学説上、異議を述べることができる債権者の範囲は、金銭債権者には限られないが、弁済・担保提供等の方法により保護し得る債権を有する者に限られ、将来の労働契約上の債権、継続的供給契約上の将来の債権等の債権者は、これに含まれないと解されている[5)]。

この点、オリンパス事件上告審判決（最判平成15・4・22民集57巻4号477頁）は、職務発明対価請求権の発生時期について、「職務発明について特許を受ける権利等を使用者等に承継させる旨を定めた勤務規則等がある場合においては、従業者等は、当該勤務規則等により、特許を受ける権利等を使用者等に承継させたときに、相当の対価の支払いを受ける権利を取得する（特許法35条3項)。」と判示している。

したがって、職務発明対価請求権を、将来の労働契約上の債権や、継続的供給契約上の将来の債権等と同列に考えることができるかどうかについては、理論的には疑問の余地も残る[6)]。

しかし、例えば、従業員等に対して各年度ごとに実績報奨金を支払い続けているような場合には、弁済や担保提供等（会社法799条5項等）は使用者等にとって困難である。よって、職務発明対価の額が確定し当事者間に争いのない場合を除いては、職務発明対価請求権の債権者である従業者等は異議を述べることのできる債権者には該当しないと解するのが妥当ではないだろうか。

2　合　併

(1)　対価支払義務の帰趨

使用者等が合併の当事者となった場合、対価の支払義務は存続会社に包括承継され、従業者等は存続会社から対価の支払いを受けることになる。

(2)　相当な対価の算定方法

合併により特許実施品の売上が増大した場合、増大分は特許法35条5項の「使用者等が受けるべき利益」に反映されるべきかが問題となる。「使用者等が受けるべき利益」は特許権等の保有によって発明の実施を排

5)　江頭憲治郎『株式会社法〔第5版〕』（有斐閣、2014年）693頁。

6)　飯塚卓也編著『徹底解析職務発明〔別冊 NBL105号〕』（商事法務、2005年）116〜117頁は、職務発明対価請求権の債権者である従業者等は債権者保護手続の対象として扱わざるを得ないとする。

他的に独占することで得られる独占の利益と解されている。したがって、売上げの増大が、合併による販路の拡大、製造能力の拡大等の効果によるものにすぎない場合は、増大分は「使用者等が受けるべき利益」に反映されるべきではないと解される。

(3)　職務発明規程の不利益変更の可否

合併後、従業員等に適用される職務発明規程が統一される場合、例えば、存続会社の統一後の職務発明規程における対価の算定基準が、消滅会社のそれより従業者等に不利であった場合など、従業者等に適用される職務発明規定の不利益変更が生ずることがあるが、このような不利益変更が許されるかが問題となる。

この点、労働契約法は、就業規則に関して、原則として労働者との合意なく就業規則の変更による労働条件の不利益変更はできないが（同法９条)、例外として、使用者が就業規則の変更により労働条件を変更する場合において、変更後の就業規則を労働者に周知させ、かつ、就業規則の変更が、労働者の受ける不利益の程度、労働条件の変更の必要性、変更後の就業規則の内容の相当性、労働組合等との交渉の状況その他の就業規則の変更に係る事情に照らして合理的なものであるときは、不利益変更も許されると規定している（同法10条)。労働契約法制定以前のケースである秋北バス事件最高裁判決（最大判昭和43・12・25民集22巻13号3459頁）は、使用者が、新たな就業規則の作成または変更によって、労働者の既得の権利を奪い、労働者に不利益な労働条件を一方的に課することは、原則として、許されないが、当該規則条項が合理的なものである限り、個々の労働者において、これに同意しないことを理由として、その適用を拒むことは許されないと判示している。

就業規則とは、事業経営の必要上、職場規律や労働条件に関して制定した規則類をいうとされており[5)]、この定義によれば職務発明規程も就業規則に該当すると解される。したがって、職務発明規程についても、職務発明の対価請求権を有する従業者等に対して、存続会社の職務発明規定の周知、当該従業者等の意見聴取、協議等の措置をとることにより、労働契約

7)　菅野和夫『労働法〔第10版〕』（弘文堂、2012年）126頁。

法10条にいう合理性を確保することが必要と考えられる。**第３部資料編第12章12〜17**は従業者等に対してこれらの措置をとった後に従業者等より徴収することを想定した確認書である。ただし、この確認書は合理性担保のための一資料にとどまり、それ以上に強い法的効力を発揮するものではないことに注意を要する。

３　会社分割

(1)　対価支払義務の帰趨

会社分割において職務発明の対価の支払義務が分割会社と分割承継会社のいずれに承継されるかは、分割計画書や分割契約書の記載によって決せられる。したがって、分割計画書や分割契約書において対価支払義務が承継対象債務として記載されている場合には、従業者等は分割承継会社に対して対価を請求できる。対価支払義務が承継対象債務として記載されていない場合は、従業者等は分割会社に対して対価を請求できることになる。

(2)　相当な対価の算定方法

会社分割においては、従業者等との労働契約、特許権及び従業者等に対する対価支払義務の帰趨は、分割計画書や分割契約書において承継対象として記載されるか否かによって決せられる。その結果、従業者等との労働契約と、特許権及び従業者等に対する対価支払義務とが、分割会社と分割承継会社との間で別々に承継される事態も生じ得る。例えば、特許権等は分割承継会社に承継されるが、従業者等との労働契約及び従業者等に対する対価支払義務は分割会社に留保される場合が考えられる。また、特許権及び従業者等との労働契約が分割承継会社に承継され、対価支払義務のみが分割会社に留保される場合も考えられる。

これらの場合に、会社分割後の対価算定の基礎となる「使用者等が受けるべき利益」をどのように考えるかは難しい問題である。(i)会社分割時に分割会社が取得する分割承継会社の株式の価値のうち当該特許が占める割合を「使用者等が受けるべき利益」として相当な対価を算出する、(ii)会社分割前の特許の実施品の売上高の推移をもとに会社分割を行わなければ分割会社が得られたであろう売上高を推定して「使用者等が受けるべき利益」を算出する、(iii)分割承継会社における特許の実施品の売上高を基礎として「使用者等が受けるべき利益」を算出する、などの工夫が考えられるところであり、各々の実情に応じた算定方法を採用すべきであろう。

(3)　職務発明規程の不利益変更の可否

職務発明対価の支払義務が分割承継会社に承継され、承継後の対価を分割承継会社の職務発明規定に基づいて算出することとする場合には、分割承継会社の職務発明規程における対価の算定基準が分割会社のそれより従業者等に不利であった場合など、従業者等に適用される職務発明規定の不利益変更が許されるかが問題となる。合併において述べたところと同様に、従業者等に対して、分割承継会社の職務発明規定の周知、当該従業者等の意見聴取、協議等、不利益変更の合理性を確保するための措置が必要と考えられる（**第３部資料編第12章12～17**）。

4　特許権とともに事業を譲渡する場合

(1)　対価支払義務の帰趨

特許権とともに事業を譲渡する場合、職務発明対価の支払義務を負っているのは譲渡人であり、譲受人は対価の支払義務を負わないのが原則である。ただし、譲受人が債務引受をした場合、商号を続用する場合（商法17条１項。ただし、同条２項の場合、譲受人は譲渡人の債務を弁済する責任を負わない）、及び、譲受人が債務引受広告をした場合（商法18条）には、例外的に、譲受人も対価の支払義務を負うことになる。譲受人が対価支払義務を負う場合であっても、免責的債務引受の場合でない限り、譲渡人は対価支払義務を免れることはできない。

(2)　相当な対価の算定方法

特許権とともに事業を譲渡する場合に、相当な対価の算定の基礎となる使用者等が受けるべき利益を算定する方法としては、(i)事業譲渡時に譲渡人が取得する対価の一部を特許権の対価とみて、これを「使用者等が受けるべき利益」として相当な対価を算出する方法が考えられる。また、(ii)事業譲渡前の特許の実施品の売上高の推移をもとに、事業譲渡を行わなければ譲渡人が得られたであろう売上高を推定して「使用者等が受けるべき利益」を算出することも考えられよう。

もっとも、温水器用ステンレス鋼製缶体事件判決（東京地判平成16・９・30判時1880号84頁）は、傍論ではあるが、特許権の存続期間中に使用者が特許権を第三者に譲渡したときは、使用者は、相当対価につき、特許権の当該譲渡により得るべき利益（その時点における当該特許権の評価額）に対応する分の支払いを最後として、その後は従業者に対する相当対価の支払いを要しないと判示している。

(3)　職務発明規程の不利益変更の可否

特許権とともに事業を譲渡して、職務発明対価の支払義務を譲受人が負うこととし、事業譲渡後の対価を譲受人の職務発明規定に基づいて算出することとする場合には、従業者等に適用される職務発明規定の不利益変更が許されるかが問題となる。労働契約法10条の規定等に照らし、従業者等に対して、譲受人の職務発明規定の周知、当該従業者等の意見聴取、協議等、不利益変更の合理性を確保するための措置が必要と考えられる**（第３部資料編第12章12〜17）**。

第４　企業再編と営業秘密

営業秘密の被開示者に企業再編が生じた場合、競業者に営業秘密が漏えいする事態が生じ得る。例えば、営業秘密の被開示者を競業者が吸収合併するような場合が典型である。

このような場合、法の規定としては、不正競争防止法２条１項７号の適用も考えられるが、同号を適用するためには、不正の利益を得る目的又は損害を加える目的という要件を満たす必要がある。また、合併や会社分割の場合、包括承継が「その営業秘密を示された場合」に該当するといえるかは疑問である。

よって、被開示者の企業再編に備え、秘密保持契約などの営業秘密を開示する際の契約において、合併等の際の事前通知義務や、合併等に当たっての秘密情報の返却・廃棄等の措置を規定しておくことが有用である。

第5章　M&Aの労務

第1　M&Aと労働問題

M&Aにおいて検討すべき労働問題としては、まず、企業間における人の異動（労働契約の承継）がある。また、これと関連する事象として、余剰人員の整理が課題となることがある。次に、労働条件の統一・変更が必須となるが、その場合、すべてを高い水準に合わせるわけにはいかず、程度の差はあれ不利益変更の問題が生じることは避けがたい。

さらに組合対応の問題がある。労使関係は、安定しているところ、対立中のところと、企業により千差万別であり、一律には論じられないが、労働組合対応も重要かつ困難な課題となり得る。

労働契約に関して直接影響を及ぼすのは、合併、会社分割、事業譲渡と考えられるため、本章では主としてこの3つについて説明し（なお、労働条件変更について、詳細は**第1部活用編第7章第5**に説明する）、各事業再編の方法に共通する問題として、最後に労使関係上の問題について検討することとする。

第2　合　併

1　合併と包括承継

合併には吸収合併と新設合併があるが、いずれの場合も、解散会社のすべての権利義務が存続会社又は新設会社に包括的に承継されることになる（会社法750条・754条）。労働契約についても例外ではない。解散会社のすべての労働者の労働契約関係は、契約内容（労働条件）もそのまま、存続会社又は新設会社に承継される。

後述のとおり、事業譲渡の場合には、転籍について、労働者の個別同意が必要であるが、合併の場合には、本人が同意するか否かにかかわらず、当然に承継される。また、会社分割においては、労働者保護の観点から、承継について一定のルールと手続（協議や通知）が定められているが、合併にあって労働契約承継について特段の手続は必要ない。

以上の次第で、合併の場合には、労働契約の承継や労働条件について、基本的には法的な問題は生じない。しかし、実務的には、余剰人員を生じることになり、合併の前後において人員削減の施策を要する場合がある。また、労働条件も、両社の条件のすり合わせ、人事制度、賃金制度等の統一が必要となる。

２　余剰人員

合併に際して、労働契約は当然に承継されるとはいうものの、企業組織が大きく変更される中で、企業として全員は抱えきれないということも生じ得る。そのため、合併に先立って、人員の削減を求められる場合、あるいは合併後に削減やむなしとなることもある。しかし、合併を理由にすれば、当然に整理解雇が認められるということではなく、整理解雇の法理（整理解雇の４要素あるいは４要件）に照らしてその可否が判断される。我が国では解雇規制が厳格である上、整理解雇については、労働者の責に帰すべき事由のない解雇であるとして、労働者保護の要請が強く、一般論として、整理解雇が有効と認められることは困難である。

⑴　整理解雇の４要素

整理解雇に関しても、解雇に関する一般的規制である解雇権濫用法理（労働契約法16条）や、有期契約の期間途中解雇（同法17条１項。やむを得ない事由が必要、16条の解雇権濫用法理よりなお解雇有効とされる範囲は狭いとされる）が適用になる。期間満了で更新しない場合には雇止の問題となる（同法19条）。

そして、解雇権濫用法理を整理解雇の場面に適用した判例の積み重ねにより、判例法理として「整理解雇の４要素」のルールが形成されているので、整理解雇の可否はこれにより判断されることになる。

４要素については、一般には次の４つが挙げられている。

(i)　**人員整理の必要性**：人員整理の経営上の必要性が存すること（企業が高度の経営危機下にあって、人員削減が避けられない場合であることなど）。
(ii)　**解雇対象者の人選の合理性**：解雇対象者の人選基準が客観的かつ合理的であり、これを公正に適用していること。
(iii)　**解雇回避のための努力をしたこと**：経費削減、役員報酬カット、残業規制、退職者不補充、新規採用抑制、配転、出向、希望退職の募集など他の手段によって解雇を避ける努力をしたこと。
(iv)　**適正手続**：労働組合と誠意をもって協議したこと、組合がない場合も従業員に誠意をもって説明したこと。

この４項目については、総合判断の「要素」なのか、１つでも欠ければただちに解雇が無効になるという趣旨で、「要件」なのかという議論がある。理論的に要素説が正しいと考えるが、いずれにせよ、一般的には上記４項目を具備する必要があるといえる。

(2)　解雇回避努力

解雇回避努力は解雇の効力を左右する重要なポイントである。人員整理は、責に帰すべき事由のない労働者の生活の基盤を奪うものとされ、企業には、解雇を避けるための努力をすることが要求される。

希望退職の募集は、退職とはいえ雇用が終了することに変わりはないものの、解雇そのものは回避されること、また、退職割増金の支給や再就職支援により、雇用終了後の労働者の生活に配慮するという点で、企業の努力の一環として評価されることになる。もとより、できることには限度があるので、企業の置かれた当該状況の下で労使の信義則上相当と認められる範囲の手段を尽くすことで足りるとされるが、希望退職募集については、これを実施していない場合、解雇回避努力が不十分だとして、整理解雇を無効とした例も散見される。避けて通れない施策といえよう。

なお、近年の裁判例においては、人員整理の必要性について、企業の経営判断を尊重する傾向がある。ただし、それは、解雇回避措置との兼ね合いという面もある。経営悪化が危機的状況にまでは至っておらず、予防的に、あるいは戦略的に人員削減をしようとする場合は、解雇回避努力について、例えば希望退職募集の退職金割増について、できる限りの努力が要求されることになる。

上記4要素は確立した判例法理といえるが、我が国の解雇法理にあっては、はたして解雇が有効とされるのかどうか、法的な予見可能性がないとの批判が強い。整理解雇をして、結果の予見可能性もないまま、合併早々、紛争を抱えるようなことは、実務的にはなしがたい。仮に、何年もかかって最高裁で会社の勝訴判決が確定したとしても、それに費やした時間とエネルギー、費用を、合併後の事業展開に投入した方が、解雇有効の勝訴判決などよりよほど有益だったはずである。要するに、一方的な整理解雇は現実的でなく、早期退職募集、希望退職募集により、いかに円満に人員削減できるかが正念場である。

3　労働条件の統一

(1)　不利益変更の問題

合併の場合、権利義務は包括的に承継されるから、労働条件はそのまま維持されるのが原則である。しかし、そうはいっても労働条件、人事制度等の統一が必要であり、労働条件の統一が図られる場合、すべての労働条件について有利な方に合わせるというわけにはいかないので、不利益変更も生じ得る。

労働条件の変更方法は、当該労働条件が何によって設定されているかで異なることになる。労働者本人が納得しているとしても、個別同意よりも労働協約や就業規則が優先するから（労働組合法16条、労働基準法92条、労働契約法12条・13条）、やはり協約や就業規則の改正作業が必要である。労働協約は、就業規則よりも優先するから、労働協約の改訂を放置して、就業規則だけ改訂しても組合員に対する効力はない。このように、当該労働条件が何によって定められているかによって、何をどのような順番で変更するか、手順等が異なることになるので、留意する必要がある。

労働協約による労働条件の変更については、後述のとおり、労使の自治を尊重する趣旨で、仮に不利益変更であっても、原則として有効とされる。最高裁判例は、労働協約が、特定の又は一部の組合員をことさら不利益に取り扱うことを目的として締結されたなど、労働組合の目的を逸脱して締結された場合でない限り、有効であるとしている（朝日火災海上保険（石堂）事件・最判平成9・3・27判時1607号131頁）。

就業規則による労働条件の不利益変更については、労働契約法9条、10条に規定がある。就業規則の変更に同意があれば、不利益変更であっても問題はないが（9条）、同意のない場合には、変更後の就業規則を労働者に周知させ、かつ、変更の合理性があることが必要である（10条）。変更の合理性は、「労働者の受ける不利益の程度、労働条件の変更の必要性、変更後の就業規則の内容の相当性、労働組合等との交渉の状況その他の就業規則の変更に係る事情に照らして」判断されることになる（10条）。労働条件の変更について、詳細は**第1部活用編第7章第5**に述べる。

第3　会社分割

1　会社分割制度と労働契約承継法

会社分割には「吸収分割」（会社法2条29号・757条～761条・782条～802条）と「新設分割」（同法2条30号・762条～766条・803条～816条）との2種類があるが、いずれにせよ、会社分割における権利義務の承継は、合併の場合と同様、包括承継（一般承継）とされている。したがって、本来は、労働契約も分割契約書・分割計画書の記載のまま当然に承継されることになる。しかし、それでは労働者の保護に欠けるおそれがあるとされ、会社分割に伴う労働契約の承継等に関する法律（以下「労働契約承継法」という）が定められた。同法は、会社分割における労働契約承継のルール及びその際の手続的保護（協議、通知等）を定めたものである。また、商法等の一部を改正する法律（平成12年法律第90号の附則。以下「附則」という）にも、労働者保護の観点から、会社分割の際の個別協議が定められている（附則5条1項）。後述のとおり、この個別協議がなされていない場合には、分割による労働契約承継の無効を主張し得るとされる（日本アイ・ビー・エム事件・最判平成22・7・12民集64巻5号1333頁）。

なお、「分割会社及び承継会社等が講ずべき当該分割会社が締結している労働契約及び労働協約の承継に関する措置の適切な実施を図るための指針」が定められており、実務対応の参考になる（平成12年労働省告示第127号）。

２　労働契約承継法の概要

⑴　承継のルール（労働契約承継法３条～５条）

会社分割においては、分割計画書等において承継させる権利義務の範囲を定めることになる。労働契約についても他の権利義務と同じく、分割計画書等に、承継する労働契約を記載するが、しかし、労働契約の場合には会社が自由自在に決定できるというわけではない（分割計画書等に記載することはできるが、次に述べるとおり最後は本人の意思に委ねられる場合がある)。

労働者を、今まで従事していた仕事と一緒に承継する場合には、本人の同意は不要であり、いわば会社の一存で決めることができるが、従前の仕事から一方的に切り離すことはできない。そのような結果になる場合には、当該労働者は異議を申し出ることができ、異議の申出があればそのような承継（あるいは残留させること）はできない。正当な理由や業務上の必要性のいかんにかかわらず、異議の申出があれば効果が生じることになる。具体的には次のとおりである。

①　「承継される事業に主として従事する労働者」

このような労働者については、会社がこの労働者にかかる労働契約を承継しようとすれば、労働者の個別同意なしに承継することができる。しかし、逆に、このような労働者に残ってもらおうとする場合、労働者からは異議の申出ができ、異義が出ると当該労働契約は承継されることになる。もちろん、労働者としては、異義の申出をせず、会社の意向のとおり残ることもできる。

②　「承継される事業に主として従事しない者」

このような労働者については、残留とされた場合、異義の申出はできない。そのまま残ることになる。逆に、労働契約を承継するとされた場合には、異義を申し出て残ることができる。もちろん、会社の意向のとおり承継されることを選択することもできる。

なお、従事される事業に、それまで全く従事していなかった者についても、この労働契約承継法が適用される。「主として従事しない者」としての手続の対象とすることにより、異議がなければ承継するという扱いが可能である。なお、会社分割の手続によらずに、「転籍」により当該労働者の労働契約を承継会社等に承継させることもある。この場合には、民法625条１項が適用され、転籍について当該労働者の個別の承諾を得る必要がある。

⑵　「主として従事する者」の判断基準

承継される事業に主として従事しているか否かは、原則として分割計画書等を作成する時点を基準として判断される（労働契約承継法施行規則２条１号）。その時点で、承継される事業にもっぱら従事する労働者は、承継事業に主として従事する者である。

また、承継事業の仕事も、それ以外の仕事もしている場合には、それぞれの事業に従事する時間や、それぞれの事業において当該労働者の果たしている役割等を総合的に判断して、承継される事業に主として従事しているか否かが決定される。労働者が、いわゆる間接部門に従事している場合で、時間や役割では判断できないときは、分割会社に勤務している者の多数が承継されるなら、当該労働者も承継される。つまり、当該判断することができない労働者を除いた分割会社の雇用する労働者の過半数の労働者について、その労働契約が承継される場合は、当該労働者も、主として従事する者に該当するとされる（労働契約承継法指針（以下「指針」という）第2-2-⑶-イ-(ロ)(ハ))。

⑶　承継の手続

①　労働者の理解と協力（労働契約承継法７条）

分割会社は、分割に当たり、その雇用する労働者の理解と協力を得るよう努めるものとされる。具体的には、後記②の個別協議の前に、すべての事業場において、当該事業場に、労働者の過半数を組織する労働組合がある場合においてはその労働組合、そのような労働組合がない場合においては労働者の過半数を代表する者との協議その他これに準ずる方法によって、その雇用する労働者の理解と協力を得るよう努めるものとされている（労働契約承継法施行規則４条)。１つの工場を会社分割する場合であっても、当該企業の他の事業所（例えば、本社や、全国の営業所等）においても、（努力義務ではあるが）協議が必要である。

分割会社がその雇用する労働者の理解と協力を得るよう努める事項とし

ては、次のようなものがある（指針第2-4-(2)）。

(イ)　会社分割をする背景及び理由 (ロ)　効力発生日以後における分割会社及び承継会社等の債務の履行に関する事項 (ハ)　労働者が、承継される事業に主として従事する者に該当するか否かの判断基準 (ニ)　労働協約の承継に関する事項 (ホ)　会社分割に当たり、分割会社又は承継会社等と関係労働組合又は労働者との間に生じた労働関係上の問題を解決するための手続

なお、労働契約承継法7条による協議は、複数組合がある場合でも、過半数組合と実施すれば足りるものである（過半数で組織する組合がなければ、過半数代表者を選出して協議すれば足りる）。しかし、一方、我が国の労働組合法は複数組合主義をとるから、少数組合であっても、交渉権が保障されている。少数組合から、会社分割に伴う労働契約承継や労働条件について団体交渉申入れがあった場合、使用者は労働契約承継法7条による協議とは別に、交渉に応じる義務がある。団交拒否は不当労働行為（労働組合法7条2号）となるので、留意が必要である。

②　個別協議（附則5条1項）

会社は、分割計画書等の本店備置き日までに、承継される営業に従事している労働者と、会社の分割に伴う労働契約の承継に関して協議をするものとされている。

当該労働者に対し、当該労働者が勤務することとなる会社の概要、当該労働者が「主たる従事者」に該当するか否かの考え方等を十分説明し、本人の希望を聴取した上で（希望をかなえる必要があるわけではない）、当該労働者に係る労働契約の承継の有無、承継するとした場合又は承継しないとした場合の当該労働者が従事することを予定する業務の内容、就業場所その他の就業形態等について協議をする必要がある。

この附則5条1項に基づく労働契約の承継に関する協議が全く行われなかった場合、又は協議が行われたものの、その際の当該会社からの説明や協議の内容が著しく不十分であるため法が上記協議を求めた趣旨に反することが明らかな場合には、当該労働者は当該承継の効力を争うことができるとされる（前掲日本アイ・ビー・エム事件）。したがって、この個別協議は、会社分割における労働契約に関する手続として極めて重要なものといえる。

なお、上記判例では(イ)労働者への説明や承継に納得しない労働者に対して最低3回の協議を行った。(ロ)労働者が、附則5条1項の個別協議を労働組合に委任し、会社と当該労働組合との間で、7回にわたる協議を行うとともに書面のやり取りも行うなどし、その説明が不十分であったがために当該労働者が適切に意向等を述べることができなかったような事情もうかがわれない。(ハ)分割会社が、分割によって設立される会社の経営見通しなどにつき労働者が求めた形での回答に応じなかったのは、会社の将来の経営判断に係る事情等であるからであり、また、在籍出向等の要求に応じなかったのは、経営上、相応の理由があったとして、協議が不十分であったとはいえないとした。

ちなみに、EMI ミュージック・ジャパン事件（静岡地判平成22・1・15労判999号5頁）は、分割後に賃金引下げが予定されているとしても、分割前に説明する義務はなく、附則5条1項の協議の対象ともならないとしつつ、分割後速やかに変更の交渉を行うことを予定し、かつ、企業間で承継予定の労働者に予め周知する旨が合意されていた場合には、労働者に対する説明義務があるとした。承継の効力を否定するものではないが、会社に説明義務違反があったとして、労働者の慰謝料請求を一部認容している。

③　労働者、労働組合への通知（労働契約承継法2条）

会社は、その分割に当たり、関係労働者等に対し分割に関し書面で通知する必要がある。通知の時期としては、次に掲げる会社法に規定する日のうち、株式会社にあっては(イ)又は(ロ)のいずれか早い日と同じ日に、合同会社にあっては、(ハ)と同じ日に行われることが望ましいとされている。

(イ)　吸収分割契約等の内容その他法務省令で定める事項を記載し、又は記録した書面又は電磁的記録をその本店に備え置く日
(ロ)　株主総会を招集する通知を発する日
(ハ)　債権者の全部又は一部が会社分割について異議を述べることができる場合に、当該分割会社が、会社法に掲げられた事項を官報に公告し、又は知れている債権者に催告する日

承継事業に主として従事する労働者に対しては、分割計画書等に承継す

る旨の記載があるか否かを通知する。また、それ以外の労働者で承継される者に対しては、承継する旨の記載があることを通知する。

また、労働協約を締結している労働組合については、労働協約を承継するか否かを通知する。また、労働協約を締結していなくとも、労働契約承継法の指針は、所定の事項（承継される労働者の氏名等、労働契約承継法施行規則３条１号・２号）を通知することが望ましいとしている（**第３部資料編第13章７、８**）。

３　余剰人員

合併と同様、会社分割に際して、余剰人員を生じることがある。しかるに、指針は、会社分割を理由とする解雇について、普通解雇や整理解雇について判例法理が確立しており、会社は、これに反する会社の分割のみを理由とする解雇を行ってはならないとしている（指針第２－2-(4)-イ-(ハ))。つまり、前述の整理解雇の４要素に照らして整理解雇の有効・無効が判断されることになる。

合併について述べたと同様、労働者は企業の組織再編という会社の都合によって雇用を失うことになるのであるから、解雇が有効とされる場面は限られることになる。この点について、会社分割の制度ができる以前の分社化・転籍に関するものであるが、分社化によって、高い賃金に見合う仕事がなくなった場合でも、それは会社の都合であり雇用を継続すべきだとした判例がある（千代田化工建設事件・横浜地判平成４・３・26労判625号58頁）。

できれば整理解雇しなくてもすむように、配置転換や出向による雇用の維持に配慮すべきことになり、それが困難だとしても、希望退職の募集（これに応じた場合の退職金の上乗せ支給）、再就職の斡旋・再就職支援会社の利用などの配慮が求められる。結局のところ、実務的には早期退職・希望退職募集による人員削減に成功するかどうかが、重要である。

４　労働条件

(1)　労働条件維持の原則

会社分割では、分割計画書等に定めるところにより、権利義務関係が包括的に承継される。労働契約も、すべてそのままの権利義務関係が引き継がれることになる。労働協約や就業規則、個別の労働契約に規定されている労働条件はもとより、労働慣行もそのまま引き継がれる。

なお、労働協約のうち、労働条件に関係ない部分（いわゆる債務的部分、例えば組合事務所、掲示板の貸与に関する協定等）については、労使合意により承継しないこともあり得るが（労働契約承継法６条１項）、労働条件に関する部分は当然に引き継がれることになる。ちなみに、労働協約について、「承継」とすると、残った労働者及び労働組合に適用される労働協約がなくなってしまう。そこで、前記１項の場合を除き、承継会社等と労働組合との間で分割会社における労働協約と同一の内容の労働協約が締結されたものとみなすとしている（同条２項）。労働協約については、「移動」でなく「コピー」の概念である。

このように労働条件維持が原則であるが、実務上は、会社分割の前後で、就業規則・労働協約を改訂するということがある。労働条件の維持が原則だといっても、合併について述べたと同様、労働条件変更の法理の枠内で変更を行うことは可能である。ただし、会社分割を理由にすれば、当然に変更が許されるというものでないことに留意すべきである。

(2)　引き継がれる労働条件

①　引き継がれる労働条件の範囲

賃金、労働時間その他、一切の労働条件が引き継がれる。福利厚生についても同様である。ただし、福利厚生のうち、恩恵的性格を有するものであって権利義務の関係にないものについては別である。この点について、指針は、効力発生日以後における取扱いについて情報提供を行うとともに、労働契約承継法７条及び附則５条の協議等を行い、妥当な解決を図るべきであるとしている。

②　法律により要件が定められている福利厚生に関する留意事項

法律に基づき、分割会社以外の第三者が、各法令の規定に従い福利厚生の全部又は一部を実施している制度がある。この第三者とは、例えば、厚生年金保険法に基づく厚生年金基金、確定給付企業年金法に基づく企業年金基金、健康保険法に基づく健康保険組合、勤労者財産形成促進法の金融機関等、中小企業退職金共済法の独立行政法人勤労者退職金共済機構（以下「機構」という）等である。

効力発生日以後における制度の取扱いについては、各法令の規定に従った取扱いが必要であるため、当然に維持されるケースばかりとは限らない。そこで、当該分割会社は、次のことに留意して、労働者等に対し、当該効力発生日以後における取扱いについて情報提供を行うとともに、労働契約承継法7条及び附則5条により、当該労働者等との間の協議等を行い、妥当な解決を図るべきであるとされている（指針第2－2－(4)－ハ）。

ア　厚生年金基金

厚生年金基金は、厚生年金保険法第9章第1節の規定に基づき（平成26年改正後新設は認められないが、存続基金・存続連合会には原則として改正前の厚生年金保険法の規定が適用される）、任意に設立された法人であり、会社分割によっても、当然には分割会社の雇用する労働者を加入員とする基金から承継会社等の雇用する労働者を加入員とする基金に変更されるものではない。

基金の加入員たる分割会社の雇用する労働者が、承継会社等に承継された場合、基金が支給する年金又は一時金たる給付を継続する方法としては次のようなものがあるが、いずれも基金の規約の変更又は基金の分割が必要なため、主務大臣の認可が必要である。

a　吸収分割の場合

(a)　承継会社に基金がある場合

分割会社に係る基金の加入員の年金給付等の支給に関する権利義務を吸収分割における承継会社に係る基金に移転させる方法又は分割会社に係る基金と承継会社に係る基金が合併する方法

(b)　承継会社に基金がない場合

分割会社に係る基金の規約を一部改正し、承継会社を当該基金の設立事業所に追加する方法

b　新設分割の場合

分割会社に係る基金の規約を一部改正し、新設分割によって設立する設立会社を当該基金の適用事業所に追加する方法

なお、承継会社が企業年金基金を設立している場合には、分割会社に係る厚生年金基金の加入員の年金給付等の支給に関する権利義務を当該企業年金基金に移転することが可能である。

イ　基金型企業年金

確定給付企業年金のうち基金型企業年金は、確定給付企業年金法第２章第３節の規定に基づき任意に企業年金基金を設立して実施するものであり、基本的には上記(イ)の厚生年金基金の場合と同様の対応となる。

なお、確定給付企業年金のうち規約型企業年金については、「分割会社以外の第三者」がその全部又は一部を実施している場合には該当しない。そこで、当該規約型企業年金の内容である給付の要件、水準等を規定する規約が労働協約に該当する等、その給付の支給に関する権利義務が労働契約の内容となっている場合には、会社分割によって分割会社から承継会社等に労働契約が承継される労働者の給付に関する権利は、労働条件として維持されることになる。

また、承継会社が厚生年金基金を設立している場合には、分割会社に係る確定給付企業年金の加入者の年金給付等の支給に関する権利義務を当該厚生年金基金に移転することが可能である。

ウ　健康保険組合

健康保険組合は、健康保険法第２章第２節の規定に基づき対象事業所を基礎として任意に設立される法人であり、基本的には上記アの厚生年金基金の場合と同様の対応となる。

エ　財産形成貯蓄契約等

財産形成貯蓄契約等は、勤労者と金融機関等が当該勤労者の財産形成に関し締結する契約であり、その契約の締結の際、勤労者は、勤労者財産形成促進法により事業主と賃金控除及び払込代行について契約を締結するものとされている。そこで、当該契約は、労働契約の内容である労働条件として維持されることになる。したがって、会社分割によって分割会社から承継会社等に労働契約が承継される場合、当該契約に基づく賃金控除及び払込代行を行う義務も承継会社等に承継されることとなる。このため、労働者は、承継された後も当該財産形成貯蓄契約等を存続させることができる。なお、賃金控除については、労働基準法24条の控除協定が必要である。また、承継会社等は金融機関等との間で所定の手続を行う必要がある。

オ　中小企業退職金共済契約

中小企業退職金共済契約は、中小企業退職金共済法第２章の規定に基づき、中小企業者（共済契約者）が、各従業員（被共済者）につき、機構と締結する契約であり、当該中小企業者が機構に掛金を納付し、機構が当該従業員に対し退職金を支給することを内容とするものである。また、当該従業員が機構から退職金の支給を受けることは、当該中小企業者と当該従業員との間の権利義務の内容となっていると認められ、労働契約の内容である労働条件として維持されることになる。また、会社分割により事業主が異なることとなった場合であっても、従業員について、共済契約が継続しているものとして取り扱うこととなる。なお、この場合、承継会社等は機構との間で所定の手続を行う必要がある。

第４　事業譲渡

１　事業譲渡における労働契約の承継

⑴　両社の合意と、労働者の同意

事業譲渡における権利義務の承継の法的性格は、特定承継であり、この点は労働契約に関しても同様である。古くは、労働者保護の必要を強調し、事業譲渡に際しては、当然に労働契約が承継されるとした裁判例もあったが、労働契約に関しても、承継には譲渡会社・譲受会社の間の個別同意が必要であるとするのが、今日の判例・通説である。また、個別の承継である以上、民法625条１項が適用になり、労働者の同意（転籍同意）が必要とされることになる。すなわち、「企業間において営業譲渡契約がなされるに当たり、譲渡する側の会社の従業員の雇用契約関係を、譲渡される側の会社がそのままあるいは範囲を限定して承継するためには、譲渡・譲受両会社におけるその旨の合意の成立に加え、従業員による同意ないし承諾を要する」（本位田建築事務所事件・東京地判平成９・１・31労判712号17頁）。

そこで、事業譲渡に関しては、労働契約を承継しようとする場合の、労働者の同意をめぐる問題と、企業間で、労働契約を承継しないという合意をした場合、労働者側からどのような主張があり得るのかについて検討する必要がある。

⑵　労働契約を承継しようとする場合の問題（転籍）

①　転籍命令の可否

事業譲渡における労働契約の承継は、いわゆる「転籍」である。労働者と転籍元との労働関係を終了させて、新たに転籍先との間に労働関係を成立させることを「転籍」という。もっとも、最近では、譲渡会社において全員を退職させ、もしくは解雇して、譲受会社で新規募集・採用という形をとる例も珍しくない。ここまでくると、「転籍」とは別類型といえよう（承継しない場合のトラブルにおけるリスク軽減につながることになる）。

さて、転籍には労働者本人の個別の同意が必要である。民法625条１項が適用になり、使用者の権利を第三者に譲渡するには労働者の同意が必要となる（ミロク製作所事件・高知地判昭和53・４・20判時889号99頁、三和機材事件・東京地判平成４・１・31判時1416号130頁）。したがって、転籍を命じることはできない。

ところで、事業譲渡に際して、転籍ではなく、元の企業に在籍したまま、（在籍）出向の形をとることもある。将来の転籍含みの出向の場合、復帰を予定した出向の場合と、その事情は様々であるが、出向の場合には、民法625条１項の同意は、事前の包括的同意で足りるとされる。就業規則や労働協約に出向規定が整備されていれば、事前の包括的同意があるものとされるので、出向規定が整備されていれば、業務上の必要に応じて出向を命じることができる（新日本製鐵事件・最判平成15・４・18判時1826号158頁）。転籍の場合には、前述のとおり、労働者の個別の同意が不可欠であるとされているので、仮に、就業規則等に転籍規定を置いても業務命令として「転籍を命ずる」ことはできない（前掲三和機材事件）。

②　転籍同意の取得方法

転籍に関する同意の内容に関しては、転籍するか否かの同意にとどまらず、転籍後の労働条件についても明示し、同意を得ておくべきである。

転籍同意の形式については、法的には口頭でも足りるのであるが、後日のトラブルを避けるためには、書面により取得しておくことが望ましい。転籍後の労働条件については転籍先に対して同意する筋合いとなろうが、全体をとりまとめて両企業宛ての同意書、あるいは労働者含む３者合意の形式とすることもある。

なお、労働基準法15条１項には、労働契約締結に際しての労働条件明示義務が定められており、使用者は、労働契約の締結に際し、労働者に対して賃金、労働時間その他の労働条件を明示しなければならないとされている。さらに、同法施行規則５条により、一定の事項については書面による労働条件明示が必要とされている。転籍の場合には、新規契約締結とは概念が異なるようにも思われるが、労働行政の扱いは、転籍の場合にも労働条件明示義務ありとしている。労働基準法上、この労働条件を明示する義務を負っているのは転籍先であるが、前述のとおり、転籍元も、同意を得るに際して正確な情報を伝え、十分な説明をする必要があるので、連名にすることも考えられる。

≪書面で明示することが義務付けられているもの≫
- 労働契約の期間に関する事項
- 有期契約の場合の更新基準
- 就業の場所及び従事すべき業務に関する事項
- 始業及び終業の時刻、所定労働時間を超える労働の有無、休憩時間、休日、休暇並びに交替制の就業転換に関する事項
- 賃金の決定、計算及び支払いの方法、賃金の締切り及び支払いの時期に関する事項
- 退職に関する事項（解雇の事由を含む）

≪口頭でもよいが明示義務あり≫
- 退職手当の定めが適用される労働者の範囲、退職手当の決定、計算・支払いの方法、退職手当の支払いの時期に関する事項
- 臨時に支払われる賃金、賞与及び最低賃金に関する事項
- 労働者に負担させる食費・作業用品その他に関する事項
- 安全・衛生に関する事項
- 教育・研修等の訓練に関する事項
- 災害補償、業務外の疾病扶助に関する事項
- 表彰・制裁に関する事項
- 休職に関する事項
- 昇給に関する事項

③　転籍同意と意思表示の瑕疵

転籍の同意について、意思表示の瑕疵が争われた事案がある。大塚製薬（転籍・退職）事件（東京地判平成16・９・28労判885号49頁）は、事業譲渡に際し、転籍する場合は割増退職金と転籍後２年間の年収差額見込額を

払う、仮に転籍せずに退職する場合は、会社都合退職金と割増金及び１年間の再就職支援を行う旨を提示し、原告らはそれぞれ退職又は転籍の選択をした事案である。ところが原告らは、自分達は、転籍又は退職以外の選択肢はあり得ないと誤信した結果、転籍や退職の意思表示をしたとして、錯誤による無効、予備的に詐欺による取消しを主張し提訴した。判決は、選択しない場合には解雇しかあり得ない旨告げたと認めるに足りる証拠はなく、通知文の「営業譲渡に伴い、譲渡対象の部署の方は９月１日付けで株式会社○○○に転籍していただきます。転籍される方及び止むを得ず退職される方は（略）」との記載をもっても、転籍または退職の２つしか選択肢がないとしたものとはいえないとし、結論として、錯誤・詐欺の主張は認められなかった。事業譲渡の結果、残っても解散・解雇やむなしという場合には、転籍しなければ「解雇しかない」との説明も許されると考えるが、そうでない場合は勇み足の説明をしないよう留意が必要である。

④　労働協約による組合合意

労働組合がある場合に、組合と労働協約を締結して、これに基づいて転籍命令を可能とすることができるであろうか。労働協約といえども、万能ではない。既に発生している賃金請求権・退職金請求権など、組合員個々人の既発生の権利の処分や、組合員の雇用の終了等は、労働組合の一般的な労働協約締結権限の範囲外であり、該当する個々の組合員の特別の授権若しくは承諾が必要であるとされている。転籍については、転籍元企業との雇用契約の存否にかかわる問題であり、個別の授権若しくは承諾が必要である。転籍同意について、組合の合意をもって代えることはできない。

もちろん、労働組合と協議の上、会社施策（企業再編）について理解と協力を得たり、転籍に際しての条件（転籍一時金の支払い等）や転籍の手続（労働組合との事前協議等）について、労働協約を締結することがある。この場合、転籍条件や転籍手続については当然有効であるが、転籍自体については、やはり本人の意思によることが必要である（なお、転籍後の処遇に関しては、当該労働協約を転籍先が承継するか、又は転籍後、労働組合が転籍先と協約を締結するなどする必要がある）。

(3)　労働契約を承継しない場合のトラブル

①　承継されなかった従業員の雇用

事業譲渡に際して、承継がなされなかった者について、譲渡会社の事業運営自体は継続しているのであれば、配置転換をして雇用を継続することになる。しかし、担当業務が他社に承継されているのであるから、余剰人員となることが多く、その場合、整理解雇が検討されることになる。整理解雇に際しては、整理解雇の４要素に照らしてその可否が判断される（前述の合併や会社分割と同様である）。

また、事業をすべて譲り渡して、譲渡会社が解散する場合もある。この場合は解散に伴う解雇となり、偽装解散に該当しない限り、雇用契約の一方当事者が消滅してしまう以上、解雇有効ということになる。もっとも、近年では、解散事案についても、労働者にきちんと説明をしないなど、手続的配慮を著しく欠く場合は、解雇を無効とした例もあるが、ごく例外的なものである（グリン製菓事件・大阪地決平成10・７・７労判747号50頁、三陸ハーネス事件・仙台地決平成17・12・15労判915号152頁）。

一方、労働者としては譲渡会社における雇用確保よりも、譲受会社における雇用確保が望ましいという場合が多いであろう。そこで、事業譲渡において、承継されなかった者の救済方法として、譲受企業に契約を承継させることが検討されることになる。もっとも、(1)に述べたとおり、事業譲渡において、労働契約を承継するためには、まずは企業間で、承継に関する合意のあることが必要である。承継合意がなかった場合、あるいは労働契約は承継しない旨の合意をした場合、当該労働者が事業譲渡先への承継を望んだとしても、これを法的に実現することは理論的に困難である。

しかるに、労働者保護の観点から、次のとおり意思解釈等の手法で譲渡先への雇用契約関係の承継を命じる裁判例がある。事案に応じて理論構成は様々である。

②　労働者救済のための理論構成

ア　意思表示の解釈によるもの

意思表示の解釈によって明示・黙示の契約承継の合意があるとするものがある。タジマヤ事件（大阪地判平成11・12・８労判777号25頁）は、承継について「黙示の合意」があったと「推認する」という手法で、労働者と譲受会社との間の労働契約上の地位を認めている。

そうすると、譲受会社としては、推認を避けるべく、「承継しない」と明示することになるが、事業譲渡の契約条項のうち、（労働条件変更に反対する者は）「承継しない」とする部分を公序違反（民法90条）で無効とするという手法で、承継を認めたものもある（勝英自動車学校事件・東京高判平成17・５・31労判898号16頁）。

イ　譲受企業との新規の雇用契約関係の成立を認定

「承継」ではなく、譲受会社による新規採用を認定するという手法で労働者を救済した例もある。社員への説明会、労使交渉等における発言をとらえて、譲受会社の雇用の申込みであると解釈し、これに対し、労働者が譲受会社での雇用確保を求めたことによって、雇用契約が成立していると認定するものである。

ショウ・コーポレーション事件（東京高判平成20・12・25労判975号５頁）は、正確には事業譲渡ですらなく、グループ企業内のＡ社・Ｂ社において、Ａ社が経営するＳ自動車学校の「閉校」と、同時期に、Ｂ社が経営するＨ自動車学校の「開校」があったという事案である。両社の間に、労働契約を承継するとの契約は存在しなかったとしながら、両社で、相互に協力し合ってＳ校から人的・物的資源をＨ校へ移していたことなどを背景に、Ａ社の団体交渉における代表者（Ｂ社の取締役でもある）の「基本的にはみんなを連れて行かざるを得ないでしょう。」等の発言をもって、将来雇用するとの労働契約の申込みをしたものと認定した。いささか強引な認定の印象がある。

これに対し、Ｃ病院（地位確認等）事件（盛岡地判平成20・３・28労判965号30頁）は、職員説明会等で、経営承継後も、従前どおりの勤務を要請したり、新病院での労働条件を説明したりしているが、判決は、原告らが雇用を期待したとしても、これらの言動をもって雇用契約の申込みであるとはいえないと判断している。

結局は、事実認定の問題となるから、ケースバイケースといわざるを得ないが、労働組合及び組合員を排除しようという意図が疑われるケースでは、裁判所の判断は経営側に厳しいものになる傾向がある。ショウ・コーポレーション事件では、３名しかいない組合員の、当該３名が承継から排除されていたのに対し、Ｃ病院事件の場合は、組合の役員・活動家だけが排除されたわけではなく、医療従事者としての適格性の観点から採否が決定されている。組合を排除しよう、弱体化しようなどという意図があるとみられると、紛争も激化するし、法的リスクも高まることになるので、留意が必要である。

ウ　法人格否認の法理や、いわゆる「実質的同一性」の理論

法人格否認の法理を用いたり、あるいは、両企業に「実質的同一性」があるとして労働契約の承継を認めたものがある。第一交通産業（佐野第一交通）事件（大阪高判平成19・10・26労判975号50頁）は、法人格否認の法理により、親会社との間の雇用契約関係の存続を認めた事例である。

法人格否認の法理の認定はハードルが高いといえるが、同法理の労働分野における応用として実質的同一性の理論があり、労働者保護の観点から、法人格否認の法理よりは緩やかに認定しているといえる（新関西通信システムズ事件（大阪地決平成６・８・５労判668号48頁）。

エ　不当労働行為制度による救済

組合員であることや組合活動を理由とした不利益取扱いは不当労働行為として禁止され（労働組合法７条１号）、労働委員会による救済制度がある。事業譲渡に伴う労働契約の承継に際し、労働組合員であることを理由に組合員のみを排除するような場合には、不当労働行為とされ、労働委員会による救済の対象となる可能性がある。

もっとも、当該事業に従事していた者を、いったん全員解雇し、新規に「募集・採用」するという方法をとる場合、不当労働行為による救済も困難があるのではないかと思われるが、この点について（正確には事業譲渡の事案ではないが）、純粋な「採用」と異なり、「承継」から排除するものであるから、不利益取扱いの不当労働行為に該当するとしたものがある。青山会事件（中労委命令平成11・２・17不当労働行為事件命令集113集691頁）は、雇用上の地位を承継しないとの合意の上で病院施設の売却をし、職員を全員解雇し、買い受けた新経営主体により希望者を新労働条件で採用するという方法をとった例である。その過程で、組合員２名を不採用としたことについて不当労働行為が成立するとされ、労働委員会において採用を命じる救済命令が出された。救済命令を不服とする取消訴訟においても、使用者側が敗訴し、命令が維持されている（東京高判平成14・２・27労判824号17頁）。

2　事業譲渡における転籍後の労働条件

転籍をさせるには、同意が必要であるから、そのときに、あわせて労働条件の変更に対する同意も取得することが多く行われている。同意があれば、転籍先における労働条件が、従前より不利益になっても問題はない。

就業規則による労働条件の一方的変更については、「変更の合理性」が要求されることになり、簡単ではないが（労働契約法10条）、事業譲渡の場合は、転籍（あるいは新規雇用）に際して、譲渡先企業における労働条件を予め明示し、これに同意を得ていれば、新しい労働条件の適用につき法的問題はないと考えられる。新規雇用であれば、新しい労働条件で合意したということであり、問題はなく、「承継」としても変更に同意があれば労働契約法9条により問題なしとされる。

第5　株式交換・株式移転等

合併や会社分割、事業譲渡の場合と異なり、株式交換・株式移転の場合、動くのは株式であって、雇用契約自体は動かない（承継は生じない）。したがって、会社分割や事業譲渡等の場合のように、雇用契約の承継の可否や、承継に際しての手続等の問題は生じない。もっとも、人員削減、労働条件変更等の問題は生じ得るところであるが、前述のとおり労働条件変更法理、整理解雇の法理が確立しており、異なる扱いとなるものではない。

第6　集団的労使関係

1　企業再編と労働組合対応

(1)　団交応諾義務

使用者には労組法上、団体交渉に応じる義務があり、正当な理由なく団交を拒否すると、団交拒否の不当労働行為（労働組合法7条2号）となる。使用者が団体交渉を行うことを労働組合法によって義務付けられている事項を「義務的団体交渉事項」という。

労働組合に団体交渉権を保障した趣旨に照らし、義務的団体交渉事項とは、団体交渉を申し入れた労働者の団体の構成員たる労働者の労働条件その他の待遇や当該団体的労使関係の運営に関する事項であって、使用者に処分可能なものをいうものとされる（エス・ウント・エー事件・東京地判平成９・10・29労判725号15頁）。

ところで、企業組織の再編等に関しては、これに反対する労働組合が団体交渉を求めることがある。そのような場合、ときとして「経営の専権事項」論により団体交渉の義務はないと主張する例もみられるが、労働組合法その他において「経営の専権事項」なる使用者側の抗弁は認められていない。上記のとおり、当該企業再編が労働者の労働条件その他の待遇（処遇や雇用確保）に影響する限り、その範囲で、義務的団体交渉事項に該当するとされる。つまり、使用者としては、企業再編についても、労働者の労働条件に影響する範囲で、団体交渉を行う必要がある。

上記は、いわゆる企業内組合に限られない。企業再編を不満に思う労働者が、外部ユニオン・合同労組など、個人加入のできる組合に駆け込み、当該組合から団交要求があった場合も、これに応じる必要があるということになる。

もっとも、団交応諾義務は、誠実に交渉することを求めるものであり、「譲歩」「妥結」まで要求するものではない。したがって、誠意をもって十分に協議することが必要ではあるが、合意に至らなくとも、合併、企業買収等、企業再編の対応を決定することができる。

⑵　親会社の使用者性

子会社の合併、会社分割などに関して、労働組合としては、子会社と交渉しても埒があかないとして、親会社に団交を求めることがある。労働組合法は「使用者」に交渉を義務付けているが、一般に使用者とは労働契約上の雇用主をいうので、そうだとすれば、子会社の従業員との関係では、子会社が「使用者」に該当し、雇用契約関係のない持株会社は「使用者」には該当しない。

しかし、労働組合法の「使用者」概念に関しては、労働契約上の雇用主ではないが実際上それに「近似した地位」にある企業も含まれるとされる。最高裁判例（朝日放送事件・最判平成７・２・28民集49巻２号559頁）は、雇用主以外の事業主であっても、労働者の基本的な労働条件等について、雇用主と同視できる程度に現実的かつ具体的に支配、決定することができる地位にある場合には、その限りにおいて、右事業主は同条の「使用者」に当たるものと解するのが相当であるとしている。

そこで、親会社が子会社の従業員の労働条件について現実的かつ具体的な支配力を有している場合には、親会社も労働組合法上の使用者の地位にあるとして、子会社の労働組合からの団交要求に対し、応諾義務があるとされることがある。

ただし、親会社がグループの経営戦略的観点から、子会社に対して管理・監督を行うことは当然であって、それだけで、親会社について、子会社従業員に対する使用者性が認定されるものではない。両社の資本関係、人的関係、取引関係の程度（専属性）、親会社と子会社労組の交渉歴の有無・程度・内容、労働条件の決定への親会社の関与の程度等々から、子会社が実質上親会社の一部門と同視できるかが問われる。グループの経営戦略からなされる管理・監督の域を超えて、子会社従業員の基本的な労働条件等に対して、直接の雇用主と同視し得る程度に、現実的かつ具体的な支配力を有している場合にはじめて、労働組合法７条の使用者に該当することになる（資本関係、役員の状況及び営業取引関係において、親会社として一定の支配力を有していたとみることはできるが、企業グループの経営戦略としての管理・監督の域を出るものではないとされた例として、富士通・高見澤電機製作所事件・東京地判平成23・５・12判時2139号108頁）。

⑶　持株会社の使用者性について

持株会社の労働組合法７条の使用者性について、労働省（当時）が、平成11年12月24日に「持株会社解禁に伴う労使関係懇談会中間とりまとめ」を公表している。それによると、使用者性が推定される可能性が高い典型的な例として、次のものが挙げられている。

①　純粋持株会社が実際に子会社との団体交渉に反復して参加してきた実績がある場合

例えば、純粋持株会社の取締役が交渉担当者として団体交渉に反復して出席してきたような場合、労働組合の団体交渉申入れが純粋持株会社に対してなされており、純粋持株会社側がそれを否定してこなかったような場合等。

②　労働条件の決定につき、反復して純粋持株会社の同意を要することとされている場合

例えば、賃上げ等について、子会社が反復して純粋持株会社と相談し同意を得た上で決めているような場合やそのつど純粋持株会社に報告して同意を得ないと実施できないような場合等。

⑷　投資ファンドの使用者性について

厚生労働省は、平成18年５月26日「投資ファンド等により買収された企業の労使関係に関する研究会」の報告書を公表した。

同報告書によると、投資ファンドの場合も、親子会社間の親会社や純粋持株会社に係るこれまでの「使用者性」に関する考え方が基本的に該当するとしている。すなわち、「基本的な労働条件等について、雇用主と部分的とはいえ同視できる程度に現実的かつ具体的に支配、決定することができる地位にある」（前掲朝日放送事件最高裁判決）かどうかが判断基準となる。ただし、結論として、どのような場合に投資ファンド等に使用者性が認められるかを一律に決定することは困難であり、個々具体的に判断されることになるとしている。

つまり、影響力の行使の仕方については、株式の保有割合等で一律に判断することはできず、また、「投資」のために株式を保有する点で、「事業」を目的として他社の株式を保有する純粋持株会社とは異なっていると考えられるものの、投資ファンド等の目的は一律ではなく、経営への関わりの度合いもその目的から当然に定まるものではないことなどから、投資ファンド等が被買収企業に対して株主としての権利を背景に経営にどのように影響力を行使するかは一律ではない。このため、結局のところ、投資ファンド等の「使用者性」については、投資ファンド等が被買収企業の労働条件を実質的に決定しているといえるか否かに着目して判断することが適当であるとされた。

2　ユニオン・ショップ協定

合併先の企業や吸収分割の承継会社に労働組合があり、かつユニオン・ショップ協定（「ユ・シ協定」）がある場合、合併等と同時に、全従業員について当該組合の組合員となるのであろうか。ユ・シ協定は、「（社員は）

企業内組合の組合員でなければならない」とし、未加入・除名・脱退者は解雇する、若しくは労使で解雇を協議する等と定める労使間の取決め（労働協約）である。

このユ・シ協定については、労働者には、組合選択の自由、組合に加入しない自由があるとされていることから、有効説・無効説の両説があるが、学説の大勢は、労働組合法７条１号ただし書が、「労働組合が特定の工場事業場に雇用される労働者の過半数を代表する場合において、その労働者がその労働組合の組合員であることを雇用条件とする労働協約を締結することを妨げるものではない。」としていることに照らして、過半数組合の締結するユ・シ協定は有効であるとしている。

もっとも、ユ・シ協定も、本人の加入の意思なしに、協定の成立によって未加入者が当然に組合員となる効果を生じるわけではない。合併した先にユ・シ協定があったとしても、当然に全員が当該組合の組合員になるわけではなく、ユ・シ協定の効力は、使用者が未加入者について解雇義務を負うというにとどまる（三菱化工機事件・東京高判昭和25・12・13労民集１巻６号1030頁）。もとより、解雇を避けるべく、結果として、全員が組合員になるということはあり得るが、ユ・シ協定自体に、当然に組合加入を生じさせる民事的効力があるわけではない。

また、ユ・シ協定自体は有効と解されるものの、他の組合に加入している者との関係では、ユ・シ協定は民法90条により無効である（その者には効力が及ばない）とするのが、最高裁の判例である。三井倉庫港運事件（最判平成元・12・14民集43巻12号2051頁）は、労働者には、労働組合を選択する自由があり、また、ユ・シ協定を締結している労働組合の団結権と同様、協定を締結していない他の労働組合の団結権も等しく尊重されるべきであるから、ユ・シ協定のうち、締結組合以外の他の労働組合に加入している者について使用者の解雇義務を定める部分は、民法90条の規定により、これを無効と解すべきであるとした（同旨、日本鋼管事件・最判平成元・12・21労判553号６頁、いすゞ自動車事件・横浜地判平成２・９・11労判570号49頁）。

そこで、例えば、企業内組合とユ・シ協定があるにもかかわらず、他社から出向あるいは転籍してきた者が、別組合に属している場合、ユ・シ協定はこの者には及ばないのである。

第６章　M&Aの税務

第１　組織再編に係る税務の基本的な考え方

１　資産・負債の移転に伴う譲渡損益

法人税法において、組織再編は、法人間で資産・負債を移転する行為であり、その上で、その法人の株主に課税関係が生じることもあり得ると捉えられている。したがって、税務における中心的な課題は、まず、再編当事法人における課税関係、とりわけ法人の資産・負債の移転に伴う譲渡損益を計上するのか否か、ということになる。

我が国の組織再編税制では、資産・負債を移転した場合には時価譲渡とし、譲渡損益を計上することを原則としつつ、特例として一定の場合には、資産・負債を簿価で移転し、譲渡損益の計上を繰り延べることとしており、これを「適格」と呼んでいる。法人税法上、適格・非適格の区別がある組織再編は、合併、分割、現物出資、現物分配、株式交換、株式移転である[1)]。これらに該当しない株式の譲渡や資産の譲渡（事業譲渡を含む）においては、譲渡損益課税が行われることとなる。

譲渡損益を繰り延べることとなる「一定の場合」とは、移転する資産・負債に対するその資産・負債を有していた法人による支配が実質的に継続

1）　合併、分割、現物出資、現物分配については、実際に法人の資産が移転するが、株式交換及び株式移転については、法人の資産が移転するわけではない。取引の対象となるのは株式交換完全子法人、あるいは株式移転完全子法人の株式である。株式交換・株式移転においては、資産・負債の譲渡損益の計上、繰延べという問題はそもそも生じない。ただし、組織再編税制においては、合併によって合併法人が被合併法人と一体化する場合と、株式交換・株式移転によって法人を100％子会社として完全支配下に置く場合とでは、経済実態が同じであるとの整理のもと、適格合併・非適格合併との整合性を図る観点から、株式交換・株式移転が非適格である場合には、株式交換完全子法人・株式移転完全子法人の資産を時価評価し、その含み損益を実現させることとしている。

していると考えられる場合である。具体的には、その再編が(ⅰ)100％グループ内のものである場合、(ⅱ)50％超100％未満のグループ内のものである場合、(ⅲ)共同で事業を営むためのものである場合のいずれに該当するかに応じ、適格判定が行われることになる（適格現物分配を除く）。そして、求められる適格要件は、(ⅰ)、(ⅱ)、(ⅲ)の順番で、徐々に厳しくなる。

適格となるためには、まず、(ⅰ)、(ⅱ)、(ⅲ)ともに、組織再編の対価として株式以外の資産が交付されないことが前提となる。なぜならば、対価として金銭など、株式以外の資産が交付される場合には、通常の譲渡と変わらず、資産・負債に対する支配も失われたと考えられるからである。

この対価要件を満たした場合には、100％の資本関係で結ばれた企業グループについては一体性が極めて強いと考えられることから、基本的には適格と判定される。一方、50％超100％未満の場合には、一体性は強いものの、100％のグループに比べれば資本関係が希薄なため、例えば合併においては、適格となるには従業者継続要件、事業継続要件をクリアしなければならない。共同で事業を営むための組織再編については、これらに加えて、事業関連性要件、事業規模要件又は特定役員引継要件等が追加となる。

なお、海外資産が含まれる場合、その資産が所在する国の制度によって譲渡損益が発生することがあることに留意が必要である。

２　純資産の部の動き

適格組織再編成においては、法人の資産・負債が帳簿価額により移転することになるが、その際、純資産の部の動きを把握することも重要である。この点、法人税法においては、同じ「適格」といった場合でも、合併、分割型分割の場合と分社型分割、現物出資を分けて考えている。すなわち、適格合併、適格分割型分割の場合は、法人の全部又は一部が包括的に承継されると考えられることから、資産・負債に合わせ、純資産の部が移転することになるが、分社型分割、現物出資については、資産と株式の交換取引にすぎないことから、純資産の部が移転するという発想はとられていない。

なお、株式交換・株式移転については株式の取引であることから、純資産の部が移転することはない（もちろん、新株の発行に対応した払込資本の増加はある)。

3　株主の処理

一方、株主の処理については、資産・負債の移転に係る当事法人の処理とは別の観点で整理する必要がある。株主の課税関係は、当事法人との間の株式の譲渡という側面と、合併や分割型分割のように純資産の部の変動がある場合には株主に対する利益の分配が観念されるという側面が加味されることとなる。したがって、第一の側面においては組織再編が適格であるか、非適格であるかとは関係がないが、第二の側面においては適格かどうかが課税関係に影響を及ぼす。

組織再編における株主の立場は、基本的に、旧株を譲渡し、対価として新株を得るものであると観念される。例えば合併であれば、被合併法人株主においては、被合併法人株式（旧株）が消滅し、その代わりに合併法人株式（新株）を取得することになるが、その経済実態は、旧株を譲渡し、新株を取得する取引と考えることができる。

しかし、これらの組織再編の対価として、株式以外の資産の交付がなければ、株主は、新株を通じて法人への投資を継続していると考えられる。そこで、このような場合には、株主は旧株を帳簿価額により譲渡したものとされ、譲渡損益が生じることはない。一方、組織再編の対価として、株式以外の資産の交付、例えば金銭等が交付される場合には、株主の法人に対する投資はいったん、結了したものと考えられる。したがって、このような場合には、株式の譲渡損益を計上する。

組織再編が適格であるためには、先に述べたように、株式以外の資産が交付されないという対価要件があるため、適格組織再編の場合は、結果として、株主においても譲渡損益が繰り延べられることになる。一方、組織再編が非適格であったとしても、組織再編の対価として株式以外の資産の交付がない場合には、株主においては、譲渡損益が繰り延べられる。

なお、こうした譲渡損益の問題に加え、株主においては、非適格合併、非適格分割型分割、現物分配（資本剰余金を原資とする場合）に際しては、対価のうち利益の払戻しが行われたと考えられる部分があり、みなし配当を認識しなければならないことから、別途、注意が必要である。

4　100％グループ税制

完全支配関係のある法人（100％グループ）については、グループ法人税制が適用される。グループ法人税制は、100％グループ内における資産の譲渡について、その譲渡損益の繰延べを行うことなどを主な内容としている。企業再編を検討する際には、また、その後のグループ内の取引を考える際には、組織再編税制の基本的な処理を押さえるとともに、グループ法人税制の適用についても、十分、念頭に置く必要がある。

以下では、組織再編税制について、再編の類型ごとに法人税法における基本的な取扱いを説明する。また、三角組織再編、無対価組織再編、欠損金等の制限、事業再編促進税制について、概要を紹介する。最後に、法人税以外の税目についてポイントを紹介する。

コラム：全部取得条項付種類株式

企業再編の類型は、税務上、適格・非適格の別がある合併、分割、現物出資、現物分配、株式交換、株式移転に限られない。株式の取得による子会社化も企業再編の１つである。

株式の取得に際しては、少数数主を排除する観点から、全部取得条項付種類株式を利用するケースもあるが、関係者（買収会社、被買収会社、少数株主）の課税関係はそれぞれどうなるだろうか。

買収会社については、全部取得条項付種類株式（旧株）のかわりに新株を取得することになることから譲渡損益、みなし配当の計算が生じるのではないかとの疑念が生ずるところだが、旧株と概ね価値が等しい被買収会社の新株のみを受け取る場合は、譲渡損益もみなし配当も生じない（法人税法61条の２第13項・24条１項４号）。端株が生じ、金銭が交付される場合は、いったん新株が交付され（法人税基本通達２-３-２）直ちに譲渡したものと整理される。

被買収会社については、特段の課税関係はない。

少数株主については、譲渡損益を認識するが、みなし配当は認識しない。反対株主として買取請求を行った場合はみなし配当が認識される

第2　合　併

合併に係る税務については、まずその基本構造を理解する必要がある。

実際の取引では、合併法人は、被合併法人の株主に対し直接、合併対価を交付することになるが（点線矢印）、法人税法においては、合併対価は、実線矢印で示したとおり、いったん、資産・負債の移転（①）の対価として被合併法人に交付され（②）、その上で、被合併法人の株主に交付される（③）ものと考えられている。

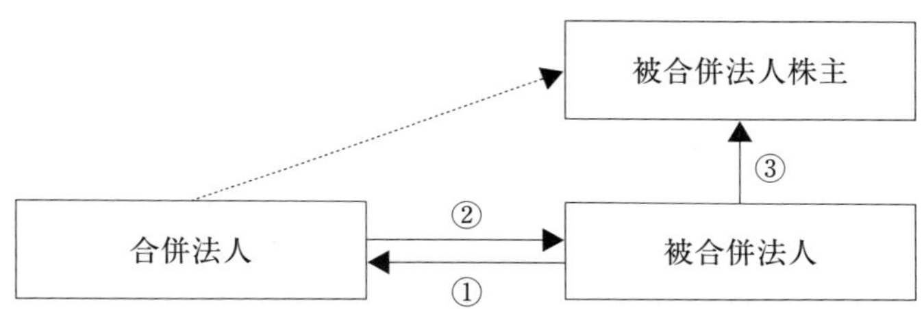

1　適格要件

適格合併には、完全支配関係法人間の合併、支配関係法人間の合併、共同で事業を営むための合併の３類型がある。

⑴　完全支配関係

完全支配関係とは次の(i)又は(ii)の関係をいう（法人税法２条12号の７の６）。

(i)一の者（法人又は個人）が法人の発行済み株式の全部を直接又は間接に保有する関係として一定の関係

(ii)一の者との間に①の関係がある法人相互の関係

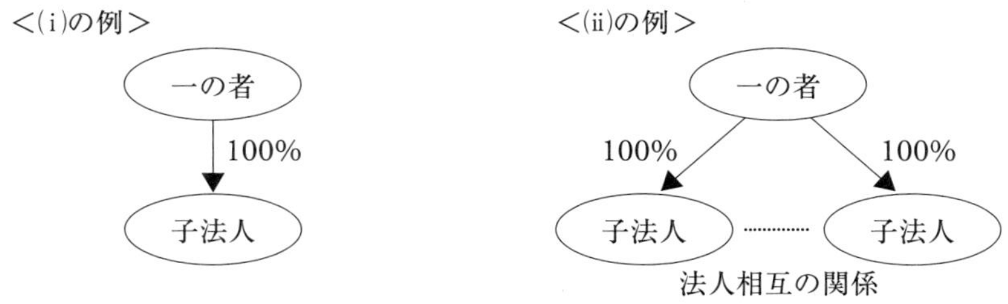

⑵　支配関係

支配関係法人とは次の①又は②の関係をいう（法人税法２条12号の７の５）。

(i)一の者（法人又は個人）が法人の発行済株式の総数の総数又は総額の50％超の数又は金額を直接又は間接に保有する関係として一定の関係

(ii)一の者との間に①の関係がある法人相互の関係

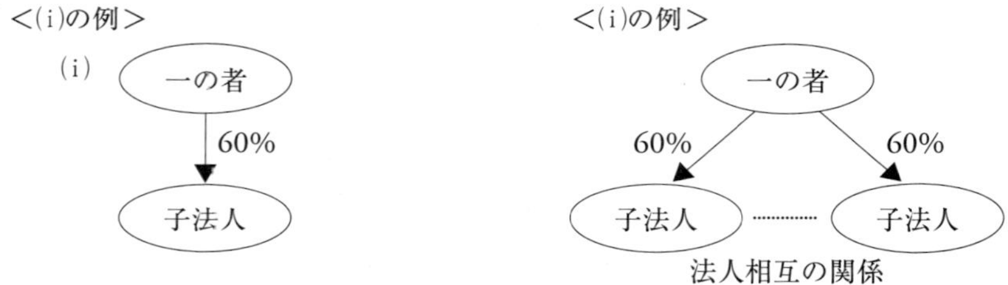

⑶　適格要件

適格要件は３類型に応じ、次の図表のとおりである。

	完全支配関係法人間の合併（a）	支配関係法人間の合併（b）	共同事業を営むための合併（c）
①合併対価要件	○	○	○
②支配関係継続要件	○ ※１⑴(ii)の場合	○ ※１⑵(ii)の場合	－
③事業関連性要件	－	－	○
④事業規模要件又は特定役員引継要件	－	－	○
⑤従業者継続要件	－	○	○
⑥事業継続要件	－	○	○
⑦株式継続保有要件（株主数50人未満）	－	－	○

概要は次のとおりである。

①（a）（b）（c）合併対価要件（法人税法２条12号の８）

被合併法人の株主に合併法人株式以外の資産が交付されないこと。

②支配関係継続要件

(a) 合併前に被合併法人と合併法人との間に同一の者による完全支配関係があり、かつ、合併後にその同一の者と合併法人との間に同一の者による完全支配関係が継続することが見込まれていること（法人税法施行令4条の3第2項)。

(b) 合併前に被合併法人と合併法人との間に同一の者による支配関係があり、かつ、合併後にその同一の者と合併法人との間に同一の者による支配関係が継続することが見込まれていること（法人税法施行令4条の3第3項)。

③ (c) 事業関連性要件（法人税法施行令4条の3第4項1号、法人税法施行規則3条1項1号・2号)。

被合併法人の被合併事業（被合併法人の合併前に営む主要な事業のうちいずれかの事業）と合併法人の合併事業（合併法人の合併前に営む事業のうちいずれかの事業）とが相互に関連するものであること。

④ (c) 事業規模要件又は特定役員引継要件（法人税法施行令4条の3第4項2号）

事業規模要件：合併法人と被合併法人の事業の規模（売上など）の割合が概ね5倍を超えないこと。

特定役員引継要件：合併前の被合併法人の特定役員（社長、副社長、代表取締役、代表執行役、専務取締役又は常務取締役又はこれらに準ずる者で法人の経営に従事している者）のいずれかと合併法人の特定役員のいずれかとが、合併後に合併法人の特定役員となることが見込まれていること。

⑤ (b) (c) 従業者継続要件

被合併法人の合併の直前の従業者のうち、その総数の概ね80％以上に相当する数の者が合併後に合併法人の業務に従事することが見込まれていること。

⑥事業継続要件

(b) 被合併法人の合併前に営む主要な事業が合併後に合併法人において引き続き営まれることが見込まれていること。

(c) 被合併法人の被合併事業（合併事業と関連する事業に限る）が合併後に合併法人において引き続き営まれることが見込まれていること。

⑦ (c) 株式継続保有要件（法人税法施行令4条の3第4項5号）

次の(i)が(ii)に占める割合が80％以上であること。

(i)　合併直前の被合併法人の株主等でその合併により交付を受ける合併法人の株式（議決権のない株式を除く）の全部を継続して保有することが見込まれる者並びに合併法人及び他の被合併法人が保有する被合併法人の株式（議決権のない株式を除く）の数。

(ii)　被合併法人の発行済株式等（議決権のない株式を除く）の総数。

なお、②、④～⑥は合併時における「見込み」であり、その後の経営環境の変化により、その要件を満たすことができなくなっても、適格が取り消されることはない。

２　被合併法人の処理

(1)　適格合併

被合併法人が適格合併により合併法人にその資産及び負債を移転する場合には、被合併法人の帳簿価額により引継ぎをしたものとされ、譲渡損益は生じない（法人税法62条の２第１項）。

（例）被合併法人の合併直前のB/S

資産　300（時価350）	負債　100（時価同額）
	資本金等　100 利益積立金額　100

（被合併法人の処理）

負債　100 資本金等　100 合併法人株式　100	資産　300
利益積立金額　100	合併法人株式　100

(2)　非適格合併

非適格合併の場合には、被合併法人が合併により合併法人にその有する資産負債の移転をしたときは、その合併時の時価により譲渡をしたものとして所得の金額を計算する。移転資産負債に係る譲渡利益額又は譲渡損失額は、最後事業年度（事業年度開始の日から合併の日の前日までの期間）の益金の額又は損金の額に算入する（法人税法62条1項・2項・14条1項2号）。なお、完全支配関係がある法人間の非適格合併については、被合併法人から移転を受ける資産のうち一定の資産については簿価で移転する（法人税法61条の13第1項・7項）。

（被合併法人の処理）……対価として合併法人株式240、現金10が交付されたとする

借方		貸方	
負債	100	資産	300
合併法人株式	240	譲渡益	50
現金	10		
資本金等	100	合併法人株式	240
利益積立金額	150 （利積100＋譲渡益50）	現金	10

3　合併法人の処理

(1)　適格合併

適格合併の場合には、合併法人は、被合併法人から資産及び負債を帳簿価額により引き継ぐ（法人税法施行令123条の3第3項）。また、適格合併により合併法人において増加する資本金等の額は、被合併法人の資本金等の額に相当する金額となる（法人税法施行令8条1項5号）。合併法人において増加する利益積立金額は、被合併法人から移転を受けた資産及び負債の移転簿価純資産価額から、その適格合併により増加した資本金等の額を減算した金額となる（法人税法施行令9条1項2号）。

借方		貸方	
資産	300	負債	100
		資本金等	100
		利益積立金額	100

(2)　非適格合併

非適格合併の場合には、合併法人は、被合併法人から資産・負債を時価で取得する（法人税法62条1項）。また、資本金等の額は、基本的には被合併法人の株主に交付した合併法人株式の価額の分、増加する（法人税法施行令8条1項5号）。

資産　350	負債　100 資本金等　240 現金　10

なお、合併対価として交付した資産の価額の合計額が、移転を受けた資産・負債の時価純資産価額を超える時は資産調整勘定を、満たない場合は負債調整勘定を設定する。いずれも５年で取崩し、損金又は益金の額に算入する（法人税法62条の８）。なお、資産調整勘定及び負債調整勘定は、非適格分割型分割、非適格現物出資等の場合にも設定されることがある。

４　被合併法人の株主の処理

被合併法人の株主に交付される合併対価が合併法人株式（新株）のみである場合には、被合併法人の株主は被合併法人株式（旧株）を帳簿価額により譲渡したものとされ（法人税法61条の２第１項２号）、譲渡損益は生じない。また、新株の取得価額は、適格合併の場合は旧株の合併直前の帳簿価額、非適格合併の場合は旧株簿価にみなし配当の額を加算した金額となる（法人税法施行令119条１項５号）。

一方、合併対価が新株のみでない場合は、被合併法人の株主において譲渡損益を計上することとなり（法人税法61条の２第１項）、また、新株の取得価額は新株の時価となる（法人税法施行令119条１項26号）。

なお、非適格合併の場合において、被合併法人株主が金銭等の交付を受けた場合において、その金銭等の額の合計額が被合併法人の資本金等の額のうち交付起因株式に対応する部分の金額を超えるときは、その超える部分の金額は配当とみなされる（法人税法24条１項１号、法人税法施行令23条１項１号）。譲渡損益とみなし配当の計算式は次のとおりである。

譲渡損益＝譲渡対価（合併対価－みなし配当）－譲渡原価（被合併法人株式の帳簿価額）

（注：合併法人株式のみが合併対価の場合、譲渡対価＝譲渡原価となる）

みなし配当

＝その株主が交付を受けた金銭等（合併対価）の合計額

－被合併法人の合併の日の前日の属する事業年度終了時の資本金等の額

×その株主が保有する被合併法人株式数／被合併法人の発行済み株式数

<table>
<tr><th colspan="2" rowspan="2">区分</th><th colspan="5">被合併法人株主</th></tr>
<tr><th>譲渡原価</th><th>譲渡対価</th><th>譲渡損益</th><th>新株の取得価額</th><th>みなし配当</th></tr>
<tr><td rowspan="2">新株のみ交付</td><td>適　格</td><td rowspan="3">旧株簿価</td><td rowspan="2">旧株簿価</td><td rowspan="2">なし</td><td>旧株簿価</td><td>なし</td></tr>
<tr><td rowspan="2">非適格</td><td>旧株簿価＋みなし配当</td><td rowspan="2">あり</td></tr>
<tr><td>新株＋金銭等交付</td><td>合併対価（新株時価＋交付金銭等）－みなし配当</td><td>あり（注）</td><td>新株時価</td></tr>
</table>

（注）被合併法人と法人株主の間に完全支配関係がある場合には譲渡損益は生じない。

（例）被合併法人株主は旧株を100％保有（帳簿価額120）。以下は被合併法人のB/S。

資産　300（時価350）	負債　100（時価も同額） 資本金等　100 利益積立金額　100

○適格合併の場合（case1）

合併法人株式　120	被合併法人株式　120

○非適格合併の場合（計算の簡便からみなし配当に係る源泉徴収は考慮していない）

（Case2）非適格合併であるが、合併対価が株式のみである場合

合併法人株式　270	被合併法人株式　120 みなし配当　150

合併対価は資産時価350－負債時価100＝250と考えられる。
みなし配当＝交付金銭等250－資本金等100×100/100＝150
譲渡損益＝譲渡対価（＝譲渡原価120）－譲渡原価120＝ 0
新株取得価額＝旧株簿価120＋みなし配当150＝270

（Case3）非適格であり、合併対価として株式240＋金銭10が交付された場合

合併法人株式	240	被合併法人株式	120
現金	10	みなし配当	150
譲渡損	20		

みなし配当＝交付金銭等250（240＋10）－資本金等100×100/100＝150
譲渡損益＝譲渡対価（合併対価250－みなし配当150）－譲渡原価120＝△20
新株取得価額＝新株時価240

なお、法人がみなし配当事由により株主に対して金銭等の交付をするときには、その事由の内容、事由の生じた日、みなし配当の１株当たりの金額を株主に通知しなければならない（法人税法施行令23条４項）。合併の場合は、被合併法事が消滅することから、合併法人が通知義務を負う。

また、分割型分割等の組織再編成が行われた場合には、後に述べるように株主が有する発行法人株式の一部譲渡とされるが、その譲渡原価を算出する際には、みなし配当を算出する上で用いた移転割合を用いて計算することになるので、分割型分割等が行われたときには、発行法人は株主に対して分割型分割に係る割合等を通知しなければならない（法人税法施行令119条の８第３項）。

第３　分割型分割

分割型分割とは、分割の日において当該分割に係る分割対価資産（分割により分割法人が交付を受ける分割承継法人の株式その他の資産）のすべてが分割法人の株主等に交付される場合の当該分割をいう（法人税法２条12号の９）。

分割法人、分割承継法人、分割法人の株主の課税関係については、基本的に合併の場合と同様だが、資産・負債の「一部移転」であることから、移転割合を考慮に入れた計算を行うことになる。

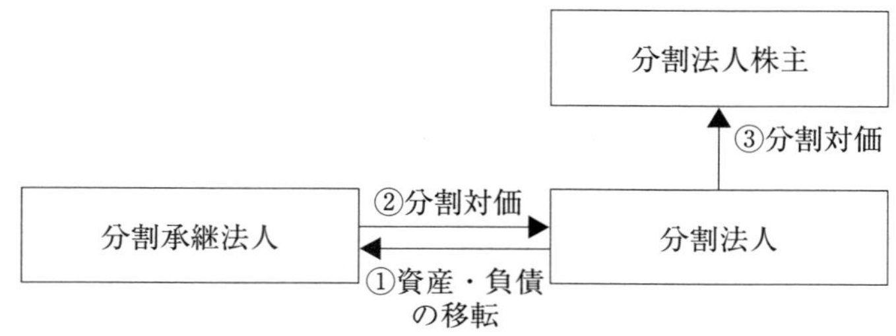

1　適格要件

適格分割型分割とは、分割法人の株主に分割承継法人の株式のみが交付されるもののうち、分割法人と分割承継法人との間に完全支配関係又は支配関係がある場合と、共同で事業を営むものについて、それぞれ次の要件を満たすものをいう。

	完全支配関係法人間の分割（a）法人税法２条12号の11イ、法人税法施行令４条の３第６項	支配関係法人間の分割（b）法人税法２条12号の11ロ、法人税法施行令４条の３第７項	共同事業を営むための分割（c）法人税法２条12号の11ハ、法人税法施行令４条の３第８項・21項
①分割対価要件	○	○	○
②支配関係継続要件	○	○	○
③事業関連性要件	－	－	○
④事業規模要件又は特定役員引継要件	－	－	○
⑤資産負債移転要件	－	○	○
⑥従業者継続要件	－	○	○
⑦事業継続要件	－	○	○
⑧株式継続保有要件（株主数50人未満）	－	－	○

（注）⑤の資産負債移転要件とは、分割事業に係る主要な資産及び負債が分割承継法人に移転していること

２　分割法人の処理

⑴　適格分割型分割

分割法人が適格分割型分割により分割承継法人にその有する資産負債の移転をしたときは、その適格分割型分割直前の帳簿価額による引継ぎをしたものとして所得の金額を計算する（法人税法62条の２第２項）。譲渡損益は生じない。

資本金等の額は、分割法人の分割型分割直前の資本金等の額に移転割合（分割資産の帳簿価額－分割負債の帳簿価額／前事業年度末の資産の帳簿価額－負債の帳簿価額）を乗じて計算した金額が減少する（法人税法施行令８条１項15号）。利益積立金額は、分割型分割直前の移転資産の帳簿価額から移転負債の帳簿価額及び減少した資本金等の額を減算した金額となる（法人税法施行令９条１項10号）。また、分割承継法人株式の取得価額は、移転資産負債の帳簿価額を基礎とする純資産価額（基本的には分割法人において減少した資本金等の額）となる（法人税法62条の２、法人税法施行令123条の３第２項・８条１項６号）。

（設例）分割法人の分割直前のB/S

資産　300	負債　　　　100
（うち移転資産30、その時価35）	（うち移転負債10、その時価10） 資本金等　　　100 利益積立金額　100

（分割法人の処理）

負債　　　　　　10 資本金等　　　　10 分割承継法人株式　10	資産30
利益積立金額10	分割承継法人株式10

移転割合＝分割資産帳簿価額30－分割負債帳簿価額10／資産300－負債100＝0.1
減少する資本金等の額＝100×0.1

⑵　非適格分割型分割

分割法人が分割により分割承継法人にその有する資産負債の移転をした

ときは、その分割時の時価による譲渡をしたものとして所得の金額を計算する（法人税法62条１項）。

資本金等の額は分割法人の分割型分割直前の資本金等の額に移転割合を乗じて計算した金額が減少する（法人税法施行令８条１項15号）。利益積立金額は分割法人の株主等に交付した金銭その他の資産の価額の合計額から減少した資本金等の額を減算した金額となる（法人税法施行令９条１項９号）。分割承継法人株式の取得価額は、取得時に取得のために通常要する価額（時価）となる。

負債10 分割承継法人株式25	資産30 譲渡益５
資本金等10 利益積立金額15	分割承継法人株式25

３　分割承継法人の処理

⑴　適格分割型分割

適格分割型分割の場合には、分割承継法人は、分割法人から資産及び負債を帳簿価額により引き継ぐ（法人税法施行令123条の３第３項）。

また、資本金等の額は、分割法人において減少した資本金等の額に相当する金額が増加する（法人税法施行令８条１項６号）。利益積立金額は、分割法人の分割型分割直前の移転資産の帳簿価額から移転負債の帳簿価額及び分割承継法人において増加した資本金等の額を減算した金額となる（法人税法施行令９条１項３号）。

資産30	負債　10 資本金等　10 利益積立金額　10

⑵　非適格分割型分割

非適格分割型分割の場合には、分割承継法事、分割法人から資産・負債を時価で取得する（法人税法62条１項）。また、資本金等の額は、基本的に分割法人に交付した分割承継法人株式の価額の分、増加する（法人税法施行令８条１項６号）。

資産　35	負債　　　10 資本金等　25

４　分割法人の株主の処理

分割法人の株主に交付される分割対価が分割承継法人株式（新株）のみである場合には、分割法人の株主は分割法人株式（旧株）を帳簿価額により譲渡したものとされ（法人税法61条の２第４項）、譲渡損益は生じない。また、新株の取得価額は、適格分割型分割の場合は旧株の帳簿価額に移転割合を乗じた金額、非適格分割の場合は旧株の帳簿価額に移転割合を乗じた金額にみなし配当の額を加算した金額となる（法人税法施行令119条１項６号）。

一方、分割対価が新株のみでない場合は、分割法人の株主において譲渡損益を計上することとなり（法人税法61条の２第１項）、また、新株の取得価額は新株の時価となる（法人税法施行令119条１項26号）。

なお、非適格分割型分割における分割法人株主が金銭等の交付を受けた場合において、その金銭等の額の合計額が分割法人の資本金等の額のうち交付起因株式に対応する部分の金額（分割資本金額等）を超えるときは、その超える部分の金額は配当とみなされる（法人税法24条１項２号、法人税法施行令23条１項２号）。譲渡損益とみなし配当の計算式は以下のとおりである。

譲渡損益＝

　譲渡対価(分割対価－みなし配当)－譲渡原価(分割法人株式の帳簿価額×移転割合)

　（注：分割承継法人株式のみが分割対価の場合、譲渡対価＝譲渡原価となる）

みなし配当

　　＝その株主が交付を受けた金銭等（分割対価）の合計額

　　　－分割法人の分割の日の前日の属する事業年度終了時の資本金等の額

　　　×移転割合

　　　×その株主が保有する分割法人株式数／分割法人の発行済み株式数

<table>
<tr><th colspan="2" rowspan="2">区分</th><th colspan="5">分割法人株主</th></tr>
<tr><th>譲渡原価</th><th>譲渡対価</th><th>譲渡損益</th><th>新株の取得価額</th><th>みなし配当</th></tr>
<tr><td rowspan="2">株式のみ交付</td><td>適　格</td><td rowspan="3">旧株簿価×移転割合</td><td rowspan="2">旧株簿価×移転割合</td><td rowspan="2">なし</td><td>旧株簿価×移転割合</td><td>なし</td></tr>
<tr><td rowspan="2">非適格</td><td>旧株簿価×移転割合＋みなし配当</td><td rowspan="2">あり</td></tr>
<tr><td>新株＋金銭等交付</td><td>分割対価（新株時価＋交付金銭等）－みなし配当</td><td>あり（注）</td><td>新株時価</td></tr>
</table>

（注）分割法人と分割法人株主の間に完全支配関係がある場合には譲渡損益は生じない。

（例）分割法人株主は旧株を100％保有（帳簿価額120）。以下は分割法人のB/S。

資産　300	負債　100
（うち移転資産30、その時価35）	（うち移転負債10、時価同額） 資本金等　100 利益積立金額　100

○適格の場合（case1）

分割承継法人株式　12	分割法人株式　12

旧株簿価120×移転割合０．１＝12が旧株の譲渡原価、譲渡対価、新株の取得価額を構成。

○非適格の場合（計算の簡便からみなし配当に係る源泉徴収は考慮していない）

（Case2）非適格であるが、分割対価が株式のみである場合

分割承継法人株式　27	分割法人株式　12 みなし配当　15

分割対価は資産時価35－負債時価10＝25と考えられる。
みなし配当＝交付金銭等25－資本金等100×移転割合0.1×100/100＝15

譲渡損益＝譲渡対価（＝譲渡原価12）－譲渡原価12＝０
新株取得価額＝旧株簿価12＋みなし配当15＝27

(Case3）非適格であり、分割対価として株式24＋金銭１が交付された場合

分割承継法人株式	24	分割法人株式	12
現金	1	みなし配当	15
譲渡損	2（※）		

みなし配当＝交付金銭等25（24＋１）－資本金等100×移転割合0.1×100/100＝15
譲渡損益＝譲渡対価（分割対価25－みなし配当15）－譲渡原価12＝△２
新株取得価額＝新株時価24

第４　分社型分割

分社型分割とは、分割の日において当該分割に係る分割対価資産が分割法人の株主に交付されない場合の当該分割をいう（法人税法２条12号の10）。

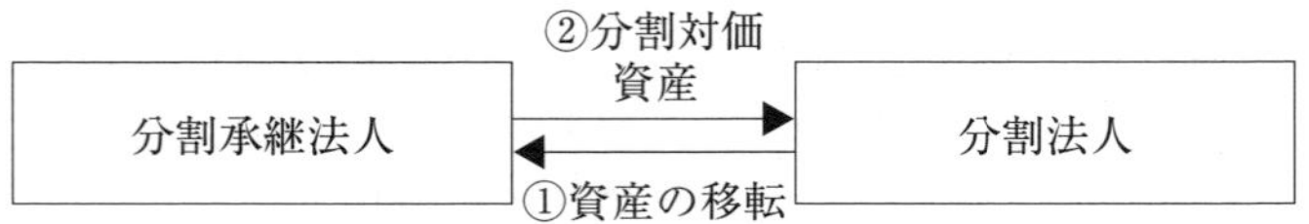

１　適格要件

適格分社型分割とは、分割法人に分割承継法人の株式のみが交付されるもののうち、分割法人と分割承継法人との間に完全支配関係又は支配関係がある場合と、共同で事業を営むものについて、それぞれ一定の要件を満たすものをいう。分割型分割の場合と同様である。

２　分割法人の処理

(1)　適格分社型分割

分割法人が適格分社型分割により分割承継法人にその有する資産負債の移転をしたときは、分割直前の帳簿価額による譲渡をしたものとして、各

事業年度の所得の金額を計算する（法人税法62条の３）。また、分割承継法人株式の取得価額は、分割直前の移転資産の帳簿価額から移転負債の帳簿価額を減算した金額とする（法人税法施行令119条１項７号）。例えば資産100（時価120）、負債50（時価同額）を移転した場合の仕訳は以下のとおりとなる。

借方	貸方
負債　50 分割承継法人株式　50	資産　100

⑵　非適格分社型分割

分割法人が分割により分割承継法人にその有する資産・負債の移転をしたときは、その分割時の価額による譲渡をしたものとして、各事業年度の所得の金額を計算する（法人税法62条１項）。また、分割承継法人株式の取得価額は、取得時における取得のために通常要する価額、すなわち時価となる。⑴の設例においては、以下の仕訳となる。

借方	貸方
負債　50	資産　100
分割承継法人株式　70	譲渡益　20

３　分割承継法人の処理

⑴　適格分社型分割

資産負債を適格分社型分割直前の帳簿価額で取得する（法人税法施行令123条の４）。また、これに対応して、資本金等の額を増加させる（法人税法施行令８条１項７号）。

借方	貸方
資産　100	負債　50 資本金等　50

⑵　非適格分社型分割

資産負債を分割時の価額（時価）で計上する。また、資本金等の額は、分割法人に交付した分割承継法人株式の価額の分、増加する（法人税法施行令８条１項７号）。

借方	貸方
資産　120	負債　50 資本金等　70

第5　現物出資

現物出資は、検査役による調査を要する等の会社法上の要件があるが、経済実態は分社型分割と変わらず、税務処理も基本的に変わらない。実務ではデット・エクイティ・スワップの手法等として用いられている。

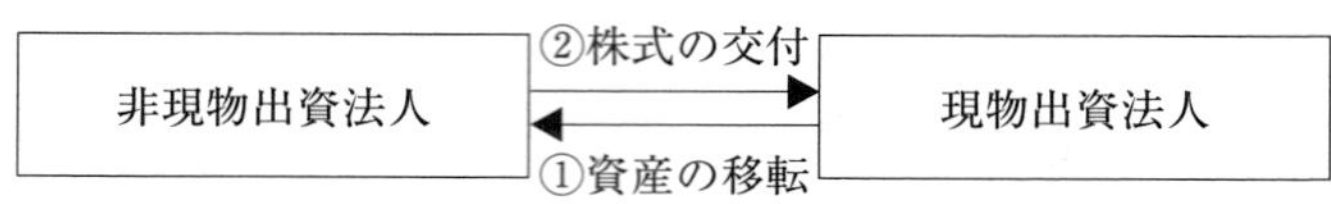

1　適格要件

適格現物出資とは、現物出資法人に非現物出資法人の株式のみが交付されるもののうち、現物出資法人と非現物出資法人との間に完全支配関係又は支配関係がある場合と、共同事業要件適格の場合において、それぞれ一定の要件を満たすものをいう（外国法人に国内にある資産・負債の移転を行うもの等を除く）。

	完全支配関係法人間の現物出資(a) 法人税法2条12号の14イ、法人税法施行令4条の3第10項	支配関係法人間の現物出資(b) 法人税法2条12号の14ロ、法人税法施行令4条の3第11項	共同事業を営むための現物出資(c) 法人税法2条12号の17ハ、法人税法施行令4条の3第12項・21項
①合併対価要件	○	○	○
②支配関係継続要件	○	○	○
③事業関連性要件	－	－	○
④事業規模要件又は特定役員引継要件	－	－	○
⑤従業者継続要件	－	○	○
⑥事業継続要件	－	○	○

２　現物出資法人の処理

⑴　適格現物出資

現物出資法人が適格現物出資により被現物出資法人にその有する資産負債の移転をしたときは、適格現物出資直前の帳簿価額による譲渡をしたものとして所得の金額を計算する（法人税法62条の４第１項）。また、非現物出資法人株式の取得価額は、現物出資直前の移転資産の帳簿価額から移転負債の帳簿価額を減算した金額となる（法人税法施行令119条１項７号）。

⑵　非適格現物出資

現物出資法人が現物出資により被現物出資法人にその有する資産負債の移転をしたときは、その現物出資時の価額による譲渡をしたものとして所得の金額を計算する（法人税法22条２項・３項）。また被現物出資法人株式の取得価額は給付資産の価額の合計額となる。

３　被現物出資法人の処理

⑴　適格現物出資

被現物出資法人は、資産負債を適格現物出資直前の帳簿価額により取得したものとされる（法人税法施行令123条の５）。また、資本金等の額は、適格現物出資により移転を受けた資産・負債の純資産価額（移転直前の移転資産の帳簿価額から移転負債の帳簿価額を減算した金額）の分、増加する（法人税法施行令８条１項８号）。

⑵　非適格現物出資

非適格現物出資の場合には、資産負債は時価により取得したものとされ、その分、資本金の額が増加する（法人税法施行令８条１項１号）。

第６　現物分配

現物分配とは、法人がその株主等に対して剰余金の配当等若しくは法人税法24条１項３号～６号までに掲げる事由（みなし配当事由）により金銭以外の資産を交付することをいう（法人税法２条12号の６）。組織再編との関係では、例えば、中間子会社が孫会社株式を親会社に現物分配することにより、中間子会社と孫会社を兄弟会社にするといった場合に用いられる手法である。現物分配が適格となる場合、配当資産を帳簿価額で移転することになり、課税が繰り延べられることになる。

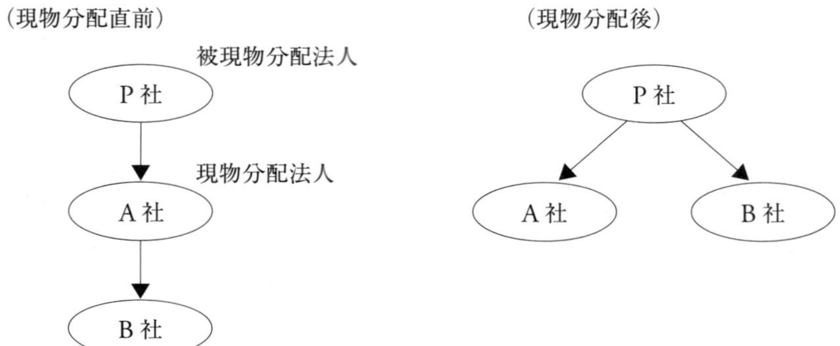

1　適格要件

適格現物分配とは、内国法人を現物分配法人とする現物分配のうち、その現物分配により資産の移転を受ける者がその現物分配の直前において現物分配法人との間に完全支配関係がある内国法人のみであるものをいう（法人税法２条12号の15）。適格現物分配については、他の組織再編成と異なり、完全支配関係法人間、支配関係法人間、共同事業を営むための組織再編といった分類がない。平成22年度税制改正においてグループ法人税制が創設され、100％グループ内の取引では譲渡損益を認識しないとしたことに対応し、完全支配関係がある場合に限って、課税の繰り延べが措置されている。現物分配後に完全支配関係が継続することが見込まれている必要はない。

2　現物分配法人の処理

(1)　適格現物分配

適格現物分配により資産の移転をしたときは、資産をその現物分配直前の帳簿価額により譲渡したものとして所得の金額を計算する（法人税法62条の５第３項）。したがって、譲渡損益は生じない。また、分配資産の交付直前の帳簿価額に相当する利益積立金額を減少させる（法人税法施行令９条１項８号）。

利益剰余金を原資に資産100（時価120）の資産を分配した場合の仕訳は次のとおりである。

利益積立金額　100	資産　100

(2)　非適格現物分配

非適格現物分配の場合は、通常の資産の譲渡と変わるところはない。

利益積立金額　120	資産　　100 譲渡益　20

3　被現物分配法人の処理

(1)　適格現物分配

適格現物分配により資産の移転を受けたことによる収益の額は益金に算入しない（法人税法62条の５第４項）。資産の取得価額は、現物分配法人における帳簿価額とし（法人税法施行令123条の６第１項）、相当分の利益積立金額が増加する（法人税法施行令９条１項４号）。

資産100	利益積立金額　100

(2)　非適格現物分配

非適格現物分配の場合は時価で取得し、配当収益を認識する。

資産120	配当収益　120

第７　株式交換

株式交換の税務では、取引に係る三者、すなわち株式交換完全親法人、株式交換完全子法人、株式交換完全子法人の株主の取扱いについて把握する必要があるが、最も中心的な課題は、株式交換完全子法人における課税関係である。合併等の他の組織再編行為との整合性の観点から、適格株式交換に該当する場合には課税関係は生じないが、非適格株式交換に該当する場合には株式交換完全子法人の有する資産の時価評価を行う。

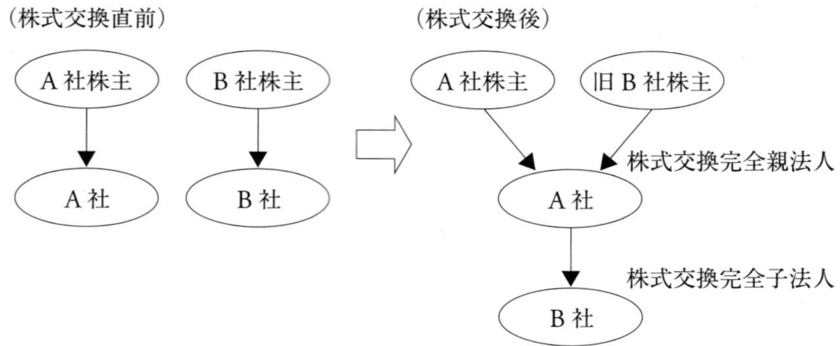

1　適格要件

適格株式交換とは、株式交換完全子法人の株主に株式交換完全親法人株式以外の資産が交付されないもののうち、株式交換完全親法人と株式交換完全子法人との間に完全支配関係又は支配関係がある場合と、共同事業を営むための再編について、それぞれ次の要件を満たすものをいう。

	完全支配関係法人間の株式交換(a) 法人税法2条12号の16イ、法人税法施行令4条の3第14項	支配関係法人間の株式交換(b) 法人税法2条12号の16ロ、法人税法施行令4条の3第15項	共同事業を営むための株式交換(c) 法人税法2条12号の16ハ、法人税法施行令4条の3第16項
①対価要件	○	○	○
②支配関係継続要件	○	○	○
③事業関連性要件	−	−	○
④事業規模要件又は特定役員引継要件	−	−	○
⑤従業者継続要件	−	○	○
⑥事業継続要件	−	○	○
⑦株式継続保有要件（株主数50人未満）	−	−	○

２　株式交換完全子法人の処理

法人が自己を株式交換完全子法人とする非適格株式交換を行った場合には、非適格株式交換の直前に有する時価評価資産について時価評価し、評価損益を計上する。ただし、非適格株式交換であっても、完全支配関係法人間において行うものについては、時価評価を行わない（法人税法62条の９第１項）。

時価評価資産とは、基本的に固定資産、土地、有価証券、金銭債権、繰延資産であるが、各資産の区分単位において含み損益が1,000万円又は株式交換完全子法人の資本金等の額の２分の１のいずれか低い金額に満たないものは除かれる（法人税法施行令123条の11第１項）。

３　株式交換完全親法人の処理

株式交換完全親法人においては、課税関係は特段生じるものではないが、適格・非適格の区分に応じて、株式交換完全子法人の株式の取得価額と資本金等の額の処理が異なってくる。株式交換完全親法人株式のみが交付される場合は、取得価額は株式交換完全子法人株主の有する帳簿価額となるが、株式数が50人以上の場合は、帳簿価額を把握するのが困難であることから、取得価額は株式交換完全子法人株主の簿価純資産価額（適格株式交換の直前における資産の帳簿価額－負債の帳簿価額）で把握する。

まとめると次のとおりである。

<table>
<tr><th></th><th colspan="2">株式交換完全子法人株式の取得価額</th><th>資本金等の額</th></tr>
<tr><td rowspan="2">適格</td><td>株式交換完全子法人の株主数が50人未満</td><td>株式交換完全子法人株主の帳簿価額合計額（法人税法施行令119条１項９号イ）</td><td rowspan="2">同左
（法人税法施行令８条１項10号）</td></tr>
<tr><td>株式交換完全子法人の株主数が50人以上</td><td>株式交換完全子法人の簿価純資産価額（法人税法施行令119条１項９号ロ）</td></tr>
</table>

<table>
<tr><td rowspan="2">非適格</td><td>完全支配関係あり（注）</td><td>適格と同様の取扱い（法人税法施行令119条1項9号）</td><td rowspan="2">子法人株式の取得価額－交付金銭等（法人税法施行令8条1項10号）</td></tr>
<tr><td>完全支配関係なし</td><td>交付対価時価</td></tr>
</table>

（注）非適格株式交換で株式交換直前に株式交換完全親法人と株式交換完全子法人の間に完全支配関係があった場合

4　株式交換完全子法人の株主の処理

株式交換完全子法人の株主に対する課税は、適格、非適格の区分ではなく、株式交換完全親法人株式（新株）以外の資産の交付を受けなかったどうかで区分される。交付がない場合は、株式交換完全子法人の株式（旧株）の帳簿価額による譲渡を行ったものとして譲渡損益の計上を繰り延べる（法人税法61条の２第８項）。また、新株の取得価額は旧株簿価に相当する金額となる（法人税法施行令119条１項８号）。新株以外の交付があった場合は譲渡損益の計上が行われる（法人税法61条の２第１項）。株式交換においては、株式交換完全子法人の株主においてみなし配当課税が生じることはない。まとめると次の表になる。

<table>
<tr><td colspan="2" rowspan="2">区分</td><td colspan="3">株式交換完全子法人株主</td></tr>
<tr><td>譲渡原価</td><td>譲渡対価</td><td>新株取得価額</td></tr>
<tr><td rowspan="2">株式のみ交付</td><td>適格</td><td rowspan="3">旧株簿価</td><td rowspan="2">旧株簿価</td><td rowspan="2">旧株簿価</td></tr>
<tr><td rowspan="2">非適格</td></tr>
<tr><td>株式＋金銭等交付</td><td>新株時価＋交付金銭等</td><td>新株時価</td></tr>
</table>

（設例）Ａ社はＢ社を株式交換完全子法人とする株式交換を行った。Ｐ社はＢ社株を100％所有しており、その帳簿価額は２,000。株式交換に当たり、Ａ社はＰ社に300株（１株当たりの時価は10円）を交付した。株式交換時におけるＢ社のB/Sは以下のとおりである。

（B社の直前B/S）

資産	5,000	負債	2,000
		資本金等	2,000
		利益積立金額	1,000

＜適格の場合＞

（A社）

A社株式　2,000	資本金等　2,000

株式交換完全子法人となるBの株主はP社のみ（50人以下）。よって取得価額はP社が有していた株式交換直前の帳簿価額の合計額となる（法人税法施行令119条1項9号イ）。

（B社）特段の処理はない。

（P社）

A社株式　2,000	B社株式　2,000

＜非適格の場合＞

（H社）

A社株式　3,000	資本金等　3,000

株式の取得価額は時価となる（法人税法施行令119条1項26号）ため、300株×10円＝3,000

（B社）保有する時価評価資産につき時価評価を行う。

（P社）

A社株式　2,000	B社株式　2,000

第8　株式移転

株式移転の税務は、株式移転完全親法人、株式移転完全子法人、株式移転完全子法人の三者のそれぞれの取扱いについて把握する必要があるが、基本的な仕組みは株式交換と同様であり、最も中心的な課題は、株式移転完全子法人における課税関係、すなわち資産の時価評価の有無である。

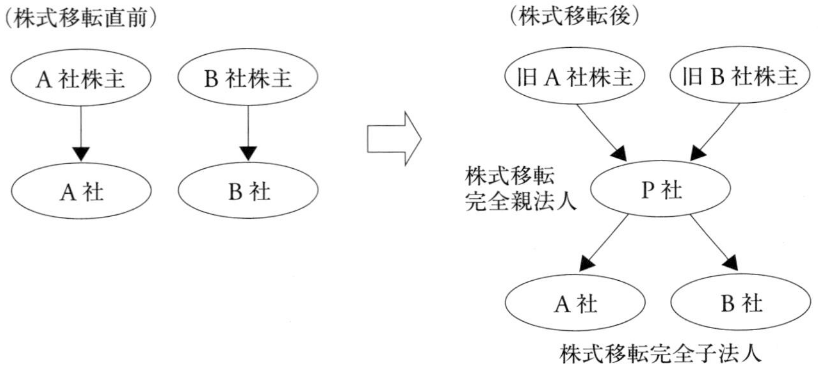

1　適格要件

適格株式移転とは、株式移転完全子法人の株主に株式移転完全親法人株式以外の資産が交付されないもののうち、株式移転完全子法人相互の間に完全支配関係又は支配関係がある場合と、共同で事業を営むものについて、それぞれ次の要件を満たすものをいう。なお、株式交換と異なり、株式移転においては、単独で行う場合もある。

	完全支配関係法人間の株式移転(a) 法人税法2条12号の17イ、法人税法施行令4条の3第17項・18項	支配関係法人間の株式移転(b) 法人税法2条12号の17ロ、法人税法施行令4条の3第19項	共同事業を営むための株式移転(c) 法人税法2条12号の17ハ、法人税法施行令4条の3第20項
①対価要件	○	○	○
②支配関係継続要件	○	○	○
③事業関連性要件	−	−	○
④事業規模要件又は特定役員引継要件	−	−	○
⑤従業者継続要件	−	○	○
⑥事業継続要件	−	○	○
⑦株式継続保有要件（株主数50人未満）	−	−	○

2　株式移転完全子法人の処理

法人が自己を株式移転完全子法人とする非適格株式移転を行った場合には、非適格株式移転の直前に有する時価評価資産について時価評価し、評価損益を計上する。ただし、非適格株式移転であっても、完全支配関係法人間において行うものについては、時価評価を行わない（法人税法62条の9第1項）。

3　株式移転完全親法人の処理

株式交換完全親法人においては、課税関係は特段生じるものではないが、適格・非適格の区分に応じて、株式交換完全子法人の株式の取得価額と資本金等の額の処理が異なってくる。まとめると次のとおりである。

<table>
<tr><th></th><th colspan="2">株式移転完全子法人株式の取得価額</th><th>資本金等の額</th></tr>
<tr><td rowspan="2">適格</td><td>株式移転完全子法人の株主数が50人未満</td><td>株式移転完全子法人株主の帳簿価額合計額（法人税法施行令119条１項11号イ）</td><td rowspan="2">同左
（法人税法施行令８条１項11号）</td></tr>
<tr><td>株式移転完全子法人の株主数が50人以上</td><td>株式移転完全子法人の簿価純資産価額（法人税法施行令119条１項11号ロ）</td></tr>
<tr><td rowspan="2">非適格</td><td>完全支配関係あり（注１）</td><td>適格と同様の取り扱い（法人税法施行令119条１項11号）</td><td>子法人株式の取得価額－交付金銭等（法人税法施行令８条１項11号）</td></tr>
<tr><td>完全支配関係なし</td><td>交付対価時価</td><td></td></tr>
</table>

（注１）非適格株式移転で株式移転直前に株式移転完全親法人と株式移転完全子法人の間に完全支配関係があった場合

４　株式移転完全子法人株主の処理

株式移転完全子法人の株主に対する課税は、適格、非適格の区分ではなく、株式移転完全親法人株式（新株）以外の資産の交付を受けなかったかどうかで区分される。交付がない場合は、株式移転完全子法人の株式（旧株）の帳簿価額による譲渡を行ったものとして譲渡損益の計上を繰り延べる（法人税法61条の２第10項）。また、新株の取得価額は旧株簿価に相当する金額となる（法人税法施行令119条１項10号）。交付があった場合は、譲渡損益の計上が行われる（法人税法61条の２第１項）。みなし配当課税は生じない。まとめると次の表になる。

<table>
<tr><th colspan="2" rowspan="2">区分</th><th colspan="3">株式移転完全子法人株主</th></tr>
<tr><th>譲渡原価</th><th>譲渡対価</th><th>新株取得価額</th></tr>
<tr><td rowspan="2">株式のみ交付</td><td>適格</td><td rowspan="3">旧株簿価</td><td rowspan="2">旧株簿価</td><td rowspan="2">旧株簿価</td></tr>
<tr><td rowspan="2">非適格</td></tr>
<tr><td>株式＋金銭等交付</td><td>新株時価
＋交付金銭等</td><td>新株時価</td></tr>
</table>

（設例）A社及びB社が株式移転によりP社を設立。A社株主はA社株式を100%保有（帳簿価額2,000）、B社株主はB社株式を100%保有（帳簿価額は1,000）。株式移転に当たりP社はA社株主に3,000、B社株主に2,000のP社株式を交付。株式移転時におけるA社、B社のB/Sは以下のとおりである。

（A社の直前B/S）

資産　5,000	負債　2,000 資本金等　2,000 利益積立金額　1,000

（B社の直前B/S）

資産　3,000	負債　1,000 資本金等　1,000 利益積立金額　1,000

＜適格の場合＞

（P社）

A社株式　2,000 B社株式　1,000	資本金等　3,000

株式移転完全子法人となるA社、B社の株主はともに50人以下である。よって取得価額はその株主が有していた株式移転直前の帳簿価額の合計額となる（法人税法施行令119条1項11号イ）。

（A社及びB社）特段の処理はない。

（A社の株主）

P社株式　2,000	A社株式　2,000

（B社の株主）

P社株式　1,000	B社株式　1,000

＜非適格株式移転の場合＞

（H 社）

A 社株式　3,000 B 社株式　2,000	資本金等5,000

株式の取得価額は時価となる

（A 社及び B 社）保有する資産につき時価評価を行う。

（A 社の株主及び B 社の株主）適格の場合と同じ。

第 9　三角組織再編、無対価組織再編

組織再編が適格となるためには、合併等の対価として組織再編当事法人の株式のみが交付されることが要件であるが、特定の組織再編については100％親会社の株式を利用した三角組織再編が可能である。

具体的には、合併、分割、株式交換において、合併親法人株式、分割承継親法人株式、株式交換完全支配親法人株式を対価とする場合、それぞれ完全支配関係法人間、支配関係法人間、共同で事業を営むものに対応した諸要件を満たせば、その組織再編は適格となる（合併については法人税法２条12号の８、法人税法施行令４条の３第１項、分割については法人税法２条12号の11、法人税法施行令４条の３第５項、株式交換については法人税法２条12号の16、法人税法施行令４条の３第13項）。ただし、組織再編の当事法人の株式とその親法人株式の双方が組織再編対価として交付される場合は非適格となる。

また、完全支配関係にある法人間の組織再編成のように、その対価の交付がなくとも単に対価の交付が省略されただけと認められるものについては、対価の交付があったものと同様に扱い、その組織再編成が適格かどうかの判定を行うこととなっている。吸収合併、吸収分割型分割、吸収分社型分割、株式交換においてその規定がある。

第10　適格合併における欠損金の引継ぎとその制限等

１　欠損金の引継ぎ（法人税法57条２項）

適格合併が行われた場合において、被合併法人のその適格合併の日前９年以内に開始した各事業年度において生じた未処理欠損金額があるときは、その未処理欠損金額は合併法人の各事業年度において生じた欠損金額とみなされる。

２　欠損金の引継ぎ制限（法人税法57条３項）

適格合併においては、上記のとおり被合併法人の欠損金を引き継ぐのが原則であるが、次のいずれにも該当しない場合には（支配関係が生じてから５年以内にみなし共同事業要件を満たさない適格合併を行った場合）、支配関係事業年度前に生じた欠損金額及び支配関係事業年度後の欠損金額のうち特定資産譲渡等損失額からなる部分の金額は引き継ぐことができない。

・その適格合併がみなし共同事業要件を満たす場合
・その適格合併の日の属する事業年度開始の日の５年前の日などから継続して合併法人と被合併法人との間に支配関係がある場合

なお、みなし共同事業要件とは、次の(i)～(iv)のすべて、又は(i)及び(v)の要件を満たす場合である（法人税法施行令112条３項）。特に(iii)～(v)の要件は、支配関係が生じて以後、合併までの間に、合併法人及び被合併法人の事業の実態に大きな変化が生じていないことを求める趣旨の要件である。

(i)　事業関連性要件
(ii)　事業規模要件
(iii)　被合併等事業規模継続要件
(iv)　合併等事業規模継続要件
(v)　特定役員引継要件

３　合併法人等の欠損金の繰越制限（法人税法57条４項）

法人と支配関係法人との間でその法人を合併法人等とする適格組織再編成等（適格合併、完全支配関係法人間の非適格合併、適格分割、適格現物出資、適格現物分配）が行われた場合において、次のいずれにも該当しない場合には、その内国法人の欠損金のうち、その内国法人の支配関係事業年度前に生じた欠損金額及び支配関係事業年度後の欠損金額のうち特定資産譲渡等損失額からなる部分の金額はないものとされる。

・その適格組織再編成等がみなし共同事業要件を満たす場合

・適格組織再編成事業年度開始の日の５年前の日などから継続して内国法人とその支配関係法人との間に支配関係がある場合

みなし共同事業要件は上記**2**と基本的に同様である（法人税法施行令112条７項）。

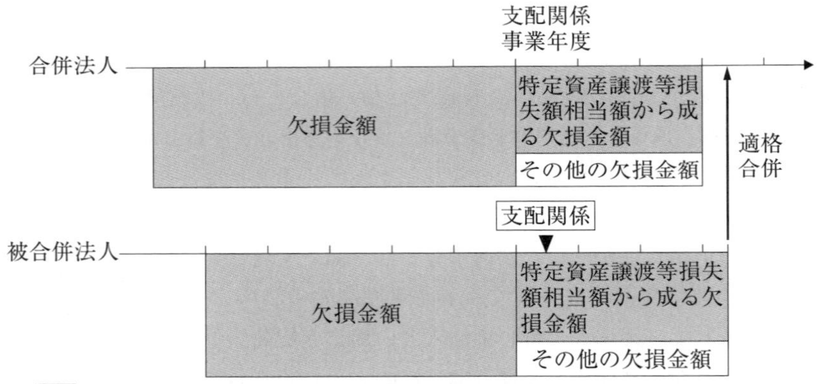

４　特定資産譲渡等損失の損金不算入（法人税法62条の７第１項）

法人と支配関係法人との間でその法人を合併法人等とする適格合併等のうちみなし共同事業要件を満たさないもの（特定適格組織再編成等）が行われた場合に、その支配関係がその法人の特定適格組織再編成等の日の属する事業年度開始の日の５年前の日以後に生じているときは、その法人の適用期間（適格組織再編成事業年度開始の日以後３年を経過する日と、その内国法人とその支配関係法人との間に最後に支配関係があることとなった日以後５年を経過する日のいずれか早い日までの期間）において生ずる特定資産譲渡等損失額は、各事業年度の損金の額に算入しない。

みなし共同事業要件とは上記**3**と同様である

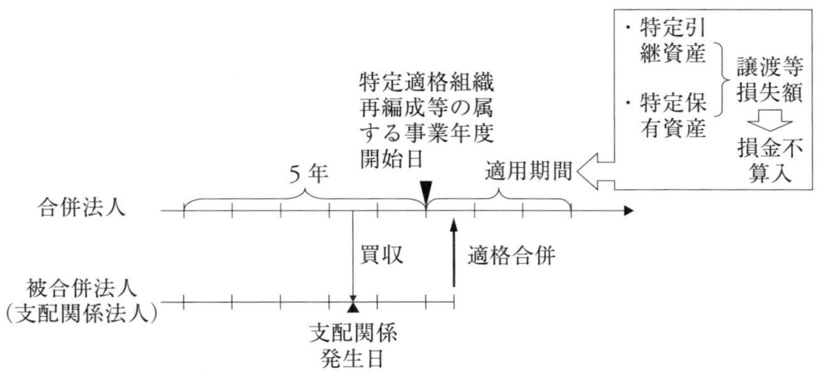

ここで特定資産とは、内国法人が支配関係法人から適格組織再編成等により移転を受けた資産で支配関係法人が支配関係発生日前から有していたもの（特定引継資産）、内国法人が支配関係発生日前から有していたもの（特定保有資産）をいい、固定資産、棚卸資産に該当する土地、有価証券（売買目的有価証券を除く）、金銭債権、繰延資産等が対象となる。ただし適格組織再編成等の日における帳簿価額が1,000万円未満のもの、支配関係発生日における時価が同日における帳簿価額を下回っていないものは除かれる。

なお、**1**～**3**については、その制限を緩和する方向での特例がある（法人税法施行令113条1項・4項・123条の9第1項）。

第11　租税回避防止措置

組織再編税制においては、欠損金の利用制限等、個別の租税回避防止規程が設けられているが、それとは別に、包括的な租税回避防止規定が置かれている。すなわち、税務署長は、(i)合併、分割、現物出資、現物分配、株式交換、株式移転（合併等）をした法人若しくは合併等により資産及び負債の移転を受けた法人、(ii)合併等により交付された株式を発行した法人、(iii)これらの法人の株主等である法人の法人税につき更正又は決定をする場合において、これらの法人の行為又は計算で、これを容認した場合には、合併等により移転する資産及び負債の譲渡に係る利益の額の減少又は損失の額の増加、法人税の額から控除する金額の増加、(i)又は(ii)の法人の株式の譲渡に係る利益の額の減少又は損失の額の増加、みなし配当金額の減少その他の事由により法人税の負担を不当に減少させる結果となると認められるものがあるときは、その行為又は計算にかかわらず、税務署長の認めるところにより、その法人に係る法人税の課税標準若しくは欠損金額又は法人税の額を計算することができるものとされている（法人税法132条の２）。

第12　事業再編促進税制

産業競争力強化法に規定する特定事業再編計画の認定（平成26年１月20日から平成29年３月31日まで）を受けた法人が、その認定計画に記載された特定事業再編に係る特定会社の特定株式等（出資・融資）[2]を積立期間内（認定日から同日以後10年経過日又は特定会社の３期連続営業黒字達成年度のいずれか早い年度終了の日までの期間）の日を含む各事業年度終了の日まで引き続き有している場合に、その特定株式等の取得価額の70％を上限として特定事業再編投資準備金を積み立てたときは、その積み立てた金額の損金算入を認める措置が講じられている（産業競争力強化法26条、租税特別措置法55条の３）。なお、この準備金は、積立期間終了後、その積み立てた金額の全額について、原則として５年間で均等額を取り崩して、益金算入する。

特定事業再編計画の認定には次のような要件を満たす必要がある。

(i)　事業部門単位での生産性の向上（計画開始から３ 年以内に、修正ROAの３％ポイント向上、又は、有形固定資産回転率の10％向上、又は、従業員１人当たりの付加価値額の12％向上）

２）　特定株式等とは、(i)積立期間内における設立若しくは資本金の額若しくは出資金の額の増加を伴う金銭の払込み、合併、分社型分割若しくは現物出資により交付される特定株式（特定会社の株式又は出資）若しくは積立期間内における貸付けに係る特定債権（特定会社に対する貸付金に係る債権）、又は(ii)最初特定事業再編実施日前から引き続き有している特定株式若しくは特定債権をいう。

(ii)　企業単位での財務の健全性（計画開始から3年以内に、有利子負債／キャッシュフロー≦10倍、かつ、経常収入≧経常支出）
(iii)　雇用への配慮（計画に係る事業所における労働組合等との協議により、十分な話し合いを行うこと、かつ、実施に際して雇用の安定等に十分な配慮を行うこと
(iv)　事業構造の変更（**図表2-6-1**参照）
(v)　新需要の開拓（計画開始から3年以内に、外国における新たな需要を相当程度開拓すること、又は、国内における新たな需要を相当程度開拓すること）
(vi)　前向きの取組み（(v)の国内新需要開拓の場合には、計画開始から3年以内に、新商品・新サービスの売上げ≧全社売上げの1％、(v)の外国新需要開拓の場合には、計画開始から3年以内に、新商品・新サービスの売上げ≧全社売上げの1％、又は、商品等1単位当たりの製造原価または販売費の5％以上削減）
(vii)　経営支援（すべての申請事業者が、特定会社に対して、役職員の派遣や技術の支援、販路開拓への協力、資材調達における協力、製造・研究開発・管理業務等の受託などにより、特定会社に不可欠な経営支援を行うこと）

本制度の最初の適用事例は、平成26年1月30日に認定された三菱重工業と日立製作所との火力発電事業の統合である。その後同年6月末までに、①新日鉄住金と東邦チタニウムとの素材製造基盤の構築、②三菱マテリアルと日立金属との航空機・エネルギー分野における国際競争力の強化の2つの事例が認定されている。

＜図表2-6-1　特定事業再編における事業構造の変更の類型＞

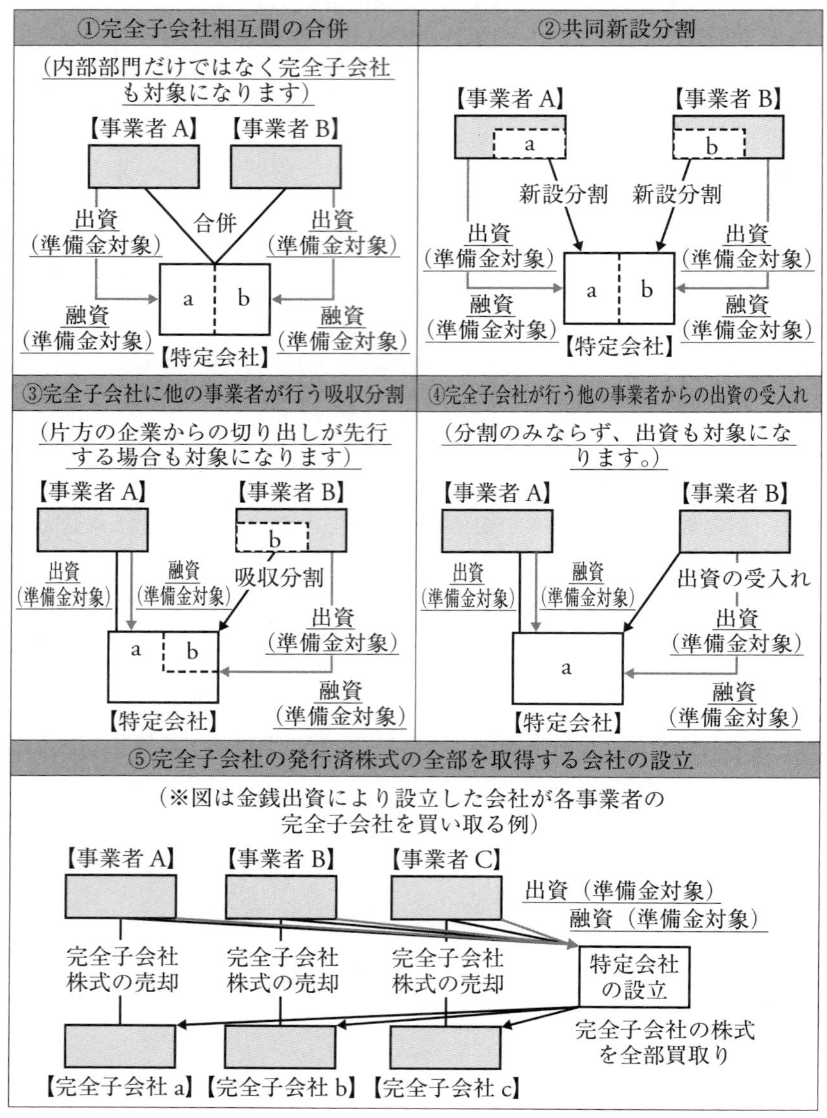

出典：「事業再編の促進について」（経済産業省産業再生課）

コラム：三菱重工業と日立製作所とによる三菱日立パワーシステムズの設立

三菱重工業（以下「三菱重工」という）と日立製作所（以下「日立」という）は、平成25年７月31日付で、火力発電システム分野での事業統合に係る吸収分割契約の締結を発表した。これは、両社の火力発電システムを主体とする事業の統合のために三菱重工が設立した新会社（MHパワーシステムズ）との間で、2013年７月31日に吸収分割契約書をそれぞれ締結したことを公表したものである（統合基本契約書締結日は同年６月11日）。

この吸収分割は、三菱重工及び日立の両社において会社法784条３項・改正法２項の規定に基づく簡易吸収分割の手続により、株主総会における承認を得ずに行うものである。この事業統合は、次の方式で行われ、効力発生日における統合会社の出資比率は、三菱重工が65%、日立が35%となる。

(i)　三菱重工及び日立が、両社の統合対象事業を本吸収分割により統合会社に承継。その結果、三菱重工が683株、日立が317株の統合会社株式を保有。

(ii)　三菱重工が保有する統合会社株式33株を、297億円にて日立に譲渡。

分割する部門の事業内容は次のとおりである。なお、これらの事業に関連する一定の子会社及び関連会社も事業統合の範囲に含まれている。

(i)　火力発電システム事業（ガスタービン、蒸気タービン、石炭ガス化発電設備、ボイラー、火力制御装置、発電機等）

(ii)　地熱発電システム事業

(iii)　環境装置事業

(iv)　燃料電池事業

(v)　売電事業（ただし、三菱重工の高砂製作所におけるガスタービン複合サイクル発電プラント実証設備に係る売電行為に限る）

(vi)　その他付随する事業

分割する部門の経営成績（平成25年３月31日現在）は、連結売上高で三菱重工7,018億円、日立4,889億円である。

分割する資産、負債の項目及び金額は次のとおりである（平成25年3月31日現在の金額に基づく見込額）。

三菱重工（個別）

資産		負債	
項目	帳簿価額（億円）	項目	帳簿価額（億円）
流動資産	4,280	流動負債	3,203
固定資産	1,624	固定負債	506
合計	5,904	合計	3,710

日立（個別）

資産		負債	
項目	帳簿価額（億円）	項目	帳簿価額（億円）
流動資産	1,215	流動負債	1,084
固定資産	1,039	固定負債	51
合計	2,254	合計	1,135

なお、平成25年12月18日に、両社は、全世界規模での本事業統合を円滑に達成し、これにより統合会社の速やかな事業展開を実現するため、本事業統合に関する吸収分割の効力発生日について、平成26年１月１日から平成26年２月１日に変更したことを発表した。

平成26年１月30日には、経済産業省より、三菱重工及び日立から提出された特定事業再編計画について、産業競争力強化法26条４項の規定に基づき審査した結果、同法２条12項に規定する特定事業再編を行うものとしての認定要件を満たすとして、特定事業再編計画の認定を公表した。なお、認定要件に係る数値については、有形固定資産回転率の26％向上、新商品・新サービスの全売上高に対する比率４％以上とされている。三菱重工と日立が設立する火力発電システム事業会社である三菱日立パワーシステムズは、平成26年２月１日の発足に伴い、国内９社、海外49社、計58社から成る三菱日立パワーシステムズグループを発足させ、これに伴い、同社を含め４社を新設、30社が商号を変更した。

第13　法人税以外の税目等

法人住民税・法人事業税は法人税に準じた取扱いとされている。

消費税については、合併・分割は組織法上の行為であり、権利義務が包括承継されることから、資産の譲渡等に当たらず、消費税の課税対象外となる。現物分配は対価性がないことから資産の譲渡等に該当せず、課税対象外となる。現物出資は資産の譲渡等に含まれることから（消費税法施行令２条１項２号）、課税対象となる。株式交換、株式移転については有価証券の譲渡であり、非課税となるが（消費税法６条・別表第一・二）、課税売上割合の算定においてカウントされることから、仕入税額控除の計算に影響を与えることとなる。

登録免許税については、資本金の増加に伴う商業登記、不動産の登記等について課税が行われる。ただし、産業競争力強化法に規定する事業再編計画、特定事業再編計画、中小企業承継事業再生計画の認定（平成26年１月20日から平成28年３月31日まで）を受けた事業者については、合併、分割に伴う資本金の増加等について次のように登録免許税が軽減される（産業競争力強化法附則29条、租税特別措置法80条１項）。

<table>
<tr><th>項目</th><th>内容</th><th>本則税率</th><th>軽減税率</th></tr>
<tr><td rowspan="3">法人の設立等</td><td>株式会社の設立又は増資の登記</td><td>0.70%</td><td>0.35%</td></tr>
<tr><td>不動産の所有権の移転登記</td><td>2.00%</td><td>1.60%</td></tr>
<tr><td>船舶の所有権の移転登記</td><td>2.80%</td><td>2.30%</td></tr>
<tr><td rowspan="3">合併による法人の設立等</td><td>合併による株式会社の設立又は増資の登記</td><td>0.15%
（純増部分0.70%）</td><td>0.10%
（純増部分0.35%）</td></tr>
<tr><td>不動産の所有権の移転登記</td><td>0.40%</td><td>0.20%</td></tr>
<tr><td>船舶の所有権の移転登記</td><td>0.40%</td><td>0.30%</td></tr>
<tr><td rowspan="3">分割による法人の設立等</td><td>分割による株式会社の設立又は増資の登記</td><td>0.70%</td><td>0.50%</td></tr>
<tr><td>不動産の所有権の移転登記</td><td>2.00%</td><td>0.40%</td></tr>
<tr><td>船舶の所有権の移転登記</td><td>2.80%</td><td>2.30%</td></tr>
</table>

印紙税については、合併契約書、吸収分割契約書について課税される。

事業所税については、資産割、従業者割があるところ、組織再編によって事業所床面積、報酬給与額が増加する場合は免税点を超える場合がある。

不動産取得税・自動車取得税については、合併又は一定の要件を満たす分割によって移転した場合については、課税されない（地方税法73条の７・115条２項２号）。

第7章　M&Aの会計処理

第1　概　要

組織再編に係る会計処理については、企業会計基準第21号「企業結合に関する会計基準」（以下「結合基準」という）、企業会計基準7号「事業分離等に関する会計基準」（以下「分離基準」という）、及びこれらを具体化した企業会計基準適用指針第10号「企業結合会計基準及び事業譲渡分離等会計基準に関する適用指針」（以下「適用指針」という）等に定められている。なお、会社計算規則では、配当規制の観点から、払込資本の構成、のれんの処理方法が定められている。

第2　会計処理

1　企業結合に関する会計基準

主に組織再編（合併、分割等）による資産・負債の「受入れ側」の処理について規定している。組織再編の類型によって帳簿価額を基礎とした会計処理、時価を基礎とした会計処理とに分かれる。

⑴　共通支配下の取引等

共通支配下の取引等とは、親会社と子会社の合併や子会社同士の合併など、組織再編当事企業（又は事業）のすべてが、組織再編行為の前後で同一の株主により最終的に支配され、かつ、その支配が一時的でないものをいう（結合基準16）。共通支配下の取引等においては、企業集団内を移転する資産・負債は、原則として移転直前に付されていた適正な帳簿価額により計上する（結合基準41）。

(2)　共同支配企業の形成

共同支配企業の形成とは、複数の独立した企業が契約等に基づき、共同で支配する企業を形成することをいう（結合基準11)。共同支配企業の形成において、共同支配企業は、共同支配投資企業（共同支配企業を共同で支配する企業）から移転する資産・負債を、移転直前に共同支配投資企業において付されていた適正な帳簿価額により計上する（結合基準38)。

(3)　取得及び逆取得

取得とは、ある企業が他の企業又は企業を構成する事業に対する支配を獲得することである（結合基準９)。共通支配下の取引等、共同支配企業の形成に該当しない行為が取得に該当する。

このうち逆取得とは、例えば合併を例にとれば、合併消滅会社の株主に存続会社の株式を交付した結果、もとの存続会社株主の議決権保有割合よりも消滅会社株主の議決権保有割合が多くなってしまうような場合である。つまり、株式を交付した企業と企業結合会計上の取得企業とが一致していない場合である。

取得の会計処理はパーチェス法となる（結合基準17)。パーチェス法では原則、受け入れる資産・負債の取得原価は、対価として交付する現金及び株式等の時価とする（適用指針29)。取得においては、(i)取得企業の決定、(ii)取得原価の算定、(iii)取得原価の配分というプロセスを経ることになるが、取得企業の決定に当たっては、企業会計基準第22号「連結財務諸表に関する会計基準」の考え方を用いる（結合基準18)。取得原価は、原則として取得の対価となる財の企業結合日における時価で算定する（結合基準23)。

取得が複数の取引により達成された場合（段階取得取得の場合）には、個別財務諸表上は、支配を獲得するに至った個々の取引ごとの原価の合計額をもって被取得企業の取得原価とするが、連結財務諸表上は、支配を獲得するに至った個々の取引すべての企業結合日における時価をもって、被取得企業の取得原価を算定する（結合基準25)。

取得原価は、移転を受けた資産・負債のうち識別可能なものの時価を基礎として、その資産・負債に対し配分する（結合基準28)。取得原価が資産・負債に配分された純額を上回る場合は、その超過額はのれんとして無形固定資産に計上し、20年以内に規則的に償却する（結合基準30・32・47）。一方、下回る場合には、その不足額は負ののれんとして当期の特別利益とする（結合基準31・33・48）。

一方、逆取得の場合には、簿価移転となる。例えば合併の場合、存続会社においては、取得企業（消滅会社）の資産・負債を合併直前の適正な帳簿価額で受け入れる（結合基準34）。

２　事業分離等に関する会計基準

分割、現物出資、事業譲渡といった資産・負債の「分離側」の処理及び企業結合当事企業の株主に係る処理を規定している。

⑴　分離元企業の会計処理

分離元企業の会計処理は移転した事業や資産に関する投資が継続しているか否かで異なる。すなわち現金や「その他有価証券」に分類される分離先企業の株式を受け取ったときなど、移転した事業に関する投資が清算されたとみなされる場合には、その事業を分離先企業に移転したことにより受け取った対価となる財の価額と、移転した事業に係る株主資本相当額との差額を移転損益として認識するとともに、改めて当該受け取り対価の時価にて投資を行ったものとして会計処理を行う（分離基準10⑴）。

一方、「子会社株式」や「関連会社株式」となる分離先企業の株式のみを対価として受け取る場合は、移転した事業に関する投資がそのまま継続しているとみて、移転損益を認識せず、その事業を分離先企業に移転したことにより受け取る資産の取得価額は、移転した事業に係る株主資本相当額に基づいて算定する（分離基準10⑵）。

⑵　企業結合当事企業の株主の処理

考え方は上記と同様である。すなわち、被結合企業に対する投資が清算されたとみる場合には、組織再編に係る対価の時価と被結合企業株式の帳簿価額の差額は交換損益として認識する。一方、投資が継続しているとみる場合は、交換損益を認識せず、被結合企業の株式と引換えに受け取る資産の取得価額は、被結合企業の株式に係る適正な帳簿価額に基づいて算定する（分離基準32⑴・⑵）。

なお、これらの会計処理が**本編第6章**でみた組織再編に係る当事者の税務処理と異なる場合には、申告調整を行うことになる。

コラム：企業結合会計におけるのれんの取扱い

我が国では、取得したのれんについて、企業会計基準第21号「企業結合に関する会計基準」により、20年以内のその効果の及ぶ期間にわたって、定額法その他の合理的な方法により規則的に償却することとされている。また、企業会計審議会によって2002年8月に公表された「固定資産の減損に係る会計基準」に準拠して減損処理を行うこととされている。すなわち、資産又は資産グループに減損が生じている可能性を示す事象（減損の兆候）がある場合に、当該資産又は資産グループについて、減損損失を認識するかどうかの判定を行うこととされている。

一方、IFRSや米国会計基準においては、2001年における財務会計基準書（SFAS）第141号「企業結合」及びSFAS第142号「のれん及びその他の無形資産」の公表、及び、2004年におけるIFRS第3号の公表及びこれに関連する基準の見直しに伴い、のれんの償却は許容又は要求されなくなっており、のれんについて減損テストを行った上で、必要に応じて、減損損失を認識することとされている。IFRSでは、減損テストは、IAS第36号「資産の減損」において毎期要求される一方、米国会計基準においては、会計基準更新書2011-08「無形資産――のれん及びその他（Topic 350）：のれんの減損テスト」に基づき、簡素化されたアプローチが認められている。

我が国では、2010年3月31日以降に終了する事業年度から、一定の要件を満たす企業の連結財務諸表に、国際会計基準（IFRS）を任意適用することが可能となっており、例えば、2014年3月期期末決算からIFRSを任意適用した武田薬品の2013年度の連結業績の見通しでは、のれんの非償却化等の影響によりIFRSベースの営業利益は日本基準（1,400億円）より150億円（のれんに限れば400億円）改善するとされている。

第３部

資料編

本編における会社法の条文は、「会社法の一部を改正する法律」（平成26年法律第90号）による改正前のものである。

第１章　M&Aのプロセス

1　M&Aの作業工程表（上場会社が非上場会社を吸収合併する例）

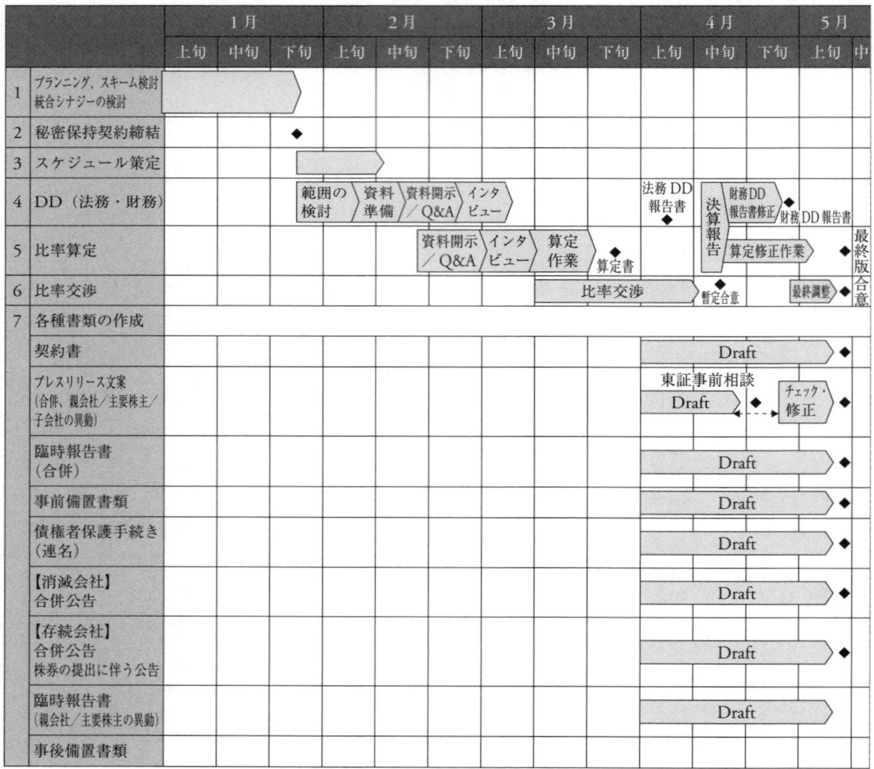

1月
2月
3月
4月
5月
上旬
中旬
下旬
中
1 プランニング、スキーム検討 統合シナジーの検討
2 秘密保持契約締結
3 スケジュール策定
4 DD（法務・財務）
範囲の検討
資料準備
資料開示／Q&A
インタビュー
法務DD報告書
決算報告
財務DD報告書修正
財務DD報告書
5 比率算定
資料開示／Q&A
インタビュー
算定作業
算定書
算定修正作業
最終版合意
6 比率交渉
比率交渉
暫定合意
最終調整
7 各種書類の作成
契約書
Draft
プレスリリース文案（合併、親会社／主要株主／子会社の異動）
東証事前相談
Draft
チェック・修正
臨時報告書（合併）
Draft
事前備置書類
Draft
債権者保護手続き（連名）
Draft
【消滅会社】合併公告
Draft
【存続会社】合併公告 株券の提出に伴う公告
Draft
臨時報告書（親会社／主要株主の異動）
Draft
事後備置書類

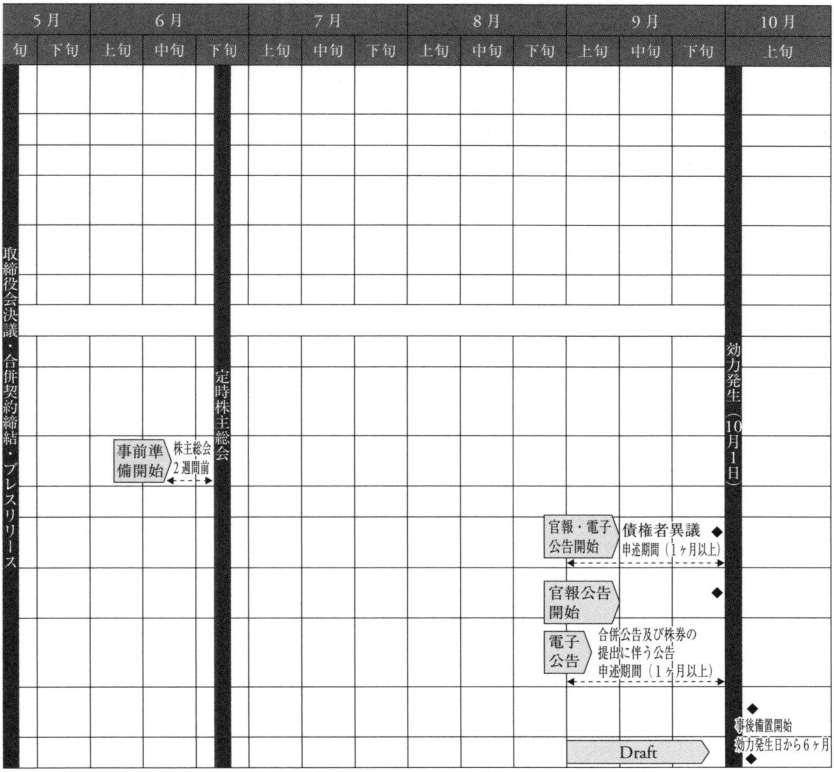

5月		6月			7月			8月			9月			10月
旬	下旬	上旬	中旬	下旬	上旬	中旬	下旬	上旬	中旬	下旬	上旬	中旬	下旬	上旬

取締役会決議・合併契約締結・プレスリリース

事前準備開始

株主総会２週間前

定時株主総会

官報・電子公告開始

債権者異議申述期間（１ヶ月以上）

官報公告開始

電子公告

合併公告及び株券の提出に伴う公告申述期間（１ヶ月以上）

Draft

効力発生（10月１日）

事後備置開始

効力発生日から６ヶ月

		1月			2月			3月			4月			5月	
		上旬	中旬	下旬	上旬	中旬	下旬	上旬	中旬	下旬	上旬	中旬	下旬	上旬	中
8	取締役会決議														◆
9	公取委対応 (企業結合審査)				対応方針の検討		公取委提出書類 Draft 作成					・公取事前相談 ◆	チェック・修正	◆	
10	会計・税務関係の検討 (産活法申請検討)										会計・税務論点整理 産活法の手続き確認 新会社資本金の検討	監査法人と協議 メリット試算・申請資料等準備			
11	day 1 プラン				要検討項目抽出	資料準備	新会社商号・役員構成				賃金体系等比較検討				
12	ステークホルダー対応 株主総会における票読み				要・事前通知先抽出	事前打診					対応方針検討 株主名簿確認	Q&A 等作成			
13	株主総会対応 (招集通知・想定問答)										Draft			◆	
14	反対株主買取請求対応														
15	効力発生日～														

5月		6月			7月			8月			9月			10月
旬	下旬	上旬	中旬	下旬	上旬	中旬	下旬	上旬	中旬	下旬	上旬	中旬	下旬	上旬

取締役会決議・合併契約締結・プレスリリース

届出書提出

合併禁止期間
（受理日から30日間）

合併完了
報告書作成

合併完了
報告書提出

申請手続

会計・
税務処理

検討チーム構成

プロジェクト毎に検討
（人事／システム／拠点集約）

定時株主総会

day1プラン
完成

効力発生（10月1日）

新会社の手続き
（許認可）

許認可の承継に伴う手続き（合併前に着手可能なもの）

取引先等への通知義務等実施（必要なもの）
（チェンジ・オブ・コントロール条項への対応）

校了

印刷
封入

発送

Q&A
最終確認

反対株主の買取請求期間
効力発生日の20日前から
効力発生日まで

合併登記
&解散登記

2　秘密保持契約書

秘密保持契約書

○○○○株式会社（以下「甲」という）と△△△△株式会社（以下「乙」という）は、甲及び乙の事業の再編・統合（以下「本統合」という）に関する検討について、以下のとおり秘密保持契約（以下「本契約」という）を締結する。

第１条

甲及び乙は、次に記載する内容による本統合の可能性について、平成○○年○月末日（以下「検討終了日」という。但し、甲乙合意のうえ当該期日を変更することを妨げない。）までにその可否判断を行うことを目処といして、共同で検討（以下「本検討」という）を行うものとする。尚、甲及び乙は、本契約締結後、検討終了日が到来するまでの間、本契約当事者以外の第三者との間で、甲又は乙にかかる同様の検討を行わないものとする。

⑴　統合スキーム：甲と乙の合併等

⑵　検討項目　　：統合スキーム、スケジュール、統合比率（財務・法務デューディリジェンスの実施を含む）、統合によるシナジー効果、統合後の経営・事業体制、独占禁止法その他の国内外法規制等への対応、その他

第２条

甲及び乙は、本検討の結果により本統合を実施する場合には、速やかに両社の機関決定を経て、これを行うこととする。

第３条

甲及び乙は、各社において別紙にて特定した参加者を構成メンバーとする検討チームを設置するものとし、その運用については本契約の他、別途定めるところによる。

第４条

甲及び乙は、本検討に必要であると認める情報を互いに開示するものとする（以下、甲又は乙のいずれかが他当事者から開示を受けた情報を「秘密情報」といい、当該他当事者を「情報開示者」という）。

第５条

甲及び乙は、本契約締結の事実及びその内容並びに本検討の事実及びその内容を、他当事者すべての事前の書面による同意を得ることなく、これを第三者に漏洩し又は開示してはならない。

第６条

甲及び乙は、秘密情報を情報開示者の事前の書面による同意を得ることなく、これを第三者に漏洩し又は開示してはならない。

第７条

甲及び乙は、前二項の定めにかかわらず、本検討のため、各当事者の役員、従業員、又は公認会計士、弁護士等の社外専門家その他本検討に必要最小限な範囲の者に対し、本契約上の義務と同様の義務を負担させた上で、第５項の規制対象となる情報又は秘密情報を必要な範囲に限って開示することができるものとする。この場合、当該当事者はその開示先が負う守秘義務につき、すべての責を負う。

第８条

甲及び乙は、秘密情報を専ら本検討のために使用するものとし、情報開示者の事前の書面による同意を得ることなく、他の目的に使用してはならない。

第９条

前三項の定めにかかわらず、甲及び乙は、次の各号のいずれかに該当する秘密情報については、前三項に定める義務を負わない。

⑴　開示を受けた時点で既に公知となっていた情報
⑵　開示を受けた後、開示を受けた当事者の責めによることなく、公知となった情報
⑶　開示を受けた当事者が、開示を受けた時点で既に保有していた情報
⑷　開示を受けた当事者が、正当な権限を有する第三者から守秘義務を負うことなく正当に入手した情報
⑸　開示を受けた当事者が、対象情報にアクセスすることなく、独自に開発した情報
⑹　法令にもとづき、官公署から開示を要請された情報

第10条

甲及び乙は、情報開示者から請求を受けたときはその指示するところにより、秘密情報を表象する原本及びその写しの一切を速やかに返還し又は破棄するものとする。

第11条

本契約の有効期間は、本検討が終了した日から３年が経過する日までとする。

第12条

本契約に定めのない事項又は本契約の条項の解釈に関する疑義については、甲及び乙が誠意をもって協議し解決するものとする。

本契約成立の証として、本書２通を作成し、甲乙それぞれ記名捺印の上、各１通を保有する。

平成○○年○月○○日

甲　　○○○○株式会社
　　　　代表取締役社長

乙　　△△△△株式会社
　　　　代表取締役社長

3　合併に関する基本合意書

合併に関する基本合意書

○○○○株式会社（以下「甲」という。）と△△△△株式会社（以下「乙」という。）は、甲及び乙の合併について、以下のとおり合意（以下「本合意書」という。）する。

第1条　合併の目的
　甲及び乙は、最適な生産体制の構築とコスト競争力の強化等によって強固な事業基盤を構築することを目的として、合併（以下「本合併」という。）により両社の経営を統合することに合意する。

第2条　合併の方法
　甲及び乙は、甲を存続会社とし、乙を消滅会社とする吸収合併により両社の経営を統合する（本合併後の甲を以下「新会社」という。）。

第3条　合併の効力発生日
　本合併の効力発生日は、平成○○年○月○日を目途とする。

第4条　新会社の商号及び本店所在地
(1)　商　号　　：新会社の商号は、甲及び乙が別途協議のうえ決定する。
(2)　本店所在地：新会社の本店所在地は、【省略】とする。

第5条　合併比率
　本合併の合併比率は、別途決定する第三者機関による評価を踏まえ、甲及び乙で協議し決定することとする。

第6条　合併準備委員会
　甲及び乙は、本合併の詳細検討を行うため、本合意締結後速やかに共同で合併準備委員会を設置することとし、具体的な協議事項・構成員・運営方法等については、別途協議のうえ決定するものとする。

第7条　従業員
(1)　新会社は、原則として、乙の従業員を引き継ぐこととする。
(2)　甲及び乙は、新会社の従業員数を必要最小限の規模とするために、合併の効力発生日までに、甲及び乙で協議し取り決めた従業員の合理化をそれぞれ実施するよう努力する。
(3)　甲及び乙は、新会社が乙から承継する従業員の処遇・労働条件について、甲の従業員との間において平等の精神で取り扱うことに合意する。

第８条　善管注意義務

甲及び乙は、本合意書締結後合併の効力発生日までの間、善良なる管理者の注意をもってその事業の執行、管理及び運営をそれぞれ行うものとし、甲又は乙が、その事業、その他権利義務に重大な影響を及ぼす行為を行う場合は、相手方と協議し予め書面による承諾を得たうえで、これを行うこととする。

第９条　事情変更

本合意書締結後合併の効力発生日までに、次のいずれかに該当する事項があった場合には、甲及び乙は本合意書の趣旨に則り誠意をもって協議を行い、本合意書及びこれに付随する覚書等の規定の全部又は一部について、見直すことができることとする。なお、当該協議開始後○カ月以内に協議が整わない場合は、本合意書は終了するものとする。

① 甲又は乙の財務状況に大きな影響を与える事象が発生したとき

② 本合併のために甲又は乙が相手方に開示した情報に重要な誤りがあったことが判明した場合、又は重要な情報の開示がなされなかったことが判明した場合

第10条　合併に係る最終合意

甲及び乙は、本合併の諸条件を第６条に定める合併準備委員会において誠意をもって協議し、平成○○年○月を目途に、本合意書に基づき本合併に係る合併契約を締結し、その後可及的速やかに本合併承認のための各々の株主総会を招集して、本合併に関する承認を得ることを目指すものとする。

第11条　合意書の期間、合意書の終了

(1) 本合意書は、第９条の場合、本条第２項の場合、又は甲及び乙が別途合意した場合、終了する。

(2) 甲及び乙は、次のいずれかの事由が発生した場合は、本合意書を解約することができる。

① 甲及び乙のいずれかに、破産、会社更生、民事再生、若しくはこれらに準じる倒産手続開始の申立又は解散のいずれかの手続きがとられたとき

② 甲及び乙のいずれかが本合意書の規定に違背した場合において、違反の是正を催告したのにもかかわらず、催告後○○日以内に違反が治癒されないとき

第12条　停止条件

本合意書は、甲及び乙の各社において必要な機関決定がなされることを停止条件として効力が発生するものとする。

第13条　合意書の変更
　本合意書は、甲及び乙が記名捺印した書面によってのみ変更することができる。

第14条　協議
　甲及び乙は、本合意書に定めのない事項または本合意書に関する解釈上の疑義については、協議のうえ解決するものとする。

第15条　裁判管轄
　本合意書に関する訴訟については、東京地方裁判所をもって第一審の専属合意管轄裁判所とする。

本合意書成立の証として、本書２通を作成し、甲、乙それぞれ記名捺印のうえ、各１通を保有する。

平成○○年○月○日

（甲）

（乙）

当事会社が上場会社の場合、基本合意の締結が「業務執行決定機関」による「重要事実の決定」に該当するときには、証券取引所の適時開示ルールによる開示が必要となる。

当該基本合意の締結が「重要事実」に当たるかは、統合等のスキーム、価格、時期等の具体的条件が合意されているかどうかを中心に判断されることとなるため、適時開示を避ける必要があるときには、あえて具体的な条件は記載しないものとすることも考えられる。

なお、本書式程度の記載があれば基本的には適時開示が必要と考えられる。

4　法務DD・開示資料リストの例

法務DD　開示資料リスト（例）				対象期間
Ⅰ　全般的事項				
	1	会社概要		
Ⅰ	1	1	会社案内・概要（会社案内・パンフレット等）	現時点で最新のもの
Ⅰ	1	2	商業登記簿謄本（全部履歴事項）	現時点で最新のもの
Ⅰ	1	3	定款	現時点で最新のもの
Ⅰ	1	4	直近５年間で行われた組織再編の履歴	過去５年
Ⅰ	1	5	上記組織再編に関する契約書等の関連書類	過去５年
Ⅰ	1	6	上記組織再編に関して過去に行った法務DDに関するレポート	過去５年
Ⅰ	1	7	合弁契約	現時点で有効なもの
Ⅰ	1	8	過去３年間のマスコミ公表文書（雑誌等の記事で把握しているものを含む）	過去３年
Ⅰ	1	9	過去３年分の有価証券報告書	過去３年
Ⅰ	1	10	子会社・関連会社の計算書類一式	過去３年
Ⅰ	1	11	対象会社の非連結関連会社のリスト。名称・所在地・主要株主・事業内容・非連結の理由。	直近
Ⅰ	1	12	子会社・関連会社との取引および取引に関する契約書(基本契約書等)	現時点で有効なもの
Ⅰ	1	13	関連会社との金銭消費貸借契約書、保証、担保の差し入れその他の財務上の取り決めの有無および内容	現時点で有効なもの
Ⅰ	1	14	関連会社間の取引関係の概要が分かる資料及び契約リスト	現時点で有効なもの
	2	株式・資本関係		
Ⅰ	2	1	株主名簿	直近
Ⅰ	2	2	特殊株主の状況に関する資料	直近
Ⅰ	2	3	株式取扱規則、その他株式に関連する規則	直近
Ⅰ	2	4	潜在株主に関する情報（新株予約権等による潜在株主に関する情報）	直近
Ⅰ	2	5	株主間協定	現時点で有効なもの
Ⅰ	2	6	従業員持株会の規定	現時点で有効なもの
Ⅰ	2	7	取締役、株主およびこれらと関係する会社と結ばれた契約がある場合、その概要及び契約書	現時点で有効なもの
Ⅰ	2	8	株式への担保設定、譲渡等、株式の処分に関する資料	直近
	3	組織・コンプライアンス関係		
Ⅰ	3	1	株主総会議事録（添付資料付き）	過去５年～直近開催分まで
Ⅰ	3	2	取締役会議事録（添付資料付き）	過去５年～直近開催分まで
Ⅰ	3	3	監査役会議事録（添付資料付き）	過去５年～直近開催分まで
Ⅰ	3	4	経営会議・常務会等、上記以外の主要な会議（リスクマネジメント委員会等の重要な委員会を含む）の議事録（添付資料付き）、稟議書	過去５年～直近開催分まで

Ⅰ	3	5	取締役会規程、監査役会規程、監査役監査基準、その他経営会議・常務会等の会議体に関連する規則	現時点で有効なもの
Ⅰ	3	6	組織規程、業務分掌規程、稟議規程、決裁規程等、組織及び責任権限に関する規程	現時点で有効なもの
Ⅰ	3	7	その他社内管理規則（コンプライアンス規定等）	現時点で有効なもの
Ⅰ	3	8	会計監査人の監査結果報告書（内部統制に関するものを含む）	直近
Ⅰ	3	9	内部監査室等による報告書等	過去５年
Ⅰ	3	10	個人情報管理規則	現時点で有効なもの
Ⅰ	3	11	会社を当事者（補助参加を含む）として係属中の訴訟、調停、その他一切の法的手続の概要を説明した一覧表	直近
Ⅰ	3	12	会社を当事者（補助参加を含む）として解決済（過去３年）もしくは発生するおそれのある訴訟、調停、その他一切の法的手続の概要を説明した一覧表（取引関係、税務関係、労働関係、知的財産関係を含みます。）	過去５年～現時点
Ⅰ	3	13	現在未解決のクレーム・紛争（税務当局とのものを含む）に関する説明	直近～現時点
Ⅰ	3	14	内部統制システムに関わる会社の規則、説明資料	現時点で有効なもの
Ⅰ	3	15	内部通報窓口の設置状況、その他公益通報者を保護するための社内体制に関する説明資料	直近

	4		人事・労務情報	
Ⅰ	4	1	就業規則・給与賞与規定・諸手当支給規定、従業員退職金規程・退職年金規程、労働組合との協定書 役員報酬規定、役員退職慰労金規定	現時点で有効なもの
Ⅰ	4	2	役員の異動推移表	過去３年
Ⅰ	4	3	役員報酬・賞与の支給実績リスト（個人名を伏せる形で）	過去３年
Ⅰ	4	4	雇用契約（雇用条件通知書を含む）、その他従業員に適用される一切の契約	現時点で有効なもの
Ⅰ	4	5	部門別人員一覧	過去３期
Ⅰ	4	6	残業の実体が判る資料（三六協定、及び労働時間管理表等のサンプルを含む）	直近
Ⅰ	4	7	出向者・出向先一覧	直近
Ⅰ	4	8	出向契約書	直近
Ⅰ	4	9	第三者から労務の提供を受ける場合における業務委託契約、請負契約、派遣契約、その他一切の契約	現時点で有効なもの
Ⅰ	4	10	Ⅰ-4-9の契約における、労働者への指揮命令者を説明した書面	現時点で最新のもの
Ⅰ	4	11	旧役員の顧問・嘱託に関する契約書	現時点で有効なもの
Ⅰ	4	12	役員、その他経営陣に対する報酬以外の財産的利益の提供状況について説明した資料	直近
Ⅰ	4	13	役員、その他の経営陣との間で締結している契約	現時点で有効なもの
Ⅰ	4	14	労働組合の有無	現時点で最新のもの
Ⅰ	4	15	労働組合の活動状況に関する資料（含む、団体交渉の議事録（３年分））	過去３年

Ⅰ	4	16	労働協約、労使協定	現時点で有効なもの
Ⅰ	4	17	給与、賞与、退職金、諸手当の天引・相殺、未払・未支給がある場合にはその旨及びその額を明記した資料	直近
Ⅰ	4	18	労働局・労働基準監督署からの指導書・労働基準監督署への提出書面	過去３年
Ⅰ	4	19	過去３年間の役員および従業員に対する懲戒事例の一覧表（懲戒の種類、被懲戒者の役職および事案の概要等）	過去３年
Ⅰ	4	20	過去３年間に実施された人員整理の概要	過去３年
Ⅰ	4	21	既に決定されている人員整理案	直近
Ⅰ	4	22	過去（３年）に生じた労災事故及びその後のフォロー状況	過去３年
Ⅰ	4	23	部門別の雇用形態（正社員、パート、出向、契約、派遣等）の内訳・割合および職務内容を説明した一覧表	直近
Ⅰ	4	24	役員および従業員と関係のある共済会、互助会等に関する資料	直近
Ⅰ	4	25	過去５年間の役員および従業員の退職事例の一覧表（退職理由、退職の際の手続、勤務年数等）	過去５年

Ⅱ　法務	

	1	取引・契約関係		
Ⅱ	1	1	主要取引先との取引に関する契約書 ①受注に関する契約書（取引金額において上位20社） ②下請けに関する契約書（取引金額において上位20社） ③下請け以外の業務委託契約書 ④仕入れに関する契約書（取引金額において上位20社）	現時点で有効なもの
Ⅱ	1	2	上記について、契約書外の取引条件に関する説明	現時点で有効なもの
Ⅱ	1	3	業務提携契約、共同販売契約、技術援助契約、研究開発契約、業務委託契約等の事業提携に関する契約	現時点で有効なもの
Ⅱ	1	4	借入その他通常の資金調達（デット）に関する契約書（銀行取引約定書、金銭消費貸借契約書、コミットメントライン契約書その他）	現時点で有効なもの
Ⅱ	1	5	抵当権設定契約書・譲渡担保契約書・質権設定契約書その他担保契約書（関係会社等他社の債務を被担保債務とするものを含む。）	現時点で有効なもの
Ⅱ	1	6	役員との取引関係に関する資料・契約書	現時点で有効なもの
Ⅱ	1	7	保証契約	現時点で有効なもの
Ⅱ	1	8	上記に準じた念書（経営指導念書含む）	現時点で有効なもの
Ⅱ	1	9	信用取引、先物取引、デリバティブ取引、その他通常の事業活動の範囲に属しない取引概要	現時点で有効なもの
Ⅱ	1	10	上記契約書	現時点で有効なもの
Ⅱ	1	11	社債、資産（不動産・債権）の流動化、プロジェクトファイナンス契約等の特殊な資金調達に関する取引概要	現時点で有効なもの
Ⅱ	1	12	上記契約書	現時点で有効なもの

Ⅱ	1	13	賃貸借・転貸借契約書（貴社が借主のもの・貸主のもの双方）	現時点で有効なもの
Ⅱ	1	14	リース契約書（重要な営業所・設備等についてのもの）	現時点で有効なもの
Ⅱ	1	15	リースバック・買戻契約	現時点で有効なもの
Ⅱ	1	16	会社が所有もしくは使用し、またはライセンスを受けもしくはライセンスをしている特許権、商標権、ノウハウ、実用新案権、意匠権または回路配置利用権等の知的財産（出願中のものを含む）の一覧表（名称、所有者、利用者、担保権の設定状況等について記載したもの）	現時点で有効なもの
Ⅱ	1	17	ライセンス契約・譲渡契約	現時点で有効なもの
Ⅱ	1	18	Ⅱ-1-16記載の知的財産の開発に関与した役員、従業員、その他外部の個人・法人等のリスト。及び、これに関する全ての契約（雇用契約書、報奨金支払いに関する契約書、開発委託契約書等）	現時点で有効なもの
Ⅱ	1	19	職務発明規程の有無及び同規程に基づく支払実績及び支払予定の有無	現時点で有効なもの
Ⅱ	1	20	秘密保持契約	現時点で有効なもの
Ⅱ	1	21	火災保険契約（目的物が１億円以上のものに限る）	現時点で有効なもの
Ⅱ	1	22	損害保険契約（目的物が１億円以上のものに限る）	現時点で有効なもの
Ⅱ	1	23	賠償責任保険契約（目的物が１億円以上のものに限る）	現時点で有効なもの
Ⅱ	1	24	その他重要な保険契約（目的物が１億円以上のものに限る）	現時点で有効なもの
Ⅱ	1	25	代理店契約（各事業部門毎の主要取引先（上位20社）以外のもの）	現時点で有効なもの
Ⅱ	1	26	投資又は出資に関する契約	現時点で有効なもの
Ⅱ	1	27	会社が貸付人となっている金銭消費貸借契約書（１億円以上のものに限る）	現時点で有効なもの
Ⅱ	1	28	文書化されていない約束で重要なものがあるときはその説明資料（１億円以上のものに限る）	現時点で有効なもの
Ⅱ	1	29	各契約で自己又は相手方に債務不履行が生じたもの若しくは生じるおそれがあるもの、又は、将来解除・解約のおそれがあるものについての概要を説明した資料（１億円以上のものに限る）	現時点で最新のもの
Ⅱ	1	30	その他重要な契約書・覚書・念書等	現時点で有効なもの
Ⅱ	1	31	会社が所有もしくは使用し、または賃貸もしくは賃借している不動産の一覧（種類、所在地、所有者、利用権、担保権の設定状況）および登記簿謄本	現時点で最新のもの
Ⅱ	1	32	上記不動産に関する売買契約書、賃貸借契約書、担保権設定契約書等	現時点で有効なもの

	2	許認可等		
Ⅱ	2	1	許認可、届出及び登録の一覧、及びこれらの許認可証等の写し	現時点で最新のもの
Ⅱ	2	2	監督官庁一覧	直近
Ⅱ	2	3	過去（３年）に受けた監督官庁から受けた許認可取消、罰金、過料、指導、勧告、命令、追徴等の処分に関する資料	過去３年

Ⅱ	2	4	監督官庁に提出した報告書	過去３年
Ⅱ	2	5	支給された補助金の一覧（項目・金額）	過去５年
Ⅱ	2	6	所属する業界団体の名称・概要（業界の設立目的についての説明を含む。）	直近
Ⅱ	2	7	対象会社の服する業界団体の自主規制	現時点で有効なもの

	3	環境		
Ⅱ	3	1	対象会社が所有もしくは使用し、または賃貸もしくは賃借している不動産の使用履歴一覧	使用開始から現在に至るまで
Ⅱ	3	2	行政機関等による環境・廃棄物・防災関連の通知、指導票	過去５年
Ⅱ	3	3	環境遵守に関連する社内規則、社内文書、通達等	過去５年
Ⅱ	3	4	環境調査、環境関連の法令の遵守状況等に関連する報告書等の書類	過去５年
Ⅱ	3	5	環境問題に関連して行政機関等から取得した許可証、並びに行政機関等に提出した届出書及び報告書	過去５年
Ⅱ	3	6	Ⅱ3-1記載の各不動産において取り扱われている有害物質、廃棄物の現状について説明した書類（環境アドバイザー等による報告書・評価書を含む。）	過去５年
Ⅱ	3	7	Ⅱ3-1記載の各不動産において発生した有害物質、廃棄物等の投棄、放出、及び処分に関連する書類（行政機関等からの警告、処分、調査、及びクレーム等を含む。）	過去５年
Ⅱ	3	8	Ⅱ3-1記載の各不動産に関連する、近隣・地域からのクレーム等、苦情等（悪臭、騒音、汚水、廃棄、アスベスト被害、受信障害に関するものを含む。）の有無及びその状況に関連する書類。	過去５年
Ⅱ	3	9	対象会社が環境調査を行った場合には、当該調査結果を示す書類	過去５年

5　セルフDDにおけるチェックリストの例

セルフDDにおけるチェックリスト
（調査対象となる重要な契約）

1.　合併等の組織再編、資本構成の大幅な変更等により、解約されるなどの影響を受ける可能性のある契約（チェンジオブコントロール条項のある契約）

当社における合併等の組織再編や資本構成の大幅な変更等が生じることによって、契約の解除、期限の利益の喪失、取引条件の変更、損害賠償義務、買取・売却オプション等の不利益が発生する可能性がある契約（下記【契約条項の具体例】をご参照下さい。【契約条項の具体例】は、あくまでも一例です。）

【契約条項の具体例】

(1)　甲（当社）に以下の(a)乃至(d)の事由が発生した場合には、

～乙（相手方当事者）は本契約を解除することができる。
～本契約は終了するものとする。
～甲は本契約による貸付債務について当然に期限の利益を失う。
～本契約の対象製品価格は当該時点の市況に照らした適正価格に変更するものとする。
～甲は乙が使用許諾したノウハウの使用を直ちに中止するものとする。
～甲は乙に対して金○円を支払う。
～甲は乙から受領した金○円を返還するものとする。
～乙は甲に対して自らが所有する○○（株式等）を買い取ることを請求することができる

(a)　合併、会社分割、株式交換、株式移転その他の組織再編
(b)　会社組織の重大な変更
(c)　主要株主の異動
(d)　資本構成の重大な変更

(2)　甲（当社）は乙（相手方当事者）の事前の書面による同意なくして(a)乃至(d)の行為を行わないものとする。

2.　競業禁止規定を含む契約

当社が当事者となっている合弁契約や事業譲渡契約等において、当社または当社の出資会社が同種又は類似の事業を行わないことを約束する条項、又はその条項に反した場合に当社に不利益が発生する可能性がある契約

【契約条項の具体例】

(1)　甲（当社）は、○○国において、乙（相手方当事者）又は合弁会社の事業と同種又は類似する事業を自ら又は子会社、関連会社若しくは自らのグループに属する会社を通じて行わないものとする。

(2)　甲（当社）が、○○国において、合弁会社の事業と同種又は類似する事業を自ら又は子会社、関連会社若しくは自らのグループ会社に属する会社を通じて行った場合、合弁契約上の第○条に定める権利（役員指名権、情報アクセス権等）を喪失するものとする。

3.　最低量購入義務、又はtake or pay条項が付されている契約

当社（買主）に最低量購入義務（又は一定の役務提供を受け入れる義務）が課せられている契約、又は、当社が契約で決められた製品（役務）数量の全部を引き取らなかった場合でも、全数量に対する対価を売主に支払うことを義務づけられている契約（take or pay条項）（契約残存期間の取引金額合計が○億円以上となる可能性があるものに限ります。）

【契約条項の具体例】

⑴　甲（当社）は、乙（相手方当事者）から１年間に○○（最低購入量）の○○製品・原材料を購入するものとする。／また、各月ごとの○○製品の購入量を、最低○○から最大○○の間とする。

⑵　甲（当社）は、本契約により定める年間取引量以上の数量の本製品を購入するものとし、実購入量が年間取引量に満たない場合は、年間取引量から実購入量を差し引いた数量の対価に相当する額を支払うものとする。

4.　長期間の取引が強制されている契約

今後10年以上に亘って中途解約ができない契約（契約残存期間の取引金額合計が○億円以上となる可能性があるものに限ります。）または、中途解約により○億円以上の金銭補償義務や○億円相当以上の株式についての買取義務・売却義務が発生する可能性のある契約

【契約条項の具体例】

⑴　本契約の期間は平成○年○月○日までとし、期間満了の○ヶ月前までにいずれかの当事者から通知がなされない限り１年毎に期間が更新されるものとする。

⑵　本ライセンスの使用許諾期間は、本契約締結日から15年間とする。

⑶　本合弁契約の定めは、第○条の規定に基づき解除された場合を除き、両当事者のみが合弁会社の株式を所有する限りにおいて有効に存続するものとする。

⑷　甲（当社）が、有効期間の途中で本契約を解約する場合には、甲は、乙（相手方当事者）に対して、金○億円を支払うものとする。

⑸　合弁契約等における以下のような条項

　合弁契約が終了した場合、甲（当社）は、乙（相手方当事者）の保有する株式を買い取るものとする。

　合弁契約が終了した場合、甲（当社）は、自己の保有する株式を乙に譲渡するものとする。

5.　排他的な義務を負っている契約

契約の相手方以外の者との取引をしない等の排他的な義務を負う条項が含まれている契約

【契約条項の具体例】

⑴　甲（当社）は乙（相手方当事者）以外の者から本製品を購入することができない。

⑵　甲（当社）は、本契約に定める商品を、乙（相手方当事者）以外の第三者に供給することはできないものとする。

⑶　甲（当社）は、乙（相手方当事者）と競合する事業者及びそのグループ会社との間で、

本契約の対象となる製品に関し、一切取引を行わないものとする。

6.　最恵待遇を約している契約

契約の相手方に最も有利な条件を付与することを約束する条項を含む契約

【契約条項の具体例】

(1)　甲（当社）が、乙（相手方当事者）と同種の事業を営む者に対し、本契約に定める条件に比べ有利な条件で本件製品の供与を行っているものと判断される場合には、甲は、少なくとも当該条件と同等の条件により、乙に対しても本件製品を提供するものとする。

7.　その他、重大な影響が出るおそれが強い契約及び取引

合併の相手方が○○○○株式会社であること等を理由として、契約の相手方から、契約の終了又は内容の変更等の、金額影響が○億円以上となる可能性のある不利益な要求をされるおそれの強い契約または取引

【具体例】

(1)　金融、需要家、原燃料、資機材メーカー又は OEM 先等で、○○○○［相手方企業］関係者（社）との取引を回避するおそれの強い取引先との契約、取引等

以　上

第2章　合　併

1　吸収合併契約書

合併契約書

○○○○株式会社（以下、「甲」という。）および△△△△株式会社（以下、「乙」という。）は、両社の合併に関し、以下のとおり合併契約を締結し、本契約書（以下「本契約書」という。）を取り交わす。

（合併の方法）
第１条　甲と乙は、甲を吸収合併存続会社、乙を吸収合併消滅会社として合併（以下、「本合併」という。）する。

（当事者の商号および住所）
第２条　合併当事会社の商号および本店住所は、以下のとおりである。
　吸収合併存続会社：（商号）○○○○株式会社
　　　　　　　　　　（住所）東京都港区○○丁目○番○号
　吸収合併消滅会社：（商号）△△△△株式会社
　　　　　　　　　　（住所）東京都中央区○○丁目○番○号

（効力発生日）
第３条　本合併がその効力を生ずる日（以下、「効力発生日」という。）は、平成○年○月○日とする。ただし、合併手続の進行に応じ必要があるときは、甲乙協議のうえ、会社法の規定にしたがい、これを変更することができる。

（合併に際しての対価の交付および割り当て）
第４条　甲は、本合併に際し普通株式○○株を発行し、本合併の効力発生日前日最終の乙の株主名簿に記載された各株主（甲及び乙を除く。）に対して、その所有する乙の普通株式に代えて、当該普通株式○株につき甲の普通株式○株の割合（以下「割当比率」という。）をもって割当交付する。
２　甲が発行する株式数の合計に１株未満の端数株式が発生した場合には、これを切り上げることとし、乙の株主に対して交付する株式数に１株未満の端数が生じた場合には、これを一括売却又は買受けをし、その処分代金を端数が生じた株主に対して、その端数に応じて分配する。

3　本合併に際して発行する甲の新株式に対する利益又は剰余金の配当は、効力発生日から起算する。

（合併により増加すべき資本金等の取扱い）

第５条　甲が合併により増加すべき資本金等の取扱いは、次のとおりとする。ただし、効力発生日前日における乙の資産及び負債の状態により、甲及び乙が協議のうえ、これを変更することができる。

⑴　増加する資本金の額　金○○万円

⑵　増加する資本準備金の額　金○○万円

⑶　増加するその他資本剰余金の額　会社計算規則第58条第１項第３号イ及びロに掲げる額の合計額から同号ハに掲げる額の合計額を減じて得た額

（会社財産の承継）

第６条　甲は、効力発生日において、乙の資産負債およびこれらに付随する一切の権利義務を承継する。乙は、平成○年○月○日現在の貸借対照表、その他同日現在の計算書を基礎とし、これに効力発生日前日までの増減を加除した一切の資産、負債及び権利義務を効力発生日において甲に引き継ぐ。

2　乙は、平成○年○月○日以降、効力発生日前日に至るまでの間に生じたその資産、負債の変動については、別に計算書を添付して、その内容を甲に明示しなければならない。

（会社財産の管理等）

第７条　甲および乙は、本契約締結後、効力発生日に至るまで、善良なる管理者の注意をもって各業務を遂行し、かつ、一切の財産の管理を行う。

2　本合併に重大な影響を及ぼす事項を行うときは、別途甲乙協議のうえ、相手方の同意を得て行うこととする。

（従業員の雇用）

第８条　甲は、効力発生日において、乙の従業員を甲の従業員として雇用する。

2　勤続年数は、乙の計算方式による年数を通算するものとし、その他の細目については甲及び乙が協議して決定する。

（株主総会の承認）

第９条　甲と乙は、本合併契約書につき承認を得るため、平成○年○月○日までに、それぞれ株主総会の承認を得るものとする。

（本契約の解除等）

第10条　本契約締結後効力発生日に至るまでの間に、天災地変等の不可抗力その他の事由により、甲または乙の財産または経営状態に重大な変動が生じた場合または隠れたる重大な瑕疵が発見された場合には、甲乙協議のうえ、本契約の条件を変更し、または本契約を解除することができる。

（本契約の効力）

第11条　本契約は、本契約について必要となる関係官庁等の許認可等を受けることができない場合、または、甲乙各々の株主総会の承認を得ることができない場合には、その効力を失う。

（本契約規定以外の事項）

第12条　本契約に定めるもののほか、本件合併に関し必要な事項については、甲乙協議のうえ、定める。

（誠実協議）

第13条　本契約に規定のない事項又は本契約書の解釈に疑義が生じた事項については、甲および乙が誠意をもって協議のうえ解決する。

本契約の成立した証として、本契約書２通を作成し、甲乙それぞれ署名捺印のうえ、各１通を保有する。

平成○年○月○日

甲：東京都港区○○丁目○番○号
　　○○○○株式会社
　　代表取締役社長　○○○○　　㊞

乙：東京都中央区○○丁目○番○号
　　△△△△株式会社
　　代表取締役社長　○○○○　　㊞

法務省 HP 上「商業・法人登記申請」の「1-16株式会社変更登記申請書（吸収合併）」に添付の「合併契約書」参照。

2　吸収合併に係る事前備置書面

平成○年○月○日

吸収合併に係る事前備置書面

東京都港区○○丁目○番○号
○○○○株式会社
代表取締役社長　○○○○

当社は、△△△△株式会社（以下「消滅会社」といいます。）を消滅会社、当社を存続会社とする吸収合併（以下「本合併」といいます。）に際し、法令の定めに従い、吸収合併契約等の内容その他法令に定める事項を記載した本書面を当社本店に備え置くことといたします。

1　吸収合併契約の内容
別添の「合併契約書」に記載のとおりです。

2　吸収合併対価の割り当ての相当性に関する事項
(1)　合併対価の総数及びその割当ての相当性に関する事項
当社は、本合併にあたり、合併比率を次のとおり決定いたしました。
①　当社は、本合併に用いられる合併比率の算定にあたって、公正性・適切性・妥当性を確保するため、両社から独立した第三者算定機関として○○証券株式会社に合併比率算定を依頼いたしました。
②　○○証券株式会社は、当社の株式につきましては市場価格法により、非上場会社である△△△△株式会社の株式価値についてはDCF法及び類似会社比準法の折衷法により算定しました。
③　その結果を踏まえ、当社及び△△△△株式会社の両社で慎重に協議を行った結果、本合併における交付株式数を○とし、当社：存続会社の合併比率を○：○とすることを決定したものです。
(2)　合併対価として存続会社の株式を選択した理由
本合併により合併後における存続会社の企業価値を高めるためには、存続会社の株式を合併対価とすることが最適であると判断しました。
(3)　存続会社の資本金及び準備金の額についての定めの相当性に関する事項
存続会社の資本金及び資本準備金の額は、会社法第445条第５項により委任を受けた会社計算規則第58条の定める額の範囲内で定めており相当です。

3　合併対価について参考となるべき事項
(1)　存続会社の定款の定め
別添の存続会社「定款」に記載のとおりです。

⑵　合併対価の換価の方法に関する事項
①　合併対価を取引する市場　東京証券取引所
②　合併対価の取引の媒介、取次ぎ又は代理を行う者　○○証券株式会社
③　合併対価の譲渡その他の処分に対する制限の内容　該当する事実はありません。

⑶　合併対価の市場価格に関する事項
平成○年○月○日から遡って○か月間の存続会社の株式平均価格は○○○円でした。
なお、交換対価の価格の変動状況は、次のURLのとおりです。
URL：http://www.○○○○.co.jp

⑷　存続会社の過去５年間にその末日が到来した各事業年度に係る貸借対照表の内容
別添の存続会社「貸借対照表」に記載のとおりです。

5　計算書類等に関する事項

⑴　消滅会社の最終事業年度に係る計算書類等
別添の存続会社「計算書類等」に記載のとおりです。

⑵　消滅会社における最終事業年度の末日後の会社財産に重要な影響を与える事象の有無及びその内容
該当する事実はありません。

⑶　当社における最終事業年度の末日後の会社財産に重要な影響を与える事象の有無及びその内容
該当する事実はありません。

6　効力発生日以後における存続会社の債務の履行の見込みに関する事項

⑴　当社の最終事業年度における財務状況は、添付の「計算書類等」および○○○監査法人による「意見書」に記載のとおりです。

⑵　消滅会社の最終事業年度における財務状況は、添付の「計算書類等」に記載のとおりです。

⑶　本合併により、当社は消滅会社の資産・権利・負債・義務等の一切の権利義務関係を承継しますが、当社と消滅会社はいずれも最終事業年度末において資産超過であり資産状況は良好です。そして、本合併の効力発生日においても当社は資産超過となる見込みであるとともに、現時点において、本合併の効力発生日以降に存続会社の財務状況が悪化させる事情も存在しません。

⑷　以上より、本合併の効力発生日以後における当社債務の履行の見込みはあるものと判断いたします。

以上

3　臨時株主総会の招集通知

平成○年○月○日

株主各位

臨時株主総会招集ご通知

東京都港区○○丁目○番○号
○○○○株式会社
代表取締役社長　○○○○

拝啓

時下ますますご清栄のこととお慶び申し上げます。

さて、当会社臨時株主総会を下記のとおり開催することとなりましたので、ご出席いただきますようご案内申しあげます。

なお、本議案は特別決議を必要とすることから、当日ご出席願えない株主様は、誠にお手数ではありますが、別添参考書類をご検討のうえ、同封の委任状に下記議案に対する賛否をご記載のうえ、お届け印をご押印していただきまして、ご返送くださいますようお願い申しあげる次第です。

敬具

記

1　日時
平成○年○月○日（○曜日）午前○時から

2　場所
東京都港区○○丁目○番○号　当社本店○階会議室

3　会議の目的たる事項
議案　当社と△△△△株式会社との合併契約承認の件
（議案の要領は○頁以下をご参照下さい。）

以上

4　株主総会参考書類

第○号議案　△△△△株式会社との合併契約承認の件

1　合併を行う理由

当社は、平成○年○月○日を効力発生日として、△△△△株式会社との間で、当社を存続会社、△△△△株式会社を消滅会社とする吸収合併を行うこととし、平成○年○月○日に合併契約を締結いたしました。

当社が合併を行う理由は、国内販売・サービス機能を吸収して製販の連携をいっそう高め、迅速な商品開発やきめの細かい顧客対応、効率的な経営を目指すためです。これらにより、○○事業の体質強化と収益力の向上を図ります。

2　合併契約の内容

別添「合併契約書」をご参照ください。

3　吸収合併対価の割り当ての相当性に関する事項

(1)　合併対価の総数及びその割当ての相当性に関する事項

当社は、本合併にあたり、合併比率を次のとおり決定いたしました。

①　当社は、本合併に用いられる合併比率の算定にあたって、公正性・適切性・妥当性を確保するため、両社から独立した第三者算定機関として○○証券株式会社に合併比率算定を依頼いたしました。

②　○○証券株式会社は、当社の株式につきましては市場価格法により、非上場会社である△△△△株式会社の株式価値についてはDCF法及び類似会社比準法の折衷法により算定しました。

③　その結果を踏まえ、当社及び△△△△株式会社の両社で慎重に協議を行った結果、本合併における交付株式数を○とし、当社：存続会社の合併比率を○：○とすることを決定したものです。

(2)　合併対価として存続会社の株式を選択した理由

本合併により合併後における存続会社の企業価値を高めるためには、存続会社の株式を合併対価とすることが最適であると判断しました。

(3)　存続会社の資本金及び準備金の額についての定めの相当性に関する事項

存続会社の資本金及び資本準備金の額は、会社法445条第5項により委任を受けた会社計算規則第58条の定める額の範囲内で定めており相当です。

4　計算書類等に関する事項

(1)　△△△△株式会社の最終事業年度に係る計算書類等

別添の△△△△株式会社「計算書類等」に記載のとおりです。

(2)　△△△△株式会社における最終事業年度の末日後の会社財産に重要な影響を与える事象の有無及びその内容

該当する事実はありません。

(3)　当社における最終事業年度の末日後の会社財産に重要な影響を与える事象の有無及びその内容

該当する事実はありません。

以上

5　株主に対する公告

合　併　公　告

株主各位

左記会社は、甲を吸収合併存続会社とし、乙を吸収合併消滅会社とする吸収合併を行うことといたしました。これにより、効力発生日をもって、甲は乙の権利義務全部を承継し、乙は解散することになりますので、下記のとおり公告いたします。

効力発生日は平成○年○月○日であり、両社の株主総会の承認決議は平成○年○月○日に終了（又は予定）しております。

記

1. 会社法第796条の2の規定に基づき、この合併に対し反対の株主は、本公告掲載の日から2週間以内に書面によりその旨をお申し出ください。
2. 会社法第797条第1項の規定に基づき、この合併に反対で、株式買取請求をされる株主は、効力発生日の20日前の日から効力発生日の前日までの間に、書面によりその旨及び株式買取請求に係る株式の数をお申し出ください。
3. 各合併当事会社の最終貸借対照表の開示状況は次のとおりです。

（甲）掲載紙　官報
掲載の日付　平成○年○月○日
掲載頁　○○頁
（乙）掲載紙　○○新聞
掲載の日付　平成○年○月○日
掲載頁　○○頁

平成○年○月○日
○県○市○町○番○号
（甲）○○○○株式会社
代表取締役　○○○○
○県○市○町○番○号
（乙）△△△△株式会社
代表取締役　○○○○

以上

６　合併反対通知書

平成○年○月○日

○○○○株式会社
代表取締役社長　○○○○殿

東京都港区○○丁目○番○号
株主　○○○○㊞（届出印）

△△△△株式会社との合併反対通知書

冠省
　平成○年○月○日に開催される御社臨時株主総会の目的事項である「△△△△株式会社との合併契約承認の件」については、反対致しますので、その旨あらかじめご通知いたします。

草々

7　合併反対株主からの株式買取請求書

平成○年○月○日

○○○○株式会社
代表取締役社長　○○○○殿

東京都港区○○丁目○番○号
株主　○○○○㊞（届出印）

御社株式の買取りを請求する件

冠省
　平成○年○月○日に開催された御社臨時株主総会において決議された「△△△△株式会社との合併契約承認の件」については、平成○年○月○日付「△△△△株式会社との合併反対通知書」をもって反対の通知を行ったうえで、御社臨時株主総会において同議案について反対の旨意思表示いたしました。
　しかしながら、臨時株主総会においては反対の意に反する決議がなされました。したがいまして、私が保有している御社普通株式○○万株を公正な価格で買い取るよう、本書面をもって請求いたします。

草々

8　新株予約権への通知・公告

合併公告

新株予約権者　各位

　当社は、平成○年○月○日開催の臨時株主総会において、平成○年○月○日を効力発生日として、○○○○株式会社（東京都港区○○丁目○番○号）と合併して解散することを決議しました。

　つきましては、会社法第787条第１項の規定に基づき、新株予約権買取請求を希望される新株予約権者様は、効力発生日の20日前から効力発生日の前日までの間に、書面によりその旨並びに新株予約権買取請求に係る新株予約権の内容及び数をお申し出ください。

平成○年○月○日

東京都中央区○○丁目○番○号
△△△△株式会社
代表取締役社長　○○○○

9　登録株式質権者等に対する公告

合併公告

登録株式質権者　各位
登録新株予約権質権者　各位

当社は、平成○年○月○日開催の臨時株主総会において、平成○年○月○日を効力発生日として、○○○○株式会社（東京都港区○○丁目○番○号）と合併して解散することを決議しましたので、これを公告致します。

平成○年○月○日

東京都中央区○○丁目○番○号
△△△△株式会社
代表取締役社長　○○○○

10　債権者による合併異議申述書

平成○年○月○日

合併異議申述書

○○○○株式会社
代表取締役社長　○○○○殿

東京都中央区○○丁目○番○号
債権者　○○○○　㊞

冠省
　平成○年○月○日の臨時株主総会決議に基づき、御社が△△△△株式会社を吸収合併する旨を、平成○年○月○日付「債権者異議申述の催告書」にてご連絡頂くと共に、吸収合併に対する異議申出の催告を受けました。
　しかしながら、私は本吸収合併に対して異議がありますので、会社法第799条に基づき異議を申し述べます。

草々

11　債権者に対する個別催告書

平成○年○月○日

東京都千代田区○○丁目○番○号
○○○○　殿

東京都港区○○丁目○番○号
○○○○株式会社
代表取締役社長　○○○○㊞

債権者異議申述の催告書

拝啓
　時下ますますご清栄のこととお慶び申し上げます。
　さて、当社は、平成○年○月○日に開催の臨時株主総会において、東京都中央区○○丁目○番○号△△△△株式会社を消滅会社として吸収合併し、その権利義務の一切を承継するとともに、△△△△株式会社は解散することを決議いたしました（なお、消滅会社については、「東京都港区○○丁目○番○号○○○○株式株式会社を存続会社として吸収合併し、当社は消滅会社として解散することを決議いたしました。」）。
　本吸収合併に対しご異議がございましたら、平成○年○月○日までにその旨をお申出いただきたく、以上につき、会社法の規定により催告いたします。
　なお、最終貸借対照表の開示状況は次のとおりです。

○○○○株式会社
　掲載紙　官報
　掲載の日付　平成○年○月○日
　掲載頁　○○頁

△△△△株式会社
　掲載紙　○○新聞
　掲載の日付　平成○年○月○日
　掲載頁　○○頁

敬具

　御異議がない場合、誠に御手数ながら、別紙承諾書に御捺印の上御返送いただきますようお願い申し上げます。

12　債権者に対する合併公告

合併公告

甲および乙は合併して、甲は乙の権利義務全部を承継して存続し、乙は解散することにいたしました。

効力発生日は平成○年○月○日であり、甲の株主総会の承認決議は平成○年○月○日に終了（又は予定）しており、乙の株主総会の承認決議は平成○年○月○日に終了（又は予定）しております。

そこで、本合併に対し異議のある債権者は、本公告掲載の翌日から平成○年○月○日まで（○箇月以内）に、異議がある旨をお申し出ください。

なお、最終貸借対照表の開示状況は次のとおりです。

（甲）掲載紙　官報
　掲載の日付　平成○年○月○日
　掲載頁　○○頁
（乙）掲載紙　○○新聞
　掲載の日付　平成○年○月○日
　掲載頁　○○頁

平成○年○月○日

東京都港区○○丁目○番○号
（甲）○○○○株式会社
代表取締役社長　○○○○

東京都中央区○○丁目○番○号
（乙）△△△△株式会社
代表取締役社長　○○○○

13　合併に対する株券提出公告

合併による株券提出公告

当社は、平成○年○月○日開催の臨時株主総会において、○○○○株式会社と合併して解散することを決議しました。

つきましては、当社株券を所有する方は、効力発生日である平成○年○月○日までに当社にご提出をお願い致します。

平成○年○月○日

東京都中央区○○丁目○番○号
△△△△株式会社
代表取締役社長　○○○○

14　合併効力発生日変更公告

平成○年○月○日

合併効力発生日変更公告

株主各位

東京都港区○○丁目○番○号
○○○○株式会社
代表取締役社長　○○○○

当社は、平成○年○月○日に開催した当社取締役会において、平成○年○月○日を効力発生日として、当社と△△△△株式会社（本店所在地：東京都中央区○○丁目○番○号）が吸収合併により、当社は△△△△株式会社の権利義務を全部継承して存続するとともに、△△△△株式会社が解散する旨を決議いたしました。

しかしながら、平成○年○月○日開催の当社取締役会において、上記合併の効力発生日を、事務手続上の必要により、平成○年○月○日へ変更することを決議いたしましたので、これを公告いたします。

記

変更内容

(変更前)
反対株主の株式買取請求期間　平成○年○月○日～平成○年○月○日
合併の予定日（効力発生日）　平成○年○月○日

(変更後)
反対株主の株式買取請求期間　平成○年○月○日～平成○年○月○日
合併の予定日（効力発生日）　平成○年○月○日

以上

15　事後備置書類

平成○年○月○日

吸収合併に係る事後開示書面

東京都港区○○丁目○番○号
○○○○株式会社
代表取締役社長　○○○○

当社と△△△△株式会社は、平成○年○月○日を効力発生日、当社を存続会社、△△△△株式会社を消滅会社とする吸収合併（以下、「本合併」といいます。）を行いました。そこで、本合併について法令の定めにしたがい本書面を当社本店に備え置くことといたします。

1　効力発生日
本吸収合併は、平成○年○月○日に効力を生じました。

2　吸収合併消滅会社における法定手続きの経過
(1)　反対株主の株式買取請求の手続きの経過
△△△△株式会社は、平成○年○月○日付の官報で株主に対し本合併に関する公告を行いましたが、平成○年○月○日の請求期限までに株式買取請求を行った株主は存在しませんでした。
(2)　債権者の異議申述の手続きの経過
△△△△株式会社は、平成○年○月○日付の官報および同日付で開始した電子公告において、債権者に対して本件吸収合併に対する異議申述の公告を行いましたが、平成○年○月○日の異議申述期限までに債権者からの異議申し出はありませんでした。

3　吸収合併存続会社における法定手続きの経過
(1)　反対株主の株式買取請求の手続きの経過
当社は、平成○年○月○日付で開始した電子公告において、株主に対して本件吸収合併に関する公告を行いました。
その結果、株主○名より普通株式○○株について株式買取請求がありました。
(2)　債権者の異議申述の手続きの経過
当社は、平成○年○月○日付の官報および同日付で開始した電子公告において、債権者に対して本件吸収合併に対する異議申述の公告を行いましたが、平成○年○月○日の異議申述期限までに債権者からの異議申し出はありませんでした。

4　承継した重要な権利義務に関する事項

当社は、本件吸収合併の効力発生日をもって、△△△△株式会社から、その権利義務の一切を承継いたしました。

なお、当社が△△△△株式会社から引き継いだ資産および負債の額は、次のとおりです。

資産○○円　負債○○円

5　吸収合併消滅会社の事前開示書面

△△△△株式会社の事前開示書面は、別添のとおりです。

6　変更登記日

本件吸収合併による当社の変更登記および△△△△株式会社の解散登記の申請をした日は平成○年○月○日です。

以上

16　消滅会社の解散登記申請書

株式会社合併による解散登記申請書

1. 商　　　号
1. 本　　　店
1. 登記の事由　　合併による解散
1. ○大臣の許可書（又は認可書）到達年月日　　平成○年○月○日
1. 登記すべき事項
1. 登録免許税　　金３万円
1. 添付書類

上記のとおり登記の申請をする
平成○年○月○日

受付番号票貼付欄

申請人

存続会社（又は新設会社）

代表取締役

連絡先の電話番号

上記代理人

法務局
支局
出張所　　御中

収入印紙貼付台紙

法務省 HP 上「商業・法人登記申請」の「1-18株式会社合併による解散登記申請書」。

17　存続会社の変更登記申請書

株式会社合併による変更登記申請書

1. 商　　　号
1. 本　　　店
1. 登記の事由　　吸収合併による変更
1. ○大臣の許可書（又は認可書）到達年月日　　平成○年○月○日
1. 登記すべき事項

1. 課税標準金額　　金　　　　　円
1. 登録免許税　　　金　　　　　円

受付番号票貼付欄

1.　添付書類

合併契約書　通

合併に関する株主総会議事録　通

取締役会議事録　通

略式合併又は簡易合併の要件を満たすことを証する書面　通

簡易合併に反対の意思の通知をした株主がある場合における会社法第796条第４項の株主総会の承認を受けなければならない場合には該当しないことを証する書面　通

公告及び催告をしたことを証する書面　通

異議を述べた債権者に対し弁済若しくは担保を供し若しくは信託したこと又は合併をしてもその者を害するおそれがないことを証する書面　通

消滅会社の登記事項証明書　通

株券提供公告をしたことを証する書面　通

新株予約権証券提供公告をしたことを証する書面　通

資本金の額の計上に関する証明書　通

登録免許税法施行規則第12条第５項の規定に関する証明書　１通

取締役及び監査役の就任承諾書　通

認可書（又は許可書、認証がある謄本）　通

委　任　状　通

上記のとおり登記の申請をする

平成○年○月○日

申請人

代表取締役

上記代理人

連絡先の電話番号

法務局
支局
出張所　御中

収入印紙貼付台紙

収　入
印　紙

法務省 HP 上「商業・法人登記申請」の「1-16株式会社変更登記申請書（吸収合併）」。

18　臨時報告書

【表紙】

【提出書類】　臨時報告書
【提出先】　関東財務局長
【提出日】　平成○年○月○日
【会社名】　○○○○株式会社
【英訳名】　○○○○ LIMITED
【代表者の役職氏名】　代表取締役社長　○○○○
【本店の所在の場所】　大阪市北区○丁目○番○号
【電話番号】　06－○○○○－○○○○
【事務連絡者氏名】　経理部長○○○○
【最寄りの連絡場所】　東京都港区○丁目○番○号
【電話番号】　03－○○○○－○○○○
【事務連絡者氏名】　財務部長○○○○
【縦覧に供する場所】
○○○○株式会社東京第２支店
（東京都新宿区○○丁目○番○号）
○○○○株式会社大阪第２支店
（大阪府豊中市○○丁目○番○号）
株式会社東京証券取引所
（東京都中央区日本橋兜町２番１号）

1　【提出理由】

当社は、平成○年○月○日開催の取締役会において、当社を存続会社、△△△△株式会社を消滅会社とする吸収合併を行う決議を行い、同日付で合併契約書を締結しましたので、金融商品取引法第24条の5第4項及び企業内容等の開示に関する内閣府令第19条第2項第7号の3の規定 に基づき、臨時報告書を提出するものであります。

2　【報告内容】

(1)　当該吸収合併の相手会社についての事項

①　商号、本店の所在地、代表者の氏名、資本金の額、純資産の額、総資産の額及び事業の内容

商号	△△△△株式会社
本店の所在地	東京都千代田区○○町○丁目○番○号
代表者の氏名	代表取締役社長　○○○○
資本金の額	500百万円（平成25年3月期）
純資産の額	250百万円（平成25年3月期）
総資産の額	5,000百万円（平成25年3月期）
事業の内容	○○の国内販売及びサービス全般

（注）合併の効力発生日は平成○年4月1日を予定しています。

②　最近3年間に終了した各事業年度の売上高、営業利益、経常利益及び純利益

事業年度	平成○年3月期	平成○年3月期	平成○年3月期
売上高（百万円）			
営業利益又は			
営業損失（A）（百万円）			
経常利益又は			
経常損失（A）（百万円）			
当期純利益又は			
当期純損失（△）（百万円）			

③　大株主の名称及び発行済株式の総数に占める大株主の持株数の割合

大株主の名称	発行済株式の総数に占める大株主の持株数の割合（%）
○○○○株式会社	56.00%

（平成○年○月○日現在）

④　提出会社との資本関係、人的関係及び取引関係

資本関係	当社は△△△△株式会社の発行済株式総数の56.00％を保有しております。
人的関係	当社の従業員が出向して、代表取締役に就任しています。
取引関係	当社との間で売買契約、不動産賃貸借契約、出向契約及び金銭消費貸借契約等の取引があります。

(2)　当該吸収合併の目的

当社が国内販売・サービス機能を吸収して製販の連携をいっそう高め、迅速な商品開発やきめの細かい顧客対応、効率的な経営を目指すものです。これらにより、○○事業の体質強化と収益力の向上を図ります。

(3)　当該吸収合併の方法、吸収合併に係る割当の内容その他の吸収合併契約の内容

①　吸収合併の方法

当社を存続会社とする吸収合併方式で、△△△△株式会社は解散する予定です。

②　吸収合併に係る割当ての内容（合併比率）

	○○○○株式会社（存続会社）	△△△△株式会社（消滅会社）
合併比率	1	2

③　その他の吸収合併契約の内容

当社、△△△△株式会社が平成○年１月31日に締結した合併契約の内容は、添付の「合併契約書（写し）」のとおりです。

(4)　合併比率の算定根拠等

当社は、本合併に用いられる合併比率の算定に当たって、公正性・適切性・妥当性を確保するため、両社から独立した第三者算定機関として○○証券株式会社に合併比率算定を依頼いたしました。

○○証券株式会社は、当社の株式につきましては市場価格法により、非上場会社である△△△△株式会社の株式価値についてはDCF法及び類似会社比準法の折衷法により算定し、その結果を踏まえ、当社及び△△△△株式会社の両社で慎重に協議を行った結果、上記比率とすることを決定したものです。

(5)　当該吸収合併の後の吸収合併存続会社となる会社の商号、本店の所在地、代表者の氏名、資本金の額、純資産の額、総資産の額及び事業の内容

商号	○○○○株式会社
本店の所在地	大阪市北区○丁目○番○号
代表者の氏名	代表取締役社長　○○○○
資本金の額	○○○○百万円
純資産の額	現時点では確定しておりません。
総資産の額	現時点では確定しておりません。
事業の内容	

合併契約書（写し）

19　適時開示

平成○年○月○日

各位

会社名　○○○○株式会社
代表者　代表取締役社長　○○○○
（コード番号○○○○　東証第一部）
問合せ先　経営企画部広報室長　○○○○
（TEL. 03- ○○○○ - ○○○○）

△△△△株式会社の吸収合併に関するお知らせ

当社は、本日開催の取締役会において、平成○年○月○日（予定）を効力発生日として、当社○○．○○％出資の△△△△株式会社を吸収合併することを決議しましたので、下記のとおりお知らせいたします。

記

1.　合併の目的

△△△△株式会社は平成○年○月に、・・・・の目的で設立された会社で、当社グループの・・・・としての機能を果たしてきましたが、・・・・業界において事業を更に発展させていくためには、当社が・・・・事業を直接管掌することが不可欠であると認められるため、△△△△株式会社を吸収し合併することと致しました。

2.　合併の要旨

(1)　合併の日程

基本合意書締結日　　平成○年○月○日
合併契約承認取締役会　　平成○年○月○日
合併契約承認株主総会　　当社：平成○年○月○日
△△△△株式会社：平成○年○月○日
合併契約の締結日　　平成○年○月○日
合併の効力発生日　　平成○年○月○日（予定）

(2)　合併の方式

当社を存続会社とする吸収合併方式で、△△△△株式会社は解散致します。

(3)　合併に係る割当ての内容

	○○○○株式会社	△△△△株式会社
合併に係る割当比率	1	○．○○

(4)　消滅会社の新株予約権及び新株予約権付社債に関する取扱い

△△△△株式会社の発行する以下の新株予約権及び新株予約権付社債は、○○とします。

・第○回新株予約権（平成○年○月○日発行）

・第○回新株予約権付社債（平成○年○月○日発行）

3.　合併に係る割当ての内容の算定根拠等

(1)　算定の基礎

○○○○株式会社は、○○○○株式会社及び△△△△株式会社から独立した第三者算定期間である□□□□株式会社を選定し、添付資料のとおり、平成○年○月○日付で、合併に係る割当ての内容に関する算定書を取得しました。

△△△△株式会社、・・・・・・であることから市場株価法を、また、・・・・・・であることからディスカウント・キャッシュ・フロー法（DCF法）を用いて○○○○株式会社及び△△△△株式会社の株式価値分析を行っております。

上記各方式において算定された両社の普通株式1株当たりの価値の範囲はそれぞれ以下のとおりです。

	○○○○株式会社	△△△△株式会社
市場株価法	○○円〜○○円	○○円〜○○円
DCF法	○○円〜○○円	○○円〜○○円

市場株価法においては、・・・・・・・・・・・・・・・・。

DCF法においては、・・・・・・・・・・・・・・・・。

他方、△△△△株式会社は、・・・・・・・・・・・・・・・・・・・・・・・・・・・。

(2)　算定の経緯

(3)　算定機関との関係

○○○○株式会社のフィナンシャル・アドバイザー（算定機関）である□□□□株式会社は、○○○○株式会社及び△△△△株式会社の関連当事者には該当せず、本合併に関して記載すべき重要な利害関係を有しません。

また、△△△△株式会社のフィナンシャル・アドバイザー（算定機関）である■■■■株式会社は、○○○○株式会社及び△△△△株式会社の関連当事者には該当せず、本合併に関して記載すべき重要な利害関係を有しません。

⑷　上場廃止となる見込み及びその事由

⑸　公正性を担保するための措置

本合併は、・・・・・・であることから、公正性を担保する必要があると判断し、以下の通り公正性を担保するための措置をとりました。

○○○○株式会社は、上記3.⑴記載のとおり、本合併の公正性を担保するために、同社株主のために○○○○株式会社及び△△△△株式会社から独立した第三者算定機関である□□□□株式会社を選定し、添付資料のとおり、平成○年○月○日付で、本合併の割当ての内容に関する算定書を取得しました。また、○○○○株式会社は、平成○年○月○日付で、□□□□株式会社から本合併の割当ての内容は、財務的見地より公正である旨の評価（フェアネス・オピニオン）を取得しました。

他方、△△△△株式会社は、・・・・・・・・・・・・・・。

加えて、△△△△株式会社は、○○○○株式会社及び△△△△株式会社から独立した○○○○法律事務所から、平成○年○月○日付で、本株式移転は適法である旨の意見を取得しています。

⑹　利益相反を回避するための措置

本株式移転は、親会社である○○○○株式会社と子会社である△△△△株式会社が合併を行うものであることから、親会社である○○○○株式会社と、子会社である△△△△株式会社の株主との間には、利益相反が生じています。△△△△株式会社の取締役会は、本合併の利益相反を回避するために、本合併の決定について、本合併に利害関係を持たない△△△△株式会社社外監査役・・・及び社外取締役・・・並びに社外有識者である・・・により構成される第三者委員会を設置し、同委員会に対し、・・・・・・について諮問し、また、・・・・・・を委嘱することとしました。

同委員会は、本合併に関して慎重な審議を行った結果、本合併は、・・・・・・であることから、△△△△株式会社の企業価値を向上させるものであり、また、・・・・・・等、公正な手続を通じて株主が受けるべき利益が損なわれることのないように配慮しているものであると判断し、その旨の報告書を平成○年○月○日付で△△△△株式会社に提出しています。

また、△△△△株式会社の取締役のうち、○○○○株式会社の取締役を兼任している・・・及び○○○○株式会社の事業本部長を兼務している・・・は、本株式移転に関し利害が相反し又は相反するおそれがあるため、いずれも、△△△△株式会社の取締役会における本合併に関する審議及び決議に参加しておらず、△△△△株式会社の立場において本合併に関する○○○○株式会社との協議・交渉に参加しておりません。

4.　合併当事会社の概要（平成○年○月○日現在）

(1)　商号	○○○○株式会社	△△△△株式会社
(2)　事業内容		
(3)　設立年月日		
(4)　本店所在地	東京都港区○○丁目○番○号	東京都中央区○○丁目○番○号
(5)　代表者		
(6)　資本金	百万円	百万円
(7)　発行済株式数	株	株
(8)　純資産	百万円	百万円
(9)　総資産	百万円	百万円
(10)　決算期	月末日	月末日
(11)　従業員数	名	名
(12)　主要取引先		
(13)　大株主及び持株比率		
(14)　主要取引銀行	○○銀行	○○銀行
(15)　当事会社との関係	親会社	子会社

5.　合併後の状況

(1)　商号	○○○○株式会社
(2)　事業内容	
(3)　本店所在地	東京都港区○○丁目○番○号
(4)　代表者	
(5)　資本金	百万円（合併による資本金の増加はありません）
(6)　総資産	合併による総資産への影響は軽微です。
(7)　決算期	月末日

6.　会計処理の概要

企業結合に係る会計基準上、共通支配下の取引に該当します。

7.　業績に与える影響

本合併が、当社の業績に与える影響は軽微です。

以上

東京証券取引所上場部編『東京証券取引所会社情報適時開示ガイドブック 2013年7月版』（東京証券取引所、2013年）158頁参照。なお、同ガイドブック2014年6月版166頁も適宜参照されたい。

第３章　会社分割

1　吸収分割契約書

【注：承継会社は分割会社の100％子会社を想定している。】

吸収分割契約書

A株式会社（以下「甲」という。）及びB株式会社（以下「乙」という。）は、甲の○事業（以下「対象事業」という。）に関して有する権利義務を、乙に承継させる吸収分割（以下「本会社分割」という。）に関し、以下のとおり吸収分割契約書（以下「本契約」という。）を締結する。

第１条　本会社分割

本契約に従い、甲は、吸収分割の方法により、甲が対象事業に関して有する権利義務を乙に承継させ、乙はこれを承継する。

第２条　承継する権利義務に関する事項

1.　乙は、本会社分割により、本効力発生日（第５条に定義する。以下同じ。）に、別紙「承継対象権利義務明細表」記載の甲の資産、債務、契約その他の権利義務（以下「承継対象権利義務」という。）を承継する。
2.　前項における債務の承継は全て免責的債務引受とする。

第３条　乙が本会社分割に際して交付する金銭等

乙は甲の完全子会社であるため、乙は、本会社分割に際して、甲に対し、承継対象権利義務に代わる株式その他金銭等の交付を行わない。

第４条　分割承認決議等

1.　甲は、本効力発生日の前日までに、株主総会における本会社分割の承認を取得する。
2.　乙は、会社法第796条第１項に基づき、本会社分割につき株主総会の承認を得ないで行う。

第５条　効力発生日

本会社分割の効力発生日は平成○年○月○日（以下「本効力発生日」とい

う。）とする。但し、手続の進行上の必要性その他の事由により必要な場合には、甲と乙は協議し合意のうえこれを変更することができる。

第６条　競業避止義務

甲は、本効力発生日後においても、対象事業について、乙に対し競業避止義務を負わないものとする。

第７条　条件の変更

本契約の締結後本効力発生日までの間に、天災地変その他の事由により、対象事業の財産状態若しくは経営状態又は承継対象となる権利義務に重大な変更が生じたとき、又は、本会社分割の目的の達成に重大な支障となる事態が生じたときは、甲と乙は協議のうえ、必要に応じて本契約を変更し、又は本会社分割を中止することができる。

第８条　規定外事項

本契約に定めるもののほか、本会社分割に関し必要な事項は、本会社分割の趣旨に従って、甲乙協議の上これを決定するものとする。

以上

以上の合意を証するため、本契約の当事者は、本契約２通を作成の上、各１通を保管するものとする。

平成○年○月○日

甲：A株式会社

乙：B株式会社

別紙

承継対象権利義務明細表

【注：以下は一例であり、承継対象権利義務の内容は、その資産・負債項目だけでなく、「対象事業に関して」などの対象事業の関連性の程度の記載など、事案によって書き分ける必要があることに留意を要する。】

乙は、対象事業に関して甲が本効力発生日の前日の終了時（以下「基準時」という。）において有する、以下に定める資産、債務、契約その他の権利義務を承継するものとする。但し、権利義務の移転につき行政機関その他の第三者の許認可等を要するものは、当該許認可等の取得を条件とする。

1.　資　産

甲が、基準時において保有している資産のうち、対象事業に属するものであって、甲の貸借対照表上以下の勘定項目に仕分けされている資産。具体的な移転対象については基準時までに甲乙間で別途合意する。

(1)　流動資産

①　現金及び預金
②　受取手形
③　売掛金
④　商品・製品
⑤　半製品・仕掛品
⑥　原材料・貯蔵品
⑦　前渡金
⑧　未収入金
⑨　前払い費用
⑩　貸倒引当金
⑪　その他の流動資産

(2)　固定資産（知的財産権を除く）

①　土地
②　建物及び構築物
③　機械及び装置
④　車両及び運搬具
⑤　工具・器具及び備品
⑥　リース資産
⑦　建設仮勘定
⑧　ソフトウェア
⑨　子会社株式
⑩　敷金返還請求権

⑶　知的財産権

甲が基準時において保有する別表【省略】に記載する特許権、実用新案権、意匠権及び商標権（特許を受ける権利その他出願ご登録を受けるまでの権利を含む。）

2.　負債及び債務

基準時において存在する甲の負債及び債務のうち、対象事業に属するものであって、甲の貸借対照表上以下の勘定項目に仕分けられている負債及び債務。

⑴　流動負債

①　支払手形
②　買掛金
③　前受金
④　リース債務
⑤　未払金
⑥　未払費用
⑦　その他の流動負債

⑵　固定負債

①　退職給付引当金
②　リース債務
③　資産除去債務
④　その他の固定負債

3.　契約等（雇用契約等については第４項に記載のとおり）

基準時において有効な、及び、本契約締結日から基準時までに新たに締結された、対象事業に属する契約及びこれらに付随する一切の権利義務。具体的な移転対象については基準時までに甲乙間で別途合意する。

4.　雇用契約等

基準時において有効な、甲と対象事業に属する各従業員との間の雇用契約及びこれに付随する一切の権利義務。具体的な移転対象については基準時までに甲乙間で別途合意する。

以上

2　新設分割計画書

新設分割計画書

A株式会社（以下「甲」という。）は、○事業（以下「対象事業」という。）に関して有する権利義務を、会社分割により新たに設立するB株式会社（以下「乙」という。）に承継させる新設分割（以下「本会社分割」という。）に関し、以下のとおり新設分割計画書（以下「本分割計画書」という。）を作成する。

第１条　乙の定款で定める事項

乙の目的、商号、本店の所在地及び発行可能株式総数その他乙の定款で定める事項は、別紙１「B株式会社定款」に記載のとおりとする。

第２条　乙の設立時取締役、設立時監査役及び設立時会計監査人

乙の設立時取締役、設立時監査役及び設立時会計監査人の氏名は次のとおりとする。

(1)　取締役　　○、○、○
(2)　監査役　　○
(3)　会計監査人　○

第３条　承継する権利義務に関する事項

1.　乙は、本成立日（第７条に定義する。以下同じ。）に、別紙２「承継対象権利義務明細表」記載の甲の資産、債務、契約その他の権利義務を承継する。
2.　前項における債務の承継は全て免責的債務引受とする。

第４条　乙が本会社分割に際して交付する株式の数

乙は、本会社分割に際して、甲に対し、乙の普通株式○株を交付する。

第５条　乙の資本金及び準備金の額

乙の設立時の資本金及び準備金の額は次のとおりとする。但し、本成立日における甲の資産及び負債等の状況等により、これを変更することができる。

(1)　資本金　　金○円
(2)　資本準備金　金○円
(3)　利益準備金　金○円

第６条　分割承認決議

甲は、本成立日の前日までに、株主総会における本分割計画書の承認を取得する。

第７条　乙の成立の日

乙の成立の日は平成〇年〇月〇日（以下「本成立日」という。）とし、乙は、同日をもってその設立の登記申請を行うものとする。但し、手続の進行上の必要性その他の事由により必要な場合には、甲はこれを変更することができる。

第８条　競業避止義務

甲は、本成立日後においても、対象事業について、乙に対し競業避止義務を負わないものとする。

第９条　条件の変更

本分割計画書の作成後本成立日までの間に、天災地変その他の事由により、対象事業の財産状態若しくは経営状態又は承継対象となる権利義務に重大な変更が生じたとき、又は、本会社分割の目的の達成に重大な支障となる事態が生じたときは、甲は、必要に応じて本分割計画書を変更し、又は本会社分割を中止することができる。

第10条　規定外事項

本分割計画書に定めるもののほか、本会社分割に関し必要な事項は、本会社分割の趣旨に従って、甲がこれを決定するものとする。

以上

平成〇年〇月〇日

A株式会社
［肩書］　　［氏　　名］

別紙１

B株式会社定款

【省略】

別紙2

承継対象権利義務明細表

【注：以下は一例であり、承継対象権利義務の内容は、その資産・負債項目だけでなく、「対象事業に関して」などの対象事業の関連性の程度の記載など、事案によって書き分ける必要があることに留意を要する。】

乙は、対象事業に関して甲が本成立日の前日の終了時（以下「基準時」という。）において有する、以下に定める資産、債務、契約その他の権利義務を承継するものとする。但し、権利義務の移転につき行政機関その他の第三者の許認可等を要するものは、当該許認可等の取得を条件とする。

1. 資　産

甲が、基準時において保有している資産のうち、対象事業に属するものであって、甲の貸借対照表上以下の勘定項目に仕分けされている資産。具体的な移転対象については基準時までに甲乙間で別途合意する。

(1)　流動資産
　①　現金及び預金
　②　受取手形
　③　売掛金
　④　商品・製品
　⑤　半製品・仕掛品
　⑥　原材料・貯蔵品
　⑦　前渡金
　⑧　未収入金
　⑨　前払い費用
　⑩　貸倒引当金
　⑪　その他の流動資産
(2)　固定資産（知的財産権を除く）
　①　土地
　②　建物及び構築物
　③　機械及び装置
　④　車両及び運搬具
　⑤　工具・器具及び備品
　⑥　リース資産
　⑦　建設仮勘定
　⑧　ソフトウェア
　⑨　子会社株式
　⑩　敷金返還請求権

(3)　知的財産権

甲が基準時において保有する別表【省略】に記載する特許権、実用新案権、意匠権及び商標権（特許を受ける権利その他出願ご登録を受けるまでの権利を含む。）

2.　負債及び債務

基準時において存在する甲の負債及び債務のうち、対象事業に属するものであって、甲の貸借対照表上以下の勘定項目に仕分けられている負債及び債務。具体的な移転対象については基準時までに甲乙間で別途合意する。

(1)　流動負債

①　支払手形
②　買掛金
③　前受金
④　リース債務
⑤　未払金
⑥　未払費用
⑦　その他の流動負債

(2)　固定負債

①　退職給付引当金
②　リース債務
③　資産除去債務
④　その他の固定負債

3.　契約等（雇用契約等については第４項に記載のとおり）

基準時において有効な、及び、本契約締結日から基準時までに新たに締結された、対象事業に属する契約及びこれらに付随する一切の権利義務。具体的な移転対象については基準時までに甲乙間で別途合意する。

4.　雇用契約等

基準時において有効な、甲と対象事業に属する各従業員との間の雇用契約及びこれに付随する一切の権利義務。具体的な移転対象については基準時までに甲乙間で別途合意する。

以上

3　事前備置書類（吸収分割会社の例）

吸収分割に係る事前開示書類

当社は、B株式会社（以下「承継会社」といいます。）との間で、当社を吸収分割会社とし、承継会社を吸収分割承継会社として、当社が、当社が運営する○事業に関して有する権利義務（以下「承継対象権利義務」といいます。）を承継会社に承継させる吸収分割（以下「本件吸収分割」といいます。）を行うことといたしました。つきましては、会社法第782条第1項及び会社法施行規則第183条の規定に従い、以下のとおり吸収分割契約の内容その他法務省令に定める事項を記載した書面を備え置くこととします。

1. 吸収分割契約の内容
　別紙1のとおりです。

2. 吸収分割対価の定めの相当性に関する事項
　本件吸収分割に際しては、承継会社は当社に対して承継対象権利義務に代わる金銭等の対価を交付いたしません。当社は承継会社の完全親会社であるため、当該対価の定めは相当であると判断しております。

3. 吸収分割承継会社について
　承継会社の最終事業年度に係る計算書類等の内容は別紙3のとおりです。なお、承継会社について最終事業年度の末日後に発生した重要な財産の処分、重大な債務の負担その他の会社財産の状況に重要な影響を与える事象は生じておりません。

4. 吸収分割会社について
　吸収分割会社である当社について最終事業年度の末日後に発生した重要な財産の処分、重大な債務の負担その他の会社財産の状況に重要な影響を与える事象は生じておりません。

5. 効力発生日以後における債務の履行の見込みに関する事項
(1) 吸収分割会社の債務の履行の見込みに関する事項
　当社の○ 年○月○日現在の貸借対照表における資産の額は○百万円、負債の額は○百万円です。そして、本件吸収分割により、当社が承継会社に対して承継させる予定の資産の額は、○年○月○日現在で○百万円、負債の額は○年○月○日現在で○百万円です。また、上記各時点以降本日に至るまで、当社の資産及び負債並びに当社が承継会社に対して承継させる予定の資産及び負債に重大な変動は生じておらず、本件吸収分割の効力発生日までの間についても、現在のところ重大な変動を生じる事態は予測されていません。以上より、本件吸収分割の効力発生日における当社の資産の額は負債の額を十分に上回る見込みであり、その他、当社の本件吸収分割後の事業活動において予想される当社の資産及び負債の額並びに収益状況について検討いたしましたが、当社の負担する債務の履行に支障を及ぼす事象の発生及びその可能性は、現在認識されておりません。したがって、当社が負担する債務については、本件吸収分割の効力発生日以後も履行の見込みがあると判断しております。

(2)　吸収分割承継会社の債務の履行の見込みに関する事項

承継会社の○年○月○日現在の貸借対照表における資産の額は○百万円、負債の額は○百万円です。そして、本件吸収分割により、承継会社が当社から承継する予定の資産の額は、○年○月○日現在で○百万円、負債の額は○年○月○日現在で○百万円です。また、上記各時点以降本日に至るまで、承継会社の資産及び負債並びに承継会社が当社から承継する予定の資産及び負債に重大な変動は生じておらず、本件吸収分割の効力発生日までの間についても、現在のところ重大な変動を生じる事態は予測されていません。以上より、本件吸収分割の効力発生日における承継会社の資産の額は負債の額を十分に上回る見込みであり、その他、承継会社の本件吸収分割後の事業活動において予想される承継会社の資産及び負債の額並びに収益状況について検討いたしましたが、本件吸収分割により当社から承継会社に承継される債務の履行に支障を及ぼす事象の発生及びその可能性は、現在認識されておりません。したがって、本件吸収分割により当社から承継会社に承継される債務については、本件吸収分割の効力発生日以後も承継会社による履行の見込みがあると判断しております。

○年○月○日

A株式会社
代表取締役　○○　○○

別紙１

吸収分割契約の内容
【省略】

別紙３

吸収分割承継会社の最終事業年度に係る計算書類等の内容
【省略】

4　事前備置書類（吸収分割承継会社の例）

吸収分割に係る事前開示書類

当社は、A株式会社（以下「分割会社」といいます。）との間で、当社を吸収分割承継会社とし、分割会社を吸収分割会社として、分割会社が、分割会社が運営する○事業に関して有する権利義務（以下「承継対象権利義務」といいます。）を当社に承継させる吸収分割（以下「本件吸収分割」といいます。）を行うことといたしました。つきましては、会社法第794条第1項及び会社法施行規則第192条の規定に従い、以下のとおり吸収分割契約の内容その他法務省令に定める事項を記載した書面を備え置くこととします。

1. 吸収分割契約の内容
   別紙1のとおりです。

2. 吸収分割対価の定めの相当性に関する事項
   本件吸収分割に際しては、当社は分割会社 に対して承継対象権利義務に代わる金銭等の対価を交付いたしません。分割会社は当社の完全親会社であるため、当該対価の定めは相当であると判断しております。

3. 吸収分割会社について
   分割会社の最終事業年度に係る計算書類等の内容は別紙3のとおりです。なお、分割会社について最終事業年度の末日後に発生した重要な財産の処分、重大な債務の負担その他の会社財産の状況に重要な影響を与える事象は生じておりません。

4. 吸収分割承継会社について
   吸収分割承継会社である当社について、最終事業年度の末日後に発生した重要な財産の処分、重大な債務の負担その他の会社財産の状況に重要な影響を与える事象は生じておりません。

5. 効力発生日以後における債務の履行の見込みに関する事項
   当社の○年○月○日現在の貸借対照表における資産の額は○百万円、負債の額は○百万円です。そして、本件吸収分割により、当社が分割会社から承継する予定の資産の額は○年○月○日現在で○百万円、負債の額は○年○月○日現在で○百万円です。また、上記各時点以降本日に至るまで、当社の資産及び負債並びに当社が分割会社から承継する予定の資産及び負債に重大な変動は生じておらず、本件吸収分割の効力発生日までの間についても、現在のところ重大な変動を生じる事態は予測されていません。以上より、本件吸収分割の効力発生日における当社の資産の額は負債の額を十分に上回る見込みであり、その他、当社の本件吸収分割後の事業活動において予想される当社の資産及び負債の額並びに収益状況について検討いたしましたが、当社が負担する債務の履行に支障を及ぼす事象の発生及びその可能性は、現在認識されておりません。したがって、当社の負担する債務については、本件吸収分割の効力発生日以後も履行の見込みがあると判断しております。

○年○月○日

B 株式会社
代表取締役　○○　○○

別紙 1

吸収分割契約の内容
【省略】

別紙 3

吸収分割会社の最終事業年度に係る計算書類等の内容
【省略】

5　招集通知・参考書類（吸収分割会社の例）

平成○年○月○日

株主各位

東京都○○区○○一丁目○番○号
○株式会社
代表取締役　○○　○○

臨時株主総会招集ご通知

（略）

3　目的事項
決議事項
第○号議案　吸収分割契約承認の件

株主総会参考書類

第１号議案　吸収分割契約承認の件
1　吸収分割を行う理由
【注：純粋持株会社化などのグループ内再編の一環としての吸収分割、第三者に対する事業売却の一環としての吸収分割など、事案に応じて理由を記載する。】
2　吸収分割契約の内容の概要
【吸収分割契約書の書式（**1**）を参照されたい。】
3　会社法施行規則第183条各号に掲げる事項の内容の概要
【事前備置書類の書式（**3**）を参照されたい。】

6　吸収分割会社の株主への通知に代えて行う公告

平成○年○月○日

株主各位

東京都○○区○丁目○番○号
Ａ株式会社
代表取締役　○○　○○

吸収分割公告

平成○年○月○日に開催された当社の取締役会において、当社は、Ｂ株式会社（以下「承継会社」といいます。）（本店：東京都○区○丁目○番○号）との間で、当社を吸収分割会社とし、承継会社を吸収分割承継会社として、当社が、当社が運営する○事業に関して有する権利義務を承継会社に承継させる吸収分割（以下「本件吸収分割」といいます。）を行うことを決議いたしましたので、公告いたします。なお、本件吸収分割の効力発生日は平成○年○月○日を予定しており、当社の株主総会の承認決議は平成○年○月○日を予定しております。

以上

7　吸収分割承継会社（分割会社の100％子会社）の株主に対する通知

吸収分割のお知らせ

A株式会社　御中

　当社は、A株式会社（以下「分割会社」といいます。）（本店：東京都○区○丁目○番○号）との間で、分割会社を吸収分割会社とし、当社を吸収分割承継会社として、分割会社が、分割会社が運営する○事業に関して有する権利義務を当社に承継させる吸収分割（以下「本件吸収分割」といいます。）を行うことといたしましたので、ここに通知いたします。なお、本件吸収分割の効力発生日は平成○年○月○日を予定しております。

平成○年○月○日

東京都○○区○丁目○番○号
B株式会社
代表取締役　○○　○○

8　吸収分割会社株主による反対通知

平成○年○月○日

Ａ株式会社
代表取締役　○　殿

東京都○区○丁目○番○号
株主　○

吸収分割反対通知書

私は、平成○年○月○日付の臨時株主総会招集ご通知をもって通知のあった貴社とＢ株式会社との吸収分割に反対ですので、本書をもってその旨通知致します。

以上

9　吸収分割会社株主による株式買取請求書

平成○年○月○日

A 株式会社
代表取締役　○　殿

東京都○区○丁目○番○号
株主　○

株式買取請求書

私は、貴社に対し、私が保有する下記の貴社の株式を、公正な価格で買い取るように請求します。

記

貴社普通株式　○株

以上

10　吸収分割会社の新株予約権者への通知

平成○年○月○日

新株予約権者各位

東京都○○区○丁目○番○号
A 株式会社
代表取締役　○○　○○

吸収分割のお知らせ

平成○年○月○日に開催された当社の取締役会において、当社は、B 株式会社（以下「承継会社」といいます。）（本店：東京都○区○丁目○番○号）との間で、当社を吸収分割会社とし、承継会社を吸収分割承継会社として、当社が、当社が運営する○事業に関して有する権利義務を承継会社に承継させる吸収分割（以下「本件吸収分割」といいます。）を行うことを決議いたしましたので、ここに通知いたします。なお、本件吸収分割の効力発生日は平成○年○月○日を予定しており、当社の株主総会の承認決議は平成○年○月○日を予定しております。

以上

11　吸収分割会社の登録株式質権者及び登録新株予約権質権者への通知

平成○年○月○日

登録株式質権者　各位
登録新株予約権質権者　各位

東京都○○区○丁目○番○号
A株式会社
代表取締役　○○　○○

吸収分割のお知らせ

平成○年○月○日に開催された当社の取締役会において、当社は、B株式会社（以下「承継会社」といいます。）（本店：東京都○区○丁目○番○号）との間で、当社を吸収分割会社とし、承継会社を吸収分割承継会社として、当社が、当社が運営する○事業に関して有する権利義務を承継会社に承継させる吸収分割（以下「本件吸収分割」といいます。）を行うことを決議いたしましたので、ここに通知いたします。なお、本件吸収分割の効力発生日は平成○年○月○日を予定しており、当社の株主総会の承認決議は平成○年○月○日を予定しております。

以上

12　債権者への公告

吸収分割公告

左記会社は吸収分割して甲は乙の○事業に関する権利義務を承継し乙はそれを承継させることにいたしました。

この会社分割に異議のある債権者は、本公告掲載の翌日から一箇月以内にお申し出下さい。

なお、最終貸借対照表の開示状況は次のとおりです。

（甲）掲載紙　官報

　掲載の日付　平成○年○月○日

　掲載頁　○頁（号外第○号）

（乙）金融商品取引法による有価証券報告書提出済。

平成○年　○月　○日

東京都○区○○丁目○番○号

（甲）○　株式会社

　　　代表取締役　○　○

東京都○区○○丁目○番○号

（乙）○株式会社

　　　代表取締役　○　○

13　債権者への個別催告

平成○年○月○日

債権者　各位

東京都○区○○丁目○番○号
A 株式会社
代表取締役　○○　○○

債権者異議申述催告書

拝啓　貴社いよいよご清栄のこととお慶び申し上げます。平素は格別のご高配を賜り、厚く御礼申し上げます。

さて、当社（甲）は、B 株式会社（乙）（本店：東京都○区○○丁目○番○号）との間で、当社を吸収分割会社とし、乙を吸収分割承継会社として、当社が、当社が運営する○事業に関して有する権利義務を乙に承継させる吸収分割（以下「本件吸収分割」といいます。）を行うことといたしました。この吸収分割に異議のある場合には、平成○年○月○日までに当社にお申し出下さい。

なお、最終貸借対照表の開示状況は次のとおりです。

（甲）金融商品取引法による有価証券報告書提出済。

（乙）掲載紙　官報

掲載の日付　平成○○年○○月○○○日

掲載頁　○○○頁（号外第○○○号）

敬具

14　効力発生日変更公告

効力発生日変更公告

左記会社は、平成○年○月○日予定の吸収分割の効力発生日を平成○年○月○日に変更いたしましたので公告します。

平成○年　○月　○日

東京都○区○○丁目○番○号

（甲）○　株式会社

代表取締役　○　○

東京都○区○○丁目○番○号

（乙）○株式会社

代表取締役　○　○

15　事後備置書類

平成○年○月○日

吸収分割に関する事後開示事項

東京都○区○○丁目○番○号
Ａ株式会社
代表取締役社長　○○
東京都○区○○丁目○番○号
Ｂ株式会社
代表取締役社長　○○

Ａ株式会社（以下「分割会社」といいます。）とＢ株式会社（以下「承継会社」といいます。）は、平成○年○月○日付で締結した吸収分割契約書に基づき、同年○月○日を効力発生日として、分割会社が、その○事業に関して有する権利義務を、分割会社の100％子会社である承継会社に会社分割（吸収分割）（以下「本件吸収分割」といいます。）により、承継させました。

本件吸収分割に関する会社法第791条第１項第１号及び会社法施行規則第189条に定める事項は、下記のとおりです。

記

1.　本件吸収分割が効力を生じた日
　平成○年○月○日

2.　分割会社 における会社法第785条、第787条及び第789条の規定による手続の経過

(1)　会社法第785条（反対株主の株式買取請求）の規定による手続の経過について

分割会社は、会社法第785条第４項に基づき、平成○年○月○日に株主に対して公告を行いましたが、同条第１項に従い分割会社に対して株式の買取りを請求した株主はありませんでした。

(2)　会社法第787条（新株予約権買取請求）の規定による手続の経過について

本件吸収分割においては、会社法第787条第１項第２号に定める新株予約権が存在しないため、会社法第787条の規定による手続は行っておりません。

(3)　会社法第789条（債権者の異議）の規定による手続の経過について

会社法第789条第２項及び第３項の規定に基づき、平成○年○月○日付で

官報公告及び電子公告を行いましたが、会社法第789条第１項の規定による異議を述べた債権者はありませんでした。

3.　承継会社 における会社法第797条及び第799条の規定による手続の経過

⑴　会社法第797条（反対株主の株式買取請求）の規定による手続の経過について

承継会社は、会社法第797条第３項の規定に基づき、平成○年○月○日付で、承継会社の株主に対し通知を行いましたが、同条第１項に従い分割会社に対して株式の買取りを請求した株主はありませんでした。

⑵　会社法第799条（債権者の異議）の規定による手続の経過について

承継会社は、会社法第799条第２項及び第３項の規定に基づき、平成○年○月○日付で官報公告及び電子公告を行いましたが、会社法第799条第１項の規定による異議を述べた債権者はありませんでした。

4.　吸収分割により承継会社が分割会社から承継した重要な権利義務に関する事項

承継資産額（概算）　　　○百万円
承継負債額（概算）　　　○百万円

5.　会社法第923条の変更の登記をした日

平成○年○月○日

6.　その他重要な事項

【省略】

以上

16　分割会社の変更登記申請書

吸収分割による変更登記申請書

1.　商　　号　　　A株式会社

1.　本　　店　　　東京都○区○○丁目○番○号

1.　登記の事由　　吸収分割による変更

1.　登記すべき事項　平成○年○月○日東京都○区○○丁目○番○号B株式会社に分割

1.　登録免許税　　金３万円

1.　添付書類　　　印鑑証明　　　1通
　　　　　　　　　委任状　　　　1通

上記のとおり登記を申請します。

平成○年○月○日

東京都○区○○一丁目○番○号
申請人　A株式会社

東京都○区○○一丁目○番○号
代表取締役　○　○　○　○

東京都○区○○一丁目○番○号
上記代理人　○　○　○　○
03－○○○○－○○○○

東京法務局　御中

17　承継会社の変更登記申請書

吸収分割による変更登記申請書

1.　商　号　　B株式会社

1.　本　店　　東京都○区○○丁目○番○号

1.　登記の事由　　吸収分割による変更

1.　登記すべき事項　　平成○年○月○日東京都○区○○丁目○番○号A株式会社から分割

1.　課税標準金額　　金○円

1.　登録免許税　　金○円
内訳：吸収分割による資本金の額の増加　○万円
　　　登記事項変更分　○万円

1.　添付書類

吸収分割契約書	1通
株主総会議事録	2通
公告及び催告をしたことを証する書面	○通
異議を述べた債権者はいない旨の上申書	1通
資本金の額の計上に関する証明書	1通
分割会社の登記事項証明書	1通
委任状	1通

上記のとおり登記を申請します。

平成○年○月○日

東京都○区○○一丁目○番○号
申請人　B株式会社

東京都○区○○一丁目○番○号
代表取締役　○　○　○　○

東京都○区○○一丁目○番○号
上記代理人　○　○　○　○
03－○○○○－○○○○

東京法務局　御中

18　新設分割による設立登記の申請書

新設分割による株式会社設立登記申請書

1. 商　号　　B株式会社

1. 本　店　　東京都○区○○一丁目○番○号

1. 登記の事由　　平成○年○月○日新設分割による設立手続終了

1. 登記すべき事項　　別添CD－Rのとおり

1. 課税標準金額　　金○円

1. 登録免許税　　金○円

1. 添付書類

新設分割計画書	1通
定款	1通
株主総会議事録	1通
設立時代表取締役を選定したことを証する書面	1通
設立時取締役等の就任承諾書	○通
印鑑証明書	1通
公告及び催告をしたことを証する書面	○通
異議を述べた債権者はいない旨の上申書	1通
資本金の額の計上に関する証明書	○通
分割会社の登記事項証明書	1通
委任状	1通

上記のとおり登記を申請します。

平成○年○月○日

東京都○区○○一丁目○番○号
申請人　A株式会社

東京都○区○○一丁目○番○号
代表取締役　○　○　○　○

東京都○区○○一丁目○番○号
上記代理人　○　○　○　○
03－○○○○－○○○○
03－○○○○－○○○○

東京法務局　御中

19　臨時報告書

【表紙】	
【提出書類】	臨時報告書
【提出先】	関東財務局長
【提出日】	平成○年○月○日
【会社名】	A 株式会社
【英訳名】	○
【代表者の役職氏名】	代表取締役社長　○
【本店の所在の場所】	東京都○区○○丁目○番○号
【電話番号】	東京 03- ○ - ○（代表）
【事務連絡者氏名】	○
【最寄りの連絡場所】	東京都○区○○丁目○番○号
【電話番号】	東京 03- ○ - ○（代表）
【事務連絡者氏名】	○
【縦覧に供する場所】	株式会社東京証券取引所 （東京都中央区日本橋兜町 2 番 1 号）

1　【提出理由】

【注：100％子会社を承継会社とする吸収分割を想定。】

当社は、平成○年○月○日開催の取締役会において、平成○年○月○日（予定）を効力発生日として、当社の○事業に関する権利義務を当社の完全子会社であるＢ株式会社（以下「Ｂ社」といいます。）に吸収分割（以下「本吸収分割」といいます。）により承継させる吸収分割契約を締結することを決議し、同日、同契約を締結いたしましたので、金融商品取引法第24条の５第４項及び企業内容等の開示に関する内閣府令第19条第２項第７号の規定に基づき、本臨時報告書を提出するものであります。

2　【報告内容】

1.　当該吸収分割の相手会社についての事項

(1)　商号、本店の所在地、代表者の氏名、資本金の額、純資産の額、総資産の額及び事業の内容

商号	Ｂ株式会社
本店の所在地	東京都○区○○丁目○番○号
代表者の氏名	代表取締役社長　○
資本金の額 （平成○年○月○日現在）	○百万円
純資産の額 （平成○年○月○日現在）	○百万円
総資産の額 （平成○年○月○日現在）	○百万円
事業の内容	○

(2)　最近３年間に終了した各事業年度の売上高、営業利益、経常利益及び純利益

事業年度	平成○年３月期	平成○年３月期	平成○年３月期
売上高（百万円）			
営業利益（百万円）			
経常利益（百万円）			
純利益（百万円）			

(3)　大株主の氏名又は名称及び発行済株式の総数に占める大株主の持株数の割合

Ａ株式会社　100％（平成○年○月○日現在）

(4)　提出会社との間の資本関係、人的関係及び取引関係

資本関係	当社は、Ｂ社の発行済株式の100％を保有し、Ｂ社は当社の100％子会社であります。
人的関係	当社の取締役及び従業員がＢ社の取締役及び監査役を兼務しております。
取引関係	○

2. 当該吸収分割の目的

【注：純粋持株会社化などのグループ内再編の一環としての吸収分割、第三者に対する事業売却の一環としての吸収分割など、事案に応じて目的を記載する。】

3. 当該吸収分割の方法、吸収分割に係る割当ての内容その他の吸収分割契約の内容

(1) 吸収分割の方法

本件吸収分割は、当社を分割会社とし、B社を分割承継会社とする吸収分割であります。

(2) 吸収分割に係る割当ての内容

本件吸収分割は完全親子会社間で行われるため、本件吸収分割に際して、株式の割当てその他の対価の交付は行いません。

(3) その他吸収分割契約の内容

(イ) 吸収分割の日程

本件吸収分割に係る吸収分割契約書（以下「本件吸収分割契約」といいます。）の取締役会承認及び締結　平成○年○月○日（予定）

株主総会開催日（当社）　平成○年○月○日（予定）

本件吸収分割の効力発生日　平成○年○月○日（予定）

なお、本件吸収分割は会社法第796条第１項による略式吸収分割の要件を満たすため、B社の株主総会の承認決議を得ることなく実施いたします。

(ロ) 本件吸収分割契約の内容

B社は、本件吸収分割契約の定めるところにより、当社がその○事業に関して有する資産、負債、契約その他の権利義務を承継いたします。

4. 当該吸収分割の後の吸収分割承継会社となる会社の商号、本店の所在地、代表者の氏名、資本金の額、純資産の額、総資産の額及び事業の内容

商号	B株式会社
本店の所在地	東京都○区○○丁目○番○号
代表者の氏名	代表取締役社長　○
資本金の額	○百万円
純資産の額	現時点では確定しておりません。
総資産の額	現時点では確定しておりません。
事業の内容	○事業

以　上

20　適時開示（簡易吸収分割のお知らせ）

【注：グループ内再編を目的とした、100％子会社を承継会社とする簡易吸収分割を想定。】

平成○○年○○月○○日

各　位

会 社 名　A 株式会社
代表者名　代表取締役社長　○○　○○
（コード：○○○○、東証第○部）
問合せ先　取締役広報・IR 部長　○○　○○
（TEL.　○○－○○○○－○○○○）

連結子会社との会社分割（簡易吸収分割）に関するお知らせ

当社は、平成○年○月○日開催の取締役会において、当社○事業を会社分割により当社連結子会社（当社100％子会社）である○○株式会社（以下「B 社」）に対し承継することを決議し、本日付で同社と吸収分割契約を締結いたしましたので、下記の通りお知らせいたします。

なお、本会社分割は、当社100％出資の連結子会社に当該事業を承継させる簡易吸収分割であるため、開示事項・内容を一部省略して開示しております。

1.　当該吸収分割の目的

［吸収分割により、○事業を当社連結子会社である B 社に承継させて、分離・独立事業化し、これまで以上の意思決定の迅速及び事業の効率化を図ることを目的としています。］

【注：上記は一例であり、事案に応じて書き分ける必要がある。】

2.　当該吸収分割の要旨

(1)　当該吸収分割の日程

分割契約書承認取締役会 平成○年○月○日
分割契約書締結日 平成○年○月○日
分割予定日（効力発生日）平成○年○月○日

（注）本会社分割は、当社においては会社法第784条第 3 項に規定する簡易分割であること、B 社においては会社法第796条第 1 項に規定する略式分割であることから、それぞれ分割承認株主総会を開催せずに行います。

(2)　当該吸収分割の方式

当社を分割会社とし、B 社を承継会社とする吸収分割です。

(3)　当該吸収分割に係る割当ての内容

B社は当社100％出資の連結子会社であるため、本会社分割に際して株式の割当てその他対価の交付は行いません。

(4)　当該吸収分割に伴う新株予約権及び新株予約権付社債に関する取扱い

該当事項はありません。

(5)　会社分割により増減する資本金

本会社分割による資本金の変更はありません。

(6)　承継会社が承継する権利義務

B社は、本会社分割に際して、当社が当該事業に関して有する資産、負債、雇用契約その他の権利義務及び契約上の地位を承継します。

(7)　債務履行の見込み

本会社分割の効力発生日以降における負担すべき債務につきましては、履行の見込みがあると判断しております。

3.　当該吸収分割の当事会社の概要

		吸収分割株式会社	吸収分割承継会社
(1) 名称		A株式会社	B株式会社
(2) 所在地		○○県○○市○○△－△－△	○○県○○市○○△－△－△
(3) 代表者の役職・氏名			
(4) 事業内容			
(5) 資本金			
(6) 設立年月日			
(7) 発行済株式数			
(8) 決算期			
(9) 従業員数		(単体)	(単体)
(10) 主要取引先			
(11) 主要取引銀行			
(12) 大株主及び持株比率			A　100％
(13) 当事会社間の関係			
	資本関係		
	人的関係		
	取引関係		
	関連当事者への該当状況		
(14) 最近3年間の経営成績及び財政状態			

決算期	A 社（連結）			B 社（個別）		
	** 年 ** 期	** 年 ** 期	** 年 ** 期	** 年 ** 期	** 年 ** 期	** 年 ** 期
純資産						
総資産						
１株当たり純資産（円）						
売上高						
営業利益						
経常利益						
当期純利益						
１株当たり当期純利益（円）						

（単位：百万円。特記しているものを除く。）

〔分割する事業部門の概要〕

(1)　分割する部門の事業内容

(2)　分割する部門の経営成績

(3)　分割する資産、負債の項目及び帳簿価格

5.　当該吸収分割後の状況

〔吸収分割承継会社の概要〕

	吸収分割承継会社
(1)　名称	B 株式会社
(2)　所在地	○○県○○市○○△－△－△
(3)　代表者の役職・氏名	
(4)　事業内容	
(5)　資本金	
(6)　決算期	
(7)　純資産	
(8)　総資産	

6.　会計処理の概要

7.　今後の見通し

本会社分割は、当社及び当社100％保有の連結子会社を当事会社とする会社分割であるため、当社の業績に与える影響は軽微です。

以　上

第４章　株式交換

1　株式交換契約書

株式交換契約書

○（住所：東京都○○区○○一丁目○番○号。以下「甲」という。）と△（住所：東京都○○区○○一丁目○番○号。以下「乙」という。）とは、以下のとおり株式交換契約（以下「本契約」という。）を締結する。

（株式交換）
第１条　本契約に定めるところに従い、乙は、甲を株式交換完全親会社、乙を株式交換完全子会社とする株式交換を行い、甲は、乙の発行済株式の全部を取得する。

（株式交換に際して乙の株主に交付する甲の株式の数及びその割当てに関する事項）
第２条　甲は、本株式交換に際して発行する普通株式○○株とその保有する自己の普通株式△△株と合わせて合計□□株を、効力発生日の前日の最終の株主名簿に記載又は記録された乙の株主（甲を除く。）に対し、その保有する乙の株式○株につき、甲の株式△株の割合をもって割り当てる。
２　前項に従って乙の株主に対して交付する甲の株式の数に１株に満たない端数が生じた場合、甲は、会社法第234条の規定に従い処理する。

（甲の資本金及び準備金の額に関する事項）
第３条　増加する甲の資本金及び準備金の額は次のとおりとする。
(1)　資本金の額　○円
(2)　資本準備金の額　会社計算規則第39条に従い、甲が別途定める額
(3)　利益準備金の額　０円

（甲の定款の変更）
第４条　甲は、効力発生日をもって定款を別紙定款のとおり変更する。
【省略】

（乙の自己株式の取扱い）

第５条　乙は、効力発生日までに、法令等に従い、自己株式の全てを消却するものとする。

（必要な手続の履行）
第６条　甲及び乙は、効力発生日の前日までに、本株式交換に必要な手続（株主総会の決議による承認が必要な場合には、その承認を受けることを含む。）を行うものとする。

（表明及び保証）
第７条　甲及び乙は、それぞれ、別紙甲の表明及び保証目録記載の事項（以下「甲の表明保証事項」という。）並びに別紙乙の表明及び保証目録記載の事項（以下「乙の表明保証事項」という。）が真実かつ正確であることを表明し、かつ保証する。
２　甲及び乙は、それぞれ、甲の表明保証事項及び乙の表明保証事項のいずれかが真実ではなく、又は正確ではないことを知った場合には、真実ではなく、又は正確ではない事項を相手方に通知し、直ちに是正措置を講じるものとする。

（本契約締結以降の事業運営）
第８条　甲及び乙は、効力発生日まで、善良な管理者の注意をもって、それぞれの業務の執行及び財産の管理を行うものとする。
２　甲及び乙は、効力発生日まで、相手方の書面による承諾を得ることなく、次の行為を行ってはならない。
⑴　剰余金の配当
⑵　・・・・

（効力発生日）
第９条　効力発生日は、平成○年○月○日とする。ただし、手続進行上の必要性その他の事由により、甲乙協議の上、これを変更することができる。

（解除）
第10条　甲又は乙は、効力発生日の前日までに限り、次の各号に定める場合には、直ちに本契約を解除することができる。
⑴　相手方の表明保証事項が、重要な部分において真実ではなく、又は正確でなかったことが判明した場合
⑵　相手方が本契約に基づく債務の全部若しくは一部を履行せず、又は本契約に違反した場合において、催告後10日を経過しても当該債務を履行せず、又は当該違反状態を是正しない場合
⑶　効力発生日の前日までに第６条に定める必要な手続を履行することができ

なかった場合
(4)　相手方の経営、事業、財政状態及び経営成績に重要な変動が生じた場合
(5)　本株式交換の実行に重大な支障が生じ、又は判明した場合

（譲渡禁止）
第11条　甲及び乙は、本契約上の権利義務を、相手方の書面による承諾を得ることなく、第三者に対し、譲渡若しくは移転し、又は担保の用に供することができないものとする。

（紛争解決）
第12条　本契約に関連する両当事者間の紛争については、東京地方裁判所を第一審の専属的合意管轄裁判所とする。

（協議事項）
第13条　本契約に定めのない事項及び本契約の定める各条項の解釈に疑義が生じた場合、甲及び乙は誠意をもって協議し、その解決にあたるものとする。

本契約成立の証として、本書２通を作成して、甲乙記名捺印の上、各自１通を保有する。

平成○年○月○日

甲：

乙：

別紙

定款

【省略】

別紙

甲の表明保証事項

【省略】

別紙

乙の表明保証事項

【省略】

2　事前備置書類（完全子会社）

平成○年○月○日

○株式会社と△株式会社との株式交換に関する事項

東京都○○区○○一丁目○番○号
△株式会社
代表取締役　○○　○○

1　株式交換契約の内容
【株式交換契約書の書式（**1**）を参照されたい。】

2　交換対価の相当性に関する事項
(1)　交換対価の総数及び割当ての相当性に関する事項
【適時開示の書式（**16**）の３.(1)〜(3)を参照されたい。】

(2)　交換対価として○株式会社の株式を選択した理由
○株式会社の株式は、東京証券取引所に上場し、同取引所において取引されており、本株式交換後において市場における取引機会が確保されていることから、交換対価として選択いたしました。

(3)　当社の株主の利益を害さないように留意した事項
【適時開示の書式（**16**）の３.(5)及び(6)を参照されたい。】

3　交換対価について参考となるべき事項
ア　○株式会社の定款の定め
○株式会社の定款の内容は、別紙のとおりです。

イ　交換対価の換価方法に関する事項
(ア)　交換対価を取引する市場
東京証券取引所市場第一部
(イ)　交換対価の取引の媒介、取次ぎ又は代理を行う者
全国各証券会社
(ウ)　交換対価の譲渡その他の処分に対する制限の内容
該当事項はありません。

ウ　交換対価の市場価格に関する事項
○株式会社の株式について、株式交換契約締結の直近１か月間、３か月間、６か月間の市場価格の終値平均は以下のとおりです。

１か月間	３か月間	６か月間
○○○円	○○○円	○○○円

エ　○株式会社の貸借対照表の内容
　○株式会社は、有価証券報告書を提出していますので、記載を省略します。

４　○株式会社の最終事業年度に係る計算書類等
　別紙のとおりです。

５　○株式会社及び当社における最終事業年度の末日後において生じた会社財産の状況に重要な影響を与える事象
　該当事項はありません。

３　事前備置書類（完全親会社）

平成○年○月○日

○株式会社と△株式会社との株式交換に関する事項

東京都○○区○○一丁目○番○号
○株式会社
代表取締役　○○　○○

1　株式交換契約の内容
【株式交換契約書の書式（１）を参照されたい。】

2　会社法第768条第１項第２号及び第３号に掲げる事項についての定めの相当性に関する事項
【適時開示の書式（16）の３.⑴～⑶を参照されたい。】

3　△株式会社の最終事業年度における計算書類等
【省略】
なお、最終事業年度の末日後において、重要な財産の処分、重大な債務の負担その他の会社財産の状況に重要な影響を与える事象は生じておりません。

4　○株式会社の最終事業年度の末日後において生じた会社財産の状況に重要な影響を与える事象
該当事項はありません。

4　招集通知・参考書類（完全親会社）

平成○年○月○日

株主各位

東京都○○区○○一丁目○番○号
○株式会社
代表取締役　○○　○○

臨時株主総会招集ご通知

拝啓　平素は格別のご高配を賜り厚く御礼申し上げます。

さて、当社臨時株主総会を下記のとおり開催することとなりましたので、ご出席いただきますようご通知申し上げます。

なお、当日ご出席願えない場合は、書面により議決権を行使することができますので、お手数ながら後記の株主総会参考書類をご検討下さいまして、同封の議決行使書用紙に賛否をご表示いただき、平成○年○月○日（○曜日）午後○時までに到着するようご返送下さいますようお願い申し上げます。

敬具

記

1　日時　平成○年○月○日（○曜日）午前○時から

2　場所　東京都○○区○○一丁目○番○号　当社本店○階会議室

3　目的事項
決議事項
第１号議案　当社と△株式会社との株式交換契約承認の件

株主総会参考書類

第１号議案　当社と△株式会社との株式交換契約承認の件

1　株式交換を行う理由

当社グループは、○○事業を行っております。他方、△株式会社は、□□事業において、高い技術力を有し、東南アジアを中心に販路の拡大を進めております。

○○事業及び□□事業を取り巻く厳しい経営環境の中で、△株式会社を当社の完全子会社とすることにより、△株式会社の技術力と販路を当社グループ全体で共有することができ、当社グループ及び△株式会社が今後の成長基盤を確立し、シナジー効果を発揮して企業価値を高めるとともに、資本効率を向上し、ガバナンス体制を構築することができると判断したことが、本株式交換を行う理由であります。【事案に応じて記載する。以上は一例である。】

2　株式交換契約の内容の概要

【株式交換契約の内容をそのまま記載することが多いので、株式交換契約書の書式（**1**）を参照されたい。】

3　会社法施行規則第193条各号【完全子会社の場合には、「第184条第１項各号」となる。】に掲げる事項の内容の概要

【事前備置書類の記載内容を記載することになるので、事前備置書類の書式（**3**）を参照されたい。】

５　簡易株式交換公告（株主宛て・完全親会社）

平成○年○月○日

株主各位

東京都○○区○○一丁目○番○号
○株式会社
代表取締役　○○　○○

株式交換公告

当社は、平成○年○月○日開催の取締役会において、平成○年○月○日を効力発生日として、△株式会社（本店所在地　東京都○○区○○一丁目○番○号）を当社の完全子会社とする株式交換を行うことを決議しましたので公告いたします。

この株式交換は、会社法第796条第３項の規定に基づき、会社法第795条第１項に定める株主総会の承認を得ずに行いますので、この株式交換に反対の株主様は、本公告掲載の日から２週間以内に当社に対し書面によりその旨をご通知ください（※）。

以上

（※）この１文を記載することは法的義務ではない。

６　株式交換反対通知書（完全親会社）

平成○年○月○日

○株式会社
代表取締役　○○　○○　殿

東京都○○区○○一丁目○番○号
株主　○○　○○

株式交換反対通知書

私は、平成○年○月○日付の臨時株主総会招集ご通知をもって通知のあった貴社と△株式会社との株式交換に反対でありますので、本書をもってその旨通知致します。

以上

7　反対株主株式買取請求書（完全親会社）

平成○年○月○日

○株式会社
代表取締役　○○　○○　殿

東京都○○区○○一丁目○番○号
株主　○○　○○

株式買取請求書

私は、貴社に対し、私が保有する下記の貴社の株式を、公正な価格で買い取るように請求します。　　、

記

貴社普通株式　○，○○○株

以上

8　株式交換公告（新株予約権者宛て・完全子会社）

平成○年○月○日

新株予約権者　各位

東京都○○区○○一丁目○番○号
△株式会社
代表取締役　○○　○○

株式交換公告

当社は、平成○年○月○日開催の株主総会において、平成○年○月○日を効力発生日として、○株式会社（本店所在地　東京都○○区○○一丁目○番○号）を当社の完全親会社とする株式交換を行うことを決議しましたので公告いたします。

会社法第787条第１項の規定に基づき、新株予約権買取請求を希望される新株予約権者様は、効力発生日の20日前から効力発生日の前日までの間に、書面によりその旨並びに新株予約権買取請求に係る新株予約権の内容及び数をお申し出ください。

以上

9　株式交換公告（登録株式質権者宛て・完全子会社）

平成○年○月○日

登録株式質権者　各位
登録新株予約権質権者　各位

東京都○○区○○一丁目○番○号
△株式会社
代表取締役　○○　○○

株式交換公告

当社は、平成○年○月○日開催の株主総会において、平成○年○月○日を効力発生日として、○株式会社（本店所在地　東京都○○区○○一丁目○番○号）を当社の完全親会社とする株式交換を行うことを決議しましたので公告いたします。

以上

10　債権者異議申述催告書（完全子会社）

平成○年○月○日

新株予約権付社債権者　各位

東京都○○区○○一丁目○番○号
△株式会社
代表取締役　○○　○○

債権者異議申述催告書

拝啓　貴社いよいよご清栄のこととお慶び申し上げます。平素は格別のご高配を賜り、厚く御礼申し上げます。

さて、当社（甲）は、平成○年○月○日開催の臨時株主総会において、平成○年○月○日を効力発生日として、○株式会社（乙。本店所在地　東京都○○区○○一丁目○番○号）を当社の完全親会社とする株式交換を行うことを決議しました。

この株式交換に異議のある新株予約権付社債権者は、平成○年○月○日までに当社にお申し出下さい。

なお、最終貸借対照表の開示状況は次のとおりです。

（甲）掲載紙　官報
　　　掲載の日付　平成○○年○○月○○○日
　　　掲載頁　○○○頁（号外第○○○号）
（乙）掲載紙　官報
　　　掲載の日付　平成○○年○○月○○○日
　　　掲載頁　○○○頁（号外第○○○号）

敬具

11　株式交換公告（完全親会社債権者宛て）

株式交換公告

当社（甲）は株式交換により、△株式会社（乙、住所東京都○○区○○町○丁目○番○号）の発行済株式の全部を取得することにいたしましたので公告します。

この株式交換に対し異議のある債権者は、本公告掲載の翌日から一箇月以内にお申し出下さい。

なお、最終貸借対照表の開示状況は次のとおりです。

（甲）掲載紙　官報
　掲載の日付　平成○○年○○月○○日
　掲載頁　○○頁（号外第○○○号）

（乙）掲載紙　官報
　掲載の日付　平成○○年○○月○○日
　掲載頁　○○頁（号外第○○○号）

平成○○年○○月○○日

東京都○○区○○町○丁目○番○号
○株式会社
代表取締役　○○　○○

12　株券提出公告（完全子会社）

平成○年○月○日

株主各位

東京都○○区○○一丁目○番○号
△株式会社
代表取締役　○○　○○

株券提出公告

当社は、平成○年○月○日開催の臨時株主総会において、平成○年○月○日を効力発生日として、○株式会社（本店所在地　東京都○○区○○一丁目○番○号）を当社の完全親会社とする株式交換を行うことを決議しました。

つきましては、当社の株券を保有する方は、平成○年○月○日までに当社までご提出ください。

なお、当社の株券は、平成○年○月○日をもってすべて無効となります。

以上

13　効力発生日変更公告（完全親会社）

平成○年○月○日

各位

東京都○○区○○一丁目○番○号
○株式会社
代表取締役　○○　○○

効力発生日変更公告

当社は、平成○年○月○日予定の株式交換の効力発生日を平成○年○月○日に変更いたしましたので公告します。

以上

14　事後備置書類

平成○年○月○日

○株式会社と△株式会社との株式交換に関する事項

東京都○○区○○一丁目○番○号
○株式会社
代表取締役　○○　○○

東京都○○区○○一丁目○番○号
△株式会社
代表取締役　○○　○○

1　効力発生日
平成○年○月○日

2　○株式会社が取得した△株式会社の株式の数
普通株式　○，○○○株

3　○株式会社における反対株主の株式買取請求手続及び債権者異議手続の経過
(1)　○株式会社において、株式の買取請求を行った株主はありませんでした。
(2)　○株式会社は、平成○年○月○日の官報及び同日付の○○新聞で、それぞれ債権者に対し、株式交換に関する異議申述の公告を致しましたが、異議申述期限の平成○年○月○日までに、異議申述を行った債権者はありませんでした。

4　△株式会社における反対株主の株式買取請求手続、新株予約権買取請求手続及び債権者異議手続の経過
(1)　△株式会社において、株式の買取請求を行った株主及び新株予約権の買取請求を行った新株予約権者はともにありませんでした。
(2)　△株式会社は、平成○年○月○日付の官報で、債権者に対する公告を行い、平成○年○月○日付で知れたる債権者に対する個別の催告を行いましたが、異議申述期限の平成○年○月○日までに、異議申述を行った債権者はありませんでした。

15　臨時報告書（完全親会社）

臨時報告書

1　【提出理由】

当社は、平成○○年○○月○○日開催の当社取締役会において、当社を株式交換完全親会社とし、△株式会社を株式交換完全子会社とする株式交換を実施することを決定しましたので、金融商品取引法第24条の５第４項及び企業内容等の開示に関する内閣府令第19条第２項第６号の２の規定に基づき、提出するものであります。

2　【報告内容】

(1)　株式交換の相手会社についての事項

ア　商号、本店の所在地、代表者の氏名、資本金の額、純資産の額、総資産の額及び事業の内容

(1) 商　　　　　号	△株式会社
(2) 本店の所在地	東京都○○区○○一丁目○番○号
(3) 代表者の氏名	代表取締役○○　○○
(4) 資本金の額	○円
(5) 純資産の額	○円
(6) 総資産の額	○円
(7) 事業の内容	

イ　最近３年間に終了した各事業年度の売上高、営業利益、経常利益及び純利益

（百万円）

事業年度	平成23年３月期	平成24年３月期	平成25年３月期
売上高	○円	○円	○円
営業利益	○円	○円	○円
経常利益	○円	○円	○円
純利益	○円	○円	○円

ウ　大株主の氏名又は名称及び発行済株式の総数に占める大株主の持株数の割合

大株主の氏名又は名称	発行済株式の総数に占める大株主の持株数の割合
○	○
○	○
○	○
○	○
○	○

エ　提出会社との間の資本関係、人的関係及び取引関係

資本関係	○
人的関係	○
取引関係	○

(2)　株式交換の目的
＜適時開示の書式（16）の１．を参照されたい。＞

(3)　株式交換の方法、株式交換に係る割当ての内容、その他の株式交換契約の内容
ア　株式交換の方法
【適時開示の書式（16）の２．(2)を参照されたい。】
イ　株式交換に係る割当ての内容
【適時開示の書式（16）の２．(3)を参照されたい。】
ウ　その他の株式交換契約の内容
【株式交換契約書の書式（１）を参照されたい。】
エ　株式交換に係る割当ての内容の算定根拠
【適時開示の書式（16）の３．を参照されたい。】

(4)　株式交換後の株式交換完全親会社となる会社の商号、本店の所在地、代表者の氏名、資本金の額、純資産の額、総資産の額及び事業の内容

(1) 商　　　　号	○株式会社
(2) 本店の所在地	東京都○○区○○一丁目○番○号
(3) 代表者の氏名	代表取締役○○　○○
(4) 資本金の額	○円
(5) 純資産の額	○円
(6) 総資産の額	○円
(7) 事業の内容	

16　適時開示（完全親会社）

平成○○年○○月○○日

各位

会 社 名　○株式会社
代表者名　代表取締役社長　○○　○○
（コード：○○○○、東証第○部）
問合せ先　取締役広報・IR 部長　○○　○○
（TEL：○○－○○○○－○○○○）

△株式会社との株式交換契約締結に関するお知らせ

○株式会社と△株式会社は、平成○○年○○月○○日開催の取締役会決議において、以下のとおり、○株式会社を株式交換完全親会社、△株式会社を株式交換完全子会社とする株式交換を行うことを決議いたしましたので、お知らせいたします。

1.　株式交換の目的

当社グループは、○○事業を行っております。他方、△株式会社は、□□事業において、高い技術力を有し、東南アジアを中心に販路の拡大を進めております。

○○事業及び□□事業を取り巻く厳しい経営環境の中で、△株式会社の技術力と販路を当社グループ全体で共有し、当社グループ及び△株式会社が今後の成長基盤を確立し、シナジー効果を発揮して企業価値を高めるとともに、資本効率を向上し、ガバナンス体制を構築することが、本株式交換を行う目的であります。

【事案に応じて記載する。以上は一例である。】

2.　株式交換の要旨

(1)　株式交換の日程

基本合意書締結日	平成○○年○○月○○日
取締役会決議	平成○○年○○月○○日
株式交換契約締結日	平成○○年○○月○○日
株主総会基準日公告日	平成○○年○○月○○日（予定）
株主総会基準日	平成○○年○○月○○日（予定）
株主総会決議日	平成○○年○○月○○日（予定）
整理銘柄指定日（△株式会社）	平成○○年○○月○○日（予定）
上場廃止日（△株式会社）	平成○○年○○月○○日（予定）
効力発生日	平成○○年○○月○○日（予定）
新規記録日	平成○○年○○月○○日（予定）

(2)　株式交換の方式

○株式会社を株式交換完全親会社、△株式会社を株式交換完全子会社とする株式交換となります。

(3)　株式交換に係る割当ての内容

	○株式会社 （株式交換完全親会社）	△株式会社 （株式交換完全子会社）
株式交換に係る 割当比率	1	○．○○

（注１）株式交換により発行する○株式会社の新株式数：普通株式：○○株
（注２）△株式会社の株式１株に対して、○株式会社の株式○株を割当て交付する。ただし、○株式会社が保有する△株式会社株式△株については、株式の割当ては行わない。

3.　株式交換に係る割当ての内容の算定根拠等

(1)　算定の基礎

○株式会社は、○株式会社及び△株式会社から独立した第三者算定機関である□株式会社を選定し、添付資料のとおり、平成○年○月○日付で、株式交換に係る割当ての内容に関する算定書を取得しました。

△株式会社は、・・・・・・であることから市場株価法を、また、・・・・・・であることからディスカウント・キャッシュ・フロー法（DCF法）を用いて○株式会社及び△株式会社の株式価値分析を行っております。

上記各方式において算定された両社の普通株式１株当たりの価値の範囲はそれぞれ以下のとおりです。

	○株式会社	△株式会社
市場株価法	○○円～○○円	○○円～○○円
DCF法	○○円～○○円	○○円～○○円

市場株価法においては、・・・・・・・・・・・・・・・。

DCF法においては、・・・・・・・・・・・・・・・。

他方、△株式会社は、・・・・・・・・・・・・・・・・・・・・・・・・・。

(2)　算定の経緯

(3)　算定機関との関係

○株式会社のフィナンシャル・アドバイザー（算定機関）である□株式会社は、○株式会社及び△株式会社の関連当事者には該当せず、本株式交換に関して記載すべき重要な利害関係を有しません。

また、△株式会社のフィナンシャル・アドバイザー（算定機関）である×株式会社は、○株式会社及び△株式会社の関連当事者には該当せず、本株式交換に関して記載すべき重要な利害関係を有しません。

(4)　上場廃止となる見込み及びその事由

(5)　公正性を担保するための措置
本株式交換は、・・・・・・であることから、公正性を担保する必要があると判断し、以下の通り公正性を担保するための措置をとりました。

○株式会社は、上記3．(1)記載のとおり、本株式交換の公正性を担保するために、同社株主のために○株式会社及び△株式会社から独立した第三者算定機関である□株式会社を選定し、添付資料のとおり、平成○○年○○月○○日付で、本株式交換の割当ての内容に関する算定書を取得しました。また、○株式会社は、平成○○年○○月○○日付で、□株式会社から本株式交換の割当ての内容は、財務的見地より公正である旨の評価（フェアネス・オピニオン）を取得しました。

他方、△株式会社は、・・・・・・・・・・・・・・。
加えて、△株式会社は、○株式会社及び△株式会社から独立した○○○○法律事務所から、平成○年○月○日付で、本株式交換は適法である旨の意見を取得しています。

(6)　利益相反を回避するための措置
本株式交換は、親会社である○株式会社と子会社である△株式会社が株式交換を行うものであることから、親会社である○株式会社と、子会社である△株式会社の株主との間には、利益相反が生じています。△株式会社の取締役会は、本株式交換の利益相反を回避するために、本株式交換の決定について、本株式交換に利害関係を持たない△株式会社社外監査役・・・及び社外取締役・・・並びに社外有識者である・・・により構成される第三者委員会を設置し、同委員会に対し、・・・・・・について諮問し、また、・・・・・・を委嘱することとしました。
同委員会は、本株式交換に関して慎重な審議を行った結果、本株式交換は、・・・・・・であることから、△株式会社の企業価値を向上させるものであり、また、・・・・・・等、公正な手続を通じて株主が受けるべき利益が損なわれることのないように配慮しているものであると判断し、その旨の報告書を平成○○年○○月○○日付で△株式会社に提出しています。
また、△株式会社の取締役のうち、○株式会社の取締役を兼任している・・・及び○株式会社の事業本部長を兼務している・・・は、本株式交換に関し利害が相反し又は相反するおそれがあるため、いずれも、△株式会社の取締役会における本株式交換に関する審議及び決議に参加しておらず、△株式会社の立場において本株式交換に関する○株式会社との協議・交渉に参加しておりません。

4.　株式交換の当事会社の概要

	○株式会社 （完全親会社）	△株式会社 （完全子会社）
(1)　名称	○株式会社	△株式会社
(2)　所在地	東京都○○区○○一丁目○番○号	東京都○○区○○一丁目○番○号
(3)　代表者の役職・氏名		
(4)　事業内容		
(5)　資本金		
(6)　設立年月日		
(7)　発行済株式数		
(8)　決算期		
(9)　従業員数	（単体）	（単体）
(10)　主要取引先		
(11)　主要取引銀行		
(12)　大株主及び持株比率		
(13)　当事会社間の関係		
資本関係		
人的関係		
取引関係		
関連当事者への該当状況		

(14)　最近３年間の経営成績及び財政状態

	○㈱（連結）			○㈱（連結）		
決算期	＊＊年＊＊期	＊＊年＊＊期	＊＊年＊＊期	＊＊年＊＊期	＊＊年＊＊期	＊＊年＊＊期
連結純資産						
連結総資産						
１株当たり連結純資産（円）						
連結売上高						
連結営業利益						
連結経常利益						
連結当期純利益						
１株当たり連結当期純利益（円）						
１株当たり配当金（円）						

（単位：百万円。特記しているものを除く。）

5.　株式交換後の完全親会社の状況

(1)　名称	○株式会社
(2)　所在地	東京都○○区○○一丁目○番○号
(3)　代表者の役職・氏名	
(4)　事業内容	
(5)　資本金	
(6)　決算期	
(7)　純資産	
(8)　総資産	

6.　会計処理の概要

7.　今後の見通し

今後両社にて統合準備委員会を設置することを予定しております。統合後のシナジー発揮のための基本計画として、本株式交換後３事業年度以内に、両社の基幹システムや管理部門の統合等を中心とする大幅なコスト削減を行うことを計画しており、また、本株式交換後直ちに両社の研究開発部門を統合することを計画しており、今後３事業年度にわたって集中的に研究開発費を投入することを計画しております（総額約○百億円規模。従前の両社の研究開発費の合計額である○○○億円（平成○○年○月期～平成○○年○月期）の約２倍程度)。

こうした計画を着実に推進することにより、本株式交換後５年以内（平成○○年○月期まで）に、売上高○千億円、営業利益○百億円を達成することを目標としております。なお、本株式交換が当期業績に与える影響は、軽微なものと見込んでおります。また、次期業績には、売上高ベースで３割超、営業利益ベースで１割超の影響を与えることを見込んでおります。

8.　支配株主との取引等に関する事項

(1)　支配株主との取引等の該当性及び少数株主の保護の方策に関する指針への適合状況

本取引は、支配株主との取引等に該当します。当社が、平成○○年○○月○○日に開示したコーポレート・ガバナンス報告書で示している「支配株主との取引等を行う際における少数株主の保護の方策に関する指針」に関する本取引における適合状況は、以下のとおりです。

なお、平成○○年○○月○○日に開示したコーポレート・ガバナンス報告書で示している「支配株主との取引等を行う際における少数株主の保護の方策に関する指針」は以下のとおりです。

⑵　公正性を担保するための措置及び利益相反を回避するための措置に関する事項

⑶　当該取引等が少数株主にとって不利益なものではないことに関する、支配株主と利害関係のない者から入手した意見の概要

以上

（参考）当期連結業績予想（平成○○年○○月○○日公表分）及び前期連結実績

	連結売上高	連結営業利益	連結経常利益	連結当期純利益
当期業績予想 （平成○年○月期）	***,***	*,***	*,***	*,***
前期実績 （平成○年○月期）	***,***	*,***	*,***	*,***

東京証券取引所上場部編『東京証券取引所会社情報適時開示ガイドブック 2013年７月版』（東京証券取引所、2013年）158頁参照。なお、同ガイドブック2014年６月版166頁も適宜参照されたい。

第５章　株式移転

1　共同株式移転計画書

株式移転計画書

○株式会社（住所：東京都○○区○○一丁目○番○号。以下「甲」という。）と△株式会社（住所：東京都○○区○○一丁目○番○号。以下「乙」という。）とは、共同株式移転の方法により新たに設立する○△ホールディングス株式会社に甲及び乙の発行済株式の全部を取得させることにつき合意したので、以下のとおり共同して株式移転計画を（以下「本計画」という。）を作成する。

（株式移転）
第１条　甲及び乙は、本計画の定めるところに従い、共同株式移転の方法により、甲及び乙の発行済株式の全部を新たに設立する株式移転設立完全親会社（以下「持株会社」という。）に取得させる株式移転を行う。

（持株会社の目的、商号、本店の所在地、発行可能株式総数その他定款で定める事項）
第２条　持株会社の目的、商号、本店の所在地、発行可能株式総数その他定款で定める事項は、別紙持株会社の定款のとおりとする。

（持株会社の設立時における役員の氏名）
第３条　持株会社の設立時取締役の氏名は、次のとおりとする。
○、○、○、○、○、○
２　持株会社の設立時監査役の氏名は、次のとおりとする。
○、○、○、○、○、○
３　持株会社の設立時会計監査人の名称は、次のとおりとする。
○○有限責任監査法人

（株式移転に際して交付する持株会社の株式の数及びその割当てに関する事項）
第４条　持株会社は、株式移転に際して、持株会社が甲及び乙の発行済株式の全部を取得する時点の直前時（以下「基準時」という。）の甲及び乙の株主に対し、それぞれ保有する甲及び乙の株式に代わり、甲が基準時時点で発行している株式に１を乗じて得た数、乙が基準時時点で発行している株式1.1を乗じて得た数の完全親会社株式を交付する。

２　前項に従って交付する持株会社の株式の数に１株に満たない端数が生じた場合、持株会社は、会社法第234条の規定に従い処理する。

（持株会社の資本金及び準備金の額に関する事項）
第５条　持株会社の資本金及び準備金の額は次のとおりとする。
⑴　資本金の額　〇円
⑵　資本準備金の額　〇円
⑶　利益準備金の額　０円

（必要な手続の履行）
第６条　甲及び乙は、効力発生日の前日までに、本株式移転に必要な手続（株主総会の決議による承認が必要な場合には、その承認を受けることを含む。）を行うものとする。

（表明及び保証）
第７条　甲及び乙は、それぞれ、別紙甲の表明及び保証目録記載の事項（以下「甲の表明保証事項」という。）並びに別紙乙の表明及び保証目録記載の事項（以下「乙の表明保証事項」という。）が真実かつ正確であることを表明し、かつ保証する。
２　甲及び乙は、それぞれ、甲の表明保証事項及び乙の表明保証事項のいずれかが真実ではなく、又は正確ではないことを知った場合には、真実ではなく、又は正確ではない事項を相手方に通知し、直ちに是正措置を講じるものとする。

（本契約締結以降の事業運営）
第８条　甲及び乙は、持株会社の設立まで、善良な管理者の注意をもって、それぞれの業務の執行及び財産の管理を行うものとする。
２　甲及び乙は、持株会社の設立まで、相手方の書面による承諾を得ることなく、次の行為を行ってはならない。
⑴　剰余金の配当
⑵　・・・・
【省略】

（持株会社の設立の日）
第９条　持株会社の設立の登記をすべき日は、平成〇年〇月〇日とする。ただし、手続進行上の必要性その他の事由により、甲乙協議の上、これを変更することができる。

（株式上場）
第10条　持株会社は、持株会社の設立の日において、その発行する株式の東京証券取引所への上場を予定する。

（解除）

第11条　甲又は乙は、持株会社の設立の日の前日までに限り、次の各号に定める場合には、直ちに本計画を中止することができる。

(1)　相手方の表明保証事項が、重要な部分において真実ではなく、又は正確でなかったことが判明した場合

(2)　相手方が本契約に基づく債務の全部若しくは一部を履行せず、又は本契約に違反した場合において、催告後10日を経過しても当該債務を履行せず、又は当該違反状態を是正しない場合

(3)　効力発生日の前日までに第６条に定める必要な手続を履行することができなかった場合

(4)　相手方の経営、事業、財政状態及び経営成績に重要な変動が生じた場合

(5)　本株式移転の実行に重大な支障が生じ、又は判明した場合

（譲渡禁止）

第12条　甲及び乙は、本契約上の権利義務を、相手方の書面による承諾を得ることなく、第三者に対し、譲渡若しくは移転し、又は担保の用に供することができないものとする。

（紛争解決）

第13条　本契約に関連する両当事者間の紛争については、東京地方裁判所を第一審の専属的合意管轄裁判所とする。

（協議事項）

第14条　本契約に定めのない事項及び本契約の定める各条項の解釈に疑義が生じた場合、甲及び乙は誠意をもって協議し、その解決にあたるものとする。

本契約成立の証として、本書２通を作成して、甲乙記名捺印の上、各自１通を保有する。

平成○年○月○日

甲：

乙：

別紙

持株会社の定款

【省略】

別紙

甲の表明保証事項

【省略】

別紙

乙の表明保証事項

【省略】

2　事前備置書類

平成○年○月○日

○株式会社と△株式会社との株式移転に関する事項

東京都○○区○○一丁目○番○号
○株式会社
代表取締役　○○　○○

1　株式移転計画の内容
【共同株式移転計画書の書式（1）を参照されたい。】

2　会社法第773条第１項第５号及び第６号に掲げる事項についての定めの相当性に関する事項
【適時開示の書式（15）の３.(1)～(3)を参照されたい。】

3　△株式会社の最終事業年度における計算書類等
【省略】
なお、最終事業年度の末日後において、重要な財産の処分、重大な債務の負担その他の会社財産の状況に重要な影響を与える事象は生じておりません。

4　当社及び△株式会社における最終事業年度の末日後において生じた会社財産の状況に重要な影響を与える事象
該当事項はありません。

３　招集通知・参考書類

平成○年○月○日

株主各位

東京都○○区○○一丁目○番○号
○株式会社
代表取締役　○○　○○

臨時株主総会招集ご通知

拝啓　平素は格別のご高配を賜り厚く御礼申し上げます。
さて、当社臨時株主総会を下記のとおり開催することとなりましたので、ご出席いただきますようご通知申し上げます。
なお、当日ご出席願えない場合は、書面により議決権を行使することができますので、お手数ながら後記の株主総会参考書類をご検討下さいまして、同封の議決行使書用紙に賛否をご表示いただき、平成○年○月○日（○曜日）午後○時までに到着するようご返送下さいますようお願い申し上げます。

敬具

記

１　日時　平成○年○月○日（○曜日）午前○時から

２　場所　東京都○○区○○一丁目○番○号　当社本店○階会議室

３　目的事項
決議事項
第１号議案　当社と△株式会社との株式移転計画承認の件

株主総会参考書類

第１号議案　当社と△株式会社との株式移転計画承認の件
１　株式移転を行う理由
当社グループと△株式会社グループとがその主要な事業領域としている、○○事業におきましては、その経営環境が年々厳しくなっており、過剰な生産能力を削減してコスト競争力を強化するとともに、多様化する顧客のニーズに対応するため、大規模な経営資源を投入することが共通の経営課題となっております。
こうした状況の中で、今後の成長基盤を確立し、シナジー効果を発揮して企業価値を高めるとともに、ガバナンス体制を構築するためには、両者の経営を統合することが必要不可欠と判断し、本株式移転を行うことと致しました。
【事案に応じて記載する。以上は一例である。】

2　株式移転計画の内容の概要
【株式移転計画の内容をそのまま記載することが多いので、共同株式移転計画書の書式（1）を参照されたい。】

3　会社法施行規則第206条各号に掲げる事項の内容の概要
【事前備置書類の記載内容を記載することになるので、事前備置書類の書式（2）を参照されたい。】

4　持株会社の取締役となる者についての会社法施行規則第74条に規定する事項

氏名 （生年月日）		

5　持株会社の監査役となる者についての会社法施行規則第76条に規定する事項

氏名 （生年月日）		

6　持株会社の会計監査人となる者についての会社法施行規則第77条に規定する事項

氏名 （生年月日）		

４　株式移転公告（株主宛て）

平成○年○月○日

株主各位

東京都○○区○○一丁目○番○号
○株式会社
代表取締役　○○　○○

株式移転公告

当社は、平成○年○月○日開催の臨時株主総会において、平成○年○月○日を株式移転設立親会社の設立の日として、△株式会社（本店所在地　東京都○○区○○一丁目○番○号）と共同して、○△ホールディングス株式会社（本店所在地　東京都○○区○○一丁目○番○号）を設立するための株式移転を行うことを決議しましたので公告いたします。

会社法第806条第１項の規定に基づき、株式買取請求を希望される株主様は、本日から20日以内に、当社に対し、書面によりその旨及び株式買取請求に係る株式の数をご通知ください。

以上

５　株式移転反対通知書

平成○年○月○日

○株式会社
代表取締役　○○　○○　殿

東京都○○区○○一丁目○番○号
株主　○○　○○

株式移転反対通知書

私は、平成○年○月○日付の臨時株主総会招集ご通知をもって通知のあった貴社と△株式会社との株式移転に反対でありますので、本書をもってその旨通知致します。

以上

６　反対株主株式買取請求書

平成○年○月○日

○株式会社
代表取締役　○○　○○　殿

東京都○○区○○一丁目○番○号
株主　○○　○○

株式買取請求書

私は、貴社に対し、私が保有する下記の貴社の株式を、公正な価格で買い取るように請求します。

記

貴社普通株式　○，○○○株

以上

7　株式移転公告（新株予約権者宛て）

平成○年○月○日

新株予約権者　各位

東京都○○区○○一丁目○番○号
○株式会社
代表取締役　○○　○○

株式移転公告

当社は、平成○年○月○日開催の臨時株主総会において、平成○年○月○日を株式移転設立親会社の設立の日として、△株式会社（本店所在地　東京都○○区○○一丁目○番○号）と共同して、○△ホールディングス株式会社（本店所在地　東京都○○区○○一丁目○番○号）を設立するための株式移転を行うことを決議しましたので公告いたします。

会社法第808条第１項の規定に基づき、新株予約権買取請求を希望される新株予約権者様は、本日から20日以内に、当社に対し、書面によりその旨並びに新株予約権買取請求に係る新株予約権の内容及び数をお申し出ください。

以上

8　株式移転公告（登録株式質権者宛て）

平成○年○月○日

登録株式質権者　各位
登録新株予約権質権者　各位

東京都○○区○○一丁目○番○号
○株式会社
代表取締役　○○　○○

株式移転公告

当社は、平成○年○月○日開催の臨時株主総会において、平成○年○月○日を株式移転設立親会社の設立の日として、△株式会社（本店所在地　東京都○○区○○一丁目○番○号）と共同して、○△ホールディングス株式会社（本店所在地　東京都○○区○○一丁目○番○号）を設立するための株式移転を行うことを決議しましたので公告いたします。

以上

9　債権者異議申述催告書

平成○年○月○日

新株予約権付社債権者　各位

東京都○○区○○一丁目○番○号
○株式会社
代表取締役　○○　○○

債権者異議申述催告書

拝啓　貴社いよいよご清栄のこととお慶び申し上げます。平素は格別のご高配を賜り、厚く御礼申し上げます。

さて、当社（甲）は、平成○年○月○日開催の臨時株主総会において、平成○年○月○日を株式移転設立親会社の設立の日として、△株式会社（乙。本店所在地　東京都○○区○○一丁目○番○号）と共同して、○△ホールディングス株式会社（本店所在地　東京都○○区○○一丁目○番○号）を設立するための株式移転を行うことを決議しました。

この株式移転に異議のある新株予約権付社債権者は、平成○年○月○日までに当社にお申し出下さい。

なお、最終貸借対照表の開示状況は次のとおりです。

（甲）掲載紙　官報
　　　掲載の日付　平成○○年○○月○○○日
　　　掲載頁　○○○頁（号外第○○○号）
（乙）掲載紙　官報
　　　掲載の日付　平成○○年○○月○○○日
　　　掲載頁　○○○頁（号外第○○○号）

敬具

10　株式移転公告（官報・債権者宛て）

株式移転公告

当社（甲）は株式移転により、△株式会社（乙、住所東京都○○区○○一丁目○番○号）と共同して、○△ホールディングス株式会社（住所東京都○○区○○町○丁目○番○号）に発行済株式の全部を取得させることにいたしましたので公告します。

この株式移転に対し異議のある債権者は、本公告掲載の翌日から一箇月以内にお申し出下さい。

なお、最終貸借対照表の開示状況は次のとおりです。

（甲）掲載紙　官報
　掲載の日付　平成○○年○○月○○日
　掲載頁　○○○頁（号外第○○○号）

（乙）掲載紙　官報
　掲載の日付　平成○○年○○月○○日
　掲載頁　○○○頁（号外第○○○号）

平成○○年○○月○○日

東京都○○区○○町○丁目○番○号
○○○○株式会社
代表取締役　○○　○○

11　株券提出公告

平成○年○月○日

株主各位

東京都○○区○○一丁目○番○号
○株式会社
代表取締役　○○　○○

株券提出公告

当社は、平成○年○月○日開催の臨時株主総会において、△株式会社（本店所在地　東京都○○区○○一丁目○番○号）と共同して、○△ホールディングス株式会社（本店所在地　東京都○○区○○一丁目○番○号）を設立するための株式移転を行うことを決議しました。

つきましては、当社の株券を保有する方は、平成○年○月○日までに当社までご提出ください。

なお、当社の株券は、平成○年○月○日をもってすべて無効となります。

以上

12　事後備置書類

平成○年○月○日

○株式会社と△株式会社との株式移転に関する事項

東京都○○区○○一丁目○番○号
○株式会社
代表取締役　○○　○○

東京都○○区○○一丁目○番○号
△株式会社
代表取締役　○○　○○

東京都○○区○○一丁目○番○号
○△ホールディングス株式会社
代表取締役　○○　○○

1　株式移転が効力を生じた日
平成○年○月○日

2　○△ホールディングス株式会社に移転した株式の数
○株式会社普通株式　○，○○○株
△株式会社普通株式　○，○○○株

3　○株式会社及び△株式会社における反対株主の株式買取請求手続、新株予約権買取請求手続及び債権者異議手続の経過
(1)　両社において、株式の買取請求を行った株主及び新株予約権の買取請求を行った新株予約権者はともにありませんでした。
(2)　○株式会社及び△株式会社は、平成○○年○○月○○日付の官報で、債権者に対する公告を行い、平成○○年○○月○○日付で知れたる債権者に対する個別の催告を行いましたが、異議申述期限の平成○○年○○月○○日までに、異議申述を行った債権者はありませんでした。

13　株式会社設立登記申請書

株式移転による設立登記申請書

1．商　　号　　　　○△ホールディングス株式会社

1．本　　店　　　　東京都○○区○○一丁目○番○号

1．登記の事由　　　平成○年○月○日株式移転手続の終了

1．登記すべき事項　別添CD－Rのとおり

1．課税標準金額　　金○円

1．登録免許税　　　金○円

1．添付書類

株式移転計画書	1通
定款	1通
設立時代表取締役を選定したことを証する書面	1通
設立時取締役、設立時代表取締役、設立時監査役及び設立時会計監査人の就任承諾書	○通
印鑑証明書	1通
監査法人の登記事項証明書	1通
資本金の額の計上に関する証明書	○通
完全子会社の登記事項証明書	2通
完全子会社の株主総会議事録	2通
公告及び催告をしたことを証する書面	○通
異議を述べた債権者はいない旨の上申書	1通
株主名簿管理人との契約を証する書面	1通
株券提出公告をしたことを証する書面	1通
委任状	○通

上記のとおり登記を申請します。

平成○年○月○日

東京都○○区○○一丁目○番○号
申請人　○△ホールディングス株式会社

東京都○○区○○一丁目○番○号
代表取締役　○　○　○　○

東京都○○区○○一丁目○番○号
上記代理人　○　○　○　○
03－○○○○－○○○○

東京法務局　御中

14　臨時報告書

1　【提出理由】

当社は、平成○○年○○月○○日開催の取締役会において、共同株式移転の方法により、株式移転完全親会社となる○△ホールディングス株式会社を設立し、当社及び△を株式移転完全子会社とすることに係る「株式移転計画書」の作成につき決議しましたので、金融商品取引法第24条の５第４項及び企業内容等の開示に関する内閣府令第19条第２項第６号の３の規定に基づき、提出するものであります。

2　【報告内容】

(1)　当該株式移転において、提出会社の他に株式移転完全子会社となる会社がある場合における当該他の株式移転完全子会社となる会社についての事項

ア　商号、本店の所在地、代表者の氏名、資本金の額、純資産の額、総資産の額及び事業の内容

(1)　商　号	△株式会社
(2)　本店の所在地	東京都○○区○○一丁目○番○号
(3)　代表者の氏名	代表取締役○○　○○
(4)　資本金の額	○円
(5)　純資産の額	○円
(6)　総資産の額	○円
(7)　事業の内容	

イ　最近３年間に終了した各事業年度の売上高、営業利益、経常利益及び純利益

事業年度	平成23年３月期	平成24年３月期	平成25年３月期
売上高	○円	○円	○円
営業利益	○円	○円	○円
経常利益	○円	○円	○円
純利益	○円	○円	○円

ウ　大株主の氏名又は名称及び発行済株式の総数に占める大株主の持株数の割合

大株主の氏名又は名称	発行済株式の総数に占める大株主の持株数の割合
○	○
○	○
○	○
○	○
○	○

エ　提出会社との間の資本関係、人的関係及び取引関係

資本関係	○
人的関係	○
取引関係	○

⑵　株式移転の目的
【適時開示の書式（15）の１.を参照されたい。】

⑶　株式移転の方法、株式移転に係る割当ての内容、その他の株式移転契約の内容

ア　株式移転の方法
【適時開示の書式（15）の２.⑵を参照されたい。】

イ　株式移転に係る割当ての内容
【適時開示の書式（15）の２.⑶を参照されたい。】

ウ　その他の株式移転計画の内容
【共同株式移転計画書の書式（１）を参照されたい。】

エ　株式移転に係る割当ての内容の算定根拠
【適時開示の書式（15）の３.を参照されたい。】

⑷　株式移転の後の株式移転完全親会社となる会社の商号、本店の所在地、代表者の氏名、資本金の額、純資産の額、総資産の額及び事業の内容

⑴　商　　　　号	○△株式会社
⑵　本店の所在地	東京都○○区○○一丁目○番○号
⑶　代表者の氏名	代表取締役○○　○○
⑷　資本金の額	○円
⑸　純資産の額	○円
⑹　総資産の額	○円
⑺　事業の内容	

15　適時開示

平成〇〇年〇〇月〇〇日

各位

会 社 名　〇株式会社
代表者名　代表取締役社長　〇〇　〇〇
（コード：〇〇〇〇、東証第〇部）
問合せ先　取締役広報・IR 部長　〇〇　〇〇
（TEL：〇〇－〇〇〇〇－〇〇〇〇）

会 社 名　△株式会社
代表者名　代表取締役社長　△△　△△
（コード：△△△△、東証第△部）
問合せ先　取締役広報・IR 部長　△△　△△
（TEL：△△－△△△△－△△△△）

〇株式会社と△株式会社との
共同持株会社設立（株式移転）による経営統合に関するお知らせ

〇株式会社と△株式会社は、平成〇〇年〇〇月〇〇日開催の取締役会決議において、以下のとおり、共同株式移転の方式により、平成〇〇年〇〇月〇〇日をもって両社の完全親会社となる〇△ホールディングス株式会社を設立することについて決議し、本日、両者間で株式移転計画書を共同で作成しましたので、お知らせいたします。

１．株式移転の目的

当社グループと△株式会社グループとがその主要な事業領域としている、〇〇事業におきましては、その経営環境が年々厳しくなっており、過剰な生産能力を削減してコスト競争力を強化するとともに、多様化する顧客のニーズに対応するため、大規模な経営資源を投入することが共通の経営課題となっております。

こうした状況の中で、両者の経営を統合することにより、今後の成長基盤を確立し、シナジー効果を発揮して企業価値を高めるとともに、ガバナンス体制を構築することが、本株式移転を行う目的であります。

【事案に応じて記載する。以上は一例である。】

２．株式移転の要旨

(1)　株式移転の日程

基本合意書締結日	平成〇〇年〇〇月〇〇日

取締役会決議	平成○○年○○月○○日
株式移転計画作成日	平成○○年○○月○○日
株主総会基準日公告日	平成○○年○○月○○日（予定）
株主総会基準日	平成○○年○○月○○日（予定）
株主総会決議日	平成○○年○○月○○日（予定）
整理銘柄指定日（両行）	平成○○年○○月○○日（予定）
上場廃止日（両行）	平成○○年○○月○○日（予定）
共同持株会社設立登記日	平成○○年○○月○○日（予定）
新規記録日	平成○○年○○月○○日（予定）

(2)　株式移転の方式

○株式会社及び△株式会社を株式移転完全子会社とし、新たに設立する○△ホールディングス株式会社を株式移転完全親会社とする株式移転となります。

(3)　株式移転に係る割当ての内容

	○株式会社	△株式会社
株式移転に係る割当比率	1	○．○○

（注１）株式移転により発行する○△ホールディングス株式会社の新株式数：普通株式：○○株

（注２）○株式会社の普通株式１株に対して、○△ホールディングス株式会社の普通株式１株を割当て交付する。△株式会社の株式１株に対して、○△ホールディングス株式会社の株式○．○○株を割当て交付する。

３．株式移転に係る割当ての内容の算定根拠等

(1)　算定の基礎

○株式会社は、○株式会社及び△株式会社から独立した第三者算定機関である□株式会社を選定し、添付資料のとおり、平成○年○月○日付で、株式移転に係る割当ての内容に関する算定書を取得しました。

△株式会社は、・・・・・・であることから市場株価法を、また、・・・・・・であることからディスカウント・キャッシュ・フロー法（DCF法）を用いて○株式会社及び△株式会社の株式価値分析を行っております。

上記各方式において算定された両社の普通株式１株当たりの価値の範囲はそれぞれ以下のとおりです。

	○株式会社	△株式会社
市場株価法	○○円～○○円	○○円～○○円
DCF法	○○円～○○円	○○円～○○円

市場株価法においては、・・・・・・・・・・・・・・・。

DCF法においては、・・・・・・・・・・・・・・・・。

他方、△株式会社は、・・・・・・・・・・・・・・・・・・・・・・・・・。

⑵　算定の経緯

⑶　算定機関との関係

○株式会社のフィナンシャル・アドバイザー（算定機関）である□株式会社は、○株式会社及び△株式会社の関連当事者には該当せず、本株式移転に関して記載すべき重要な利害関係を有しません。

また、△株式会社のフィナンシャル・アドバイザー（算定機関）である×株式会社は、○株式会社及び△株式会社の関連当事者には該当せず、本株式移転に関して記載すべき重要な利害関係を有しません。

⑷　上場廃止となる見込み及びその事由

⑸　公正性を担保するための措置

本株式移転は、・・・・・・であることから、公正性を担保する必要があると判断し、以下の通り公正性を担保するための措置をとりました。

○株式会社は、上記３．⑴記載のとおり、本株式移転の公正性を担保するために、同社株主のために○株式会社及び△株式会社から独立した第三者算定機関である□株式会社を選定し、添付資料のとおり、平成○○年○○月○○日付で、本株式移転の割当ての内容に関する算定書を取得しました。また、○株式会社は、平成○○年○○月○○日付で、□株式会社から本株式移転の割当ての内容は、財務的見地より公正である旨の評価（フェアネス・オピニオン）を取得しました。

他方、△株式会社は、・・・・・・・・・・・・・・。

加えて、△株式会社は、○株式会社及び△株式会社から独立した○○○○法律事務所から、平成○年○月○日付で、本株式移転は適法である旨の意見を取得しています。

⑹　○△ホールディングス株式会社の上場申請等に関する取扱い

4．株式移転の当事会社の概要

	○株式会社	△株式会社
(1) 名称	○株式会社	△株式会社
(2) 所在地	東京都○○区○○一丁目○番○号	東京都○○区○○一丁目○番○号
(3) 代表者の役職・氏名		
(4) 事業内容		
(5) 資本金		
(6) 設立年月日		
(7) 発行済株式数		
(8) 決算期		
(9) 従業員数	(単体)	(単体)
(10) 主要取引先		
(11) 主要取引銀行		
(12) 大株主及び持株比率		

(13) 当事会社間の関係		
	資本関係	
	人的関係	
	取引関係	
	関連当事者への該当状況	

(14) 最近３年間の経営成績及び財政状態						
	○㈱（連結）			○㈱（連結）		
決算期	** 年 ** 期	** 年 ** 期	** 年 ** 期	** 年 ** 期	** 年 ** 期	** 年 ** 期
連結純資産						
連結総資産						
１株当たり連結純資産（円）						
連結売上高						
連結営業利益						
連結経常利益						
連結当期純利益						
１株当たり連結当期純利益（円）						
１株当たり配当金（円）						

（単位：百万円。特記しているものを除く。）

5．株式移転により新たに設立する会社の状況

(1) 名称	○株式会社
(2) 所在地	東京都○○区○○一丁目○番○号
(3) 代表者の役職・氏名	
(4) 事業内容	
(5) 資本金	

(6) 決　　算　　期	
(7) 純　　資　　産	
(8) 総　　資　　産	

６．会計処理の概要

７．今後の見通し

今後両社にて統合準備委員会を設置することを予定しております。統合後のシナジー発揮のための基本計画として、本株式移転後３事業年度以内に、両社の基幹システムや管理部門の統合等を中心とする大幅なコスト削減を行うことを計画しており、また、本株式移転後直ちに両社の研究開発部門を統合することを計画しており、今後３事業年度にわたって集中的に研究開発費を投入することを計画しております（総額約○百億円規模。従前の両社の研究開発費の合計額である○○○億円（平成○○年○月期～平成○○年○月期）の約２倍程度）。

こうした計画を着実に推進することにより、本株式移転後５年以内（平成○○年○月期まで）に、売上高○千億円、営業利益○百億円を達成することを目標としております。なお、本株式移転が当期業績に与える影響は、軽微なものと見込んでおります。また、次期業績には、売上高ベースで３割超、営業利益ベースで１割超の影響を与えることを見込んでおります。

以上

(参考) 当期連結業績予想（平成○○年○○月○○日公表分）及び前期連結実績

	連結売上高	連結営業利益	連結経常利益	連結当期純利益
当期業績予想 (平成○年○月期)	***,***	*,***	*,***	*,***
前期実績 (平成○年○月期)	***,***	*,***	*,***	*,***

東京証券取引所上場部編『東京証券取引所会社情報適時開示ガイドブック 2013年７月版』（東京証券取引所、2013年）158頁参照。なお、同ガイドブック2014年６月版も適宜参照されたい。

第6章　事業譲渡

1　事業譲渡契約書

【注：事業の一部譲渡を想定】

事業譲渡契約書

譲渡人：○○（以下「甲」という。）と譲受人：△△（以下「乙」という。）は、本日、甲が運営する事業を乙に譲渡し、乙がこれを譲り受けることについて、次のとおり合意した（以下「本合意」という。）。

第1条（本事業譲渡の範囲等）

1　甲は、乙に対して、本合意の定めに従って、甲の○○事業（以下「本事業」という。）を乙に譲渡し、乙はこれを譲り受ける（以下「本事業譲渡」という。）。

2　本事業譲渡の実行日（以下「譲渡日」という。）は平成○年○月○日とする。但し、甲乙協議の上、譲渡日を変更できる。

第2条（譲渡財産）

1　本事業譲渡により譲渡すべき財産（以下「譲渡財産」という。）は次のとおりとする。ただし、譲渡財産の状況に変更が生じた場合その他必要と認めるときは、甲乙協議の上、譲渡財産を変更できるものとする。

①　本事業に関する資産のうち、別紙1【省略】に記載するもの。

②　本事業に関する負債・債務のうち、別紙2【省略】に記載するもの。

③　本事業に関する契約のうち、別紙3【省略】に記載するもの。

2　乙は、譲渡財産のうち債務については、免責的にこれを引き受けるものとする。但し、債権者の承諾を得ることのできなかった債務については、甲と重畳的に引き受けるものとする。

第3条（譲渡価格）

1　本事業の譲渡対価は金○○円及び消費税･地方消費税（以下「本譲渡価額」という。）とする。

2　乙は、甲に対し、譲渡日に本譲渡価額を、甲の指定する銀行口座に振り込むことにより支払う。なお、振込手数料は乙の負担とする。

第4条（引渡等）

1　甲は、乙に対して、本譲渡価額の支払と引換えに、譲渡財産を現状有姿にて引き渡す。

2　甲は、乙に対して、譲渡財産のうち登記・登録が必要なものについては、本譲渡価額の支払と引換えに、乙の要請に基づく必要関係書類の交付その他登記・登録に必要な行為を行う。

3　甲は、譲渡財産のうち、債権者または契約の相手方の同意を要するものについては、同意を得るために必要な協力を行うものとする。

4　甲は、譲渡財産のうち債権譲渡の通知が必要なものについては、本譲渡価額の支払と引換えに行うものとする。

5　甲は、乙に対して、本譲渡価額の支払と引換えに譲渡財産の名義変更手続に必要な書類の交付その他名義変更に必要な行為をするものとする。

第５条（従業員）

本事業に従事している甲の従業員の取扱いは、甲乙別途協議の上、決定する。

第６条（善管注意義務）

1　甲は、本合意締結後引渡完了に至るまで、善良なる管理者の注意義務をもって本事業を管理しなければならない。

2　甲は本合意締結から譲渡日まで、譲渡財産について、第三者のために新たに抵当権、質権その他一切の担保権を設定せず、また賃借権その他一切の用益権を設定せず、または同等の効果を有する行為をおこなわない。また、譲渡財産について、その価値を減少せしめる行為を行わないように善良な管理者の注意をもって管理するものとする。

第７条（表明及び保証）

1　甲と乙は、相手方に対し、本合意締結日及び譲渡日において、以下の事項を表明し、保証する。

①　本合意を締結し履行するために必要な権限及び権能を有していること。

②　本合意は、自らに対し適法で有効な拘束力を有し、その各条項に従い執行可能なものであること。

③　本合意の締結並びに履行及びそれに基づく取引は、定款所定の目的の範囲内の行為であり、これらについて法令等、定款その他の内部規則に基づき本合意締結日までに必要とされる全ての手続を適正に完了していること。

④　総会屋、暴力団及びそれらの構成員又はこれらに準ずる者との間で、直接・間接及び名目の如何を問わず、何らの資本・資金上の関係、役員選任及び従業員雇用の関係、取引関係、その他経営及び事業における関与の事実は存在しないこと。

2　甲は、乙に対し、本合意締結日及び譲渡日において、以下の事項を表明し、保証する。

①　本事業に関して、著しい悪影響を及ぼすおそれのある甲に対する訴訟、調停、仲裁、強制執行その他裁判上又は行政上の手続（以下「訴訟等」という。）は係属しておらず、また、甲の知る限りかかる訴訟等が提起または

開始されるおそれはないこと。

② 本事業に関して、甲の直近の財務諸表の作成基準時において、同財務諸表に記載されていない債務等は存在しないこと。

③ 甲が乙に対して甲及び本事業の情報を開示した時点以降、甲の財務状況その他本事業に重大な影響を与える可能性がある変更は発生していないこと。

第８条（前提条件）

1　甲は、譲渡日において、下記各号が満たされていることを前提条件として、第４条第１項から第５項に定める義務を履行するものとする。

① 第７条に規定する相手方による表明及び保証が、譲渡日において、全ての重要な点において、真実かつ正確であること

② 相手方が本合意に基づき譲渡日以前に履行すべき全ての義務を履行していること

③ 本合意の締結につき、甲及び乙の株主総会（本事業譲渡が取締役会決議のみで可能な場合で、本事業譲渡に係る議案を株主総会に上程しない場合は取締役会）において承認されていること

2　乙は、譲渡日において、下記各号が満たされていることを前提条件として、第３条第２項に定める義務を履行するものとする。

① 第７条に規定する相手方による表明及び保証が、譲渡日において、全ての重要な点において、真実かつ正確であること

② 相手方が本契約に基づき譲渡日以前に履行すべき全ての義務を履行していること

③ 本合意の締結につき、甲及び乙の株主総会（本事業譲渡が取締役会決議のみで可能な場合で、本事業譲渡に係る議案を株主総会に上程しない場合は取締役会）において承認されていること

④ 本事業の事業、資産、経営成績、負債若しくは損益の状況又はこれらの見通しに重要な悪影響を及ぼす可能性のある事由又は事象が発生しておらず、その他乙による本事業譲渡の実行に重大な悪影響を与える事由が甲又は本事業に発生していないこと

第９条（事情変更）

本合意締結後引渡完了に至るまで、天災地変その他不可抗力により本事業に重大な変動を生じた場合には、甲乙協議のうえ本事業譲渡の条件を変更することができる。

第10条（解除等）

1　甲又は乙は、以下の事項が発生した場合、書面による通知により、本合意を解除することができる。

① 譲渡日までに、他方当事者がその責めに帰すべき事由により本合意上の義務または表明保証に関して重大な違反をした場合

②　譲渡日までに、相手方当事者につき、破産手続、民事再生手続、会社更生手続、特別清算手続その他これらに類する倒産手続（外国法に基づくものを含む）の開始の申立てがなされた場合

2　前項の規定による契約解除は、解除した当事者が相手方当事者に対して損害賠償請求を行なうことを妨げない。

第11条（競業避止義務）

甲は、譲渡日から２年間、日本国内において本事業と競業する事業を行ってはならない。

第12条（費用負担）

本合意に別段の定めがある場合を除き、本合意の締結及び履行に関連して各自に発生する費用は、各自これを負担する。

第13条（協議条項）

本合意に定めのない事項又は本合意の解釈に疑義が生じた場合、甲及び乙は、誠実に協議の上これを解決する。

第14条（準拠法及び管轄）

本合意は、日本法に準拠するものとし、甲及び乙は、本合意に関する一切の紛争については東京地方裁判所を第一審の専属的合意管轄裁判所とすることを合意する。

本合意締結の証として本書２通を作成し、甲乙が記名押印の上、各１通を保有するものとする。

平成○年○月○日

甲：○

乙：○

２　招集通知・事業報告

株主各位

東京都○○
株式会社○○
代表取締役社長○○

臨時株主総会招集ご通知

拝啓　平素は格別のご高配を賜り厚く御礼申し上げます。

さて、当社臨時株主総会を下記により開催いたしますので、ご出席くださいますようご通知申し上げます。

なお、当日ご出席願えない場合は、書面によって議決権を行使することができますので、お手数ながら後記の株主総会参考書類をご検討賜り、同封の議決権行使書用紙の議案に対する賛否をご表示いただき、平成○年○月○日（月曜日）午後５時30分までに到着するようご送付くださいますようお願い申し上げます。

また、議決権を有する他の株主１名を代理人として株主総会にご出席いただくことも可能です。但し、代理権を証明する書面のご提出が必要となりますのでご了承ください。

敬具

記

1.　日時　平成○年○月○日（火曜日）午前10時
2.　場所　東京都○○
3.　会議の目的事項
　決議事項
　　第１号議案　事業の一部譲渡の件

以上

株主総会参考書類

議案及び参考事項

第１号議案　事業の一部譲渡の件

1.　事業譲渡を行う理由
　外部環境の変化及び事業の選択と集中を考慮した結果、当社が取り扱っている○○事業に関し、これを△△株式会社に譲渡し、当社の経営資源を△△事業に集中し、企業価値の向上を図ることとします。

2.　事業譲渡契約の概要

事業譲渡契約書（写）

【省略】

3.　事業譲渡対価の算定の相当性に関する事項
【省略】

3　反対通知書

通知書

平成○年○月○日

東京都○○
○○株式会社
代表取締役　○○

東京都△△
株主　△△

前略
　私は、当社の株主として、平成○年○月○日付け「臨時株主総会招集ご通知」に記載の平成○年○月○日開催予定の臨時株主総会における第1号議案である「事業の一部譲渡の件」について、反対いたしますので、本書面をもって通知いたします。

草々

議決権行使書をもって事業譲渡決議に反対する場合、当該議決権行使書面は、本通知（反対通知）を兼ねることになる。

４　株式買取請求書

株式買取請求書

平成○年○月○日

東京都○○
○○株式会社
代表取締役　○○

東京都△△
株主　△△

前略

貴社は、平成○年○月○日開催の○○株主総会において、第１号議案「事業譲渡契約承認の件」が可決されましたが、私は、同株主総会に先立ち、平成○年○月○日付け「通知書」により、上記事業譲渡に反対する旨を通知し、かつ、同株主総会において、同決議に反対しました。

よって、私は、貴社に対し、私が所有する貴社普通株式○○株について、公正な価格をもって買い取るよう、本書面をもって請求いたします。

草々

5　事業譲渡通知公告

事業譲渡通知公告

当社は、平成〇年〇月〇日開催の臨時株主総会において、△△株式会社（本店所在地：△△）に対し、当社の〇〇事業を譲り渡すことを決議しましたので、公告いたします。

なお、効力発生日は平成〇年〇月〇日です。

平成〇年〇月〇日
東京都〇
株式会社〇〇
代表取締役〇〇

６　債務を引き受けない旨の通知書

通知書

平成○年○月○日

東京都○○
○○株式会社
代表取締役　○○

譲渡会社　東京都○○
株式会社○○
代表取締役○○

譲受会社　東京都△△
株式会社△△
代表取締役△△

拝啓　貴社ますますご清祥のこととお慶び申し上げます。
さて、譲受会社は、平成○年○月○日付けをもって、譲渡会社から、同社の○○事業を譲り受けたうえ、同社の商号を続用しておりますが、譲受会社は、譲渡会社の上記事業から生じた債務について、弁済の責任を負いませんので、その旨通知します。

敬具

譲受会社が譲渡会社の商号を続用した場合において、譲受会社が譲渡会社の債務の弁済責任を負わないための通知（会社法22条２項）である。

7　債務引受広告

平成○年○月○日

債務引受広告

債権者　各位

東京都△△
株式会社△△
代表取締役△△

拝啓　貴社ますますご清祥のこととお慶び申し上げます。
当社は、平成○年○月○日付けをもって、○○会社（本店所在地：住所○○）の○○事業を譲り受けました。
当社は、譲渡会社の商号を続用しておりませんが、譲渡会社の上記事業によって生じた債務を引き受けましたので、その旨広告します。

敬具

譲受会社が譲渡会社の商号を続用していない場合において、譲受会社が譲渡会社の債務を引き受ける場合の広告（会社法23条１項）である。

8　債務請求予告通知

通知書

平成○年○月○日

東京都○○
○○株式会社
代表取締役　○○

東京都○○
株式会社○○
代表取締役○○

前略

貴社は、平成○年○月○日、△△に対し、貴社の○○事業を譲渡したところ、同事業によって生じた債務については、△△が貴社の商号を続用したため、会社法22条１項の規定により、△△がその弁済の責任を負っております。

しかるに、貴社の責任は、会社法22条３項の規定により、事業譲渡日から２年の期間の経過をもって消滅することとなりますが、当社としては、その期間の経過以降も、貴社に対して、上記弁済責任を請求するため、本書面をもって、その請求を予告します。

草々

譲受会社が商号の続用をし、譲渡会社の債務の弁済責任を負う場合において、事業譲渡後２年以降も、譲受会社に譲渡会社の債務の弁済責任を負わせる場合の通知（会社法22条３項）である。

9　臨時報告書

【表紙】	
【提出書類】	臨時報告書
【提出先】	関東財務局長
【提出日】	平成○年○月○日
【会社名】	○○株式会社
【英訳名】	○○
【代表者の役職氏名】	代表取締役社長　　○○
【本店の所在の場所】	東京都○区○○丁目○番○号
【電話番号】	東京 03-○-○（代表）
【事務連絡者氏名】	○○
【最寄りの連絡場所】	東京都○区○○丁目○番○号
【電話番号】	東京 03-○-○（代表）
【事務連絡者氏名】	○○
【縦覧に供する場所】	株式会社東京証券取引所 （東京都中央区日本橋兜町2番1号）

1　【提出理由】

【注：事業の一部譲渡を想定。基本合意書の締結時点における報告書】

当社は、平成○年○月○日開催の取締役会において、△△株式会社に対し、当社の○○に関する事業を譲渡することについて、同社と基本合意書を締結することを決議いたしましたので、金融商品取引法第24条の５第４項及び企業内容等の開示に関する内閣府令第19条第２項第７号の規定に基づき、本臨時報告書を提出するものであります。

2　【報告内容】

1.　当該譲渡の相手会社についての事項

商号、本店の所在地、代表者の氏名、資本金の額、純資産の額、総資産の額及び事業の内容

商号	△△株式会社
本店の所在地	東京都○区○○丁目○番○号
代表者の氏名	代表取締役社長　○
資本金の額 （平成○年○月○日現在）	○百万円
純資産の額 （平成○年○月○日現在）	○百万円
総資産の額 （平成○年○月○日現在）	○百万円
事業の内容	○

2.　当該譲渡の目的

外部環境の変化及び事業の選択と集中を考慮した結果、当社が取り扱っている○○事業に関し、これを△△株式会社に譲渡し、当社の経営資源を△△事業に集中し、企業価値の向上を図ることとします。

3.　当該事業の譲渡の契約の内容

(1)　譲渡対象事業

○○事業

(2)　譲渡対象事業の営業成績

売上高	○○（平成○年３月期）
売上総利益	○○（平成○年３月期）

(3)　譲渡部門の資産・負債の項目及び金額

譲渡資産には、○○が含まれます。

　その他の譲渡資産、負債については、両社協議のうえ最終的に決定する予定であり、現時点では未定です。

(4)　譲渡価額及び決済方法
　両社協議のうえ最終的に決定する予定であり、現時点では未定です。

(5)　日程

平成○年○月○日	基本合意書締結
平成○年○月○日	事業譲渡に関する契約締結（予定）
平成○年○月○日	事業譲渡期日（予定）

以　上

10　適時開示

【注：事業の一部譲渡を想定】

平成○○年○○月○○日

各　位

会 社 名　○○株式会社
代表者名　代表取締役社長　○○　○○
（コード：○○○○、東証第○部）
問合せ先　取締役広報・IR 部長　○○　○○
（TEL.　○○－○○○○－○○○○）

事業の譲渡に関する契約締結のお知らせ

当社は、平成○年○月○日開催の取締役会において、△△株式会社に対し、当社の○○に関する事業を譲渡することについて、同社と基本合意書を締結することを決議いたしましたので、下記の通りお知らせいたします。

1.　事業譲渡の理由

外部環境の変化及び事業の選択と集中を考慮した結果、当社が取り扱っている○○事業に関し、これを△△株式会社に譲渡し、当社の経営資源を△△事業に集中し、企業価値の向上を図ることとします。

2.　事業の譲渡の内容

(1)　譲渡対象事業

○○事業

(2)　譲渡対象事業の営業成績

売上高	○○（平成○年３月期）
売上総利益	○○（平成○年３月期）

(3)　譲渡部門の資産・負債の項目及び金額

譲渡資産には、○○が含まれます。

その他の譲渡資産、負債については、両社協議のうえ最終的に決定する予定であり、現時点では未定です。

(4)　譲渡価額及び決済方法

両社協議のうえ最終的に決定する予定であり、現時点では未定です。

3.　当該譲渡の相手会社の概要

商号	△△株式会社	
本店の所在地	東京都○区○○丁目○番○号	
代表者の氏名	代表取締役社長　○	
事業の内容	○○	
資本金の額 （平成○年○月○日現在）	○百万円	
設立年月日	昭和○年○月○日	
純資産の額 （平成○年○月○日現在）	○百万円	
総資産の額 （平成○年○月○日現在）	○百万円	
大株主及び持株比率	○○　　○○% ○○　　○○%	
上場会社と当該会社の関係等	資本関係	該当事項はありません。
	人的関係	該当事項はありません。
	取引関連	該当事項はありません。
	関連当事者への該当状況	該当事項はありません。

4.　日程

平成○年○月○日	基本合意書締結
平成○年○月○日	事業譲渡に関する契約締結（予定）
平成○年○月○日	事業譲渡期日（予定）

5.　今後の見通し

現時点で未定の事項及び本件が当社の業績に与える影響につきましては、確定次第、すみやかにお知らせいたします。

以　上

第７章　株式譲渡、株式取得

1　株式譲渡契約書

株式譲渡契約書

○○（以下「甲」という。）及び△△（以下「乙」という。）は、次のとおり、○○（本店：○○。以下「対象会社」という。）の発行済株式を甲が乙に譲渡することにつき、以下のとおり、株式譲渡契約（以下「本契約」という。）を締結する。

第１条（株式の譲渡）
　甲は、乙に対し、平成○年○月○日（以下「譲渡日」という。）をもって、甲の保有する対象会社の発行済全株式（以下「本件株式」という。）を売り渡し、乙はこれを買い受ける（以下「本件株式譲渡」という。）。

第２条（代金）
　１　本件株式の代金は、１株当たり○円（合計○円）とする。
　２　乙は、甲に対し、譲渡日限り、前項の代金を、第３条に定める本件株式に係る株券（以下「本件株券」という。）を引き受けるのと引換えに支払う。

第３条（株券の引渡し）
　甲は、乙に対し、譲渡日限り、前条の代金の支払を受けるのと引換えに、本件株券を引き渡す。

第４条（甲の表明及び保証）
　甲は、乙に対し、本契約締結日及び譲渡日において、次の事項が真実かつ正確であることを表明し、保証する。
【甲に関する事項】
　①　組織等
　　甲は、日本法の下で適法かつ有効に設立され、適法かつ有効に存続している株式会社であり、その財産を所有し、かつその事業を行うために必要な権利能及び行為能力等を有している。
　②　本契約の締結及び履行
　　甲は、本契約の締結及び履行に関し、必要な権利能力、行為能力等を有し、かつ、必要な法令上及び社内上の手続をすべて履践している。

③　本契約の適法性、有効性及び執行可能性

本契約は、甲の適法、有効かつ法的な拘束力のある義務を構成し、甲に対しその条項に従った強制執行が可能である。

④　法令違反等の不存在

甲よる本契約の締結及び履行は、法令等、甲に適用される司法機関、行政機関等の判断等、甲の定款、取締役会規則その他の社内規則及び甲が当事者となっている契約等に違反するものではない。

⑤　倒産手続等

甲について、破産手続開始、民事再生手続開始、会社更生手続開始その他の倒産手続開始、又は差押、仮差押、仮処分その他類似の処分に係る決定又は申立てはなされておらず、甲の知る限り、それらの手続がなされるおそれもない。

⑥　反社会的勢力との関係の不存在

甲は、過去及び現在において、反社会的勢力との間に何らの関係がなく、今後もそのような状態となる見込みはない。

【株式に関する事項】

①　甲は、本件株式の全株式を適法に所有しており、本件株式について、甲のほかにいかなる権利を主張する者も存在せず、また、担保権、譲渡の約束その他のいかなる負担も存在しない。

②　甲は、新株予約権その他の潜在的株式を発行していない。

【対象会社に関する事項】

①　組織等

対象会社は、日本法の下で適法かつ有効に設立され、適法かつ有効に存続している株式会社であって、その財産を所有し、かつその事業を行うために必要な権利能力、行為能力等を有している。

②　法令等の遵守

対象会社は、その事業運営に重大な影響を及ぼすおそれのあるような法律、規則、命令等の違反を行っておらず、また、その事業運営に必要なすべての許認可を取得しており、これらの許認可は有効に存続している。

③　財務諸表

乙が開示を受けた対象会社の財務書類は、日本で一般に公正妥当と認められる企業会計の基準に従って作成されており、各基準日ないし対象期間における対象会社の財政状態、経営成績等を重要な点において適正に示している。また、直近の事業年度の財務諸表の対象日以降、対象会社の事業、対象会社の財政状況、営業成績等及びその見込みに重大な悪影響を及ぼすことが予想される事由は発生していない。

④　簿外債務・偶発債務

乙が開示を受けた書類・資料に記載されているもののほか、甲が知り得

る限り、対象会社が負担する簿外債務・偶発債務は存在しない。

⑤　資産の所有等

対象会社は、乙が開示を受けた対象会社の貸借対照表その他の書類・資料において対象会社が保有するものと記載されているすべての資産について、その記載のとおりの権利を有している。

⑥　契約

対象会社が締結している契約はすべて有効であり、かつ契約の相手方との間において、何らの債務不履行その他の解除事由は存在しない。

⑦　知的財産権

対象会社は、乙が開示を受けた知的財産権（ノウハウを含む。以下本号において同じ。）のすべてを適法かつ有効な権利に基づき、所有又は使用しており、これらについて、乙が開示を受けた書類・資料に記載するもののほかに、担保権及び第三者の権利等は一切付随していない。

⑧　倒産手続等

対象会社について、破産手続開始、民事再生手続開始、会社更生手続開始その他の倒産手続開始、又は差押、仮差押、仮処分その他類似の処分に係る決定又は申立てはなされておらず、甲の知る限り、それらの手続がなされるおそれもない。

⑨　反社会的勢力との関係の不存在

対象会社は、過去及び現在において、反社会的勢力との間に何らの関係もなく、今後もそのような状態となる見込みはない。

⑩　公租公課

対象会社は、本契約締結日以前に納付期限が到来した法人税その他の公租公課について、適法かつ適正な申告を行っており、その支払を完了している。

⑪　紛争

乙が開示を受けた書類・資料に記載されているもののほか、現在、対象会社を当事者とし、又は対象会社の資産に関する訴訟、仲裁その他の司法上又は行政上の手続は存在せず、また、甲の知り得る限り、将来係属する可能性があるものも存在しない。また、対象会社を当事者とする、又は対象会社の資産に関する判決、仲裁判断その他の司法上又は行政上の判断、決定、命令等で、対象会社の事業に重大な影響を及ぼすものは存在しない。

⑫　環境問題

乙が開示を受けた書類・資料に記載されているもののほか、甲が知り得る限り、対象会社が保有する不動産について、環境問題は存在しない。

⑬　完全開示

乙が開示を受けた書類・資料等は、重要な点において、虚偽の内容を含んでおらず、甲及び対象会社は、その知る限り、対象会社の事業、資産、運営等に対し重大な影響を及ぼし得る事実及び事象を、すべて乙に開示した。

第５条（乙による表明及び保証）

乙は、甲に対し、本契約締結日及び譲渡日において、次の事項が重要な点において真実かつ正確であることを表明し、保証する。

① 組織等

乙は、日本法の下で適法かつ有効に設立され、適法かつ有効に存続している株式会社であり、その財産を所有し、かつその事業を行うために必要な権利能力、行為能力等を有している。

② 本契約の締結及び履行

乙は、本契約の締結及び履行に関し、必要な権利能力、行為能力等を有し、かつ、必要な法令上及び社内上の手続をすべて履践している。

③ 本契約の適法性、有効性及び執行可能性

本契約は、乙の適法、有効かつ法的な拘束力のある義務を構成し、乙に対しその条項に従った強制執行が可能である。

④ 法令違反等の不存在

乙よる本契約の締結及び履行は、法令等、乙に適用される司法機関、行政機関等の判断等、乙の定款、取締役会規則その他の社内規則、乙が当事者となっている契約等に違反するものではない。

第６条（本契約締結後の当事者の義務）

1　甲は、本契約締結後、譲渡日までに、本件株式譲渡及び本契約で予定されている取引の実行に関し、法令及び定款その他の社内規程上必要とされる一切の手続を履践し、かつ対象会社をして、本件株式譲渡に関する取締役会の承認を含む、法令及び定款その他の社内規程上必要とされる一切の手続を履践させるものとする。

2　甲は、本契約締結後、譲渡日まで、善良なる管理者の注意をもって、対象会社を監督し、対象会社をして、通常の事業活動を営ませるものとし、対象会社の経営に重大な悪影響を及ぼし又は及ぼすおそれのある行為を行わせない。

3　甲は、本件株式譲渡に関し、第三者と間の契約において必要となる通知及び承諾を、譲渡日までに完了するよう努力する。

第７条（本件株式譲渡の実施及び前提条件）

1　本契約に基づく乙の売買代金の支払義務の履行は、譲渡日に、次の各号に定める条件のすべてが充足されていることを前提条件とする。ただし、乙は、その裁量により、次の各号に定める条件の全部又は一部を放棄することができる。

①　第４条に定める甲の表明保証に重大な誤りがないこと。
②　甲が本契約上、行うべきこととされている義務を履行し、その他契約条項を遵守していること。

2　本契約に基づく甲の本件株券引渡し義務の履行は、譲渡日に、次の各号に定める条件のすべてが充足されていることを前提条件とする。ただし、甲は、その裁量により、次の各号に定める条件の全部又は一部を放棄することができる。

①　第５条に定める乙の表明保証に重大な誤りがないこと。
②　乙が本契約上、行うべきこととされている義務を履行し、その他契約条項を遵守していること。

第８条（損害賠償）

1　甲は、本契約上の義務に違反した場合又は第４条に定める甲の表明保証に誤りがあることが判明した場合、これに起因又は関連して乙が被った損害を賠償する。

2　乙は、本契約上の義務に違反した場合又は第５条に定める甲の表明保証に誤りがあることが判明した場合、これに起因又は関連して乙が被った損害を賠償する。

第９条（契約解除）

甲又は乙は、相手方が本契約上の重要な義務違反し、かつ、その是正を通知したにもかかわらずその是正が10日以内になされなかった場合、事前に書面により通知することにより、本契約を解除することができる。ただし、譲渡日から１年を経過した場合には、この限りではない。

第10条（守秘義務）

甲及び乙は、本契約に定める本件株式譲渡に関し、交渉経過及び内容並びに本契約に基づく取引に関して知り得た相手方の情報及び対象会社に関する情報を、相手方の書面による承諾がない限り、第三者（各当事者が選任する弁護士、公認会計士、ファイナンシャルアドバイザーその他の専門家を除く。）に開示してはならず、かつ本契約の目的以外に使用してはならない。ただし、次の各号に該当する情報はこの限りでない。

①　相手方から知得する以前に既に保有していた情報
②　相手方から知得する以前に公知であったか、または相手方から知得した後に知得した側の責によらず公知となった情報
③　正当な権限を有する第三者から秘密保持の義務を負わず知得した情報
④　相手方から知得した情報によらず自ら独自に開発した情報

第11条（専属管轄）

本契約に関する一切の紛争については、東京地方裁判所をもって専属的な管轄裁判所とする。

第12条（協議条項）

本契約の解釈又は本契約に定めのない事項について疑義を生じたときは、甲及び乙が誠意をもって協議の上、これを解決する。

本契約の締結の証として、本書２通を作成し、甲及び乙が記名押印の上、各１通を所持する。

平成○年○月○日

（甲）　○○

（乙）　○○

2　招集通知・参考書類

平成○○年○月○日

株主各位

東京都○○
株式会社○○
代表取締役社長○○

臨時株主総会招集ご通知

拝啓　平素は格別のご支援を賜り誠にありがとうございます。

さて、当社臨時株主総会を下記のとおり開催いたしますので、ご出席くださいますようご通知申しあげます。

なお、当日ご出席願えない場合は、書面により議決権を行使することができますので、お手数ながら後記の株主総会参考書類をご検討くださいまして、同封の議決権行使書用紙に賛否をご表示いただき、平成○年○月○日（○曜日）午後５時までに到着するようご返送くださいますようお願い申しあげます。

敬　具

記

1. 日時　平成○年○月○日（○曜日）午前10時
2. 場所　東京都○
   ○○
3. 会議の目的事項

決議事項
第１号議案定款一部変更の件
第２号議案第三者割当による募集株式発行の件

以　上

株主総会参考書類

議案および参考事項
第１号議案　定款一部変更の件

1. 提案の理由
   当社の発行可能株式総数は○○株でありますが、平成○年○月○日現在の当社発行済株式総数は○株となっております。第２号議案の第三者割当増資による事業拡大および将来の機動的な資本政策の遂行を可能とするため、発行可能株式総数を増加させるものであります。
2. 変更の内容
   変更の内容は次のとおりであります。（下線は変更部分）

現行定款	変更案
（発行可能株式総数） 第６条　当会社の発行可能株式総数は、○株とする。	（発行可能株式総数） 第６条　当会社の発行可能株式総数は、○株とする。

第２号議案　第三者割当による募集株式発行の件

本議案は、会社法第199条の規定に基づき、以下の要領にて第三者割当による募集株式を発行することにつき、ご承認をお願いするものであります。

なお、本議案につきましては、第１号議案が承認可決され、定款変更の効力が生じることを条件といたします。

1.　募集株式の内容

⑴	払込期日	平成○年○月○日（○曜日）
⑵	募集株式の数	普通株式○株
⑶	払込金額	１株につき ○円
⑷	払込価額の総額	○円
⑸	資本組入額	１株につき ○円
⑹	資本組入額の総額	○円
⑺	増加する資本準備金	○円
⑻	募集又は割当方法	第三者割当の方法により、全株を○に割り当てる。

2.　第三者割当による募集株式の発行の理由

【省略】

【注：第三者割当増資は、著しく不公正な方法に該当する場合には、差止めの対象となり（会社法210条）、著しく不公正な方法か否かについては、「主要目的ルール」の適用があると言われているため、その募集株式の発行の理由については、資金調達の目的が必要となる。】

なお、本第三者割当増資における発行価格は、当社株式の客観的な値である市場価格を基準に決定したものであり、日本証券業協会の「第三者割当増資の取扱いに関する指針」に準拠しておりますが、特に有利な金額に当たる可能性もあるため、本臨時株主総会において、株主の皆様によるご承認をいただきたく、お諮りするものであります。

㈠　発行条件等の合理性

⑴　払込金額の算定根拠およびその具体的内容

【省略】

⑵　発行数量および株式の希薄化の規模が合理的であると判断した根拠

㈡　割当先の選定理由等

⑴　割当先の概要

【省略】

⑵　割当先を選定した理由

【省略】

⑶　割当先の保有方針

【省略】

3　総数引受契約書

総数引受契約書

株式会社○○（以下「甲」という。）及び株式会社△△（以下「乙」という。）は、以下のとおり総数引受契約（以下「本契約」という。）を締結する。

（乙による募集株式の引受）

第１条　乙は、甲が、平成○年○月○日付取締役会決議及び平成○年○月○日付臨時株主総会に基づき、下記の要領により発行する募集株式の全株式を引き受ける。

記

1.　募集株式の種類及び数	普通株式○○株
2.　払込金額	１株につき金○○円（総額○円）
3.　増加する資本金額	○○円
4.　増加する資本準備金の額	○円
5.　割当方法	第三者割当の方法により全株式を乙に割り当てる。
6.　払込期日	平成○年○月○日
7.　払込みを取り扱う場所	（所在）東京都○○ （名称）株式会社○○銀行 ○○支店

第２条　…

【注：総数引受契約書には、上記第１条に記載の募集株式の引受に関する事項のほか、契約の一般的な事項などを定めることもできる。】

本契約成立の証として、本書２ 通を作成し、各当事者署名又は記名捺印の上、各１ 通を保有する。

平成○年○月○日

甲：○○

乙：△△

４　第三者割当増資による株式募集事項に関する公告

平成○年○月○日

株主各位

東京都○○
○○株式会社
代表取締役　○○

第三者割当増資による株式募集事項に関する公告

当社は、第三者割当増資による株式募集事項につき、平成○○年○○月○○日開催の取締役会において下記のとおり決議いたしましたので公告します。

記

1. 募集株式の種類及び数	普通株式○○株
2. 払込金額	１株につき金○○円（総額○円）
3. 増加する資本金額	○○円
4. 増加する資本準備金の額	○円
5. 割当方法	第三者割当の方法により全株式を○○に割り当てる。
6. 払込期日	平成○年○月○日

以　上

5　株式会社変更登記申請書

受付番号票貼付欄

株式会社変更登記申請書

1.　会社法人等番号

1.　商　号

1.　本　店

1.　登記の事由　　　募集株式発行

1.　登記すべき事項　　平成　　年　　月　　日変更
発行済株式の総数　　　株
資本金の額　　金　　　万円

1.　課税標準金額　　　金　　　　円

1.　登録免許税　　　金　　　　円

1.　添付書類
取締役会議事録　　　　　　　　　　通
株主総会議事録　　　　　　　　　　通
募集株式の引受けの申込みを証する書面　　通
払込みがあったことを証する書面　　　通
資本金の額の計上に関する証明書　　１通
委任状　　　　　　　　　　　　　　１通

上記のとおり登記の申請をします。

平成　年　　月　日

申請人

代表取締役
連絡先の電話番号

法務局　　　　支　局　御中
出張所

収入印紙貼付台紙

収　入
印　紙

募集株式申込証の例

募集株式申込証

1　○○商事株式会社株式　　○株
　　　（普通株式）　　　　○株

貴社の定款及び募集要項並びに本証の諸事項承認の上、株式を引き受けたく、ここに上記のとおり申込みいたします。

1　申込拠出金は、割当てを受けた株式に対する払込金に振り替えて充当されても異議がないこと。
2　割当ての結果、申し込んだ株式の全部又は一部を引き受けられないときでも、申込証拠金に対する利息又は損害金等は一切請求することができないこと。
　なお、この場合における当該申込証拠金の返還の時期及び方法については、会社において適宜取り扱われて差し支えないこと。
3　株金の払込期日までに割当てを受けた株式に対する全額の払込みをしないときは、上記の申込証拠金を没収されても異議がないこと。

平成○年○月○日
住所　○県○市○町○丁目○番○号
株式申込人　○　　○　㊞

○○株式会社御中

資本金の額の計上に関する証明書の例（自己株式の処分を伴わない場合）

資本金の額の計上に関する証明書

①　払込みを受けた金銭の額（会社計算規則第14条第１項第１号）
金○○円

②　給付を受けた金銭以外の財産の給付があった日における当該財産の価額（会社計算規則第14条第１項第２号）（注１）
金○○円

③　資本金等増加限度額（①＋②）
金○○円

募集株式の発行により増加する資本金の額○○円は、会社法第445条及び会社計算規則第14条の規定に従って計上されたことに相違ないことを証明する。（注２）

なお、本募集株式の発行においては、自己株式の処分を伴わない。

平成○年○月○日
○県○市○町○丁目○番○号
○○株式会社
代表取締役　○○　○○　㊞（注３）

（注）１　出資をした者における帳簿価額を計上すべき場合（会社計算規則第14条第１項第２号イ、ロ）には、帳簿価額を記載する。

２　資本金等増加限度額（③の額）の２分の１を超えない額を資本金として計上しないこととした場合は、その旨を上記証明書に記載するとともに、その額を決定したことを証する取締役会議事録等の添付が必要です。

３　代表者が登記所に届け出ている印を押印してください。

払込のあったことを証する書面の例

証明書

当会社の募集株式については以下のとおり、全額の払込みがあったことを証明します。

払込みがあった募集株式数　　○○株
払込みを受けた金額　　　　金○○円

平成○年○月○日

○○商事株式会社
代表取締役　　法　務　太　郎　㊞

（注）1　当該書面には、代表取締役が登記所に提出している印鑑を押印します。
（注）2　取引明細表や預金通帳の写し（口座名義人が判明する部分を含む）を合わせてとじて、当該書面に押印した印鑑を契印します。また添付した取引明細表や預金通帳の写しの入金又は振込に関する部分にマーカー又は下線を付す等して、払い込まれた金額が分かるようにしてください。

委任状の例

委　任　状

○県○市○町○丁目○番○号
法　務　三　郎

私は、上記の者を代理人に定め、下記の権限を委任する。

1　平成○年○月○日募集株式を発行したので、下記のとおり変更の登記を申請する一切の件（注）払込期日又は払込期間の末日を記載します。
発行済株式の総数　　　○○○株
資 本 金 の 額　　金○○○万円
1　原本還付の請求及び受領の件（注）原本還付を請求する場合に記載します。

平成○年○月○日

○県○市○町○丁目○番○号
○○商事株式会社
代表取締役　　法　務　太　郎　㊞　*（注）*

（注）代表取締役が登記所に提出している印鑑を押印してください。

議事録の例
(A)　非公開会社（取締役会非設置会社）が第三者割当てにより募集株式を発行する場合
募集事項を決定する株主総会議事録

（一例です。会社の実情に合わせて作成してください。なお、払込期間の初日又は払込期日の前日までに申込者に対して割り当てる株式数を通知することとされていますので（会社法第204条第３項）、申込者への通知前には申込者が決定されている必要があります。したがって払込期日を割当決議に係る総会当日とすることはできません。）

臨時株主総会議事録

平成○年○月○日午前○時○分から、当会社の本店において臨時株主総会を開催した。
株主の総数　　○○名
発行済株式の総数　　○○○○株
（自己株式の数　○○○○株）
（注）自己株式がある場合に記載します。自己株式とは、株式会社が保有する自己の株式をいいます。
議決権を行使することができる株主の数　　○○名
議決権を行使することができる株主の議決権の数　　○○○○個
出席株主数（委任状による者を含む）　　○○名
出席株主の議決権の数　　○○○○個
出席取締役　法務　太郎（議長兼議事録作成者）
　　　　　　法務　一郎
以上のとおり株主の出席があったので、定款の規定により代表取締役社長法務太郎は議長席につき、本臨時総会は適法に成立したので、開会する旨を宣し、直ちに議事に入った。
第１号議案　募集株式の発行に関する件
議長は、資本金の額を○○万円増加して○○万円としたい旨を述べ、下記要領により募集株式を発行することにつきその承認を求めたところ、満場異議なくこれを承認可決した。

記

1　募集株式の数　○○株

2　募集株式の発行方法　第三者割当てとする。

3　募集株式の払込金額　1株につき金○○万円

4　募集株式と引換えにする金銭の払込期日　平成○年○月○日

5　増加する資本金額及び資本準備金額　金○○万円（資本準備金　金○○万円）

6　払込取扱金融機関　株式会社○○銀行○○支店

（注）3の金額が募集株式を引き受ける者に対して特に有利な金額である場合は、当該払込金額でその者の募集をする理由を説明する必要があります。

＜例＞

第2号議案　募集株式を引き受ける者に対し特に有利な払込金額で募集する件

議長は上記議案を付議し、これを必要とする理由を下記のとおり開示したところ、満場一致をもって、原案どおり可決された。

理由

当会社は、最近の業界事情に即応するため、○○の設備を整備強化する必要があるが、その資金を得るためには、現下の経済事情及び当会社の現状から、募集事項のとおり、特に有利な払込金額をもって、募集株式を発行することとし、出資を得たいと考えている。よって本議案に賛成願いたい。

第2号議案　募集株式割当ての件

第1号議案にて承認可決された「募集株式の発行に関する件」に関しての割当事項を以下のとおりとしたい旨を述べ、その承認を求めたところ、満場異議なくこれを承認可決した。

1　募集株式の数　○○株

2　割当て方法　第三者割当とし、発行する募集株式を次の者に与える。
法務花子　○○株

3　条件　上記第三者から申込みがされることを条件とする。

（注）発行する募集株式を割り当てるべき第三者が既に存在する場合には、当該第三者からの申込みがあることを条件として、募集事項を決議した同一の株主総会で、割当てに係る事項を決議することができます。

議長は以上をもって本日の議事を終了した旨を述べ、午前○時○分閉会した。

以上の決議を明確にするため、この議事録をつくり、議長、出席取締役がこれに記名押印する。

平成○年○月○日

○○商事株式会社臨時株主総会
代表取締役　　法務　太郎　　㊞
取締役　　　　法務　一郎　　㊞

(A-1)　非公開会社（取締役会非設置会社）が第三者割当てによる募集株式を発行する場合
募集事項の決定を取締役の決定に委任した場合の株主総会議事録

（一例です。会社の実情に合わせて作成してください。）

臨時株主総会議事録

平成○年○月○日午前○時○分から、当会社の本店において臨時株主総会を開催した。

株主の総数　○○名
発行済株式の総数　○○○○株
（自己株式の数　○○○○株）

（注）自己株式がある場合に記載します。自己株式とは、株式会社が保有する自己の株式をいいます。

議決権を行使することができる株主の数　○○名
議決権を行使することができる株主の議決権の数　○○○○個
出席株主数（委任状による者を含む）　○○名
出席株主の議決権の数　○○○○個
出席取締役　法務　太郎（議長兼議事録作成者）
　　　　　　法務　一郎

以上のとおり株主の出席があったので、定款の規定により代表取締役社長法務太郎は議長席につき、本臨時総会は適法に成立したので、開会する旨を宣し、直ちに議事に入った。

第１号議案　募集株式の発行に関する件

議長は、募集株式の発行を行うため、下記事項につき本株主総会の承認を得たい旨を説明し、その承認を求めたところ、満場異議なくこれを承認可決した。

記

1　募集株式の種類及び数　普通株式○○株を上限とする。
2　募集株式の払込金額　募集株式１株につき金○○万円を下限とする（注１）。
3　募集事項の決定　会社法第199条第１項に定める募集事項の決定に

ついては取締役（注２）に委任するものとする。

（注）１　２の金額が募集株式を引き受ける者に対して特に有利な金額である場合は、当該払込金額でその者の募集をする理由を説明する必要があります。
例
第２号議案　募集株式を引き受ける者に対し特に有利な払込金額で募集する件
議長は上記議案を付議し、これを必要とする理由を下記のとおり開示したところ、満場一致をもって、原案どおり可決された。
理由
当会社は、最近の業界事情に即応するため、○○の設備を整備強化する必要があるが、その資金を得るためには、現下の経済事情及び当会社の現状から、特に有利な払込金額をもって、出資を得たいと考えている。よって本議案に賛成願いたい。
（注）２　取締役が複数いる場合は、定款に別段の定めがない場合、取締役の過半数により決定する必要があります。

議長は以上をもって本日の議事を終了した旨を述べ、午前○時○分閉会した。

以上の決議を明確にするため、この議事録をつくり、議長、出席取締役がこれに記名押印する。

平成○年○月○日

○○商事株式会社臨時株主総会
代表取締役　　法務　太郎　㊞
取締役　　　　法務　一郎　㊞

募集事項の決定に関する取締役の決定書

取締役決定書

平成○年○月○日午前○時○分当会社の本店において、取締役全員の一致をもって、次の事項につき可決確定した。

1　募集株式の発行に関する件

資本金の額を○○万円増加して○○万円としたいため、下記により募集株式を発行すること

記

1　募集株式の数　○○株
2　募集株式の発行方法　第三者割当てとする。

3　募集株式の払込金額　１株につき金○○万円
4　募集株式と引換えにする金銭の払込期日　平成○年○月○日
5　増加する資本金額及び資本準備金額　金○○万円（資本準備金　金○○万円）
6　払込取扱金融機関　株式会社○○銀行○○支店

上記決定を明確にするため、この決定書をつくり、取締役の全員がこれに記名押印をする。

平成○年○月○日

○○商事株式会社
取締役　　　法務　太郎　㊞
同　　　　　法務　一郎　㊞

（A-2）　割当て先及び割り当てる募集株式を決定する取締役決定書

（本例は申込み前に申込みを条件として割当者及び割り当てるべき株式を決定する例です。会社の実情に合わせて作成してください。なお、この場合は、定款に割当て先を決定する権限を取締役に与えている定めがあることを登記官が確認するため、登記を申請する際には、定款を添付することが必要です。）

取締役決定書

平成○年○月○日午前○時○分当会社の本店において、取締役全員の一致をもって、次の事項につき可決確定した。
1　募集株式割当ての件
平成○年○月○日開催された臨時株主総会において承認可決された「募集株式の発行に関する件」に関しての割当事項を以下のとおりとする。
1　募集株式の数　○○株
2　割当て方法　第三者割当てとし、発行する募集株式を次の者に与える。
法務花子　○○株
3　条件　上記第三者から申込みがされることを条件とする。

上記決定を明確にするため、この決定書をつくり、取締役の全員がこれに記名押印をする。

平成○年○月○日

○○商事株式会社
取締役　　法務　太郎　㊞
同　　　　法務　一郎　㊞

⑻　非公開会社（取締役会設置会社）が第三者割当てによる募集株式を発行する場合

募集事項を決定する株主総会議事録

（一例です。会社の実情に合わせて作成してください。）

臨時株主総会議事録

平成○年○月○日午前○時○分から、当会社の本店において臨時株主総会を開催した。

株主の総数	○○名
発行済株式の総数	○○○○株

（自己株式の数　○○○○株）

（注）自己株式がある場合に記載します。自己株式とは、株式会社が保有する自己の株式をいいます。

議決権を行使することができる株主の数	○○名
議決権を行使することができる株主の議決権の数	○○○○個
出席株主数（委任状による者を含む）	○○名
出席株主の議決権の数	○○○○個

出席取締役　法務　太郎（議長兼議事録作成者）
　　　　　　法務　一郎
　　　　　　法務　次郎

以上のとおり株主の出席があったので、定款の規定により代表取締役社長法務太郎は議長席につき、本臨時総会は適法に成立したので、開会する旨を宣し、直ちに議事に入った。

第１号議案　募集株式の発行に関する件

議長は、資本金の額を○○万円増加して○○万円としたい旨を述べ、下記要領により募集株式を発行することにつきその承認を求めたところ、満場異議なくこれを承認可決した。

記

1　募集株式の数　○○株
2　募集株式の発行方法　第三者割当てとする。
3　募集株式の払込金額　１株につき金○○万円
4　募集株式と引換えにする金銭の払込期日　平成○年○月○日
5　増加する資本金額及び資本準備金額　金○○万円（資本準備金　金○○万円）
6　払込取扱金融機関　株式会社○○銀行○○支店

（注）３の金額が募集株式を引き受ける者に対して特に有利な金額である場合は、当該払込金額でその者の募集をする理由を説明する必要があります。

例
第２号議案　募集株式を引き受ける者に対し特に有利な払込金額で募集する件
議長は上記議案を付議し、これを必要とする理由を下記のとおり開示したところ、満場一致をもって、原案どおり可決された。
理由
当会社は、最近の業界事情に即応するため、〇〇の設備を整備強化する必要があるが、その資金を得るためには、現下の経済事情及び当会社の現状から、募集事項のとおり、特に有利な払込金額をもって、募集株式を発行することとし、出資を得たいと考えている。よって本議案に賛成願いたい。
議長は以上をもって本日の議事を終了した旨を述べ、午前〇時〇分閉会した。
以上の決議を明確にするため、この議事録をつくり、議長、出席取締役がこれに記名押印をする。

平成〇年〇月〇日
〇〇商事株式会社臨時株主総会
代表取締役　　法務　太郎　　㊞
取締役　　法務　一郎　　㊞
同　　法務　次郎　　㊞

(B-1)　非公開会社（取締役会設置会社）が第三者割当てによる募集株式を発行する場合
募集事項の決定を取締役会に委任した場合の株主総会議事録

（一例です。会社の実情に合わせて作成してください。）

臨時株主総会議事録

平成〇年〇月〇日午前〇時〇分から、当会社の本店において臨時株主総会を開催した。
株主の総数　〇〇名
発行済株式の総数　〇〇〇〇株
（自己株式の数　〇〇〇〇株）
（注）自己株式がある場合に記載します。自己株式とは、株式会社が保有する自己の株式をいいます。
議決権を行使することができる株主の数　〇〇名
議決権を行使することができる株主の議決権の数　〇〇〇〇個

出席株主数（委任状による者を含む）　○○名
出席株主の議決権の数　○○○○個
出席取締役　法務　太郎（議長兼議事録作成者）
法務　一郎
法務　次郎

以上のとおり株主の出席があったので、定款の規定により代表取締役社長法務太郎は議長席につき、本臨時総会は適法に成立したので、開会する旨を宣し、直ちに議事に入った。

第１号議案　募集株式の発行に関する件

議長は、募集株式の発行を行うため、下記事項につき本株主総会の承認を得たい旨を説明し、その承認を求めたところ、満場異議なくこれを承認可決した。

記

１　募集株式の種類及び数　普通株式○○株を上限とする。
２　募集株式の払込金額　募集株式１株につき金○○万円を下限とする。
３　募集事項の決定　会社法第199条第１項に定める募集事項の決定については取締役会に委任するものとする。

(注)　２の金額が募集株式を引き受ける者に対して特に有利な金額である場合は、当該払込金額でその者の募集をする理由を説明する必要があります。

例

第２号議案　募集株式を引き受ける者に対し特に有利な払込金額で募集する件

議長は上記議案を付議し、これを必要とする理由を下記のとおり開示したところ、満場一致をもって、原案どおり可決された。

理由

当会社は、最近の業界事情に即応するため、○○の設備を整備強化する必要があるが、その資金を得るためには、現下の経済事情及び当会社の現状から、特に有利な払込金額をもって、出資を得たいと考えている。よって本議案に賛成願いたい。

議長は以上をもって本日の議事を終了した旨を述べ、午前○時○分閉会した。

以上の決議を明確にするため、この議事録をつくり、議長、出席取締役がこれに記名押印をする。

平成○年○月○日

○○商事株式会社臨時株主総会
代表取締役　法務　太郎　㊞
取締役　法務　一郎　㊞
同　法務　次郎　㊞

(B-2)　募集事項、割当て先及び割り当てるべき募集株式を決定する取締役会議事録

（本例は株主総会の委任を受け、募集事項、割当者及び割り当てるべき募集株式を決定する例です。会社の実情に合わせて作成してください。）

取締役会議事録

平成○年○月○日午前○時○分当会社の本店において、取締役○名（総取締役数○名）出席のもとに、取締役会を開催し、下記議案につき可決確定の上、午前○時○分散会した。

第１号議案　募集株式発行に関する募集事項決定の件

取締役法務太郎は選ばれて議長となり、資本金の額を○○万円増加して○○万円としたい旨を述べ、下記により募集株式を発行することを提案したところ、全員一致をもって承認可決した。

1	募集株式の数	○○株
2	募集株式の発行方法	第三者割当てとする。
3	募集株式の払込金額	１株につき金○○万円
4	募集株式と引換えにする金銭の払込期日	平成○年○月○日
5	増加する資本金額及び資本準備金額	金○○万円（資本準備金　金○○万円）
6	払込取扱金融機関	株式会社○○銀行○○支店

第２号議案　募集株式割当ての件

第１号議案において承認可決された「募集株式の発行に関する件」に関して、当該募集株式の割当てを受ける者及び割り当てる募集株式の数を定める必要があることを述べ、慎重協議した結果、全員一致をもって承認可決した。

1	募集株式の数	○○株
2	割当て先	発行する募集株式を次の者に与える。 法務花子　○○株
3	条件	上記第三者から申込みがされることを条件とする。

（注）発行する募集株式を割り当てるべき第三者が既に存在する場合には、当該第三者からの申込みがあることを条件として、募集事項を決議した同一の取締役会で、割当てに係る事項を決議することができます。

上記の決議を明確にするため、この議事録をつくり、出席取締役の全員がこれに記名押印をする。

平成○年○月○日

○○商事株式会社
出席取締役　　法務　太郎　㊞
同　　　　　　法務　一郎　㊞
同　　　　　　法務　次郎　㊞

（B-3）　割当て先及び割り当てる募集株式を決定する取締役会議事録

（本例は申込み前に申込みを条件として割当者及び割り当てるべき株式を決定する例です。会社の実情に合わせて作成してください。）

取締役会議事録

平成○年○月○日午前○時○分当会社の本店において、取締役○名（総取締役数○名）出席のもとに、取締役会を開催し、下記議案につき可決確定のうえ、午前○時○分散会した。

第１号議案　募集株式割当ての件

取締役法務太郎は選ばれて議長となり、平成○年○月○日開催された臨時株主総会において承認可決された「募集株式の発行に関する件」に関して、当該募集株式の割当てを受ける者及び割り当てる募集株式の数を定める必要があることを述べ、慎重協議した結果、全員一致をもって承認可決した。

１　募集株式の数　○○株

２　割当て方法　第三者割当てとし、発行する募集株式を次の者に与える。
法務花子　○○株

３　条件　上記第三者から申込みがされることを条件とする。

上記の決議を明確にするため、この議事録をつくり、出席取締役の全員がこれに記名押印をする。

平成○年○月○日

○○商事株式会社
出席取締役　法務　太郎　㊞
同　法務　一郎　㊞
同　法務　次郎　㊞

(C)　公開会社（取締役会設置会社）が第三者割当てにより募集株式を発行する場合

募集事項を決定する取締役会議事録

（一例です。会社の実情に合わせて作成してください。第三者に対して有利発行をする場合には、Bの株主総会議事録（有利発行の場合において、取締役会が委任を受けた場合はB-1の株主総会議事録（取締役会議事録については、以下Cと同様））を参照してください。）

取締役会議事録

平成○年○月○日午前○時○分当会社の本店において、取締役○名（総取締役数○名）及び監査役○名出席のもとに、取締役会を開催し、下記議案につき可決確定の上、午前○時○分散会した。

議　案　募集株式発行に関する件

議長は当会社の資本金の額を金○○○万円増加して金○○○万円としたい旨を述べ、これに伴い下記により募集株式を発行することを提案したところ、満場一致をもってこれを承認可決した。

1　募集株式の数　　　　　○○株
1　募集株式の払込金額　１株につき金○○万円
1　募集株式と引換えにする金銭の払込期日　平成○年○月○日
1　増加する資本金額及び資本準備金額　　　金○○万円（資本準備金　金○○万円）
1　払込取扱金融機関　株式会社○○銀行○○支店

（類例）①　株主割当ての場合

1　募集株式の数　　　　　○○株
1　募集株式の払込金額　１株につき金○○万円
1　募集株式と引換えにする金銭の払込期日　平成○年○月○日
1　増加する資本金額及び資本準備金額　　　金○○万円（資本準備金　金○○万円）
1　払込取扱金融機関　株式会社○○銀行○○支店
1　発行する募集株式の全部につき株主に割当てを受ける権利を与えることとし、平成○年○月○日午後○時現在の株主に対し、その所有株式○株について新株○株の割合をもって割り当てること。
1　募集株式引受けの申込みの期日　　平成○年○月○日

② 株主割当てと第三者割当てによる方法とを併用する場合

1　募集株式の数　　　　　○○株

1　募集株式の払込金額　１株につき金○○万円

1　募集株式と引換えに
　　する金銭の払込期日　平成○年○月○日

1　増加する資本金額及
　　び資本準備金額　　　金○○万円（資本準備金　金○○万円）

1　払込取扱金融機関　株式会社○○銀行○○支店

1　発行する募集株式のうち○○○株は、○月○日現在の株主に対し、その持株数２株につき１株の割合で株式の割当てを受ける権利を与える方法により、残り○○○株は第三者割当ての方法による。

1　株主に対する募集株式の引受けの申込みの期日　平成○年○月○日

以上をもって議事を終了したので議長は午後○時○分閉会を宣した。

上記決議を明らかにするため、この議事録を作成し、出席取締役及び監査役次に記名押印をする。

平成○年○月○日

○○商事株式会社
出席取締役　法務　太郎　㊞
同　法務　一郎　㊞
同　法務　次郎　㊞
出席監査役　法務　花子　㊞

（注）出席監査役は、取締役会議事録に記名押印することを要します。

法務省 HP「商業・法人登記申請」の「1-14株式会社変更登記申請書」

第８章　清算手続

1　招集通知・参考書類

平成○○年○月○日

株主各位

東京都○○
株式会社○○
代表取締役社長○○

臨時株主総会招集ご通知

拝啓　平素は格別のご支援を賜り誠にありがとうございます。

さて、当社臨時株主総会を下記のとおり開催いたしますので、ご出席くださいますようご通知申しあげます。

なお、当日ご出席願えない場合は、書面により議決権を行使することができますので、お手数ながら後記の株主総会参考書類をご検討くださいまして、同封の議決権行使書用紙に賛否をご表示いただき、平成○年○月○日（○曜日）午後５時までに到着するようご返送くださいますようお願い申しあげます。

敬　具

記

1. 日時　平成○年○月○日（○曜日）午前10時
2. 場所　東京都○
　　　　○○
3. 会議の目的事項

決議事項
第１号議案　当社解散の件
第２号議案　定款一部変更の件
第３号議案　清算人１名選任の件
第４号議案　監査役１名選任の件

以　上

株主総会参考書類

議案および参考事項

第１号議案　当社解散の件

【省略】

第２号議案　定款一部変更の件

当社の解散を条件として、解散に伴い必要とされる現行定款の一部を下記のとおり改めたいと存じます。

変更の内容は次のとおりであります。（下線は変更部分）

現行定款	変更案
【省略】	【省略】

第３号議案　清算人１名選任の件

当社の解散が承認されることを条件として、清算人１名の選任をお諮りするものです。

清算人候補者は次のとおりです。

氏名（生年月日）	略歴、地位及び担当（重要な兼職の状況）	所有する当社の株式数	当社との特別の利害関係
○○	○○	○○	○○

【省略】

※清算人は当該臨時株主会終結のときをもって就任することとなります。また、○○は代表清算人に就任することとなります。

第４号議案　監査役１名選任の件

当社の解散が承認されることを条件として、解散に伴い監査役全員が辞任し、改めて監査役１名の選任をお諮りするものです。なお、本議案に関して監査役会の同意を得ております。

監査役候補者は次のとおりです。

氏名（生年月日）	略歴、地位（重要な兼職の状況）	所有する当社の株式数	当社との特別の利害関係
○○	○○	○○	○○

以　上

2 適時開示（部門廃止のお知らせ）

平成○○年○○月○○日

各 位

会 社 名 ○○○○株式会社
代表者名 代表取締役社長 ○○ ○○
（コード：○○○○、東証第○部）
問合せ先 取締役広報・IR 部長 ○○ ○○
（TEL. ○○－○○○○－○○○○）

○○○○部門の廃止に関するお知らせ

当社は、平成○○年○○月○○日開催の取締役会において、以下のとおり、平成○○年○○月○○日をもって、○○○○部門の事業（以下「○○○○事業」といいます。）を廃止することについて決議いたしましたので、お知らせいたします。

1. 事業廃止の理由

【当社○○○○事業は平成○年より行ってまいりましたが、近年の経済情勢から、相対的に売上が低下してまいりました。そこで、より成長性の高い事業に資源を再分配し、当社△△事業に集中することで当社グループの収益性を向上させることを目的とし、同事業の廃止を決定いたしました。】

2. 廃止事業の概要
(1) ○○○○部門の内容

(2) ○○○○部門の経営成績

	○○部門(a)	平成○○年○月期連結実績(b)	比 率（a/b）
売 上 高	*,*** 百万円	**,*** 百万円	○○．○%
売上総利益	*,*** 百万円	**,*** 百万円	○○．○%
営 業 利 益	*** 百万円	*,*** 百万円	○○．○%
経 常 利 益	*** 百万円	*,*** 百万円	○○．○%

(3) ○○○○部門に属する従業員及び資産等の取扱い

3. 日 程

(1) 取締役会決議日	平成○○年○○月○○日
(2) 事業廃止期日	平成○○年○○月○○日（予定）

4.　今後の見通し

上記は、平成○年３月期の業績予想に織り込まれておりますので、業績予想に与える影響は軽微であると考えております。業績への重要な影響が見込まれる場合は、明らかになり次第開示いたします。

以　上

（参考）当期連結業績予想（平成○○年○○月○○日公表分）及び前期連結実績

	連結売上高	連結営業利益	連結経常利益	連結当期純利益
当期連結業績予想（平成○年○月期）	***,***	*,***	*,***	*,***
前期連結実績（平成○年○月期）	***,***	*,***	*,***	*,***

東京証券取引所 HP「開示様式例（上場会社の決定事実）」の「○○○○部門の廃止に関するお知らせ」参照。

3　適時開示（子会社解散のお知らせ）

平成○○年○○月○○日

各　位

会 社 名　○○○○株式会社
代表者名　代表取締役社長　○○　○○
（コード：○○○○、東証第○部）
問合せ先　取締役広報・IR 部長　○○　○○
（TEL.　○○－○○○○－○○○○）

子会社である○○○○株式会社の解散に関するお知らせ

当社は、平成○○年○○月○○日開催の取締役会において、以下のとおり、当社の子会社である○○○○株式会社（以下「○○○○」といいます。）を平成○○年○○月○○日付けで解散することについて決議しましたので、お知らせいたします。

1. 解散の理由

【○○○○は平成○年の設立以降、○○事業を行っていましたが、同事業の価格下落傾向は一層顕著となり、○○○○を取巻く環境は更に厳しくなっておりました。これを受けて当社取締役会は、今後の事業継続について検討を重ねた結果、かかる厳しい事業環境をふまえ、当社グループ経営の効率及び最適化の観点から、○○○○を解散及び清算することといたしました。】

2. 解散する子会社の概要

<table>
<tr><td>(1)</td><td>名　　称</td><td colspan="3">○○○○株式会社</td></tr>
<tr><td>(2)</td><td>所　在　地</td><td colspan="3">○○県○○市○○△－△－△</td></tr>
<tr><td>(3)</td><td>代表者の役職・氏名</td><td colspan="3"></td></tr>
<tr><td>(4)</td><td>事業内容</td><td colspan="3"></td></tr>
<tr><td>(5)</td><td>資　本　金</td><td colspan="3"></td></tr>
<tr><td>(6)</td><td>設立年月日</td><td colspan="3"></td></tr>
<tr><td>(7)</td><td>大株主及び持株比率</td><td colspan="3"></td></tr>
<tr><td rowspan="4">(8)</td><td rowspan="4">上場会社と当該会社の関係</td><td>資本関係</td><td colspan="2"></td></tr>
<tr><td>人的関係</td><td colspan="2"></td></tr>
<tr><td>取引関係</td><td colspan="2"></td></tr>
<tr><td>関連当事者への該当状況</td><td colspan="2"></td></tr>
<tr><td>(9)</td><td colspan="4">最近3年間の経営成績及び財政状態</td></tr>
<tr><td colspan="2">決算期</td><td>平成 ** 年 ** 期</td><td>平成 ** 年 ** 期</td><td>平成 ** 年 ** 期</td></tr>
<tr><td colspan="2">純　資　産</td><td>百万円</td><td>百万円</td><td>百万円</td></tr>
</table>

総　　　資　　　産	百万円	百万円	百万円
１株当たり純資産	円	円	円
売　　　上　　　高	百万円	百万円	百万円
営　業　利　益	百万円	百万円	百万円
経　常　利　益	百万円	百万円	百万円
当　期　純　利　益	百万円	百万円	百万円
１株当たり当期純利益	円	円	円
１株当たり配当金	円	円	円

3. 解散の日程

平成○年○月清算結了（予定）

4. 解散に伴う損失額

5. 今後の見通し

当該子会社の解散および清算に伴う当社グループ連結業績に与える影響は軽微であります。

以　上

（参考）当期連結業績予想（平成○○年○○月○○日公表分）及び前期連結実績

	連結売上高	連結営業利益	連結経常利益	連結当期純利益
当期連結業績予想 （平成○年○月期）	***,***	*,***	*,***	*,***
前期連結実績 （平成○年○月期）	***,***	*,***	*,***	*,***

4　株式会社解散及び清算人選任登記申請書

株式会社解散及び清算人選任登記申請書

1. 商　号

1. 本　店

1. 登記の事由　　解散
平成　　年　　月　　日清算人及び代表清算人の選任
1. 登記すべき事項　別添CD－Rのとおり

1. 登録免許税　　金39,000円

1. 添付書類
定款　1通
株主総会議事録　通
就任承諾書　通
選任決定書正本　通
選任決定書謄本　通

上記のとおり、登記の申請をします。

平成　　年　　月　　日

受付番号票貼付欄

申請人

代表清算人

連絡先の電話番号

法務局　　　　　　　　御中

収入印紙貼付台紙

収　入
印　紙

株式会社（解散、清算人選任（清算人が１人の場合））

【株主総会議事録】

（一例です。会社の実情に合わせて作成してください。）

臨時株主総会議事録

平成○年○月○日午前○時○分より、当会社の本店において、臨時株主総会を開催した。

株主の総数　　　　　　　　　　　　　　　○○名

発行済株式の総数　○○○○株
(自己株式の数　○○○○株)
議決権を行使することができる株主の数　○○名
議決権を行使することができる株主の議決権の数　○○○○個
出席株主数（委任状による者を含む。）　○○○○名
出席株主の議決権の数　○○○○個
出席取締役　法務　太郎（議長兼議事録作成者）

以上のとおり株主の出席があったので、定款の規定により取締役法務太郎は議長席につき、本臨時株主総会は適法に成立したので開会する旨を宣言し、直ちに、議事に入った。

第１号議案　当会社解散の件

議長は、解散のやむを得ざるに至った事情を詳細に説明し、賛否を求めたところ、本日をもって解散することを全員異議なく承認した。

(注)　解散日を将来の日としようとする場合には、当該解散日を満了日とする存続期間の定めを設ける定款変更を決議し、その登記をする必要がありますので注意してください（その上で、当該存続期間の満了により解散したときは、２週間以内に解散の登記をすることになります。）。

第２号議案　解散に伴う清算人選任の件

議長は、解散に伴い清算人に法務太郎を選任したい旨を総会に諮ったところ、全員一致でこれを承認し、被選任者はその就任を承諾した。

(注)　株主総会の席上で被選任者が就任を承諾し、その旨の記載が議事録にある場合には、申請書に就任承諾書を添付することを要しません。

この場合、申請書には、「就任承諾書については、株主総会議事録の記載を援用する。」と記載してください。

議長は、他に決議すべき事項のないことを確認の上、閉会を宣言した。

上記の決議を明確にするため、この議事録を作成する。

平成○年○月○日

○○商事株式会社臨時株主総会
議事録作成者　取締役　法務太郎　㊞

【就任承諾書の例】

就任承諾書

私は、平成○○年○月○日開催の貴社株主総会において、貴社の清算人に選任

されたので、その就任を承諾します。

平成○○年○月○日

○県○市○町○丁目○番○号
法　務　太　郎　㊞

○○商事株式会社　御中

【委任状の例】

委　任　状

○県○市○町○丁目○番○号
法　務　三　郎

私は、上記の者を代理人に定め、下記の権限を委任する。

記

1　当会社の解散、清算人及び代表清算人の選任の登記を申請する一切の件
1　原本還付の請求及び受領の件 *（注）原本還付を請求する場合に記載します。*

平成○年○月○日

○県○市○町○丁目○番○号
○○商事株式会社
代表清算人　法　務　太　郎　㊞ *（注）*

（注）代表清算人が登記所に提出する印鑑を押印してください。

法務省HP「商業・法人登記申請」の「1-23株式会社解散及び清算人選任登記申請書（清算人が１人の場合）」。

5　株式会社清算結了登記申請書

株式会社清算結了登記申請書

1.　商　号

1.　本　店

1.　登記の事由　　　　　清算結了

1.　登記すべき事項　　　平成　　年　　月　　日清算結了

1.　登録免許税　　　　　金2,000円

1.　添付書類
　　株主総会議事録　　　１通
　　委任状　　　　　　　１通

上記のとおり登記の申請をします。

平成　　年　　月　　日

受付番号票貼付欄

申請人

代表清算人

連絡先の電話番号

法務局　　　支　局　御中
　　　　　　出張所

収入印紙貼付台紙

株式会社（清算結了）

【株主総会議事録】

（一例です。会社の実情に合わせて作成してください。）

株主総会議事録

平成○年○月○日午前○時○分より、当会社の本店において決算報告書の承認総会を開いた。

株主の総数　　○○名

発行済株式の総数　○○○○株
（自己株式の数　○○○○株）
議決権を行使できる株主の数　○○名
議決権を行使することができる株主の議決権の数　○○○○個
出席株主数（委任状による者を含む）　○○○○名
出席株主の議決権の数　○○○○個
出席清算人　法務太郎（議長兼議事録作成者）
同　法務一郎
同　法務次郎

代表清算人法務太郎は、議長席につき開会を宣して、次いで、当会社の清算結了に至るまでの経過を詳細に報告し、別紙決算報告書を朗読し、その承認を求めたところ、満場異議なくこれを承認した。よって議長は会議の終了を告げ、午前○時○分閉会した。

上記の決議を明確にするため、この議事録を作成する。

（注）決算報告書を添付します。

平成　年　月　日

○○商事株式会社株主総会
議事録作成者　清算人　法務太郎

【決算報告書】

（一例です。会社の実情に合わせて作成してください。）

決算報告書

1　平成○年○月○日より平成○年○月○日までの期間内に取立て、資産の処分その他の行為によって得た債権の総額は、金○円である。
1　債務の弁済、清算に係る費用の支払その他の行為による費用の額は、金○円である。
1　現在の残余財産額は、金○円である。
1　平成○年○月○日、清算換価実収額金○円を、次のように株主に分配した。
1　優先株式○株に対し総額　金○円（ただし、１株につき金○円の割合）
1　普通株式○株に対し総額　金○円（ただし、１株につき金○円○拾銭の割合）

上記のとおり清算結了したことを報告する。

平成○年○月○日

○○商事株式会社

代表清算人　　法務　太郎　㊞
清算人　　法務　一郎　㊞
同　　法務　次郎　㊞

【委任状の例】

委　任　状

○県○○市○町○丁目○番○号
法　務　三　郎

私は、上記の者を代理人に定め、次の権限を委任する。

1　当会社の清算結了の登記を申請する一切の件
1　原本還付の請求及び受領の件 *（注）原本還付を請求する場合に記載します。*

平成○年○月○日

○県○市○町○丁目○番○号
○○商事株式会社
代表清算人　　法　務　太　郎　㊞ *（注）*

（注）代表清算人が登記所に提出している印鑑を押印してください。

法務省 HP「商業・法人登記申請」の「1-24株式会社清算結了登記申請書」。

6　特別清算開始申立書

特別清算開始申立書

平成○○年○○月○○日

東京地方裁判所民事第8部御中

申立人代理人弁護士○ ○ ○ ○

〒○○○－○○○○　東京都○○区○○町○丁目○番○号
○○○○株式会社清算人
申立人○　○　○　○
〒○○○－○○○○　東京都○○区○○町○丁目○番○号
○○法律事務所（送達場所）
TEL　03-0000-0000
FAX　03-0000-0000
上記代理人弁護士○　○　○　○

（清算株式会社の表示）
〒○○○－○○○○　東京都○○区○○町○丁目○番○号
被申立会社○○○○株式会社
代表者（代表）清算人○ ○ ○ ○

申立の趣旨

○○○○株式会社につき特別清算の開始を命ずるとの裁判を求める。

申立の理由

第1　○○○○株式会社（以下「会社」という。）の概要等
【省略】
第2　会社の資産と負債の状況（解散日現在）
【省略】
第3　会社が特別清算を申し立てるに至った事情
【省略】
第4　特別清算の実行の方法と見込み
【省略】
第5　官庁その他の機関の有無
【省略】

疎明方法

【省略】

７　特別清算終結決定申立書

平成○年（ヒ）第○号　特別清算事件

特別清算終結決定申立書

平成○○年○○月○○日

東京地方裁判所民事第８部御中

申立人代理人弁護士○　○　○　○

申立の趣旨

○○○○株式会社の特別清算を終結するとの裁判を求める。

申立の理由

【省略】

添付資料

【省略】

第９章　MBO

1　公開買付けの開始に関するお知らせ（公開買付者）

平成○○年○○月○○日

各　位

会 社 名　○○○○株式会社
代表者名　代表取締役社長　○○　○○
（コード：○○○○、東証第○部）
問合せ先　取締役広報・IR 部長　○○　○○
（TEL. ○○－○○○○－○○○○）

○○○○株式会社株券（証券コード○○○○）に対する
公開買付けの開始に関するお知らせ

当社は、平成○○年○○月○○日開催の取締役会において、以下のとおり、○○○○株式会社株券を公開買付けにより取得することを決議いたしましたので、お知らせいたします。

1. 買付け等の目的等
(1) 買付け等の目的

(2) 上場廃止となる見込み及びその事由

(3) 公開買付者と対象者の株主との間における公開買付けへの応募に係る重要な合意に関する事項

＜二段階買収の予定がある場合＞
(4) いわゆる二段階買収に関する事項

＜上場子会社に対する公開買付けを行う場合、以下の(5)から(7)までを記載する。＞
(5) 上場子会社に対する公開買付けの実施を決定するに至った意思決定の過程

(6) 公正性を担保するための措置

(7)　利益相反を回避するための措置

2.　買付け等の概要

(1)　対象者の概要

①	名　　称	○○○○株式会社
②	所　在　地	
③	代表者の役職・氏名	
④	事　業　内　容	
⑤	資　本　金	
⑥	設　立　年　月　日	
⑦	大株主及び持株比率	
⑧	上場会社と対象者の関係	
	資　本　関　係	
	人　的　関　係	
	取　引　関　係	
	関連当事者への該当状況	

＜上場株券等を対価とする公開買付けを行う場合＞

(1)　公開買付けの当事会社の概要

		対象者			買付者（当社）		
(1) 名　　称		△△△△株式会社			○○○○株式会社		
(2) 所　在　地		○○県○○市○○△－△－△			○○県○○市○○△－△－△		
(3) 代表者の役職・氏名							
(4) 事　業　内　容							
(5) 資　本　金							
(6) 設　立　年　月　日							
(7) 発　行　済　株　式　数							
(8) 決　算　期							
(9) 従　業　員　数		（単体）			（単体）		
(10) 主　要　取　引　先							
(11) 主　要　取　引　銀　行							
(12) 大株主及び持株比率							
(13) 当事会社間の関係							
	資　本　関　係						
	人　的　関　係						
	取　引　関　係						
	関連当事者への該当状況						
(14) 最近3年間の経営成績及び財政状態							
	決算期	△△△△㈱（連結）			○○○○㈱（連結）		
		年期	**年**期	**年**期	**年**期	**年**期	**年**期

連結純資産						
連結総資産						
１株当たり連結純資産（円）						
連結売上高						
連結営業利益						
連結経常利益						
連結当期純利益						
１株当たり連結当期純利益（円）						
１株当たり配当金（円）						

（単位：百万円。特記しているものを除く。）

(2)　日程等

①　日程

取締役会決議	平成○○年○○月○○日
公開買付開始公告日	平成○○年○○月○○日 公告掲載新聞名
公開買付届出書提出日	平成○○年○○月○○日

②　届出当初の買付け等の期間

平成○○年○○月○○日（○曜）から平成○○年○○月○○日（○曜）まで（○○日間）

③　対象者の請求に基づく延長の可能性

(3)　買付け等の価格

普通株式１株につき、***,*** 円

＜上場株券等を対価とする公開買付けを行う場合＞

△△△△㈱の普通株式１株に対して、○○○○㈱の普通株式 *** 株を交付する。

＜有価証券等に加えて金銭を対価とする場合＞

△△△△㈱の普通株式１株に対して、○○○○㈱の普通株式 *** 株及び **,*** 円を交付する。

(4)　買付け等の価格の算定根拠等

①　算定の基礎

②　算定の経緯

③　算定機関との関係

当社のフィナンシャル・アドバイザー（算定機関）である□□□□㈱は、当社及び買付者である○○○○㈱の関連当事者には該当せず、本公開買付けに関して重要な利害関係を有しません。

⑸　買付予定の株券等の数

買付予定数	買付予定数の下限	買付予定数の上限
*,***,***,*** 株	*,***,***,*** 株	*,***,***,*** 株

＜上場株券等を対価とする公開買付けを行う場合＞

（※）当社は、買付予定の株券等の対価として、新たに発行する当社の新株式／自己株式（*,***,***,*** 株）を充当する予定です。

⑹　買付け等による株券等所有割合の異動

買付け等前における公開買付者の所有株券等に係る議決権の数	*,***,***,*** 個	（買付け等前における株券等所有割合 **.**%）
買付け等前における特別関係者の所有株券等に係る議決権の数	*,***,***,*** 個	（買付け等前における株券等所有割合 **.**%）
買付け等後における公開買付者の所有株券等に係る議決権の数	*,***,***,*** 個	（買付け等後における株券等所有割合 **.**%）
買付け等後における特別関係者の所有株券等に係る議決権の数	*,***,***,*** 個	（買付け等後における株券等所有割合 **.**%）
対象者の総株主の議決権の数	*,***,***,*** 個	

⑺　買付代金　　　*,*** 百万円

⑻　決済の方法

①　買付け等の決済をする証券会社・銀行等の名称及び本店の所在地

②　決済の開始日

③　決済の方法

⑼　その他買付け等の条件及び方法

⑽　公開買付開始公告日

⑾　公開買付代理人

3.　公開買付け後の方針等及び今後の見通し

4.　その他
(1)　公開買付者と対象者又はその役員との間の合意の有無及び内容

(2)　投資者が買付け等への応募の是非を判断するために必要と判断されるその他の情報

＜本行為が支配株主との取引等に関するものである場合＞
5.　支配株主との取引等に関する事項
(1)　支配株主との取引等の該当性及び少数株主の保護の方策に関する指針への適合状況
本取引は、支配株主との取引等に該当します。当社が、平成○○年○○月○○日に開示したコーポレート・ガバナンス報告書で示している「支配株主との取引等を行う際における少数株主の保護の方策に関する指針」に関する本取引における適合状況は、以下のとおりです。

なお、平成○○年○○月○○日に開示したコーポレート・ガバナンス報告書で示している「支配株主との取引等を行う際における少数株主の保護の方策に関する指針」は以下のとおりです。

(2)　公正性を担保するための措置及び利益相反を回避するための措置に関する事項

(3)　当該取引等が少数株主にとって不利益なものではないことに関する、支配株主と利害関係のない者から入手した意見の概要

＜その他投資者が会社情報を適切に理解・判断するために必要な事項を記載する。＞

以　上

東京証券取引所 HP 上「開示様式例（上場会社の決定事実）」の「公開買付けの開始に関するお知らせ」参照。なお、開示資料の作成に当たっては、東京証券取引所上場部編『東京証券取引所会社情報適時開示ガイドブック2014年６月版』（東京証券取引所、2014年）（以下「適時開示ガイドブック」という）175～180頁の「開示事項及び開示・記載上の注意」に留意のこと。

2　意見表明報告書による質問に対する回答に関するお知らせ（公開買付者）

平成○○年○○月○○日

各　位

会 社 名　○○○○株式会社
代表者名　代表取締役社長　○○　○○
（コード：○○○○、東証第○部）
問合せ先　取締役広報・IR部長　○○　○○
（TEL. ○○－○○○○－○○○○）

○○○○株式会社の意見表明報告書による
質問に対する回答に関するお知らせ

当社は、平成○○年○○月○○日開催の取締役会において、○○○○株式会社株券を公開買付けにより取得することを決議しておりますが、○○○○株式会社から平成○○年○○月○○日付けで提出された意見表明報告書における質問に対して、以下のとおり回答いたしましたので、お知らせいたします。

1. 対象者の名称
○○○○株式会社

2. 質問に対する回答

<その他投資者が会社情報を適切に理解・判断するために必要な事項を記載する。>

以　上

東京証券取引所HP上「開示様式例（上場会社の決定事実）」の「意見表明報告書による質問に対する回答に関するお知らせ」参照。なお、開示資料の作成に当たっては、適時開示ガイドブック180頁の「開示事項及び開示・記載上の注意」に留意のこと。

３　公開買付けの結果に関するお知らせ（公開買付者）

平成○○年○○月○○日

各　位

会 社 名　○○○○株式会社
代表者名　代表取締役社長　○○　○○
（コード：○○○○、東証第○部）
問合せ先　取締役広報・IR 部長　○○　○○
（TEL. ○○－○○○○－○○○○）

○○○○株式会社株券に対する公開買付けの結果に関するお知らせ

当社は、平成○○年○○月○○日開催の取締役会において、○○○○株式会社株券を公開買付けにより取得することを決議し、○○月○○日より当該公開買付けを実施しておりましたが、以下のとおり、当該公開買付けが○○月○○日を以って終了いたしましたので、お知らせいたします。

1. 買付け等の概要

⑴　対象者の名称
○○○○株式会社

⑵　買付予定の株券等の数

買付予定数	買付予定数の下限	買付予定数の上限
*,***,***,*** 株	***,***,***,*** 株	***,***,***,*** 株

⑶　買付け等の期間

①　届出当初の買付け等の期間
平成○○年○○月○○日（○曜）から平成○○年○○月○○日（○曜）まで（○○日間）

②　対象者の請求に基づく延長の可能性

⑷　買付け等の価格
普通株式１株につき、***,*** 円

＜上場株券等を対価とする公開買付けを行った場合＞
△△△△㈱の普通株式１株に対して、○○○○㈱の普通株式 *** 株

2. 買付け等の結果

⑴　公開買付けの成否

⑵　公開買付けの結果の公告日及び公告掲載新聞名

(3)　買付け等を行った株券等の数

株券等種類	①　株式に換算した応募数	②　株式に換算した買付数
株　券	*,***,***,*** 株	*,***,***,*** 株
新株予約権証券	**,***,*** 株	**,***,*** 株
新株予約権付社債券	**,***,*** 株	**,***,*** 株
株券等信託受益証券 （　　　）	**,***,*** 株	**,***,*** 株
株券等預託証券 （　　　）	**,***,*** 株	**,***,*** 株
合　計	*,***,***,*** 株	*,***,***,*** 株
(潜在株券等の数の合計)	−	(　***,***,*** 株)

＜上場株券等を対価とする公開買付けを行った場合＞

（※１）当社は、買付け等を行った株券等の対価として、新たに発行する当社の新株式／自己株式（*,***,***,*** 株）を充当する。

（※２）増加する資本金の額：***,***,***,*** 円

(4)　買付け等を行った後における株券等所有割合

買付け等前における公開買付者の所有株券等に係る議決権の数	*,***,***,*** 個	(買付け等前における株券等所有割合 **.**%)
買付け等前における特別関係者の所有株券等に係る議決権の数	*,***,***,*** 個	(買付け等前における株券等所有割合 **.**%)
買付け等後における公開買付者の所有株券等に係る議決権の数	*,***,***,*** 個	(買付け等後における株券等所有割合 **.**%)
買付け等後における特別関係者の所有株券等に係る議決権の数	*,***,***,*** 個	(買付け等後における株券等所有割合 **.**%)
対象者の総株主の議決権の数	*,***,***,*** 個	

(5)　あん分比例方式により買付け等を行う場合の計算

(6)　決済の方法

①　買付け等の決済をする証券会社・銀行等の名称及び本店の所在地

②　決済の開始日

③　決済の方法

3.　公開買付け後の方針等及び今後の見通し

＜その他投資者が会社情報を適切に理解・判断するために必要な事項を記載する。＞

以　上

東京証券取引所 HP 上「開示様式例（上場会社の決定事実）」の「公開買付けの結果に関するお知らせ」参照。なお、開示資料の作成に当たっては、適時開示ガイドブック180～181頁の「開示事項及び開示・記載上の注意」に留意のこと。

４　当社株券に対する公開買付けの開始に関するお知らせ（対象者）

平成○○年○○月○○日

各　位

会 社 名　○○○○株式会社
代表者名　代表取締役社長　○○　○○
（コード：○○○○、東証第○部）
問合せ先　取締役広報・IR部長　○○　○○
（TEL. ○○－○○○○－○○○○）

○○○○株式会社による当社株券に対する
公開買付けの開始に関するお知らせ

○○○○株式会社による当社株券に対する公開買付けが別添のとおり行われる旨公表されておりますので、お知らせいたします。

なお、本開示資料は、本公開買付けに関する意見を表明するものではありません。本公開買付けに関する当社の意見表明は決定次第改めてお知らせいたします。

以　上

東京証券取引所HP上「開示様式例（上場会社の決定事実）」の「当社株券に対する公開買付けの開始に関するお知らせ」参照。なお、開示資料の作成に当たっては、適時開示ガイドブック197頁の「開示事項及び開示・記載上の注意」に留意のこと。

５　当社株券に対する公開買付けに関する意見表明のお知らせ（対象者）

平成○○年○○月○○日

各　位

会 社 名　○○○○株式会社
代表者名　代表取締役社長　○○　○○
（コード：○○○○、東証第○部）
問合せ先　取締役広報・IR部長　○○　○○
（TEL. ○○－○○○○－○○○○）

○○○○株式会社による当社株券に対する公開買付けに関する意見表明のお知らせ

当社は、平成○○年○○月○○日開催の取締役会において、以下のとおり、○○○○株式会社による当社株券に対する公開買付けに関して、株主の皆様に応募を推奨することを決議いたしましたので、お知らせいたします。

1.　公開買付者の概要

(1)	名　称	○○○○株式会社
(2)	所在地	○○県○○市○○△－△－△
(3)	代表者の役職・氏名	
(4)	事業内容	
(5)	資本金	
(6)	設立年月日	
(7)	大株主及び持株比率	
(8)	上場会社と公開買付者の関係	
	資本関係	
	人的関係	
	取引関係	
	関連当事者への該当状況	

＜個人の場合＞

(1)	氏　名	○○　○○
(2)	住　所	○○県○○市
(3)	上場会社と公開買付者の関係	

＜ファンドの場合＞

(1)	名　称	○○○○ファンド（ケイマン）、エル・ピー
(2)	所在地	1000 West Bay, Seven Mile Beach, Grand Cayman Cayman Islands

(3) 設立根拠等		ケイマン諸島免税リミテッド・パートナーシップ法に基づくLPS (Limited Partnership)
(4) 組成目的		△△△△株式会社グループが、自社の事業である◎◎◎◎事業と関連の深い○○○○関連事業に投資を行うため組成されたものです。
(5) 組成日		平成○○年○○月○○日
(6) 出資の総額		
(7) 出資者・出資比率・出資者の概要		1. **.**%　○○　○○ (△△△△株式会社代表取締役です。) 2. **.**%　○○○○株式会社 (△△△△株式会社代表取締役○○　○○氏が個人で全額出資する○○関係の事業に投資することを専門とした会社です。) 3. **.**%　○○○○投資事業組合 (△△△△株式会社の子会社である□□□株式会社が出資する○○関係の事業に投資することを目的とした投資ビークルです。)
(8) 業務執行組合員の概要	名称	○○○○株式会社
	所在地	○○県○○市○○△－△－△
	代表者の役職・氏名	
	事業内容	
	資本金	
(9) 国内代理人の概要	名称	○○○○株式会社
	所在地	○○県○○市○○△－△－△
	代表者の役職・氏名	
	事業内容	
	資本金	
(10) 上場会社と当該ファンドとの間の関係	上場会社と当該ファンドとの間の関係	
	上場会社と業務執行組合員との間の関係	
	上場会社と国内代理人との間の関係	

＜上場株券等を対価とする公開買付けを行う場合＞

	買付者	対象者（当社）
(1) 名称	○○○○株式会社	△△△△株式会社
(2) 所在地	○○県○○市○○△－△－△	○○県○○市○○△－△－△
(3) 代表者の役職・氏名		
(4) 事業内容		
(5) 資本金		

(6) 設立年月日		
(7) 発行済株式数		
(8) 決算期		
(9) 従業員数	(単体)	(単体)
(10) 主要取引先		
(11) 主要取引銀行		
(12) 大株主及び持株比率		
(13) 当事会社間の関係		
資本関係		
人的関係		
取引関係		
関連当事者への該当状況		
(14) 最近3年間の経営成績及び財政状態		

決算期	○○○○㈱（連結）			△△△△㈱（連結）		
	年期	**年**期	**年**期	**年**期	**年**期	**年**期
連結純資産						
連結総資産						
1株当たり連結純資産（円）						
連結売上高						
連結営業利益						
連結経常利益						
連結当期純利益						
1株当たり連結当期純利益（円）						
1株当たり配当金（円）						

2. 買付け等の価格

普通株式1株につき、***,*** 円

3. 当該公開買付けに関する意見の内容、根拠及び理由

(1) 意見の内容

当社は、下記「(2)意見の根拠及び理由」に記載の根拠及び理由に基づき、本公開買付けに賛同の意見を表明するとともに、当社の株主の皆様に対して本公開買付けに応募することを推奨いたします。

(2) 意見の根拠及び理由

① 本公開買付けの背景

② 公開買付者における意思決定に至る過程

③　当社における意思決定に至る過程

当社は、○月に公開買付者から本公開買付けの実施に関する提案を受け、・・・・。

当社取締役会は、・・・・であり、・・・・であることから、本公開買付けに賛同の意見を表明し、また、・・・・であり、・・・・であることから、株主の皆様に対して本公開買付けに応募することを推奨することが妥当であると判断いたしました。

(3)　算定に関する事項

当社は、本公開買付けに関する意見表明を行うにあたり、公開買付者及び当社から独立した第三者算定機関である○○株式会社に対し、当社株式の価値算定を依頼し、平成○年○月○日付で株式価値算定書を取得しております。なお、○○株式会社は、当社及び公開買付者の関連当事者には該当せず、当社及び公開買付者との間で重要な利害関係を有しません。

当該算定書に記載された算定の概要は以下のとおりです。

(4)　上場廃止となる見込み及びその事由

上場廃止となる見込みはありません。

(5)　いわゆる二段階買収に関する事項

本公開買付けは、いわゆる二段階買収を予定しているものではありません。

(6)　公正性を担保するための措置

本公開買付けは、○○○○であり、意見表明の公正性を担保する特段の必要はありません。

(7)　利益相反を回避するための措置

本公開買付けは、○○○○であり、利益相反を回避する特段の必要はありません。

4.　公開買付者と自社の株主・取締役等との間における公開買付けへの応募に係る重要な合意に関する事項

該当事項はありません。

5.　公開買付者又はその特別関係者による利益供与の内容

該当事項はありません。

6.　会社の支配に関する基本方針に係る対応方針
該当事項はありません。

7.　公開買付者に対する質問
該当事項はありません。

8.　公開買付期間の延長請求
該当事項はありません。

9.　今後の見通し

＜本行為が支配株主との取引等に関するものである場合＞
10.　支配株主との取引等に関する事項
(1)　支配株主との取引等の該当性及び少数株主の保護の方策に関する指針への適合状況
本取引は、支配株主との取引等に該当します。当社が、平成○○年○○月○○日に開示したコーポレート・ガバナンス報告書で示している「支配株主との取引等を行う際における少数株主の保護の方策に関する指針」に関する本取引における適合状況は、以下のとおりです。

なお、平成○○年○○月○○日に開示したコーポレート・ガバナンス報告書で示している「支配株主との取引等を行う際における少数株主の保護の方策に関する指針」は以下のとおりです。

(2)　公正性を担保するための措置及び利益相反を回避するための措置に関する事項

(3)　当該取引等が少数株主にとって不利益なものではないことに関する、支配株主と利害関係のない者から入手した意見の概要

＜その他投資者が会社情報を適切に理解・判断するために必要な事項を記載する。＞

以　上

（参考）買付け等の概要（別添）

東京証券取引所HP上「開示様式例（上場会社の決定事実）」の「当社株券に対する公開買付けに関する意見表明のお知らせ」参照。なお、開示資料の作成に当たっては、適時開示ガイドブック197～204頁の「開示事項及び開示・記載上の注意」に留意のこと。

6　MBOの実施及び応募の推奨に関するお知らせ（対象者）

平成○○年○○月○○日

各　位

会 社 名　○○○○株式会社
代表者名　代表取締役社長　○○　○○
（コード：○○○○、東証第○部）
問合せ先　取締役広報・IR部長　○○　○○
(TEL. ○○－○○○○－○○○○)

MBOの実施及び応募の推奨に関するお知らせ

当社は、平成○○年○○月○○日開催の取締役会において、以下のとおり、MBO（＊）である公開買付けへの応募を推奨することについて決議いたしましたので、お知らせいたします。なお、当社の取締役会決議は、公開買付者が本公開買付け及びその後の一連の手続きを経て当社を完全子会社とすることを企図していること及び当社株式が上場廃止となる予定であることを前提として行われたものであります。

（＊）本公開買付けは、いわゆるマネジメント・バイアウト（MBO）であり、当社経営陣からの出資による公開買付者が当社取締役会との合意に基づきその支配権を取得するために行うものです。

1.　公開買付者の概要

(1) 名称	○○○○株式会社
(2) 所在地	○○県○○市○○△－△－△
(3) 代表者の役職・氏名	
(4) 事業内容	
(5) 資本金	
(6) 設立年月日	
(7) 大株主及び持株比率	
(8) 上場会社と公開買付者の関係	
資本関係	
人的関係	
取引関係	
関連当事者への該当状況	

<個人の場合>

(1) 氏名	○○　○○
(2) 住所	○○県○○市

(3) 上場会社と公開買付者の関係	

＜ファンドの場合＞

(1) 名称	○○○○ファンド（ケイマン）、エル・ピー	
(2) 所在地	1000 West Bay, Seven Mile Beach, Grand Cayman Cayman Islands	
(3) 設立根拠等	ケイマン諸島免税リミテッド・パートナーシップ法に基づくLPS (Limited Partnership)	
(4) 組成目的	△△△△株式会社グループが、自社の事業である◎◎◎◎事業と関連の深い○○○○関連事業に投資を行うため組成されたものです。	
(5) 組成日	平成○○年○○月○○日	
(6) 出資の総額		
(7) 出資者・出資比率・出資者の概要	1. **.**%　○○　○○ (△△△△株式会社代表取締役です。) 2. **.**%　○○○○株式会社 (△△△△株式会社代表取締役○○　○○氏が個人で全額出資する○○関係の事業に投資することを専門とした会社です。) 3. **.**%　○○○○投資事業組合 (△△△△株式会社の子会社である□□□株式会社が出資する○○関係の事業に投資することを目的とした投資ビークルです。)	
(8) 業務執行組合員の概要	名称	○○○○株式会社
	所在地	○○県○○市○○△－△－△
	代表者の役職・氏名	
	事業内容	
	資本金	
(9) 国内代理人の概要	名称	○○○○株式会社
	所在地	○○県○○市○○△－△－△
	代表者の役職・氏名	
	事業内容	
(10) 上場会社と当該ファンドとの間の関係	上場会社と当該ファンドとの間の関係	
	上場会社と業務執行組合員との間の関係	
	上場会社と国内代理人との間の関係	
	資本金	

2.　買付け等の価格

普通株式1株につき、***,***円

3. 当該公開買付けに関する意見の内容、根拠及び理由

(1) 意見の内容

当社は、下記「(2)意見の根拠及び理由」に記載の根拠及び理由に基づき、本公開買付けに賛同の意見を表明するとともに、当社の株主の皆様に対して本公開買付けに応募することを推奨いたします。

(2) 意見の根拠及び理由

① 本公開買付けの背景

② 公開買付者における意思決定に至る過程

③ 当社における意思決定に至る過程

当社は、平成○年○月○日に公開買付者から本公開買付けの実施に関する最初の提案を受けました。

当該提案を受けて、当社は、平成○年○月○日付で、リーガル・アドバイザーとして○○法律事務所を、第三者算定機関として□□□□㈱を選定するとともに、平成○年○月○日付で、第三者委員会を設置し、・・・・を諮問するとともに、本件 MBO に関し、公開買付者との間で協議・交渉を行うことを委嘱しました。

・・・・。

以上の検討を踏まえ、当社は、本日開催の取締役会において、・・・・・であり、・・・・・であることから、本公開買付けは当社の企業価値向上に資するものと判断し、本公開買付けに賛同の意見を表明するとともに、本公開買付けの買付価格は・・・・であり、また、本公開買付けの手続きが・・・・であり公正な手続を通じて株主が受けるべき利益が損なわれることのないように配慮されていることから、株主の皆様に対して本公開買付けに応募することを推奨する旨の決議をいたしました。

(3) 算定に関する事項

当社は、当社及び公開買付者から独立した第三者算定機関である□□□□㈱を選定し、平成○年○月○日付で、当社普通株式価値に関する算定書を取得しました。なお、□□□□㈱は、当社及び公開買付者の関連当事者には該当せず、当社及び公開買付者との間で重要な利害関係を有しません。

□□□□㈱は、・・・・・・であることから市場株価法を、・・・・・・であることから類似会社比較法を、・・・・・・であることからディスカウンテッド・キャッシュ・フロー法（DCF 法）を用いて当社の株式価値分析を行いました。

上記各方式において算定された当社の普通株式1株当たりの価値の範囲は以下のとおりです。

市場株価法	○○円～○○円
類似会社比較法	○○円～○○円
DCF法	○○円～○○円

市場株価法においては、□□□□㈱は、算定基準日を算定書作成日の前営業日である平成○年○月○日として、当社普通株式の東京証券取引所における算定基準日までの1ヶ月間、3ヶ月間及び6ヶ月間における株価終値単純平均値（1ヶ月間：○○円、3ヶ月間：○○円、6ヶ月間：○○円）を算定しております。

類似会社比較法においては、□□□□㈱は、当社の主要事業である○○事業を営んでいる国内上場会社のうち、当社との事業規模の類似性を考慮し、売上高○億円以上の上場会社を基準として、▲▲株式会社、○○株式会社、及び□□株式会社を類似会社として抽出し、EV／EBITDA倍率及び株価収益率（PER）を用いて算定しております。

DCF法においては、□□□□㈱は、当社が作成した平成○年○月期から平成○年○月期の財務予測に基づく将来キャッシュフローを、一定の割引率で現在価値に割り引くことによって企業価値を評価しています。割引率は○○%を採用しており、継続価値の算定にあたっては永久成長率法及びマルチプル法を採用し、永久成長率法では、永久成長率を○○%～○○%、マルチプル法では、マルチプルを○○倍～○○倍として算定しております。

DCF法の算定の前提とした当社の財務予測は以下のとおりです。なお、当該財務予測は、本公開買付け及びその後の一連の手続きの実施を前提として作成しております。

（単位：百万円）

	平成○年○月期	平成○年○月期	平成○年○月期	平成○年○月期	平成○年○月期
売上高					
営業利益					
EBITDA					
フリー・キャッシュ・フロー					

（注）平成○年○月期において大幅な減益が生じておりますが、これは、・・・・・によるものです。

(4)　上場廃止となる見込み及びその事由

(5)　いわゆる二段階買収に関する事項

(6)　公正性を担保するための措置

当社は、本件 MBO は、・・・・・・・であることから、公正性を担保する必要があると判断し、公正性を担保するための措置として、以下の措置を実施しております。

①　算定書及びフェアネス・オピニオンの取得

当社は、当社株主のために当社及び公開買付者から独立した第三者算定機関である□□□□㈱を選定し、平成○年○月○日付で、当社普通株式価値に関する算定書を取得しました。算定書の概要は、上記⑵④をご参照ください。

また、当社は、平成○年○月○日付で、□□□□㈱から本公開買付けの公開買付価格○○円は、当社の株主にとって財務的見地より公正である旨の評価（フェアネス・オピニオン）を取得しています。

②　独立した法律事務所からの助言

当社は、平成○年○月○日付で、本件 MBO に関する当社のリーガル・アドバイザーとして、○○○○○法律事務所を選任し、○○○○法律事務所から、本件 MBO に関する当社の意思決定方法に関する法的助言を受けております。なお、○○○○法律事務所は、当社及び公開買付者との間で重要な利害関係を有しません。

③　公開買付期間を比較的長期間に設定

本公開買付けの買付期間は60営業日と設定し、公開買付者以外の他の買付者による買付けの機会を十分に提供し、また、株主の皆様の適切な判断機会を確保しています。

(7)　利益相反を回避するための措置

本件 MBO において、当社代表取締役社長の○○は公開買付者に出資するとともに公開買付者の代表取締役を兼任しております。また、当社専務取締役の○○○○は、公開買付者との間で本件 MBO の実施後も当社の取締役となることを合意しております。

これらの事情を踏まえ、当社は、本件 MBO に関し、利益相反を回避するための措置として、以下の措置を実施しております。

①　第三者委員会の設置

当社取締役会は、本件 MBO の利益相反を回避するために、平成○年○月○日付で、当社の独立役員である社外監査役○○○○及び社外取締役○○○○並びに社外有識者である○○○○（○○○○法律事務所　弁護士）の３名により構成される第三者委員会を設置し、同委員会に対し、・・・・・・について諮問し、また、本件 MBO に関し、公開買付者との間で協議・交渉することを委嘱しました。

同委員会は、本件 MBO に関して慎重な審議を行った結果、本件 MBO は、・・・・・・・であることから、当社企業価値を向上させるものであり、・・・・・・・等、公正な手続を通じて株主が受けるべき利益が損なわれることのないように配慮しているものであると判断し、また、本公開買付けの買付価格についても・・・・・・であると判断し、その旨の報告書を平成○○年○○月○○日付けで当社取締役会に提出しています。

②　利害関係を有する取締役及び監査役を除く取締役及び監査役全員の承認

本日開催の当社取締役会では、当社代表取締役社長○○○○及び専務取締役○○○○を除く当社の全ての取締役の全員一致で、本公開買付けについて賛同する旨の意見を表明するとともに、当社の株主の皆様に対し本公開買付けに応募することを推奨する旨の決議を行いました。

また、上記の取締役会には、当社の全ての監査役が参加し、いずれも、上記決議に異議がない旨の意見を述べています。

なお、当社代表取締役社長○○○○及び専務取締役○○○○は、上記のとおり本件 MBO に関し利害が相反するため、いずれも、当社の取締役会における本件 MBO に関する審議及び決議に参加しておらず、当社の立場において本件 MBO に関する協議・交渉に参加しておりません。

4.　公開買付者と自社の株主との間における公開買付けへの応募に係る重要な合意に関する事項

該当事項はありません。

5.　公開買付者又はその特別関係者による利益供与の内容

該当事項はありません。

6.　会社の支配に関する基本方針に係る対応方針

該当事項はありません。

7.　公開買付者に対する質問

該当事項はありません。

8.　公開買付期間の延長請求
　　該当事項はありません。

9.　今後の見通し

<本行為が支配株主との取引等に関するものである場合>

10.　支配株主との取引等に関する事項

(1)　支配株主との取引等の該当性及び少数株主の保護の方策に関する指針への適合状況

　本取引は、支配株主との取引等に該当します。当社が、平成○○年○○月○○日に開示したコーポレート・ガバナンス報告書で示している「支配株主との取引等を行う際における少数株主の保護の方策に関する指針」に関する本取引における適合状況は、以下のとおりです。

　なお、平成○○年○○月○○日に開示したコーポレート・ガバナンス報告書で示している「支配株主との取引等を行う際における少数株主の保護の方策に関する指針」は以下のとおりです。

(2)　公正性を担保するための措置及び利益相反を回避するための措置に関する事項

(3)　当該取引等が少数株主にとって不利益なものではないことに関する、支配株主と利害関係のない者から入手した意見の概要

<その他投資者が会社情報を適切に理解・判断するために必要な事項を記載する。>

以　上

（参考）買付け等の概要（別添）

東京証券取引所 HP 上「開示様式例（上場会社の決定事実）」の「MBO の実施及び応募の推奨に関するお知らせ」参照。なお、開示資料の作成に当たっては、適時開示ガイドブック198～204頁の「開示事項及び開示・記載上の注意」に留意のこと。

7　主要株主の異動に関するお知らせ（対象者）

平成○○年○○月○○日

各　位

会 社 名　○○○○株式会社
代表者名　代表取締役社長　○○　○○
（コード：○○○○、東証第○部）
問合せ先　取締役広報・IR部長　○○　○○
（TEL. ○○－○○○○－○○○○）

主要株主の異動に関するお知らせ

平成○○年○○月○○日付けで、以下のとおり当社の主要株主に異動がありましたので、お知らせいたします。

1. 異動が生じた経緯

2. 異動した株主の概要

(1) 名　　　称	○○○○株式会社
(2) 所　在　地	○○県○○市○○△－△－△
(3) 代表者の役職・氏名	
(4) 事　業　内　容	
(5) 資　本　金	

3. 異動前後における当該株主の所有する議決権の数（所有株式数）及び総株主の議決権の数に対する割合

	議決権の数（所有株式数）	総株主の議決権の数に対する割合※	大株主順位
異　動　前（平成○○年○○月○○日現在）	***,***,*** 個（***,***,***,*** 株）	**.*%	第○位
異　動　後	***,***,*** 個（***,***,***,*** 株）	**.*%	第○位

※　議決権を有しない株式として発行済株式総数から控除した株式数　***,***,*** 株
平成○○年○○月○○日現在の発行済株式総数　***,***,*** 株

4. 今後の見通し

＜その他投資者が会社情報を適切に理解・判断するために必要な事項を記載する。＞

以　上

東京証券取引所HP上「開示様式例（上場会社の発生事実）」の「主要株主の異動に関するお知らせ」参照。なお、開示資料の作成に当たっては、適時開示ガイドブック311頁の「開示事項及び開示・記載上の注意」に留意のこと。

8　臨時株主総会及び普通種類株主総会招集通知

証券コード　○○○○
平成○○年○○月○○日

株　主　各　位

○○県○○市○○町○丁目○番○号
株 式 会 社　○○○○○○
代表取締役　○　○　○　○

臨時株主総会及び普通株主様による種類株主総会招集ご通知

拝啓　平素は格別のご高配を賜り厚くお礼申し上げます。

さて、当社臨時株主総会（以下「本臨時株主総会」といいます。）及び普通株主様による種類株主総会（以下「本種類株主総会」といいます。）を下記のとおり開催いたしますので、ご出席くださいますようご通知申し上げます。

本臨時株主総会には、「全部取得条項に係る定款一部変更の件」を議案として上程いたしますが、同議案につき、会社法第111条第2項第1号に基づく決議をいただくため、本種類株主総会を併せて開催することといたしました。

なお、当日ご出席願えない場合は、書面または電磁的方法（インターネット等）により議決権を行使することができますので、お手数ながら後記の臨時株主総会参考書類及び種類株主総会参考書類をご検討いただき、同封の議決権行使書用紙に議案に対する賛否をご表示のうえご返送いただくか、当社の指定する議決権行使サイト（http://www.○○.co.jp/）において賛否をご入力いただくか、いずれかの方法により、平成○○年○○月○○日（○曜日）午後○時までに当社に到着するよう議決権の行使をお願い申し上げます。

敬　具

記

1. 日　　時　平成○○年○○月○○日（○曜日）午前10時
2. 場　　所　○○県○○市○○町○丁目○番○号
　○○ビル○○ホール
　（末尾の株主総会会場ご案内図をご参照ください。）
3. 目的事項

【臨時株主総会】
決議事項
第1号議案　種類株式発行に係る定款一部変更の件
第2号議案　全部取得条項に係る定款一部変更の件
第3号議案　全部取得条項付普通株式の取得の件

【普通株主様による種類株主総会】
決議事項
議案　全部取得条項に係る定款一部変更の件

以　上

当日ご出席の際は、お手数ながら同封の議決権行使書用紙を会場受付にご提出くださいますようお願い申し上げます。

臨時株主総会参考書類及び種類株主総会参考書類に修正が生じた場合は、インターネット上の当社ウェブサイト（http://www.○○.co.jp/）に掲載させていただきます。

9　臨時株主総会参考書類

【臨時株主総会】
臨時株主総会参考書類

第1号議案　種類株式発行に係る定款一部変更の件

1.　提案の理由

○○年○○月○○日付当社プレスリリース「株式会社甲による当社株券等に対する公開買付けの結果並びに親会社及び主要株主である筆頭株主の異動に関するお知らせ」にてお知らせいたしましたとおり、株式会社甲（以下「甲」といいます。）は、○○年○○月○○日から○○年○○月○○日まで、当社の普通株式（以下「当社普通株式」といいます。）及び新株予約権（以下「本新株予約権」といいます。）に対して公開買付け（以下「本公開買付け」といいます。）を行い、○○年○○月○○日（本公開買付けの決済の開始日）をもって、当社普通株式○○株（議決権所有割合○○．○○％（小数点以下第三位を四捨五入。））を有するに至っております。……

……甲は、マネジメント・バイアウト（MBO）の手法により当社株式を非上場化することが最善の方法であると考え、本公開買付けの実施を決定したとのことです。……

当社といたしましても、○○年○○月○○日付プレスリリース「MBOの実施及び応募の推奨に関するお知らせ」にてお知らせいたしましたとおり、……最善の選択肢であると判断いたしました。

以上を踏まえ、当社は、○○年○○月○○日開催の当社取締役会において、本臨時株主総会及び本種類株主総会において株主様にご承認いただくことを条件に、甲による当社の全発行済株式保有のために必要な以下の①から③の手続（以下「本完全子会社化手続」といいます。）を実施することといたしました。

①　当社の定款の一部を変更し、下記「2．変更の内容」に記載の定款変更案第○条の2に定める内容のA種種類株式（以下「A種種類株式」といいます。）を発行する旨の定めを新設し、当社を種類株式発行会社（会社法第2条第13号に定義するものをいい、以下同じです。）といたします（以下「手続①」といいます。）。

②　手続①による変更後の当社の定款の一部を更に変更し、当社の発行する全ての普通株式に全部取得条項（会社法第108条第1項第7号に規定する事項についての定めをいい、以下同じです。）を付す旨の定めを新設いたします。なお、全部取得条項が付された後の当社普通株式（以下「全部取得条項付普通株式」といいます。）の内容として、当社が株主総会の特別決議によって全部取得条項付普通株式の全部（ただし、当社が保有する自己株式を除きます。）を取得する場合において、全部取得条項付普通株式1株と

引換えに、A種種類株式を○○分の1株の割合をもって交付する旨の定めを設けます（以下「手続②」といいます。）。

③　会社法第171条第1項並びに手続①及び②による変更後の当社の定款に基づき、株主総会の特別決議によって、当社は、株主様（当社を除き、以下同じです。）から全部取得条項付普通株式の全てを取得し、当該取得の対価として、各株主様に対し当該取得と引換えに全部取得条項付普通株式1株につきA種種類株式を○○分の1株の割合をもって交付いたします。なお、甲を除く各株主様に対して交付されるA種種類株式の数は、いずれも1株未満の端数となる予定です（以下「手続③」といいます。）。

株主様に対するA種種類株式の交付の結果生じる1株未満の端数につきましては、その合計額（会社法第234条第1項により、その合計数に1株に満たない端数がある場合には、当該端数は切り捨てられます。）に相当するA種種類株式を、当社が会社法第234条その他の関係法令の定める手続に従って売却し、当該売却により得られた代金をその端数に応じて各株主様に交付いたします。

かかる売却手続に関し、当社は、会社法第234条第2項の規定に基づき、裁判所の許可を得てA種種類株式を甲に売却することを予定しております。この場合のA種種類株式の売却価格につきましては、別途定める基準日（第3号議案「2．全部取得条項付普通株式の取得の内容(2)取得日」において定める取得日の前日を基準日とすることを予定しております。）において株主様が保有する当社普通株式の数に○○円（本公開買付価格）を乗じた金額に相当する金銭が各株主様に交付されるよう設定する予定です。ただし、裁判所の許可が得られない場合や、計算上の端数調整が必要な場合等においては、実際に交付される金額が上記金額と異なる場合もあり得ます。

本議案は、本完全子会社化手続のうち手続①を実施するものであります。会社法上、全部取得条項の付された株式は種類株式発行会社のみが発行できるものとされていることから（会社法第171条第1項、第108条第1項第7号）、当社普通株式に全部取得条項を付す旨の定款変更である手続②を行う前提として、当社が種類株式発行会社となるべく、A種種類株式を発行する旨の定めを新設するほか、所要の変更を行うものであります。

2. 変更の内容

変更の内容は次のとおりです。なお、本議案に係る定款の一部変更は、本議案が本臨時株主総会において承認可決された時点で効力を生じるものといたします。

（下線は変更箇所を示します。）

現　行　定　款	変　更　案
（発行可能株式総数） 第○条　当会社の発行可能株式総数は、○株	（発行可能株式総数） 第○条　当会社は、普通株式のほか、第○条

現行定款	変更案
とする。	の２に定めるＡ種種類株式を発行することができる。
（新　設）	２　当会社の発行可能株式総数は、〇〇株とし、普通株式の発行可能種類株式総数は〇〇株、Ａ種種類株式の発行可能種類株式総数は〇〇株とする。
（新　設）	（Ａ種種類株式） 第〇条の２　当会社は、残余財産を分配するときは、Ａ種種類株式を有する株主（以下「Ａ種株主」という。）またはＡ種種類株式の登録株式質権者（以下「Ａ種登録株式質権者」という。）に対し、普通株式を有する株主（以下「普通株主」という。）または普通株式の登録株式質権者（以下「普通登録株式質権者」という。）に先立ち、Ａ種種類株式１株につき１円（以下「Ａ種残余財産分配額」という。）を支払う。Ａ種株主またはＡ種登録株式質権者に対してＡ種残余財産分配額が分配された後、普通株主または普通登録株式質権者に対して残余財産の分配をする場合には、Ａ種株主またはＡ種登録株式質権者は、Ａ種種類株式１株当たり、普通株式１株当たりの残余財産分配額と同額の残余財産の分配を受ける。
（新　設）	（種類株主総会） 第△条の２　第〇条、第〇条、第〇条及び第〇条の規定は、種類株主総会にこれを準用する。 ２　第〇条第１項の規定は、会社法第324条第１項による種類株主総会の決議にこれを準用する。 ３　第〇条第２項の規定は、会社法第324条第２項による種類株主総会の決議にこれを準用する。

第２号議案　全部取得条項に係る定款一部変更の件

1.　提案の理由

第１号議案「１．提案の理由」でご説明いたしましたとおり、当社は、本公開買付けへの賛同、株主様に対する応募の推奨及び本公開買付けの成立等を踏まえ、本臨時株主総会及び本種類株主総会において株主様にご承認いただくことを条件に本完全子会社化手続を実施することといたしました。

本議案は、本完全子会社化手続のうち手続②を実施するものであり、第１号議案に係る変更後の当社の定款の一部を更に変更し当社の発行する全ての普通株式に全部取得条項を付してこれらを全部取得条項付普通株式とする旨の定款の定めを新設するものです。本議案が本臨時株主総会で、また本種類株主総会議案「全部取得条項に係る定款一部変更の件」が本種類株主総会で、それぞれ原案どおり承認可決され、手続②の定款変更の効力が発生した場合には、当社の発行する普通株式は全て全部取得条項付普通株式となります。

　なお、手続②の後、第３号議案が本臨時株主総会において原案どおり承認可決されますと、当社は株主様から全部取得条項付普通株式を取得いたしますが（手続③）、当該取得と引換えに当社が株主様に交付する取得の対価は、第１号議案に係る定款変更により設けられるＡ種種類株式であり、かつ当社が全部取得条項付普通株式１株につき株主様に割り当てるＡ種種類株式の数は、甲を除く各株主様に対して交付されるＡ種種類株式の数が１株未満の端数となるよう、○○分の１株としております。

2.　変更の内容

　変更の内容は次のとおりです。なお、本議案に係る定款の一部変更は、本臨時株主総会において第１号議案及び第３号議案がいずれも原案どおり承認可決されること、並びに本種類株主総会議案「全部取得条項に係る定款一部変更の件」が本種類株主総会において原案どおり承認可決されることを条件に、○○年○○月○○日に、その効力を生じるものといたします。

（下線は変更箇所を示します。）

第１号議案による変更後の定款	追　加　変　更　案
（新　設）	<u>（全部取得条項）</u> <u>第○条の３　当会社が発行する普通株式は、当会社が株主総会の決議によってその全部を取得することができる。当会社が普通株式の全部を取得する場合には、普通株式の取得と引換えに、普通株式１株につきＡ種種類株式を○○分の１株の割合をもって交付する。</u>

第３号議案　全部取得条項付普通株式の取得の件

1.　全部取得条項付普通株式の取得を必要とする理由

　第１号議案「１．提案の理由」でご説明いたしましたとおり、当社は、本公開買付けへの賛同、株主様に対する応募の推奨、及び本公開買付けの成立等を踏まえ、本臨時株主総会及び本種類株主総会において株主様にご承認いただくことを条件に本完全子会社化手続を実施することといたしました。

　本議案は、本完全子会社化手続のうち手続③を実施するものであり、会社法第171条第１項並びに第１号議案及び第２号議案に係る変更後の当社の定款に基づき、株主総会の特別決議によって、当社が株主様から全部取得条項付普通株式の全てを取得し、当該取得の対価として、各株主様に対し当該取得と引換えに第１号議案に係る定款変更により設けられるＡ種種類株式を交付するものです。

　当該交付がなされるＡ種種類株式の数につきましては、株主様に対して、その保有する全部取得条項付普通株式１株につき、Ａ種種類株式を○○分の１株の割合をもって交付するものといたします。この結果、甲を除く各株主様に対して取得対価として交付されるＡ種種類株式の数は、１株未満の端数となる予定です。このように割り当てられるＡ種種類株式の数が１株未満の端数となる株主様に関しましては、会社法第234条の定めに従って以下のとおりの１株未満の端数処理がなされ、最終的には金銭が交付されることになります。

株主様に対し、その保有する全部取得条項付普通株式１株につき、Ａ種種類株式を○○分の１株の割合をもって割り当てる結果生じるＡ種種類株式の１株未満の端数につきましては、その合計数（会社法第234条第１項により、その合計数に１株に満たない端数がある場合には、当該端数は切り捨てられます。）に相当するＡ種種類株式を、会社法第234条その他の関係法令の定める手続に従って売却し、当該売却によって得られた代金をその端数に応じて各株主様に交付いたします。かかる売却手続に関し、当社は、会社法第234条第２項の規定に基づき、裁判所の許可を得てＡ種種類株式を甲に売却することを予定しております。この場合のＡ種種類株式の売却価格につきましては、別途定める基準日（下記「２．全部取得条項付普通株式の取得の内容⑵取得日」において定める取得日の前日を基準日とすることを予定しております。）において株主様が保有する当社普通株式の数に○○円（本公開買付価格）を乗じた金額に相当する金銭が各株主様に交付されるよう設定する予定です。ただし、裁判所の許可が得られない場合や、計算上の端数調整が必要な場合等においては、実際に交付される金額が上記金額と異なる場合もあり得ます。

2. 全部取得条項付普通株式の取得の内容

⑴　全部取得条項付普通株式の取得と引換えに交付する取得対価及びその割当てに関する事項

会社法第171条第１項並びに第１号議案及び第２号議案による変更後の当社の定款に基づき、取得日（下記⑵において定めます。）において、別途定める基準日（取得日の前日とすることを予定しております。）の最終の当社の株主名簿に記載または記録された全部取得条項付普通株式の株主様に対し、その保有する全部取得条項付普通株式１株の取得と引換えに、Ａ種種類株式を○○分の１株の割合をもって交付するものといたします。

⑵　取得日

平成○○年○○月○○日（○曜日）

⑶　その他

本議案に係る全部取得条項付普通株式の取得は、本臨時株主総会において第１号議案及び第２号議案がいずれも原案どおり承認可決されること、本種類株主総会において第２号議案と同内容の議案「全部取得条項に係る定款一部変更の件」が原案どおり承認可決されること、並びに第２号議案に係る定款変更の効力が生じることを条件に、その効力が生じるものといたします。なお、その他の必要事項については、当社取締役会にご一任願いたく存じます。

以　上

10　普通種類株主総会参考書類

【普通株主様による種類株主総会】
種類株主総会参考書類

議　　　案　全部取得条項に係る定款一部変更の件

1.　提案の理由

本臨時株主総会第1号議案「種類株式発行に係る定款一部変更の件」（臨時株主総会参考書類の○○頁から○○頁まで）でご説明いたしましたとおり、当社は、本公開買付けへの賛同、株主様に対する応募の推奨及び本公開買付けの成立等を踏まえ、本臨時株主総会及び本種類株主総会において株主様にご承認いただくことを条件に本完全子会社化手続を実施することといたしました。

本議案は、本完全子会社化手続のうち手続②を実施するものであり、本臨時株主総会第1号議案「種類株式発行に係る定款一部変更の件」に係る変更後の当社の定款の一部を更に変更し、当社の発行する全ての普通株式に全部取得条項を付してこれを全部取得条項付普通株式とする旨の定款の定めを新設するものです。本臨時株主総会において、手続①を実施する本臨時株主総会第1号議案が承認可決されますと、当社は、種類株式発行会社となります。したがって、会社法第111条第2項第1号により、手続②を実施するのに必要な定款変更を行うためには、当社普通株主様による種類株主総会の決議が必要となります。そこで、本臨時株主総会と併せて、本種類株主総会を開催し、株主様による決議をお願いするものであります。本議案が本種類株主総会で、また本臨時株主総会第2号議案「全部取得条項に係る定款一部変更の件」が本臨時株主総会で、それぞれ原案どおり承認可決され、手続②の定款変更の効力が発生した場合には、当社の発行する普通株式は全て全部取得条項付普通株式となります。

なお、手続②の後、本臨時株主総会第3号議案「全部取得条項付普通株式の取得の件」が本臨時株主総会において原案どおり承認可決されますと、当社は株主様から全部取得条項付普通株式を取得いたしますが（手続③）、当該取得と引換えに当社が株主様に交付する取得の対価は、本臨時株主総会第1号議案「種類株式発行に係る定款一部変更の件」に係る定款変更により設けられるA種種類株式であり、かつ当社が全部取得条項付普通株式1株につき株主様に割り当てるA種種類株式の数は、甲を除く各株主様に対して交付されるA種種類株式の数が1株未満の端数となるよう、○○分の1株としております。

2.　変更の内容

変更の内容は次のとおりです。なお、本議案に係る定款変更は、本臨時株主総会第1号議案から第3号議案までがいずれも本臨時株主総会において原案どおり承認可決されることを条件に、○○年○○月○○日にその効力を生じるものといたします。

（下線は変更部分を示します。）

本臨時株主総会第１号議案による変更後の定款	追加変更案
（新　設）	（全部取得条項） 第○条の３　当会社が発行する普通株式は、当会社が株主総会の決議によってその全部を取得することができる。当会社が普通株式の全部を取得する場合には、普通株式の取得と引換えに、普通株式１株につきＡ種種類株式を○○分の１株の割合をもって交付する。

以　上

11　臨時株主総会議事録

臨時株主総会議事録

日　　　時：平成○○年○○月○○日午前10時00分
場　　　所：○○県○○市○○町○丁目○番○号
○○ビル○○ホール
議決権を行使することができる株主の数：　○○名
議決権を行使することができる株主の議決権の数：　○○個
出席株主数：　○○名
出席株主の議決権の数：　○○個
(出席株主は委任状による出席を含む)
出席取締役：○○○○、○○○○、○○○○、○○○○
出席監査役：○○○○、○○○○、○○○○

上記のとおり出席があったので、本株主総会は適法に成立した。定刻代表取締役社長○○○○は定款の規定により議長となり、開会を宣し直ちに議事に入った。

第１号議案　種類株式発行に係る定款一部変更の件
議長は、当会社の定款を臨時株主総会参考書類第１号議案２．記載の変更案のとおり変更することにつき承認を得たい旨を説明し、その賛否を議場に諮ったところ、出席株主の議決権の３分の２以上の賛成をもって原案どおり承認可決された。

第２号議案　全部取得条項に係る定款一部変更の件
議長は、本臨時株主総会において第３号議案が原案どおり承認可決されることを条件として、平成○○年○○月○○日をもって当会社の定款を臨時株主総会参考書類第２号議案２．記載の追加変更案のとおり変更することにつき承認を得たい旨を説明し、その賛否を議場に諮ったところ、出席株主の議決権の３分の２以上の賛成をもって原案どおり承認可決された。

第３号議案　全部取得条項付普通株式の取得の件
議長は、第２号議案及び普通種類株主総会の議案の定款変更の効力が有効に生じることを条件として、会社法第171条第１項並びに第１号議案及び第２号議案に係る変更後の当会社の定款に基づき、平成○○年○○月○○日をもって、当会社が株主から全部取得条項付普通株式の全てを取得し、当該取得の対価として、各株主に対し当該取得と引換えにＡ種種類株式を交付することにつき承認を得たい旨を説明し、その賛否を議場に諮ったところ、出席株主の議決権の３分の２以上の賛成をもって原案どおり承認可決された。

　以上をもって本総会の議案全部を終了したので、議長は閉会の挨拶を述べ、午前○○時○○分散会した。

　以上の決議を明確にするため、代表取締役社長○○○○はこの議事録を作成し、次に記名押印する。

平成○○年○○月○○日
株式会社○○　臨時株主総会

議　　　長
代表取締役　○　○　○　○

12　普通種類株主総会議事録

普通種類株主総会議事録

日　　時：平成○○年○○月○○日午前10時00分
場　　所：○○県○○市○○町○丁目○番○号
○○ビル○○ホール
議決権を行使することができる株主の数：　○○名
議決権を行使することができる株主の議決権の数：　○○個
出席株主数：　○○名
出席株主の議決権の数：　○○個
（出席株主は委任状による出席を含む）
出席取締役：○○○○、○○○○、○○○○、○○○○
出席監査役：○○○○、○○○○、○○○○

上記のとおり出席があったので、本普通種類株主総会は適法に成立した。定刻代表取締役社長○○○○は定款の規定により議長となり、開会を宣し直ちに議事に入った。

議案　全部取得条項に係る定款一部変更の件
議長は、臨時株主総会において第３号議案が原案どおり承認可決されることを条件として、平成○○年○○月○○日をもって当会社の定款を種類株主総会参考書類議案記載の追加変更案のとおり変更することにつき承認を得たい旨を説明し、その賛否を議場に諮ったところ、出席株主の議決権の３分の２以上の賛成をもって原案どおり承認可決された。

以上をもって本総会の議案全部を終了したので、議長は閉会の挨拶を述べ、午前○○時○○分散会した。

以上の決議を明確にするため、代表取締役社長○○○○はこの議事録を作成し、次に記名押印する。

平成○○年○○月○○日
株式会社○○　普通種類株主総会

議　　長
代表取締役　○　○　○　○

第10章　金融商品取引法

1　公開買付開始公告

公開買付開始公告

各　位

平成○年○月○日
東京都○○区○○一丁目１番１号
○○○○株式会社
代表取締役　○　○　○　○

○○○○株式会社（以下「公開買付者」といいます。）は、金融商品取引法（昭和23年法律第25号。その後の改正を含みます。以下「法」といいます。）による公開買付け（以下「本公開買付け」といいます。）を下記のとおり行いますので、お知らせいたします。

記

1. 公開買付けの目的
 (1) 本公開買付けの概要
 (2) 本公開買付けの実施を決定するに至った背景、目的及び意思決定の過程並びに本公開買付け後の経営方針
  ① 本公開買付けの背景等
  ② 本公開買付け実施後の経営方針等
 (3) 本公開買付けに関する重要な合意等
 (4) 本公開買付価格の公正性を担保するための措置及び利益相反を回避するための措置等、本公開買付けの公正性を担保するための措置
  ① 公開買付者における第三者算定機関からの株式価値算定書の取得
  ② 対象者における独立した第三者算定機関からの株式価値算定書の取得
  ③ 対象者における第三者委員会の設置
  ④ 対象者における外部の法律事務所からの助言
  ⑤ 対象者における利害関係を有しない取締役及び監査役全員の承認
  ⑥ 買付予定数の下限の設定
  ⑦ 他の買付者からの買付機会を確保するための措置
 (5) 本公開買付け後の組織再編等の方針（いわゆる二段階買収に関する事項）

(6)　上場廃止となる見込み及びその事由
2.　公開買付けの内容
(1)　対象者の名称　株式会社△△△△
(2)　買付け等を行う株券等の種類　普通株式
(3)　買付け等の期間
①　届出当初の期間　平成○年○月○日（○曜日）から平成○年○月○日まで（○営業日）
②　対象者の請求に基づく延長の可能性の有無
③　期間延長の確認連絡先
(4)　買付け等の価格　普通株式１株につき、金○円
(5)　買付予定の株券等の数　買付予定数　○株
買付予定数の下限　○株
買付予定数の上限　－株
(6)　買付予定の株券等に係る議決権の数が対象者の総株主等の議決権の数に占める割合
(7)　公告日における公開買付者の所有に係る株券等の株券等所有割合及び公告日における特別関係者の株券等所有割合並びにこれらの合計
(8)　買付け等の後における公開買付者の所有に係る株券等の株券等所有割合並びに当該株券等所有割合及び公告日における特別関係者の株券等所有割合の合計
(9)　応募の方法及び場所
(10)　買付け等の決済をする金融商品取引業者・銀行等の名称及び本店の所在地
(11)　決済の開始日
(12)　決済の方法及び場所
(13)　株券等の返還方法
(14)　その他買付け等の条件及び方法
①　法第27条の13第４項各号に掲げる条件の有無及び内容
②　公開買付けの撤回等の条件の有無、その内容及び撤回等の開示の方法
③　買付け等の価格の引下げの条件の有無、その内容及び引下げの開示の方法
④　応募株主等の契約の解除権についての事項
⑤　買付条件等の変更をした場合の開示の方法
⑥　訂正届出書を提出した場合の開示の方法
⑦　公開買付けの結果の開示の方法
⑧　その他
3.　対象者又はその役員との本公開買付けに関する合意の有無
(1)　公開買付者と対象者との間の合意の有無及び内容
(2)　公開買付者と対象者の役員との間の合意の有無及び内容

(3)　本公開買付けの実施を決定するに至った背景、目的及び意思決定の過程並びに本公開買付け後の経営方針

①　本公開買付けの背景等

②　本公開買付け実施後の経営方針等

(4)　本公開買付価格の公正性を担保するための措置及び利益相反を回避するための措置等、本公開買付けの公正性を担保するための措置

①　公開買付者における第三者算定機関からの株式価値算定書の取得

②　対象者における独立した第三者算定機関からの株式価値算定書の取得

③　対象者における第三者委員会の設置

④　対象者における外部の法律事務所からの助言

⑤　対象者における利害関係を有しない取締役及び監査役全員の承認

⑥　買付予定数の下限の設定

⑦　他の買付者からの買付機会を確保するための措置

4.　公開買付届出書の写しを縦覧に供する場所

5.　公開買付者である会社の目的、事業の内容及び資本金の額

(1)　会社の目的

(2)　事業の内容

(3)　資本金の額

以　上

公開買付開始公告に記載すべき内容は、公開買付届出書の内容とほぼ重複する。上記は、MBO の事例において、一般的に見られる公開買付開始公告の記載の項目を示したものである。

2　公開買付開始公告についてのお知らせ

公開買付開始公告についてのお知らせ

平成○年○月○日

各　位

東京都○○区○○一丁目１番１号
○○○○株式会社
代表取締役　○　○　○　○

当社は、平成○年○月○日、金融商品取引法による公開買付けを行うことを下記のとおり決定いたしましたのでお知らせいたします。

記

1. 対象者の名称　株式会社△△△△
2. 買付け等を行う株券等の種類　普通株式
3. 買付等の期間　平成○年○月○日（○曜日）から
平成○年○月○日（○曜日）まで
4. 買付等の価格　普通株式１株につき、金○円
5. 買付予定の株券等の数　買付予定数　○株
買付予定数の下限　○株
買付予定数の上限　－株
6. 買付等の決済をする金融商品取引業者の名称　○○○○証券株式会社

なお、公告の内容が掲載されている電子公告アドレスは次のとおりです。

http://info.edinet-fsa.go.jp/

3　公開買付応募契約書

公開買付応募契約書

○○（以下「甲」という。）および株式会社△△（以下「乙」という。）は、乙が実施することを予定している株式会社□□（以下「対象会社」という。）の株式に対する公開買付け（金融商品取引法27条の２以下の規定による公開買付けをいい、以下「本公開買付け」という。）に関し、以下のとおり合意する。

第１条（本公開買付けの内容）

乙は、次に掲げる内容にて、本公開買付けを実施することを予定している。

⑴	公開買付者	乙
⑵	対象株式	対象会社の普通株式
⑶	公開買付期間	平成○年○月○日から平成○年○月○日まで（ただし、金融商品取引法その他の法令の規定に従い、変更される可能性がある。）（以下「本公開買付期間」という。）
⑷	公開買付価格	普通株式１株あたり金○円
⑸	買付予定数	○株
⑹	買付予定数の下限	○株（対象会社の発行済株式総数の○％に相当する数）
⑺	買付予定数の上限	○株（対象会社の発行済株式総数の○％に相当する数）
⑻	決済の開始日	平成○年○月○日（ただし、本公開買付期間が変更された場合は、当該変更後の公開買付期間満了日の○営業日後の日）
⑼	買付条件	応募株券等の総数が買付予定数の下限に満たない場合は、応募株券等の全部の買付けを行わない。応募株券等の総数が買付予定数と同数のときは、応募株券等の全部の買付けを行う。応募株券等の総数が買付予定数の上限を超える場合は、その超える部分の全部または一部の買付けは行わないものとし、金融商品取引法27条の13第５項に規定するあん分比例方式により、株券等の買付け等に係る受渡しその他の決済を行う。
⑽	撤回条件	金融商品取引法27条の11第１項その他の法令の範囲内で乙が定める。

第２条（甲による本公開買付けへの応募等）

1　本公開買付けが開始された場合、甲は、速やかに、甲が所有する対象会社の普通株式○株（以下「本株式」という。）について、本公開買付けに応募しなければならない（以下、甲による本公開買付けへの応募を「本応募」という。）。

2　甲は、本株式の全部または一部について、本公開買付け以外の公開買付けへの応募または第三者への譲渡、担保設定その他の処分を行ってはならない。

第３条（本公開買付けの実施および本応募の前提条件等）

1　乙による本公開買付けの開始は、次の各号に掲げる条件のすべてが充足されていることを前提条件とする。ただし、乙は、その任意の裁量により、次の各号に掲げる条件の全部または一部を放棄することができる。

(1)　本契約に基づき本公開買付けの開始までに甲が履行し、または遵守すべき重要な義務がすべて履行され、かつ遵守されていること。

(2)　第４条第１項に規定する甲の表明保証に重大な誤りがないこと。

(3)　対象会社の取締役会により本公開買付けに賛同する旨および本公開買付けへの応募を株主に推奨する旨の決議がされ、当該決議が撤回または変更されていないこと。

2　甲による本応募の義務は、次の各号に掲げる条件のすべてが充足されていることを前提条件とする。ただし、甲は、その任意の裁量により、次の各号に掲げる条件の全部または一部を放棄することができる。

(1)　本公開買付けが第１条に定める内容により行われていること。

(2)　本契約に基づき本公開買付けの開始までに乙が履行し、または遵守すべき重要な義務がすべて履行され、かつ遵守されていること。

(3)　第４条第２項に規定する乙の表明保証に重大な誤りがないこと。

3　甲は、第６条第３項各号に掲げる事由が生じた場合を除いて、本応募により成立した本公開買付けに係る契約を解除することができない。

第４条（表明保証）（※）

1　甲は、乙に対して、本契約締結日から本公開買付けに係る決済の開始日までの間、次の各号に掲げる事実が真実かつ正確であることを表明し、保証する。

(1)　甲が日本法に基づき適法かつ有効に設立され、存続する株式会社であること。

(2)　甲が本契約を適法かつ有効に締結し、本契約上の義務を履行するために必要な権利能力および行為能力を有していること。

(3)　甲による本契約の締結および履行がその目的の範囲内の行為であり、甲が本契約の締結および履行に関して法令、定款その他の甲の内部規則において必要とされる手続をすべて適法に履践していること。

⑷　本契約が甲により適法かつ有効に締結されており、かつ乙により本契約が適法かつ有効に締結された場合には、甲の適法、有効かつ法的拘束力のある義務を構成し、本契約の規定に従い甲に対して執行可能であること。
⑸　甲による本契約の締結および履行が、甲に適用される法令に違反するものでなく、甲の定款その他の内部規則に違反するものでなく、甲が当事者となっている重要な契約において債務不履行事由に該当するものでなく、かつ甲を名宛人とする裁判所または行政機関の判決、決定または命令に違反するものでないこと。
⑹　甲が本契約の締結および履行のために必要となる裁判所または行政機関からの許可、認可または承認等の取得、裁判所または行政機関に対する報告、届出その他の法令上の手続をすべて適法かつ適正に完了していること。
⑺　甲が対象会社に関して金融商品取引法166条１項に規定する重要事実または同法167条３項に規定する公開買付け等事実であって未公表のもの（本公開買付けに関する事実を除く。）を認識していないこと。
⑻　甲が本株式のすべてを適法かつ有効に所有し、本株式の株主としての地位を対象会社および第三者に対抗することができること。
⑼　本株式に譲渡担保権、質権その他の担保権が設定されておらず、乙が本公開買付けにより決済の対象となる本株式の完全かつ負担のない所有権を適法かつ有効に取得することができること。
2　乙は、甲に対して、本契約締結日から本公開買付けに係る決済の開始日までの間、次の各号に掲げる事実が真実かつ正確であることを表明し、保証する。
⑴　乙が日本法に基づき適法かつ有効に設立され、存続する株式会社であること。
⑵　乙が本契約を適法かつ有効に締結し、本契約上の義務を履行するために必要な権利能力および行為能力を有していること。
⑶　乙による本契約の締結および履行がその目的の範囲内の行為であり、乙が本契約の締結および履行に関して法令、定款その他の乙の内部規則において必要とされる手続をすべて適法に履践していること。
⑷　本契約が乙により適法かつ有効に締結されており、かつ甲により本契約が適法かつ有効に締結された場合には、乙の適法、有効かつ法的拘束力のある義務を構成し、本契約の規定に従い乙に対して執行可能であること。
⑸　乙による本契約の締結および履行が、乙に適用される法令に違反するものでなく、乙の定款その他の内部規則に違反するものでなく、乙が当事者となっている重要な契約において債務不履行事由に該当するものでなく、かつ乙を名宛人とする裁判所または行政機関の判決、決定または命令に違反するものでないこと。
⑹　乙が本契約の締結および履行のために必要となる裁判所または行政機関からの許可、認可または承認等の取得、裁判所または行政機関に対する報告、

届出その他の法令上の手続をすべて適法かつ適正に完了していること。

第５条（補償）

1　甲は、本契約上の義務に違反した場合または前条第１項に規定する甲の表明保証に誤りがあることが判明した場合、これに起因または関連して乙が被った損害、損失または費用（弁護士その他の専門家の費用を含む。以下「損害等」と総称する。）を補償しなければならない。

2　乙は、本契約上の義務に違反した場合または前条第２項に規定する乙の表明保証に誤りがあることが判明した場合、これに起因または関連して甲が被った損害等を補償しなければならない。

第６条（契約の終了）

1　次の各号に掲げるときは、本契約は、終了する。

(1)　本公開買付けが開始されないまま平成○年○月○日を経過したとき。

(2)　本公開買付けが撤回されたとき。

2　次の各号に掲げる事由が生じた場合、乙は、甲に対して事前に書面で通知をすることにより、本契約を直ちに解除することができる。

(1)　甲が本契約上の重要な義務に違反した場合

(2)　第４条第１項に規定する甲の表明保証に重大な誤りがあることが判明した場合

3　次の各号に掲げる事由が生じた場合、甲は、乙に対して事前に書面で通知をすることにより、本契約を直ちに解除することができる。

(1)　乙が本契約上の重要な義務に違反した場合

(2)　第４条第２項に規定する乙の表明保証に重大な誤りがあることが判明した場合

4　前２項の規定にかかわらず、本公開買付けにかかる決済がされた後は、いずれの当事者も本契約を解除することができない。

5　本契約が解除または終了によりその効力を失った場合であっても、第５条（補償）、第７条（秘密保持）、第８条（費用等）、第９条（契約上の地位の移転禁止等）、第11条（管轄）および第12条（誠実協議）の各規定は、なおその効力を有する。

第７条（秘密保持）

1　甲および乙は、本契約の締結日から○年間、次の各号に掲げる情報（次項各号に規定する情報を除き、以下「秘密情報」という。）を、相手方の書面による事前の承諾がない限り、第三者（自らが起用する弁護士、フィナンシャルアドバイザーその他の専門家を除く。）に開示してはならず、かつ本契約の目的以外の目的のために使用してはならない。

⑴　本契約の存在および内容
⑵　本契約および本公開買付けに関する交渉の経緯および内容
⑶　本契約および本公開買付けに関し相手方から開示された情報
2　次の各号に掲げる情報は、前項に規定する秘密情報から除外される。
⑴　情報が開示された時点において既に公知であった情報
⑵　情報が開示された時点において受領当事者が既に適法に入手していた情報
⑶　情報が開示された後、自らの責めによることなく公知となった情報
⑷　情報が開示された後、受領当事者が秘密保持義務を負わない第三者から正当に入手した情報
3　第１項の規定にかかわらず、甲および乙は、金融商品取引法その他の法令（金融商品取引所の規則を含む。）により開示が義務付けられ、または裁判所、行政機関および自主規制機関から合理的に開示を要請された場合には、開示を義務付けられ、または合理的に開示を要請された範囲において、秘密情報を開示することができる。

第８条（費用等）
甲および乙は、本契約の準備、締結および履行に関して各自に課される公租公課および各自に生じた費用を、それぞれ各自が負担する。

第９条（契約上の地位の移転禁止等）
甲および乙は、相手方の書面による事前の承諾がない限り、本契約上の地位の第三者への移転または本契約に基づく権利義務の第三者への譲渡もしくは担保権の設定その他の処分をしてはならない。

第10条（完全合意）
本契約は、本契約に規定する事項に関する甲乙間の合意のすべてであり、本契約締結前における当該事項に関する甲乙間の合意は、その内容および方式を問わず、すべて失効し、その効力を有しない。

第11条（管轄）
本契約に関して生じた一切の紛争に関しては、東京地方裁判所を第一審の専属的合意管轄裁判所とする。

第12条（誠実協議）
甲および乙は、本契約に定めのない事項については、本契約の趣旨に従い、誠実に協議の上これを決する。

以上の合意を証するため、本契約書を２通作成し、各自記名捺印の上、甲および乙がそれぞれ１通ずつ保管する。

平成○年○月○日

甲　　東京都○○区○○
　　　○○

乙　　東京都○○区○○
　　　株式会社△△
　　　代表取締役　○○

（※）甲が法人である場合を想定している。

なお、金融商品取引法関係の書式は、そのほか主なものとして、有価証券届出書（開示府令第２号様式、第２号の２様式（組込方式）、第２号の３様式（参照方式）、第２号の６様式（特定組織再編成））、臨時報告書（開示府令第５号の３様式）、大量保有報告書（大量保有府令第１号様式）、公開買付届出書（他社株府令第２号様式）、意見表明報告書（他社株府令第４号様式）、対質問回答報告書（他社株府令第８号様式）、公開買付報告書（他社株府令第６号様式）があるが、紙幅の関係で割愛した。

第11章　独占禁止法

1　国内の会社の事業報告

様式第１号（用紙の大きさは，日本工業規格Ａ４とする。）

法第９条第４項の規定による報告書（国内の会社）
平成　　年　　月　　日現在

平成　　年　　月　　日

公 正 取 引 委 員 会　殿

名　　称
代表者の役職　氏名　　　　　　　　　　印

私的独占の禁止及び公正取引の確保に関する法律第９条第４項の規定により，昭和 28 年公正取引委員会規則第１号第１条の４第２項に掲げる書類を添え，下記のとおり報告します。

記

1　提出会社に関する事項

<table>
<tr><td>(ふりがな)
名　　称
（注１）</td><td colspan="2"></td><td rowspan="4">事務上の連絡先</td><td>担当部署</td><td></td></tr>
<tr><td rowspan="3">住　　所</td><td colspan="2" rowspan="3">〒</td><td>住　　所</td><td>〒</td></tr>
<tr><td>担 当 者</td><td></td></tr>
<tr><td>電話番号</td><td>—　　—</td></tr>
<tr><td>設立年月日</td><td colspan="2">年　　月　　日</td><td colspan="2">決算の時期</td><td>月</td></tr>
<tr><td rowspan="2">総 資 産 等</td><td>総資産（A）
（注２）</td><td colspan="2">所有株式のうちの国内の子会社（注３）の株式の帳簿価格（注４）（B）</td><td colspan="2">子会社の株式の総資産に対する所有比率（注５）（(B)／(A)×100）</td></tr>
<tr><td>百万円</td><td colspan="2">百万円</td><td colspan="2">%</td></tr>
<tr><td rowspan="2">現に営む事業の概要
（注６）</td><td>事業分野（注７）</td><td colspan="3">最近１年間の売上額（注８）</td><td>備考（注９）</td></tr>
<tr><td></td><td colspan="3">百万円</td><td></td></tr>
<tr><td>報告の状況
（注10）</td><td colspan="5">1　前期分提出
2　新規提出
3　以前に提出　→　前回提出年月　　年　　月</td></tr>
</table>

（注）1　前回の報告書の記載時点後に名称を変更した場合は，旧名称を付記すること。

2　総資産は，昭和 28 年公正取引委員会規則第１号第１条の２の規定による額を，百万円未満を切り捨てて記載すること。

3　子会社とは，法第９条第５項の規定により子会社として定義されているものをいう。

4　株式の帳簿価格には，合名会社，合資会社又は合同会社である子会社に対する出資金額を含めること。
なお，百万円未満を切り捨てて記載すること。

5　子会社の株式の総資産に対する所有比率は，小数点以下２けたを四捨五入し，小数点以下１

けたまでを記載すること。

6　現に営む事業の概要は，提出会社が株式所有以外に事業を営んでいない場合には，記載を要しない。

7　事業分野の分類は，日本標準産業分類の小分類（3けた分類）に準拠するものとする。また，事業分野については，提出会社の属する事業分野のうち，提出会社の最近1年間の売上額の多いもの上位3つを記載すること。ただし，当該事業分野における提出会社の最近1年間の売上額が600億円未満である場合又は当該事業分野全体の最近1年間の売上額が6000億円以下である場合には，記載を要しない。

8　最近1年間の売上額は，記載する事業分野における売上額を，百万円未満を切り捨てて記載すること。

9　備考欄には，記載する事業分野のいずれかにおいて，提出会社の全国における市場占拠率（シェア）が10%以上である場合又は10%以上であると推定される場合にレ印を付すること。

10　該当する番号を○で囲み，3に該当する場合には前回の提出年月を記載すること。

2　国内の子会社及び実質子会社に関する事項

□印のついた欄については，該当する□にレ印を付すること。

提出会社が合資会社を子会社又は実質子会社に有する場合には，当該会社については「議決権保有比率」を「出資比率」と読み替えることとする。

(1)　子会社（提出会社の議決権保有比率（子会社が保有している分を含む。以下同じ。）が50%超である国内の会社）に関する事項

番号	子会社名（注1）	総資産（注2）	議決権保有比率（注3）	事業分野（注4）	最近1年間の売上額（注5）	備考（注6）
		百万円			百万円	

（注）1　子会社の記載順は，総資産の大きい順とする。また，前回提出した報告書において子会社として記載されなかった子会社名の冒頭には，○を付すること。なお，子会社の名称が前回提出した報告書の記載時点後に変わった場合には，旧名称を付記すること。

2　総資産は，当該子会社の最終の決算日の時点のものを，百万円未満を切り捨てて記載すること。ただし，当該子会社の総資産が3000億円以下である場合には，記載を要しない。

3　議決権保有比率は，小数点以下２けたを四捨五入し，小数点以下１けたまでを記載すること。なお，保有議決権数は，株主総会において決議をすることができる事項の全部につき議決権を行使することができない株式についての議決権を除き，会社法第879条第３項の規定により議決権を有するものとみなされる株式についての議決権数及び金銭又は有価証券の信託に係る株式であって，自己が委託者若しくは受益者となり議決権を行使することができるもの又は議決権の行使について受託者に指図を行うことができるものに係る議決権数を含めて計算すること。

4　事業分野の分類及び記載方法については，１の注７と同様とする。ただし，当該子会社の最近１年間の総売上額に占める当該事業分野における最近１年間の売上額の割合が 25％未満である場合には，記載を要しない。

5　最近１年間の売上額については，１の注８と同様とする。

6　備考欄については，１の注９と同様とする。

(2)　実質子会社（提出会社の議決権保有比率が 25％超 50％以下であり，かつ，提出会社の議決権保有比率が最も高い（他に同率の株主がいる場合を除く。）国内の会社）の有無

□　無　→　３へ

□　有　→　当該会社に関する次の事項を記載すること。

番号	実質子会社名 (注 1)	総資産 (注 2)	議決権 保有比率 (注 3)	総売上額 (注 4)
		百万円		百万円

(注)　1　実質子会社の記載順は，総資産の大きい順とする。また，前回提出した報告書において実質子会社として記載されなかった実質子会社名の冒頭には，○を付すること。なお，実質子会社の名称が前回提出した報告書の記載時点後に変わった場合には，旧名称を付記すること。

2　総資産については，(1)の注２と同様とする。

3　議決権保有比率については，(1)の注３と同様とする。

4　総売上額は，当該実質子会社の最終の決算日の時点のものを，百万円未満を切り捨てて記載すること。ただし，総売上額が600億円未満である場合には，記載を要しない。

3　提出会社グループに関する事項

（1）　提出会社及び子会社の総資産の合計額（注1）	百万円
（2）　提出会社，子会社及び実質子会社（これらの会社のうち，銀行業，保険業又は第一種金融商品取引業を営む会社を除く。）の総資産の合計額（注2）	百万円

（注）1　国内の会社に係るものに限る。

なお，計算方法は，以下に掲げる2通りのいずれかとする（採用した計算方法の番号を金額の冒頭に付するものとする。）。

①　提出会社及び子会社の総資産の合計額

②　提出会社及び子会社の総資産の額について各社の間で投資勘定及び資本勘定並びに債権及び債務を相殺消去して合計して算出した額

2　国内の会社に係るものに限る。

なお，計算方法は，以下に掲げる2通りのいずれかとする（採用した計算方法の番号を金額の冒頭に付するものとする。）。

①　提出会社，子会社及び実質子会社（これらの会社のうち，銀行業，保険業又は第一種金融商品取引業を営む会社を除く。）の総資産の合計額

②　提出会社，子会社及び実質子会社（これらの会社のうち，銀行業，保険業又は第一種金融商品取引業を営む会社を除く。）の総資産の額について各社の間で投資勘定及び資本勘定並びに債権及び債務を相殺消去して合計して算出した額

4　その他参考となるべき事項

公正取引委員会 HP 上「各種様式」の「（様式1）国内の会社の事業報告書」。

２　外国会社の事業報告

様式第２号（用紙の大きさは，日本工業規格Ａ４とする。）

法第９条第４項の規定による報告書（外国会社）

平成　　年　　月　　日現在

平成　　年　　月　　日

公正取引委員会　殿

名　　称

代表者の役職　氏名

（代理人の住所　氏名）　　　　　　　　印

私的独占の禁止及び公正取引の確保に関する法律第９条第４項の規定により，昭和 28 年公正取引委員会規則第１号第１条の４第２項に掲げる書類を添え，下記のとおり報告します。

記

１　提出会社に関する事項

<table>
<tr><td rowspan="2">（ふりがな）
名称及び住所
（注１）</td><td rowspan="2" colspan="2"></td><td>日本国内の支店又は出張所等の名称及び所在地</td><td colspan="2">〒</td></tr>
<tr><td>事務上の連絡先，電話番号及び担当者</td><td colspan="2">〒</td></tr>
<tr><td rowspan="2">国籍等</td><td>国　籍</td><td>設立準拠法</td><td>設立年月日</td><td colspan="2">決算の時期</td></tr>
<tr><td></td><td></td><td></td><td colspan="2"></td></tr>
<tr><td>現に営む事業の概要
（注２）</td><td colspan="5"></td></tr>
<tr><td rowspan="2">総資産等
（注３）</td><td>総資産（A）
（注４）</td><td colspan="2">所有株式のうちの国内の子会社（注５）の株式の帳簿価格（注６）（B）</td><td colspan="2">子会社の株式の総資産に対する所有比率（注７）（(B) ／(A)×100）</td></tr>
<tr><td>（邦貨換算　　百万円）
（換算率　　　　　）</td><td colspan="2">（邦貨換算　　百万円）</td><td colspan="2">%</td></tr>
<tr><td rowspan="2">我が国における事業の概要
（注８）</td><td colspan="2">事業分野（注９）</td><td colspan="2">最近１年間の売上額（注 10）</td><td>備考（注11）</td></tr>
<tr><td colspan="2"></td><td colspan="2">百万円</td><td></td></tr>
<tr><td>報告の状況
（注 12）</td><td colspan="5">１　前期分提出
２　新規提出
３　以前に提出　→　前回提出年月　　　年　　月</td></tr>
</table>

（注）１　前回の報告書の記載時点後に名称を変更した場合は，旧名称を付記すること。

２　現に営む事業の概要は，我が国において営んでいない事業も含め，事業内容が分かるように具体的に記載すること。

３　換算率は，決算日の為替相場によること。

4　邦貨に換算した額については，百万円未満を切り捨てて記載すること。なお，提出会社単独の総資産の額を記載し得ないやむを得ない事情がある場合には，提出会社又はその親会社の連結決算書における総資産をもって代えることができる。この場合には，連結決算書における総資産であることを注記すること。

5　子会社とは，法第９条第５項の規定により会社の子会社として定義されているものをいう。

6　株式の帳簿価格には，合名会社，合資会社又は合同会社である子会社に対する出資金額を含めること。なお，邦貨に換算した額については，百万円未満を切り捨てて記載すること。

7　子会社の株式の総資産に対する所有比率は，小数点以下２けたを四捨五入し，小数点以下１けたまでを記載すること。

8　我が国における事業の概要は，提出会社が我が国において事業を営んでいない場合には，記載を要しない。

9　事業分野の分類は，日本標準産業分類の小分類（３けた分類）に準拠するものとする。また，事業分野については，提出会社の属する事業分野のうち，提出会社の最近１年間の売上額が多いもの上位３つを記載すること。ただし，当該事業分野における提出会社の最近１年間の売上額が600億円未満である場合又は当該事業分野全体の最近１年間の売上額が6000億円以下である場合には，記載を要しない。

10　最近１年間の売上額は，記載する事業分野における売上額を，百万円未満を切り捨てて記載すること。

11　備考欄には，記載する事業分野のいずれかにおいて，提出会社の全国における市場占拠率（シェア）が10%以上である場合又は10%以上であると推定される場合にレ印を付すること。

12　該当する番号を○で囲み，３に該当する場合には前回の提出年月を記載すること。

2　国内の子会社及び実質子会社に関する事項

□印のついた欄については，該当する□にレ印を付すること。

提出会社が合資会社を子会社又は実質子会社に有する場合には，当該会社については「議決権保有比率」を「出資比率」と読み替えることとする。

(1)　子会社（提出会社の議決権保有比率（子会社が保有している分を含む。以下同じ。）が 50%超である国内の会社）に関する事項

番号	子会社名（注1）	総資産（注２）	議決権保有比率（注3）	事業分野（注4）	最近１年間の売上高（注5）	備考（注6）
		百万円			百万円	

（注）1　子会社の記載順は，総資産の大きい順とする。また，前回提出した報告書において子会社として記載されなかった子会社名の冒頭には，○を付すること。なお，子会社の名称が前回提出した報告書の記載時点後に変わった場合には，旧名称を付記すること。

2　総資産は，当該子会社の最終の決算日の時点のものを，百万円未満を切り捨てて記載すること。ただし，当該子会社の総資産が 3000 億円以下である場合には，記載を要しない。

3　議決権保有比率は，小数点以下２けたを四捨五入し，小数点以下１けたまでを記載すること。なお，保有議決権数は，株主総会において決議をすることができる事項の全部につき議決権を行使することができない株式についての議決権を除き，会社法第 879 条第３項の規定により議決権を有するものとみなされる株式についての議決権数及び金銭又は有価証券の信託に係る株式であって，自己が委託者若しくは受益者となり議決権を行使することができるもの又は議決権の行使について受託者に指図を行うことができるものに係る議決権数を含めて計算すること。

4　事業分野の分類及び記載方法については，１の注９と同様とする。ただし，当該子会社の最近１年間の総売上額に占める当該事業分野における最近１年間の売上額の割合が 25%未満である場合には，記載を要しない。

5　最近１年間の売上額については，１の注 10 と同様とする。

6　備考欄については，１の注 11 と同様とする。

(2)　実質子会社（提出会社の議決権保有比率が25%超50%以下であり，かつ，提出会社の議決権保有比率が最も高い（他に同率の株主がいる場合を除く。）国内の会社）の有無

□　無　→　３へ

□　有　→　当該会社に関する次の事項を記載すること。

番号	実質子会社名 （注1）	総資産 （注2）	議決権 保有比率 （注3）	総売上額 （注４）
		百万円		百万円

（注）１　実質子会社の記載順は，総資産の大きい順とする。また，前回提出した報告書において実質子会社として記載されなかった実質子会社名の冒頭には，○を付すること。なお，実質子会社の名称が前回提出した報告書の記載時点後に変わった場合には，旧名称を付記すること。

２　総資産については，(1)の注２と同様とする。

３　議決権保有比率については，(1)の注３と同様とする。

４　総売上額は，当該実質子会社の最終の決算日の時点のものを，百万円未満を切り捨てて記載すること。ただし，総売上額が600億円未満である場合には，記載を要しない。

３　提出会社グループに関する事項

（1）　提出会社及び子会社の総資産の合計額（注１）	百万円
（2）　提出会社，子会社及び実質子会社（これらの会社のうち，銀行業，保険業又は第一種金融商品取引業を営む会社を除く。）の総資産の合計額（注2）	百万円

（注）１　国内の会社に係るものに限る。

なお，計算方法は，以下に掲げる２通りのいずれかとする（採用した計算方法の番号を金額の冒頭に付するものとする。）。

①　提出会社及び子会社の総資産の合計額

②　提出会社及び子会社の総資産の額について各社の間で投資勘定及び資本勘定並びに債権

及び債務を相殺消去して合計して算出した額

2　国内の会社に係るものに限る。

なお，計算方法は，以下に掲げる２通りのいずれかとする（採用した計算方法の番号を金額の冒頭に付するものとする。）。

①　提出会社，子会社及び実質子会社（これらの会社のうち，銀行業，保険業又は第一種金融商品取引業を営む会社を除く。）の総資産の合計額

②　提出会社，子会社及び実質子会社（これらの会社のうち，銀行業，保険業又は第一種金融商品取引業を営む会社を除く。）の総資産の額について各社の間で投資勘定及び資本勘定並びに債権及び債務を相殺消去して合計して算出した額

4　その他参考となるべき事項

公正取引委員会 HP 上「各種様式」の「（様式２）外国会社の事業報告書」。

3　一定の会社の設立届出書

様式第３号（用紙の大きさは，日本工業規格Ａ４とする。）

法第９条第７項の規定による届出書

平成　　年　　月　　日

公 正 取 引 委 員 会　殿

名　　称

代表者の役職　氏名　　　　　　　印

私的独占の禁止及び公正取引の確保に関する法律第９条第７項の規定により，昭和 28 年公正取引委員会規則第１号第１条の５第２項に掲げる書類を添え，下記のとおり届け出ます。

記

１　届出会社に関する事項

<table>
<tr><td rowspan="2">（ふりがな）
名　　称</td><td rowspan="2" colspan="2"></td><td rowspan="5">事務上の連絡先</td><td>担当部署</td><td colspan="2"></td></tr>
<tr><td rowspan="2">住　　所</td><td rowspan="2" colspan="2">〒</td></tr>
<tr><td rowspan="3">住　　所</td><td rowspan="3" colspan="2">〒</td></tr>
<tr><td>担 当 者</td><td colspan="2"></td></tr>
<tr><td>電話番号</td><td colspan="2">—　　—</td></tr>
<tr><td>設立年月日</td><td colspan="2">年　　月　　日</td><td colspan="2">決算の時期</td><td colspan="2">月</td></tr>
<tr><td rowspan="2">総 資 産 等</td><td>総資産(A)
（注１）</td><td colspan="2">所有株式のうちの国内の子会社(注２)の株式の帳簿価格(注３)（B)</td><td colspan="2">子会社の株式の総資産に対する所有比率（注４）((B) ／ (A) ×100)</td><td>事業分野
（注５）</td></tr>
<tr><td>百万円</td><td colspan="2">百万円</td><td colspan="2">％</td><td></td></tr>
</table>

（注）１　総資産は，昭和 28 年公正取引委員会規則第１号第１条の２の規定による額を，百万円未満を切り捨てて記載すること。

２　子会社とは，法第９条第５項の規定により子会社として定義されているものをいう。

３　株式の帳簿価額には，合名会社，合資会社又は合同会社である子会社に対する出資金額を含めること。なお，百万円未満を切り捨てて記載すること。

４　子会社の株式の総資産に対する所有比率は，小数点以下２けたを四捨五入し，小数点以下１けたまでを記載すること。

５　事業分野の分類は，日本標準産業分類の小分類（３けた分類）に準拠するものとする。また，事業分野については，提出会社の属する事業分野のうち，提出会社の定款上最も重要と考えられるものを記載すること。ただし，提出会社が，株式所有以外に事業を営んでいない場合若しくは定款上株式所有以外に事業を営むことを予定していない場合又は当該事業分野全体の最近１年間の売上額が 6000 億円以下である場合には，記載を要しない。

2　国内の子会社及び実質子会社に関する事項

□印のついた欄については，該当する□にレ印を付すること。

提出会社が合資会社を子会社又は実質子会社に有する場合には，当該会社については「議決権保有比率」を「出資比率」と読み替えることとする。

(1)　子会社（提出会社の議決権保有比率（子会社が保有している分を含む。以下同じ。）が 50%超である国内の会社）に関する事項

番号	子会社名（注１）	総資産（注２）	議決権保有比率（注３）	事業分野（注４）	最近１年間の売上高（注５）	備考（注６）
		百万円			百万円	

（注）１　子会社の記載順は，総資産の大きい順とする。

２　総資産は，当該子会社の最終の決算日の時点のものを，百万円未満を切り捨てて記載すること。ただし，当該子会社の総資産が 3000 億円以下である場合には，記載を要しない。

３　議決権保有比率は，小数点以下２けたを四捨五入し，小数点以下１けたまでを記載すること。なお，保有議決権数は，株主総会において決議をすることができる事項の全部につき議決権を行使することができない株式についての議決権を除き，会社法第 879 条第３項の規定により議決権を有するものとみなされる株式についての議決権数及び金銭又は有価証券の信託に係る株式であって，自己が委託者若しくは受益者となり議決権を行使することができるもの又は議決権の行使について受託者に指図を行うことができるものに係る議決権数を含めて計算すること。

４　事業分野の分類は，日本標準産業分類の小分類（３けた分類）に準拠するものとする。また，事業分野については，当該子会社の属する事業分野のうち，当該子会社の最近１年間の売上額が最も多いもの（未営業の場合には，定款上最も重要と考えられるもの）を記載すること。ただし，当該事業分野における当該子会社の最近１年間の売上額が 600 億円未満である場合又は当該事業分野全体の最近１年間の売上額が 6000 億円以下である場合には，記載を要しない。また，当該子会社の最近１年間の総売上額に占める当該事業分野における最近１年間の売上額の割合が 25%未満である場合には，記載を要しない。

5　最近１年間の売上額は，記載する事業分野における売上額を，百万円未満を切り捨てて記載すること。

6　備考欄には，記載する事業分野において，当該子会社の全国における市場占拠率（シェア）が10%以上である場合又は10%以上であると推定される場合にレ印を付すること。

(2)　実質子会社（提出会社の議決権保有比率が25%超50%以下であり，かつ，提出会社の議決権保有比率が最も高い（他に同率の株主がいる場合を除く。）国内の会社）の有無

□　無　→　記載不要

□　有　→　当該会社に関する次の事項を記載すること。

番号	実質子会社名（注１）	総資産（注２）	議決権保有比率（注３）	総売上額（注４）
		百万円		百万円

（注）１　実質子会社の記載順は，総資産の大きい順とする。

２　総資産については，(1)の注２と同様とする。

３　議決権保有比率については，(1)の注３と同様とする。

４　総売上額は，当該実質子会社の最終の決算日の時点のものを，百万円未満を切り捨てて記載すること。ただし，総売上額が600億円未満である場合には，記載を要しない。なお，未営業の場合は，その旨を記載すること。

公正取引委員会HP上「各種様式」の「（様式３）一定の会社の設立届出書」。

4　合併計画届出書

様式第８号（用紙の大きさは，日本工業規格Ａ４とする。）

法第 15 条第２項の規定による合併に関する計画届出書

平成　　年　　月　　日

公 正 取 引 委 員 会　殿

名　　称
代表者の役職　氏名
（代理人の住所　氏名）　　　　　　印

名　　称
代表者の役職　氏名
（代理人の住所　氏名）　　　　　　印

私的独占の禁止及び公正取引の確保に関する法律第 15 条第２項の規定により，昭和 28 年公正取引委員会規則第１号第５条第３項に掲げる書類を添え，下記のとおり届け出ます。

記

1　届出の概要

(1) 届出会社に関する事項の概要

	（甲）□　存続会社　　□　解散会社	（乙）　　解散会社
（ふりがな） 名　　称 （国　籍）	（　　　　　　　　）	（　　　　　　　　）
設立準拠法		
国内売上高合計額	百万円 （　　年　　月期末現在）	百万円 （　　年　　月期末現在）

(2) 合併後存続又は設立する会社に関する事項の概要

名　称（ふりがな）	合併予定期日	合併比率
□　甲に同じ	年　　月　　日	（甲）（乙） １：

(3) 合併の目的・理由・経緯・方法

2　届出会社の概要

(1) 届出会社に関する事項

		甲	乙
(ふりがな) 名　　称 (国　籍)		 (　　　　　　　　　)	 (　　　　　　　　　)
所　在　地		〒	〒
日本国内に支店その他営業所がある場合の名称及び所在地		〒	〒
資　本　金		百万円 (現地通貨　　　　　) (　　　年　　月期末現在)	百万円 (現地通貨　　　　　) (　　　年　　月期末現在)
総　資　産		百万円 (現地通貨　　　　　) (　　　年　　月期末現在)	百万円 (現地通貨　　　　　) (　　　年　　月期末現在)
売　上　高		百万円 (現地通貨　　　　　) (　　　年　　月期末現在)	百万円 (現地通貨　　　　　) (　　　年　　月期末現在)
主たる事業			
その他の事業			
常時使用する従業員数		人	人
設立年月日		年　　月　　日	年　　月　　日
決算の時期		月	月
取引所金融商品市場等への上場の有無		□　上　場　→　金融商品市場名 【　　　　　　　　】 【　　　　　　　　】 □　非上場	□　上　場　→　金融商品市場名 【　　　　　　　　】 【　　　　　　　　】 □　非上場
事務上の連絡先	担当部署		
	所在地	□　甲の国内における名称及び所在地に同じ 〒	□　乙の国内における名称及び所在地に同じ 〒
	担当者		
	電話番号	−　　　−	−　　　−

(2) 届出会社の属する企業結合集団の概要

ア　最終親会社の概要（届出会社が最終親会社である場合はイから記載すること。）

	甲		乙	
（ふりがな） 名　　称 （国　籍）	（　　　　）		（　　　　）	
設立準拠法				
所　在　地	〒		〒	
日本国内に支店その他営業所がある場合の名称及び所在地	〒		〒	
資　本　金	百万円 （現地通貨　　　） （　　年　　月期末現在）		百万円 （現地通貨　　　） （　　年　　月期末現在）	
総　資　産	百万円 （現地通貨　　　） （　　年　　月期末現在）		百万円 （現地通貨　　　） （　　年　　月期末現在）	
売　上　高	百万円 （現地通貨　　　） （　　年　　月期末現在）		百万円 （現地通貨　　　） （　　年　　月期末現在）	
主たる事業				
その他の事業				
常時使用する従業員数	人		人	
設立年月日	年　　月　　日		年　　月　　日	
決算の時期	月		月	
届出会社との関係	甲	乙	甲	乙
取引所金融商品市場等への上場の有無	□　上　場　→　金融商品市場名 【　　　　】 【　　　　】 □　非上場		□　上　場　→　金融商品市場名 【　　　　】 【　　　　】 □　非上場	

イ　最終親会社の子会社（届出会社を除く。）の有無（国内売上高が30億円を超えるものに限る。）

(ｱ) 甲

□　無

□　有　→　当該会社に関する次の事項を記載すること。

a　国内の会社

（ふりがな） 名　　称	主たる事業	主たる事業地域	総資産	国内売上高	議決権保有割合	届出会社との関係	
			百万円	百万円	%	甲	乙

b　外国会社

(ふりがな) 名　　称	主たる事業	主たる事業地域	総資産	国内売上高	議決権 保有割合	届出会社との関係	
			百万円 (現地通貨　　)	百万円 (現地通貨　　)	%	甲	乙

(イ) 乙
□ 無
□ 有　→　当該会社に関する次の事項を記載すること。
a　国内の会社

(ふりがな) 名　　称	主たる事業	主たる事業地域	総資産	国内売上高	議決権 保有割合	届出会社との関係	
			百万円	百万円	%	甲	乙

b　外国会社

(ふりがな) 名　　称	主たる事業	主たる事業地域	総資産	国内売上高	議決権 保有割合	届出会社との関係	
			百万円 (現地通貨　　)	百万円 (現地通貨　　)	%	甲	乙

(3) 届出会社の属する企業結合集団に属する会社等が保有する株式に係る議決権の数を合計した数の総株主の議決権の数に占める割合が100分の20を超える会社（届出会社及び(2)イに該当するものを除く。）の有無（国内売上高が30億円を超えるものに限る。）
ア　甲
□ 無
□ 有　→　当該会社に関する次の事項を記載すること。
(ア) 国内の会社

(ふりがな) 名　　称	主たる事業	主たる事業地域	議決権 保有割合	届出会社との関係	
			%	甲	乙

(イ) 外国会社

(ふりがな) 名　　称	主たる事業	主たる事業地域	議決権 保有割合	届出会社との関係	
			%	甲	乙

イ　乙

□　無

□　有　→　当該会社に関する次の事項を記載すること。

(ｱ) 国内の会社

(ふりがな) 名　　称	主たる事業	主たる事業地域	議決権 保有割合	届出会社 との関係	
			%	甲	乙

(ｲ) 外国会社

(ふりがな) 名　　称	主たる事業	主たる事業地域	議決権 保有割合	届出会社 との関係	
			%	甲	乙

(4) 届出会社の商品又は役務の種類別の年間事業実績等（日本国内における事業に限る。）

ア　甲

商品又は役務 の種類	年間事業実績（　　年　　月期）			総販売額に 占める割合	事業地域
	生産数量	販売数量	販売金額		
				%	
		(計)	百万円	100.0%	

イ　乙

商品又は役務 の種類	年間事業実績（　　年　　月期）			総販売額に 占める割合	事業地域
	生産数量	販売数量	販売金額		
				%	
		(計)	百万円	100.0%	

(5) 届出会社相互間の取引関係（日本国内の市場におけるものに限る。）

商品又は役務 の種類	左の取引額	供　給　会　社		購　入　会　社	
		甲又は乙の区分	供給依存度	甲又は乙の区分	購入依存度
	百万円		%		%

(6) 届出会社の間で共通又は相互に関連する仕入材料及び提供を受けている役務の有無（日本国内の市場におけるものに限る。）

□　無

□　有　→　当該仕入材料及び提供を受けている役務に関する次の事項を記載すること。

仕入種目又は役務の種類	最近１年間の仕入額又は対価		主たる仕入地域又は提供を受けている地域	備　　考
	甲	乙		
	百万円	百万円		
	百万円	百万円		
	百万円	百万円		

3　合併後存続又は設立する会社の概要

(1) 合併後存続又は設立する会社に関する事項

(ふりがな) 名　称 (国　籍)	(　　　)	合併後の資本金		百万円 (現地通貨　)
代表者の役職及び氏名		合併後の総資産		百万円 (現地通貨　)
所　在　地	〒	役員兼任の状況		
		兼任役員数		合併後存続又は設立する会社の役員の総数
		甲　人	乙　人	人
日本国内に支店その他営業所がある場合の名称及び所在地	〒	設立年月日		
		年　月　日		
主たる事業				
その他の事業				
取引所金融商品市場等への上場の有無	□ 上場 → 金融商品市場名 【　】【　】 □ 非上場			

(2) 合併後存続又は設立する会社が保有する株式に係る議決権の数の総株主の議決権の数に占める割合が新たに100分の50又は100分の20を超える他の会社の有無

□ 無

□ 有 → 当該会社に関する次の事項を記載すること。

ア　国内の会社

(ふりがな) 名　称	主たる事業	主たる事業地域	総資産	国内売上高	議決権保有割合
			百万円	百万円	%

イ　外国会社

(ふりがな) 名　称	主たる事業	主たる事業地域	総資産	国内売上高	議決権保有割合
			百万円 (現地通貨　)	百万円 (現地通貨　)	%

(3) 合併後存続又は設立する会社の最終親会社の新たな子会社（２(2)イに該当するものを除く。）の有無（国内売上高が30億円を超えるものに限る。）

□　無

□　有　→　当該会社に関する次の事項を記載すること。

ア　国内の会社

（ふりがな） 名　　称	主たる事業	主たる事業地域	総資産	国内売上高	議決権 保有割合
			百万円	百万円	%

イ　外国会社

（ふりがな） 名　　称	主たる事業	主たる事業地域	総資産	国内売上高	議決権 保有割合
			百万円 （現地通貨　　）	百万円 （現地通貨　　）	%

(4) 合併後存続又は設立する会社の属する企業結合集団に属する会社等が保有する株式に係る議決権の数を合計した数の総株主の議決権の数に占める割合が新たに100分の20を超える会社（２(2)イ及び２(3)に該当するものを除く。）の有無（国内売上高が30億円を超えるものに限る。）

□　無

□　有　→　当該会社に関する次の事項を記載すること。

ア　国内の会社

（ふりがな） 名　　称	主たる事業	主たる事業地域	議決権 保有割合
			%

イ　外国会社

（ふりがな） 名　　称	主たる事業	主たる事業地域	議決権 保有割合
			%

4　届出会社の国内の市場における地位

(1) 届出会社甲の属する企業結合集団に属する会社等（当該企業結合集団に属する会社等が保有する株式に係る議決権の数を合計した数の総株主の議決権の数に占める割合が 100 分の 20 を超える会社を含む。），届出会社乙の属する企業結合集団に属する会社等（当該企業結合集団に属する会社等が保有する株式に係る議決権の数を合計した数の総株主の議決権の数に占める割合が 100 分の 20 を超える会社を含む。）及びこれらの会社等の他合併後存続又は設立する会社の最終親会社の新たな子会社又は合併後存続又は設立する会社の属する企業結合集団に属する会社等が保有する株式に係る議決権の数を合計した数の総株主の議決権の数に占める割合が新たに 100 分の 20 を超える会社となる会社等（国内売上高が 30 億円を超えるものに限る。）の間で，国内の同一の事業地域内で同一の商品又は役務について競合する場合

商品又は役務の種類【　　　　　　　　　　】　事業地域【　　　　　　　　　　】

同業者の中において占める地位	名　　称	市場占拠率	第1位との格差	備　　考
第 1 位		%	―	
第 2 位		%		
第 3 位		%		
第　位		%		
第　位		%		
第　位	合併後の地位及び市場占拠率	%		
全業者数		社		
市場占拠率等の算出の根拠となった資料等【　　　　】				

商品又は役務の種類【　　　　　　　　　　】　事業地域【　　　　　　　　　　】

同業者の中において占める地位	名　　称	市場占拠率	第1位との格差	備　　考
第 1 位		%	―	
第 2 位		%		
第 3 位		%		
第　位		%		
第　位		%		
第　位	合併後の地位及び市場占拠率	%		
全業者数		社		
市場占拠率等の算出の根拠となった資料等【　　　　】				

(2) 届出会社甲の属する企業結合集団に属する会社等（当該企業結合集団に属する会社等が保有する株式に係る議決権の数を合計した数の総株主の議決権の数に占める割合が 100 分の 20 を超える会社を含む。），届出会社乙の属する企業結合集団に属する会社等（当該企業結合集団に属する会社等が保有する株式に係る議決権の数を合計した数の総株主の議決権の数に占める割合が 100 分の 20 を超える会社を含む。）及びこれらの会社等の他合併後存続又は設立する会社の最終親会社の新たな子会社又は合併後存続又は設立する会社の属する企業結合集団に属する会社等が保有する株式に係る議決権の数を合計した数の総株主の議決権の数に占める割合が新たに 100 分の 20 を超える会社となる会社等（国内売上高が 30 億円を超えるものに限る。）の間で，国内の同一の事業地域内か否かにかかわらず同一の商品若しくは役務について競合しない場合又は異なる事業地域において同一の商品若しくは役務を供給している場合

ア　届出会社甲の属する企業結合集団に属する会社等（当該企業結合集団に属する会社等が保有する株式に係る議決権の数を合計した数の総株主の議決権の数に占める割合が 100 分の 20 を超える会社を含む。）

商品又は役務の種類【　　　　　　　　　】　事業地域【　　　　　　　　】

同業者の中において占める地位	名　称	市場占拠率	第1位との格差	備　考
第 1 位		%	—	
第 2 位		%		
第 3 位		%		
第　位		%		
全業者数		社		
市場占拠率等の算出の根拠となった資料等【　　　　　　　　】				

イ　届出会社乙の属する企業結合集団に属する会社等（当該企業結合集団に属する会社等が保有する株式に係る議決権の数を合計した数の総株主の議決権の数に占める割合が 100 分の 20 を超える会社を含む。）

商品又は役務の種類【　　　　　　　　　】　事業地域【　　　　　　　　】

同業者の中において占める地位	名　称	市場占拠率	第1位との格差	備　考
第 1 位		%	—	
第 2 位		%		
第 3 位		%		
第　位		%		
全業者数		社		
市場占拠率等の算出の根拠となった資料等【　　　　　　　　】				

ウ　合併後存続又は設立する会社の最終親会社の新たな子会社又は合併後存続又は設立する会社の属する企業結合集団に属する会社等が保有する株式に係る議決権の数を合計した数の総株主の議決権の数に占める割合が新たに 100 分の 20 を超える会社となる会社等（ア及びイを除く。）

商品又は役務の種類【　　　　　　　　　】　事業地域【　　　　　　　　】

同業者の中において占める地位	名　称	市場占拠率	第1位との格差	備　考
第 1 位		%	—	
第 2 位		%		
第 3 位		%		
第　位		%		
全業者数		社		
市場占拠率等の算出の根拠となった資料等【　　　　　　　　】				

5　合併に関する計画として採ることとする措置の内容及びその期限

採ることとする措置の具体的内容	採ることとする措置の履行期限
	年　月　日

6　その他参考となるべき事項

様式の項目	事　　項

記載上の注意事項（下記の項目の番号は，様式の項目番号による。）

1　届出の概要

(1) 届出会社に関する事項の概要

ア　該当する□にレ印を付すこと。

イ　最近５年以内に名称を変更した場合は，旧名称を付記すること。

ウ　届出会社が外国会社である場合は，名称の欄の（　）内に，国籍を付記すること。

エ　国内売上高合計額とは，法第10条第２項に規定する国内売上高合計額をいう。

オ　国内売上高合計額については，百万円未満を切り捨てること。

カ　国内売上高を算出する際には，売上高を期中平均相場等決算時の処理において用いる為替相場で邦貨換算すること。その際に用いた為替相場の算出方法を「6　その他参考となるべき事項」の欄に記載すること。

(2) 合併後存続又は設立する会社に関する事項の概要

名称が甲と同じ場合は，□にレ印を付すことで，その記載を省略できる。

2　届出会社の概要

(1) 届出会社に関する事項

ア　届出会社が国内の会社である場合は，国籍，日本国内に支店その他営業所がある場合の名称及び所在地並びに現地通貨については，記載を要しない。

イ　届出会社が外国会社である場合は，名称の欄の（　）内に，国籍を付記すること。

ウ　資本金は，最終の貸借対照表による資本金の金額を記載すること。

エ　総資産は，最終の貸借対照表による総資産の金額を記載すること。

オ　売上高は，最終の貸借対照表と共に作成した損益計算書による売上高の金額を記載すること。

カ　資本金，総資産及び売上高については，百万円未満を切り捨てること。

キ　届出会社が外国会社である場合，資本金，総資産及び売上高については，期中平均相場等決算時の処理において用いる為替相場で邦貨換算すること。その際に用いた為替相場の算出方法を「6　その他参考となるべき事項」の欄に記載すること。総資産は，その外国会社単独の総資産を記載すること。ただし，やむを得ない事情がある場合は，連結決算書による総資産をもって代えることができる。この場合は，連結決算書による総資産であることを「6　その他参考となるべき事項」の欄に記載すること。

ク　主たる事業は，国内において最も売上額の多い事業を記載すること。その他の事業は，主たる事業以外の事業を売上額の多い順に記載すること。

ケ　「常時使用する従業員」とは，事業主又は法人と雇用関係にある者であって，その雇用契約の内容に常雇する旨が積極ないし消極に示されている者をいい，事業主及び法人の役員若しくは臨時の従業員（労働基準法（昭和22年法律第49号）第21条に定める「解雇の予告を必要としない者」をいう。）はこれに含まない。

コ　「取引所金融商品市場等への上場の有無」については，該当する□にレ印を付し，届出会社がその株式を金融商品取引法（昭和23年法律第25号）第２条第17項に規定する取引所金融商品市場若しくは同条第８項第３号ロに規定する外国金融商品市場又は同法第67条第２項に規定する店頭売買有価証券市場若しくはこれに類似する市場で外国に所在するもの（以下「取引所金融商品市場等」という。）に上場している場合は，取引所金融商品市場等の名称及び取引所金融商品市場等を開設する者の名称を記載すること。複数の取引所金融商品市場等に上場している場合は，そのすべてを記載すること。

サ　届出会社が国内の会社であって事務上の連絡先の所在地が甲若しくは乙の名称及び所在地と同じである場合又は外国会社であって事務上の連絡先の所在地が甲若しくは乙の名称及び日本国内における支店その他営業所の所在地と同じである場合は，□にレ印を付すことで，その記載を省略することができる。

(2) 届出会社の属する企業結合集団の概要

ア　最終親会社とは，届出会社の親会社であって他の会社の子会社でないものをいい，届出会社に親会社がない場合は，当該届出会社をいう。

イ　子会社とは，法第10条第６項に規定する子会社をいう。

ウ　最終親会社が国内の会社である場合は，国籍，日本国内に支店その他営業所がある場合の名称及び所在地並びに現地通貨については，記載を要しない。
エ　最終親会社が外国会社である場合は，名称の欄の（　）内に，国籍を付記すること。
オ　資本金，総資産，売上高，主たる事業，その他の事業，常時使用する従業員数及び取引所金融商品市場等への上場の有無については，(1)に準じて記載すること。
カ　届出会社との関係は，以下の選択肢の中から該当する記号を選択し，記載すること。複数の選択肢に該当する場合は，そのすべてを記載すること。
　A　当該会社と届出会社は，同種の商品又は役務を供給している（取引段階を異にする場合を除く。）。
　B　当該会社は，届出会社から商品又は役務の供給を受けている。
　C　当該会社は，届出会社に商品又は役務を供給している。
　D　当該会社と届出会社は，同種の商品又は役務を異なる市場に供給している。
　E　当該会社と届出会社は，関連性のある異種の商品又は役務を供給している。
　F　AからEまでのいずれにも該当しない。
キ　最終親会社の子会社の有無については，該当する□にレ印を付すこと。
ク　主たる事業地域は，主たる事業について記載すること。
ケ　国内売上高については，法第10条第２項に規定する国内売上高を記載すること。
　なお，国内売上高の欄には，国内売上高に代えて，売上高を記載することができる。売上高を記載した場合には，記載した売上高の金額に下線を付すこと。
コ　議決権保有割合とは，届出会社の属する企業結合集団に属する会社等が取得し，又は所有する（以下この記載上の注意事項において「保有する」という。）届出会社の最終親会社の子会社の株式に係る議決権の数を合計した数の当該子会社の総株主の議決権の数に占める割合をいう。
サ　議決権保有割合は，小数点以下２けたを四捨五入し，小数点以下１けたまで記載すること。
シ　会社の記載は，議決権保有割合の多い順とする。
(3) 届出会社の属する企業結合集団に属する会社等が保有する株式に係る議決権の数を合計した数の総株主の議決権の数に占める割合が100分の20を超える会社（届出会社及び(2)イに該当するものを除く。）の有無（国内売上高が30億円を超えるものに限る。）
ア　該当する□にレ印を付すこと。
イ　主たる事業については，(1)に準じて記載すること。
ウ　主たる事業地域，届出会社との関係及び会社の記載順については，(2)に準じて記載すること。
エ　議決権保有割合とは，届出会社の属する企業結合集団に属する会社等が保有する会社の株式に係る議決権の数を合計した数の当該会社の総株主の議決権の数に占める割合をいう。
オ　議決権保有割合は，小数点以下２けたを四捨五入し，小数点以下１けたまで記載すること。
(4) 届出会社の商品又は役務の種類別の年間事業実績等（日本国内における事業に限る。）
ア　商品又は役務の種類は，日本標準産業分類に掲げる大分類Ｅ-製造業に係るものについては，工業統計調査規則（昭和26年通商産業省令第81号）に基づく工業統計調査用産業分類の６けたの分類に準拠するものとし，その他の事業に係るものについては，日本標準産業分類の細分類（４けた分類）に準拠するものとする。
イ　総販売額に占める割合は，小数点以下２けたを四捨五入し，小数点以下１けたまで記載すること。
ウ　事業地域については，商品又は役務の種類別に事業の実態に即して，その範囲を具体的に記載すること。
(5) 届出会社相互間の取引関係（日本国内の市場におけるものに限る。）
ア　商品又は役務の種類については，(4)に準じて記載すること。
イ　供給（購入）依存度とは，供給（購入）会社の当該商品又は役務の総供給（総購入）額に占める届出会社相互間の取引額の百分比をいう。
(6) 届出会社の間で共通又は相互に関連する仕入材料及び提供を受けている役務の有無（日本国内の市場におけるものに限る。）
ア　該当する□にレ印を付すこと。
イ　仕入材料及び提供を受けている役務の種類が多数ある場合は，仕入額又は対価が多いもの（総仕入額若しくは対価の合計に占める割合が10%以上のもの又は同業者の中において占める地位が第３位以内のもの若しくは市場占拠率が10%以上のもの）等主要なものについて比較して記載すること。

3　合併後存続又は設立する会社の概要

(1) 合併後存続又は設立する会社に関する事項

ア　合併後存続又は設立する会社が国内の会社である場合は，国籍，日本国内に支店その他営業所がある場合の名称及び所在地並びに現地通貨については，記載を要しない。

イ　合併後存続又は設立する会社が外国会社である場合は，名称の欄の（　）内に，国籍を付記すること。

ウ　合併後の資本金，合併後の総資産，主たる事業，その他の事業及び取引所金融商品市場等への上場の有無については，2(1)に準じて記載すること。

エ　兼任役員数とは，届出会社の属する企業結合集団に属する会社等の役員又は従業員で合併後存続又は設立する会社の役員を兼任する者の数をいう。

(2) 合併後存続又は設立する会社が保有する株式に係る議決権の数の総株主の議決権の数に占める割合が新たに100分の50又は100分の20を超える他の会社の有無

ア　合併後存続又は設立する会社が当該合併により他の会社の株式の取得をしようとする場合に記載すること。

イ　該当する□にレ印を付すこと。

ウ　他の会社とは，その国内売上高とその子会社の国内売上高を合計した額が50億円を超えるものをいう。他の会社の国内売上高とその子会社の国内売上高を合計する方法は，法第10条第2項に規定する株式発行会社の国内売上高及びその子会社の国内売上高を合計する方法に準ずるものとする。

エ　主たる事業及び総資産については，2(1)に準じて記載すること。

オ　主たる事業地域，国内売上高及び会社の記載順については，2(2)に準じて記載すること。

カ　議決権保有割合とは，合併後存続又は設立する会社が当該取得の後において所有することとなる他の会社の株式に係る議決権の数と，当該会社の属する企業結合集団に属する当該会社以外の会社等が所有する当該他の会社の株式に係る議決権の数とを合計した議決権の数の当該他の会社の総株主の議決権の数に占める割合をいう。

キ　議決権保有割合は，小数点以下2けたを四捨五入し，小数点以下1けたまで記載すること。

(3) 合併後存続又は設立する会社の最終親会社の新たな子会社（2(2)イに該当するものを除く。）の有無（国内売上高が30億円を超えるものに限る。）

ア　該当する□にレ印を付すこと。

イ　最終親会社及び子会社については，2(2)に同じ。

ウ　主たる事業及び総資産については，2(1)に準じて記載すること。

エ　主たる事業地域，国内売上高及び会社の記載順については，2(2)に準じて記載すること。

オ　議決権保有割合とは，合併後存続又は設立する会社の属する企業結合集団に属する会社等が保有する当該会社の最終親会社の子会社の株式に係る議決権の数を合計した数の当該子会社の総株主の議決権の数に占める割合をいう。

カ　議決権保有割合は，小数点以下2けたを四捨五入し，小数点以下1けたまで記載すること。

(4) 合併後存続又は設立する会社の属する企業結合集団に属する会社等が保有する株式に係る議決権の数を合計した数の総株主の議決権の数に占める割合が新たに100分の20を超える会社（2(2)イ及び2(3)に該当するものを除く。）の有無（国内売上高が30億円を超えるものに限る。）

ア　該当する□にレ印を付すこと。

イ　主たる事業については，2(1)に準じて記載すること。

ウ　主たる事業地域及び会社の記載順については，2(2)に準じて記載すること。

エ　議決権保有割合とは，合併後存続又は設立する会社の属する企業結合集団に属する会社等が保有する会社の株式に係る議決権の数を合計した数の当該会社の総株主の議決権の数に占める割合をいう。

オ　議決権保有割合は，小数点以下2けたを四捨五入し，小数点以下1けたまで記載すること。

4　届出会社の国内の市場における地位

ア　最終親会社及び子会社については，2(2)に同じ。

イ　供給する商品又は役務の種類が多数ある場合は，販売金額が多いもの（総販売金額に占める割合が10%以上のもの又は同業者の中において占める地位が第3位以内のもの若しくは市場占拠率が10%以上のもの）等主要なものについて比較して記載すること。

ウ　名称欄には，届出会社甲の属する企業結合集団に属する会社等（当該企業結合集団に属する会社等が保有する株式に係る議決権の数を合計した数の総株主の議決権の数に占める割合が100分の20を超える会社を含む。）を「企業結合集団甲」と，届出会社乙の属する企業結合集団に属する会社等（当該企業結合集団に属する会社等が保有する株式に係る議決権の数を合計した数の総株主の議決権の数に占める割合が100分の20を超える会社を含む。）を「企業結合集団乙」とまとめて記載し，主要な同業者についてはその名称を記載すること。

エ　主要な同業者（名称欄で記載した「企業結合集団甲」及び「企業結合集団乙」に含まれる会社を除く。）については，原則として第3位まで記載すること。また，項目(1)では，名称欄で記載した「企業結合集団甲」及び「企業結合集団乙」に含まれる会社については，順位に関係なく記載すること。

オ　市場占拠率については，推定により記載した場合は，「推定」と付記すること。

カ　順位については，10位以下の場合は，「10位以下」と記載することができる。この場合は，同業者の名称及び市場占拠率の記載を省略することができる。

キ　備考欄には，名称欄で記載した「企業結合集団甲」及び「企業結合集団乙」に含まれる会社の名称と当該会社の市場占拠率を内訳として記載すること。その際，合併後存続又は設立する会社の最終親会社の新たな子会社又は合併後存続又は設立する会社の属する企業結合集団に属する会社等が保有する株式に係る議決権の数を合計した数の総株主の議決権の数に占める割合が新たに100分の20を超える会社となる会社（国内売上高が30億円を超えるものに限る。）については，「企業結合集団甲」に含めて記載することとする。

5　合併に関する計画として採ることとする措置の内容及びその期限

合併の計画に当たり，特段の措置を採る場合は，その具体的内容及びその履行期限を記載すること。複数の措置を採り履行期限が異なる場合は措置ごとに履行期限を記載すること。

公正取引委員会HP上「各種様式」の「（様式８）合併計画届出書」。

5　届出受理書（合併）

様式第14号（用紙の大きさは、日本工業規格 A4とする。）

公　　合第　　　　号
平成　　年　　月　　日

殿

公正取引委員会

届　　出　　受　　理　　書

私的独占の禁止及び公正取引の確保に関する法律第15条第２項の規定により、平成　　年　　月　　日に提出された下記の合併に関する計画届出書は、平成　　年　　月　　日受理しました。

記

注意

1　この受理の日から30日を経過するまでは、合併をしてはならない。ただし、公正取引委員会は、その必要があると認める場合には、当該期間を短縮することができる。
　なお、当委員会は、貴社に対し、この受理の日から30日の間に報告等を求めることがある。

2　届出後合併の効力が生ずる日までに届出書類の記載に変更があった場合（重要な変更があった場合を除く。）は、変更報告書（様式第20号）により当委員会に報告しなければならない。

3　届出後合併の効力が生ずる日までに届出書類の記載に重要な変更があった場合は、改めて当委員会に合併に関する計画を届け出なければならない。

4　合併の効力が生じたときは、速やかにその旨及び届出書の記載に重要な変更がなかったことを完了報告書（様式第26号）により当委員会に報告しなければならない。

6　合併変更報告書

様式第 20 号（用紙の大きさは，日本工業規格Ａ４とする。）

合　併　変　更　報　告　書

平成　　年　　月　　日

公 正 取 引 委 員 会　殿

（届出会社の）
住所
名称
代表者の役職・氏名　　　　　　　　　　印

住所
名称
代表者の役職・氏名　　　　　　　　　　印

昭和 28 年公正取引委員会規則第１号第７条第３項の規定により，下記のとおり報告します。

記

平成　　年　　月　　日付け公　合第　　　　号をもって受理された標記会社の合併は，以下のとおり変更が生じました。

変更の内容	変更が生じた理由	変更年月日

注意
1　届出後合併の効力が生ずる日までに届出書類の記載に重要な変更があった場合は，改めて公正取引委員会に合併に関する計画を届け出なければならない。
2　合併の効力が生じたときは，速やかにその旨及び届出書の記載に重要な変更がなかったことを完了報告書（様式第 26 号）により当委員会に報告しなければならない。

公正取引委員会 HP 上「各種様式」の「（様式20）合併変更報告書」。

7　合併完了報告書

様式第 26 号（用紙の大きさは，日本工業規格Ａ４とする。）

合　併　完　了　報　告　書

平成　　年　　月　　日

公 正 取 引 委 員 会　殿

（合併後の存続会社又は新設会社の）
住所
名称
代表者の役職氏名　　　　　　　　　　　　印

昭和 28 年公正取引委員会規則第１号第７条第５項の規定により，下記のとおり報告します。

記

平成　　年　　月　　日付け公　合第　　　　　号をもって受理された標記会社の合併は，平成　　年　　月　　日効力が生じました。
なお，届出後合併の効力が生じた日までに届出書類の記載に重要な変更はありません。

公正取引委員会 HP 上「各種様式」の「(様式26) 合併完了報告書」。

第12章　知的財産法

1　合併による特許権移転登録申請書

合併による特許権移転登録申請書

平成　　年　　月　　日

特許庁長官　　　　　　　　　殿

1. 特許番号　　　　第〇〇〇〇〇〇〇号

2. 被承継人の表示
　住所（居所）
　名　　　称

3. 登録の目的　　本特許権の移転

4. 申請人（承継人）
　住所（居所）
　名　　　称
　代　表　者　　　　　　　　　　　　㊞
　（国籍）

5. 添付書面の目録
(1)　承継人であることを証明する書面　　　　　　　　　　１通

注１：合併の事実を証明する書面として、合併の事実の記載ある登記事項証明書又は閉鎖登記事項証明書の添付が必要です。

注２：被承継人の同一性を証明する書面として、被承継人の住所又は名称が特許原簿に記録されているそれと合併時の合併の事実を証明する書面（登記事項証明書又は閉鎖登記事項証明書等）と異なるときは、被承継人の特許登録原簿上の住所及び名称から合併時に至る変更経過を証明する書面（閉鎖登記事項証明書等）の添付が必要です。

特許庁 HP「納付書・移転申請書等の様式（紙手続の様式）　２．移転関係様式 ⑵　移転登録申請書　d. 合併」の「特許」。

2　合併による実用新案権移転登録申請書

合併による実用新案権移転登録申請書

平成　　年　　月　　日

特許庁長官　　　　　　　殿

1. 実用新案登録番号　　　　第○○○○○○○号

2. 被承継人の表示
　住所（居所）
　名　　　称

3. 登録の目的　　本実用新案権の移転

4. 申請人（承継人）
　住所（居所）
　名　　　称
　代　表　者　　　　　　　　　　　㊞
　（国籍）

5. 添付書面の目録
(1) 承継人であることを証明する書面　　　　　　　　1通

注1：合併の事実を証明する書面として、合併の事実の記載ある登記事項証明書又は閉鎖登記事項証明書の添付が必要です。

注2：被承継人の同一性を証明する書面として、被承継人の住所又は名称が実用新案登録原簿に記録されているそれと合併時の合併の事実を証明する書面（登記事項証明書又は閉鎖登記事項証明書等）と異なるときは、被承継人の実用新案登録原簿上の住所及び名称から合併時に至る変更経過を証明する書面（閉鎖登記事項証明書等）の添付が必要です。

特許庁 HP「納付書・移転申請書等の様式（紙手続の様式）　2．移転関係様式 (2) 移転登録申請書　d. 合併」の「実用」。

3　合併による意匠権移転登録申請書

合併による意匠権移転登録申請書

平成　　年　　月　　日

特許庁長官　　　　　　　　殿

1. 意匠登録番号　　　　第○○○○○○○号

2. 被承継人の表示
　住所（居所）
　名　　称

3. 登録の目的　　本意匠権の移転

4. 申請人（承継人）
　住所（居所）
　名　　称
　代 表 者　　　　　　　　　　　　㊞
　（国籍）

5. 添付書面の目録
　(1)　承継人であることを証明する書面　　　　　　１通

注１：合併の事実を証明する書面として、合併の事実の記載ある登記事項証明書又は閉鎖登記事項証明書の添付が必要です。

注２：被承継人の同一性を証明する書面として、被承継人の住所又は名称が意匠登録原簿に記録されているそれと合併時の合併の事実を証明する書面（登記事項証明書又は閉鎖登記事項証明書等）と異なるときは、被承継人の意匠登録原簿上の住所及び名称から合併時に至る変更経過を証明する書面（閉鎖登記事項証明書等）の添付が必要です。

特許庁 HP「納付書・移転申請書等の様式（紙手続の様式）　２．移転関係様式 (2)　移転登録申請書　d.　合併」の「意匠」。

4　合併による商標権移転登録申請書

合併による商標権移転登録申請書

平成　　年　　月　　日

特許庁長官　　　　　　　　殿

1. 商標登録番号　　　　第○○○○○○○号

2. 被承継人の表示
　住所（居所）
　名　　　称

3. 登録の目的　　本商標権の移転

4. 申請人（承継人）
　住所（居所）
　名　　　称
　代　表　者　　　　　　　　　　　　　　　　㊞
　（国籍）

5. 添付書面の目録
(1) 承継人であることを証明する書面　　　　　　　1通

注1：合併の事実を証明する書面として、合併の事実の記載ある登記事項証明書又は閉鎖登記事項証明書の添付が必要です。

注2：被承継人の同一性を証明する書面として、被承継人の住所又は名称が商標登録原簿に記録されているそれと合併時の合併の事実を証明する書面（登記事項証明書又は閉鎖登記事項証明書等）と異なるときは、被承継人の商標登録原簿上の住所及び名称から合併時に至る変更経過を証明する書面（閉鎖登記事項証明書等）の添付が必要です。

特許庁 HP「納付書・移転申請書等の様式（紙手続の様式）　2．移転関係様式　(2)　移転登録申請書　d. 合併」の「商標」。

5　会社分割による特許権移転登録申請書

会社分割による特許権移転登録申請書

平成　　年　　月　　日

特許庁長官　　　　　　　　殿

1. 特許番号　　　　第○○○○○○○号

2. 被承継人の表示
　住所（居所）
　名　　称

3. 登録の目的　　本特許権の移転

4. 申請人（承継人）
　住所（居所）
　名　　称
　代 表 者　　　　　　　　　　　　　　㊞

5. 添付書面の目録
　(1)　承継人であることを証明する書面　　　　　1 通
　(2)　被承継人による権利の承継を証明する書面　　1 通

会社分割承継証明書

平成　　年　　月　　日

承継人
　住所（居所）
　名　　称　　　　　　　　　殿

特許番号　第　　　　　　号

上記特許権を貴社が承継したことに相違ありません。

被承継人
　住所（居所）
　名　　称
　　　（代表者）　　　　　　　　　　㊞

特許庁 HP「納付書・移転申請書等の様式（紙手続の様式）　2．移転関係様式 (2)　移転登録申請書　f．会社分割」の「特許」。

6　会社分割による実用新案権移転登録申請書

会社分割による実用新案権移転登録申請書

平成　　年　　月　　日

特許庁長官　　　　　　　殿

1.　実用新案登録番号　　　　第〇〇〇〇〇〇〇号

2.　被承継人の表示
　　住所（居所）
　　名　　　称

3.　登録の目的　　本実用新案権の移転

4.　申請人（承継人）
　　住所（居所）
　　名　　　称
　　代　表　者　　　　　　　　　　　　㊞

5.　添付書面の目録
(1)　承継人であることを証明する書面　　　　　1 通
(2)　被承継人による権利の承継を証明する書面　1 通

会社分割承継証明書

平成　　年　　月　　日

承継人
　住所（居所）
　名　　　称　　　　　　　　　　殿

実用新案登録番号　　第　　　　　　号

上記実用新案権を貴社が承継したことに相違ありません。

被承継人
　住所（居所）
　名　　　称
　　　（代表者）　　　　　　　　㊞

特許庁 HP「納付書・移転申請書等の様式（紙手続の様式）　２．移転関係様式　(2)　移転登録申請書　f.　会社分割」の「実用」。

7　会社分割による意匠権移転登録申請書

会社分割による意匠権移転登録申請書

平成　　年　　月　　日

特許庁長官　　　　　　　殿

1. 意匠登録番号　　　第〇〇〇〇〇〇〇号

2. 被承継人の表示
　住所（居所）
　名　　称

3. 登録の目的　　本意匠権の移転

4. 申請人（承継人）
　住所（居所）
　名　　称
　代　表　者　　　　　　　　　　㊞

5. 添付書面の目録
(1)　承継人であることを証明する書面　　　　1通
(2)　被承継人による権利の承継を証明する書面　　1通

会社分割承継証明書

平成　　年　　月　　日

承継人
　住所（居所）
　名　　称　　　　　　　　殿

意匠登録番号　　第　　　　　号

上記意匠権を貴社が承継したことに相違ありません。

被承継人
　住所（居所）
　名　　称
　　（代表者）　　　　　　　　　㊞

特許庁 HP「納付書・移転申請書等の様式（紙手続の様式）　2．移転関係様式
(2)　移転登録申請書　f. 会社分割」の「意匠」。

8　会社分割による商標権移転登録申請書

会社分割による商標権移転登録申請書

平成　　年　　月　　日

特許庁長官　　　　　　　　殿

1. 商標登録番号　　　　第○○○○○○○号

2. 被承継人の表示
　　住所（居所）
　　名　　　称

3. 登録の目的　　本商標権の移転

4. 申請人（承継人）
　　住所（居所）
　　名　　　称
　　代　表　者　　　　　　　　　　㊞

5. 添付書面の目録
(1) 承継人であることを証明する書面　　　　1 通
(2) 被承継人による権利の承継を証明する書面　　1 通

会社分割承継証明書

平成　　年　　月　　日

承継人
　住所（居所）
　名　　　称　　　　　　　　殿

商標登録番号　　第　　　　　　号

上記商標権を貴社が承継したことに相違ありません。

被承継人
　住所（居所）
　名　　　称
　　　（代表者）　　　　　　　　㊞

特許庁 HP「納付書・移転申請書等の様式（紙手続の様式）　2．移転関係様式 (2)　移転登録申請書　f. 会社分割」の「商標」。

9　特許権移転登録申請書

特許権移転登録申請書

平成　　年　　月　　日

特許庁長官　　　　　　　　殿

1. 特許番号　　　第○○○○○○○号

2. 登録の目的　　本特許権の移転

3. 申請人（登録権利者）
　住所（居所）
　氏名（名称）　　　　　　　　　　　　　㊞
　（代表者）
　（国籍）

4. 申請人（登録義務者）
　住所（居所）
　氏名（名称）　　　　　　　　　　　　　㊞
　（代表者）
　（国籍）

5. 添付書面の目録
(1)　譲渡証書　　　　　　　　　　1 通

譲　渡　証　書

平成　　年　　月　　日

譲受人
　住所（居所）
　氏名（名称）
　（代表者）　　　　　　　　　　殿
　（国籍）

特許番号　　第　　　　　　　　　号

上記特許権は、私（弊社）所有のところ、今般、これを貴殿（貴社）に譲渡したことに相違ありません。

譲渡人
　住所（居所）
　氏名（名称）
　（代表者）　　　　　　　　　　㊞

特許庁 HP「納付書・移転申請書等の様式（紙手続の様式）　2．移転関係様式 (2)　移転登録申請書　a. 全部譲渡［(A) → (B)］」の「特許」。

10　実用新案権移転登録申請書

実用新案権移転登録申請書

平成　　年　　月　　日

特許庁長官　　　　　　　　殿

1.　実用新案登録番号　　　　第○○○○○○○号

2..　登録の目的　　本実用新案権の移転

3.　申請人（登録権利者）
　　住所（居所）
　　氏名（名称）　　　　　　　　　　㊞
　　（代表者）
　　（国籍）

4.　申請人（登録義務者）
　　住所（居所）
　　氏名（名称）　　　　　　　　　　㊞
　　（代表者）
　　（国籍）

5.　添付書面の目録
　(1)　譲渡証書　　　　　　　　　1通

譲　渡　証　書

平成　　年　　月　　日

譲受人
　　住所（居所）
　　氏名（名称）
　　（代表者）　　　　　　　　殿
　　（国籍）

実用新案登録番号　　　第　　　　　　　　　号

上記実用新案権は、私（弊社）所有のところ、今般、これを貴殿（貴社）に譲渡したことに相違ありません。

譲渡人
　　住所（居所）
　　氏名（名称）
　　（代表者）　　　　　　　　㊞

特許庁 HP「納付書・移転申請書等の様式（紙手続の様式）　2．移転関係様式　(2)　移転登録申請書　a. 全部譲渡［(A) → (B)］」の「実用」。

11　意匠権移転登録申請書

意匠権移転登録申請書

平成　　年　　月　　日

特許庁長官　　　　　　　　　殿

1. 意匠登録番号　　　　第○○○○○○○号

2. 登録の目的　　本意匠権の移転

3. 申請人（登録権利者）
　住所（居所）
　氏名（名称）　　　　　　　　　　　　　㊞
　（代表者）
　（国籍）

4. 申請人（登録義務者）
　住所（居所）
　氏名（名称）　　　　　　　　　　　　　㊞
　（代表者）
　（国籍）

5. 添付書面の目録
　(1)　譲渡証書　　　　　　　　　　　　１通

譲　渡　証　書

平成　　年　　月　　日

譲受人
　住所（居所）
　氏名（名称）
　（代表者）　　　　　　　　　　　殿
　（国籍）

意匠登録番号　　　第　　　　　　　　　　号

上記意匠権は、私（弊社）所有のところ、今般、これを貴殿（貴社）に譲渡したことに相違ありません。

譲渡人
　住所（居所）
　氏名（名称）
　（代表者）　　　　　　　　　　㊞

特許庁 HP「納付書・移転申請書等の様式（紙手続の様式）　2．移転関係様式
(2)　移転登録申請書　a. 全部譲渡［(A) → (B)］」の「意匠」。

12　商標権移転登録申請書

商標権移転登録申請書

平成　　年　　月　　日

特許庁長官　　　　　　　　　殿

1.　商標登録番号　　　　第○○○○○○○号

2.　登録の目的　　本商標権の移転

3.　申請人（登録権利者）
　　住所（居所）
　　氏名（名称）　　　　　　　　　　　　　　㊞
　　（代表者）
　　（国籍）

4.　申請人（登録義務者）
　　住所（居所）
　　氏名（名称）　　　　　　　　　　　　　　㊞
　　（代表者）
　　（国籍）

5.　添付書面の目録
　(1)　譲渡証書　　　　　　　　　　1通

譲　渡　証　書

平成　　年　　月　　日

譲受人
　　住所（居所）
　　氏名（名称）
　　（代表者）　　　　　　　　　　殿
　　（国籍）

商標登録番号　　　第　　　　　　　　　　号

上記商標権は、私（弊社）所有のところ、今般、これを貴殿（貴社）に譲渡したことに相違ありません。

譲渡人
　　住所（居所）
　　氏名（名称）
　　（代表者）　　　　　　　　　　㊞

特許庁 HP「納付書・移転申請書等の様式（紙手続の様式）　2．移転関係様式　(2)　移転登録申請書　a.　全部譲渡［(A) → (B)］」の「商標」。

13　出願人名義変更届（特許）

【書類名】出願人名義変更届（特許）
(【提出日】平成○○年○○月○○日)
【あて先】特許庁長官　殿
【事件の表示】
　【出願番号】　特願平○○－○○○○○○
【承継人】
　【識別番号】　○○○○○○○○○
　【住所又は居所】　　（省略）
　【氏名又は名称】　　（省略）
　【代表者】　　　　　（省略）
【承継人代理人】
　【識別番号】　○○○○○○○○○
　【住所又は居所】　　（省略）
　【氏名又は名称】　　（省略）
【譲渡人】
　【識別番号】　○○○○○○○○○
　【住所又は居所】　　（省略）
　【氏名又は名称】　　（省略）
【譲渡人代理人】
　【識別番号】　○○○○○○○○○
　【住所又は居所】　　（省略）
　【氏名又は名称】　　（省略）
【提出物件の目録】（※）
　【物件名】権利の承継を証明する書面　　1
　【物件名】　・・・・・・

（※）権利の承継を証明する書面は、合併、会社分割の場合は登記事項証明書、事業譲渡の場合は譲渡証書である。

譲渡証書

平成　　年　　月　　日

住所（居所）

譲受人　　　　　　　　　　　　殿

住所（居所）

譲渡人　　　　　　　　　　　　　　㊞

下記の発明に関する特許を受ける権利を貴殿に譲渡したことに相違ありません。

記

1　特許出願の番号
2　発明の名称

以上

特許法施行規則の様式18。

14　出願人名義変更届（実用新案）

【書類名】出願人名義変更届（実用新案）
(【提出日】平成○○年○○月○○日)
【あて先】特許庁長官　殿
【事件の表示】
　【出願番号】　実願平○○－○○○○○○
【承継人】
　【識別番号】　○○○○○○○○○
　【住所又は居所】　　（省略）
　【氏名又は名称】　　（省略）
　【代表者】　　　　　（省略）
【承継人代理人】
　【識別番号】　○○○○○○○○○
　【住所又は居所】　　（省略）
　【氏名又は名称】　　（省略）
【譲渡人】
　【識別番号】　○○○○○○○○○
　【住所又は居所】　　（省略）
　【氏名又は名称】　　（省略）
【譲渡人代理人】
　【識別番号】　○○○○○○○○○
　【住所又は居所】　　（省略）
　【氏名又は名称】　　（省略）
【提出物件の目録】（※）
　【物件名】権利の承継を証明する書面　　1
　【物件名】　・・・・・・

（※）権利の承継を証明する書面は、合併、会社分割の場合は登記事項証明書、事業譲渡の場合は譲渡証書である。

譲渡証書

平成　　年　　月　　日

住所（居所）

譲受人　　　　　　　　殿

住所（居所）

譲渡人　　　　　　　　㊞

下記の考案に関する実用新案登録を受ける権利を貴殿に譲渡したことに相違ありません。

記

1　実用新案出願の番号
2　考案の名称

以上

書式**13**に基づいて作成。

15　出願人名義変更届（意匠）

【書類名】出願人名義変更届（意匠）
（【提出日】平成○○年○○月○○日）
【あて先】特許庁長官　殿
【事件の表示】
　【出願番号】　意願平○○－○○○○○○
【承継人】
　【識別番号】　○○○○○○○○○
　【住所又は居所】　　（省略）
　【氏名又は名称】　　（省略）
　【代表者】　　　　　（省略）
【承継人代理人】
　【識別番号】　○○○○○○○○○
　【住所又は居所】　　（省略）
　【氏名又は名称】　　（省略）
【譲渡人】
　【識別番号】　○○○○○○○○○
　【住所又は居所】　　（省略）
　【氏名又は名称】　　（省略）
【譲渡人代理人】
　【識別番号】　○○○○○○○○○
　【住所又は居所】　　（省略）
　【氏名又は名称】　　（省略）
【提出物件の目録】（※）
　【物件名】権利の承継を証明する書面　　1
　【物件名】　・・・・・・

（※）権利の承継を証明する書面は、合併、会社分割の場合は登記事項証明書、事業譲渡の場合は譲渡証書である。

譲渡証書

平成　　年　　月　　日

住所（居所）

譲受人　　　　　　　　　殿

住所（居所）

譲渡人　　　　　　　　　　　　　㊞

下記の創作に関する意匠登録を受ける権利を貴殿に譲渡したことに相違ありません。

記

意匠出願の番号

以上

書式**13**に基づいて作成。

16　出願人名義変更届（商標）

【書類名】出願人名義変更届（商標）
（【提出日】平成○○年○○月○○日）
【あて先】特許庁長官　殿
【事件の表示】
　【出願番号】　商願平○○－○○○○○○
【承継人】
　【識別番号】　○○○○○○○○○
　【住所又は居所】　　（省略）
　【氏名又は名称】　　（省略）
　【代表者】　　　　　（省略）
【承継人代理人】
　【識別番号】　○○○○○○○○○
　【住所又は居所】　　（省略）
　【氏名又は名称】　　（省略）
【譲渡人】
　【識別番号】　○○○○○○○○○
　【住所又は居所】　　（省略）
　【氏名又は名称】　　（省略）
【譲渡人代理人】
　【識別番号】　○○○○○○○○○
　【住所又は居所】　　（省略）
　【氏名又は名称】　　（省略）
【提出物件の目録】（※）
　【物件名】権利の承継を証明する書面　　1
　【物件名】　・・・・・・

（※）権利の承継を証明する書面は、合併、会社分割の場合は登記事項証明書、事業譲渡の場合は譲渡証書である。

譲渡証書

平成　　年　　月　　日

住所（居所）

譲受人　　　　　　　　　　　殿

住所（居所）

譲渡人　　　　　　　　　　　　　　　　㊞

下記の商標に関する商標登録を受ける権利を貴殿に譲渡したことに相違ありません。

記

商標出願の番号

以上

商標法施行規則の様式11。

17　確認書

確認書

○○株式会社　御中

私は、貴社の職務発明規定について、貴社よりその内容の説明を受けて、これを理解し、私がこれまでに行い又は今後行うことのある職務発明について、貴社職務発明規定が適用されるものであることを確認いたしました。

平成　　年　　月　　日

（所属部署・地位）

（氏名）　　　　　　　　　　　　　　　　　印

本書式は、合併等の後、職務発明規定の統一がなされ、その結果として職務発明規定の不利益変更が生じる場合に、労働契約法10条の合理性を担保するための一つの資料として、従業員に対し新しい職務発明規程の説明を行ったうえで、従業員から提出を受けることをイメージした書式である。

もっとも、本書式は、合理性担保のための一資料という以上に、強い法的効力を発揮するものではない点には注意を要する。

第13章　労務

1　労働保険名称、所在地等変更届

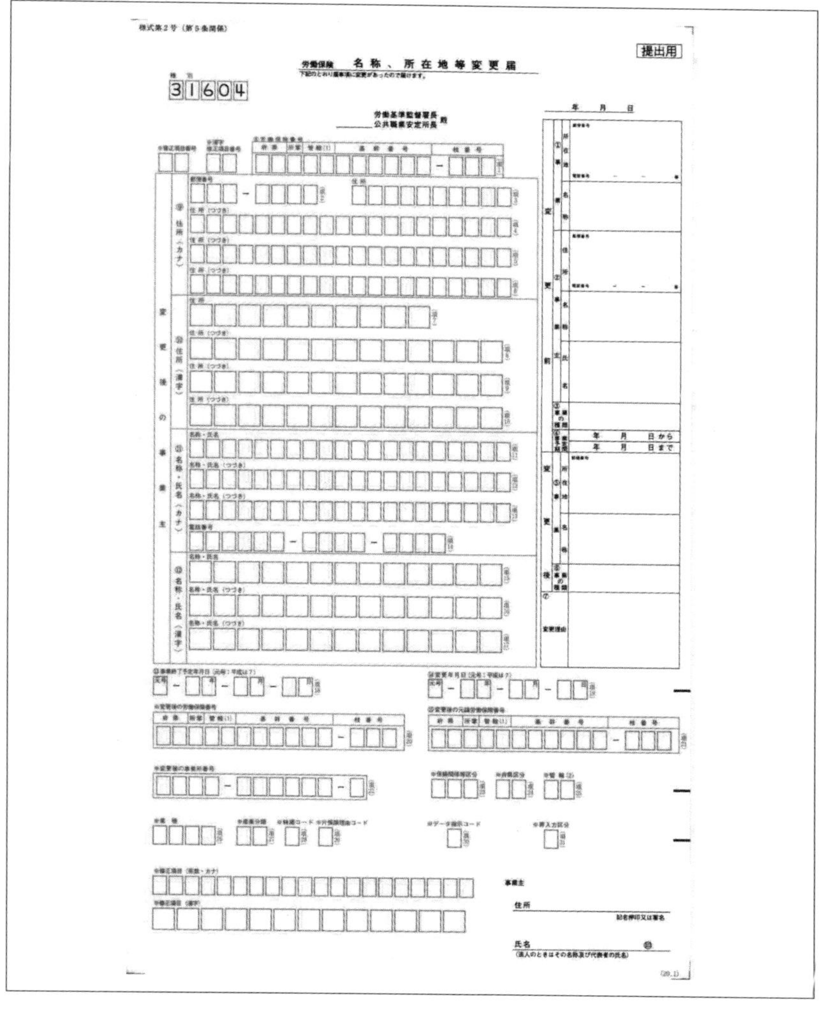

様式第2号（第5条関係）

提出用

労働保険　名称、所在地等変更届

下記のとおり事業所に変更があったので届けます。

31604

年　月　日

労働基準監督署長
公共職業安定所長　殿

府県　所掌　管轄　基幹番号　枝番号

郵便番号　住所

住所（つづき）

変更後の事業主

名称・氏名

名称・氏名（つづき）

電話番号

変更前

所在地

名称

年　月　日から

年　月　日まで

変更理由

事業主

住所

記名押印又は署名

氏名　㊞

（法人のときはその名称及び代表者の氏名）

（20.1）

〔記入に当たっての注意事項〕

1　□□□□で表示された枠（以下「記入枠」という。）に記入する文字は、光学文字読取装置（ＯＣＲ）で直接読み取りを行うので、この用紙は汚したり、必要以上に折り曲げたりしないこと。

2　記入すべき事項のない欄又は記入枠は空欄のままとし、事項を選択する場合には該当事項を○で囲むこと。なお、※印のついた欄又は記入枠には記入しないこと。

3　記入枠の部分は、必ず、黒色のボールペンを使用し、枠からはみださないように大きめのカタカナ、漢字、ひらがな及びアラビア数字で明瞭に記入すること。

4　事業主の氏名（法人のときはその名称及び代表者の氏名）記入欄については、記名押印又は自筆による署名のいずれかにより記入すること。

5　①欄には、変更前における事業の所在地及び名称を記入すること。

6　②欄には、変更前における事業主の住所（法人の場合は主たる事務所の所在地）・名称・氏名（法人の場合は名称のみ）を記入すること。

7　③欄には、変更前における事業に適用されている「労災保険率適用事業細目表」に掲げられた該当する事業の種類を記入すること。

8　④欄には、有期事業について変更前における事業の期間を記入すること。

9　⑤欄には、変更後における事業の所在地及び名称を記入すること。

10　⑥欄には、変更後における事業に適用される「労災保険率適用事業細目表」に掲げられた該当する事業の種類を記入すること。

11　⑦欄には、当該変更を行った理由を記入すること。

12　⑧欄には、現在付与されている労働保険番号を記入すること。

13　⑨欄から⑫欄には、変更後における事業主の住所（法人の場合は主たる事務所の所在地）・名称・氏名（法人の場合は名称のみ）を指定された表記により記入すること。

14　⑬欄には、有期事業について変更後の事業終了予定年月日を記入すること。

15　⑭欄には、届出事項について変更があった年月日を記入すること。

16　⑮欄には、変更後の元請負人の労働保険番号を記入すること。

電子政府の総合窓口（イーガブ）「行政手続内検索」の「名称、所在地変更」。

2　雇用保険事業主事業所各種変更届

雇用保険事業主事業所各種変更届

（必ず第２面の注意事項を読んでから記載してください。）

※　事業所番号

帳票種別　11003

※1. 変更区分

2. 変更年月日　4－　元号　年　月　日

3. 事業所番号

4. 設置年月日　元号　年　月　日（3 昭和　4 平成）

●下記の5～10欄については、変更がある事項のみ記載してください。

5. 事業所の名称（カタカナ）

事業所の名称〔続き（カタカナ）〕

6. 事業所の名称（漢字）

事業所の名称〔続き（漢字）〕

7. 郵便番号

8. 事業所の所在地（漢字）　市・区・郡及び町村名

事業所の所在地（漢字）　丁目・番地

事業所の所在地（漢字）　ビル、マンション名等

9. 事業所の電話番号（項目ごとにそれぞれ左詰めで記入してください。）　市外局番　市内局番　番号

10. 労働保険番号　府県　所掌　管轄　基幹番号　枝番号

※公共職業安定所記載欄　11. 設置区分（1 当然　2 任意）　12. 事業所区分（1 個別　2 委託）　13. 産業分類

（この用紙は、このまま機械で処理しますので、汚さないようにしてください。）

変更事項						
14. 事業主	（フリガナ）住所（法人のときは主たる事務所の所在地）		（フリガナ）17. 変更前の事業所の名称			
	（フリガナ）名称		（フリガナ）18. 変更前の事業所の所在地			
	（フリガナ）氏名（法人のときは代表者の氏名）		19.事業の開始年月日	年　月　日	23.社会保険加入状況	健康保険　厚生年金保険　労災保険
15. 変更後の事業の概要			※事業の 20.廃止年月日	平成　年　月　日	24.雇用保険被保険者数	一般　人
			21.常時使用労働者数	人		日雇　人
16. 変更の理由			22.雇用保険担当課名	課　係	25.賃金支払関係	賃金締切日　日
						賃金支払日　当・翌月　日

備考		※所長	次長	課長	係長	係	操作者

（この届出は、変更のあった日の翌日から起算して10日以内に提出してください。）

2011. 1

注　意

1　□□□□で表示された枠（以下「記入枠」という。）に記入する文字は、光学式文字読取装置（ＯＣＲ）で直接読取を行いますので、この用紙を汚したり、必要以上に折り曲げたりしないでください。
2　記載すべき事項のない欄又は記入枠は空欄のままとし、※印のついた欄又は記入枠には記載しないでください。
3　記入枠の部分は、枠からはみ出さないように大きめの文字によって明瞭に記載してください。
4　2欄の記載は、元号をコード番号で記載した上で、年、月又は日が１桁の場合は、それぞれ10の位の部分に「０」を付加して２桁で記載してください。（例：平成15年４月１日→ 4-150401 ）
5　3欄の記載は、公共職業安定所から通知された事業所番号が連続した10桁の構成である場合は、最初の４桁を最初の４つの枠内に、残りの６桁を「-」に続く６つの枠内にそれぞれ記載し、最後の枠は空枠としてください。
（例：1301000001の場合→ 1301-000001-□ ）
6　4欄には、雇用保険の適用事業となるに至った年月日を記載してください。記載方法は、2欄の場合と同様に行ってください。
7　5欄には、数字は使用せず、カタカナ及び「-」のみで記載してください。
カタカナの濁点及び半濁点は、１文字として取り扱い（例：ガ→カ゛、パ→ハ゜）、また、「ヰ」、「ヱ」及び「ヲ」は使用せず、それぞれ「イ」、「エ」及び「オ」を使用してください。
8　6欄及び8欄には、漢字、カタカナ、平仮名及び英数字（英字については大文字体とする。）により明瞭に記載してください。
小さい文字を記載する場合には、記入枠の下半分に記載してください。（例：ァ→ァ）
また、濁点及び半濁点は、前の文字に含めて記載してください。（例：が→が、ぱ→ぱ）
9　8欄１行目には、都道府県名は記載せず、特別区名、市名又は郡名とそれに続く町村名を左詰めで記載してください。
8欄２行目には、丁目及び番地のみを左詰めで記載してください。
また、所在地にビル名又はマンション名等が入る場合は8欄３行目に左詰めで記載してください。
10　9欄には、事業所の電話番号を記載してください。この場合、項目ごとにそれぞれ左詰めで、市内局番及び番号は「-」に続く５つの枠内にそれぞれ左詰めで記載してください。（例：03-3456-7890→ 03□□□-3456□-7890□ ）
11　26欄は、事業所印と事業主印又は代理人印を押印してください。
12　27欄は、最寄りの駅又はバス停から事業所への道順略図を記載してください。

お願い
1　変更のあった日の翌日から起算して10日以内に提出してください。
2　営業許可証、登記事項証明書その他の記載内容を確認することができる書類を持参してください。

26 登録印	事業所印影	事業主（代理人）印影	改印欄（事業所・事業主）	改印欄（事業所・事業主）	改印欄（事業所・事業主）
			改印年月日 平成　年　月　日	改印年月日 平成　年　月　日	改印年月日 平成　年　月　日

27.最寄りの駅又はバス停から事業所への道順

労働保険事務組合記載欄

所在地

名　称

代表者氏名　印

委託開始　年　月　日

委託解除　平成　年　月　日

上記のとおり届出事項に変更があったので届けます。

平成　年　月　日

公共職業安定所長　殿

事業主　住　所
名　称
氏　名

記名押印又は署名
印

社会保険労務士記載欄	作成年月日・提出代行者・事務代理者の表示	氏名	電話番号
		印	

※本手続は電子申請による届出も可能です。詳しくは管轄の公共職業安定所までお問い合わせください。
なお、本手続について、社会保険労務士が電子申請により本届書の提出に関する手続を事業主に代わって行う場合には、当該社会保険労務士が当該事業主の提出代行者であることを証明することができるものを本届書の提出と併せて送信することをもって、当該事業主の電子署名に代えることができます。

ハローワークインターネットサービスHP上「雇用保険事業主事業所各種変更届」。

3　新旧事業実態証明書

（様式2）

新旧事業実態証明書

①旧事業主		②新事業主	
所在地 名称		所在地 名称	
事業所番号	□□□□－□□□□□□－□	事業所番号	□□□□－□□□□□□－□

③届出事由

ア合併　イ相続　ウ営業の譲渡　エ営業の賃貸借　オ事業の分離独立　カ法人設立
キその他（具体的に：　　　　　　　　　　　　　　）

④旧事業主から承継した財産等の内容

ア不動産関係 …… …… ……　土地・建物
イ動産関係 …… …… ……　機械・設備・什器
ウ資本・債権債務関係 …… …… ……　資本・資金・売掛・買掛
エ権利関係 …… …… ……　営業権（のれん）・特許権・商標権・無体財産権
オその他承認するもの …… …… ……　（　　　　　　　　）

⑤旧事業主から承継した労働条件

ア労働協約　イ就業規則　ウ労働基準法上の権利　エ労働者個々人の労働契約
オ福利厚生　カその他（　　　　　　　　　　　　　　）

⑥承継年月日　　平成　　年　　月　　日

上記のとおり相違ありません。

平成　　年　　月　　日

旧事業主　所在地
名称　　　　　　　　記名押印又は自筆による署名
氏名　　　　　　　　印

新事業主　所在地
名称　　　　　　　　記名押印又は自筆による署名
氏名　　　　　　　　印

社会保険労務士記載欄	作成年月日・提出代行者・事務代理者の表示	氏名	電話番号
		印	

飯田橋公共職業安定所長殿

	（確認資料）会議録・登記簿謄本・契約書・労働協約・財産目録・被保険者名簿
安定所記載欄	

（飯適事004）

東京ハローワーク HP 上「雇用保険関係」の「新旧事業実態証明書」。

4　社会保険・健康保険変更届

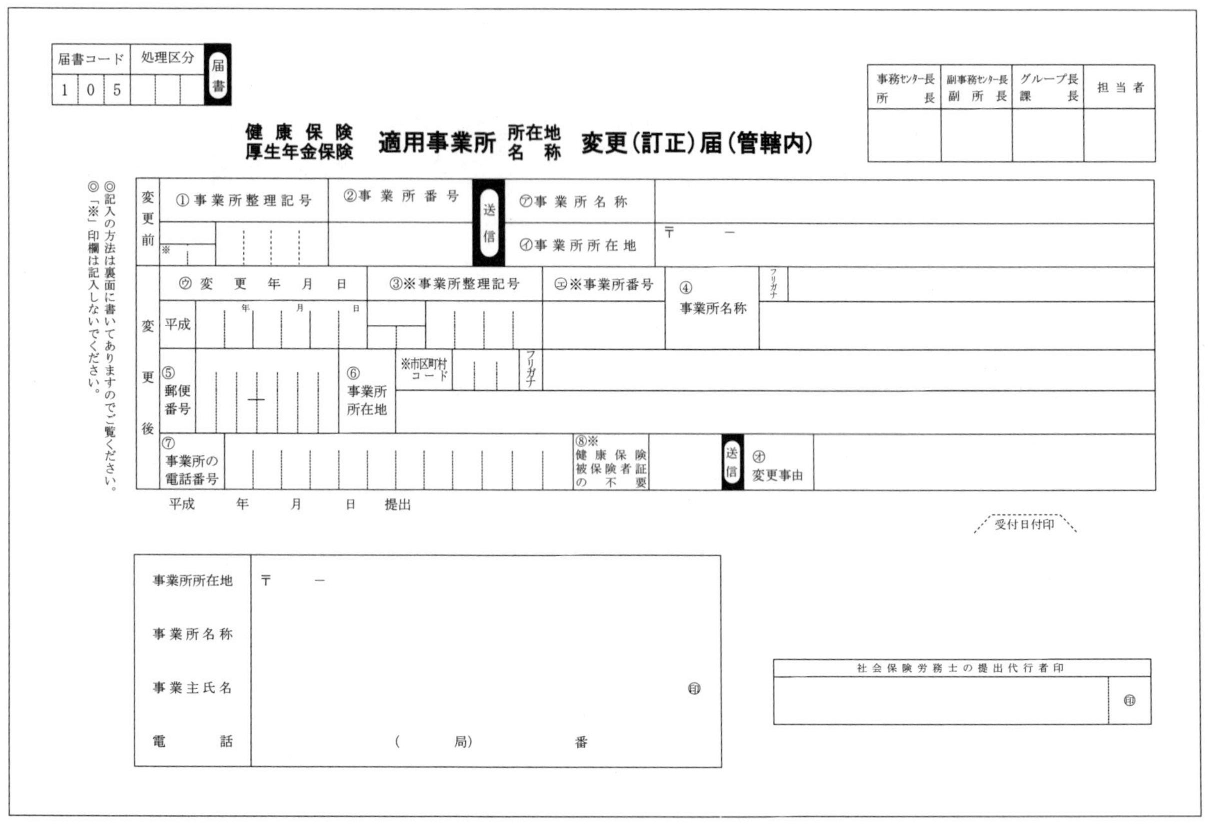

届書コード	処理区分	届書
1 0 5		

事務センター長 所長	副事務センター長 副所長	グループ長 課長	担当者

健康保険
厚生年金保険　適用事業所 所在地 名称 変更（訂正）届（管轄内）

◎記入の方法は裏面に書いてありますのでご覧ください。
◎「※」印欄は記入しないでください。

変更前：①事業所整理記号　※　②事業所番号　送信　㋐事業所名称　㋑事業所所在地　〒　－

変更後：㋒変更年月日　平成　年　月　日　③※事業所整理記号　㋓※事業所番号　④事業所名称　フリガナ
⑤郵便番号　⑥事業所所在地　※市区町村コード　フリガナ
⑦事業所の電話番号　⑧※健康保険被保険者証の不要　送信　㋔変更事由

平成　年　月　日提出

受付日付印

事業所所在地	〒　－
事業所名称	
事業主氏名	㊞
電話	（　局）　番

社会保険労務士の提出代行者印　㊞

【注意事項】

事業所の所在地、名称（個人事業所であるときは、事業主の氏名）の変更があった場合は、変更日から５日以内に届け出てください。

【記入の方法】

1．この届書は、事業所の名称を変更した場合、又は所在地（又は住所）を変更した場合に提出するものですが、名称のみ変更した場合は「名称」の文字を、所在地（又は住所）のみを変更した場合は「所在地」の文字を、名称及び所在地（又は住所）の両方が変更になった場合は「所在地」及び「名称」の両文字をそれぞれ〇印で囲んでください。
2．厚生年金保険のみ適用になっている事業所については、標題の「厚生年金保険」の文字を〇印で囲んでください。
3．①及び②は、「被保険者資格取得確認及び標準報酬決定通知書」に記載されている「事業所整理記号」及び「事業所番号」を記入してください。
4．㋒は年月日が１桁の場合は前に０を付してそれぞれ２桁として記入してください。
5．④の事業所名称のフリガナは、株式会社を「カ」、合名会社を「メ」、合資会社を「シ」及び有限会社を「ユ」と略して記入してください。ただし前記以外の法人については、そのままフリガナで記入してください。
6．⑦は電話番号の市外局番と市内局番及び市内局番と加入番号の間には、「ー」を記入してください。
7．事業主の押印については、署名（自筆）の場合は省略できます。

【添付書類】

法人事業所は法人登記簿謄本のコピーを、個人事業所は事業主の住民票のコピーを添付してください。
なお、登記上の所在地と事業を行っている所在地が異なる場合は、所在地の確認できる書類（賃貸契約書の写し等）を添付してください。

※本手続は電子申請による届出も可能です。
なお、全国健康保険協会が管掌する健康保険及び厚生年金保険においては、本手続について、社会保険労務士が電子申請により本届書の提出に関する手続を事業主に代わって行う場合には、当該社会保険労務士が当該事業主の提出代行者であることを証明することができるものを本届書の提出と併せて送信することをもって、当該事業主の電子署名に代えることができます。

日本年金機構 HP 上「健康保険・厚生年金保険適用関係届書・申請書一覧」の「ケース３：適用事業所の名称・所在地を変更するとき（管轄内）　健康保険・厚生年金保険適用事業所所在地変更届（管轄内）」。

5　吸収分割の場合の労働者への通知の例

吸収分割の場合の労働者への通知の例

例 1

平成○年○月○日

会社分割に伴う労働契約の承継に関する通知

○○○○　殿

株式会社　○○○○
人事部長　○○○○

当社は、会社分割をすることとし、○○○○株式会社との間で、当社を吸収分割会社、○○○○株式会社を吸収分割承継会社（以下「承継会社」）とする吸収分割契約を締結しました。当該会社分割に関し、会社分割に伴う労働契約の承継等に関する法律（以下「法」）第２条第１項の規定に基づき、下記のとおり通知します。

記

施行規則第１条第２号の事項
1．承継会社に承継される事業の概要
当社の○○部門に関する事業

施行規則第１条第３号の事項
2．会社分割がその効力を生ずる日（以下「効力発生日」）以後における商号、住所、事業内容及び雇用予定労働者数

	当　社	承継会社
商号	株式会社○○○○	○○○○株式会社
住所	東京都○○区○○　○丁目○番○号	東京都○○区○○　○丁目○番○号
事業内容	○○に関する事業、○○に関する事業及び○○に関する事業　等	○○に関する事業、○○に関する事業及び○○に関する事業　等
雇用予定労働者数	○人	○人

（平成○年○月○日現在）

雇用することを予定する労働者の数には、正社員に限らず、短時間労働者等や新規に雇用される労働者も含まれます。

施行規則第１条第４号の事項
3．効力発生日
平成○年○月○日

施行規則第１条第６号の事項
4．効力発生日以後における債務の履行の見込みに関する事項
当社及び承継会社は、効力発生日以後における債務の履行の見込みについて問題がありません。

法第２条第１項但書きの事項
5．労働契約を承継する旨の吸収分割契約における定めの有無
当社と承継会社との間で締結した吸収分割契約には、貴殿の労働契約を承継会社が承継する旨の定めがあります／ありません。

このほか、会社法の規定に基づいて事前開示する債務の履行の見込みに関する事項の要旨等によることも考えられます。

施行規則第１条第１号の事項
6．法第２条第１項各号のいずれに該当するかの別
法においては、吸収分割会社が雇用する労働者について、
①　承継会社に承継される事業に主として従事する者　…「法第２条第１項第１号の労働者」
②　吸収分割契約に、承継会社が労働契約を承継する旨の定めがある者（①の者を除く）　…「法第２条第１項第２号の労働者」
の区分があります。
貴殿は、法第２条第１項第○号の労働者に該当します。

施行規則第１条第５号の事項
7．効力発生日以後において従事する業務の内容、就業場所その他の就業形態
貴殿は、承継会社の○○部門に関する事業に従事する予定です（○○営業所に配属）。

施行規則第１条第７号の事項
8．法第４条第１項又は第５条第１項の異議申出ができる旨及び異議申出先
法においては、
・承継会社に承継される事業に主として従事する労働者が、労働契約を承継会社に承継されないこと
・承継会社に承継される事業に主として従事しない労働者が、労働契約を承継会社に承継されること
について、書面により異議を申し出ることができます。
この異議申出を行う場合には、以下に宛てて提出して下さい。
株式会社○○○○　人事部
東京都○○区○○　○丁目○番○号

就業場所その他の就業形態とは、就業場所や就業時間帯等は、承継される労働条件の範囲内で変更される可能性があるので、通知するものです。

法第２条第１項但書きの事項
9．異議申出期限日
8．の異議申出の期限日は、平成○年○月○日です。

異議申出先としては、その担当部門ではなく、その担当者（氏名と職名と勤務場所）を通知することもできます。

厚生労働省 HP 上「通知書・異議申出書の様式例」の「労働契約承継法上の労働者及び労働組合に対する通知の様式例について　例１（吸収分割の場合）」。

6　新設分割の場合の労働者への通知の例

新設分割の場合の労働者への通知の例

例２

平成○年○月○日

会社分割に伴う労働契約の承継に関する通知

○○○○　殿

株式会社　○○○○
人事部長　○○○○

当社は、会社分割をすることとし、当社を新設分割会社、○○○○株式会社を新設分割設立会社（以下「設立会社」）とする新設分割計画を作成しました。当該会社分割に関し、会社分割に伴う労働契約の承継等に関する法律（以下「法」）第２条第１項の規定に基づき、下記のとおり通知します。

記

施行規則第１条第２号の事項　**1．設立会社に承継される事業の概要**
当社の○○部門に関する事業

分割計画では所在地を定めることとなっていることによりますが、○○ ○丁目○番○号まで通知が可能であるときは、これを通知することも差し支えないと考えられます。

施行規則第１条第３号の事項　**2．会社分割がその効力を生ずる日（以下「効力発生日」）以後における商号、住所・所在地、事業内容及び雇用予定労働者数**

	当　社	設立会社
商号	株式会社○○○○	○○○○株式会社
住所・所在地	東京都○○区○○ ○丁目○番○号	東京都○○区
事業内容	○○に関する事業、○○に関する事業及び○○に関する事業　等	○○に関する事業、○○に関する事業及び○○に関する事業　等
雇用予定労働者数	○人	○人

（平成○年○月○日現在）

雇用することを予定する労働者の数には、正社員に限らず、短時間労働者等や新規に雇用される労働者も含まれます。

施行規則第１条第４号の事項　**3．効力発生日**
平成○年○月○日

施行規則第１条第６号の事項　**4．効力発生日以後における債務の履行の見込みに関する事項**
当社及び設立会社は、効力発生日以後における債務の履行の見込みについて問題がありません。

法第２条第１項柱書きの事項　**5．労働契約を承継する旨の新設分割計画における定めの有無**
当社が作成した新設分割計画には、貴殿の労働契約を設立会社が承継する旨の定めがあります／ありません。

このほか、会社法の規定に基づいて事前開示する債務の履行の見込みに関する事項の要旨等によることも考えられます。

施行規則第１条第１号の事項　**6．法第２条第１項各号のいずれに該当するかの別**
法においては、新設分割会社が雇用する労働者について、
①　設立会社に承継される事業に主として従事する者　…（「法第２条第１項第１号の労働者」）
②　新設分割計画に、設立会社が労働契約を承継する旨の定めがある者（①の者を除く）
…（「法第２条第１項第２号の労働者」）
の区分があります。
貴殿は、法第２条第１項第○号の労働者に該当します。

施行規則第１条第５号の事項　**7．効力発生日以後において従事する業務の内容、就業場所その他の就業形態**
貴殿は、設立会社の○○部門に関する事業に従事する予定です（○○営業所に配属）。

施行規則第１条第７号の事項　**8．法第４条第１項又は第５条第１項の異議申出ができる旨及び異議申出先**
法においては、
・設立会社に承継される事業に主として従事する労働者が、労働契約を設立会社に承継されないこと
・設立会社に承継される事業に主として従事しない労働者が、労働契約を設立会社に承継されること
について、書面により異議を申し出ることができます。
この異議申出を行う場合には、以下に宛てて提出して下さい。
株式会社○○○○　人事部
東京都○○区○○ ○丁目○番○号

就業場所その他の就業形態とは、就業場所や就業時間帯等は、承継される労働条件の範囲内で変更される可能性があるので、通知するものです。

法第２条第１項柱書きの事項　**9．異議申出期限日**
8．の異議申出の期限日は、平成○年○月○日です。

異議申出先としては、その担当部門ではなく、その担当者（氏名と職名と勤務場所）を通知することもできます。

厚生労働省 HP 上「通知書・異議申出書の様式例」の「労働契約承継法上の労働者及び労働組合に対する通知の様式例について　例２（新設分割の場合）」。

7　吸収分割の場合の労働組合への通知の例

吸収分割の場合の労働組合への通知の例

例３

平成○年○月○日

会社分割に伴う労働協約の承継に関する通知

○○○○労働組合　御中

株式会社　○○○○
人事部長　○○○○

当社は、会社分割をすることとし、○○○○株式会社との間で、当社を吸収分割会社、○○○○株式会社を吸収分割承継会社（以下「承継会社」）とする吸収分割契約を締結しました。当該会社分割に関し、会社分割に伴う労働契約の承継等に関する法律（以下「法」）第２条第２項の規定に基づき、下記のとおり通知します。

記

施行規則第３条第１号→同第１条第２号の事項
１．承継会社に承継される事業の概要
当社の○○部門に関する事業

施行規則第３条第２号の事項
２．労働契約が承継会社に承継される労働者の範囲
当社の○○部門に関する事業に従事している労働者

範囲の明示によっては労働者の氏名が明らかにならない場合には、当該労働者の氏名を通知します。

施行規則第３条第１号→同第１条第３号の事項
３．会社分割がその効力を生ずる日（以下「効力発生日」）以後における商号、住所、事業内容及び雇用予定労働者数

	当　社	承継会社
商号	株式会社○○○○	○○○○株式会社
住所	東京都○○区○○　○丁目○番○号	東京都○○区○○　○丁目○番○号
事業内容	○○に関する事業、○○に関する事業及び○○に関する事業　等	○○に関する事業、○○に関する事業及び○○に関する事業　等
雇用予定労働者数	○人	○人

（平成○年○月○日現在）

雇用することを予定する労働者の数には、正社員に限らず、短時間労働者等や新規に雇用される労働者も含まれます。

施行規則第３条第１号→同第１条第４号の事項
４．効力発生日
平成○年○月○日

このほか、会社法の規定に基づいて事前開示する債務の履行の見込みに関する事項の要旨等によることも考えられます。

施行規則第３条第１号→同第１条第６号の事項
５．効力発生日以後における債務の履行の見込みに関する事項
当社及び承継会社は、効力発生日以後における債務の履行の見込みについて問題がありません。

法第２条第２項の事項
６．労働協約を承継する旨の吸収分割契約における定めの有無
当社と承継会社との間で締結した吸収分割契約には、貴労働組合と締結している労働協約を承継会社が承継する旨の定めがあります／ありません。

施行規則第３条第３号の事項
７．労働協約を承継する旨の吸収分割契約における定めの内容（定めがある場合のみ）
当社と承継会社との間で締結した吸収分割契約には、次の内容の定めがあります。
・貴労働組合に対し貸与している組合事務所100平方メートルのうち、40平方メートル分の貸与義務を分割会社に残し、60平方メートル分の貸与義務を承継会社に承継すること

定めがある場合のみ、その内容の要旨を通知します。

厚生労働省 HP 上「通知書・異議申出書の様式例」の「労働契約承継法上の労働者及び労働組合に対する通知の様式例について　例３（吸収分割の場合）」。

8　新設分割の場合の労働組合への通知の例

新設分割の場合の労働組合への通知の例

例４

平成○年○月○日

会社分割に伴う労働協約の承継に関する通知

○○○○労働組合　御中

株式会社　○○○○
人事部長　○○○○

当社は、会社分割をすることとし、当社を新設分割会社、○○○○株式会社を新設分割設立会社（以下「設立会社」）とする新設分割計画を作成しました。当該会社分割に関し、会社分割に伴う労働契約の承継等に関する法律（以下「法」）第２条第２項の規定に基づき、下記のとおり通知します。

記

施行規則第３条第１号→同第１条第２号の事項　１．設立会社に承継される事業の概要
当社の○○部門に関する事業

範囲の明示によっては労働者の氏名が明らかにならない場合には、当該労働者の氏名を通知します。

施行規則第３条第２号の事項　２．労働契約が設立会社に承継される労働者の範囲
当社の○○部門に関する事業に従事している労働者

分割計画では所在地を定めることとなっていることによりますが、○○ ○丁目○番○号まで通知が可能であるときは、これを通知することも差し支えないと考えられます。

施行規則第３条第１号→同第１条第３号の事項　３．会社分割がその効力を生ずる日（以下「効力発生日」）以後における商号、住所・所在地、事業内容及び雇用予定労働者数

	当　社	設立会社
商号	株式会社○○○○	○○○○株式会社
住所・所在地	東京都○○区○○ ○丁目○番○号	東京都○○区
事業内容	○○に関する事業、○○に関する事業及び○○に関する事業　等	○○に関する事業、○○に関する事業及び○○に関する事業　等
雇用予定労働者数	○人	○人

（平成○年○月○日現在）

雇用することを予定する労働者の数には、正社員に限らず、短時間労働者等や新規に雇用される労働者も含まれます。

施行規則第３条第１号→同第１条第４号の事項　４．効力発生日
平成○年○月○日

このほか、会社法の規定に基づいて事前開示する債務の履行の見込みに関する事項の要旨等によることも考えられます。

施行規則第３条第１号→同第１条第６号の事項　５．効力発生日以後における債務の履行の見込みに関する事項
当社及び設立会社は、効力発生日以後における債務の履行の見込みについて問題がありません。

法第２条第２項の事項　６．労働協約を承継する旨の新設分割計画における定めの有無
当社が作成した新設分割計画には、貴労働組合と締結している労働協約を設立会社が承継する旨の定めがあります／ありません。

施行規則第３条第３号の事項　７．労働協約を承継する旨の新設分割計画における定めの内容（定めがある場合のみ）
当社が作成した新設分割計画には、次の内容の定めがあります。
・貴労働組合に対し貸与している組合事務所100平方メートルのうち、40平方メートル分の貸与義務を新設分割会社に残し、60平方メートル分の貸与義務を設立会社に承継すること

定めがある場合のみ、その内容の要旨を通知します。

厚生労働省 HP 上「通知書・異議申出書の様式例」の「労働契約承継法上の労働者及び労働組合に対する通知の様式例について　例４（新設分割の場合）」。

9　分割会社への異議申出書の例

分割会社への異議申出書の例

例 5

平成○年○月○日

会社分割に伴う労働契約の承継に関する異議の申出

株式会社○○○○　人事部　御中

株式会社　○○○○

○○部　　○○課

○○○○（氏名）

承継される事業に主として従事しているが、
承継会社等に労働契約が承継されない場合

私は、会社分割に伴う労働契約の承継等に関する法律第４条第１項の規定に基づき、労働契約が承継会社等に承継されないことについて、異議を申し出ます。

承継される事業に主として従事していないが、
承継会社等に労働契約が承継される場合

私は、会社分割に伴う労働契約の承継等に関する法律第５条第１項の規定に基づき、労働契約が承継会社等に承継されることについて、異議を申し出ます。

なお、私は、承継される事業に主として従事していないものと考えています。

第５条第１項の異議申出を行う場合は、第４条第１項の場合と異なり、分割会社が当該労働者を「承継される事業に主として従事する」と判断する一方で、労働者は「承継される事業に主として従事していない」と判断している場合があります。このときは、まずその判断の相違を解消することが急務であるので、労働者は下線部の旨を明記することが適当と考えられます。

厚生労働省 HP 上「通知書・異議申出書の様式例」の「労働契約承継法上の労働者及び労働組合に対する通知の様式例について　例５」。

10　転籍同意書

平成　年　月　日

□□株式会社　御中
○○株式会社　御中

所　属＿＿＿＿＿＿＿＿＿＿

氏　名＿＿＿＿＿＿＿＿＿＿印

転籍同意書

下記の条件により、○○株式会社へ転籍することに同意します。

記

1. 転籍日
平成　　年　　月　　日

2. 転籍先における労働条件
(1) 身分：正社員（期間の定めのない契約）
(2) 就労場所：○○株式会社××営業所
(3) 担当職務：○○○○
(4) 給与：基本給月額　　　　　　円、諸手当の額は○○株式会社の給与規定に定めるところによる。
(5) その他労働条件：○○株式会社の就業規則その他諸規定に定めるところによる。

3. 退職金等
(1) 退職金：転籍時に□□株式会社退職金規定により退職金を支払う。
なお、○○株式会社を退職する場合には同社の退職金規定を適用し同社が退職金を支払う。勤続年数は通算しない。
(2) 転籍一時金：□□株式会社は、転籍時に転籍一時金として　　　　円を支払う。

以　上

11　労働条件通知書

（一般労働者用；常用、有期雇用型）

労働条件通知書

<table>
<tr><td colspan="2">年　　月　　日
　　　　　　　　　　殿
事業場名称・所在地
使 用 者 職 氏 名</td></tr>
<tr><td>契約期間</td><td>期間の定めなし、期間の定めあり（　　年　　月　　日～　　年　　月　　日）
※以下は、「契約期間」について「期間の定めあり」とした場合に記入
1　契約の更新の有無
［自動的に更新する・更新する場合があり得る・契約の更新はしない・その他（　　　）］
2　契約の更新は次により判断する。
・契約期間満了時の業務量　　・勤務成績、態度　　・能力
・会社の経営状況　・従事している業務の進捗状況
・その他（　　　　　　　　　　　　）</td></tr>
<tr><td>就業の場所</td><td></td></tr>
<tr><td>従事すべき業務の内容</td><td></td></tr>
<tr><td>始業、終業の時刻、休憩時間、就業時転換((1)～(5)のうち該当するもの一つに○を付けること。)、所定時間外労働の有無に関する事項</td><td>1　始業・終業の時刻等
(1) 始業（　　時　　分）　終業（　　時　　分）
【以下のような制度が労働者に適用される場合】
(2) 変形労働時間制等；（　　）単位の変形労働時間制・交替制として、次の勤務時間の組み合わせによる。
始業（　時　分）　終業（　時　分）　（適用日　　　　）
始業（　時　分）　終業（　時　分）　（適用日　　　　）
始業（　時　分）　終業（　時　分）　（適用日　　　　）
(3) ﾌﾚｯｸｽﾀｲﾑ制；始業及び終業の時刻は労働者の決定に委ねる。
（ただし、ﾌﾚｷｼﾌﾞﾙﾀｲﾑ（始業）　時　分から　時　分、
（終業）　時　分から　時　分、
ｺｱﾀｲﾑ　時　分から　時　分）
(4) 事業場外みなし労働時間制；始業（　時　分）終業（　時　分）
(5) 裁量労働制；始業（　時　分）　終業（　時　分）を基本とし、労働者の決定に委ねる。
○詳細は、就業規則第　条～第　条、第　条～第　条、第　条～第　条
2　休憩時間（　　）分
3　所定時間外労働の有無（　有　，　無　）</td></tr>
<tr><td>休　　日</td><td>・定例日；毎週　　曜日、国民の祝日、その他（　　　　　　）
・非定例日；週・月当たり　　日、その他（　　　　　　）
・１年単位の変形労働時間制の場合－年間　　日
○詳細は、就業規則第　条～第　条、第　条～第　条</td></tr>
<tr><td>休　　暇</td><td>1　年次有給休暇　６か月継続勤務した場合→　　　日
継続勤務６か月以内の年次有給休暇　（有・無）
→　か月経過で　　日
時間単位年休（有・無）
2　代替休暇（有・無）
3　その他の休暇　有給（　　　　　　）
無給（　　　　　　）
○詳細は、就業規則第　条～第　条、第　条～第　条</td></tr>
</table>

（次頁に続く）

賃　　金	1　基本賃金　イ　月給（　　　　円）、ロ　日給（　　　　円） 　　　　　　ハ　時間給（　　　　円）、 　　　　　　ニ　出来高給（基本単価　　　円、保障給　　　円） 　　　　　　ホ　その他（　　　　円） 　　　　　　ヘ　就業規則に規定されている賃金等級等 2　諸手当の額又は計算方法 　イ（　　手当　　　円　／計算方法：　　　　　　　　） 　ロ（　　手当　　　円　／計算方法：　　　　　　　　） 　ハ（　　手当　　　円　／計算方法：　　　　　　　　） 　ニ（　　手当　　　円　／計算方法：　　　　　　　　） 3　所定時間外、休日又は深夜労働に対して支払われる割増賃金率 　イ　所定時間外、法定超　月６０時間以内（　　）％ 　　　　　　　　　　　　月６０時間超　（　　）％ 　　　　　　　　所定超　（　　）％ 　ロ　休日　法定休日（　　）％、法定外休日（　　）％ 　ハ　深夜（　　）％ 4　賃金締切日（　　）－毎月　日、（　　）－毎月　日 5　賃金支払日（　　）－毎月　日、（　　）－毎月　日 6　賃金の支払方法（　　　　　　　　） 7　労使協定に基づく賃金支払時の控除（無　，有（　　）） 8　昇給（時期等　　　　　　　　） 9　賞与（　有（時期、金額等　　　　　）　，　無　） 10　退職金（　有（時期、金額等　　　　　）　，　無　）
退職に関する事項	1　定年制　（　有　（　歳）　，　無　） 2　継続雇用制度（　有（　歳まで）　，　無　） 3　自己都合退職の手続（退職する　　日以上前に届け出ること） 4　解雇の事由及び手続 （　　　　　　　　　　　　） ○詳細は、就業規則第　条～第　条、第　条～第　条
そ　の　他	・社会保険の加入状況（　厚生年金　健康保険　厚生年金基金　その他（　　　）） ・雇用保険の適用（　有　，　無　） ・その他（　　　　　　　　　　） ※以下は、「契約期間」について「期間の定めあり」とした場合についての説明です。 　労働契約法第18条の規定により、有期労働契約（平成25年4月1日以降に開始するもの）の契約期間が通算５年を超える場合には、労働契約の期間の末日までに労働者から申込みをすることにより、当該労働契約の期間の末日の翌日から期間の定めのない労働契約に転換されます。

※　以上のほかは、当社就業規則による。
※　労働条件通知書については、労使間の紛争の未然防止のため、保存しておくことをお勧めします。

【記載要領】

1．労働条件通知書は、当該労働者の労働条件の決定について権限をもつ者が作成し、本人に交付すること。

2．各欄において複数項目の一つを選択する場合には、該当項目に○をつけること。

3．破線内及び二重線内の事項以外の事項は、書面の交付により明示することが労働基準法により義務付けられている事項であること。また、退職金に関する事項、臨時に支払われる賃金等に関する事項、労働者に負担させるべきものに関する事項、安全及び衛生に関する事項、職業訓練に関する事項、災害補償及び業務外の傷病扶助に関する事項、表彰及び制裁に関する事項、休職に関する事項については、当該事項を制度として設けている場合には口頭又は書面により明示する義務があること。

4．労働契約期間については、労働基準法に定める範囲内とすること。

また、「契約期間」について「期間の定めあり」とした場合には、契約の更新の有無及び更新する場合又はしない場合の判断の基準（複数可）を明示すること。

（参考）　労働契約法第１８条第１項の規定により、期間の定めがある労働契約の契約期間が通算５年を超えるときは、労働者が申込みをすることにより、期間の定めのない労働契約に転換されるものであること。この申込みの権利は契約期間の満了日まで行使できること。

5．「就業の場所」及び「従事すべき業務の内容」の欄については、雇入れ直後のものを記載することで足りるが、将来の就業場所や従事させる業務を併せ網羅的に明示することは差し支えないこと。

6．「始業、終業の時刻、休憩時間、就業時転換、所定時間外労働の有無に関する事項」の欄については、当該労働者に適用される具体的な条件を明示すること。また、変形労働時間制、フレックスタイム制、裁量労働制等の適用がある場合には、次に留意して記載すること。

・変形労働時間制：適用する変形労働時間制の種類（１年単位、１か月単位等）を記載すること。その際、交替制でない場合、「・交替制」を＝で抹消しておくこと。

・フレックスタイム制：コアタイム又はフレキシブルタイムがある場合はその時間帯の開始及び終了の時刻を記載すること。コアタイム及びフレキシブルタイムがない場合、かっこ書きを＝で抹消しておくこと。

・事業場外みなし労働時間制：所定の始業及び終業の時刻を記載すること。

・裁量労働制：基本とする始業・終業時刻がない場合、「始業………を基本とし、」の部分を＝で抹消しておくこと。

・交替制：シフト毎の始業・終業の時刻を記載すること。また、変形労働時間制でない場合、「（　　）単位の変形労働時間制・」を＝で抹消しておくこと。

7．「休日」の欄については、所定休日について曜日又は日を特定して記載すること。

8．「休暇」の欄については、年次有給休暇は６か月間勤続勤務し、その間の出勤率が８割以上であるときに与えるものであり、その付与日数を記載すること。

時間単位年休は、労使協定を締結し、時間単位の年次有給休暇を付与するものであり、その制度の有無を記載すること。代替休暇は、労使協定を締結し、法定超えとなる所定時間外労働が１箇月６０時間を超える場合に、法定割増賃金率の引上げ分の割増賃金の支払に代えて有給の休暇を与えるものであり、その制度の有無を記載すること。（中小事業主を除く。）

また、その他の休暇については、制度がある場合に有給、無給別に休暇の種類、日数（期間等）を記載すること。

9．前記６、７及び８については、明示すべき事項の内容が膨大なものとなる場合においては、所定時間外労働の有無以外の事項については、勤務の種類ごとの始業及び終業の時刻、休日等に関する考え方を示した上、当該労働者に適用される就業規則上の関係条項名を網羅的に示すことで足りるものであること。

10．「賃金」の欄については、基本給等について具体的な額を明記すること。ただし、就業規則に規定されている賃金等級等により賃金額を確定し得る場合、当該等級等を明確に示すことで足りるものであること。

・　法定超えとなる所定時間外労働については２割５分、法定超えとなる所定時間外労働が１箇月６０時間を超える場合については５割（中小事業主を除く。）、法定休日労働については３割５分、深夜労働については２割５分、法定超えとなる所定時間外労働が深夜労働となる場合については５割、法定超えとなる所定時間外労働が１箇月６０時間を超え、かつ、深夜労働となる場合については７割５分（中小事業主を除く。）、法定休日労働が深夜労働となる場合については６割を超える割増率とすること。

・　破線内の事項は、制度として設けている場合に記入することが望ましいこと。

11．「退職に関する事項」の欄については、退職の事由及び手続、解雇の事由等を具体的に記載すること。この場合、明示すべき事項の内容が膨大なものとなる場合においては、当該労働者に適用される就業規則上の関係条項名を網羅的に示すことで足りるものであること。

（参考）　なお、定年制を設ける場合は、６０歳を下回ってはならないこと。
また、６５歳未満の定年の定めをしている場合は，高年齢者の６５歳までの安定した雇用を確保するため，次の①から③のいずれかの措置（高年齢者雇用確保措置）を講じる必要があること。
①定年の引上げ　　②継続雇用制度の導入　　③定年の定めの廃止

12．「その他」の欄については、当該労働者についての社会保険の加入状況及び雇用保険の適用の有無のほか、労働者に負担させるべきものに関する事項、安全及び衛生に関する事項、職業訓練に関する事項、災害補償及び業務外の傷病扶助に関する事項、表彰及び制裁に関する事項、休職に関する事項等を制度として設けている場合に記入することが望ましいこと。

13．各事項について、就業規則を示し当該労働者に適用する部分を明確にした上で就業規則を交付する方法によることとした場合、具体的に記入することを要しないこと。

＊　この通知書はモデル様式であり、労働条件の定め方によっては、この様式どおりとする必要はないこと。

厚生労働省HP上「主要様式ダウンロードコーナー」の「労働基準法関係主要様式　労働条件通知書」。

事項索引

＜欧　文＞

＜あ　行＞

＜か　行＞

<さ　行>

<た　行>

<な　行>

<は　行>

<ま　行>

<や　行>

<ら　行>

判例索引

東京高判昭和25・12・13労民集１巻６号1030頁……480
東京高判昭和28・12・７高民集６巻13号868頁……419
最大判昭和40・９・22民集19巻６号1600頁……72, 325
最大判昭和43・12・25民集22巻13号3459頁……452
高知地判昭和53・４・20判時889号99頁……470
最判昭和63・２・16民集42巻２号60頁……203
東京地決平成元・７・25判時1317号28頁……349
最判平成元・12・14民集43巻12号2051頁……480
最判平成元・12・21労判553号６頁……480
横浜地判平成２・９・11労判570号49頁……480
東京地判平成４・１・31判時1416号130頁……470
横浜地判平成４・３・26労判625号58頁……465
大阪地決平成６・８・５労判668号48頁……475
東京地判平成９・１・31労判712号17頁……469
最判平成７・２・28民集49巻２号559頁……477
最判平成９・３・27判時1607号131頁……200, 459
東京地判平成９・10・29労判725号15頁……477
大阪地決平成10・７・７労判747号50頁……473
最判平成11・６・10刑集53巻５号415頁……398
大阪地判平成11・12・８労判777号25頁……473
東京高判平成14・２・27労判824号17頁……475
最判平成14・９・26民集56巻７号1551頁……442
最判平成15・４・18判時1826号158頁……470
最判平成15・４・22民集57巻４号477頁……451
最決平16・８・30民集58巻６号1763頁……186
東京地判平成16・９・28労判885号49頁……471
東京地判平成16・９・30判時1880号84頁……455
東京地判平成17・３・３判タ1256号179頁……127
東京高判平成17・５・31労判898号16頁……474
東京高判平成17・９・13資料版商事327号76頁……127
仙台地決平成17・12・15労判915号152頁……473
東京地判平成18・２・13判時1928号３頁……186
最決平成19・８・17民集61巻５号2215頁……79
大阪高判平成19・10・26労判975号50頁……475
盛岡地判平成20・３・28労判965号30頁……474
東京高決平成20・９・12金判1301号28頁……198, 232

東京高判平成20・12・25労判975号５頁 …… 474
神戸地決平成21・３・16金判1320号59頁 …… 196
最決平成21・５・29金判1326号35頁 …… 217, 232
大阪高決平成21・９・１判タ1316号219頁 …… 198
東京地決平成21・９・18金判1329号45頁 …… 229, 230
静岡地判平成22・１・15労判999号５頁 …… 464
大阪高判平成22・３・18労判1015号83頁 …… 202
最判平成22・７・12民集64巻５号1333頁 …… 460
最判平成22・７・15判時2091号90頁 …… 227
東京高決平成22・10・19判タ1341号186頁 …… 220, 229
東京高決平成22・10・27資料版商事322号174頁 …… 198, 230
最決平成23・４・19民集65巻３号1311頁 …… 195, 197, 216
最決平成23・４・26判時2120号126頁 …… 195, 197, 216, 220
東京地判平成23・５・12判時2139号108頁 …… 478
最決平成24・２・29民集66巻３号1784頁 …… 197, 216
大阪地決平成24・４・13金判1391号52頁 …… 197, 232
大阪地決平成24・４・27判時2172号122頁 …… 229
東京高決平成24・７・12金法1969号88頁 …… 349
最判平成24・10・12民集66巻10号3311頁 …… 172, 294
東京地決平成25・９・17金判1427号54頁 …… 229
東京高決平成25・10・８金判1429号48頁 …… 229, 230

本書の編者・執筆者

●編者

土岐　敦司（とき・あつし）
弁護士（成和明哲法律事務所）

辺見　紀男（へんみ・のりお）
弁護士（成和明哲法律事務所）

●執筆者（執筆順）

唐津　恵一（からつ・けいいち）
東京大学大学院法学政治学研究科ビジネスロー・比較法政研究センター教授
第１部巻頭論文

西村　　賢（にしむら・まさる）
弁護士（成和明哲法律事務所）
第１部第１章

久保　文吾（くぼ・ぶんご）
弁護士（梶谷綜合法律事務所）
第１部第２章・第７章第１～第３、第３部第１章

飯田　　岳（いいだ・がく）
弁護士（阿部・井窪・片山法律事務所）
第１部第３章、第２部第２章、第３部第10章

須崎　利泰（すざき・としやす）
弁護士（阿部・井窪・片山法律事務所）
第１部第３章、第２部第２章、第３部第10章

鐘ヶ江洋祐（かねがえ・ようすけ）
弁護士（弁護士法人大江橋法律事務所東京事務所）
第２部第２章第１（コラム）

辻　拓一郎（つじ・たくいちろう）
弁護士（田辺総合法律事務所）
第１部第４章第１～第３、第２部第１章第４、第３部第４章・第５章

柴田堅太郎（しばた・けんたろう）
弁護士（柴田・鈴木・中田法律事務所）
第１部第４章第４～第５、第２部第１章第３、第３部第３章

渡邉　和之（わたなべ・かずゆき）
弁護士（西綜合法律事務所）
第１部第４章第６、第２部第１章第５～第７、第３部第６章～第８章

松田　由貴（まつだ・ゆき）
弁護士（新都総合法律事務所）
第１部第４章第７・第７章第４、第３部第９章

小磯　孝二（こいそ・こうじ）
弁護士（石澤・神・佐藤法律事務所）
第１部第５章、第２部第１章第１
中村　佳澄（なかむら・かすみ）
弁護士（ロイヤルバンク・オブ・スコットランド・ピーエルシー東京支店リーガル）
第１部第５章
藤本　和也（ふじもと・かずなり）
弁護士（共栄火災海上保険株式会社コンプライアンス部法務グループ）
第１部第５章、第２部第１章第２、第３部第２章
山本　和彦（やまもと・かずひこ）
一橋大学大学院法学研究科教授
第１部第６章
石井　妙子（いしい・たえこ）
弁護士（太田・石井法律事務所）
第１部第７章第５、第２部第５章、第３部第13章
田中　　亘（たなか・わたる）
東京大学社会科学研究所准教授
第１部第８章
内田　清人（うちだ・きよひと）
弁護士（岡村綜合法律事務所）
第２部第３章、第３部第11章
名越　秀夫（なこし・ひでお）
弁護士（生田・名越・高橋法律特許事務所）
第２部第４章、第３部第12章
森本　　晋（もりもと・しん）
弁護士（生田・名越・高橋法律特許事務所）
第２部第４章、第３部第12章
小畑　良晴（おばた・よしはる）
一般社団法人日本経済団体連合会経済基盤本部
第２部第６章・第７章
幕内　　浩（まくうち・ひろし）
一般社団法人日本経済団体連合会経済基盤本部
第２部第６章・第７章

●執筆協力者

上田　　慎（うえだ・しん）
弁護士（梶谷綜合法律事務所）
清水　靖博（しみず・やすひろ）
弁護士（ひいらぎ総合法律事務所）
山下　成美（やました・なるみ）
弁護士（成和明哲法律事務所）

企業再編の理論と実務
——企業再編のすべて

2014年11月7日　初版第1刷発行

編　　者　土　岐　敦　司
　　　　　辺　見　紀　男

発 行 者　塚　原　秀　夫

発 行 所　株式会社　商　事　法　務

〒103-0025 東京都中央区日本橋茅場町 3-9-10
TEL 03-5614-5643・FAX 03-3664-8844〔営業部〕
TEL 03-5614-5649〔書籍出版部〕
http://www.shojihomu.co.jp/

落丁・乱丁本はお取り替えいたします。　印刷／広研印刷㈱

Printed in Japan
ISBN978-4-7857-2226-5
＊定価はカバーに表示してあります。